中国宝武钢铁集团有限公司史志编纂委员会　编

中国宝武钢铁集团有限公司

# 年鉴 2019
# BAOWU

上海人民出版社

CHINA BAOWU STEEL GROUP CORPORATION LIMITED

## 中国宝武钢铁集团有限公司史志编纂委员会

**主任委员** 陈德荣（中国宝武钢铁集团有限公司党委书记、董事长）

**副主任委员** 胡望明（中国宝武钢铁集团有限公司总经理、党委副书记）

　　　　　　 伏中哲（中国宝武钢铁集团有限公司党委副书记）

**委　　员**（以姓氏笔画为序）

　　　　王　语　冯爱华　朱永红　伏中哲　李庆予　李琦强

　　　　吴小弟　吴东鹰　邹继新　汪　震　沈　雁　张文良

　　　　张立明　张锦刚　陈志宇　陈德荣　胡望明　施　兵

　　　　秦长灯　钱建兴　郭　斌　章克勤　傅连春　傅新宇

　　　　路巧玲

## 《中国宝武钢铁集团有限公司年鉴》

**主　　　编** 伏中哲　　　**执行主编** 张文良

**编辑部主任** 张文良

## 《中国宝武钢铁集团有限公司年鉴（2019）》栏目审稿人

（以姓氏笔画为序）

丁　杰　于龙云　马朝晖　王存璘　王茂森　王　奇　王建跃　王铁成
王　娟　王强民　毛　琳　孔祥宏　石　文　卢锡江　包信方　朱汉铭
朱晓冬　刘志强　刘宝龙　刘　俊　刘晋波　孙　彤　严伟良　杜界松
杨建忠　李加福　李进良　李兵普　李　明　吴东鹰　何柏林　应　宏
汪　震　沈　雁　张仁良　张立明　张吉贵　张　青　张佩璇　张建光
陆怡梅　陆　熔　陈志宇　陈声鹤　陈家立　陈　强　范松林　拓西梅
周　瑾　胡勤康　饶玉勇　饶志雄　施　健　贺桂先　秦长灯　晋　忠
夏雪松　夏　晨　徐　伟　翁志华　高永华　高银波　黄志强　曹　清
盛更红　章青云　彭　俊　蒋兴元　傅伟国　曾　洁　路巧玲　解　旗
蔡正青　蔡伟飞　蔡志庆　管晓枫　戴　坚

2018 年 6 月 21 日，宝钢股份炼铁厂一角（刘继鸣 摄）

2018 年 5 月 2 日，宝钢股份直属厂部动物园一角（黄　强 摄）

▌2018年1月29日，中国宝武召开2018年度工作会议暨职工代表大会　　　　　　　　　　　　　　（施　琮摄）

▌2018年5月16日，中国宝武首次亮相中国国际冶金工业展览会　　　　　　　　　　　　　　　　（施　琮摄）

▌ 2018年5月31日，中国宝武
首届职工技能大赛天车工决赛
（施　琮摄）

▌ 2018年10月30日，第七届宝
钢学术年会在中国宝武中央研究院
开幕　　　　　（刘继鸣 摄）

▌ 2018年12月13日，中国宝武评出第一届"宝武十大杰出青年"　　　　　（施　琮摄）

▌2018年2月6日，湛江钢铁专
用铁路通车 （梁清松 摄）

▌2018年3月28日，宝钢股份高
炉控制中心建成启用（张 勇 摄）

▌2018年8月1日，宝钢股份镀锡板厂新建二次冷轧机组热负荷试车　　（张　勇摄）

▌2018年9月15日，黄石公司新港区域一号彩涂机组热负荷试车　　（洪梦琳 摄）

▌2018年12月6日，湛江钢铁三号高炉系统项目启动　　（梁清松　朱家耀 摄）

2018 年 3 月 21 日，宝钢特钢长材生产线作业现场　　　　　　　　　　　　　（施　琮 摄）

2018 年 5 月 26 日，八一钢铁欧冶炉在技术改造后点火开炉　　　　　　　　　（姚海山 摄）

2018 年 6 月 1 日，宝钢不锈炼钢厂产线关停　　　　　　　　　　　　　　　（杜国华 摄）

■ 2018 年 11 月 9 日，中国宝武员工宋俊（中）、金国平（右）、幸利军（左）被评为 2018 年"上海工匠"　　（杨　波摄）

■ 2018 年 11 月 28 日，宝钢德盛精品不锈钢绿色产业基地开工建设　　　　　　　　（刘　岩摄）

2018年3月3日，武钢集团青年员工走上街头，开展学雷锋志愿服务活动　　　（朱旺春 摄）

2018年3月27日，宝钢特钢参加第十八届中国国际石油石化技术装备展览会　　（施　琮 摄）

2018年5月31日，武钢集团好生活服务公司"快一家"超市瞄准端午节日商机开始备货
　　　　　　　（朱旺春 摄）

▌ 2018年7月28日，由武钢集团张玲、王红腾、齐芸创业团队创立的遇稻蛙新煮意轻食馆开业
（朱旺春 摄）

▌ 2018年8月7日，由宝钢工程实施项目管理的阿尔及利亚SIGUS水泥厂项目完成筒仓滑模施工
（柳德重 摄）

▌ 2018年8月20日，宝钢化工与方大炭素新材料科技股份有限公司共建的10万吨超高功率石墨电极项目奠基
（张　勇摄）

▌ 2018年8月31日，武钢物流外贸码头恢复国家
一类开放口岸　　　　　　　　　（雷源军 摄）

▌ 2018年9月13日，中国宝武武汉总部举行纪念武
钢投产60周年座谈会暨《纪念武钢投产60年技术论
文集》首发式　　　　　　　　　（朱旺春 摄）

▌ 2018年9月13日，华宝冶金资产管理有限公司揭牌成立　　　　　　　　　　　　　　　　（施　琮摄）

2018年9月28日，上海宝地
临港产城发展有限公司揭牌成立
（施　琮摄）

2018年10月11日，上海宝武
杰富意清洁铁粉有限公司投产
（施　琮摄）

2018年10月15日，上海宝钢
新型建材科技有限公司宝田立磨智
能化集中控制中心启用
（施　琮摄）

▌2018 年 3 月 15 日，中国宝武与新华保险签署战略合作协议（施　琮 摄）

▌2018 年 10 月 26 日，中国宝武与百度签署战略合作框架协议
（施　琮摄）

▌2018 年 11 月 30 日，中国宝武与江苏省人民政府签署战略合作协议（朱　飞 摄）

■ 2018 年 5 月 4 日，武钢集团快餐食品饮料公司组织员工参加武汉马拉松赛 （朱旺春 摄）

■ 2018 年 5 月 12 日，中国宝武在上海市水上运动中心举行龙舟赛 （刘继鸣 摄）

■ 2018 年夏，武钢体育中心水上乐园成了市民消暑的好去处 （朱旺春 摄）

▍ 2018 年 5 月 28 日，八一钢铁长城润滑油车队参加 2018 环塔（国际）拉力赛　　（姚海山 摄）

▍ 2018 年 8 月 27 日，梅钢公司能环部员工李梁（左一）在第十八届亚运会桥牌混合团体赛中与队友配合夺得金牌　　　　　　　　　（仇 博摄）

▍ 2018 年 12 月 21 日，中国宝武举行"发展杯"拔河比赛　　　　　　　　　　　　　　（张 勇摄）

封面图片：图为梅钢公司高炉区域（朱 飞摄）

# 编 辑 说 明

一、《中国宝武钢铁集团有限公司年鉴》由中国宝武钢铁集团有限公司（简称中国宝武）主办，中国宝武史志编纂委员会主编，是系统记述中国宝武各方面情况的年度资料性文献，旨在为读者了解、认识、研究中国宝武提供真实可靠、可鉴、可用的翔实资料。编辑部设在中国宝武史志办公室。

二、本年鉴是中国宝武的第二部年鉴，以马克思列宁主义、毛泽东思想、邓小平理论、"三个代表"重要思想、科学发展观、习近平新时代中国特色社会主义思想为指导，系统记述中国宝武总部各部门和子公司2018年改革与发展的基本情况、重大事项，力求全面反映中国宝武及所属单位的新变化、新特点、新成就。

三、本年鉴由中国宝武总部各部门和子公司供稿。记载的时间跨度，除特别说明外均为2018年1月1日—12月31日。

四、本年鉴设总述、特载、要闻大事、企业管理、科技研发、节能减排、人力资源、财务审计、钢铁主业、新材料产业、贸易物流业、工业服务业、城市服务业、产业金融业、综合管理、党群工作、企业文化、人物与表彰、统计资料、附录、索引21个篇目，119个分目，1 246个条目。另有卷首照片39张，随文照片65张，图、表65张。

五、本年鉴主体内容以条目为记述的基本形式，条目标题用黑体字显示，体裁有述、记、图、表、录等。

六、本年鉴存真求实，客观反映中国宝武改革发展中所取得的成绩和存在问题，体现时代特征、企业特色和年度特点。

七、本年鉴所用的缩略语第一次出现时一般均有注解，再次出现时不再注解，以此类推。本年鉴所用的部分单位全称、简称对照表见附录。

八、本年鉴采用双重检索。书前刊有中、英文目录，书后备有索引。索引采用主题词（专用名、人名）索引法，方便读者检索。

# 01

## 总　述

# 02

## 特　载

# 03

## 要闻大事

# 04

## 企业管理

# 05

# 科技研发

# 06

# 节能减排

# 07

# 人力资源

# 08
# 财务审计

# 09

## 钢铁主业

# 12

## 工业服务业

# 13

# 城市服务业

# 14

## 产业金融业

# 15

## 综合管理

# 16

# 党群工作

# 17

## 企业文化

# 18

## 人物与表彰

# 19

## 统计资料

# 20

## 附　录

# 21

## 索　引

# Contents

# 09

## Iron & Steel

# 10

## New materials industry

# 11

## Trade logistics

# 12

## Industrial service industry

# 13

## City service industry

# 14

## Financial Industry

总

述

# 总　述

中国宝武钢铁集团有限公司（简称中国宝武，英文名称CHINA BAOWU STEEL GROUP CORPORATION LIMITED）的前身是始建于1978年12月的上海宝山钢铁总厂，后经历宝山钢铁（集团）公司、上海宝钢集团公司、宝钢集团有限公司等不同阶段，于2016年12月与武汉钢铁（集团）公司实施联合重组后揭牌成立。中国宝武是全球现代化程度最高、钢材品种规格最齐全的特大型钢铁联合企业之一，是国有资本投资公司试点企业，对授权范围内的国有资产向国务院国有资产监督管理委员会（简称国务院国资委）承担保值增值责任，注册资本527.91亿元，资产规模逾7 000亿元，产能规模7 000万吨。经营国务院授权范围内的国有资产，开展有关国有资本投资、运营业务（依法须经批准的项目，经相关部门批准后方可开展经营活动）。中国宝武通过遍及全球的营销网络，为70多个国家或地区的用户提供产品和服务。总部设在中国（上海）自由贸易试验区世博大道1859号。

## 企业现状

中国宝武以成为"全球钢铁业引领者和世界级企业集团"为愿景，以"驱动钢铁生态圈绿色智慧转型发展，促进企业各利益相关方共同成长"为使命，以"诚信、协同、创新、共享"为核心价值观，致力于通过改革和发展，构建在钢铁生产、绿色发展、智能制造、服务转型、效益优异等五方面的引领优势，打造以绿色、精品、智慧的钢铁产业为基础，新材料、现代贸易物流、工业服务、城市服务、产业金融等相关产业协同发展的格局，最终形成若干个千亿元级营业收入、百亿元级利润的支柱产业和一批百亿元级营业收入、十亿元级利润的优秀企业。

2018年，钢铁制造业是中国宝武的主营业务，拥有宝山钢铁股份有限公司（简称宝钢股份，含宝钢股份直属厂部、上海梅山钢铁股份有限公司、宝钢湛江钢铁有限公司、武汉钢铁有限公司、黄石

2018年5月17日，宝钢股份直属厂部一角　　　　　　　　　　　（刘继鸣 摄）

涂镀板有限公司、宝钢新日铁汽车板有限公司、广州JFE钢板有限公司等），及宝钢集团新疆八一钢铁有限公司、宝武集团广东韶关钢铁有限公司、宝钢德盛不锈钢有限公司、宁波宝新不锈钢有限公司、宝钢特钢有限公司、宝武特种冶金有限公司、武汉钢铁集团鄂城钢铁有限责任公司等企业，粗钢产量居中国第一、全球第二，产品定位高端，涵盖普碳钢、不锈钢、特钢三大系列，广泛应用于汽车、家电、石油化工、机械制造、能源交通、金属制品、航天航空、核电等行业。硅钢销量全球第一，汽车板销量全球第三。新材料产业以高性能金属材料、轻金属材料制造及延伸加工、新型炭材料及纤维材料、新型陶瓷基复合材料等为重点发展方向；现代贸易物流业服务于冶金原燃材料、金属制品、相关大宗商品全流通领域；工业服务业为企业和社会提供全生命周期、高效运营的系统解决方案及相应的工程服务；城市服务业以存量不动产盘活为基础，聚焦发展产业地产；产业金融业为冶金及相关产业提供供应链金融、产业基金、资产管理和社会财富管理等金融综合服务。

至2018年底，中国宝武在册员工161 302人。

# 组织机构

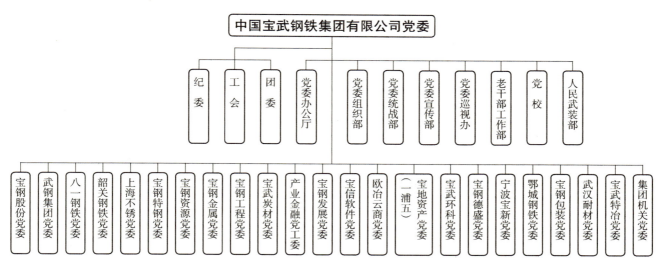

中国宝武钢铁集团有限公司党群组织机构图（2018年12月）

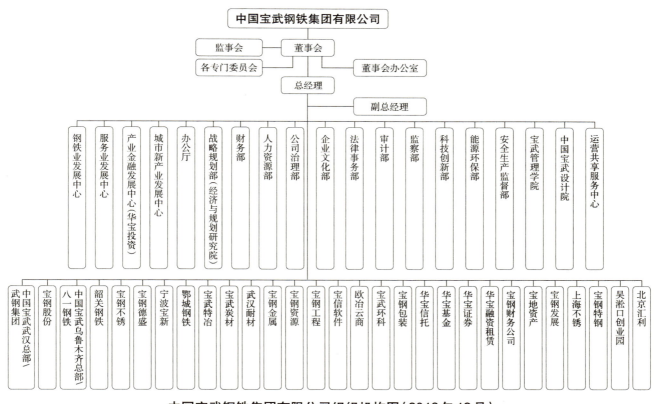

中国宝武钢铁集团有限公司组织机构图（2018年12月）

## 经营业绩

2018年，中国宝武抓住市场环境改善的机遇，加大改革创新和转型发展力度，进一步深化整合融合，发挥协同效应，实现高质量发展。全年完成工业总产值（现行价格）4 170.89亿元，工业销售产值4 177.07亿元，资产总值7 118.09亿元，营业总收入4 386.2亿元，实现利润338.37亿元，上缴税费245.85亿元，净资产收益率7.8%。铁产量6 253万吨，钢产量6 724.84万吨，商品坯材产量6 593.16万吨，商品坯材销量6 613.59万吨，出口钢材340.59万吨。研发投入率2.3%，申请专利2 370件，其中发明专利1 371件。二氧化硫、氮氧化物、化学需氧量排放总量同比分别下降3.5%、10%和2.9%；吨钢综合能耗586千克标准煤，同比下降14千克标准煤；万元产值能耗1.09吨标准煤，同比下降9.9%；完成国务院国资委第五任期节能减排考核目标。上海地区工业企业用能总量1 350万吨标准煤、煤炭消耗总量1 279万吨，均完成上海市下达的年度考核目标。对外捐赠1.07亿元，获第十届"中华慈善奖（捐赠企业奖）"。位列《财富》世界500强第162位，在全球钢铁企业中排名第二，连年被《财富》杂志评为"最受赞赏的中国公司"，国际三大评级机构标准普尔、穆迪、惠誉继续给予全球综合性钢铁企业最高信用评级。

年内，中国宝武与江苏省人民政府、南京市人民政府、盐城市人民政府分别签署战略合作协议，加快推动江苏省钢铁行业转型升级和空间布局优化，在推进地处南京的宝钢股份梅钢区域产业转移和转型发展的同时，在盐城市滨海港工业园区布局建设2 000万吨级精品钢生产基地。宝钢德盛精品不锈钢绿色产业基地项目在福建省福州市罗源湾开发区开工，首个项目1 780毫米热轧工程打下第一根桩。宝钢广东湛江钢铁基地项目启动三号高炉系统项目。

## 重点工作完成情况

### 一、强化规划引领，综合竞争力不断提升

1. 实施"绿色、精品、智造"，以技术引领实现"做强"。一是持续开展绿色制造技术研发。完成钢渣在沥青混凝土和透水沥青混凝土的4个试点工程应用，实现钢渣集约化、规模化综合利用。宝武环科"移动式露天废钢切割烟尘消减技术研究项目"达到环保减排效果。梅钢公司和宝钢德盛干法脱硫灰应用试验、八一钢铁水处理污泥、鄂城钢铁焦化脱硫废液生产硫胺、宝钢工程冷轧废水达标、湛江钢铁脱硫灰回收利用等研究与处理均取得突破性进展。二是持续开展产品创新，不断巩固提升差异化竞争优势。薄规格取向硅钢B18P080、B20R065、高强度高精度磁轭钢SXRE750实现全球首发，超大型液化石油气船用460LF-TM打破低温钢被国外钢厂垄断的局面，实现低温船板全面国产化替代。在高性能钢铁材料方面，形成以汽车用钢、硅钢、核电用钢、百米重轨、航空航天特种材料等为代表的高端精品家族，成为全球第一个具备第一代、第二代和第三代先进高强钢汽车板供货能力的厂商。冷轧汽车板国内市场占有率超过50%，高端取向硅钢实现品种全覆盖，高牌号硅钢比重持续提高，稳居世界前列。"高效率、低损耗及特殊用途硅钢开发与应用""高性能超高强汽车用钢"等"十三五"（2016—2020）重点研发计划项目，"汽车轻量化用吉帕级钢板稳定制造技术与应用示范"项目获冶金科学技术奖特等奖。三是加速推进智慧制造。宝钢股份实施智慧料场、焦炉四大车无人化、大型高炉及冷轧C008热镀锌机组远程操作等多个示范项目。韶关钢铁对烧结、炼焦、高炉、能源管控等进行集中控制，实现少人化、无人化、集控化。鄂城钢铁智慧制造体系能力明显提升。宝武炭材探索专业化多基地智慧制造。

2. 坚持高质量发展，以效益引领实现"做优"。通过科学化推进营运资金管理，强化"两金"（企业产成品占用资金和应收账款资金）常态化管控和加速货款现金回笼，使集团公司经营现金流达到全球业界第一。推进以"职能服务平台化、技术业务共享化、生产制造智慧化"为主线的效率提升举措，提升劳动效率，钢铁主业年人均钢产量达到960吨，同比增长18.8%。

3. 推进"亿吨宝武"战略落地，提高行业集中度和市场话语权，以规模引领实现"做大"。年内，正式启动湛江钢铁三号高炉系统项目建设；与江苏省、南京

市、盐城市人民政府签署战略合作协议，布局建设2 000万吨级规模的精品钢生产基地；以福建省支持罗源湾钢铁产业发展为契机，明确宝钢德盛精品不锈钢绿色产业规划，在有效解决生产瓶颈问题的同时，为不锈钢产能调整转移创造条件；系统策划棒线材规划，整合内部资源，进一步提高产品竞争力。

## 二、全面深化改革，国有资本投资公司体系建设加快

从"管资产"向"管资本"转变，打造"资本运作层—资产经营层—生产运营层"三层管理架构，完善公司体系建设。

1. 持续推进总部职能改革，构建价值创造型和战略管控型相结合的总部。推进武钢集团产业定位与改革发展，优化武汉总部运作机制，成立乌鲁木齐总部，国有资本投资公司统分结合、上海和区域总部分工协调的运营模式基本成型。

2. 多措并举，推进混合所有制改革。宝钢股份入选国务院国资委综合改革示范工程"双百行动"名单。欧冶云商在前期引入6家战略投资者和员工持股基础上，实施第二轮股权开放。宝信软件、宝钢包装实施各具特色的股权激励方案。

3. 全面推行"契约化"管理。充分授予子公司主要领导对副职的提名、评价、激励分配等权力，"一企一策"科学设定任期目标和战略任务；差异化设计针对性强的配套激励机制。年内，18家一级子公司签署3年任期经营管理责任书。

4. 形成非核心资产退出机制。

宝钢金属市场化转让上海宝钢气体有限公司51%控股权，在有序退出非核心业务的同时，走出了一条通过产业培育和资本运作实现国有资本保值增值的创新之路。推进宝钢不锈钢有限公司资产处置，完成1项整条生产线的转让搬迁、2个区域的资产评估、1个区域的资产上网挂牌及多项零星资产转让和评估。

## 三、助推产业升级，专业化聚焦整合成效显著

在"一基五元"（以钢铁产业为基础，新材料产业、现代贸易物流业、工业服务业、城市服务业、产业金融业协同发展）框架下，按照"一企一业、一业一企"原则大力推动跨区域、跨单元同类业务整合。

1. 钢铁单元强化协同，多基地一体化运营。宝钢股份确立多基地、制铁所的管理模式，进一步深化采购、销售、研发"三个统一"管理，产销研在统一的信息系统支撑下实现一体化运营，推进科技管理统一和研发资源集中配置。

2. 多元产业按照市场化交易的基本原则，坚持"聚焦向外、融合发展"，有序推进4批共24个专业化聚焦融合项目，涵盖环境资源利用、信息技术、金属制品、原燃料物流、产成品物流等多个业务领域，涉及25家法人单位、3家大集体企业。

## 四、落实国家政策，供给侧结构性改革硕果累累

1. 全面完成国务院国资委下达的"处僵治困"（处置"僵尸企业"，开展特困企业专项治理）工作目标。

2. 推进扭亏增盈工作。2018年，亏损子公司户数61户，同比下

降39户。

3. 推进法人压减（压缩管理层级、减少法人户数）工作。在2016、2017两年累计压减法人180户的基础上，2018年再压减69户，压减率达39.3%，超额完成国务院国资委下达的3年企业法人户数减少20%的目标。

## 五、强化专项治理，安全能环管理总体受控

1. 2018年，中国宝武区域内发生生产安全事故43起，65人受到伤害。其中，死亡14人，重伤1人，轻伤50人。年初发生一起煤气中毒较大生产安全事故后，面对开局不利的安全形势，中国宝武强化专项治理，全体员工积极应对。推进3D（风险大、环境脏、重复劳动岗位）智慧制造项目，提高安全本质化水平；深化落实企业主体责任，实施"长时间、全覆盖、不间断"安全督导；开展全体员工参与的岗位安全风险描述活动；推进冶金煤气等专项治理，构建安全风险分级管控和隐患排查治理双重预防机制。下半年，事故起数与伤害人数大幅下降。

2. 首次完成11家矿业公司现场环境风险普查，全面排查和整治生态环境保护问题，启动环境保护督查工作。完成一批烧结、焦炉烟气超低排放改造项目，实施百项节能技改项目，废水零排放重点项目有序推进，固体废弃物不出厂专项工作取得阶段性突破。吨钢综合能耗586千克标准煤，同比下降14千克标准煤；万元产值能耗1.09吨标准煤，同比下降9.9%；二氧化硫、化学需氧量和氮氧化物排放总量同比分别下降3.5%、2.9%、10%。

# 党委工作

## 一、深入学习贯彻习近平新时代中国特色社会主义思想和党的十九大精神

中国宝武党委理论学习中心组围绕《习近平谈治国理政》《习近平新时代中国特色社会主义思想三十讲》《习近平关于国有企业改革发展和党建论述摘编》等开展6次专题学习。组织开展集中培训，完成对2 174名党员领导人员的集中轮训。集团公司领导班子成员带头深入开展大调研，围绕企业党的建设、改革发展面临的重大问题，组成10个调研组，班子成员任组长，立项28个课题。成立中国宝武党建研究会，加强理论研究与实践经验总结。

## 二、完善党委发挥领导作用的体制机制

中国宝武党委全年召开常委会27次，审议议题214个，前置研究讨论"三重一大"（重大决策、重要人事任免、重大项目安排和大额度资金使用）经营管理事项74个。开展课题调研，针对各子公司规模、业务特征和党组织设置情况，进一步从体制机制和流程上梳理完善，分层分类指导，更好发挥党组织的领导作用。完善重点工作督办落实机制，以项目化方式对党委年度重点工作进行责任分解，通过书记办公会进行阶段性检查，并结合实际滚动更新、动态调整，推动党委重点工作落实落地。完善党委制度体系建设，初步构建由7大类25子项总计146个制度组成的党委制度体系。

## 三、落实党建工作责任制

贯彻落实"中央企业党建质量提升年"要求，制定工作方案，定期督办推进。做好2017年度党建考核反馈问题整改，举一反三，补好短板。强化党建责任制考核，制定中国宝武《二级党组织党建工作责任制考核评价暂行办法》。全面开展党组织书记抓基层党建述职评议考核，实现二级单位党委书记现场述职3年全覆盖。

## 四、加强领导班子和领导人员队伍建设

严格执行国有企业干部选用标准，做好干部选拔任用和日常管理监督，防止"带病提拔"。加强年轻干部队伍建设，制定《进一步加强优秀年轻干部发现培养选拔和领导班子队伍建设的实施办法》，增设青年工作处，加强优秀青年干部和青年人才的发现、培养。2018年，集团公司直接管理岗位干部人均年龄由51.4岁下降到50.2岁，年轻干部占比由17.1%提升到18.8%。

## 五、加强基层党组织建设

推进党组织按期换届，100%做到"应换必换"。加强党支部建设，编制形成《中国宝武党支部建设标准化规范化手册》。加强党员队伍建设，全年发展党员694名。开展新任书记任职培训、首期党支部书记工作实务竞赛等，加强党务工作者队伍建设。

## 六、加强宣传思想工作和企业文化建设

建立宣传思想工作和海外宣传工作领导协调机制，加强意识形态阵地管理。开展形势任务教育，领导带头落实逐级授课。做好新闻宣传和舆情管理，加大正面宣传力度，传播正能量。在中宣部等组织召开的庆祝改革开放40周年理论研讨会上，中国宝武党委作专题交流发言。

## 七、深入推进党风廉政建设和反腐败工作

制定《深刻吸取王晓林案件教训，深入开展自查自纠，持续推进中央巡视反馈意见整改的实施方案》，细化落实6个方面27项工作任务。严肃查处公车私用、超标准业务接待、违规接受供应商宴请及娱乐健身活动等问题，给予党纪、政纪处分50人。深化巡视巡察工作，初步构建上下联动的巡视巡察工作体系，制定《中国宝武巡视工作规划（2018—2022）》，组织实施3轮巡视。加大执纪审查力度，各级纪检监察组织受理问题线索553件，立案129件，给予党纪、政纪处分161人，自办案件占比86.8%。

## 八、加强对群团统战工作的领导

多次专题研究工会、共青团以及统战工作，推动群团统战工作改革创新，依法依规落实经费保障，支持相关团体组织开展活动。弘扬劳模精神，推进自主型员工队伍建设。开展劳动竞赛，落实"三最"（最关心、最直接、最现实）项目，推进青年人才队伍建设，实现党外人士信息动态管理，团结各条战线力量。统筹推进安全环保、维稳信访和保密工作，把党政同责落到实处。

（张文良）

*编辑：张文良　张　鑫*

02

特载

# 特　载

## 乘势而上　勇立潮头
## 谱写中国宝武新时代发展新篇章
### ——在 2018 年度工作会议暨职代会上的讲话（摘要）

中国宝武党委书记、董事长　马国强

2018 年 1 月 29 日

## 一、2017 年党建工作总结（略）

## 二、2018 年党建工作要点

2018 年，是贯彻党的十九大精神的开局之年，是中国宝武推进实施战略规划、深化供给侧结构性改革的关键之年，集团公司党委党建工作的总体工作思路是：全面深入学习宣传贯彻党的十九大精神，坚持以习近平新时代中国特色社会主义思想为指导，以党的政治建设为统领，牢固树立和增强"四个意识"（政治意识、大局意识、核心意识、看齐意识），坚决贯彻执行党中央的决策部署和国务院国资委党委的具体要求，坚持全面从严治党，继续推进"两学一做"（学党章党规、学习近平总书记系列讲话，做合格党员）学习教育常态化制度化，开展"不忘初心、牢记使命"主题教育，全面落实党建工作责任制，增强抓党建工作本领，不断提高党建工作质量，为公司全面落实五大发展理念，进一步深化供给侧结构性改革，做强做优做大国有资本，将中国宝武建设成为具有全球竞争力的世界一流企业提供坚强的政治和组织保证。

按照以上总体工作思路，我对新一年集团公司党建工作提七个方面的要求。

一是要深入学习、宣传贯彻党的十九大精神，用习近平新时代中国特色社会主义思想武装我们的头脑，指导我们的实践。学习、宣传贯彻党的十九大精神，是当前和今后一个时期公司的首要政治任务，习近平新时代中国特色社会主义思想内涵丰富、博大精深，不但要长期学，更要深入学，结合实际学，组织开展好党员领导人员学习贯彻党的十九大精神的集中轮训，确保学懂、弄通、做实。要进一步落实集团公司党委理论中心组学习制度化、规范化，推进"两学一做"学习教育常态化、制度化，组织开展"不忘初心、牢记使命"主题教育，覆盖到基层党支部、全体党员。坚持党的领导，加强党的建设，是国有企业的根和魂。要牢固树立"四个意识"，坚决维护以习近平同志为核心的党中央权威和集中统一领导，坚决同以习近平同志为核心的党中央保持高度一致，忠诚于党，听党指挥。要严明政治纪律和政治规矩，集团公司的党员领导干部要始终牢记第一身份是共产党员、第一职责是立党为公，不断提高政治觉悟和政治能力，始终做政治上的明白人、老实人。要进一步严肃党内政治生活，当前，各级党组织要以中央政治局民主生活会为标杆，开好本单位领导班子民主生活会。2018年，国务院国资委党委将出台中央企业加强党的政治建设指导意见，届时，公司各级党委要抓好贯彻落实。上半年要组织召开好中国宝武第一次党代会，认真贯彻落实党的十九大精神，对集团公司党委今后五年工作进行全面部署。

二是要大力加强领导人员队伍建设。党的十九大报告中提出要"建设高素质专业化干部队伍"，我们要认真贯彻落实，严格按照党管干部原则，突出政治标准，切实选好用好干部、从严管理干部、真心关爱干部，努力建设一支政治过硬、素质优良、结构合理、充满活力的干部队伍。选人、用人要突出政治标准，要把是否对党忠诚、牢固树立"四个意识"作为首要标尺，重视干部一贯政治表现，进一步规范子公司选人、用人管理，扎实开展公信度测评，营造风清气正的选人、用人环境。要切实加强干部管理和监督，中央将制定中央企业领导人员管理规定，进一步完善干部选拔任用、教育培养、管理监督制度体系，我们要抓好贯彻落实。要注重对领导人员的日常监督和管理，坚持抓早抓小、防微杜渐，对苗头性问题做好提醒、函询、诫勉，切实履行好监督执纪问责责任。要加强干部培养，关心干部成长，充分调动各级干部干事创业的积极性。

三是要层层落实党建工作责任。各级党委要抓住党建工作责任制这个"牛鼻子"，继续完善"述评考用"相结合的工作机制，面对党要管党、全面从严治党的新形势、新要求，自我加压，强化政治担当，切实履职尽责，构建"压实责任—量化考核—反馈整改"的党建工作闭环。各级党组织要切实履行好主体责任，党委书记要履行好第一责任，专职党委副书记要履行好直接责任，班子其他成员要履行好"一岗双责"(党员干部在做经济建设、履行本职岗位应有的管理职责的同时，还要对所在单位的党风廉政建设负责)，进一步形成一级抓一级、层层抓落实的工作局面，加强对履责情况的监督检查。要认真落实国务院国资委党委《中央企业党建工作责任制考核评价暂行办法》，结合实际建立完善党建工作考核评价指标体系，修订完善评价考核办法。

四是要加强党的基层组织建设。要确保党和国家方针政策、上级党组织工作要求在基层贯彻执行，确保党管干部和党管人才原则、党风廉政建设主体责任在基层得到落实，进一步提升基层党组织对思想政治工作、企业文化建设、统一战线工作和群团工作的领导质量。要以提升组织力为重点，真正把基层党组织建设成为坚强的战斗堡垒，促进全体党员充分发挥先锋模范作用。国务院国资委党委将印发《中央企业基层党支部工作规则》，部署实施党支部建设整体提升工程，各级党组织要抓好落实，努力打造基层示范党支部。要加强基层党组织带头人队伍建设，开展基层党组织书记、党务干部轮训。要创新基层党建工作方式，将"宝武党建云"真正打造为各级党组织开展党务工作的平台和方便党员参加党内政治生活、履行权利义务的有效载体。

五是要加强宣传思想工作。要紧紧围绕党的十九大精神、习近平新时代中国特色社会主义思想和公司中心工作开展学习宣传，贯彻落实国务院国资委党委2018年度中央企业宣传思想工作会议精神。开展好形势任务教育，确保正确的政治导向和思想引领。认真贯彻落实党委意识形态工作责任制，牢牢把握意识形态工作领导权。加强阵地建设和管理，推广运用好"中国宝武"资讯平台，规范党员干部网络言行，加强对公众账号、群组、网上论坛等新媒体平台管控，做好舆情引导与监测，健全网络安全责任制。要继续策划好对外宣传，持续提高中国宝武的声誉和影响力，维护好中国宝武的形象。

六是要持续推进党风廉政建设。要认真贯彻落实习近平总书记在中国共产党第十九届中央纪律检查委员会第二次全体会议上的重要讲话精神，全面落实中央纪委、国务院国资委工作部署，切实履行党风廉政建设主体责任和监督责任，驰而不息加强作风建设，坚定不移惩治腐败，推动全面从严治党向纵深发展。要从紧、从严抓好《关于深入贯彻落实中央八项规定精神进一步加强作风建设的实施意见》的制度落实，加大监督执纪力度。要推进全面从严治党向基层延伸，不断健全责任分解、监督检查、考核评价、问责追究等完整链条，确保责任内容具体，责任主体明确，责任追究规范。进一步完善权责对等、责任清晰、强化担当的主体责任落实机制，严格执行问责制度。要加强对贯彻落实党的十九大精神和党章党规执行情况的监督检查，把基层党组织的巡察工作与巡视工作有机结合起来，不断完善巡视、巡察上下联动的监督网。要探索推进纪检监察体制机制改革，总结韶关钢铁纪检派驻制试点经验，不断深化与企业改革发展相适应、与监督执纪工作要求相匹配的机构设置及运作模式。要加大执纪审查力度，突出纪律审查重点，严肃查处发生在重点领域、关键环节的各类案件。要加强党性、党风、党纪教育，突出警示教育，筑牢思想防线，让广大党员领导人员受警醒、明底线、知敬畏。

七是要全面增强抓党建工作本领。习近平总书记在党的十九大报告中指出，我们党既要政治过硬，也要本领高强。集团公司党员干部要学思践悟，全面增强抓党建工作本领。要增强学习本领，营造善于学习、勇于实践的浓厚氛围，加强党建理论和业务知识学习，坚持学原文学经典，特别要加深对习近平新时代中国特色社会主义思想的理解把握。要增强政治领导本领，既要统揽全局、牵住"牛鼻子"，又要抓住要害、找准着力点，准确把握中央和上级党组织的各项部署要求，坚持围绕生产经营开展党建工作，切实把党的政治优势转化为企业的发展优势和竞争优势。要增强改革创新本领，遵循党建工作规律，注重深入基层调查研究，坚持问题导向，坚持闭环管理，善于结合实际创造性推动工作，善于运用互联网技术和信息化手段开展工作，集中精力抓好党建基础工作和重点任务落实，对各级党组织新任党委书记、党委副书记、党委委员、党委组织部长和副部长要及时组织培训，加快能力提升。要增强群众工作本领，深入贯彻"以人民为中心"的发展思想，坚持全心全意依靠工人阶级办企业的方针，深化员工岗位创新，建设知识型、技能型、创新型员工队伍，激发

技术工人的荣誉感、自豪感和获得感。要始终把职工的冷暖放在心上，做好职工维权工作，发挥工会、共青团等群团组织联系群众的桥梁纽带作用。要创新群众工作方式方法，不断提高服务能力和体系能力，动员全体员工坚定不移跟党走，广泛团结统战人士，调动他们为改革发展建言献策的积极性。要增强狠抓落实本领，坚持说实话、谋实事、出实招、求实效，勇于攻坚克难，以钉钉子精神做实做细做好各项工作。要增强驾驭风险的本领，健全廉洁风险、意识形态安全风险、网络安全风险等各方面风险防控机制，善于处理各种复杂矛盾，既要高度警惕"黑天鹅"事件，也要防范"灰犀牛"事件，牢牢把握工作主动权。

## 三、关于经营管理工作的几点意见

### 1. 安全生产工作

2018年，集团公司颁发的1号文件就是关于安全工作的，第一次行政会议的第一个议题就是安全工作，可见我们对安全工作的重视。从2017年安全指标完成情况来看，应该说和以前相比进步明显，总体趋稳。但2018年刚开年没几天，就有子公司发生了工亡事故，这是我们大家都不愿意看到的。今天的中国宝武产业领域多，地域分布广，安全风险自然也多，确保安全生产的难度越来越大。但是，这不能成为发生事故的理由。我们的管理者，包括所有员工在安全生产上都不能有一丝一毫的放松，任何松懈带来的后果都无可挽回，令人痛心疾首。

安全生产是红线，但凡有了安

全事故，肯定会影响我们的生产，影响到员工的健康。安全第一，怎么强调都不为过。解决安全问题的根本还是在基层。首先大家要坚持问题导向、持之以恒，"党政工团"齐抓共管，抓好安全文化和基层基础管理工作，继续发动全员查找岗位安全隐患，并及时组织整改。其次，要严格管理、压实责任，敢管敢严、常管常严，抓好全员安全生产责任制工作，强化"层层负责、人人有责、各负其责"的工作体系。再次，要深刻认识到，安全生产、科技创新是遏制事故的重要支撑，通过推进智慧制造、建设"黑灯工厂"、无人车间等措施，提升安全本质化水平。这几个方面，基层的安全生产管理近年来也积累了一些好的实践、好的案例，可以通过多种形式开展交流研讨，把安全文化的氛围营造好，把安全文化的基础做扎实。

### 2. 关于节能环保

对于钢铁行业这样一个能源消耗高、环境负荷压力大的行业来说，节能环保是一个绕不过去的坎，我们必须尽最大努力做好，别无选择。根据2015年1月1日正式实施的《中华人民共和国环境保护法》，发生严重的环境污染案件，是要追究刑事责任的，责任者是要进监狱的！这两年，集团公司内也有子公司因为违规排放受到了罚款处罚，被追究了责任，教训深刻。2018年1月1日，《中华人民共和国环境保护税法》开始正式实施，环保税定位为地方税种，不言而喻，今后各地方对环保会更加关注，因为有了更大的经济驱动力。目前在中国，位于省会城市的大钢厂共有6个，其中中国宝武就占了4个，

所以环保工作丝毫不能放松。否则，我们的都市钢厂就难以立足。

除了投入之外，我们更应从管理上认真对待，特别是无组织的排放，要杜绝发生。这个问题，从管理上是能解决的。2017年上半年，某子公司污泥排放问题，虽然不是我们的直接过错，但上了报纸、上了电视就由不得我们了，任何申辩都毫无意义。这也表明，钢厂环保工作的一举一动都是当地政府监管部门、媒体和群众监督的重点，一旦有过失，就会引发一系列严重后果。中央开展环保督查以来，各地环保处罚力度和数量都大幅提升，我们面临更大的压力。如何化解这种压力？除了方方面面都要加倍重视，主动应对新时代对环保的新要求，各业务单元在做发展规划、拓展业务的时候，还必须要充分考虑环境容量和能耗总量问题，要把这些作为重要的前提和约束条件，不能想当然地认为没问题，要把困难和风险考虑在前面。通过统筹策划，把风险控制在源头，把对策设计在开头，从根本上扭转被动局面。另外，基层基础管理中不能出现环保管理的盲点，尤其要杜绝无序排放、无组织排放的发生，要进一步加强督查检查、问责追责。

## 3. 坚持"有所为、有所不为"，发挥战略规划的引领作用

中国宝武的战略发展要坚持钢铁主业不动摇。钢铁是我们的主业，在任何时候都不能把钢铁弱化了，这既是由钢铁对国民经济发展的重要性决定的，也是中国宝武作为中国钢铁行业"领头羊"地位决定的。所以，我们在《中国宝武钢铁集团有限公司战略规划（2016—2021）》中提出，一方面要把现有的钢铁基地做好，另一方面要有足够的控制力和影响力。考虑本轮规划期末具有1亿吨的产能规模，也就是说，要占有中国钢铁市场15%～20%的份额。同时，也要看到，中国宝武钢铁基地大多分布在一线、二线大城市，这样的布局特点使钢铁主业在当地的发展空间受到一定限制。中国有句古话叫"化危为机"，我们在这样的危机中同样看到了机会。经过多年在这些城市的精耕细作，我们也积累了很多资源，例如武钢集团的海绵城市建设，上海吴淞口创业园就做了很好的探索和尝试，中国宝武在本轮规划中提出的其他重点发展的业务板块，就是基于外部环境和内部资源、优势与劣势分析，结合集团公司下一步定位提出来的。

首先，要正确看待和理解战略规划的作用。战略规划发挥的是引领作用，描绘的是未来的发展方向，它不是一个刚性的年度预算。通过战略规划的指引，我们把中国宝武的人力、资金等资源都集中在这样的一个方向里面去努力，对于现在不符合或者明显不符合这个方向的，我们该退出要退出，这就是从战略规划的角度"有所为、有所不为"。五年、十年后大家可能会说，"一基五元"里我们干成了3个，那我觉得也是成功的。

我要说的另一点是，既然战略规划发挥那么重要作用，战略规划制定本身也是一项非常具有挑战性的工作。我们制定战略要站得高、看得远，在充分分析、论证的基础上，看清前方的路。要研究把握好下游产业的发展方向，类似趋势性的东西，我们的规划要考虑进去。战略规划编好了，也不是一劳永逸的，要随着对未来认识的不断深入，对未来判断的逐步清晰，做好战略规划的滚动修订。战略规划不是摆设，要发挥引领作用，下一步各子公司在编制自己的业务规划时，要充分考虑战略落地的实施路径，对于准备战略退出的业务，要制订好退出方案，形成规划与各项工作的有机结合和闭环管理。希望各子公司在制订、调整自己的战略规划时要再下功夫。所谓战略，就是解决干什么和如何干的问题，这两个问题没解决好，源头上偏了，战略规划就会发生方向上的错误。

## 4. 要坚定不移深化改革

中国宝武是在供给侧结构性改革的大背景下成立的，作为国有资本投资试点企业，探索和深化改革是党和国家赋予我们的使命。改革的目的是为了更好地应对未来的竞争，否则商场如战场，不进则退，我们现在不改，到最后就会丧失竞争力。这种惨痛的教训，大家在近些年应该看到不少了，一些钢铁企业重组失败的案例，就是我们的前车之鉴。我们要靠自己的主动作为，强身健体，提质增效。要走在改革的前面，避免重蹈覆辙。

如果对改革的必要性大家达成了共识，接下来就是怎么改的问题，也就是构建什么样的体制和机制。中国宝武作为国有资本投资试点企业，将来要坚持母子公司体制，集团公司行使股东的职权，有进有退。关于事权，谁的事谁决策，谁决策谁受益，谁受益谁承担责任，这是最基本的原则，是我们的指导思想。

体制确定了，与这个体制相配套的机制也要跟上，我认为机制里很重要的一点就是考核和收入分配。从2018年开始，我们对各一

级子公司管理层实施任期经营责任制，集团公司授权各子公司主要的负责人去组班子，并创造条件在任期内保持领导班子的相对稳定。3年以后，你这个班子可能干得很好，但是没有达到集团公司的预期，或者有人干得比你更好，那你也得下来。任期结束，你的岗位就没有了，哪个班子到了任期，集团公司没有继续聘用你，那你就不是班子成员了。我们希望通过这样的方式来解决"干部能上能下、干部薪酬能多能少"的问题。这样的标准，其实体现在考核上，就是战胜自己，跑赢大盘，战胜同行。我们的收入分配也是按照这样的考核思路来设定的，收入构成三部分，一部分是基本的，一部分按照年度绩效，还有一部分是超额分享的部分。设置这样的机制，每一个管理团队都能够算出你们公司员工收入蛋糕有多大，让广大的员工也都能了解。比如说，今年实现160亿元利润，我们公司有多少分享，200亿元有多少分享？分享的部分不是固定的，明年利润下来了就没有了，明年利润比今年高，明年分享的这一块就比今年还要多。这样透明的利益分享机制，有利于把大家的力量汇聚到一起，为了共同的目标而奋斗。

这里，我还想提一提商业计划书。商业计划书是一种管理工具，目的是将规划转化为我们实实在在的可执行的计划。有些子公司最初提出的商业计划书，战略定位不太准确，逻辑上还存在一些问题，对2018年的商业计划书还需要重新审视、修订，让商业计划书真正发挥好管理的作用，而不是走形式，或是偏离了方向。千万不要为了做而做，要坚决杜绝计划和执行

"两张皮"的现象。

## 5. 高度重视、管好公司现金流

现金流是企业经营的生命线。这个问题也是老生常谈了，但是，我们今天还不得不再来谈一谈。2017年，集团公司重点管控的经营现金流量不尽如人意。从年初到年末，集团公司合并经营实得现金流一直比经营应得现金流少100亿元~150亿元。有的单位在集团公司反复提示、多次严厉要求下，"两金"占用仍不降反升，有的单位盈利处于微利状态，"两金"占用却接近全年销售收入的50%；有的单位"两金"占用居高不下，依靠年末运动式的"打老虎"，才完成年度管控目标。没有现金流支撑的利润，从财务的角度来说就是假的利润，或者说是没有实现的利润。因为，这过程中存货可能会跌价、应收账款可能会收不回来。资金是有机会成本的，这个意识大家得有。遇到外部经济形势不佳的时候，手上有粮，才能心中不慌；账上有现金，才是王道。

从另外一个角度来说，从现金流管理入手，就抓住了提升企业整体效率和能力的"牛鼻子"。如何管理好现金流呢？首先，要抓住市场机遇，尽量多地先把利润挣到手。其次，对存货的跌价风险要时刻警醒，长账龄的应收账款要下决心加大处置力度。2018年，经营现金流的被动局面必须彻底扭转，各级经营单元的一把手务必高度重视，亲自抓好现金流的工作，经营实得现金流必须要大于经营应得现金流。第三，不得开展融资性贸易。国务院国资委发过相关文件，集团公司也明确颁布《经营风险控制十条禁令》，但融资性贸易仍屡

禁不止。我再强调一次，十条禁令就是经营活动的红线，大家不要去碰，碰了就要承担相应的责任。

## 6. 进一步"瘦身健体"，做好压减工作

2017年，中国宝武打了一场漂亮的压减攻坚战。提前一年半超额实现"三年任务两年完成"的目标。在压减过程形成的"退"的能力，弥补了国有资本投资公司"融、投、管、退"中"退"的能力短板。下一步，要形成长效机制，使压减工作体系化、制度化。2018年，除做好已纳入商业计划书的压减法人任务外，还要做好参股公司的"瘦身"工作。中国宝武家大业大，参股公司数量很多，但梳理下来符合战略规划的、盈利的不多，各责任单位要根据集团公司的总体安排，一企一策，完成任务，提高集团公司的资源配置效率，实现价值最大化。

## 7. 继续推进人事效率提升

人事效率提升是一项未雨绸缪的工作。随着科技的飞速发展，以及中国人工成本的持续上升，劳动力成本优势正在迅速消失。宝钢股份是我们最具竞争力的钢铁公司，但韩国浦项制铁公司的人均钢产量是宝钢股份的两倍以上，而且还在不断提高。对标之下，一个很明显的问题就是人多，要坚定不移地把人力资源优化的工作继续推进下去，不要因为眼前日子好过一点就有所放松，等到困难的时候就没有这个承受能力了。

人事效率提升8%是我们的底线。再深一层打开看一下，我们的管理效率、营销效率、采购效率，或许比生产一线的效率差得还要多。如果一线工人效率提升还

有10%潜力的话，恐怕管理人员和技术人员的效率提升潜力还有20%～30%。我这里讲的技术人员是指大学毕业进入公司没有进入管理岗位的人员，这样的人群是很庞大的，接下来人力资源优化工作应该在这方面发力。

当然，推进人事效率提升不等同于减员。各公司要把员工当作一种资源、资产、资本，坚持"聚焦向外、融合发展"，在促进产业升级、业务发展中充分发挥现有人力资源作用。要注重本质化人事效率提升举措，从源头上减少劳动投入，增加人力资本价值创造。处于业务成熟期的单元，尤其是钢铁主业，要坚持"员工与企业同步转型发展"的原则，做好员工的转岗转型工作。对于业务快速发展和业务培育期的新兴业务板块，主要任务是做大规模和效益，同时为员工转型发展创造更多机会。

在大力推进人事效率提升过程中，要坚持多转少留、多退少养、控制成本、降低风险的指导方针，进一步丰富多种退出渠道和外部再就业渠道。人事效率提升工作的要求，要体现在人工成本管理、工资总额管理中，要逐年降低人工成本占企业总成本的比重。要进一步优化激励约束分享机制，着力解决长期制约人事效率提升的瓶颈问题。要进一步加强与政府相关部门、企业、专业机构的合作，为员工重新上岗或自主择业创造条件，为员工向集团公司外部转型提供帮助。

这些年，我们的人员流失率有所上升。市场经济发展到今天，人力资源社会化、共享化已是一个必然的趋势。如何把我们的人才用好、用活？希望我们各级管理者都要心中有数，要把我们所有的人才分分类，对哪些是我们的核心人才必须要留住的，心里要有本账。哪些人才是必须留住的，哪些是属于两可的，哪些是我们希望他转岗的，必须要做好区分。

## 8. 牢固树立合规经营意识，充分发挥审计的风险防范作用

我们要深刻认识到，合规经营不仅是中央对国有企业的要求，同时，也是我们自身防范风险、实现可持续健康发展的基础和前提。各级管理人员要严守政治纪律，将国家和集团公司的各项政策要求落到实处；严守财经纪律，坚决杜绝财务信息造假；严守经营纪律，不断完善内部控制体系。审计体系要勇于揭示风险，敢于查找短板，审计工作一定要发挥防范风险、为经营活动保驾护航的作用，进而树立审计的权威；领导班子要充分利用审计成果，发现问题要严格追责，杜绝"干的人随意违规，反正后面有人收拾"的现象和观念。

## 9. 做好党风廉政建设和反腐败工作，搞好作风建设

各级领导班子和领导人员是引领中国宝武改革发展的核心，必须坚守责任担当、严守纪律规矩、带头改进作风，以饱满的激情团结带领广大职工群众打赢改革发展的攻坚战。具体来说，首先是要强化纪律规矩意识。要严守政治纪律、组织纪律、廉洁纪律、工作纪律；要自觉接受监督，在接受监督中提高思想境界、增强领导能力，习惯在接受监督中履职尽责。其次要强化责任担当意识。要切实承担管党治党的政治责任，把落实"两个责任"（党委负主体责任、纪委负监督责任）作

为适应新常态的主要抓手，做到责任覆盖无盲区、压力传导无衰减，推动全面从严治党向基层延伸、向纵深发展。要坚持用制度管权、管事、管人，以制度的刚性约束和从严问责，把全面从严治党落到实处。第三要带头改进工作作风、保持工作激情。要认真学习领会习近平总书记在形式主义、官僚主义的十种表现方面的指示精神，带头落实《廉洁从业八条禁令》和《加强作风建设的实施意见》等各项规定。要破除畏难等靠的情绪，破除懈怠不为的状态，以良好的精神状态、务实的工作作风，积极应对困难和挑战。要带头转变作风、身体力行，以上率下，形成"头雁"效应。

## 10. 做好维稳工作，处理好改革、发展和稳定的关系

改革是动力，发展是目的，稳定是前提，各级领导干部必须把握好这三者之间的关系。全面深化改革必须坚定不移往前推进，如果我们怕不稳定，不去推进改革，那就不能解放我们的生产力，到最后会带来更大的不稳定。要坚持发展是第一要务，有很多问题是需要靠发展才能解决的，但是改革也好，发展也好，稳定是前提，要把工作做实、做细、做扎实。要严格落实信访工作责任制，形成一级抓一级、一级对一级、层层抓落实的管理链条。在方法上，我们一定要坚持依法依规的原则，在我们手上不要再产生因为我们所做的事情不合情、不合理、不合法、不合规而导致今后的维稳信访事件，也就是既要经得起历史的检验，也不造成未来的历史遗留问题。同时要坚持以人为本，学会换位思考，掌握带着感情做工作的方法。

# 开启产业报国新征程　铸就中国宝武新辉煌

## ——在 2018 年度工作会议暨职代会上的工作报告（摘要）

中国宝武总经理　陈德荣

2018 年 1 月 29 日

## 一、2017 年工作回顾（略）

## 二、当前形势任务和 2018 年总体工作要求

2018 年，是贯彻落实党的十九大精神的开局之年、改革开放 40 周年。中国宝武迎来了新的发展机遇，也面临着纷繁复杂的改革发展任务，必须乘势而上、积极作为。

### 1. 外部环境依然复杂，宏观经济风险犹存，钢铁行业仍在深度调整

近期，全球经济仍将保持增长态势，但深层次结构性矛盾尚未得到根本性解决，各种"黑天鹅"事件、"灰犀牛"事件的突发性风险犹存。中国经济在整体稳中向好的同时，仍将面临方式转变、结构调整、动能转换的压力，经济发展与调整的任务十分艰巨。2017 年钢铁行业年景不错，但盈利能力仍低于工业平均水平，行情上扬并未改变行业长周期调整趋势。随着生态文明建设提到前所未有的高度，各地纷纷加大减排力度，钢铁行业尤其是城市型钢铁企业在能源环保方面承受的压力更大。预计 2018 年国内钢铁行业供求都难以增长，行业利润可能还会波动。对此，我们要有清醒的认识。新兴经济对传统行业带来冲击，也提供了新机遇。以"互联网＋"为代表的新兴产业的蓬勃发展，在淘汰落后生产力的同时，也正在创造更多产业机会。大数据、共享经济、人工智能等正深刻改变经济、社会形态。今天的传统制造业必须主动求变，才能跟上时代步伐，赢得生存发展机会。

### 2. 新生的中国宝武面临诸多问题和挑战，亟须解决

从外部对标看，实力提升迫在眉睫。曾几何时，我们笼罩在"国内行业最优"的光环之下，自豪于以不到全国 6% 的粗钢产量、贡献了行业 30% 以上的利润，与我们正面竞争，是绝大多数钢铁企业不敢想象的事情。而如今，业界最优地位岌岌可危。中国钢铁工业协会数据显示，截至 2017 年 11 月，在 94 家大中型钢铁企业对标中，我们的销售利润率、吨钢利润、存货周转率分别位居第 37 名、第 18 名和第 77 名，存货周转率甚至还劣于平均值。与国际先进同行相比，销售利润率、吨钢利润、劳动效率等都有较大距离。从 2017 年前三季度数据看，我们以全球第二的规模仅实现第四的利润。中国宝武面临从"标兵"滑落到"追兵"的危险。从内部管理看，经营质量有待提升。"两金"管控还需加强，现金流管理不够理想。在营业收入、利润大幅增加的情况下，集团公司经营活动现金流情况并没有得到根本性改善，经营实得现金占应得现金的 80%。扭亏增盈前路漫漫，以 2017 年良好的市场环境，集团公司的亏损面和亏损率仍然达到 19.2% 和 11.3%。2018 年，扭亏难度只增不减，已经完成处置任务的"僵尸企业"、特困企业也存在反弹的风险。参股公司价值贡献度低。截至 2017 年底，全集团公司累计参股投资 361 户，但其中历史有分红记录的不到半数，累计分红仅收回投资成本的三分之一，投入和回报明显不成正比。此外，我们还发现违规开展低收益、高风险业务，违规开展融资性贸易等问题，暴露了我们管理上的短板。这些问题的产生，需要从主观上来认识和发掘深层次的原因。

一是改革攻坚任务艰巨，体

制机制尚待完善。从国有资本投资公司角度看，我们与成熟标杆差距明显，钢铁产业独大局面没有改变，新动能培育壮大尚需时日。国有资本投资公司平台的功能定位有待探索，如何实现以管资本为主开展产业布局，做好产权制度改革和要素市场化配置，充分激发企业经营发展内生动力等都需要着力研究并深化完善。

二是聚焦融合刚刚起步，转型发展任重道远。中国宝武新一轮规划明确提出：到2021年，实现钢铁产能规模0.8亿～1亿吨，这部分新增产能显然不能走投资新建的老路，但可复制、可推广的并购重组等资本运作模式仍在摸索过程中。非钢业务中，不少子公司业务繁杂，低、小、散问题突出。在约500户子公司中，营业收入小于500万元的达106户，与目标相去甚远。即使已经实现了部分业务整合的子公司，要实现深度融合还需时日。

三是思想藩篱亟须打破，创新能力有待提升。我们的干部队伍还不能完全适应集团公司快速发展的需要，必须解决愿不愿、敢不敢和会不会三个问题。愿不愿：少数管理者安于现状，缺乏干事创业的激情和开疆拓土的闯劲，不愿啃硬骨、闯难关、涉险滩。或者是因为2017年取得了多年未遇的好成绩，有了喘口气、歇歇脚的念头。敢不敢：少数管理者对新使命、新征程理解不够深刻，尚未融入集团公司发展战略。习惯于基于现有资源和能力来制定目标任务，不敢突破条条框框，不敢打破惯性思维，不够担当，做事瞻前顾后、缩手缩脚。会不会：当前，

不少管理者对于国有资本投资公司是什么、怎么做仍存在困惑，缺少破解困难和问题的招法，不善于引资引智、借力发展，相对于钢铁板块，多元板块在能力和资源方面挑战更大。

## 3. 新时代标明新方位，新征程提出新任务

党的十九大把习近平新时代中国特色社会主义思想确立为我党必须长期坚持的指导思想，明确指出：国内社会主要矛盾已经转化为人民日益增长的美好生活需要和不平衡不充分的发展之间的矛盾，国内经济已由高速增长阶段转向高质量发展阶段，要坚持统筹推进"五位一体"（经济建设、政治建设、文化建设、社会建设、生态文明建设）总体布局，协调推进"四个全面"（全面建成小康社会、全面深化改革、全面依法治国、全面从严治党）战略布局，以供给侧结构性改革为主线，推动经济发展质量、效率和动力变革，加快国有经济布局优化、结构调整、战略性重组，促进国有资产保值增值，推动国有资本做强做优做大。中央经济工作会议强调：要加快国有经济布局优化和结构调整，以国有资本投资、运营公司为平台，推动国有资本投向符合国家战略的领域。中央企业负责人会议要求：2018年，国有企业效益要实现稳定增长，国有资本保值增值、回报率进一步提升，流动资金周转率进一步提高，资产负债率进一步下降。这一系列战略部署和工作要求，为中国宝武2018年工作指明了方向。

进入新时代、开启新征程，中国宝武担负着义不容辞的时代责任，必须在加快实现两个百年奋斗目标、开创复兴伟业的时代坐标中找准定位、坚定地追求卓越。作为深化供给侧结构性改革的排头兵，必须提高供给体系质量，不断培育新动能，解决发展不平衡不充分的问题。作为中国制造的主力军，必须坚持创新引领，在提高发展质量、助推制造强国、质量强国建设方面作出更大贡献。作为国有资本投资公司试点单位，必须全面深化改革，做强做优做大国有资本。作为以"全球钢铁业引领者和世界级企业集团"为愿景的行业龙头，必须构建国际竞争新优势，加快成为具有全球竞争力的世界一流企业。

2018年，是中国宝武首个战略规划正式实施和全面推行任期制的开局之年，是中国宝武全面深化改革创新、转型发展的关键之年。2018年，中国宝武经营管理工作的总体指导思想是：全面贯彻党的十九大、中央经济工作会议和中央企业工作会议精神，按照"五位一体"总体布局和"四个全面"战略布局要求，坚持以供给侧结构性改革为主线，统筹改革创新、转型发展等各项工作，在集团公司党委和董事会领导下，加大改革力度，激发体制活力；推进全面创新，保持行业引领；强化规划牵引，加快聚焦融合；加速提质增效，加强运营管理。确保经营业绩跑赢大盘、超越自我，坚定不移地追求卓越。生产经营目标是：粗钢产量6 690万吨，不变价同口径的营业收入4 700亿元，利润水平同比显著提升。安全生产目标是：进一步提升安全管理体系能力，区域内所有事故的管理改善措施100%落

实，不发生较大及以上生产安全事故，伤害频率稳步下降。能源环保目标是：完成国家、地方政府下达的节能减排责任目标，二氧化硫排放总量同比下降1%，氮氧化物排放总量同比下降1%，化学需氧量排放总量同比下降0.6%，不发生重特大环境污染事件，吨钢综合能耗同比持续下降。维稳工作目标是：不发生有重大社会影响的群体性事件。

2018年工作，要重点把握好以下几个方面：

坚持党的领导不动摇。坚持党对一切工作的领导，充分发挥党委领导作用，把方向、管大局、保落实。进一步增强政治意识、大局意识、核心意识、看齐意识，完善配套体制机制，为国有资本做强做优做大提供坚强保障。

坚持深化改革不动摇。深刻理解、准确把握全面深化改革的新形势、新任务，紧紧围绕增强活力、提高效率，坚决破除束缚企业发展的体制机制障碍，加快构建灵活高效的市场化经营机制。

坚持转型调整不动摇。围绕战略规划确定的"一基五元"业务组合和"千百十"（形成若干个千亿元级营业收入、百亿元级利润的支柱产业和一批百亿元级营业收入、十亿元级利润的优秀企业）目标，加快业务聚焦融合和转型发展步伐，积极推进存量业务调整，努力培育新的业务模式，充分释放重组协同红利，全力提高发展质量。

坚持创新驱动不动摇。要以创新作为高质量发展的第一动力，加大技术创新投入力度，激发人才创新创业活力，以"互联网＋"推进商业模式创新，瞄准一流企业对标找差，建立体制和管理创新长效机制，进一步增强核心竞争力。

坚持共同发展不动摇。贯彻新发展理念，秉承"促进企业各利益相关方共同成长"的使命，坚持共建共享、协同发展，促进与各利益相关方共同成长与和谐发展。

## 三、2018年重点工作

### 1. 加大改革力度，打造体系优势

深化国有资本投资公司功能定位的总部建设。围绕"产业研判、资本运作、投资发现、风险管控"能力提升，强化总部资本运营层功能，以合规（规划、规范）性管理为核心，提高总部管理效率和服务能力，进一步优化总部机构设置，完善职能设置和运作机制。充分发挥战略投资和资本运作协同中心作用，深化城市新产业和产业金融等业务中心体系能力建设。基本完成总部服务部门和单位的改革，提高共享服务效能，大幅降低运行成本。积极打造价值创造型总部，大力提高资产与资本运营效益，严格控制编制和开支，保持盈利能力稳步提升。积极探索武汉区域总部建设运营模式。

完善战略规划管理和执行体系。改革集团公司规划管理体系，体现股东意志，以《中国宝武钢铁集团有限公司战略规划（2016—2021）》为基础，转变规划管理方式，以年度规划执行情况及外部环境评估为依据，滚动推进战略规划修订完善，强化规划的引领作用。进一步完善绩效驱动型战略执行体系，以"追求卓越"为目标，全面实行正常运营子公司的任期经营责任制，持续提升战略执行能力。以"超越自我、跑赢大盘"为要求，优化商业计划书编制，完善管理报告、绩效考核评价及分配制度和相应的工作体系，实现年度战略执行体系的闭环管理。

深化三项制度改革。聚焦企业家精神激发和培育，全面提升领导力，完善与任期经营责任制相关的责、权、利明晰的契约化管理办法；进一步优化完善领导人员岗位、层级和薪酬管理体系，完善激励机制，加大激励力度；优化董事、监事择优选聘机制，完善董事会、监事会管理体系。多措并举，进一步提高劳动效率，坚持年均8%的劳动效率提升底线要求；按照精细化管理原则，优化集团公司支持政策和考核激励机制，引导督促子公司大幅提升劳动效率；优化各类用工模式，继续加大员工社会化转型力度，加大技能培训，鼓励创新创业。持续优化分配制度改革，激发改革动力，建立员工收入与企业效益、个人绩效、区域市场价格相适应的动态增长变动机制，进一步促进员工收入能增能减，充分调动员工积极性和创造性，保障企业健康有序发展。

深化股权多元化、混合所有制改革。一企一策，稳妥有序推进子公司股权多元化和混合所有制改革，支持华宝投资、宝钢金属等子公司引进外部战略投资，助力企业转换经营机制，放大国有资本功能。系统总结欧冶云商员工持股试点经验，鼓励集团公司下属上市公司开展股权激励，探索更加灵活的激励机制。结合子公司股权多元化、混合所有制改革、业务发展定位和管理关系调整，健全企业治理体系。

基本完成"三供一业"（供水、供电、供气和物业）、企业办市政和社区管理等职责的分离移交，厂办大集体改革取得新进展。以经济性和切实减负为原则，基本完成"三供一业"职责移交，以及企业办市政和社区管理移交的收尾工作。加快厂办大集体改革，年内完成八一钢铁、梅山公司厂办大集体改革，完成武钢集团厂办大集体改革方案制定并大力推进实施。

## 2. 保持行业引领，着力创新突破

坚定全球钢铁业引领者愿景。要在巩固提升宝钢股份四个基地整合融合效益，继续实施重点单元协同支撑工作的基础上，以沿海、沿江战略布局为重点，按照"亿吨宝武"规划目标，实施规模引领，拓展产业空间布局。各钢铁制造基地应加大技改力度，提升制造和创利能力。年内由集团公司总部牵头、冶金资产管理公司和四源合基金为重要平台、相关子公司全力配合，开展钢铁产业并购重组寻源和先期策划。完善"一带一路"和海外事业推进工作体系，积极、有序推进国际化经营，完善全球化的钢铁物流、加工、服务体系，聚焦"一带一路"重点区域，稳步推进国际化产能合作，择机推进海外布局。

完善创新体系建设。按照技术引领战略和国家"双创"（大众创业、万众创新）示范基地要求，开展众研平台、相关多元产业专业化平台和"双创"服务平台建设，全面提升技术创新体系能力；贯彻首届技术创新大会精神，继续落实成果转化利润分享、"金苹

果"计划等系列文件，充分激发科研人员积极性创造性。

坚持精品发展战略。加大研发投入，不断丰富和壮大精品家族，汽车用钢QP1400、薄规格取向硅钢B18P080等更高性能新产品实现全球首发，持续提升高附加值和高技术含量产品的比重；推进垂直连铸和薄带连铸连轧技术的商业化。宝钢德盛、宁波宝新分别聚焦中高端冷轧不锈钢产品和全系列全工序产品，做强做优。

坚持绿色发展战略。按照全生命周期绿色理念开展工业产品生态设计，开发绿色产品，深化环境经营，打造与城市和谐共生的一流城市钢厂。各单位要全面做好排污证申领工作，实现持证排污、合法合规生产；要全面提高固体废弃物返生产利用率和产品化程度，推进固体废弃物不出厂、废水零排放，严格问责，严控环保风险；继续探索服务城市固体废弃物、危险废弃物处置的有效途径和方式；要通过提高废钢比等生产结构、能源结构的优化调整及技术进步，不断深挖节能潜力，提高能源利用率。加快推进欧冶炉技术研发创新平台建设，推进冶金新工艺研究。大力推进节能减排，控制煤炭消费总量。

坚持智造战略。从企业转型升级需求出发，加快工业互联网、人工智能、云计算、大数据等新技术的研发和应用，逐步构建集智能装备、智能工厂、智慧运营于一体的智慧制造体系，降低成本、提升品质、提高服务能力。深化基于互联网技术的服务型生产模式，有效解决客户的个性化需求与企业标准化批量生产之间的矛盾。全面推进现场智能化改造，

实现岗位、工序和工厂的无人化、少人化，大幅提高劳动效率、改善劳动条件。

加快新材料板块发展。要把新材料打造成为中国宝武第二大战略性制造类业务板块，以商业模式创新和技术创新拓展新材料业务领域。以联合并购等方式快速切入，争取年内完成若干个合作项目。研究以整合、开放、合作等新方式新体制设立新材料研究体系，努力在新材料领域实现技术研发创新突破，打造先发优势。铁基材料：以特种冶金、不锈钢材料为重点，深入开展战略合作。聚焦特种冶金品牌技术优势，精干主体，推进平台化运作，提升特冶产品的市场竞争力；大力开展工艺技术创新，多基地协同，降低成本，大力拓展不锈钢材料新的应用领域。碳基材料：完成内蒙古碳基新材料产业园区策划，构建生态产业链；加快推进八一钢铁冶金合成气综合利用，促进冶金煤化工产业链深度耦合；推进位于内蒙古乌海市的中国宝武炭材料产业园等项目；推动炭材料研发及中试平台建设；积极寻源合作，开发高端碳纤维新材料业务。轻金属材料：积极利用资本化等手段，探索镁、铝、钛等轻金属的产业化和与钢铁产业的协同发展。此外，利用现有产业基础，策划耐材相关业务的专业化重组，借力社会资本加速发展。

## 3. 加快融合转型，构建新的支柱产业

深化聚焦融合。继续深化完成化工、资源综合利用、信息技术以及金属制品等业务的聚焦融合专项工作，加快多地业务协同整

合，尽快释放重组红利。适时启动聚焦融合第二阶段工作。未来集团公司下属子公司不再承担产业多元化的集团型企业功能，必须按"一企一业"的原则，逐步转型为专业化的产业子公司。各子公司要按照战略规划，结合自身比较优势，回归本源，做好专业化再聚焦。明确子公司经营范围管理规范，推动各子公司按战略规划限定业务范围、聚焦主业。战略规划部和四大业务中心要在各子公司业务再梳理、再聚集的基础上，积极推动跨单元同类业务整合融合，加快实现"形成若干个千亿元级营业收入、百亿元级利润的支柱产业和一批百亿元级营业收入、十亿元级利润的优秀企业"的战略目标。

加快现代贸易物流板块发展。资源贸易业务：未来要发展成为数百亿元级营业收入、十数亿元级利润的业务。聚焦战略和重点客户，配套发展矿石配送业务；维持稳健的财务结构及良好的国际信用评级，做好风险控制；加快海外重点项目的处置与开发。港口与铁路物流：力争成为百亿元营业收入、十亿元利润的业务。逐步整合集团公司内部沿海沿江岸线及相关的物流资源，构建专业化的物流产业发展平台，努力形成长江水运沿线、海运条线和欧冶内陆网络化物流布局。八一钢铁要在新疆地区加快建设具有市场竞争力、有特色的大型多功能综合物流园区，大力拓展"宝武班列"业务，2018年实现三天开行两列，力创"宝武班列"优秀品牌及精品线路。欧冶云商要聚焦第三方服务平台的核心定位，推进钢铁供应链服务产品创新，优化产

品服务体系，扩大钢厂端合作，加强线下能力建设。推动集团公司内资源对接，助力"阳光"经营，同时加强风险控制，年内确保实现GMV（成交总额）交易量1亿吨以上，力争第四季度实现盈利。

加快工业服务板块聚焦发展。规划期末要培育发展出2～3家百亿元级营业收入、十亿元级利润的重点业务。工程技术服务领域，中国宝武设计院要支撑实现"亿吨宝武"的工艺装备升级和技术引领。宝钢工程作为重要的专业化平台公司，要在传统冶金工程技术等方面充分发挥核心能力优势，积极探索向工程解决方案提供商转型，年内形成1～2个解决方案典型案例，将服务集团公司内的工业服务优势向其他钢铁基地延伸。同时要把握钢铁行业智慧制造的需求，以与宝信软件合作推进设备远程运营维护平台建设为突破口，构建差异化竞争优势。信息技术服务领域：宝信软件作为重要的专业化平台公司，应围绕软件服务和智能解决方案提供商，加强能力建设。要形成1～2个软件方面的拳头产品，通过"成熟软件复制＋集中服务"的方式加快业务推广、构建竞争壁垒；同时要以冶金工厂智能化为突破口，在智慧制造解决方案方面确立行业地位，并向其他行业和领域辐射。节能环保领域：宝武环科作为重要的专业化平台公司，要在做好钢厂固体废弃物、危险废弃物处置，内部专业化整合的基础上，加大技术研发和引资引智，形成资源综合利用方面的独有领先技术，积极争取城市资源开发处置业务，力争实现快速

增长。

加快城市服务板块转型发展。要以实现万亿元级资产规模和百亿元级利润为目标，加速业务发展，以产区—园区—城区的发展路径，实现中国宝武现有存量不动产资源—资产—资本的价值挖掘和转化。宝地置业作为不动产业务的核心公司，在盘活利用存量受托经营不动产资源的同时，积极探索对外拓展的模式，力争实现1个外部项目的突破，为集团公司向外发展积累经验。武钢集团、上海不锈、宝钢特钢、八一钢铁等拥有丰富存量不动产资源的公司或不动产运营专业公司，要负责做好区域内存量地块和不动产的开发利用。应紧紧抓住上海、武汉等大都市和中心城市建设、战略性新兴产业、科创、文创等产业发展的机遇及国家土地政策调整的契机，加快科创园、文创园、"互联网＋产业园"等重点领域和项目的推进，并力争有所突破。武钢集团要加快紫光大数据等园区建设，其他沪外子公司也应关注所在城市的发展规划，主动融入、借力发展。武钢集团、宝钢发展等单位在休闲康养（休闲、健康、养老）等园区配套业务上要充分依托现有存量资源，适时寻求外部合作，打造产业新引擎。

加快产业金融板块转型发展。要以规划期末实现万亿元级资产管理规模和百亿元级利润为目标，加速业务发展。要在做好现有常规金融业务、保持传统业务竞争力的同时，深耕产业金融，通过数据挖掘等手段实现符合业务属性、支撑业务发展的产融结合创新，要做好金融风险防控。在重点项目方面，一是深化投融

资管理体制改革和混合所有制改革，完成集团公司产业投资基金和母基金设立，加速重点业务板块子基金筹建进度，支持各子公司依托中国宝武平台资源和专业禀赋，通过产业基金方式加大引资引智，助推业务发展。二是加大前沿技术领域投入，承接基于区块链技术的上海市大宗商品供应链金融服务平台建设，助力上海市打造国际金融中心。三是引入战略投资者，放大国有资本功能，完成冶金资产管理公司设立，构建适应行业性资产管理公司的运营体系和能力，年内实现首个资产管理项目落地。四是支持四源合基金做好重钢重组整合，在供应链、技术和管理协同等方面提供帮助，力争为行业探索市场化供给侧结构性改革提供经验。五是根据国家政策支持条件，大力推进供应链金融发展，支撑钢铁生态圈服务平台建设。

## 4. 全面加强管理，加速提质增效

强化集团公司支撑协调服务功能。各业务中心和职能部门要以总部商业计划书为蓝本，做好总部支撑项目，为子公司加速业务聚焦、转型升级、创新发展提供有力保障。加强穿透式监督管理。完善财务、审计、法务、监察、风险控制等大监督管理体系，按照统一规范、提高效率、控制成本的原则，建设穿透式信息化监督平台，实现对企业经营状态的及时跟踪和穿透式健康预警。

确保亏损状况实现根本性转变。按照"企业不消灭亏损，就消灭亏损企业"的导向，持续深化扭亏增盈工作，除战略性、储备性培育期项目外，原则上所有子公司必须盈利，亏损的必须限期扭亏。坚持治僵脱困不动摇，要在巩固已有成果的基础上，全面完成三年期工作目标。深挖内部潜力、降低成本费用，确保平均百元收入负担的成本、费用同比下降，营业成本增幅低于营业收入增幅，助力扭亏增盈。做好常态化法人压减和参股公司专项"瘦身"。严格按照集团公司法人管理有关规定，围绕做好增量、优化存量和总量平衡，落实常态化法人压减工作。巩固2017年取得的成果，扭亏无望的持续亏损单元纳入压减计划。集团公司要建立完善的投、融、管、退机制，按照法人新增和退出的量化评价标准，做好合规管控，牵引各子公司既抓增量控制又抓存量化解。各子公司要承担起法人管理的主体责任，做好设立法人的必要性论证，增一减一、有保有压，尽快形成优胜劣汰、精干高效的发展格局。全面落实参股公司专项"瘦身"计划，运用市场化手段推动业务整合，着力解决历史遗留和难点问题；各子公司要按集团公司确定的五类参股公司"瘦身"标准一企一策，择机"瘦身"退出，进一步提高资源配置效率。

深化"两金"压控和现金流管理。进一步加大"两金"管控力度，严控"两金"占用规模增长。集团公司2018年"两金"周转效率不低于上年同期，1年期以上应收账款、非正常存货较上年同期下降10%。实施"两金"精细化管理，按照分类管控原则，一企一策制定子公司管控策略，其中制造类企业"两金"周转效率不低于上年同期，贸易类企业应严控应收账款增幅，并按"标准＋策略采购"严控存货；重点做好宝钢工程、宝钢金属、宝信软件等企业的应收账款管控工作。增强经营活动创现能力，力争经营实得现金流大于经营应得现金流。积极稳妥去杠杆，切实降低有息负债，2018年净有息负债减少100亿元，确保资产负债率稳中有降；做好八一钢铁市场化法治化债转股工作。

加强全面风险管理。进一步强化风险管理意识，细化完善风险管控措施，提升风险管理水平。重点关注安全生产、环保排放、新业务投资、国际贸易等方面的风险，强化合规性管理，深化风险防范长效跟踪机制建设，务求实效、稳健经营。全面推行"阳光"采购和"阳光"销售，以欧冶采购平台为基础推动集团公司内统一采购共享服务平台建设，实现集团公司内采购服务共享协同。积极推进集团公司内各生产单元、贸易公司的现货产品通过互联网交易平台对外销售，实现集团公司内现货的"阳光"销售，充分提高现货产品的增值效益。通过平台监控筑牢"不能腐"的坚实防线。

确保员工职业安全健康。安全第一，生命至上。坚持安全发展理念，落实企业安全生产主体责任，压实各级管理者责任，夯实体系能力，严格管理，严肃问责。推进企业全员安全生产责任制，坚持安全生产"1000"（安全第一、违章为零、隐患为零、事故为零），科技创新助推安全发展，继续完善安全风险分级管控和隐患排查治理双重预防机制，加强重点区域安全督导，确保安全生产全面受控。

## 5. 坚持党的领导，推进共同发展

加强党的领导，完善公司治理。坚持党的领导、加强党的建设是国有企业的根和魂，是中国国有企业的独特优势。在集团公司党委和董事会领导下，认真学习习近平新时代中国特色社会主义思想和党的十九大精神，坚持把加强党的领导和完善公司治理统一起来，推动集团公司战略部署贯彻落地，综合竞争力大幅提升。

文化凝聚人心，共谋宝武大业。践行中国宝武"诚信、协同、创新、共享"核心价值观，持续打造企业文化品牌形象，提升认同感和美誉度，增强企业文化的凝聚力。完善集团公司荣誉体系，鼓励员工追求进步和成长，激发员工干事创业的激情和开拓创新的活力。

严管和厚爱结合，加强干部队伍建设。坚持党管干部原则，按照党的十九大提出的建设高素质专业化干部队伍新要求，建立健全激励机制和容错纠错机制，旗帜鲜明地为敢于担当、踏实做事、不谋私利的干部撑腰鼓劲。贯彻落实集团公司党委《关于深入贯彻落实中央八项规定精神，进一步加强作风建设的实施意见》，严格要求各级干部充分发挥示范引领的"头雁"作用，带头优化工作方式转变作风，推进作风建设持续向好。弘扬企业家精神，鼓励各级管理者怀揣产业报国的伟大理想，安不忘危，稳不忘忧，悟初心、守初心、践初心，始终保持身先士卒、锐意进取的精神风貌，增强聚焦融合、改革创新、科学发展、驾驭风险的本领，带领广大员工攻坚克难、破浪前行。

深化人才强企战略，激发员工队伍活力。坚持全心全意依靠工人阶级办企业方针，以奋斗者为本，真诚关怀员工、保障员工权益、服务员工发展。高度关切干部员工日益增长的对美好生活向往的需要，在集团公司健康发展、经营绩效和劳动效率大幅提升的前提下，以更好的机制与员工分享企业发展成果，进一步提高员工薪酬福利水平，不断改善员工工作环境。持续加大员工发展与培训投入，推动建立师资共享库，搭建轮岗实习平台，加强集团公司管理、技术业务、技能操作三支队伍建设。聚焦企业家精神，提升各级管理者能力；聚焦创新精神和工匠精神，全面落实《新时期产业工人队伍建设改革方案》要求，做好技术人员、技能人员梯队建设，深化员工岗位创新，建设知识型、技能型、创新型员工队伍。拓宽员工职业发展通道，培育适应市场化发展和需要的人才队伍，让广大员工有更多获得感、幸福感、安全感，与企业实现共同成长。

# 以技术革命推进钢铁生态圈绿色发展

## ——在第七届宝钢学术年会上的主旨演讲

中国宝武党委书记、董事长　陈德荣

2018 年 10 月 30 日

本届宝钢学术年会是中国宝武成立后的首次会议，考虑到中国宝武作为国有资本投资公司的功能定位，以及未来宝钢股份在集团公司的地位及宝钢学术年会在行业内的品牌和知名度，从本届开始，宝钢学术年会主要由宝钢股份主办，这样才名至实归。今天，我利用这个机会，阐述中国宝武对行业绿色发展的一些看法。

## 一、钢铁业的高质量发展必须突破环保约束

今天的中国钢铁产业有着以往从来没有过的危机感，这种危机感即便是在 2015 年行业处于"至暗时刻"也未曾有过，现在钢铁行业盈利能力今非昔比，但危机感反而与日俱增，那把悬在我们头上的"达摩克利斯剑"感觉随时有落下的危险，令整个行业如临深渊，如履薄冰。这种危机感主要表现在：

## 1. 政府的环保政策快速收紧，对钢铁产业的刚性约束日趋强化

从中央政府层面看，党的十九大提出"坚持人与自然和谐共生，建设生态文明是中华民族永续发展的千年大计""要坚决打好防范

化解重大风险、精准脱贫、污染防治的攻坚战"，环境治理首次上升到政治的高度，列入党和政府重要工作目标。在十三届全国人大一次会议上，李克强总理就抓好"三大攻坚战"，分别提出工作思路和具体举措，排出时间表、路线图、优先序。6 月 27 日，国务院颁布《打赢蓝天保卫战三年行动计划》（简称《行动计划》），目标是"经过 3 年努力，明显降低细颗粒物浓度，明显减少重污染天数，明显改善环境空气质量，明显增强人民的蓝天幸福感"。《行动计划》将钢铁列入重污染监管行业首位，有多处专门针对钢铁行业污染治理作出表述——"重点区域城市钢铁企业要切实采取彻底关停、转型发展、就地改造、域外搬迁等方式，推动转型升级""重点区域严禁新增钢铁产能，严格执行产能置换实施办法""推动实施钢铁等行业超低排放改造"。生态环境部在 2018 年 5 月下发《钢铁企业超低排放改造工作方案（征求意见稿）》，要求钢铁企业所有生产工序在 2025 年底前均应达到超低排放水平。

在地方政府层面，在国务院《行动计划》出台前后，各地就已经出台相应的"计划""规划"或"方

案"，其严酷程度甚至比国务院的《行动计划》更加严格。最近钢厂被地方政府勒令停产、限产新闻不断，以前是遇有重大活动（如奥运会、亚洲太平洋经济合作组织会议等），企业对政府出台停产、限产政策还可以预期并提前应对，现在很难预测。

此外，政府在用行政手段直接干预以外，同步加强市场化的经济调控手段，引导钢铁企业走向绿色制造。一是开征环保税，倒逼企业节能减排。二是开启全国性的碳交易市场，鼓励企业通过减排获益。

## 2. 城市与钢厂的矛盾日趋尖锐

城市孕育了钢厂，钢厂造就了城市。在中国钢铁产业的发展史上，城市与钢厂是不可分割的。当年，宝钢在选址时之所以选在上海的一大原因，是背靠上海强大的技术实力和贴近的钢材消费市场。当年谁也不会想到，40 年后的今天，城市与钢厂的矛盾如此尖锐，原来的优势变成劣势，这种矛盾在一线城市和二线城市尤为突出。我觉得城市与钢厂的矛盾主要体现在三个方面：

第一，城市的环保标准不断

提高与钢厂环保治理相对滞后的矛盾。改革开放初期，城市居民的环保意识还不强，烟囱是经济繁荣的象征。现在百姓的环保意识日益增强，环保知识日趋丰富。虽然城市钢厂清洁生产环保治理的进步也很快，但离民众的要求，离现代城市的高标准还有很大的差距。

第二，城市单位国内生产总值（GDP）能耗刚性下降的考核要求与钢铁企业居高不下能耗之间的矛盾。现在中央政府对地方政府单位GDP能耗有刚性下降的考核要求。中国宝武在上海的基地贡献了上海市1%的工业增加值，却消耗了上海20%的总能耗，排放了上海20%废弃物。同样，武钢2017年贡献了武汉市不到1%的财政收入，却消耗了全市53%的煤炭，产生了60%多的废气、80%多的粉尘，如果没有宝钢、没有武钢，上海和武汉的能耗指标是不是就非常漂亮了？

第三，城市产业结构转"轻"与钢铁"重"产业之间的矛盾。中国传统城市都是生产型城市，以制造为本，上海在历史上是中国最著名的制造业城市，上海制造是一张名片。今天，现代化城市的衡量标准是现代服务业的比重要高。在"一座高炉不如一幢高楼"的寸金寸土的上海，留存着产出效率相对较低的土地密集型钢铁产业。

### 3. 解决钢铁行业发展顽症必须借助于外部环保推力

中国钢铁业发展质量不高有两大典型顽症，一是空间布局不合理。大量钢铁企业仍然布局在环境容量较低的内陆地区，内陆地区污染物的自净能力弱，环境的敏感性强，这些钢铁企业不仅原料运输的成本高，还远离消费市场；很多企业的内部工艺布局，由于历史原因很难通过技术改造实现超低排放。因此，向沿海地区重新规划布局、实施环保搬迁既能优化空间布局，更能通过搬迁重建，彻底解决工艺流程上的历史遗留问题，有利于实现工艺技术的创新与突破。二是组织结构的不合理，产业集中度依然偏低。中国钢产量占据全球一半份额，但却没有诞生全球最大的钢铁企业，现在中国钢铁业进入了提升产业集中度的最佳时刻，而外部环保压力无疑是一个很好的推动力。很多钢铁企业因环保成本过高经营压力增大，这给联合重组提供了机会。通过兼并重组，在提高产业集中度的同时，有利于优化企业内部生产组织和淘汰落后。

### 二、钢铁工艺技术的创新将重点聚焦到绿色制造技术方面来

一部钢铁产业发展史就是一部技术创新史。近现代钢铁产业200多年的技术革命主要是围绕两条主线，一条是产品的创新，一条是工艺的创新。前者是不断拓展钢铁材料新用途新功能，使钢铁这个传统产业不断适应市场需求的变化，支撑工业进步和现代文明的要求。这是一条永恒的主线，今天仍然是行业供给侧改革的核心。后者是使钢铁制造不断降低成本，提高效率，使得钢铁成为一种最普通、最经济的材料。这200多年钢铁工艺技术革命的核心是解决效率问题。

中国人有一句朗朗上口的口号叫做"鼓足干劲，力争上游，多快好省建设社会主义"，这里的"多快好省"前两个字——"多"与"快"，正好是过去200多年钢铁制造工艺技术革命需要解决的问题——满足现代工业和城市化高速发展对钢铁材料不断增长的需求。钢铁冶炼与制造从过去的手工作坊到现在的智能化机器大生产的转变，核心是制造效率的提高。无论是炼铁还是炼钢，百年来效率提高是成几何级数的，其中炼铁是围绕高炉大型化而展开的，而炼钢是从转炉底吹酸性炼钢法，到转炉底吹碱性炼钢法，再到平炉炼钢法，最后到转炉纯氧顶底复吹冶炼，每一次的进步都是钢铁冶炼效率的革命，这其中对于耗能和环保等并不是主要考虑的问题。没有大高炉和大转炉这样的以提高效率为核心的钢铁制造技术革命，钢铁材料就不可能支撑200多年来的现代文明，中国钢铁也不会在短短的40年时间里成就如此巨大的规模。

未来钢铁工艺技术革命核心是要解决清洁制造问题。钢铁工艺技术革命在解决"有没有"问题后，必然会将重心转向"好不好"的问题，这与国内经济转型要求相契合。"好"不仅是指产品质量过得硬，品种不断满足需求，更指钢铁要成为绿色环保材料；"省"不仅是指钢铁制造过程资源消耗少、能耗低，更是指实现超低排放、零排放以及钢铁生产过程中产生的所有废弃物的综合回收和利用，使得钢铁制造过程对环境损害降到最低。

除了环保要求越来越严格的外部环境逼迫外，钢铁产业自身发展的内在要求，也在迫使行业将工艺技术创新的重心转向绿色制造

上来。钢铁行业已成为真正意义上的过剩行业，随着中国钢铁需求拐点的出现，全球钢铁供大于求的矛盾在未来长期存在，行业应有足够的耐心沉下心来解决绿色制造问题。同时，城市与钢厂的矛盾是中国社会短期特有的现象，这个问题也不能总是以钢厂撤离城市的方式来解决，其中相当一部分必须走向和谐共存。很显然，现代城市容不下占地太大、流程过长、工艺过于复杂的传统钢铁制造业，钢铁业要在城市立足，必须要在工艺紧凑化方面有突破性的技术革命，这样才能减少消耗，降低排放。

### 三、中国宝武打造绿色钢铁生态圈的实践

中国宝武自成立以来，以打造"共建共享的钢铁生态圈"为使命，秉持"生态"理念，坚持绿色发展，以智能制造推动绿色生产，通过"绿色智能工厂—绿色智慧企业—绿色智慧产业"的渐进式发展路径，影响和辐射整个钢铁生态圈，推动生态圈各圈层绿色智慧转型，努力成为城市与钢厂和谐共存的典范。

### 1. 大手笔投入环保新技术和新装备，走产城融合之路

宝钢股份在上海的核心制造基地早在1985年就开始陆续投产，尽管当时的装备技术在国内是最先进的，环保要求是最严苛的，但是与当前社会更高的环境要求已不相适应，特别是投产30多年后的装备已经老化，功能开始退化，必须要动大手术才能重新焕发青春，满足城市钢厂的新要求。从2011年开始，宝钢股份规划并重点实施宝山基地（以宝钢股份直属厂部为主）原料、烧结、炼焦、高炉各

单元环保装备与工艺技术的改造工程，直接对标国内外最严排放标准，甚至超前考虑未来更加严苛的指标要求。从2011年到2018年，宝山基地先后完成焦炉烟气净化改造、高炉炉缸大修、烧结烟气净化脱硫脱硝、"矿进棚""煤进仓"改造、棚顶光伏发电、皮带输送全封闭改造及炼铁区域47万平方米绿化改造等项目，后续还将启动冶金含铁尘泥资源化再生装置项目、厂区光伏发电二期工程等，并扩大探索利用高炉、焦炉等冶金炉窑功能消解自备电厂和城市火电厂产生的飞灰。仅宝山基地炼铁区域累计在环保改造投资超过100亿元，湛江钢铁更是高起点布局绿色环保技术与装备，按照"梦工厂"的标准精心打造。

### 2. 绿色低碳技术工艺创新取得探索性突破

中国宝武在绿色低碳工艺技术的研发方面不断探索，永不停步。其中有2项技术在行业内具有商业化推广价值。一是熔融还原炼铁（COREX）工艺。COREX工艺最早由奥钢联集团发明，原宝钢首次商业化引进，在宝山罗泾先后建设两套COREX3000装置，COREX短流程炼铁工艺省却了烧结、炼焦等预处理工序，但对原料要求极其苛刻，必须使用高品位的块矿和高品质的块煤，造成每吨铁水的成本比高炉铁水高出千元以上，尽管COREX炉基本稳产顺行，但产量越高亏损越大，加上在国内适合炉子胃口的资源越来越难采购，价格越来越高，最后，企业难以为继，只得先后关闭了两座炉子。后来，我们将其中的一座炉子搬迁到了八一钢铁，并根据新疆地区的

资源特点进行大规模改造，在原料结构、工艺流程等方面进行大胆革新，使其兼具高炉和COREX双重特性，如窑顶大量喷煤造气增强竖炉的还原性，提高金属化率。顶煤气循环回收利用，改善炉缸工况，增强调节能力，并为未来二氧化碳减排开辟了新的可行途径。特别是在技术指导路线上改变传统观念，突出其能源转换平台的功能，大力提高劣质燃料比，高产优质煤气（煤化工合成气），基本适应了新疆当地的原燃料特性，生产成本大幅下降，同时也具备了商业化推广应用的价值。二是冶金与煤化工耦合工艺。传统钢铁制造过程铁素物质流与碳素能量流是不紧密的，前者处于主导地位，后者处于从属地位，因而不可避免出现大量碳元素（尤其是二氧化碳）被排入大气中。冶金与煤化工耦合工艺就是将冶炼流程和化工流程结合起来，以生产有效成分的煤气为主要目标之一，同时进行煤气化和生铁冶炼，利用现有设备，使用低价原燃料入炉，还原铁矿石并产生大量富氢煤气，处理后成为洁净、经济的煤化工合成气，进入碳化工领域进行深加工。同时，提高高炉副产品的价值。中国宝武以宝武炭材（原上海宝钢化工有限公司）为平台企业，探索冶金煤化工耦合新工艺生产碳基新材料的可行路径，在实现减排的同时创造新的价值，从较深化的方案来看，潜力巨大。

### 3. 确定中国宝武低碳工艺技术创新路线图

工艺技术创新是实现绿色制造的关键核心。中国宝武根据钢铁行业当前面临的外部环境与发展趋势，及时将工艺技术创新的

重点转向绿色、环保领域，根据自身积累的技术研发资源，结合企业的实践探索，从钢铁冶炼的基本原理出发，通过计算各种不同能源品种（碳、氢、电），在炼铁还原和升温过程中所消耗的数量及对应的直接与间接排放量，在考量不同能源品种的市场价格后，综合平衡最优成本与最低排放之间的关系，确定中国宝武低碳炼铁工艺技术创新路线图：一是高炉COREX化。传统高炉是城市钢厂生存的最大羁绊，借鉴八一钢铁COREX的成功创新改进，高炉COREX化的好处是可以利用现代先进高效的大型制氧工艺技术和装备大幅降低制氧成本，改变传统余氧利用的空气鼓风，极大地提高富氧率甚至可达50%以上，在提高生产效率的同时，提升煤气质量，减轻后续气体治理压力，拓宽优质煤气利用途径；同时，可大力发展高炉流程的"二步还原"，尽可能提高块状带的间接还原效果，甚至提前到炉外还原，从而降低直接还原的比例及对焦炭质量要求。二是最大限度提高还原剂利用率。降低高炉还原剂比是减少炼铁整体碳量的关键，减少焦炭作为还原剂的前提是尽可能将还原剂的利用率向100%靠拢，若在炉顶气体中分离二氧化碳并循环利用原未利用的一氧化碳，可以最大限度发挥碳的化学能（热能用其他能源代替），其利用价值可以最大化。三是加热方式改为电加热或其他热源。随着非化石能源的快速发展，升温所需能源可以考虑使用替代能源，比如生物质燃料、废弃物燃料、电加热等，至少不使用焦炭。升温以电为主，加上废弃物燃料，

辅以碳还原放热等。四是氢还原。氢是最活泼的还原剂，提高气体还原剂中氢气的比例，可明显提高还原速率和效率，同时降低碳排放。很多国家都在研究用氢进行冶炼的方法，比较典型的是以氢气为还原剂的直接还原工艺、直接将氢气喷入高炉部分代替碳的工艺及纯氢冶炼工艺。中国宝武发展氢还原的思路是提取焦炉煤气中的氢气，将其直接喷入高炉还原铁矿石，以降低碳还原的比例；同时考虑利用风电、光电等可再生能源电解制氢及核能大规模制氢，然后与冶炼流程结合，实现富氢冶炼和冶金化工耦合，以实现大幅度降低二氧化碳的排放。五是探索四大减碳技术——复合喷吹、新型炉料、微波烧结、钢铁炉渣新产品开发及余热回收利用。

中国宝武目前正在联合国内相关高校和科研院所，开展相关的工艺技术集成研究，利用八一钢铁的一座高炉，建设工业级别顶煤气循环氧气高炉低碳炼铁工艺创新共享平台。该平台将具有全氧炼铁、顶煤气循环、煤气加热、复合喷吹、二氧化碳脱除及数字化炼铁等功能，可开展较大规模的各种新技术工业试验，包括高炉低碳冶炼、高产、消纳城市废弃物、煤炭清洁利用、冶金煤化工耦合、使用低品质原燃料等技术的试验。这个平台是面向全球开放的平台，欢迎全球同行参与利用。

## 4. 应对城市钢厂压力，谋求"分布式、网络型、平台化、短流程"布局结构

中国百姓通常对二甲苯（PX）化工项目谈虎色变，但PX项目在

许多西方发达国家可以与城市居民区和平共处，垃圾焚烧处置场也可以建在城市中心，小型钢厂也能在城市生存下来，这一现象存在的前提是，严苛而成熟的环保技术装备和清洁化的超低排放或零排放制造。后工业化时代，城市是废钢析出的主要源头，废钢资源的就地处置清洁化再生产后再就地消费（消化），可能要比长途运输处置后再长途运回消费要绿色环保得多。因此，根据钢铁制造短流程化的趋势，以及内陆地区实际情况，中国宝武在沿江沿海布局全流程环保型钢铁联合企业的同时，在内陆和部分城市谋求"分布式、网络型、平台化、短流程"的小型钢厂的结构布点，设想的这类"网络型钢厂"以最小的占地、最少的员工和最省的投资，采用最简洁产线布局，最大程度实现智能化、自动化生产，满足周边用钢需求，与沿海沿江长流程钢铁精品制造基地形成错位协同，并与整个钢铁生态圈对接，从而实现城市与钢厂的并存，改变当前人们对城市钢厂的偏见。

## 5. 加快绿色产品的研发与制造

中国宝武在实现"绿色制造"的同时不忘"制造绿色"。将钢铁这种传统材料打造成绿色环保材料，使得钢铁在使用过程中对环境的损害降到最低。因此，中国宝武将产品的研发重点聚焦在绿色产品方面。我们在超高强钢的研发方面走在行业前列，有效延长钢铁材料的使用周期。同时，积极应对钢铁材料被新材料替代的趋势，适应轻量化要求，组建新材料研发中心，进军新材料制造领域。

## 6. 加快兼并重组步伐，通过联合重组，主动淘汰落后，推动行业绿色转型

绿色钢铁生态圈建设离不开兼并重组，只有产业集中度提高了，无序竞争减少了，企业才能聚精会神谋求高质量发展，同时规模化钢铁企业的多基地、多产线的专业化分工可以极大地提高效率，减少单位产品的排放。中国宝武在基本完成宝钢与武钢的融合后，下一步将加大行业整合的力度，利用目前有利时机，加快"亿吨宝武"推进进程，践行作为国有资本投资公司的产业使命，以主动作为赢得整合融合中的主动权，加快去产能和淘汰落后的速度，实现空间布局和组织结构的优化。

## 7. 以智慧制造促进绿色发展

今天大会的主题是"智慧制造、绿色钢铁"。绿色钢铁的实现是离不开智慧制造的。中国宝武将推进智慧制造作为实现绿色钢铁的重要抓手，持续强势推进，集团公司层面专门成立智能制造推进组织体系，召开智能制造推进动员会议。接下来，我们还将在韶关钢铁召开智能制造现场推进会。我们希望通过智慧制造提高生产效率、减少安全事故、满足个性化需求。

我们正身处一个大变革的时代，钢铁材料在过去的200多年里支撑了一代文明，未来钢铁材料能否继续支撑现代文明的延续，取决于钢铁制造过程的文明，这也是我们钢铁行业科技工作者面临的历史使命。中国宝武以"全球钢铁业的引领者"为企业愿景，将不断加大研发投入，引领中国乃至全球钢铁业绿色发展之路。

编辑：张 鑫

03

要闻大事

# 要闻大事

## 中国宝武3项技术获国家科学技术进步奖

1月8日，2017年度国家科学技术进步奖揭晓。中国宝武合作完成的"压水堆核电站核岛主设备材料技术研究与应用""高效节能环保烧结技术及装备的研发与应用""工业建筑抗震关键技术研究与应用"3项技术获国家科学技术进步奖二等奖。

针对中国核电关键材料完全依赖进口的现状，宝钢特钢联合中国钢研科技集团有限公司钢铁研究总院等单位，合作实施压水堆核电蒸汽发生器用690合金U形管产业化制造技术及产品开发，在国内无成熟的工程化制造技术、无专业化高精度生产线支撑，同时遭遇国外技术封锁的情况下，项目团队自力更生，实现了690U形管国产化、产业化，产品实物质量达到国际同类产品先进水平。宝钢特钢成为国内首家、世界第四家能批量生产

该产品的企业。

针对国内烧结生产效率低、产品质量不稳定、能耗高、环境污染严重、装备水平落后等诸多问题，宝钢股份联合中冶长天国际工程有限责任公司等单位，经过15年的自主创新，研发了厚料层高效烧结关键技术及装备，首创了环冷机液密封技术及装备，发明了余热循环及回收高效利用技术及装备，开发了活性炭烟气净化技术及装备。该项目形成专著1部、国家标准1部，获得授权专利26件、软件著作权1项，推动了烧结过程集约化、清洁化和智能化发展。

由宝钢工程联合中冶建筑研究总院有限公司等单位，历时近20年研发的工业建筑抗震关键技术研究与应用技术，通过对冶金、机械、电力、石油、化工、煤炭等领域工业建筑的震害调查、理论分析和试验研究，建立了系统工业建筑性能化抗震理论，提出了工业建筑冗余度、性能化抗震设计方法，构建了工业建筑抗震性能的多层次评价技术体系，创新了工业建筑全生命周期抗震加固及恢复的关键技

术,成果在湛江钢铁、二重集团以及防震救灾中得到应用。　（冯茂芬）

## 湛江钢铁专用铁路通车

2月6日,湛江钢铁专用铁路正式通车,标志广东省湛江市东海岛铁路全线开通。湛江钢铁基地铁路配套工程工厂站项目总投资6.9亿元,其中铁路正线全长1.6千米。项目于2016年12月动工建设,2017年12月实现工厂站铁路全线贯通,2018年2月初相继完成相关验收环节,具备正式通车条件。

湛江钢铁专用铁路的通车,结束了湛江钢铁钢材由汽车运输至中国铁路南宁局集团湛江货运中心中转的方式,实现了在湛江钢铁厂内铁路直装,为湛江钢铁拓展产品辐射市场提供了便利,也为湛江钢铁原辅料进厂打通了新的物流通道。　（罗耀华）

## 中国宝武·武汉科技大学材料联合工程研究中心成立

3月15日,"中国宝武·武汉科技大学炭材料联合工程研究中心"挂牌仪式在武汉科技大学举行。炭材料联合工程研究中心的建立,有利于双方资源共享、优势互补,形成具有自主知识产权的核心技术,促进中国宝武化工产业结构调整和武汉科技大学"双一流"（世界一流大学和一流学科）建设。

新材料产业是中国宝武重点发展产业。宝钢化工作为中国宝武旗下的化工旗舰公司、碳基材料产业发展的承载者,深耕焦化行业30多年,形成完善的研发、生产和营销管理体系,拥有自主知识产权的针状焦、沥青焦、沥青碳纤维等

一系列新型炭材料关键生产技术,为中国宝武新材料产业转型发展、培育炭材料产业提供了支撑。

武汉科技大学长期致力于新型炭材料的研究、开发与应用工作,在新型炭材料研究领域拥有国家发明专利十余件,多项研究成果打破国外技术封锁和垄断,在国内外炭素领域有着较大的影响力。

新设立的中国宝武·武汉科技大学炭材料联合工程研究中心聚焦煤系通用级沥青基碳纤维的研发、中间相沥青基碳纤维的研发、碳纤维的下游复合制品的应用开发,成为宝钢化工和武汉科技大学培养科研人才、开展科研交流、发展关键技术、推动产学研相结合的重要平台。　（俞雪艳）

## 中国宝武多个项目获上海市科技进步奖

在3月23日召开的2017年度上海市科学技术奖励大会上,宝钢股份电厂技能专家洪华、宝钢股份炼铁厂高炉技术专家缪伟良负责的项目获上海市科技进步奖三等奖。宝武环科与上海市环境科学研究院等合作的"城市再开发场地土壤污染控制与修复关键技术及其应用",宝信软件与上海申通地铁集团有限公司等合作的"城市轨道交通非正常运营安全保障关键技术研究与应用",宝钢股份与上海电力学院合作的"大型火电机组经济运行与负荷调度优化技术与应用"分获上海市科技进步奖一、二、三等奖。

洪华负责开发的"电厂发电控制设备数字化精准检测与校整技术研发与应用"项目,针对现场缺陷及现有技术的不足,通过多项技术创新,实现设备的精准控制,填

补电厂设备精准控制的多项空白,形成13件专利、23项技术秘密。

缪伟良负责的"高炉炉缸长寿综合维护技术及其应用"项目,针对炉缸产生气隙、高炉炉皮变形及检测系统失效等长寿相关问题,从建设施工、投产准备、生产维护等方面入手,开发一整套提升高炉炉缸寿命的气隙控制技术、煤气泄漏处理技术、失效电偶恢复技术等关键技术,形成5件专利、4项技术秘密,并在宝钢股份四号高炉得到应用。　（罗耀华）

## 宝钢股份建成全球首套大型高炉控制中心

3月28日,由宝钢股份自主集成建设的全球首套大型高炉控制中心建成启用,实现了对直属厂部4座高炉的集中化操作控制和生产管理,并可对武钢有限、梅钢公司、湛江钢铁的高炉进行远程技术支撑。这是宝钢股份在推进智慧制造、建设数字化高炉,探索多基地融合高效的生产管理模式领域取得的新成果。

宝钢股份高炉控制中心包含集中控制、智慧维检、远程诊断支持及多基地协同中心,不仅实现4座高炉控制室物理意义上的合一,而且注重有机融合,通过一体化的操作平台统一规范和标准,可强化交流、协作和互补,有效提高生产效率和操作水平;通过设置铁前控制室,实时监控、收集高炉生产相关的物流和设备信息,可实现及时预警和快速响应;高炉控制中心还具备智慧维检功能,通过对数据的收集和分析实现对设备的智能预维护,准确判断,积极干预,有效减少设备故障频次和时间;通过建立远程支撑系统及体系,连通各基地

2018年3月28日，宝钢股份高炉控制中心建成启用　　　　　（张　勇摄）

网络，可实现专家远程集中指导，实现基地间在线诊断及技术交流与共享，提高支持效率和指导的及时性。此外，高炉控制中心还以大数据平台为依托，可发挥专家系统优势，进行智能化提升，整合信息流和决策流，逐步实现一体化协同管控，提升高炉的整体操控能力。

近年来，宝钢股份将智慧制造作为五大核心能力之一持续推进，高炉控制中心的启用是继三号高炉炉前作业自动化项目、焦炉电车无人化项目、原料场堆取料机远程化项目投入使用后，宝钢股份在炼铁智慧制造领域不断创新的又一成功实践。　　　　　（张　犀）

## 中国宝武亮相2018京津冀智慧城市建设博览会

4月10—12日，以"千年大冀、众智成城"为主题的2018京津冀（雄安新区）智慧城市建设博览会在河北廊坊国际会展中心举行。中国宝武以"绿色钢铁""绿色工程""互联网＋钢铁""互联网＋城市""互联网＋园区"等内容为载

体，集中展示了中国宝武在智慧生态新城建设等方面的探索和实践成果。

为支持雄安新区高起点、高标准、高质量建设，打造京津冀世界级城市群，2018京津冀（雄安新区）智慧城市建设博览会以"引领城市建设和经济发展新方向，推动城市建设转型升级"为主线，集中展示城市基础建设适用的新技术、新工艺、新产品，着力推广国内外城市规划设计、建设领域的先进经验和优秀案例，重点突出海绵城市、地下综合管廊、装配式建筑、建筑钢结构、智慧交通等主题。

中国宝武的"绿色钢铁"板块，介绍了广州亚运会综合体育馆、上海中心大厦、浦东机场二期等十多个工程应用案例，展示了在高端绿色精品钢材方面的研发、制造实力，展现了将"绿色钢铁让城市生活更美好"的理念。在"绿色工程"板块，中国第四个南极科学考察站——南极泰山站的视频，展现了集绿色化、工业化和信息化于一身的装配式钢结构建筑产品；

"武汉青山示范区海绵城市建设PPP项目"的成功实践，展示了中国宝武已形成的海绵城市产业链；宝武环科展示了在污染场地治理与修复、冶金固体废弃物利用等方面的技术优势。"互联网＋钢铁"板块，重点推介欧冶电商、欧冶采购和循环宝三大业务，现场交易演示让观众体验到更便捷、更简单的钢材交易。"互联网＋城市"板块，集合了中国宝武在城市的智慧环保、智慧水务、智能交通等方面积累的服务经验和专业能力。"互联网＋园区"板块，展示了中国宝武在推进产城融合、产融结合方面的新路径、新模式。　（杨　波）

## 宝钢股份热轧卷取温度控制技术达国际领先水平

4月，拥有"智能决策能力"的宝钢股份1580热轧卷取温度控制模型上线。5月，1580热轧卷取温度控制精度超越国际一流对标企业，达到世界领先水平。

卷取温度是热轧生产的一项关键模型指标，作为热轧轧制流程中最后一次喷淋温降，卷取温度如铸剑最后淬火一样至关重要，很大程度决定热轧板卷的物理性能。卷取温度波动越小稳定性越高，钢卷的韧性和强度等物理性能均匀性越好，不仅可提升热轧产品质量，还有助于减少冷轧等下道工序出现断带等异常的频率，提高生产效率，降低生产成本，提升用户的使用感受。国内外各大钢铁企业均致力于提升热轧卷取温度控制水平。

2017年，宝钢股份针对热轧精轧厚度、终轧温度、卷取温度3项模型指标开展与国际一流钢铁企业的对标并启动专项推进。其中，

"卷取温度控制水平提升"由"金苹果"团队核心成员、设备部首席工程师张智勇负责，在1580热轧生产线展开试验性攻关。2017年底，张智勇带领团队尝试借鉴智能算法的决策模式建立数学模型，通过模拟人的思维方式实现不同规格、不同批次产品的在线数模智能决策。2018年4月初，拥有"智能决策能力"的卷取温度控制模型上线，当月即超越对标企业近3年最佳水平，5月超越对标企业历史最佳水平。

"1580热轧卷取温度控制技术"已形成"工况识别及冷却策略智能修正方法""适应精轧动态调速模式的卷取温度控制技术""局部自扩散型模型自学习算法""反馈控制自优化""冷却集管的智能化冲洗技术"等多项创新点，可满足热轧生产线在小批量、多品种、新品轧制频繁情况下，自动采集关键要素值，对工况进行自动识别、智能评估、自动修正等，进而完成卷取温度冷却的"智能决策"。2018年4—8月，在保证命中精度一流的前提下，整个生产线卷取温度自动化控制水平达到99.96%。

（刘 抒）

## 中国宝武11项成果在巴黎国际发明展览会上获奖

5月8日，2018年巴黎国际发明展览会结束。中国宝武参展的11项一线职工岗位创新成果全部获奖，其中4项银奖、7项铜奖。

巴黎国际发明展览会是法国发明者与制造者协会主办的综合性的发明展览会，是历史最为悠久的国际发明展览会。2018年巴黎国际发明展览会于4月27日—5月8日举行。中国发明协会组团参展，并将中国宝武列为重点参展邀请单位。在本届巴黎国际发明展览会上，中国代表团参展项目共52项，其中中国宝武选送的11项创新成果重在展示一线职工为提高效率、降低成本、节能减排、绿色制造等作出的贡献。宝钢股份炼钢厂杨建华发明的"一种气动给料型自动加渣机及渣料吹送器"、宝钢股份钢管条钢事业部金国平发明的"连铸引锭杆安全制动与自动监控技术"、宝钢国际孙桂国发明的"钢材产品防护资材剪切自动化应用技术"、宝钢技术吉志勇发明的"大电机集电滑环变频驱动在线车削技术"4项创新成果获银奖。武钢工程李雪强发明的"工业通信调度系统"、武钢绿色城建罗帆发明的"一种截污挂蓝以及雨水口"、武钢有限张铭发明的"一种钢绳防掉道自动报警装置"、梅钢公司季益龙发明的"高炉槽下皮带系统本质化安全环保的控制技术"、韶关钢铁陈科发明的"皮带运输机效率提升技术"、宝钢金属晏培杰发明的"超高强度轻量化精细化设计辊压型材"、宝武环科秦欢发明的"一种用于船运散装物料旋转布料器"7项成果获铜奖。

（冯茂芬）

## 中国宝武与云南定点扶贫4县签订2018年援建项目协议

6月10—16日，中国宝武党委常委、纪委书记章克勤带队赴云南省普洱市宁洱县、江城县、镇沅县和文山州广南县4县调研考察，检查定点扶贫项目开展情况，并与普洱市和文山州广南县签订2018年援建项目协议。

2003年以来，中国宝武根据当地经济社会发展需求，紧扣老百姓的期盼，以"目标引领、规划先行、产业支撑、项目驱动"的思路，形成以整村扶贫为示范、产业扶贫为推动、科教扶贫为突破的扶贫工作模式。中国宝武连续派出8批14名中层干部到普洱市和文山州广南县挂职。2018年4月，中国宝武增派干部担任中共普洱市委常委、副市长，开展更高层次的扶贫对接。2004—2017年，中国宝武累计投入帮扶资金1.4亿元，共援建扶贫项目465个。特别是在普洱市遭受旱涝灾害、景谷地震灾害时，中国宝武先后给予1 150多万元的扶持资金，帮助其渡过难关。同时，还通过土特产品展销等活动，带动当地贫困群众增收致富。2018年，中国宝武计划投入1 298万元，重点向江城县和广南县2个深度贫困县倾斜，从提升深度贫困村功能、加大产业发展力度和提升科教文化事业等方面安排项目资金，完成17个扶贫项目。

（蒋文雯）

## 中国宝武联合相关单位发布FTZ指数

6月29日上午，中国（上海）自由贸易试验区进口铁矿石价格指数（简称FTZ指数）正式发布。即日起，每个工作日的上午9∶15，上海矿石国际交易中心有限公司、西本新干线股份有限公司和上海场外大宗商品衍生品协会将同步发布FTZ指数。FTZ指数是参照浙江省舟山港保税仓库作为标准交易仓库，结合国际铁矿石市场主流价格变化因素，按照预设数据逻辑模型和生成规则而形成的国际化指数。该指数推出后，将发挥人民币铁矿石定价的权威性、科学性和实用性，打通未完税货和港口现货隔阂，连接矿山销售前移和钢厂采购后移战略，为中国钢铁产业链打造一个活跃的境内关外铁矿石交易市场助力。

该指数是在中国（上海）自由贸易试验区管理委员会、上海市经济和信息化委员会、上海市商务委员会和上海市金融服务办公室指导下，由上海矿石国际交易中心有限公司联合西本新干线股份有限公司、上海场外大宗商品衍生品协会共同发布的。上海矿石国际交易中心有限公司是由宝钢资源控股的一家国际大宗商品现货交易和资源配置平台企业，2015年8月在中国（上海）自由贸易试验区注册成立。

（张文良）

## 黄石公司新港项目一期工程投产

7月19日，黄石公司新港项目热镀铝锌机组投产运行，生产出第一卷55%镀铝锌成品。9月15日，一号彩涂机组热负荷试车。11月22日，二号彩涂机组热负荷试车，新港项目一期工程全面投产。

黄石公司新港项目是湖北省和黄石市"十三五"（2016—2020）重点建设项目，一期工程建设1条20万吨热镀铝锌机组、1条12万吨建筑彩涂机组、1条8万吨家电及装饰彩涂机组，产品定位于高端建材、家电和装饰用板。项目以科技含量高、经济效益好、资源消耗低、环境污染少为特点，走节能环保的产业转型升级新路。

热镀铝锌机组年产能20万吨，产品厚度为0.25～1.2毫米，宽度700～1 250毫米，镀层60～180克/平方米，具有成型性、耐热性和高反射性的特点，可用于生产建筑材料、家电用品、工农业设备及通讯用品等。

彩涂机组按照与宝钢股份直属厂部同品同质的管理要求设计。进口精涂机，能更好地保证彩涂涂层的厚度和家电表面质量要求；多涂头设计，实现颜色快速切换，能更快地响应用户交货期要求。机组投产后，彩涂产品的交货周期可由30天缩短至20天。

（张 犀 洪梦琳）

## 中国宝武9个项目获冶金科学技术奖

8月9日，中国钢铁工业协会、中国金属学会公布2018年冶金科学技术奖评选结果。中国宝武有9个项目获奖，其中由宝钢股份负责完成的"汽车轻量化用吉帕级钢板稳定制造技术与应用示范"项目获唯一一个特等奖。"冷轧机颤振智能监控与抑振提速技术及应用""极薄一次冷轧高硅硅钢制造技术及装备的开发与应用"2个项目获一等奖，5个项目获二等奖（含工人奖1个），1个项目获三等奖。此外，中国宝武与东北大学等单位合作申报的项目，4个获一等奖，2个获三等奖。

"汽车轻量化用吉帕级钢板稳定制造技术与应用示范"成果主要是指抗拉强度不小于1吉帕的冷轧和镀锌特超高强度钢板，是应对轻质材料竞争的关键材料，代表了汽车用钢的发展方向。本项目申请专利24件、汽车行业标准5项，项目开发的技术已推广到宝钢股份新建的生产线上。2015—2017年累计销售吉帕级汽车板41.58万吨，广泛应用于欧系、美系、日系和自主品牌汽车上。

"冷轧机颤振智能监控与抑振提速技术及应用"成果围绕轧机颤振这一世界性的重大关键共性问题，由宝钢股份、北京科技大学和宝信软件组成的项目组经过6年持续攻关研发，取得多项创新性成果。项目共申请发明专利18件，已授权7件，发表学术论文7篇。其技术成果已在宝钢股份3条冷轧机组应用实施，投入后月平均发生颤振次数降幅超50%，颤振导致的月平均废钢切除量降幅近90%，轧机平均提速4%以上，每年创造的直接经济效益超过亿元。

"极薄一次冷轧高硅硅钢制造技术及装备的开发与应用"成果针对极薄高硅硅钢生产的国际性难题综合运用多学科知识，研发出批量、稳定、低成本、环境友好的一次冷轧装备及成套制造工艺，技术水平处于国际领先。该成果共形成发明专利14件，其中国际发明专利1件，认定企业秘密132项，发表论文20篇。该技术在宝钢股份6台森吉米尔机组及新建18辊轧机推广应用，产品成功应用于核电、新能源汽车、高铁、无人机等国家重要领域。

（吴永中）

## 方大炭素超高功率石墨电极项目奠基

8月20日，由宝钢化工、方大炭素新材料科技股份有限公司（简称方大炭素）在甘肃省兰州经济技术开发区共建的年产10万吨级超高功率石墨电极项目实质性启动。宝钢化工、方大炭素和甘肃省兰州市红古区人民政府在兰州市共同签订《年产10万吨级超高功率石墨电极项目投资保障协议》，宝钢化工、方大炭素签订项目合资合同。各方共同为项目奠基。

根据合资合同，宝钢化工与方大炭素将共同出资设立宝方炭材料科技有限公司，开展年产10万吨级超高功率石墨电极项目建设。项目占地面积66.67公顷（1 000亩），总投资27亿元，其中宝钢化工持股51%、方大炭素持股49%，计划于2020年全面建成投产。石墨电极是指以针状焦等为骨料，煤沥青为黏结剂，经过加工而制成的一种耐高温石墨质导电材料，可用于电弧炉炼钢、炼硅、炼黄磷等，其中，特种石墨电极还广泛应用于航天、电子等领域。该项目是国家供给侧结构性改革倡导的高效、低污染、循环经济产业，采用石墨电极生产中最高端技术、国际上最先进的装备以及最优化的节能环保技术，具有安全、环保、节能、高效的优点。

（吴永中）

## 华宝冶金资产管理有限公司揭牌

9月13日，由中国宝武、中国东方资产管理股份有限公司（简称中国东方）、鞍钢集团有限公司（简称鞍钢集团）和马钢（集团）控股有限公司（简称马钢集团）下属马钢集团投资有限公司（简称马钢投资）共同发起设立的国内首家专注于冶金行业的专业化的资本运作平台——华宝冶金资产管理有限公司揭牌成立。4家股东出资20亿元，其中中国宝武持股37.5%，中国东方和鞍钢集团各持股25%，马钢投资持股12.5%。中国宝武党委书记、董事长陈德荣，中国东方党委书记、董事长吴跃，鞍钢集团党委常委、副总经理、总会计师于万源，马钢集团党委书记、董事长魏尧等领导为华宝冶金资产管理有限公司揭牌。

华宝冶金资产管理有限公司是在钢铁产业转型升级需要金融资本的助力、金融服务实体经济需要创新模式的大背景下成立的，从立项之初就把"化解冶金行业过剩产能、促进冶金行业健康发展"作为公司使命，并把"打造最具竞争力的行业性资产管理公司"作为公司愿景。作为国内首家专注于冶金行业尤其是专注于钢铁产业的资产管理公司，华宝冶金资产管理有限公司的成立，将有助于进一步提高钢铁产业集中度，推动行业实现高质量发展。

华宝冶金资产管理有限公司在产业端聚集了中央企业（简称央企）最大的两个钢铁企业——中国宝武和鞍钢集团，以及具有代表性的地方钢铁企业——马钢集团，具备化解冶金行业产业危机的先天能力，可以从供应端"寻找风险源"、从产业链各环节调整产业布局，从而消除落后产能、提高行业效率、化解产业危机。金融端引入中国东方作为核心战略股东，凭借其在资产管理领域的专业优势和全牌照金融"工具箱"的技术优势，为中国冶金行业的转型升级带来新视角、提供新思路、增加新功能。作为四大国有金融资产管理公司之一，中国东方入股华宝冶金资产管理有限公司，是金融机构回归本源、专注主业，提升服务实体经济质效，防止金融脱实向虚的一次大胆尝试。

（蒋文雯　冯茂芬）

## 中国宝武参加"首钢杯"第九届全国钢铁行业职业技能竞赛

9月15—19日，中国宝武组队参加在河北省迁安市举行的"首钢杯"第九届全国钢铁行业职业技能竞赛，宝钢股份热轧厂杨军获金属轧制工种竞赛第一名，宝钢股份炼铁厂张培峰获高炉炼铁工种竞赛第三名，宝钢股份钢管条钢事业部邢君获电焊工种竞赛第四名。中国宝武队获团体第三名，宝钢股份、梅钢公司获优秀组织奖，韶关钢铁获最佳进步奖。

两年一届的全国钢铁行业职业技能竞赛由中国钢铁工业协会、中国机械冶金建材工会全国委员会、中国就业培训技术指导中心和共青团中央青年发展部联合主办，是钢铁行业职工学习交流、技能提升的平台。本届竞赛由首钢集团承办，有74家钢铁企业的244名选手参加，比赛工种分别为高炉炼铁工、金属轧制、天车工和电焊工。中国宝武及宝钢股份、武钢集团、八一钢铁、韶关钢铁、鄂城钢铁、梅钢公司7支参赛队共24名选手参赛。

中国宝武由集团公司领导挂帅、工会牵头推进，于3月初启动参赛相关工作。明确按照"统一策划、资源共享、分队参赛"的原则，在中国宝武首届职工技能大赛的基础上，选拔4个工种的优秀选手代表中国宝武参赛，其余单位自行组队参赛。其间，通过初赛、决赛等层层选拔，从各单位1 800余名报名选手中择优组成51人的"种子队"，组建专家教练组和考务集训支撑组，开展为期3个月的封闭集训，最终确定参赛团队和人员名单。

（刘抒）

## 中国宝武3名员工获评"上海工匠"

11月9日，在2018年"上海工匠"选树命名暨工匠精神主题论坛上，中国宝武员工宋俊、金国平、幸利军入选2018年"上海工匠"，并受到表彰。

宝钢股份硅钢部高级技师宋俊立足岗位不断创新,历时6年攻关,发明了从轧钢"三废"(废气、废水、废渣)中提取高端磁性材料的技术,以多种轧钢废弃物为原料,生产出高端的软磁原材料,每年为企业新增利润9 000万元。从2007年开始,他投入到高端硅钢的技术研发和生产制造工作中,在酸洗通板、抗反弯焊接、高速轧制等世界性难题方面突破国外技术壁垒,取得研发的突破。宋俊拥有授权专利111件,其中发明专利47件,为企业创造效益2.75亿元;创新成果在国内外发明展获6项金奖,并获集团公司技术创新重大成果奖、冶金行业科技进步奖一等奖。

宝钢股份钢管条钢事业部高级技师金国平长期从事炼钢连铸生产线电气设备维护和技术改造方面的工作,为现场解决了上百项设备"疑难急症"。通过自主创新攻关,先后完成多项重点科研项目,解决了炼钢连铸设备和自动化控制领域面临的突出难题。多年来,金国平完成现场攻关改善项目90多项,拥有专利19件,其中发明专利13件,认定企业技术秘密24项,累计为企业降本增效2 200多万元,多项创新成果在国内外发明展上获金奖和银奖。他领衔的职工创新工作室,取得各类创新成果38项,实现各类成果效益5 536万元。

宝钢股份热轧厂高级技师幸利军扎根一线岗位27年,通过技术攻关解决了大量现场难题,多项创新成果推广应用至其他钢铁企业。幸利军拥有专利88件,其中发明专利43件,认定技术秘密100项,获国内外发明展金奖3项,诸多创新

成果达到国际先进水平,并获上海市科学技术奖二等奖、冶金科学技术奖二等奖、宝钢技术创新重大成果奖二等奖,近3年创直接经济效益9 000多万元。 (杨 波)

## 宝钢德盛精品不锈钢基地开工建设

11月28日,宝钢德盛精品不锈钢绿色产业基地项目在福建省福州市罗源湾开发区举行开工仪式,项目首个工程——1 780毫米热轧工程打下第一根桩。

宝钢德盛精品不锈钢绿色产业基地以绿色精品、超低碳排放、智慧制造、低成本为目标,生产线设计借鉴国内及宝钢近20年的不锈钢生产经验,在工艺及设备选择、总图及平面布置等方面,体现高效、节能、高品质的设计理念,不仅能展现当代最新装备技术水平,而且能实现最佳运营效益。项目采取总体设计、分步实施的原则,第一步建设烧结机、高炉、炼钢连铸、1 780毫米热轧、酸洗及相关公辅配套设施,第一步项目完成后总

产能达到年产470万吨。第二步建设炼钢连铸、炉卷轧机、酸洗、单张板酸洗及相关公辅配套设施,第二步项目完成后总产能达到年产570万吨,综合竞争力处于国内第一梯队。

新建的1 780毫米热轧生产线年产热轧卷约400万吨,计划于2021年1月热负荷试车。它可以有效改善宝钢德盛产品结构,淘汰落后生产设备,逐步使宝钢德盛成为中国宝武一贯制碳钢、不锈钢、特钢制造基地,形成BN300、BN400全系列产品,包括400系超纯、300系低碳高端品种。

(杨 波)

## 中国宝武在盐城布局建设精品钢生产基地

11月30日,中国宝武与江苏省人民政府、南京市人民政府、盐城市人民政府分别签署战略合作协议,加快推动江苏省钢铁行业转型升级和空间布局优化,共同推进地处南京的宝钢股份梅钢区域产业转移和转型发展,共同在盐城市

2018年11月28日,宝钢德盛精品不锈钢绿色产业基地开工建设 (杨 波摄)

滨海港工业园区布局建设2 000万吨级精品钢生产基地。项目一次性规划，分阶段实施，计划2019年启动一期项目建设的相关工作。

（吴永中）

## 湛江钢铁启动三号高炉系统项目

12月6日，湛江钢铁举行三号高炉系统项目启动会。项目计划于2021年7月投产。届时，湛江钢铁总规模为年产铁水1 225万吨、钢水1 252.8万吨、钢材1 081万吨。

湛江钢铁基地项目是国家钢铁产业布局调整的重要一环，是中国钢铁工业由大到强的标志性项目，也是中国宝武战略发展的重要一步和宝钢二次创业基地。湛江钢铁一号高炉于2013年5月开工、2015年9月点火，二号高炉于2014年5月开工、2016年7月点火。

（孙延军）

## 大事记

## 1月

1日　上海宝钢不锈钢有限公司（简称上海不锈）由委托宝钢不锈管理调整为中国宝武直接管理，业务对口城市新产业发展中心。吴淞地块开发工作小组成建制划转上海不锈。

同日　武汉钢铁集团鄂城钢铁有限责任公司（简称鄂城钢铁）管理关系调整，由武钢集团委托中国宝武直接管理，业务对口钢铁业发展中心。

同日　梅钢公司制造（成本）

管理系统正式升级上线，与宝钢股份制造系统在同一平台运行，标志着梅钢公司完全融入宝钢股份一体化体系，并为宝钢股份多基地管控模式提供了经验。

同日　全球首套可实现烧结烟气多污染物干式协同处理的超净装备——梅钢公司三号烧结机通过运行考核，进入正式运行阶段。

2日　中国宝武召开2018年安全生产能源环保工作会议，总结2017年工作，部署2018年重点工作。中国宝武总经理、党委副书记陈德荣分别与宝钢股份、武钢集团、宝钢化工、宝钢工程、宝武环科等子公司，安全生产监督部、能源环保部等职能部门主要负责人签订2018年度《安全生产工作责任书》和《节能环保目标责任书》。

8日　2017年度国家科学技术进步奖揭晓，中国宝武有3个合作项目获2017年度国家科学技术进步奖二等奖，分别是：以宝钢工程为主要完成单位研发的"工业建筑抗震关键技术研究与应用"项目，以宝钢股份为主要完成单位研发的"高效节能环保烧结技术及装备

的研发及应用"项目，以宝钢特钢为主要完成单位研发的"压水堆核电站核岛主设备材料技术研究与应用"。

9日　中国宝武发文，自1月15日起，上海宝钢包装股份有限公司（简称宝钢包装）管理关系调整，由宝钢金属委托中国宝武直接管理，业务对口服务业发展中心。

29日　中国宝武召开2018年度工作会议暨职工代表大会，总结2017年集团公司各项工作，分析面临的形势和任务，部署2018年重点工作。会上，宝钢股份、八一钢铁、韶关钢铁、鄂城钢铁、宝钢德盛、宁波宝新、宝钢化工、宝钢资源、宝钢工程、宝信软件、欧冶云商、宝武环科、华宝投资、宝地置业、宝钢发展15家子公司分别与集团公司签订2018—2020年任期经营绩效责任书。还举行了年度人物颁奖仪式，表彰了2017年度中国宝武金牛奖、银牛奖、曾乐奖、国家科技进步奖等获奖个人和集体，获奖代表上台领奖。

同日　湖北省第十三届人民代表大会第一次会议依法选举武钢有限制造管理部副部长袁伟霞

2018年1月29日，中国宝武举行年度人物颁奖仪式　　　　　　　　　　　　（刘　杰　摄）

为第十三届全国人民代表大会代表。

31日　中国宝武举行2018年党风廉政建设和反腐败工作会议，回顾总结2017年党风廉政建设和反腐败工作，研究部署2018年重点工作。会上，中国宝武党委书记、董事长马国强代表集团公司领导班子作集体承诺。

同日　广东省第十三届人民代表大会第一次会议依法选举韶关钢铁董事长、党委书记李世平为第十三届全国人民代表大会代表。

## 2月

5日　韶关钢铁在七号高炉检修中发生一起煤气泄漏导致的较大事故，造成8人死亡、10人不同程度中毒。事故原因为：七号高炉检修完毕后进行引送煤气操作，现场2名煤气防护工（1名负责操作、1名负责监护）未按规定确认煤气管道前序电动阀是否关闭，直接操作管道下游的插板阀，造成煤气瞬间大量泄漏。煤气作业人员和监护人员未按规定佩戴空气呼吸器进行作业和监护。

6日　湛江钢铁专用铁路正式通车，标志着湛江东海岛铁路全线开通。湛江钢铁基地铁路配套工程总投资6.9亿元，其中铁路正线全长1.6千米。项目于2016年12月开建，2017年12月铁路全线贯通，2018年2月完成验收。

## 3月

7日　中国宝武举行三八国际劳动妇女节座谈会，表彰了上海市"巾帼文明岗""巾帼建功标兵"先进集体和个人，湖北省女职工建功立业标兵，2016—2017年度中国宝武"玫瑰培育奖""玫瑰绽放最佳

实践奖"等先进个人和集体。

12日　中国宝武发文，自4月1日起，武汉钢铁集团耐火材料有限责任公司（简称武汉耐材）管理关系调整，由武钢集团委托中国宝武直接管理，业务对口钢铁业发展中心。

15日　中国宝武与新华人寿保险股份有限公司（简称新华保险）在宝武大厦举行战略合作协议签字仪式。根据协议，双方将发挥各自优势，强强联手，在风险保障、产融结合与创新等领域开展合作。中国宝武党委书记、董事长马国强，新华保险董事长万峰等双方领导出席会议并见证签约。

同日　中国宝武与武汉科技大学校企合作签约仪式在武汉科技大学举行，中国宝武与武汉科技大学合作建设的"中国宝武·武汉科技大学炭材料联合工程研究中心"挂牌。

23日　2017年度上海市科学技术奖励大会在上海展览中心友谊会堂召开，表彰为上海科技创新事业和经济社会发展作出突出贡献的科技工作者。宝钢股份电厂技能专家洪华领衔开发的"电厂发电控制设备数字化精准检测与校整技术研发与应用"项目、宝钢股份炼铁厂高炉技术专家缪伟良负责的"高炉炉缸长寿综合维护技术及其应用"项目获上海市科技进步奖三等奖。宝武环科与上海市环境科学研究院等合作的"城市再开发场地土壤污染控制与修复关键技术及其应用"获上海市科技进步奖一等奖，宝信软件与上海申通地铁集团有限公司等合作的"城市轨道交通非正常运营安全保障关键技术研究与应用"获上海市科技进步奖二等奖，宝钢股份与上海电力

学院合作的"大型火电机组经济运行与负荷调度优化技术与应用"获上海市科技进步奖三等奖。

27日　国内首台智能化液态熔融金属吊运车在梅钢公司炼钢厂投入生产运行。

28日　宝钢股份自主集成建设的全球首套大型高炉控制中心在宝山基地炼铁厂建成启用，实现对4座高炉的集中化操作控制和生产管理，并可对其他3个基地（梅钢公司、湛江钢铁、武钢有限）高炉进行远程技术支撑。

30日　在北京举行的中国企业高管培训发展联盟年会暨高峰论坛上，中国宝武获多项2017年中央企业人才培养荣誉体系奖。"中国宝武提质增效（扭亏增盈）专项培训"项目获优秀管理类培训项目，"中国宝武党支部书记培训"项目获优秀党建类培训项目，宝武管理学院许勇、陶云武获"优秀培训管理者"称号，丛力群的"宝钢智慧制造的思考和实践"和贾砚林的"推进阿米巴，抓住经营本质"获中央企业名师名课荣誉，"宝武整合融合系列培训"项目获特色实践奖。

3月　经中共中央批准，中国宝武党委书记、董事长马国强任湖北省委委员、常委、副书记。

## 4月

8—11日　中国宝武总经理、党委副书记陈德荣参加博鳌亚洲论坛2018年年会。出席"中美经贸关系的韧性"圆桌会议，应邀担任"大宗商品新周期"分论坛主讲嘉宾，参加"中国领导人对话企业家代表"等活动。

9日　中国宝武发文，决定成立集团公司安全督导工作领导小

组。安全督导工作领导小组在集团公司安全生产委员会统一领导下，部署、推进和检查安全督导专项工作。

10—12日　中国宝武参展在河北廊坊国际会展中心举行的2018京津冀（雄安新区）智慧城市建设博览会。本届博览会以"千年大冀、众智成城"为主题，中国宝武以"绿色钢铁""绿色工程""互联网＋钢铁""互联网＋城市""互联网＋园区"等内容，集中展示在智慧生态新城建设等方面的探索和实践成果。

13日　中国宝武与中国国际海运集装箱（集团）股份有限公司（简称中集集团）战略合作年会在宝武大厦举行。中国宝武总经理、党委副书记陈德荣，中集集团首席执行官（CEO）、总裁麦伯良等双方领导出席年会。

19日　宝钢美洲技术服务中心在美国新泽西州蒙特威尔市宝钢美洲有限公司总部成立。美洲技术服务中心的工作重心将聚焦技术营销、协助开展产品认证、协助开展超高强钢评估、处理用户服务及抱怨和异议、跟踪北美钢铁制造与应用新动态五大方面。

23日　中国宝武发文，决定调整财务服务与数据共享中心名称及业务范围。财务服务与数据共享中心更名为运营共享服务中心；撤销人力资源服务中心，原人力资源服务中心部分职责整合进入运营共享服务中心，其他职责回归子公司。运营共享服务中心自5月1日起正式运行。

28日　全国劳模、上海工匠、宝钢特钢技能专家杨磊被上海市劳模协会授予2017年上海市"劳模年度人物"称号。这是继王康健、王军之后，中国宝武员工第三次获得该项荣誉。

29日　由宝钢股份运输部与宝信软件科技人员自主集成开发，拥有完全知识产权，占地逾6万平方米，国内最大、智能化程度最高的钢制品库在宝钢股份直属厂部建成投用。

4月　宝钢高雅艺术奖终止。该奖设立于1993年，先后投入资金842.8万元，奖励或扶持了61部优秀作品、249名优秀文艺工作者、19个优秀文艺团体及10个有关单位。

同月，拥有"智能决策能力"的宝钢股份1580热轧卷取温度控制模型上线。5月，1580热轧卷取温度控制精度超越国际一流对标企业，达到世界领先水平。

## 5月

8日　2018年巴黎国际发明展览会落下帷幕，中国宝武参展代表团带去的11项一线职工岗位创新成果全部获奖，其中4项银奖、7项铜奖。

同日　国务院国资委党委书记郝鹏到中国宝武武汉总部调研。

15日　青海省政协副主席、中共海南藏族自治州委书记张文魁率代表团访问中国宝武，带来藏区人民对中国宝武干部员工的问候，对中国宝武给予海南州同德县的无私援助表示感谢。中国宝武党委领导与张文魁一行进行了交流。

16日　中国宝武党委启动2018年专项巡视工作。此次专项巡视共成立4个巡视组，自5月21日起，分别对武钢集团、武钢有限、八一钢铁、宝钢资源、宝钢工程、宝钢发展、宝信软件、欧冶云商等8家单位开展为期两周的专项巡视。

17日　中国宝武发文，决定对新闻中心机构设置及运作方式进行调整。撤销新闻中心独立建制，集团公司党委宣传部、企业文化部（公共关系部）下设新闻管理处，负责承担集团公司新闻工作的管理职责，对外保留"中国宝武新闻中心"牌子。集团公司运营共享服务中心下设媒体工作室，负责承担集团公司自有媒体的新

2018年5月15日，青海省海南藏族自治州代表团访问中国宝武，中共同德县县委、县政府向中国宝武赠送锦旗　　　　　　　　　　（张　勇　摄）

2018年5月17日，陈德荣在第十届中国国际钢铁大会上作主旨演讲　　（施　琮摄）

闻制作及发布任务。媒体工作室向各子公司提供集团公司层面的媒体制作共享服务。5月底前，新闻管理处、媒体工作室设置及运作到位。

同日　中国宝武总经理、党委副书记陈德荣在由中国钢铁工业协会、中国贸促会冶金行业分会承办的第十届中国国际钢铁大会上，作《以钢铁业的转型升级推动中国经济高质量发展》的主旨演讲。

21—24日　中国宝武13名正式代表和2名列席代表参加上海市工会第十四次代表大会。24日，经大会选举，中国宝武傅连春、宋俊当选上海市总工会第十四届委员会委员，王霞当选上海市总工会第十四届经费审查委员会委员。

23日　由国务院国资委宣传局主办、中国宝武承办的"国企开放日"观摩推进会暨中国宝武"厂区开放日"活动2018年启动仪式在宝钢股份举行。东风汽车集团有限公司、鞍钢集团有限公司、中粮集团有限公司、中国南方航空集团有限公司、中国建筑集团有限公司等中央企业代表、中国社科院公益品牌项目调研团成员，来自国内多家国有企业、民营企业、外资企业及社会组织从事社会责任工作的代表和专家学者近180人参加活动。

同日　中共中央政治局委员、上海市委书记李强一行在中国宝武总经理、党委副书记陈德荣的陪同下，到宝钢股份直属厂部调研，并听取了公司"智慧制造""城市钢厂"有关情况汇报。李强对企业攻克关键技术和装备，实施智能化、清洁化改造表示肯定，勉励宝钢股份发挥标杆企业作用，以国际钢铁业最高标准、最好水平做好节能环保工作，为上海的青山绿水、改革发展再当排头兵、再立新功。中共上海市委常委、市委秘书长诸葛宇杰，副市长时光辉等市领导随同调研。

31日　中国宝武与福建省福州市人民政府战略合作框架协议签约仪式在福州市举行。今后，双方将发挥各自优势，构建互利双赢、可持续发展的战略合作伙伴关系，共同建设世界一流、国内领先的不锈钢和特种钢为主的高端钢材制造基地。中国宝武总经理、党委副书记陈德荣，中共福建省委副书记、福州市委书记王宁等双方领导出席仪式并见证签约。

## 6月

1日　宝钢不锈炼钢厂生产线关停。

5日　由中共云南省普洱市委副书记、市长杨照辉率领的普洱市

2018年5月23日，"国企开放日"观摩推进会暨中国宝武"厂区开放日"活动2018年启动仪式在宝钢股份举行　　（施　琮摄）

党政代表团来中国宝武调研考察，就下一步精准扶贫工作的深入推进与中国宝武进行座谈交流。

6日　宝钢不锈热轧厂在轧制完最后一块钢后关停。

10—16日，中国宝武党委常委、纪委书记章克勤带队赴云南省普洱市宁洱、江城、镇沅和文山州广南4县调研考察，检查定点扶贫项目落地情况，并与定点扶贫的普洱市和文山州广南县签订2018年援建项目协议。

20日　中国宝武发文，组建宝武特种冶金有限公司（简称宝武特冶），由宝钢特钢委托中国宝武进行管理，作为中国宝武直接管理的一级子公司，业务对口钢铁业发展中心。

同日　由世界品牌实验室（World Brand Lab）主办的（第十五届）世界品牌大会在北京举行，会上发布2018年《中国500最具价值品牌》分析报告。中国宝武品牌价值为686.15亿元人民币，位列第52名，成为钢铁行业最具价值品牌。

27日　由《证券时报》举办的2018中国信托业发展高峰论坛暨第十一届中国优秀信托公司评选颁奖典礼在深圳举行。华宝信托获"中国优秀信托公司"奖，"华宝世家华传"系列家族信托获"优秀家族信托计划"奖。

28日　中国宝武召开中层以上管理人员大会。中共中央组织部有关干部局负责人宣布中央关于中国宝武董事长、党委书记调整的决定：陈德荣任中国宝武钢铁集团有限公司董事长、党委书记，免去其中国宝武钢铁集团有限公司总经理职务。

29日　由宝钢资源控股的上海矿石国际交易中心有限公司联合西本新干线股份有限公司、上海场外大宗商品衍生品协会共同发布中国（上海）自由贸易试验区进口铁矿石价格指数。该指数推出后，将充分发挥人民币铁矿石定价的权威性、科学性和实用性，为中国钢铁产业链打造一个境内关外铁矿石交易市场助力。

同日　中国共产主义青年团召开第十八届中央委员会第一次全体会议，选举产生新一届团中央领导机构。中国宝武团委书记周瑾当选中国共产主义青年团第十八届中央委员会候补委员。

30日　中国宝武发文，明确中国宝武武汉总部机构设置及运作方式。武汉总部作为中国宝武区域总部，代表中国宝武总部行使区域发展、区域监管、区域沟通、区域服务和区域性专项工作。

## 7月

1日　中国宝武武汉总部按新机构新模式运营。

4日　上海市政府与中国宝武在沪签署《加强全面合作，推进吴淞地区整体转型升级合作协议》。中共上海市委副书记、市长应勇，中国宝武党委书记、董事长陈德荣，中共上海市委常委、常务副市长周波出席签约仪式。上海副市长时光辉与中国宝武副总经理胡望明代表双方签约。中国宝武党委常委，宝钢股份党委书记、董事长戴志浩等出席签约仪式。根据协议，上海市政府将加大对吴淞地区转型升级的政策支持力度，中国宝武积极做好产业结构调整工作；双方尽快建立合作发展机制，并启动有关区域的转型发展工作。

同日　武钢集团与湖北省罗田县人民政府签署2018年扶贫援建协议书。2018年，武钢集团投入200万元用于罗田县产业扶贫项目。

10日　美国《财富》杂志中文网发布2018年中国上市公司500强排行榜。宝钢股份以2017年2 894亿元的营业收入位列第24位，韶钢松山位列第283位，八钢股份位列第430位。

17日　国务院国资委公布2017年度中央企业负责人经营业绩考核结果，中国宝武钢铁集团有限公司被评为A级企业。

19日　美国《财富》杂志发布世界500强企业排行榜，中国宝武以2017年营业收入592.55亿美元排名第162位，较上一年上升42位，位列全球钢铁企业第二。

同日　广西钢铁集团有限公司管理权由武钢集团移交广西柳州钢铁集团有限公司，标志广西防城港钢铁基地项目易主。当日召开管理权移交确认会，并完成工商变更登记手续。

同日　黄石公司新港项目热镀铝锌机组投产运行，第一卷55%镀铝锌成品成功下线。该机组年产能20万吨，产品厚度0.25～1.2毫米，宽度700～1 250毫米，镀层60～180克/平方米。

21日　中国宝武发文，上海宝地置业有限公司更名为上海宝地不动产资产管理有限公司（简称宝地资产）。

26日　上海宝地置业有限公司经工商登记更名为上海宝地不动产资产管理有限公司。

27日　武钢中冶工业技术服务有限公司在武汉揭牌成立。它是由武钢集团和中冶宝钢技术服务有限公司以资本为纽带，共同出资成立的合资公司。公司主要从事装备制造、设备检测、检修、生产线运行维护等业务。

30日　中国宝武发文，决定调整产业金融发展中心业务及管理体系。撤销投资管理部；产业金融发展中心与华宝投资有限公司实行"两块牌子、一套班子"运作，华宝投资有限公司定位为金融控股公司；华宝信托有限责任公司、华宝基金管理有限公司、华宝证券有限责任公司、华宝都鼎（上海）融资租赁有限公司和宝钢集团财务有限责任公司调整为集团公司直接管理的子公司，业务对口产业金融发展中心。

## 8月

1日　宝钢股份镀锡板厂新建二次冷轧机组和锡铬共线机组成功试生产出二次冷轧卷、镀铬卷，进入热负荷试车阶段。

3日　宝钢工程受托管理新疆钢铁设计院有限责任公司仪式在新疆乌鲁木齐举行。新疆钢铁设计院有限责任公司是八一钢铁的子公司，是新疆维吾尔自治区唯一拥有钢铁行业甲级、冶金咨询甲级资质单位，兼有民用建筑乙级和工程监理等资质证书。

9日　中国钢铁工业协会、中国金属学会公布2018年冶金科学技术奖评选结果。中国宝武有9个项目获奖，其中由宝钢股份负责完成的"汽车轻量化用吉帕级钢板稳定制造技术与应用示范"项目获唯一一个特等奖。"冷轧机颤振智能监控与抑振提速技术及应用""极薄一次冷轧高硅硅钢制造技术及装备的开发与应用"2个项目获一等奖，5个项目获二等奖（含工人奖1个），1个项目获三等奖。此外，中国宝武与东北大学等单位合作申报的项目，4个获一等奖，2个获三

等奖。

同日　宝武特种冶金有限公司完成工商注册登记，注册成立。

20日　宝钢化工、方大炭素和甘肃省兰州市红古区人民政府在兰州市共同签订《年产10万吨级超高功率石墨电极项目投资保障协议》。甘肃省委书记、省人大常委会主任林铎，甘肃省委副书记、省长唐仁健，中共甘肃省委常委、兰州市委书记李荣灿，中共甘肃省委常委、省委秘书长王嘉毅，甘肃省副省长李沛兴，中共兰州市委副书记、市长张伟文；中国宝武党委书记、董事长陈德荣，中国宝武党委常委、宝钢股份党委书记、董事长戴志浩；方大集团董事局主席方威，方大集团董事局董事、总裁闫奎兴；中国炭素行业协会秘书长孙庆等领导参加签约仪式。中国宝武副总经理张锦刚主持签约仪式。兰州市红古区区长李荣，宝钢化工党委书记、董事长林秀贞，方大炭素总经理党锡江分别代表三方签约。

同日　由宝钢化工、方大炭素在甘肃省兰州经济技术开发区共建的10万吨/年超高功率石墨电极项目奠基。项目占地面积66.67公顷（1 000亩），总投资27亿元（其中宝钢化工持股51%，方大炭素新材料科技股份有限公司持股49%），计划于2020年全面建成投产。

24日　宝钢工程与自然资源部所属中国极地研究中心签约，由宝钢工程下属宝钢建筑系统集成有限公司总承包建设南极泰山站二期项目。

27日　梅钢公司能环部员工李梁在印度尼西亚雅加达举行的第十八届亚运会桥牌混合团体赛

中与队友配合，以总比分122.67比70战胜泰国队，夺得金牌。这是中国桥牌在亚运会历史上的首金。

30日　由中共中央宣传部组织的"壮阔东方潮，奋进新时代——庆祝改革开放40年"大型主题采访活动走进中国宝武。来自中央、地方等主流媒体的70多名记者齐聚中国宝武总部，采访中国宝武40年来所取得的成就。中国宝武党委书记、董事长陈德荣作主旨报告。

同日　中国宝武在"壮阔东方潮，奋进新时代——庆祝改革开放40年"大型主题采访活动现场发布《2017中国宝武社会责任报告》。《2017中国宝武社会责任报告》展现了中国宝武在运营首个完整年中深化改革、奋发进取的新作为，以及驱动钢铁生态圈绿色智慧转型发展，促进企业各利益相关方共同成长的责任与担当。

同日　韶关钢铁与意大利达涅利公司、德国科可斯（Kocks）公司举行新建高速线材生产线引进设备、工艺技术合作谅解备忘协议签字仪式。

31日　伯利兹籍外轮"银河海"号靠泊武钢物流下属武汉武钢港务外贸码头有限公司（简称武钢物流外贸码头）三号泊位，标志武钢物流外贸码头恢复国家一类开放口岸。

## 9月

2日　中国企业联合会、中国企业家协会在陕西省西安市发布2018中国企业500强名单。中国宝武位列第38位，比上年提升6位；在钢铁行业47家上榜企业中排名第一。

6日　国务院国资委党委书记

郝鹏到西藏自治区日喀则市桑珠孜区江当乡，实地调研考察中国宝武援建的高原装配式钢结构样板房项目，并听取中国宝武援藏干部范光杰关于中国宝武援藏情况的汇报。

7日　中央企业助力西藏脱贫攻坚会议暨签约仪式在拉萨举行。西藏自治区党委书记吴英杰、国务院国资委党委书记郝鹏、国务院扶贫办副主任陈志刚等领导出席会议并讲话。西藏自治区党委副书记、区政府主席齐扎拉主持会议。97家中央企业的负责人与会。中国宝武党委书记、董事长陈德荣作交流发言。截至2017年，中国宝武共投入援藏资金4.56亿元，实施181个项目，培训1 100余人次，惠及西藏2个市3个县，受益群众4万余人。

13日　由中国宝武、中国东方资产管理股份有限公司（简称中国东方）、鞍钢集团有限公司（简称鞍钢集团）和马钢（集团）控股有限公司（简称马钢集团）下属马钢集团投资有限公司（简称马钢投资）共同发起设立的国内首家专注于冶金行业的专业化资本运作平台——华宝冶金资产管理有限公司揭牌成立。4家股东共出资20亿元，其中中国宝武持股37.5%，中国东方和鞍钢集团各持股25%，马钢投资持股12.5%。中国宝武党委书记、董事长陈德荣，中国东方党委书记、董事长吴跃，鞍钢集团党委常委、副总经理、总会计师于万源，马钢集团党委书记、董事长魏尧等领导为华宝冶金资产管理有限公司揭牌。

同日　民政部发布《关于表彰第十届"中华慈善奖"获得者的决定》，中国宝武获第十届"中华慈善奖（捐赠企业奖）"。"中华慈善奖"是中国公益慈善领域最高政府奖。

同日　中国宝武武汉总部举行纪念武钢投产60周年座谈会暨《纪念武钢投产60年技术论文集》首发式。

13—15日　第十届国际发明展览会暨第三届世界发明创新论坛在广东省佛山市举行，中国宝武选送的220个参展项目中有153个获奖，其中金奖29个、银奖50个、铜奖74个，中国宝武获优秀展团奖。参展项目全部来自一线员工的岗位发明创造。

15日　黄石公司新港项目一号彩涂机组热负荷试车。

15—19日　在河北省迁安举行的"首钢杯"第九届全国钢铁行业职业技能竞赛中，宝钢股份热轧厂杨军获金属轧制工种竞赛第一名，宝钢股份炼铁厂张培峰获高炉炼铁工种竞赛第三名，宝钢股份钢管条钢事业部邢君获电焊工种竞赛第四名。中国宝武队获团体第三名。

19日　中国宝武党委书记、董事长陈德荣，中国宝武副总经理、武钢集团执行董事、党委书记、中国宝武武汉总部负责人郭斌，中国宝武工会主席傅连春一行赴中国宝武定点帮扶贫困县广西省上林县调研扶贫工作，走访慰问派驻干部与当地群众。

25日　美国《财富》（中文版）发布2018年"最受赞赏的中国公司"评选结果，中国宝武在"最受赞赏的中国公司"全明星榜上居第12位，并在金属行业榜单中位列榜首。

同日　由上海宝钢化工有限公司更名的宝武炭材料科技有限公司（简称宝武炭材）揭牌，标志该公司从传统煤化工企业向新型炭材料产业转型发展。

27日　中国宝武、中国宝武党委联合发文，决定将集团公司党委宣传部、企业文化部（公共关系部）与党校、管理学院实行合署运作方式。合署运作后，公共关系部牌子撤销，对外保留"中国宝武新闻中心"牌子。合署后的机构名称及顺序为"中国宝武钢铁集团有限公司党委宣传部、企业文化部、党校、管理学院、新闻中心"。

28日　上海宝地上实产城发展有限公司（简称宝地上实）在宝武大厦举行揭牌仪式。宝地上实由上海宝钢不锈钢有限公司、上海上实（集团）有限公司和上海宝山城乡建设有限公司合资组建，负责不锈钢区域的转型开发。上海市副市长时光辉、上海市政府副秘书长黄融、宝山区委书记汪泓、宝山区区长范少军；中国宝武党委书记、董事长陈德荣，副总经理胡望明；上海上实（集团）有限公司党委书记、董事长沈晓初，总裁周军等出席揭牌仪式。时光辉、陈德荣为上海宝地上实产城发展有限公司揭牌。

同日　上海宝地临港产城发展有限公司（简称宝地临港）在宝武大厦举行揭牌仪式。宝地临港由宝钢特钢有限公司、上海临港经济发展（集团）有限公司和上海宝山都市经济发展有限公司合资组建，负责特钢区域的转型开发。上海市副市长时光辉、上海市政府副秘书长黄融、宝山区委书记汪泓、宝山区区长范少军；中国宝武党委书记、董事长陈德荣，副总经理胡望明；上海临港经济发展（集团）有限公司党委书记、董事长刘家平等出席揭牌仪式。时光辉、陈德荣为上海宝地临港产城发展有限公司揭牌。

## 10月

1日　新成立的宝武特种冶金有限公司揭牌。

9日　主题为"高水平'双创'，高质量发展"的2018年全国"大众创业万众创新活动周"上海市分会场启动仪式在中国宝武互联宝地举行。上海市副市长翁铁慧与创客代表、国家"双创"示范基地代表共同启动上海市分会场活动，并参观上海"双创"成果展。中国宝武党委常委、副总经理胡望明出席启动仪式。

11日　上海宝武杰富意清洁铁粉有限公司举行投产仪式。中国宝武总会计师朱永红、日本JFE钢铁株式会社社长柿木厚司按动投产按钮。

22日　中国宝武召开领导班子扩大会议。受中共中央组织部领导委托，中共中央组织部有关干部局负责人宣布中央关于中国宝武钢铁集团有限公司董事、总经理、党委副书记任职的决定：胡望明任中国宝武钢铁集团有限公司董事、总经理、党委副书记。

26日　中国宝武与百度战略合作框架协议签约仪式在北京百度大厦举行。双方将发挥各自优势，合作拓展人工智能、大数据、云计算、物联网技术在钢铁全产业链中的应用。中国宝武党委书记、董事长陈德荣，中国宝武党委常委、宝钢股份党委书记、董事长戴志浩；百度公司创始人、董事长兼首席执行官李彦宏等出席签约仪式。中国宝武总经理助理侯安贵，百度副总裁尹世明分别代表双方签字。

2018年10月9日，"大众创业万众创新活动周"上海市分会场中国宝武展区一角

（施　琮摄）

同日　《哈佛商业评论》中文版在北京举办主题为"新科技　新管理"的第五届中国年会暨第二届"拉姆·查兰管理实践奖"颁奖活动，宝钢股份获"改革开放四十年管理实践特别奖"。

29日　宝钢金属与武钢集团江北公司签署《江北公司金属制品股权转让协议》，江北公司金属制品股权转让宝钢金属。

30日　以"绿色钢铁、智慧制造"为主题的第七届宝钢学术年会在中国宝武中央研究院开幕。来自21个国家和地区的行业协会、钢铁企业、科研院所及高校的350余位企业领袖、行业精英、专家学者与会。中国金属学会理事长、中国工程院院士干勇，世界钢铁协会总干事埃德温·巴松，日本新日铁住金株式会社代表董事及执行副总裁、研发总监井上昭彦，美国大河钢铁公司总经理戴夫·斯蒂克勒和中国宝武党委书记、董事长陈德荣作大会主题报告。

同日　"中国宝武众研平台"发布上线仪式在第七届宝钢学术年会主会场、分会场同时举行。

31日　中国宝武发文，根据中委〔2018〕747号文件关于中国宝武钢铁集团有限公司总经理人选的意见，并经中国宝武董事会审议通过，决定：聘请胡望明任中国宝武钢铁集团有限公司总经理。

## 11月

1日　以"众创·智造·未来"为主题的中国宝武2018年员工创新活动日在宝钢股份人才开发院创意实践中心举办。

同日　武钢有限制造管理系统一期工程上线运行，标志武钢有限制造系统（条钢生产线、铁区资源）和运输管理系统完全融入宝钢股份一体化体系。

2日　国务院国资委举行中央企业工业文化遗产（钢铁行业）名录发布会，中国宝武的汉冶萍公司——汉阳钢厂、武钢有限炼铁厂一号高炉、黄石国家矿山公园东露天采场、武钢有限"一米七"生产线、汉阳铁厂界碑、汉阳铁厂铸铁纪念碑、宝钢工程指挥部旧址入选中国钢铁行业工业文化遗产。

3日　中国宝武党委书记、董事长陈德荣，总经理、党委副书记胡望明等一行到沙钢访问考察。中共张家港市委副书记、市长黄戟，沙钢集团董事局主席沈文荣，党委书记、董事局常务执行董事、有限公司董事长沈彬等接待来访。

同日　2018年度宝钢教育奖评审工作会议召开。全国75所高校、2家评审单位（上海市教委、中国冶金教育学会）推荐的467名学生获优秀学生奖、汤渊源等25名学生获优秀学生特等奖，245名教师获优秀教师奖，陈廷国等8名教师获优秀教师特等奖，刘习军等13名教师获优秀教师特等奖提名奖。

5日　世界三大评级机构之一的穆迪公司分别将中国宝武、宝钢股份信用评级上调一级，由Baa1上调为A3，评级展望继续维持"稳定"。

同日　首届中国国际进口博览会暨虹桥国际经贸论坛在国家会展中心（上海）开幕。中国宝武成立首届中国国际进口博览会中央企业交易团中国宝武分团，参与招商工作。中国宝武党委书记、董事长陈德荣，中国宝武总经理、党委副书记胡望明，宝钢股份党委书记、董事长戴志浩，宝钢股份总经理、党委副书记邹继新出席开幕式。胡望明、戴志浩、邹继新还出席了虹桥国际经贸论坛。

6日　在首届中国国际进口博览会期间，主题为"深化改革、扩大开放、以贸易畅通促企业发展"的中央企业国际合作论坛在国家会展中心举行。中国宝武党委书记、董事长陈德荣与中国中化集团有限公司、中粮集团有限公司等国内企业，波兰铜业集团、爱立信公司、力拓集团等外资企业代表，在论坛上受邀做客中央电视台《对话》栏目，与主持人就开放、合作、共赢发展等话题开展对话。

7日　中国宝武在首届中国国际进口博览会上举行现场采购签约仪式。澳大利亚必和必拓集团、力拓集团、巴西淡水河谷公司、澳大利亚FMG集团、泰克科技公司、捷琳巴集团、兖矿澳大利亚有限公司、英美资源集团、中信矿业国际公司、日本新日铁住金株式会社、ABB集团、法孚集团、美国通用电气公司、德国Manz集团、德国西马克公司等境外供应商分别与中国宝武下属业务单元宝钢股份原料采购中心、宝钢股份营销中心、宝钢股份设备资材采购中心、宝钢资源、宝信软件等签订年度采购合作框架协议。

同日　《中国宝武报》获中国报业协会评选的"改革开放四十年·报业经营管理先进单位"称号。

9日　在2018年"上海工匠"选树命名暨工匠精神主题论坛上，中国宝武员工宋俊、金国平、幸利军入选2018年"上海工匠"，并受到表彰。

12日　湖北省武汉市人民政府与中国宝武在武汉签署《中国宝武武汉总部高质量发展战略合作协议》。中共湖北省委副书记、武汉市委书记马国强，中共武汉市委副书记、市长周先旺和市委常委、市委秘书长蔡杰；中国宝武党委书记、董事长陈德荣，总经理、党委副书记胡望明和副总经理张锦刚等出席签约仪式。武汉市副市长徐洪兰与中国宝武副总经理，武钢集团党委书记、执行董事，中国宝武武汉总部负责人郭斌在合作协议书上签字。

19日　鞍钢集团有限公司召开领导班子扩大会议。受中共中央组织部领导委托，中共中央组织部有关干部局负责人宣布中央关于鞍钢集团有限公司董事、总经理、党委副书记任职的决定：戴志浩任鞍钢集团有限公司董事、总经理、党委副书记，免去其中国宝武

2018年11月12日，中国宝武与湖北省武汉市人民政府签署战略合作协议　（周　超　摄）

钢铁集团有限公司党委常委职务。上述职务任免按有关法律和章程办理。同日，宝钢股份发布公告，因工作另有安排，戴志浩向董事会提出辞去公司第七届董事会董事长、董事职务以及在第七届董事会中的其他职务。

同日 宝钢工程签约印度塔塔钢铁公司新建炼钢系统滚筒渣处理项目。这是宝钢工程设立印度子公司以来签订的单笔金额最大的供货合同。

20日 世界三大评级机构之一的标准普尔分别将中国宝武、宝钢股份信用评级上调一级，由BBB+调整为A−，评级展望继续维持"稳定"。中国宝武和宝钢股份维持全球综合类钢铁企业最优评级水平。

21日 中国宝武与中国东方航空集团有限公司(简称东航集团)战略合作协议签字仪式在东航集团总部举行。中国宝武党委书记、董事长陈德荣，总经理、党委副书记胡望明；东航集团董事长、党组书记刘绍勇，总经理、党组副书记马须伦等双方领导出席仪式。中国宝武总会计师、董事会秘书朱永红与东航集团党组成员、副总经理吴永良在合作协议书上签字。根据协议，双方将在产业金融、商旅服务等方面开展深度合作。

22日 黄石公司新港项目二号彩涂机组热负荷运行，标志黄石公司新港项目一期工程全面投产。

26日 内蒙古自治区乌海市人民政府与宝武炭材在宝武大厦签订中国宝武炭材料产业园项目投资保障协议。中国宝武党委书记、董事长陈德荣与中共乌海市委书记史万钧出席签约仪式。中国宝武副总经理张锦刚，中共乌海市委常委、秘书长苏忠胜，中共乌海市海勃湾区委书记贾庆东等出席签约仪式。乌海市副市长包野和宝武炭材党委书记、董事长林秀贞代表双方签约。

28日 宝钢德盛精品不锈钢绿色产业基地项目在福建省福州市罗源湾开发区举行开工仪式，项目首个工程——1 780毫米热轧工程打下第一根桩。中共福建省委副书记、福州市委书记王宁，中国宝武党委书记、董事长陈德荣，福建省副省长郑新聪共同启动项目开工仪式球。中国宝武副总经理张锦刚，中共福州市委常委、市政府常务副市长林飞，以及来自福建省、福州市、罗源县、中国宝武等相关单位的代表近200人出席，中共罗源县委书记何杰民主持仪式。

30日 中国宝武与江苏省人民政府、南京市人民政府、盐城市人民政府举行战略合作协议签约仪式。中共江苏省委书记、省人大常委会主任娄勤俭，省委副书记、省长吴政隆，省委常委、南京市委书记张敬华，副省长马秋林；中共盐城市委书记戴源，市委副书记、市长曹

2018年11月30日，中国宝武与江苏省南京市人民政府签署战略合作协议　　　　　　　　　　　　　　　　　　　　　　　(朱　飞摄)

路宝；南京市副市长蒋跃建；中国宝武党委书记、董事长陈德荣，总经理、党委副书记胡望明，党委常委、宝钢股份总经理、党委副书记邹继新，副总经理张锦刚，总经理助理侯安贵等出席签约仪式。江苏省政府秘书长陈建刚主持签约仪式。马秋林与胡望明分别代表双方签署《江苏省人民政府、中国宝武钢铁集团有限公司战略合作协议》，蒋跃建与张锦刚分别代表双方签署《江苏省南京市人民政府、中国宝武钢铁集团有限公司关于梅钢区域转型发展战略合作协议》，曹路宝与邹继新分别代表双方签署《江苏省盐城市人民政府、中国宝武钢铁集团有限公司合作协议》。根据协议，中国宝武将与江苏省共同推进宝钢股份梅钢区域产业转移和转型发展，共同在盐城市滨海港工业园区布局建设2 000万吨级精品钢生产基地。

## 12月

2日　国务院国资委党委书记郝鹏到中国宝武调研。

4日　中国宝武董事长陈德荣出席在美国华盛顿举行的第十一轮中美工商领袖和前高官对话，并在分组讨论中发言。

6日　湛江钢铁举行三号高炉系统项目启动会。项目建成后，湛江钢铁总规模为年产铁水1 225万吨、钢水1 252.8万吨、钢材1 081万吨。项目计划于2021年7月投产。

9日　中共西藏自治区党委副书记、自治区政府主席齐扎拉一行到中国宝武交流参观，双方召开了对口援藏联席会议，就进一步做好援藏工作进行沟通。中国宝武党委书记、董事长陈德荣，中国宝武党委常委、宝钢股份总经理、党委副书记邹继新；中共西藏自治区党委常委、纪委书记王拥军，西藏自治区人大常委会副主任王峻，西藏自治区副主席、中共日喀则市委书记张延清等出席会议。

13日　集团公司评选出第一届中国宝武十大杰出青年、第一届中国宝武十大青年先锋、2018年度中国宝武青年先锋岗、2018年度中国宝武青年先锋示范岗。

18日　中国宝武和力拓集团在宝钢资源上海总部签署宝瑞吉项目合作框架协议，双方一致同意延长宝瑞吉合资项目期限，进一步深化战略合作关系。中国宝武总经理、党委副书记胡望明，力拓集团铁矿首席执行官邵立波出席签约仪式。

25日　宝钢工程南极泰山站项目建设团队随中国第三十五次南极科学考察队乘"雪龙号"科考船抵达中国南极泰山站，正式开展泰山站二期工程建设。

27日　中国宝武发文，决定成立中国宝武乌鲁木齐总部，作为中国宝武总部部门职能职责的延伸，承担区域发展、区域监管、区域沟通、区域服务等区域总部相关职责。中国宝武乌鲁木齐总部与宝钢集团新疆八一钢铁有限公司合署办公。

28日　宝钢股份取向硅钢产品结构优化（一期）工程全线投产。工程于2017年2月15日开工，是宝钢股份自主研发技术、产品大生产转化的重要项目，产品定位于极低损耗、薄规格取向硅钢，为输配电行业绿色、清洁、高效的用材发展提供保障。　　　　（张文良）

（编辑：张文良）

企业管理

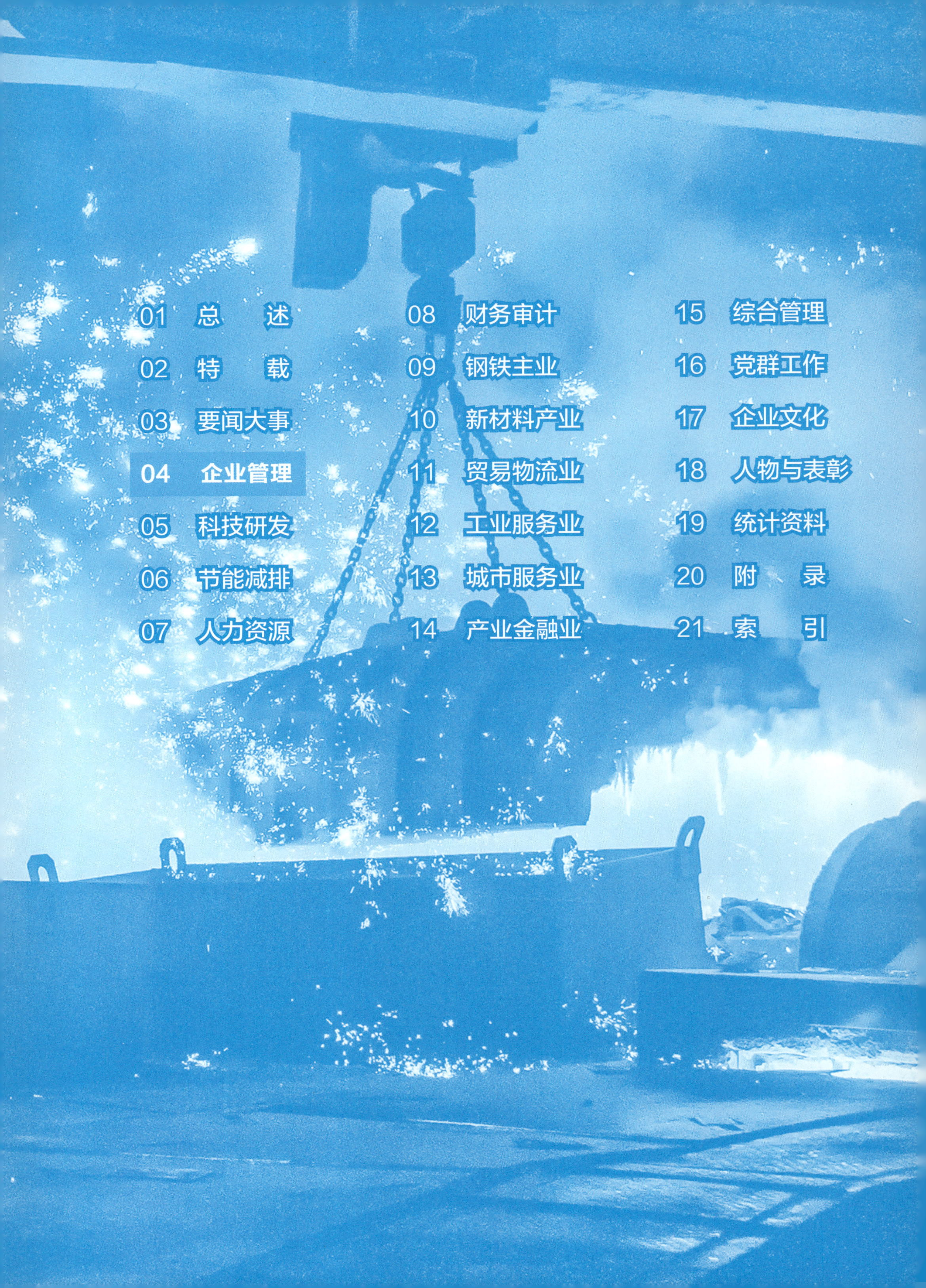

# 企业管理

## 董事会工作

【中国宝武第一届董事会第六次会议】 1月25日，中国宝武召开第一届董事会第六次会议，审议通过《关于中国宝武2017年全面风险管理年度报告的议案》《关于中国宝武2018年度预算方案的议案》《关于八钢股份市场化债转股方案的议案》《关于修订〈董事会议事规则〉和〈战略与风险管理委员会议事规则〉的议案》《关于中国宝武2018年对外捐赠专项预算方案》。
（庞丽雯）

【中国宝武第一届董事会第七次会议】 4月24日，中国宝武召开第一届董事会第七次会议，审议通过《关于中国宝武年度财务决算有关事项的议案》《关于中国宝武2017年度经营业绩考核目标完成情况的议案》《关于中国宝武总部部分参股上市公司股票处置的议案》《关于中国宝武金融衍生品业务2017年度总结和2018年度计划的

议案》《关于调整金融板块混改路径的议案》《关于中国宝武2017年度内部控制评价报告的议案》《关于中国宝武2018年投资计划的议案》《中国宝武董事会2017年度工作报告》。
（庞丽雯）

【中国宝武第一届董事会第八次会议】 7月23日，中国宝武召开第一届董事会第八次会议，审议通过《关于中国宝武钢铁集团有限公司总经理调整的议案》《关于中国宝武钢铁集团有限公司副总经理调整的议案》《关于上海不锈土地开发成本及会计处理相关事项的议案》《关于产业金融发展中心业务及管理体系优化方案的议案》《关于南疆钢铁处僵治困方案的议案》《关于宝钢股份湛江钢铁三高炉系统项目的议案》《关于中国宝武2018年扶贫预算调整的议案》。
（庞丽雯）

【中国宝武第一届董事会第九次会议】 10月28日，中国宝武召开第一届董事会第九次会议，审议通过《关于中国宝武钢铁集团有限公司

总经理聘任的议案》《关于中国宝武钢铁集团有限公司董事会秘书调整的议案》《关于2018年追加西藏自治区昌都市八宿县、丁青县扶贫资金的议案》《关于董事会专门委员会设置调整方案的议案》《关于A公司项目的议案》《关于印尼镍电一体化项目预可研报告的议案》《关于宝钢德盛精品不锈钢绿色产业基地规划方案的议案》《关于欧冶云商第二轮股权融资方案的议案》。　　　　（庞丽雯）

【中国宝武董事会临时会议】
2018年，中国宝武董事会召开6次临时会议，审议通过《关于武钢集团广西钢铁重组方案的议案》《关于报送2018年度央企负责人经营业绩考核目标建议值的议案》《关于2018年度工资总额预算方案的议案》《关于宝钢包装2018年股票期权激励计划（草案）的议案》《关于中国宝武钢铁集团有限公司董事会秘书人选的议案》《关于公司高级管理人员2017年度业绩评价及薪酬兑现、2015年度任期激励兑现的议案》《关于高管人员2018年度基本年薪调整的议案》《关于宝钢集团新疆八一钢铁有限公司增资扩股方案的议案》《关于子公司2018年工资总额预算方案的议案》。　　　　（庞丽雯）

【优化董事会专门委员会设置】
2018年，根据国务院国资委《关于全面推进法治央企建设的意见》、国务院国资委党委《中央企业主要负责人履行推进法治建设第一责任人职责规定》中关于在董事会有关专门委员会中明确推进法治建设职责，中国宝武修订《董事会议事规则》《战略与风险管理委员

会议事规则》，明确负责推进中国宝武法治建设的专门委员会是战略与风险管理委员会，对经理层依法治企情况进行检查并提出建议。根据《关于推进国有资本投资、运营公司改革试点的实施意见》等文件要求，及时调整董事会专委会设置，设置战略与投资委员会、提名委员会、薪酬与考核委员会、审计委员会和风险控制委员会，在董事会授权范围内开展相关工作，协助董事会履行职责。　　　　（庞丽雯）

【履行社会责任】　2018年初，中国宝武董事会审议通过《关于2018年度对外捐赠计划的议案》，批准46个对外捐赠项目，捐赠金额9 896.816万元。年内，董事会同意追加扶贫资金2 925万元，调整后全年对外捐赠专项预算为12 791.816万元。项目包括"集团公司总部援藏（日喀则地区仲巴县）""集团公司总部援青（同德县）""武钢集团援藏（昌都地区八宿县、丁青县）""宝钢股份援滇""宝钢股份月浦和杨行地区环境整治""八一钢铁对口帮扶喀什地区岳普湖县""韶关钢铁资助'广东扶贫济困日'"等。全年对外捐赠1.07亿元。　（庞丽雯）

# 战略规划（经济与规划研究）

2018年1月，为进一步整合城市新产业相关资源，加强产业策划与业务实施之间的结合，集团公司将战略规划部承担的城市新产业发展策划相关职责划转城市

新产业发展中心。7月，集团公司产业金融发展中心业务及管理体系进行调整，原产业金融发展中心（投资管理部）投资风险管理业务模块承担的重大投资项目风险的综合管理、投资预审委员会会议的召集和相关事务的综合管理职责划转至战略规划部。12月，为落实国家"一带一路"倡议，推进中国宝武"成为全球钢铁业引领者"的发展战略，规范境外投资经营行为，加强境外风险防控，集团公司对总部境外管理相关职责进行整合，将外事综合管理、世界钢铁协会合作管理等职责划转战略规划部，调整后的职能设置为规划投资、境外事业发展（外事办公室、港澳台事务办公室）、战略合作与协同、制造业发展策划和服务业发展策划。

2018年，战略规划部（经济与规划研究院）相继完成集团公司战略规划滚动更新、投资管理体系优化、聚焦整合系列方案、原燃料和产成品平台建设方案、战略重组策划、国际产能寻源、战略合作推进、境外事业体系建设等重点工作，同时深入推动战略重组策划、战略合作关系管理和境外事业发展。年底，在册员工28人。
　　　　（张　云）

【战略规划综合管理】　年初，战略规划部（经济与规划研究院）牵头完成的《中国宝武钢铁集团有限公司战略规划（2018—2020）》（滚动更新）通过国务院国资委专家评审，并获国务院国资委正式批复。下半年，牵头开展规划滚动更新，形成《中国宝武钢铁集团有限公司战略规划（2019—2021）》。以规划为引领，深入开展子公司经营范

围梳理工作,完成子公司经营范围评估报告。　　　　　　(张　云)

**【投资综合管理】** 2018年,战略规划部(经济与规划研究院)结合国有资本投资公司建设要求,作为主要参与者策划投资管理体系优化,完成"1+N"投资管理制度和相关配套管理办法的制(修)订,并组织审批子公司投资管理制度,实现集团公司投资管理体系的优化。同时,推进武钢集团、鄂城钢铁、武汉耐材等子公司对接集团公司投资管理系统,实现集团公司投资管理系统的全覆盖。组织完成《中国宝武2018年度投资计划》的编制上报和《中国宝武2019年度投资计划》编制,组织投资项目申请财政补助。全面对接国家各部委以及上海市相关部门的工作,完成专题上报,并被商务部评为"2018年度对外直接投资统计工作优秀单位"。　　　　　　　(张　云)

**【战略合作综合管理】** 2018年,战略规划部(经济与规划研究院)围绕钢铁生态圈建设,与地方政府、企业、高等院校和科研院所新签、续签12项战略合作协议。推进战略合作项目,相继策划实施与中国国际海运集装箱(集团)股份有限公司、斯凯孚集团(SKF)、中国远洋海运集团有限公司、百度等传统友好企业或合作伙伴多层次、跨领域的战略合作交流活动,探索合作突破方向,促进多业务板块的协同发展。　　　　　　(张　云)

**【境外事业综合管理】** 2018年,战略规划部(经济与规划研究院)推进国际化规划(计划)管理、风控与合规管理、信息共享管理,积极寻源、聚焦重点,推进国际产能合作项目。推进境外地区公司与其他公司业务协同,初步建立起集团公司境外事业管理体系。编制完成《2018年集团国际化经营计划》《国际化发展(2019—2021)规划纲要》,修改《海外代表管理办法》,制定境外投资办法和负面清单,初步建立境外风险防控与合规经营联络机制。对接政府部门,确保境外各项事业符合国家战略与规范要求。组织2018年度海外工作研讨会,为中国宝武国际化发展提供交流平台。　　　　　　(张　云)

**【钢铁业发展策划】** 2018年,战略规划部(经济与规划研究院)以转型升级为导向,策划完成《共建智慧型钢铁生态圈》相关报告。牵头开展"分布式、网络型、平台化、短流程钢厂"新商业模式研究,完成《网络型钢厂商业模式策划》。专题开展《中国宝武投资液化天然气项目战略分析》。以"亿吨宝武"(到2025年,中国宝武实现亿吨级钢铁产业规模)为目标,开展钢铁产业并购重组寻源和先期策划。　　　　　　(张　云)

**【服务业发展策划】** 2018年,战略规划部(经济与规划研究院)以"一企一业、一业一企"为原则,牵头完成集团公司3个批次的聚焦整合策划,涉及梅钢公司、韶关钢铁、武汉钢电股份有限公司等多个企业。3个批次涉及整合项目17个,整合资产100多亿元。围绕完善钢铁生态圈功能,完成《中国宝武原燃料现代贸易物流服务体系策划》和《中国宝武产成品智慧物流服务体系策划》两大产业平台建设方案。　　　　　　(张　云)

# 公司改革

中国宝武全面深化改革工作办公室(简称深改办)作为集团公司全面深化改革领导小组(简称深改领导小组)常设机构,直接对深改领导小组负责,是集团公司深化改革工作的枢纽。深改办主要负责开展全面深化改革政策研究,掌握改革全局,提出全面深化改革工作实施意见和年度全面深化改革工作要点,并组织集团公司重大改革方案制定及宣贯工作,协调推进各项改革方案的实施工作。

中国宝武治僵脱困及压减工作办公室(简称治压办),负责推进和落实集团公司治僵脱困及压缩管理层级、减少法人户数专项工作。　　　　　(赵　真　龚国林)

**【推进"三供一业"、市政设施和社区管理职能分离移交】** 加快剥离国有企业办社会职能和解决历史遗留问题是党中央、国务院的重要改革部署,是企业减轻负担、聚焦主业、轻装上阵、公平参与市场竞争的重要措施。2016年6月以来,在集团公司领导的直接指导和推动下,集团公司成立由相关子公司和集团总部部门共同参与的专项工作团队,建立全覆盖推进体制,形成有效的运营机制,全面完成国务院国资委下达的2018年工作任务,完成51万户"三供一业"、185个市政设施和7个社区管理职能移交,28个医疗机构和26个教育机构深化改革,8个消防机构分类处置的主体任务;58个"三供一业"分离移交项目申请了国有资本预算补助资金，申请和落实中央财政补助资金12.45亿元，全部拨付移交单位，集团公司拨付需承担的维修改造资金13.01亿元，同时还先行垫付中央财政已核定但尚未下拨的补助资金4.61亿元；约分流安置人员3 011人，其中，"三供一业"分离移交涉及约920人，市政社区管理等职能分离移交涉及约108人，教育医疗深化改革涉及约1 415人。 （殷 登）

【推进厂办大集体改革】 2018年，中国宝武成立由深改办、相关职能部门、业务中心组成的厂办大集体改革专项工作组，深入推进厂办大集体改革，加快解决历史遗留问题。年初，根据国务院国资委《关于做好2018年剥离国有企业办社会职能和解决历史遗留问题有关工作的通知》要求，通过深入调研、认真研究，制定并下发《加快推进厂办大集体改革工作方案》，明确改革总体目标和推进机制。年内，全面完成梅山公司、八一钢铁厂办大集体改革收尾工作；深入开展对武钢集团、鄂城钢铁厂办大集体的摸底清查，完成《厂办大集体改革总体方案》制定并上报国务院国资委审批。年内完成武钢中冶工业技术服务公司组建，抓紧对厂办大集体直接为钢铁主业服务的设备维保、生产协力等业务单元的整合重组；同时，结合中国宝武专业化平台整合，推进宝武环科、欧冶云商对武钢厂办大集体环保和物流仓储业务的整合。持续推进厂办大集体压减瘦身、优化精简工作，全年完成88户大集体法人企业的改革，其中：改制15户、停产歇业1户、关闭注销70户、参股股权退出2户，年内安置在职职工4 641人，

累计发生改革成本3.5亿元。 （王诚翔）

【处僵治困工作】 年底，中国宝武完成国务院国资委布置的三年处僵治困工作任务，涉及37户"僵尸企业"与特困企业。在盈利方面，37户"僵尸企业"与特困企业2018年实现盈利43.17亿元，较2015年、2016年、2017年分别增利163.2亿元、75.5亿元、77.6亿元；在企业彻底处置方面，通过注销、股权转让等法人压减方式，完成11户"僵尸企业"与特困企业的处置，占"僵尸企业"与特困企业总数的30%；在降杠杆方面，除11户法人压减与3户债务重组的企业外，其余23户"僵尸企业"与特困企业资产负债率降低至70%以下；在人员分流方面，37户"僵尸企业"与特困企业累计分流人员4.2万余人，超过3.8万人的目标，全面完成人员分流安置任务。 （龚国林）

【法人压减工作】 2018年，中国宝武法人压减工作目标60户，实际完成69户。2016—2018年，累计减少存量法人249户，占压减基数634户的39.27%；管理层级由6级降至4级，法人层级由11级降至8级；压减涉及员工14 157人，其中向系统外分流安置3 445人；累计减少人工成本4.44亿元，减少管理费用3.19亿元；压减回收（吸引）资金108.01亿元，涉及税金2.93亿元，涉及相关费用1.23亿元。 （龚国林）

【参股瘦身工作】 2018年，中国宝武参股瘦身（参股公司"瘦身"工作）目标60户，实际完成70户。中国宝武开展的参股瘦身工作与中国宝武战略规划相结合，对不符合集

团公司战略规划的参股企业，全部纳入参股瘦身范围；与中国宝武整合工作相结合，集团公司内部完成16户参股公司股权整合；与处置历史遗留问题相结合，完成8户参股公司的确权工作，厘清20户参股公司的账面价值、完善其档案。 （龚国林）

## 公司治理

中国宝武公司治理部主要承担集团公司管控模式整体策划、子公司法人治理模式优化、全面风险管理体系建设、商业秘密保护管理、信息化管理和组织绩效评价工作。2018年底，有员工12人。 （赵 真）

【调整工程质量监督站管理关系】 3月28日，为更好发挥工程质量监督站作用，中国宝武将工程质量监督站管理关系调整至宝钢股份，不再挂靠集团公司钢铁业发展中心管理。 （王萌华）

【调整安全督导组设置方式】 4月9日，为推进各子公司"长时间、全覆盖、不间断"的安全督导工作，中国宝武调整安全督导组设置方式，设立5个安全督导组，分别为第一、第二、第三、第四及第五安全督导组。安全督导组是集团公司安全生产委员会特设机构，业务上接受安全督导工作领导小组的领导，日常管理归口集团公司安全生产监督部。 （王萌华）

【调整财务服务与数据共享中心名称及业务范围】 4月23日，为积极践行共享发展理念、进一步深化

集团公司共享服务业务、不断拓展共享服务业务内容和覆盖范围,财务服务与数据共享中心更名为运营共享服务中心。下设运营管理室、系统支持室、薪酬业务室、采购结算室、销售结算室、费用结算室、总账报表室、单证税务室、总部服务室。撤销人力资源服务中心。原人力资源服务中心其他职责回归子公司,集团公司总部不再承担。运营共享服务中心向集团公司分管领导汇报,分管领导为集团公司总会计师,同时接受相关专业管理部门的业务指导。运营共享服务中心按照"谁受益、谁承担"、市场化定价与成本分担相结合的原则,会同相关专业管理部门定期优化共享业务定价机制和收费方案。运营共享服务中心自2018年5月1日起正式运行。　　（王萌华）

【调整新闻中心机构设置及运作方式】　5月17日,中国宝武调整新闻中心机构设置及运作方式,强化新闻工作管理,优化新闻中心运营效率。撤销新闻中心独立建制,集团公司党委宣传部、企业文化部（公共关系部）下设新闻管理处,负责承担集团公司新闻工作的管理职责,对外保留"中国宝武新闻中心"牌子。集团公司运营共享服务中心下设媒体工作室,负责承担集团公司自有媒体的新闻制作及发布任务,媒体工作室向集团公司各子公司提供集团公司层面的媒体制作共享服务。　　（王萌华）

【建立新材料产业发展推进组织体系】　5月15日,为扎实有序推进新材料产业发展,中国宝武建立新材料产业发展推进组织体系。成立新材料产业发展推进委员会（简

称推进委员会）,作为集团公司新材料产业建设发展的议事协调机构。推进委员会下设专家委员会,作为新材料产业建设发展的咨询机构。成立新材料产业发展推进办公室（简称推进办公室）,既是推进委员会日常办事机构,也是集团公司总部新材料业务部门,推进办公室设在钢铁业发展中心,作为钢铁业发展中心下设业务模块,推进办公室主任由钢铁业发展中心总经理兼任,并设专职副主任。依托宝钢股份及中央研究院现有体系组建新材料产业创新中心,打造面向集团公司内新材料业务单元、集团公司外科研院所、高校及其他社会主体的开放式平台,新材料产业创新中心与中央研究院合署,新材料产业创新中心主任由中央研究院院长兼任,并设专职副主任,运作上以集团公司为主、宝钢股份为辅,日常管理委托宝钢股份,运行费用由集团公司承担。　　（王萌华）

【明确宝钢特钢区域相关主体功能定位及管理方式】　为加快推进宝钢特钢处僵治困转型发展和地块园区开发工作,中国宝武将特种冶炼金属材料业务与园区开发业务分离,两块业务独立运营与核算,明确责任主体,实现责权利统一。6月20日,中国宝武对特钢区域相关主体的功能定位及管理方式进一步予以明确,特钢区域采用"一地两业"总体运作架构,一业以特种冶金核心资产为主体,经营特钢业务,聚焦特种冶炼金属材料发展;一业负责其余钢铁资产的调整和处置,并负责园区的开发转型,以吴淞口创业园为平台打造以新材料创新创业为核心的科技园区

（城区）。宝武特冶为宝钢特钢新组建的全资子公司,定位为特种冶金材料、高性能金属与合金材料的生产经营主体,作为中国宝武直接管理的一级子公司,业务对口钢铁业发展中心。宝钢特钢是特钢区域不动产的所有者,在处置调整钢铁资产过渡期内,宝钢特钢与吴淞口创业园采用合署运作模式,聚焦园区开发和转型发展,并打造能源公辅、检测、公共等配套服务能力,支撑入住园区公司运营。宝钢特钢、吴淞口创业园作为集团公司直接管理一级子公司,业务对口城市新产业发展中心。　　（王萌华）

【明确武汉总部机构设置及运作方式】　6月30日,中国宝武明确中国宝武武汉总部（简称武汉总部）机构设置,推动中国宝武在武汉区域的产业结构调整和布局优化,助推"一基五元"战略规划落地,实现区域总部和中国宝武总部体制机制上的全面对接。武汉总部作为中国宝武总部部门职能职责的延伸,不承担经营职责,代表中国宝武总部行使区域发展、区域监管、区域沟通、区域服务职责,完成中国宝武或总部部门布置的专项工作。武汉总部与武钢集团总部实行合署办公,设置直接管理部门、延伸管理部门、矩阵管理部门。武汉总部负责人由武钢集团主要负责人兼任,并兼任中国宝武成立的区域能环、安监、网络安全、维稳、信访等相关工作领导小组负责人。武汉总部建立区域信息沟通制度、定期报告制度。刻制"中国宝武钢铁集团有限公司武汉总部"行政章,武汉总部各部门统一使用该章,不再刻制武汉总部部门行政章。　　（王萌华）

**【调整产业金融发展中心业务及管理体系】** 7月30日，中国宝武对产业金融发展中心业务及管理体系进行调整，建立驱动钢铁生态圈高质量发展的产业金融体系，统筹各类金融牌照资源，盘活存量、聚焦发展，创造产业协同价值。进一步明确产业金融发展中心定位为集团公司内金融业务经营单元的对口业务管理部门，聚焦钢铁生态圈金融的策划和组织实施部门，集团公司总部资金运作实施部门，集团公司总部主导的并购重组项目的专业支撑部门及投行服务部门，集团公司内资本运作业务的专业支撑部门及投行服务部门。产业金融发展中心（投资管理部）投资风险管理业务模块承担的重大投资项目风险的综合管理、投资预审委员会会议的召集和相关事务的综合管理职责划转至战略规划部，投资管理部牌子撤销；集团公司财务部承担的集团公司总部资金运作职责，划转至产业金融发展中心。产业金融发展中心与华宝投资有限公司（简称华宝投资）实行"两块牌子、一套班子"运作，华宝投资定位为金融控股公司。华宝信托有限责任公司、华宝基金管理有限公司、华宝证券有限责任公司、华宝都鼎（上海）融资租赁有限公司和宝钢集团财务有限责任公司调整为集团公司直接管理的子公司，业务对口产业金融发展中心。产业金融发展中心设置生态圈金融管理、金融产业管理、资产管理、资本运作4个业务模块。 （王萌华）

**【调整党委宣传部、企业文化部、党校、宝武管理学院及机关党委运作方式】** 9月27日，中国宝武党委宣传部、企业文化部（公共关系部）与党校、宝武管理学院实行合署运作方式。合署运作后，公共关系部牌子撤销，品牌及公共关系综合管理职责继续由党委宣传部、企业文化部承担；合署运作后，党委宣传部、企业文化部部门职责不作调整，下属思想政治工作处、企业文化与员工思想教育、公共关系与品牌形象3个职能的名称分别变更为思政工作处、企业文化处及公关品牌处，职能负责人职位名称分别为思政工作处处长、企业文化处处长及公关品牌处处长；新闻管理处的职能名称及负责人职位名称不作调整，中国宝武对外保留"中国宝武新闻中心"牌子；党委宣传部承担运营共享服务中心媒体工作室业务领导和业务管理职责。集团公司机关党委工作职责划转至党委办公厅，机关工会、机关团支部工作职责同步划转至党委办公厅。党校、宝武管理学院下属业务模块调整，党建与企业文化教研部承担的党的理论和党性教育、形势任务教育、国有企业党建培训等职责与党委宣传部、企业文化部的思政工作处职责进行整合；党校、宝武管理学院下设思政教研部，与思政工作处一体化运作；党建与企业文化教研部承担的企业文化价值观培训、人文素养培训等职责与党委宣传部、企业文化部的企业文化处职责进行整合，党校、宝武管理学院下设企业文化教研部，与企业文化处一体化运作；党校设立企业党组织建设教研部，与宝武管理学院公司治理与管理创新教研部一体化运作；撤销党建与企业文化教研部、精益运营与持续改善教研部；党校继续承担团校的日常工作；党校、宝武管理学院所在区域物业整体委托专业化公司进行经营管理，在该区域办公的机构成为该区域物业的使用者，综合管理部更名为综合办公室。合署后的机构名称及顺序为中国宝武党委宣传部、企业文化部、党校、宝武管理学院、新闻中心，其中新闻中心牌子对外使用。 （王萌华）

**【调整纪委、监察部下属职能】** 9月28日，中国宝武贯彻党中央、中央纪委要求，加强中国宝武纪检监察工作，推进执纪监督、执纪审查、执纪审理等业务规范化、专业化，强化纪检监察干部监督管理，决定调整集团公司纪委、监察部下属职能、名称及职责。纪检监察一处更名为纪检干部监督与综合管理处，纪检监察二处更名为信访案管审理处，纪检监察三处更名为执纪审查一处，联系单位为服务业板块子公司、城市新产业板块子公司、产业金融板块子公司及集团公司总部，纪检监察四处更名为执纪审查二处，联系单位为钢铁业板块子公司及武钢集团。 （王萌华）

**【成立环境保护督查工作组】** 9月28日，中国宝武发文成立环境保护督查工作组，完善中国宝武环境保护监管体系，督促各子公司进一步严格环境保护法人主体责任。环境保护督查工作组是中国宝武环境经营与产业发展委员会特设机构，业务上接受集团公司能源环保部指导，日常管理归口集团公司能源环保部。环境保护督查工作组主要负责对督查对象有关贯彻落实各级政府和集团公司环境保护决策部署，以及法律法规、标准规范等执行情况进行督查，查找环保合规性方面存在的突出问题，提出整改要求，督促整改落实；检查督查对象环境保护"党政同责、一岗双责"落实情况,指出环保责任体系、管理体系和管理过程存在的重点问题,提出改进要求,督促整改等。　　　　　　（王萌华）

【调整中国宝武科协秘书处运作方式】　12月13日,为使科协立足于国有资本投资公司试点需要,更好地与科技创新工作相结合,中国宝武调整科协秘书处运作方式。成立中国宝武第一届科协委员会,原有4个工作委员会进行调整,保留学术交流工作委员会,新设基层科协工作指导委员会;取消"讲理想、比贡献"工作委员会、科普工作委员会和组织工作委员会。根据集团公司"一基五元"战略发展需要,按"成熟一个、组建一个"的原则,依托专业子公司,适时组建其他产业相关专业委员会(学会);组建集团公司智慧制造委员会、绿色制造委员会;原则上在有党委组织的一级子公司成立基层科协。中国宝武科协秘书处与科技创新部实行合署办公,中国宝武科协秘书处的工作内容进行优化和聚焦。设立宝钢股份新一届科协委员会,与中国宝武科协分设;宝钢金属学会挂靠宝钢股份,成立中国宝武金属学会,日常工作由宝钢金属学会承担;设立宝钢股份科协秘书处,宝钢股份科协秘书处与宝钢金属学会秘书处合署办公;宝钢股份科协秘书处负责协调推进炼铁、炼钢、热轧、冷轧、条材5个专业委员会的组建和日常工作,并覆盖中国宝武所有钢铁单元;负责依照企业科协职责,开展学术交流、科普、"讲理想、比贡献"活动以及科技工作者之家等相关工作。　　　　　　（王萌华）

【调整战略规划部、办公厅下属职能设置及职责】　12月14日,中国宝武对集团公司总部境外管理相关职责进行整合。办公厅下属外事办公室承担的外事综合管理职责划转至战略规划部下属战略合作及海外事业推进职能。上述职责划转后,办公厅设立行政室,秘书室,承担的调研、信息、董事会事务、重要会务与活动管理、公司捐赠赞助活动策划实施、总部办公用房与后勤服务等职责划转行政室。中国宝武科协秘书处承担的世界钢铁协会合作管理职责划转至战略规划部下属战略合作及海外事业推进职能,职责划转后,由战略规划部代表中国宝武履行与世界钢铁协会合作的相关工作,中国宝武科协秘书处承担的国际学术交流活动相关职责不作调整。战略规划部下属职能设置及职责调整,战略合作及海外事业推进职能分设为战略合作与协同职能、海外事业发展职能;中国宝武设立港澳台事务办公室。海外事业发展职能与中国宝武外事办公室、港澳台事务办公室实行"三块牌子、一个职能"运作方式;战略规划职能与投资管理职能进行整合,合并设立规划投资职能;撤销产业金融发展策划职能;钢铁业发展策划职能更名为制造业发展策划职能。　　　　　　（王萌华）

【成立乌鲁木齐总部】　12月27日,成立中国宝武乌鲁木齐总部,以更好地开展中国宝武聚焦融合工作,推动中国宝武在新疆地区的产业结构调整和布局优化,助推"一基五元"战略规划落地。中国宝武乌鲁木齐总部作为集团公司总部部门职能职责的延伸,承担区域发展、区域监管、区域沟通、区域服务等区域总部相关职责。中国宝武乌鲁木齐总部与宝钢集团新疆八一钢铁有限公司合署办公。　　　　　　（王萌华）

【调整子公司管理关系】　2018年,公司治理部完成相关子公司管理关系调整工作。钢铁产业条线,完成鄂城钢铁、武汉耐材、宝武特冶管理关系调整工作,由中国宝武直接管理;服务业条线,完成宝钢包装管理关系调整工作,由中国宝武直接管理;产业金融条线,完成华宝信托、华宝基金、华宝证券、华宝融资租赁及宝钢财务公司管理关系调整工作,由中国宝武直接管理;城市服务业条线,完成宝钢特钢、吴淞口创业园管理关系调整工作,由中国宝武直接管理;完成广东置业、上海置业及福建置业管理关系调整,由宝地资产进行管理。在管理关系调整同时,明确中国宝武对这些公司的管理方式及重大事项决策程序,开展集团公司总部与子公司管理对接工作,形成与中国宝武"一基五元"战略规划及三层管控架构相适应的子公司管理体系。　　　　　　（王萌华）

【管理创新成果获得奖项】　2018年,在第二十五届全国企业管理现代化创新成果评选中,中国宝武钢铁业发展中心和宝武管理学院的"特大型钢铁企业集团提升子公司经营绩效的'嵌入式支撑'项目管理"成果获二等奖。13项成果获"2018年冶金企业管理现代化创新成果奖"。11项管理创新成果获上海市工业经济联合会"2018年上海市企业管理现代化创新成果奖"。2项管理创新成果获"2018

年新疆维吾尔自治区工业经济联合会管理创新成果"奖二等奖。2项管理创新成果获"2018年广东省工业经济联合会管理创新成果奖"。17项管理创新成果获"2018年湖北省企业管理现代化创新成果奖"。9项管理创新成果获"2018年武汉市企业联合会管理现代化创新成果奖"。（赵　真）

### 2018年中国宝武获全国企业管理现代化创新成果奖一览表

| 获 奖 单 位 | 成 果 名 称 | 奖 项 |
| --- | --- | --- |
| 钢铁业发展中心、宝武管理学院 | 特大型钢铁企业集团提升子公司经营绩效的"嵌入式支撑"项目管理 | 二等奖 |

（赵　真）

### 2018年中国宝武获冶金企业管理现代化创新成果奖一览表

| 序　号 | 获 奖 单 位 | 成 果 名 称 | 奖 项 |
| --- | --- | --- | --- |
| 1 | 钢铁业发展中心、宝武管理学院 | 基于价值提升的嵌入式支撑、项目化运作实践 | 一等奖 |
| 2 | 宝钢股份营销管理部 | 慧创平台智慧营销探索与实践 | 一等奖 |
| 3 | 湛江钢铁 | 1550冷轧智能化产线探索实践 | 一等奖 |
| 4 | 宝钢股份热轧厂 | 设备状态联动管控模式 | 一等奖 |
| 5 | 宝日汽车板 | 高效退火炉运行管理评价体系构建与实施 | 二等奖 |
| 6 | 武钢有限条材厂 | 精品硅钢原料"质量屋"模型构建与实施 | 二等奖 |
| 7 | 韶关钢铁能源环保部 | 重金属铊污染的全流程管控 | 二等奖 |
| 8 | 武钢有限财务部 | 构建以现金流为核心的财务管理体系 | 二等奖 |
| 9 | 宝钢工程宝钢轧辊科技有限责任公司 | 以商业模式创新为驱动的企业转型发展实践 | 二等奖 |
| 10 | 宝钢国际上海宝钢商贸有限公司 | 海底管线工程项目化管理实践 | 二等奖 |
| 11 | 武钢集团经营财务部 | 以经济增加值模型（EVA）为核心的商业计划经营管理 | 三等奖 |
| 12 | 八一钢铁 | "宝武班列"现代物流贸易产业协同发展 | 三等奖 |
| 13 | 武钢有限炼铁厂 | 基于自动化与信息化为一体的移动智能维护云平台 | 三等奖 |

（赵　真）

### 2018年中国宝武获上海市企业管理现代化创新成果奖一览表

| 序　号 | 获 奖 单 位 | 成 果 名 称 | 奖 项 |
| --- | --- | --- | --- |
| 1 | 中国宝武审计部 | 大型钢铁联合企业信用管理审计方法的创新与实践 | 一等奖 |
| 2 | 华宝信托 | 家族信托业务全生命周期管理的构建和实践 | 三等奖 |

（续　表）

| 序　号 | 获　奖　单　位 | 成　果　名　称 | 奖　项 |
|---|---|---|---|
| 3 | 中国宝武治压办 | 基于战略定位的体系化法人压减管理实践 | 三等奖 |
| 4 | 宝钢资源 | 汇率双向波动背景下大宗商品贸易企业外汇风险管理 | 三等奖 |
| 5 | 宝钢股份审计部 | 大型钢铁企业建设项目"三位一体"审计模式创新 | 三等奖 |
| 6 | 华宝证券 | 多维度项目管理体系在券商的探索与应用 | 三等奖 |
| 7 | 武钢有限人力资源部 | 贯彻源头治理　强化宏观协同　以体制机制改革创新推动协力效率效益提升 | 三等奖 |
| 8 | 宝钢国际重庆宝钢钢材加工配送有限公司 | 打造面向未来的四为员工探索与实践 | 三等奖 |
| 9 | 梅钢公司炼钢厂 | 设备管理变革及效率提升 | 三等奖 |
| 10 | 宝钢资源安徽皖宝矿业股份有限公司 | 基于"产、销、运信息集成共享"的港口直发管理实践 | 三等奖 |
| 11 | 宝钢工程上海宝钢工业技术服务有限公司 | 探索特定岗位族群薪酬激励模式的管理实践 | 三等奖 |

（赵　真）

### 2018 年中国宝武获新疆维吾尔自治区企业管理现代化创新成果奖一览表

| 序　号 | 获　奖　单　位 | 成　果　名　称 | 奖　项 |
|---|---|---|---|
| 1 | 八一钢铁 | 基于企业效益最大化的经济运行模式管理实践 | 二等奖 |
| 2 | 八一钢铁 | 推进重点领域关键业务活动全流程风险管理，"辨评控"促进八钢风险体系建设不断完善 | 二等奖 |

（赵　真）

### 2018 年中国宝武获广东省企业管理现代化创新成果奖一览表

| 序　号 | 获　奖　单　位 | 成　果　名　称 | 奖　项 |
|---|---|---|---|
| 1 | 韶关钢铁设备管理部 | 机旁库统一管控模式的建立与实践 | 二等奖 |
| 2 | 韶关钢铁运营改善部 | "三岗"活动促进标准化作业管理实践 | 三等奖 |

（赵　真）

### 2018 年中国宝武获湖北省企业管理现代化创新成果奖一览表

| 序　号 | 获　奖　单　位 | 成　果　名　称 | 奖　项 |
|---|---|---|---|
| 1 | 武钢有限设备部 | 宝武融合下的设备管理绩效评价体系重构 | 一等奖 |
| 2 | 武钢有限炼铁厂 | 运用六西格玛方法提高八高炉铁水炉温合格率 | 一等奖 |

（续　表）

| 序　号 | 获　奖　单　位 | 成　果　名　称 | 奖　项 |
|---|---|---|---|
| 3 | 武汉钢铁集团物流有限公司 | 钢铁大宗商品物流企业在转型升级中的全面风险管理实践 | 一等奖 |
| 4 | 武钢有限热轧厂 | 精益能源管理体系建设 | 二等奖 |
| 5 | 武钢有限硅钢部 | 利用价值工程理论降低工序成本 | 二等奖 |
| 6 | 武钢有限安全保卫部 | 基于风险控制理论视域的冶金企业应急救援体系的创新与实践 | 二等奖 |
| 7 | 武钢有限设备部 | 维修供应商整合优化 | 二等奖 |
| 8 | 鄂城钢铁运营改善部 | 基于实现低成本运营的三级成本管控模式 | 三等奖 |
| 9 | 武钢有限设备部 | 标准化检修体系的创建与实践 | 三等奖 |
| 10 | 武钢有限设备部 | 武钢有限备件修复业务整合及供应商优化 | 三等奖 |
| 11 | 武钢集团党委工作部 | 转型条件下国有企业党组织体系管理创新 | 三等奖 |
| 12 | 鄂城钢铁运营改善部 | 废中淘金　资源产品化在转型发展过程中的应用 | 三等奖 |
| 13 | 武钢集团审计部（法律事务部） | 以提升体系能力为目标的法律纠纷案件管理 | 三等奖 |
| 14 | 武钢有限炼铁厂 | 运用目标管理　以内部返生产综合利用为主线推进危废管理规范化 | 三等奖 |
| 15 | 鄂城钢铁运营改善部 | 以过程管理为核心的设备管理评价体系建设 | 三等奖 |
| 16 | 武钢有限安全保卫部 | 创新实施员工安全自主管理 提升企业安全风险防控能力 | 三等奖 |
| 17 | 鄂城钢铁运营改善部 | 备货营销模式的探索与实践 | 三等奖 |

（赵　真）

## 2018 年中国宝武获武汉市企业管理现代化创新成果奖一览表

| 序　号 | 获　奖　单　位 | 成　果　名　称 | 奖　项 |
|---|---|---|---|
| 1 | 武汉钢铁集团物流有限公司 | 基于集团公司战略合作背景下子公司股权转让 | 一等奖 |
| 2 | 武钢有限能源环保部 | 运用系统工程原理提高CCPP（燃气蒸汽联合循环发电机组）双机运行时间 | 二等奖 |
| 3 | 武汉耐材 | 助力企业精准管控 | 二等奖 |
| 4 | 武汉钢铁集团物流有限公司 | 精益合同管理为源头的成本控制体系 | 二等奖 |
| 5 | 武钢有限炼铁厂 | 基于六西格玛管理方法运用的烧结矿质量内控活动 | 二等奖 |
| 6 | 武钢有限能源环保部 | 优化生产组织 提高一、四、五号LD站所劳动效率 | 三等奖 |
| 7 | 武汉钢铁工程技术集团有限责任公司 | 以提高企业全面创效为目标的人力资源优化及激励机制创新 | 三等奖 |
| 8 | 武钢有限设备部 | 运用数据统计手段延长硅钢环形炉专用热电偶使用寿命 | 三等奖 |
| 9 | 武钢有限炼铁厂 | 出铁汇报模式的探索与实践 | 三等奖 |

（赵　真）

# 风险控制

**【分类推进全面风险管理】** 2018年，公司治理部根据国务院国资委《关于2018年中央企业开展全面风险管理工作有关事宜的通知》的要求，编制《中国宝武钢铁集团有限公司2018年全面风险管理报告》。1月25日，经集团公司一届六次董事会专题通过，上报国务院国资委。年内，公司治理部发挥协调各方监督力量的领导作用，整合财务、法务、审计、纪检监察、巡视、监事、民主监督等监督力量，强化风险管控。事前做好内控和风险评估、事中加强穿透式监督、事后严格责任追究的全过程管理，推进"三重一大"信息化在线监督，建立与国有资本投资公司相匹配的"充分授权、严格监管"风险管控体系。 （董　杰）

**【强化战略与投资风险防范】** 2018年，公司治理部重点推进"产业聚焦，架构优化，体系建设，总部重塑"，把投资合规性放在首要位置，坚持战略导向、合规审批，避免发生方向性、颠覆性的重大风险，战略与投资风险总体受控。集团公司总部建设着重强化"投融管退"核心功能，组织推进优化投资管理体系，开展重大投资、并购的风险防范。1月8日，发布《整合融合、管理关系调整期间工作纪律》；优化完善任期激励与约束机制，8月30日，发布《中国宝武经营绩效评价管理办法》；积极推进"瘦身健体"工作，总结实践经验，推动编制《参股公司"瘦身"优化指导手册》。 （董　杰）

**【优化供应链风险防范】** 2018年，公司治理部推进和落实完善风险管控机制，重申严禁融资性贸易业务和"空转""走单"等虚假贸易行为，督促经营禁令执行；推进重点亏损单位扭亏控亏；深化"两金"压控和现金流管理，资产负债率较上年末下降3.6个百分点，高负债企业资产负债率逐步回归合理水平，标准普尔、穆迪公司相继上调中国宝武信用评级。 （董　杰）

**【完善企业内部风险控制】** 2018年，公司治理部进一步完善制度建设，加强内部控制。优化以职能部门为主体，责任明确、监督制衡的制度和流程。各专业条线严格执行各项制度规范和控制标准，及时应对处置各类突发事件，落实责任并持续改进。全面推进落实违规经营、投资责任追究工作，制定下发《违规经营投资责任追究实施办法》，基本建立国有企业违规经营投资责任追究制度和责任倒查机制，落实经营投资管理责任。同时，加强对子公司责任追究工作的指导，各一级子公司相继出台《违规经营投资责任追究实施办法》，实现责任追究工作有章可循。 （董　杰）

# 信息化管理

**【运营共享系统延伸覆盖】** 2018年，公司治理部支撑集团公司进一步深化整合、融合和发挥协同叠加效益，推进运营共享系统延伸覆盖工作。主要包括：协同总部相关职能部门、业务部门，制订中国宝武主要运营共享系统的整体延伸对接工作安排，年内实现与武钢集团及其下属各分（子）公司、鄂城钢铁及其下属分（子）公司、武汉耐材、宝武特冶等相关单位延伸覆盖工作，包括集团公司标准财务系统、人力资源系统、智慧工作平台、审计系统等。推进人力资源系统在境内企业的全面覆盖，完成金融产业下属子公司、北京汇利和宝信软件、宝钢资源、宝钢发展新增管理下属子公司等单位的覆盖工作。基于集团公司内部采购供应链建设先进管理经验，按照"统一规划、统一建设、统一资源、统一运维、共享服务"原则，策划推进各钢铁单元（宝钢股份除外）共建采购供应链管理信息化共享平台。 （郑　宁）

**【穿透式监督平台方案策划】** 2018年，公司治理部围绕集团公司推进建立分业经营、分层管理的三层管控架构，加速集团公司总部国有资本投资公司体系能力建设，策划设计穿透式监督平台建设方案。年初到华润（集团）有限公司、国投信托有限责任公司、中国五矿集团有限公司3家具有相关业务需求背景的中央企业走访学习，交流投资管理、风控监督系统建设经验。结合学习情况，围绕集团公司资本投资公司定位及集团公司总部整体改革方向，设计穿透式监督平台建设方案，满足对集团公司资本运作、资产经营、生产运营三层运作体系的各类监督视角管理。围绕国有资本投资公司投资体系能力建设，策划设计支撑集团公司投资业务管理的信息化系统规划方案编制工作。 （郑　宁）

**【完成与国资监管系统对接】** 2018年，公司治理部根据国务院国资委三年监管展示系统建设行动计划及统一部署，协同组织中国宝武内部相关资源快速响应与国资监管系统的对接工作。根据国务院国资委对中央企业大额资金使用动态监测应用试点工作的整体部署，中国宝武被安排作为第二批企业进行大额资金动态上报；10月底，会同集团公司财务部、运营共享服务中心、宝信软件，按要求完成大额资金运营报送工作；根据国务院国资委办公厅要求，分阶段通过信息化手段，实现对"三重一大"事项决策的制度、规则、清单、程序、内容和落实情况的全过程监督。

（郑　宁）

【策划"互联网＋大数据"生态技术平台方案】　2018年，公司治理部践行共享共建发展理念，实施运营技术平台创新，支撑钢铁生态圈建设。构建围绕多主体共赢互利的技术平台生态圈，建设基于"互联网＋大数据"运营技术平台，支撑运营共享服务中心建设数据协同运营平台，连接中国宝武内外用户，实现平台生态圈多边用户的共享、共建、共赢、开放、平等。深化技术模式创新，规划前台服务、中台洞察、后台治理的三层数据架构；重构生态运营、业务中台、共享系统的三层应用架构；通过移动互联网、消费互联网、产业互联网的

三网服务融合等手段，实现钢铁生态圈产业链、价值链、服务链的三链信息合一。

（郑　宁）

【编制新技术支撑业务变革报告】　2018年，公司治理部跟踪信息新技术，研究企业大规模应用，完成信息新技术对大型组织构架和运行的影响及变革对策报告。研究利用云原生技术、智能＋大数据技术、分布式微服务、区块链等"互联网＋"新技术，实现应用服务化、资源共享化、系统智能化，打造敏态信息技术（IT）模式，实现"敏态＋稳态"双态信息技术（IT）模式，有效支撑集团公司三层管控架构，助推集团公司运营共享层、穿透式监督、钢铁智慧制造建设，提升网络安全威胁感知和防护能力。

（郑　宁）

【修编信息化规划】　2018年，公司治理部根据中国宝武新一轮战略规划纲要，完成《2019年度中国宝武信息化专项规划》修编工作。编修中，围绕中国宝武资本投资公司定位及集团公司总部整体改革方向，强化顶层设计；聚焦穿透式监督平台、钢铁生态圈"互联网＋大数据"技术平台、信息安全防护体系等内容，整合信息资源，强化集团公司层面信息资源共享、共建，重新规划集团公司应用系统分层、分类原则及定位，编制集团公司

整体数据运营架构，推进区域＋板块进一步协同共享。　（郑　宁）

【强化网络安全保障措施】　2018年，公司治理部深入开展集团公司电子邮件系统专项整治活动，对系统进行专项检查、评估，完成中国宝武电子邮件系统升级改造，加强运营维护管理，完善网络安全技术防护措施。做好网络与信息安全信息的通报工作，推进信息系统等级保护工作，完成集团公司关键信息基础设施检查和报备；组织完成6次集团公司重要系统、互联网网站的网络安全检查和渗透性测试，对发现的网络安全威胁问题采取防范措施，向集团公司总部各职能部门、子公司进行4次问题通报，要求检查、整改和重点防范。完成2018首届中国国际进口博览会、第七届宝钢学术年会等4次国家和集团公司重大活动网络安全保障工作。

（郑　宁）

【提升网络安全防护能力】　6—12月，中国宝武完成领导人员、专业人员和员工3个层面的网络安全和保密工作培训，3.76万人参加培训；开展网络安全攻防竞赛，选拔2支队伍参加首届国务院国资委网络安全大赛，并与竞赛同步，完成60人次网络安全攻防能力专业培训。

（郑　宁）

编辑：张　鑫

05

科技研发

# 科技研发

2018年，中国宝武围绕"绿色、精品、智慧"战略，坚持技术引领，积极推进创新体系优化，开展产品创新、科技降本、绿色智慧制造技术研发及科技政策利用等工作，不断提升技术创新支撑企业经营的能力。全年研发投入率2.3%，申请专利2 370件，其中发明专利1 371件。中国宝武通过国家技术创新示范企业复核评价，若干项成果获得行业好评，其中"汽车轻量化用吉帕级钢板稳定制造技术与应用示范"项目获冶金科学技术奖特等奖，"冷轧机颤振智能监控与抑振提速技术及应用""极薄一次冷轧高硅硅钢制造技术及装备的开发与应用"2个项目获冶金科学技术奖一等奖。　　（李　钊）

## 科技管理

【增强技术创新体系能力】　一是"技术领先"战略。2018年，中国宝武持续高水平的研发投入，不断提升知识产权运作能力，支撑集团公司自主创新体系能力全面提升。二是搭建技术共享平台。针对产业布局地域分布广、技术能力不均衡、人才流动与未来钢铁产业空间布局的矛盾，探索技术交流与共享的模式，促进多基地互动交流，提升中国宝武整体技术引领能力和制造提升能力。三是构建"众研平台"。10月30日，"中国宝武众研平台"上线，承载着中国宝武技术研发模式的坚实转型和中国宝武开放创新体系的全新发展，其定位是连接下游用户、连接技术创意、连接合作伙伴，覆盖了从开放创新的发起到落地的不同层次。四是组建中国宝武新材料产业创新中心。5月，新材料产业创新中心成立，负责新材料新技术的识别、先期孵化、技术整合，支撑发展薄弱的新材料产业公司技术提升和发展创新，形成强大技术支持和持续自主创新能力，努力将新材料打造成中国宝武第二大战略性制造类业务板块。　　（李　钊）

【策划重大前沿技术】　2018年，中国宝武修订《中国宝武钢铁集团有限公司技术创新规划（2018—2021）》，策划一批技术创新项目，实现从技术跟随到技术领先。"欧冶炉工艺技术创新工程研究""欧冶炉风口和气化炉拱顶喷吹顶煤气研究"等项目，聚焦低成本高效率炼铁工艺技术研究；"轻量化铝合金车身结构技术及零部件制造技术研究""铝合金电池托盘开发"等项目布局新材料产业，储备产业发展必需技术；"焦炉节能环保绿色关键工艺系统集成"项目入选工业和信息化部2018年绿色制造系统集成项目，为打造城市钢厂发挥积极示范作用。　　（李　钊）

【开展高端产品创新】 高性能碳钢产品方面：2018年，中国宝武薄规格取向硅钢、高强度高精度磁轭钢、非调质高强韧地质钻探管、热轧双面覆铝基板用钢等多项产品实现全球首发；超高强汽车板QP1500在宝武特冶完成前工序验证；超大型液化石油气船用钢460LF-TM打破低温钢被国外钢厂垄断的局面，实现低温船板国产化替代。高端不锈钢产品方面：完成高成形耐点蚀氮合金化节镍奥氏体不锈钢产品开发；汽车油箱用高强不锈钢、汽车车架专用高强不锈钢产品实现用户拓展。特种合金材料方面：完成光热发电用超长薄壁焊管首轮焊接、冷轧和热处理工艺生产线试制，掌握全流程制造工艺技术；开展首轮工业化殷瓦合金带材的试制，实现电炉冶炼连铸工艺的贯通。　　（李　钊）

【强化绿色制造技术】 低碳冶炼技术：2018年，中国宝武开展欧冶炉、氧气高炉等颠覆性、革命性的新工艺技术研究，并取得阶段性成果，欧冶炉第一阶段试验铁水降硅从1.2%降至0.8%。固废资源化技术：探索钢渣在沥青混凝土和透水沥青混凝土中的应用，完成4个试点工程应用，实现钢渣集约化、规模化综合利用。大气污染治理技术：采用"喷雾降尘"方式减少废钢切割作业中产生的烟雾及粉尘，减少废钢切割现场烟尘及有害气体的排放。废水治理技术：优化电氧化气浮装置，通过对电极长寿技术、电极恢复技术的研究，解决常规电极寿命短的问题，同时对电极在线自动清洗、尾气及浮渣处理装置进行优化。　　（李　钊）

【加速推进智慧制造】 6月，中国宝武召开智慧制造工作会议，全面推进智慧制造工作。各子公司编制智慧制造专项规划（行动方案），形成工作目标和路线图。宝钢工程成立智慧制造创管中心，集中力量开展智慧制造顶层设计，跟踪智慧制造相关最新行业信息和技术动态跟踪，推进智慧制造工作。宝武炭材"新型炭材料智能制造新模式应用"项目入选工业和信息化部智能制造综合标准化与新模式应用项目，推动以智能化为特征的新技术应用与研究。　　（李　钊）

## 2018 年中国宝武科研项目获奖情况表

| 项　目　名　称 | 负责单位 | 奖　项 | 获奖等级 |
|---|---|---|---|
| 汽车轻量化用吉帕级钢板稳定制造技术与应用示范 | 宝钢股份 | 2018年冶金科学技术奖 | 特等奖 |
| 冷轧机颤振智能监控与抑振提速技术及应用 | 宝钢股份、北京科技大学、宝信软件 | 2018年冶金科学技术奖 | 一等奖 |
| 极薄一次冷轧高硅硅钢制造技术及装备的开发与应用 | 宝钢股份 | 2018年冶金科学技术奖 | 一等奖 |
| 特大型高炉无料钟炉顶关键工艺技术与装备开发及应用 | 湛江钢铁、中冶赛迪、秦冶重工 | 2018年冶金科学技术奖 | 二等奖 |
| 炼钢引起的GA外板表面缺陷的研究 | 宝钢股份、上海大学 | 2018年冶金科学技术奖 | 二等奖 |
| 宝钢大气污染特征及综合治理技术的系统研究与应用 | 宝钢股份 | 2018年冶金科学技术奖 | 二等奖 |
| 轧钢大电机集电滑环变频驱动在线车削技术 | 宝钢技术 | 2018年冶金科学技术奖（工人奖） | 二等奖 |

（续　表）

| 项　目　名　称 | 负责单位 | 奖　项 | 获奖等级 |
|---|---|---|---|
| 高等级管线管UOE工模具关键技术及规格拓展 | 宝钢股份、宝钢技术 | 2018年冶金科学技术奖 | 三等奖 |
| 先进核能核岛装备用耐蚀合金系列产品自主开发 | 宝武特冶 | 2018年中国宝武技术创新重大成果奖 | 一等奖 |
| 取向硅钢高速连续激光刻痕技术研发与应用 | 宝钢股份 | 2018年中国宝武技术创新重大成果奖 | 一等奖 |
| 钢板热冲压技术研究 | 中央研究院 | 2018年中国宝武技术创新重大成果奖 | 一等奖 |
| 钢铁供应链交易服务平台及其核心技术研发 | 欧冶云商 | 2018年中国宝武技术创新重大成果奖 | 一等奖 |
| 宝钢新一代高气密封特殊扣油套管开发 | 中央研究院 | 2018年中国宝武技术创新重大成果奖 | 二等奖 |
| 单机架超高强钢冷轧轧制工艺技术开发与应用 | 宝钢股份 | 2018年中国宝武技术创新重大成果奖 | 二等奖 |
| 高料层高成品率高生产率烧结技术的研究 | 宝钢股份 | 2018年中国宝武技术创新重大成果奖 | 二等奖 |
| 武钢大型直弧板坯连铸机成套技术装备自主集成 | 武钢有限 | 2018年中国宝武技术创新重大成果奖 | 二等奖 |
| 宝化针状焦生产工艺装备研究与应用 | 宝钢化工 | 2018年中国宝武技术创新重大成果奖 | 二等奖 |
| 湛江钢铁产品锈蚀集成防护研究与应用实践 | 中央研究院、湛江钢铁 | 2018年中国宝武技术创新重大成果奖 | 三等奖 |
| 湛江钢铁薄板碳钢产品一贯制工艺技术研究与应用 | 湛江钢铁 | 2018年中国宝武技术创新重大成果奖 | 三等奖 |
| 0.23毫米系列高端取向硅钢规模化制造及在配变领域的应用 | 武钢有限 | 2018年中国宝武技术创新重大成果奖 | 三等奖 |
| 铁水高效预处理用系列喷枪的研制与应用 | 武钢有限 | 2018年中国宝武技术创新重大成果奖 | 三等奖 |
| 商用车排气净化系统专用不锈钢产品开发及产业化 | 中央研究院 | 2018年中国宝武技术创新重大成果奖 | 三等奖 |
| 热轧支承辊全生命周期关键技术研究与应用 | 宝钢股份、中央研究院 | 2018年中国宝武技术创新重大成果奖 | 三等奖 |
| 宝钢1730冷轧碳钢产品生产制造技术研发 | 宝钢股份 | 2018年中国宝武技术创新重大成果奖 | 三等奖 |
| 石油炼化用P/T9（9Cr−1Mo）无缝钢管研制 | 中央研究院 | 2018年中国宝武技术创新重大成果奖 | 三等奖 |

（续 表）

| 项 目 名 称 | 负责单位 | 奖 项 | 获奖等级 |
|---|---|---|---|
| 高级别管线钢夹杂物的控制技术研究 | 中央研究院、宝钢股份 | 2018年中国宝武技术创新重大成果奖 | 三等奖 |
| 热轧2050精轧液压润滑系统核心装备研发与应用 | 宝钢股份 | 2018年中国宝武技术创新重大成果奖 | 三等奖 |
| 不锈钢20辊冷轧机平直度与跑偏自动控制系统研发 | 中央研究院、宁波宝新 | 2018年中国宝武技术创新重大成果奖 | 三等奖 |
| 2300连铸机异地改造及能力提升 | 湛江钢铁 | 2018年中国宝武技术创新重大成果奖 | 三等奖 |
| 复杂煤源条件下低成本高品质焦炭制造关键技术 | 武钢有限 | 2018年中国宝武技术创新重大成果奖 | 三等奖 |
| 冶金主产线过程控制模型标准配置化技术研发与集成 | 宝钢股份 | 2018年中国宝武技术创新重大成果奖 | 三等奖 |
| 帘线用钢夹杂物控制研究 | 武钢有限 | 2018年中国宝武技术创新重大成果奖 | 三等奖 |
| 不锈钢主原料（红土镍矿）使用关键工艺技术研究 | 宝钢德盛 | 2018年中国宝武技术创新重大成果奖 | 三等奖 |
| 高合金气阀钢关键生产工艺改进与优化及产品开发 | 宝武特冶 | 2018年中国宝武技术创新重大成果奖 | 三等奖 |
| 双相不锈钢系列板卷及高性能节镍奥氏体不锈钢板卷的开发 | 中央研究院 | 2018年中国宝武技术创新重大成果奖 | 三等奖 |
| 经济型耐应力腐蚀抽油杆钢开发 | 中央研究院、宝武特冶 | 2018年中国宝武技术创新重大成果奖 | 三等奖 |
| 氮化硅铁系列行业标准研制与应用 | 武钢有限 | 2018年中国宝武技术创新重大成果奖 | 三等奖 |
| 全流程冷轧、焦化废水处理新技术应用开发 | 宝钢股份 | 2018年中国宝武技术创新重大成果奖 | 三等奖 |
| 高强厚料热镀锌和热镀铝硅首创共线机组自主集成 | 宝钢股份 | 2018年中国宝武技术创新重大成果奖 | 三等奖 |
| UOE钢管磁粉探伤荧光图像系统 | 中央研究院 | 2018年中国宝武技术创新重大成果奖 | 三等奖 |
| 快速上扣螺纹接头套管开发 | 中央研究院 | 2018年中国宝武技术创新重大成果奖 | 三等奖（青年奖） |
| 减少热镀锌汽车外板点状缺陷的实践 | 宝日汽车板 | 2018年中国宝武技术创新重大成果奖 | 三等奖（工人奖） |

（李 钊）

## 科研机构

### 中国宝武中央研究院（技术中心）/宝钢股份中央研究院（技术中心）

中国宝武中央研究院（技术中心）/宝钢股份中央研究院（技术中心）（简称中央研究院）建立"一院多中心"协同研发的组织架构。中央研究院总部承担宝钢股份直属厂部（宝山基地）技术中心职责；下属各技术中心与多制造基地形成"一对一"架构，对所对应的制造基地技术进步负责。具体包括：板带技术中心和钢管技术中心对接宝钢股份宝山基地（以宝钢股份直属厂部为主）；武钢有限技术中心对接宝钢股份青山基地（武钢有限）；同时设立武汉分院，与武钢有限技术中心合署办公；梅钢技术中心对接宝钢股份梅山基地（梅钢公司）；湛江钢铁技术中心对接宝钢股份东山基地（湛江钢铁）；不锈钢技术中心对接宝钢德盛、宁波宝新；特钢技术中心对接宝武特冶。中央研究院设有"汽车用钢开发和应用技术国家重点实验室"，在澳大利亚和英国分别设立"宝钢—澳大利亚联合研发中心"和"宝钢—伯明翰大学研发中心"。

2018年，中央研究院申请发明专利393件、国际专利28件。"汽车轻量化用吉帕级钢板稳定制造技术与应用示范""冷轧机颤振智能监控与抑振提速技术及应用"分别获2018年中国冶金科学技术奖特等奖和一等奖，另有3个项目获得二等奖和三等奖。9项（29个新产品牌号）获上海市高新技术成果认定。"连铸坯连续去毛刺关键技术及应用"等10个项目获2018年湖北省科学技术进步奖。由中央研究院负责或与其他单位共同负责的12个项目获2018年中国宝武重大技术创新成果奖，其中"特种船舶用钢关键技术研究与应用""钢板热冲压技术研究"获一等奖。"一种高磁感取向硅钢及其制造方法"获第二十届中国专利优秀奖；"一种具有优良磷化性能和成形性的冷轧高强度钢板及其制造方法"获第十届国际发明展览会银奖。年底，中央研究院有员工1 204人。其中，具有博士学位280人，占员工总数的23.3%；科研人员718人，占员工总数的59.6%；有教授级高级工程师158人，高级工程师427人。

（赵君威　张　华　陈军鹏）

【年度绩效指标全面完成】 2018年，中央研究院实现公司级新试产品销量超143万吨，其中独有产品占40%，新试产品毛利额超18亿元；7个新产品牌号实现全球首发，首发产品总销量近9万吨；冷轧超高强钢成材率85.2%，创历史新高；22项现场重点难点技术问题中，有16项得到改善。（陈军鹏）

【新产品研发】 2018年，中央研究院58个新产品牌号完成首轮样件试制；高强度高精度磁轭钢等7个产品实现首发；首发产品市场拓展总量突破10万吨，较2017年增长近80%；差异化新产品加快拓展，高磁感取向硅钢销量4.5万吨，热轧热处理产品销量9万吨，复合板产品销量1万余吨，低温及止裂钢等高性能船板销量2.6万吨，低波纹度产品销量近7万吨，锌铝镁镀层钢板在湛江钢铁和梅钢公司试制7 000多吨，在线控冷型钢管生产7万余吨，2 050兆帕级弹簧钢国内独家供货2 666吨，高等级齿轮钢供货8 000余吨，690兆帕高强度桥梁钢开展小批量工业性试制。

（陈军鹏）

【全球首发新产品】 2018年，中央研究院有高效环保变压器用极低铁损取向硅钢、超高强度磁轭钢、热轧（酸洗）双面大变形覆铜覆铝基板用钢、高强韧无缝地质钻探用管、双相不锈钢船用复合钢板、深冲饮料罐用覆膜铁、高成形性的淬火延性钢等7个新产品实现全球首发。

（赵君威）

【技术降成本】 2018年，中央研究院在宝钢股份直属厂部聚焦"一厂对一所"重点技术开发工作，为现场重大难点技术提供有针对性的解决方案，2018年形成技术降成本效益5 743.47万元。在武钢有限立项实施技术降成本项目47项，实现技术降成本5.98亿元。在梅钢公司发挥"一所对一厂"产研协同合力，围绕提高大焦率、外购焦使用、钢质类缺陷、夹杂物控制、保护渣优化、造渣工艺优化等开展协同研发，推进铁钢各工序技术降本，实现科技降成本效益17 193万元，解决现场重难点问题12项。

（赵君威）

【研发整合融合】 2018年，中央研究院武汉分院强化现场需求的服务力度，协同梅钢公司策划形成5个10万吨级产品集群，协同湛江钢铁建立和落实3年技术发展规划；中央研究院数字化研发平台实现4个基地覆盖；中央研究院滚动推进54个中国宝武协同项目，实现协同效益4亿多元；中央研究院以厚板、长材、能源领域等为试点，推进研发组织融合及一体化运作，优化研发组织机构设置，创新研发组织模式。中央研究院总部合并了办公室和人力资源部，组建行政人事部；根据战略领域发展需要，从炼钢所、智能制造所、前沿所等共性部门抽调精兵强将，以人员调入和借调等方式，进入汽车用钢、长材等部门工作。中央研究院武汉分院撤销设备所，按专业领域并入炼钢所、热轧所和冷轧所；对接中央研究院总部，全面调整热轧所的领域团队设置。

（赵君威）

【智慧制造】 2018年，中央研究院完成"智慧研发专项"规划编制及"大数据与人工智能应用专项"规划编制。年内，以厚板大数据开发和应用为综合性试点，重点发展和深化面向炼钢区域的机器人关键技术、数字化高炉技术、连铸智慧制造技术、热轧智能产线、冷轧智慧制造技术等为试点的智慧制造项目群，各项目按计划稳步推进。

（王永红）

【供应商先期介入工作】 2018年，中央研究院开展汽车板供应商先期介入（EVI）工作，提升技术能力。共推进40个第一层次新车型合作，完成6个新车型EVI项目的结题，新增8个新车型EVI项目的立项；第三代超高强钢得到量产应用；热冲压、液压等先进成形技术，借助新车型EVI和联合实验室项目进一步拓展应用。同时，拓展非汽车EVI工作，提升服务能力。围绕汽车、输配电、金属包装及容器、家电及电子、工程机械及建筑、能源交通运输等重点行业的重点用户，全年参与35个公司级非汽车碳

钢板材EVI项目，实现市场销量拓展13.08万吨。

（陈军鹏）

【中国宝武众研平台】 2018年，中央研究院完成了中国宝武众研平台建设，于10月30日在宝钢学术年会上发布。中国宝武众研平台承载着技术研发模式的转型和开放创新体系的全新发展。其定位可归结为实现3个连接，即连接下游用户、连接技术创意、连接合作伙伴。在具体功能上，既有以寻求跨领域合作方向为目标的创意寻源，也有以解决具体热点难点问题为目的的需求对接，以及以签订电子合同为内容的商务落地；同时，通过对接下游用户和对接吴淞口创业园，构建中国宝武从市场需求、创新合作到产业孵化的完整创新创业生态。

（王永红）

【节能环保】 2018年，中央研究院通过烧结和炼焦烟气深度治理技术持续优化，实现宝钢股份直属厂部炼铁区域吨钢二氧化硫排放为0.21千克，吨钢氧化氮排放为0.53千克，处于世界领先水平。建成焦炉排放智慧监测系统，实现排放浓度的在线监测和数据云传送。开发冷轧废水臭氧催化+活性炭吸附工艺路线，在实际工程应用中，有机物去除率达到60%以上。通过确定淬水槽带钢析出物的演化规律，控制不同钢种的露点，抑制源头析出物的产生，以及建成连退机组淬水槽曝气+微滤末端保护水处理系统装置，最终使淬水槽脏污判量由2015年890吨/月降低至2018年的118吨/月，改判率由0.37%降低至0.05%。形成技术秘密1项，发明专利5项，科研效益286.86万元。针对含铬废水，开发

氢氧化钠中和+管式微滤膜过滤工艺，出水可以满足《钢铁工业水污染物排放标准》特殊限制标准，含铬污泥量可减少70%左右。

（石洪志）

【支撑中国宝武多元化产业】 2018年，中央研究院支撑宝钢国际VRB（变厚度板）商业轧机投产，销量200吨；协助宝钢包装钢带进行VRB技术推广和应用。支撑宝武炭材下属苏州宝化炭黑有限公司，提出烟气脱硫脱硝改造方案；开展烟气脱硫脱硝改造工程方案设计；应邀对达标排放改造进行协助调查研究。与宝武炭材合作开发的焦化废水悬浮填料技术应用于武钢有限年处理量80万吨的焦化废水生化系统，焦化废水中氨氮排放总量降低10%。支撑宝武环科转底炉工艺优化和固废处理工艺开发。支撑中央研究院—宝钢工程宝钢轧辊联合研发中心，研究大型锻钢支承辊产业化关键技术，完成整体感应淬火感应圈系列化研究，形成固化工艺并推广应用。开展汽车板专用高合金轧辊的研制及使用技术研究，针对汽车板轧制要求，完成一种兼顾粗糙度保持和磨削性能的轧辊新材质设计及模拟辊研制。开展高强钢专用新材质工作辊的研制及使用技术研究，完成一种兼顾耐磨和抗事故性能的工作辊新材质设计及实验辊研制。开展冷轧辊机载复合探伤技术应用研究，明确机载表面波替代人工表面波进行冷轧辊探伤的可行性。开展钢基体石墨烯复合涂层应用预研究，完成石墨烯复合电极的制备及电火花沉积强化实验，提升轧辊的耐磨性能。

（赵君威）

【支撑中国宝武钢铁产业】 2018年,中央研究院不锈钢技术中心承担宝钢股份不锈钢厚板及复合板卷的开发,宝钢德盛不锈钢产品及宁波宝新不锈钢产品的开发及服务,全年完成新产品试制4.6万吨,实现利润4 232万元。中央研究院特钢技术中心围绕核电用镍基合金、军工及航空航天用高温合金、新能源装备及配套用材上开展研发工作,全年完成特钢战略产品销售量0.916万吨,实现新试产品毛利6 276万元。中央研究院完成河北方正薄带连铸项目的可行性方案设计、关键技术确认,以及技术咨询合同文本撰写;完成《国投(福建)开发有限公司薄带连铸项目建议书》编制。 (赵君威)

【"金苹果"计划项目】 2018年,宝钢股份10个"金苹果"项目团队在一些重大领域、关键技术实现突破。在产品开发方面,实现高强韧无缝地质钻探用管、覆铝基板用钢、薄规格极低铁损取向硅钢等产品的全球首发;在技术开发方面,实现预氧化还原及内氧化技术、板坯角横裂改进技术、热轧层流冷却两段冷却控制技术、热态无缝钢管表面质量在线检测技术等重大技术突破。申请专利236件(含35项国际专利),实现经济效益近8亿元。 (赵君威)

【国家重点实验室建设】 2018年,汽车用钢开发与应用技术国家重点实验室新试制成功7个板材新产品,成功开发低成本双相钢、最高强度等级悬架弹簧钢和超大扭矩齿轮钢;完成皮卡整体大梁辊冲工艺及样件开发,成功试制强度达1 500兆帕级热防撞梁样件。发表论文30多篇,申请专利60多项,完成《2018宝钢先进高强钢数据手册》的编写和发布。年内,汽车用钢开发与应用技术国家重点实验室被科技部评估为"良好类实验室"。 (连昌伟)

【海外研发和国际合作】 2018年,宝钢—澳大利亚联合研发中心新增5个研究项目;高炉风口回旋区模拟等6个项目完成结题;宝钢—伯明翰大学研发中心的高温断裂蠕变成果移植到宝钢力学实验室,指导厚板、管线钢等材料开发。 (马永柱)

【实验室建设】 2月,中央研究院痕量分析能力提升及超净实验室改造项目完成交工验收。该项目通过对洁净实验室空气颗粒物、水质、温湿度的控制以及试剂纯化,改善环境或试剂空白的抑制能力;通过高分辨质谱分析技术的应用,提升痕量组分的检测灵敏度。9月,中央研究院金字塔区域设备搬迁及空调系统改造完成交工验收。10月,汽车用钢开发与应用技术国家重点实验室建设(二期)完成交工验收,该项目更新了连续退火模拟装置以及新增平板弯曲疲劳试压机、旋转摩擦试验机等设备。 (张 毅)

【研发服务平台化】 2018年,中央研究院打造"一院多中心"下的一体化服务委托与实验室信息化管理平台,与数字化研发平台实现融合,使检测分析平台化、信息系统一体化、服务项目标准化、业务流程规范化、价值贡献显性化。4—12月,该系统分别在武汉分院、湛江钢铁技术中心、梅钢公司技术中心和中央研究院总部上线运行。 (张 毅)

【分析检测能力建设】 2018年,中央研究院所属3个国家认可检测实验室通过中国合格评定国家认可委员会(CNAS)组织的相关审核。中央研究院总部认可检测实验室策划实施的实验室之间能力对标和比对测试,在行业内保持了技术先进性和权威性;为行业内实验室提供测量审核计划58项;实施实验室内部质量控制活动17项。 (张 毅)

【制定国家与行业标准】 3月,由中央研究院化学分析与检测实验室负责修订的《材料理化检验测量不确定度评估指南与实例》正式发布,指导国内8 000多家认可实验室开展测量不确定度评定工作。9月28日,由中央研究院化学分析与检测实验室作为召集人负责修订的《ISO 4943〈钢和铁 铜含量的测定 火焰原子吸收法〉国际标准草案》通过所有18个成员国的投票表决,正式成为新工作项目提案。10月,出版《材料理化检测测量不确定度评定案例汇编》一书,提供了覆盖成分定量、力学性能和物相特性等17项评定实例。 (张 毅)

【情报与档案服务】 2018年,中央研究院完成信息资源集中采购,通过情报服务平台覆盖,实现在集团公司内共享。成立中国宝武档案鉴定委员会、宝钢股份档案鉴定委员会,完成中国宝武第五次档案鉴定工作和宝钢股份第一次档案鉴定工作。启动中国工程科技发展战略湖北研究院咨询研究项目"长江经济带(湖北)钢铁工业生态化发展战略研究"的子项目——"国外著名钢铁企业生态化发展案例研究"。科技期刊《宝钢技术研究》（英文版）被评为2017年度上海市优秀期刊。　　（周群芳）

# 中国宝武科学技术协会

中国宝武钢铁集团有限公司科学技术协会（简称中国宝武科协）是集团公司党委领导下的中国宝武科技工作者的群众组织，是集团公司党委和行政领导联系科技工作者的桥梁和纽带，是集团公司党委和行政开展科技工作的助手，是推动中国宝武科技进步的重要力量。中国宝武科协是中国科学技术协会企业科协的成员单位，是上海市科学技术协会的基层组织，业务上接受其指导。至2018年底，有专职人员6人。　　（张　敏）

【机构调整】　12月13日，中国宝武党委发布《关于宝武集团科协秘书处运作方式调整的通知》，决定成立中国宝武第一届科协委员会，将原学术交流工作委员会、"讲理想、比贡献"工作委员会、科普工作委员会、组织工作委员会调整为学术交流工作委员会、基层科协工作指导委员会。要求根据集团公司"一基五元"战略发展需要，依托专业子公司，适时组建其他产业相关专业委员会（学会）。要求原则上在有党委组织的一级子公司成立基层科协。要求设立宝钢股份新一届科协委员会，与中国宝武科协分设。宝钢金属学会挂靠宝钢股份；为对口中国金属学会、上海金属学会开展工作，成立中国宝武金属学会，日常工作由宝钢金属学会承担。　　（张　敏）

【武钢科协举办环保技术交流会】　1月19日，武钢科协（湖北省金属学会）邀请普锐特冶金技术（中国）有限公司高级副总裁普斯奇茨·彼得一行到武钢有限，就冶金环保技术与设备等进行交流研讨。武钢有限、鄂城钢铁、湖北新冶钢有限公司、武汉科技大学、中钢武汉安环院等科技人员参加交流。　　（张　敏）

【承办上海市焊接学会青年学术论坛】　2月28日，上海市焊接学会青年学术论坛在宝钢股份中央研究院举行。来自上海船舶工艺所、上海光机所、上海锅炉厂、上海汽轮机厂、江南造船厂、上海宝冶集团、宝钢股份中央研究院等单位的技术人员参加。中科院上海光机所杨上陆、伏能士（中国）公司严培豪、宝钢股份中央研究院屈朝霞作专题报告；与会代表参观了宝钢历史陈列馆，宝钢股份1580热轧智能车间和厚板生产线。　　（张　敏）

【召开中国宝武科协五届钢渣研究学会2017年年会】　3月16日，中国宝武科协五届钢渣研究学会2017年年会在中冶宝钢技术服务有限公司召开。会议通过五届钢渣学会有关成员调整的决定，听取了《2017年宝钢渣处理、返生产利用及渣研创新》《新型建材钢渣利用》等工作汇报，宝钢股份能源环保部、炼钢厂、制造部，宝钢工程、宝武环科等成员单位就2017年度钢渣工作成果进行了汇报，提出了2018年重点工作计划。　　（张　敏）

【参加世界钢协第十二届模拟炼钢挑战赛总决赛】　4月10日，韶关钢铁炼钢厂马欢作为世界钢铁协会（简称世界钢协）第十二届模拟炼钢挑战赛中国赛区企业组冠军，代表中国参加在印度孟买举行的总决赛。　　（张　敏）

【参加中国金属学会第三届冶金创新创意大赛】　4月10日—6月30日，中国宝武科协征集创意作品67项，参与中国金属学会组织的第三届冶金创新创意大赛，经学会评审，获奖31项，其中一等奖6项，二等奖12项。　　（张　敏）

【召开基层秘书长工作会议暨世界钢协联络员会议】　4月17日，中国宝武科协组织召开2018年科协秘书长工作会议暨世界钢协联络员会议，就进一步加强科协组织建设，发挥科协作用，服务好科技人员，搭建好企业与科技人员的桥梁；加强与世界钢协和各专委会的交流和合作，把国际先进理念和技术引入到中国宝武的生产经营中，支撑企业的国际化战略等进行研讨。会上表彰了一批2017年度科协系统优秀协学会工作者。　　（张　敏）

【参与主办薄板坯连铸连轧国际研讨会】　4月25日，中国金属学会、中国宝武和中国工程院化工冶金材料学部在湖北省武汉市共同主办2018年薄板坯连铸连轧国际研讨会。中国工程院院士毛新平作题为《薄板坯连铸连轧发展30年》主题报告。会议围绕近终形制造的现状及发展趋势、技术进步与优化、装备开发与完善、产品开发与进步等主题进行研讨。大会收录了来自美国、德国、韩国、意大利、西班牙、俄罗斯、奥地利、荷兰、中国等10余个国家专家学者的100余篇论文。　　　　　（张　敏）

【承办全球钢铁行业可持续技术路线框架会议亚洲钢铁行业专家研讨会】　5月23—24日，由国际能源署（IEA）主办、宝钢股份承办的全球钢铁行业可持续技术路线框架会议亚洲钢铁行业专家研讨会在上海召开。亚洲区域主要钢铁企业、原料供应商、政府主管部门、行业协会的代表和国内外研究机构、组织、大学的专家学者参加，共同探讨钢铁行业可持续发展的创新技术和策略。会议期间举行了"钢铁行业低碳技术研究与发展""强化循环利用和提高资源利用效率在亚洲钢铁行业内的作用""行业示范性新技术应用的经济可行性和主要困难"等专题研讨。与会嘉宾参观了宝钢股份直属厂部。　　　　　　（张　敏）

【中国宝武科协官方微信公众号上线】　5月30日，中国宝武科协官方微信公众号"中国宝武科技之家"在第二个"全国科技工作者日"正式上线，旨在宣传科技政策、传递科技资讯，展现中国宝武科技工作者风采，推送科普信息；致力于汇聚科技工作者，为科技工作者提供便捷服务。　　　（张　敏）

【召开中国宝武科技共享论坛炼钢技术交流会】　7月5日，中国宝武科协在宝钢股份中央研究院武汉分院科技大厦举办中国宝武科技

共享论坛炼钢技术交流会。会议邀请武钢有限炼钢厂厂长宋泽启，中央研究院首席研究员蒋晓放，中央研究院首席研究员陈兆平，宝钢股份炼钢厂首席工程师马志钢，以及梅钢技术中心首席研究员陈志平作报告。　　　　（张　敏）

【与达涅利集团开展技术交流】　8月8日，达涅利集团专家克里斯蒂安·比根等一行到武钢有限进行技术交流，中国工程院院士毛新平及武钢有限相关专家参会。达涅利集团专家介绍了薄板坯连铸连轧的最新发展趋势。　（张　敏）

【宝钢金属学会炼铁专业委员会召开年度会议】　9月12日，宝钢金属学会炼铁专业委员会在八一钢铁召开年度工作会议，同期召开铁区委员会常务工作会议。会议着重介绍中国宝武铁前节能与环保新技术的应用、固废返生产利用、特殊情况下高炉操作技术，欧冶炉的改进与创新。会议还交流了2018年在炼铁生产工作中的探索与实践。　　　（张　敏）

【召开第七届宝钢学术年会】　10月30—31日，以"绿色钢铁、智慧制造"为主题的第七届宝钢学术年会在宝钢股份召开。中国宝武党委书记、董事长陈德荣，中国金属学会理事长、中国工程院院士干勇，世界钢铁协会总干事埃德温·巴松，新日铁住金株式会社代表董事及执行副总裁、研发总监井上昭彦，美国大河钢铁公司总经理戴夫·斯蒂克勒5位大会报告人分别从国家冶金、科技战略、钢铁企业发展举措等角度，阐释绿色钢铁、智慧制造主题。技术分会场围绕专业技术领域进步和行业热点策划交流，改变传统交流形式，侧重学术交流效果，特邀报告嘉宾占发布总人数的90%以上。年会收集论文507篇，其中国际论文100余篇，发布49场，发布数量345人次，1100人次到场聆听行业专家技术创新成果和探索实践。各技术分会场围绕自身需求和行业热点策划了22场小型技术交流会。年会被纳入国家发展和改革委员会和中国科协主办的2018年"创响中国"活动。　　　（张　敏）

2018年10月30日，第七届宝钢学术年会在宝钢股份召开　　　　　　　　　（刘继鸣　摄）

【开展"讲理想、比贡献、创新争先"活动】 7月5日，中国宝武2018年度"讲理想、比贡献、创新争先"活动启动。活动由集团公司人力资源部、工会、人才开发院、中国宝武科协联合主办。12月13—14日，中国宝武"讲理想、比贡献"共享交流会在宝武（常熟）领导力发展中心召开，经各基层单位、学会和分科协的推荐，23个优秀团队代表和17位优秀个人代表在会上展示了成果。2018年"讲理想、比贡献"活动被纳入中国科协"创新先锋行动"指定项目。 （张　敏）

【开展信息共享】 2018年，中国宝武智慧平台"科技工作者之家"社区专栏发布科技信息、政策导航类文章近百篇。中国宝武科协微信公众号发布信息49条，内容涉及科协系统工作信息、科技节宣传、"讲理想、比贡献"先进事迹和先进人物的宣传与科普。编写发布10期《科协简讯》、18期《科协简报》，供管理者和科技工作者参阅。（张　敏）

【人才举荐】 2018年，经中国宝武科协推荐，中国宝武党委书记、董事长、科协主席陈德荣担任中国金属学会第十届理事会副理事长，中国宝武科协副主席、技术专家陆匠心作为冶金企业唯一代表参加中国科协成立60周年百名科学家、百名基层科技工作者座谈会，中国宝武技术专家陆匠心、中央研究院首席研究员王利、宝钢股份热轧厂工人技师王军当选上海市科协第十届委员会委员，宝钢股份钢管条钢事业部工程师王超峰获"第八届中国金属学会冶金青年科技奖"，中央研究院厚板研究所研究员刘晔获"第九届上海青年科技英才奖"。 （张　敏）

【搭建多学科学术交流平台】 2018年，中国宝武科协借助世界钢协平台，组织14个出国（境）团组的交流。与国际专业协（学）会密切沟通，全年派遣18个团组，37人次参加国际学术会议。加强国内学术交流的统筹组织和策划，组织参加国内24个会议，征文247篇，275人参加会议，在各类会议上发布报告75篇。 （张　敏）

## 2018年中国宝武参加世界钢协交流情况表

| 时　　间 | 会议名称 | 地　　点 | 中国宝武参会情况 |
|---|---|---|---|
| 1月9—11日 | 世界钢协副产品工作组会议 | 印度布巴内斯瓦尔 | 中国宝武能源环保部张海燕、中央研究院王如意、宝钢股份能源环保部刘剑平参会。张海燕作《资源综合利用政策简介》，王如意作《零排放目标下的宝钢固废利用实践》报告 |
| 3月12—15日 | 世界钢协经济委员会春季会议 | 日本东京 | 宝钢股份营销中心蒋丽、中国宝武战略规划部汪江龙参会，并就中国钢铁行业在东北亚钢铁市场的有关情况作报告 |
| 4月8—11日 | 世界钢协春季执行理事会及理事会会议、交流委员会会议 | 印度孟买 | 中国宝武战略规划部吴东鹰、中国宝武科协拓西梅参会 |
| 4月24—26日 | 世界钢协技术委员会会议 | 韩国浦项 | 中央研究院副院长蒋浩民、中国宝武能源环保部韩晶、中央研究院许海法参会 |
| 5月7—9日 | 世界钢协生命周期评价专家组会议 | 奥地利维也纳 | 中央研究院刘涛参会 |
| 5月25日 | 世界钢协环境领域活动成果交流会第二次会议 | 中国上海 | 中国宝武能源环保部、宝钢股份能源环保部、中央研究院、宝钢工程、宝武环科等单位参加会议。宝武环科董晓丹介绍宝武环科在钢铁副产品应用领域的商业实践 |

（续　表）

| 时　间 | 会议名称 | 地　点 | 中国宝武参会情况 |
|---|---|---|---|
| 6月12—14日 | 世界钢协环境委员会会议 | 美国查尔斯顿 | 中国宝武能源环保部韩晶参会,并发布专题报告参加讨论 |
| 6月20—21日 | 世界钢协可持续发展报告专家组会议 | 英国伦敦 | 中国宝武能源环保部李爱菊参会并发布可持续和碳管理相关的报告 |
| 9月10—13日 | 世界钢协经济委员会第100次会议 | 比利时布鲁塞尔 | 宝钢股份营销中心蒋丽、中国宝武战略规划部汪江龙参会 |
| 9月10—14日 | 世界钢协安全与健康委员会会议暨矿山工作组会议 | 巴西伊帕廷加 | 中国宝武安全生产监督部李盛参会,并发布《基于3D的钢铁安全改善项目》和《基于3R的尾矿坝安全风控管理》两项专题报告 |
| 10月14—17日 | 世界钢协2018年年会、执行理事会、秋季理事会和交流委员会会议 | 日本东京 | 中国宝武党委书记、董事长陈德荣当选为理事,中央研究院"热轧无缝钢管在线控冷技术"获年度创新奖,中央研究院"生命周期评价在绿色用钢解决方案中的应用"获生命周期评价卓越奖,人才开发院"扭亏增盈行动学习项目"获教育培训卓越奖提名 |
| 11月12—14日 | 世界钢协教育与培训委员会第12次会议 | 希腊雅典 | 宝武管理学院龚斌、宝钢股份人才开发院刘晓宇、中国宝武人力资源部郑卓君参会 |

（张　敏）

## 2018年中国宝武参加国际学术会议情况表

| 时　间 | 会议名称 | 地　点 | 中国宝武参会情况 |
|---|---|---|---|
| 3月5—11日 | 国际管线研究协会年度交流会及技术委员会会议 | 美国迈阿密 | 宝钢股份钢管条钢事业部黄卫锋参会 |
| 3月18—22日 | 第175届日本钢铁学会春季大会 | 日本东京 | 中央研究院蒋晓放发布论文《宝钢大型转炉复吹技术的改进》,中央研究员韩纪鹏发布论文《热处理对含硼汽车紧固件用高强冷镦钢的力学性能的影响》,宝日汽车板王鲁发布论文《连退炉余热回收及节能技术探讨》 |
| 4月17—20日 | 开阐商务信息咨询公司2018年亚洲钢铁市场年会 | 越南胡志明市 | 宝钢股份营销中心蒋丽发表题为《中国钢铁供应侧改革及对全球钢铁工业的影响》的演讲 |
| 5月6—12日 | 2018年美国钢铁技术及展览大会 | 美国费城 | 梅钢技术中心陈志平发布论文《汽车原板钢洁净度与夹杂物控制技术》,武钢有限技术中心胡宽辉发布论文《22MnB5钢热成形过程中的组织演变与模拟》 |
| 5月22—27日 | 欧洲卷材涂层协会春季会议 | 捷克布拉格 | 宝钢股份冷轧厂任玉苓参会 |
| 5月27日—6月3日 | 第十二届国际疲劳会议 | 法国普瓦捷 | 武钢有限技术中心彭文杰发布论文《超高周疲劳试验结果影响因素的分析与研究》 |

（续　表）

| 时　间 | 会议名称 | 地　点 | 中国宝武参会情况 |
|---|---|---|---|
| 5月28日—6月2日 | 第二十四届国际搪瓷大会 | 美国芝加哥 | 中央研究院王双成发布论文《宝钢搪玻璃用中厚板的开发与应用》 |
| 6月10—16日 | 2018年国际桥梁会议 | 美国马里兰州 | 中央研究院武汉分院毛新平参会 |
| 6月11—16日 | 第八届国际磁性与冶金大会 | 德国德累斯顿 | 中央研究院谢世殊发布论文《无取向硅钢材料技术进化方向》 |
| 6月11—17日 | 第七届国际炼钢科学技术大会 | 意大利威尼斯 | 中央研究院陈兆平发布论文《汽车用气门弹簧钢夹杂物控制研究》 |
| 7月8—15日 | 2018年国际先进材料加工及制造大会 | 法国巴黎 | 中央研究院王巍、屈朝霞，宝日汽车板方百友等6人参会，并发布论文《厚板剪切裂纹模拟研究》《轧制力对汽车用IF钢板表面耐蚀性能的影响》《原始组织对高强度钢板WHF1500H热成形微观组织和力学性能的影响》《热处理对TI55531合金机械性能和微观组织的影响》《9Ni钢的焊接及其接头断裂韧性研究》 |
| 9月18—22日 | 第176届日本钢铁学会秋季大会 | 日本仙台 | 中央研究院张国民发布论文《热轧带钢工作辊热辊形研究》，宝钢股份炼铁厂王超发布论文《宝钢高炉煤气除尘生产实践》，宝钢股份能源环保部李红红发布论文《钢铁厂原料堆场扬尘排放实验研究》 |
| 9月24—29日 | 第八届国际炼铁科学技术大会 | 奥地利维也纳 | 中央研究院黄建波发布论文《基于多流体的三维瞬态全高炉数学模型》，中央研究院徐万仁发布论文《熔融还原炉内炉料分布规律的实验研究》 |
| 10月8—12日 | 2018年双相不锈钢世界大会 | 德国杜塞尔多夫 | 中央研究院王治宇发布论文《双相不锈钢焊接性及接头性能研究》 |
| 10月13—20日 | 美国材料科学与技术大会 | 美国哥伦布 | 宝日汽车板何建锋发布论文《连续热镀锌锌液池物理场的数值模拟》 |
| 11月18—22日 | 欧洲卷材涂层协会秋季会议 | 比利时布鲁塞尔 | 宝钢股份冷轧厂蔡飞龙、制造管理部田新芳、营销中心俞东清参会 |
| 11月18—22日 | 第六届国际先进钢会议 | 韩国济州岛 | 中央研究院陆匠心、宝日汽车板何建锋、宝钢股份冷轧厂刘俊祥参会 |
| 11月25—29日 | 第七十届白石纪念讲座 | 日本东京 | 宝日汽车板王鲁参会 |

（张　敏）

编辑：金　荣

06

节能减排

# 节能减排

2018年，中国宝武二氧化硫、氮氧化物、化学需氧量排放总量分别为29 889吨、63 894吨和2 051吨，同比分别下降3.5%、10%和2.9%；吨钢综合能耗586千克标准煤，同比下降14千克标准煤；万元产值能耗1.09吨标准煤，同比下降9.9%；完成国务院国资委第五任期节能减排考核目标。上海地区工业企业用能总量1 350万吨标准煤、煤炭消耗总量1 279万吨，均完成上海市下达的年度考核目标。

年内，中国宝武合作完成的"高效节能环保烧结技术及装备的研发与应用"获2017年度国家科技进步奖二等奖；八一钢铁获国家发展和改革委员会、工业和信息化部、水利部、国家质量监督检验检疫总局颁布的烧结工序"能效领跑者"称号（2017年度）；梅钢公司冷

2018年9月19日，湛江钢铁举行"钢铁荣誉林"揭牌活动　　　　　　　　　（梁清松 摄）

轧厂、炼铁厂被评为"2017年度江苏省节水型企业"；湛江钢铁、韶关钢铁被广东省环保厅授予2017年度"环保诚信企业（绿牌企业）"称号；宝钢股份直属厂部被《中国冶金报》、中国钢铁新闻网授予"2018年度绿色发展优秀企业"称号；韶关钢铁获广东省节能协会和广东省经济投资促进会联合颁发的"2017年度广东节能突出贡献奖"，韶关钢铁"焦炉荒煤气余热回收项目"获"2017年度优秀节能改造项目"奖；宁波宝新获浙江省宁波市"节水先锋"称号；湛江钢铁获中国钢铁工业协会"全国冶金绿化先进单位"称号；梅钢公司办公区、宝钢股份能源环保部、宝钢股份炼铁厂、宝武炭材梅山分公司获上海市绿化委员会办公室颁布的2015—2017年度"上海市花园单位"称号。　　（林高平）

## 节能减碳

【能源管理体系建设】　2018年，中国宝武所有钢铁企业和重点用能非钢工业企业均通过能源管理体系认证，并按规定定期开展监督性审核或再认证审核。年内，八一钢铁、韶关钢铁、宝钢德盛等单位通过能源管理体系监督审核；宝钢股份直属厂部、宝日汽车板、宝武炭材（总部）、宝武环科下属宝田公司等单位通过能源管理体系再认证审核。　　（林高平）

【碳减排管理能力提升】　2018年，中国宝武有15家法人单位纳入地方碳交易管理体系，合计碳配额9 340余万吨。全年实际碳排放量9 319万吨，100%完成碳配额清缴履约。年内，完成"中国宝武建立碳资产管理平台方案研究"课题研究，提出中国宝武碳资产管理平台的建设方案设想，并建议对主要工序采用基准法作为国家对长流程钢铁企业进行碳排放配额分配时的首选方法。　　（林高平）

【获全国重点大型耗能钢铁生产设备节能降耗对标竞赛奖】　8月3日，中国机械冶金建材工会全国委员会、中国钢铁工业协会联合下发《关于"全国重点大型耗能钢铁生产设备节能降耗对标竞赛"2017年度竞赛结果的通报》，中国宝武共获得7座冠军炉中的3座（宝钢股份炼铁厂三号660平方米烧结机和四号4 747立方米高炉、武钢有限一号2 200立方米高炉），28座优胜炉中的7座（湛江钢铁一号550平方米烧结机和二号5 050立方米高炉、梅钢公司五号4 070立方米高炉、武钢有限八号4 117立方米高炉、韶关钢铁八号3 200立方米高炉、宝钢股份炼铁厂一号300吨转炉、武钢有限四炼钢四号180吨转炉），14座创先炉中的3座（韶关钢铁五号360平方米烧结机、梅钢公司四号3 200立方米高炉、武钢有限二号350吨转炉）。　（林高平）

【宝钢水库扩容改造通过验收】　10月11日，宝钢水库扩容改造项目通过验收投运。与宝钢水库紧邻的陈行水库承担着向上海市东北部地区部分水厂供应原水的任务，受益人口约300万。但近年来，受库容小、外供水量大等影响，陈行水库调蓄能力不足，冬季枯水期受海水倒灌影响大，容易造成氯离子浓度严重超标，难以保证市民饮水水质。为有效缓解冬季枯水咸潮期陈行水库的原水供水压力，保障上海市东北部市民饮用水质量，2004年起，宝钢水库开始向陈行水库供水，平均每年供水500万立方米。本次扩容改造后，宝钢水库库容增加150万立方米。　　（林高平）

【武钢有限热轧三分厂一号加热炉技术改造】　8月16日，宝钢工程成功中标武钢有限热轧三分厂一号加热炉技术改造工程EPC（工程总承包，指受业主委托并按照合同约定对工程建设项目的设计、采购、施工、试运行等实行全过程或若干阶段的承包）总包项目。该项目包括对加热炉工艺设备、机械设备以及自动化控制系统等进行技术改造。项目应用了"高效低NOx多通道拓展温度场烧嘴"等多项宝钢工程自主知识产权的专利技术及技术秘密，以实现加热炉高效节能及低排放目标。

　　（林高平）

【八一钢铁欧冶炉能效水平持续提升】　2018年，八一钢铁通过对欧冶炉实施喷煤和顶煤气循环等节能新技术，使欧冶炉吨铁能源消耗量稳定下降，全年平均炼铁能耗为363千克标准煤/吨铁，单月最低水平为329千克标准煤/吨铁，与同等规模高炉炼铁能耗水平相当。

　　（林高平）

【韶关钢铁系列节能技术改造项目投产】　2月15日，韶关钢铁节能技术改造项目"4.3米焦炉上升管增设荒煤气余热回收系统"投产；3月28日，"五号转炉干法除尘改造"项目投产；4月25日，"八号高炉热风炉预热器性能提升改造"项目投产；5月15日，"炼钢厂铁包加盖改造（一期）"项目投产；5月23日，"大棒一号和中棒加热炉余热回收系统改造"项目投产。这些项目投产后，全年可实现技术节能量1.9万吨标准煤。　　（林高平）

**【鄂城钢铁实施系列节能技术改造项目】** 2018年，鄂城钢铁采用合同能源管理模式推进实施烧结一号循环风机变频改造（9月12日投运）、能动厂溴化锂制冷项目（6月19日投运）、汽轮机冷端优化（6月11日投运）、压缩空气干燥机节能技术改造（9月25日投运）、宽厚板溴化锂制冷节能技术改造（预计2019年4月底投运）、焦炉荒煤气上升管余热回收（11月23日投运）等一系列节能项目。这些项目投产后，全年可实现技术节能量7 560吨标准煤。　　（林高平）

**【宝武炭材实施3项节能技术改造项目】** 3月，宝武炭材梅山分公司实施的"降低一期焦油加热炉煤气消耗"项目完成；5月，苏州宝化实施的"苏州宝化一号、六号线火箱方改圆"项目完成；11月，宝山本部实施的"宝山高能耗电机节能改造"项目完成。这些项目投产后，全年可实现技术节能量554吨标准煤。　　（林高平）

**【举办低碳发展与碳捕集、利用、封存技术研讨会】** 5月10日，由中国宝武、全球碳捕集与封存研究院共同举办的低碳发展与碳捕集、利用、封存技术研讨会在中国宝武举行。研讨会旨在搭建一个跨国界、跨行业的技术交流平台，按照创新、协调、绿色、开放、共享的发展理念，以全球视野、立足国情，邀请来自碳捕集利用与封存研究领域、石油、石化、发电和钢铁行业的国内外专家，分享低碳发展实践经验，交流碳捕集利用与封存前沿技术创新成果，为破解温室气体控排探索路径。来自全球碳捕集与封存研究院、国际能源署、中国石油化工集团有限公司、华能集团清洁能源研究院、中科院上海高等研究院、中国石油大学、北京京诚嘉宇环境科技有限公司、宝钢股份中央研究院的中外专家作为演讲嘉宾，展示了低碳减排的新思路、新做法、新突破。会后，与会嘉宾还参观了宝钢股份直属厂部。

（林高平）

**【承办全球钢铁行业可持续技术路线框架会议亚洲钢铁行业专家研讨会】** 5月23—24日，由国际能源署（IEA）主办、宝钢股份承办的全球钢铁行业可持续技术路线框架会议亚洲钢铁行业专家研讨会在上海召开。会议围绕"钢铁行业能源情景分析""钢铁行业低碳技术研究与发展""强化循环利用和提高资源利用效率在亚洲钢铁行业内的作用""行业示范性新技术应用的经济可行性和主要困难"等展开技术发布与专家对话，共同探讨钢铁行业可持续发展的创新技术和策略。　　（林高平）

## 环境保护

**【环保管理体系建设】** 2018年，中国宝武所有钢铁企业和多元产业重点工业企业均通过环境管理体系认证，并持续有效地推进环境管理体系运行。年内，宝钢股份在国内首先探索建立环境生命周期管理体系，制定下发《2018年环境生命周期管理推进工作计划》，并有效组织实施。　　（林高平）

**【环保管理制度建设】** 2018年，中国宝武再次修订《环境保护事件问责管理办法》，使该管理办法更加科学、合理、严格；结合国家关于生态环保新的政策、标准、规范等变化，修订《环境保护合规性管理办法》《环保事件管理办法（重大环境污染事件应急预案）》，制定下发年度《环保工作考核评价细则》，确保"党政同责""一岗双责"的环境保护主体责任得到严格落实，确保环保管理绩效评价有序开展。

（林高平）

**【清洁生产审核】** 根据上海市政府下发的2017年重点企业清洁生产审核单位名单，宝钢股份镀锡板厂被列入强制性审核名单。2018年6月28日，由上海市清洁生产中心组织专家对镀锡板厂第四轮清洁生产工作进行审核，并完成验收工作。2018年，根据广东省湛江市《关于公布2018年第一批应实施清洁生产审核的企业名单的通知》，湛江钢铁开展清洁生产审核工作，并完成审核报告的编制。

（林高平）

**【环境经营优秀案例评选】** 随着集团公司直管下属子公司数量的增多，2018年中国宝武环境经营优秀案例评选表彰的名额增加到15个。各子公司上报74个参评案例，经过组织专家评审，武钢集团"矿山土地复垦及生态修复工程""武钢海绵城市建设项目"、宝钢股份"钢渣加工中心建设项目""焦炉烟气脱硫脱硝改造""宝钢国际通过降低废弃乳化液处置量减少废弃乳化液处置费用"、八一钢铁"欧冶炉协同处置废弃物工艺"、韶关钢铁"矿渣立磨燃煤改燃煤气应用"、宝钢德盛"烧结烟气二噁英减排改造"、宁波宝新"废水达标排放改造"、宝武炭材"焦化废水零排放资源化利用"、宝钢工程"烧结环冷低温余热ORC发电示范项目""中国宝武排污自行监测技术体系建立及《排污单位自行监测技术指南/钢铁工业及炼焦化学工业》标准编制"、宝钢发展"废弃树枝变废为宝、化害为利"、宝钢资源"创建绿色矿山，助推公司发展"、宝武环科"全面开展土壤修复业务、力争成为环境污染第三方治理企业典范"15个案例获"中国宝武2017年度环境经营优秀案例"称号。 　　（林高平）

2018年9月16日，由武钢绿色城市建设发展有限公司完成的青山示范区海绵城市建设（南干渠片区）项目一角 　　（朱旺春 摄）

【矿山企业环境风险普查】 2018年，中国宝武首次对全部11家矿业公司进行现场环境风险普查，并组织现场环保管理培训。一方面抓风险防范，共梳理出9类风险点231项，完成风险反馈报告11份，推进矿山单位识别和管控环境风险，针对报告问题制订整改方案并推进落实，防范风险事件发生；另一方面抓能力建设，在矿山现场组织管理、技术和操作人员开展全员定制化环保培训，总计培训583人。 　　（林高平）

【排查治理生态环境保护问题】 下半年，中国宝武组织下属企业开展全面梳理与自查，共查出六大类（大气污染，水污染，土壤污染，固体废弃物、危险废弃物环境污染，噪声污染，环评及竣工验收）13个方面的问题56项，针对每一项问题制订了整改举措计划。年内，完成26项整改项目，并从9月起每月编制一份《中国宝武全面排查生态环境保护问题整改进展情况简报》，加强整改工作推进与监督。 　　（林高平）

【组建环境保护督查工作组】 9月28日，中国宝武下发《关于成立环境保护督查工作组的通知》，组建集团公司环境保护督查组。年内，督查组组织相关业务培训，制订印发《环境保护督查工作方案》，形成工作计划，并深入现场开展工作。 　　（林高平）

【排污许可管理】 2018年，列入年度申办要求的中国宝武所属各法人企业积极申办排污许可证。至年底，27家单位完成排污许可证申办工作。全年，集团公司能源环保部编写37期《排污许可申办工作简报》。 　　（林高平）

【宝钢股份三期焦炉第一台装煤车完成环保更新改造】 2018年，宝钢股份炼铁厂三期焦炉装煤车由于服役时间较长，结构腐蚀严重，造成操作时故障频发。为及早实现常态生产和环保达标，炼铁厂于2017年启动三期焦炉装煤车环保更新改造项目。项目建成后每年可节电50万千瓦时，减少二氧化硫排放20吨，实现自动化装煤作业。9月6日，第一台装煤车改造完成投入运行。 　　（林高平）

【宝钢股份二烧结整合大修改造主体工程竣工】 11月14日，宝钢股份二烧结整合大修改造主体工程竣工投产。该项目运用烧结烟气循环和粉尘制粒新技术，同时在原有基础上对烧结机、环冷机等关键设备进一步优化。改造后，二烧结技术装备水平达到国际领先水平。 　　（林高平）

【全球首套烧结烟气多污染物干式协同超净装备投运】 3月25日，全球首套烧结烟气多污染物干式协同超净装备在梅钢公司投入运行。该装备不仅降低二氧化硫、氮氧化物等多种污染物的排放浓度，而且对酸性气体等多种污染物有去除作用，整套系统不产生废水，烟囱无需防腐、排烟透明。相对传统的常规烟气净化装备，该装备能耗更低，稳定性与适应性更强，占地面积、投资成本、运行成本大幅度降低，提升了烟气净化的技术经济性。 （林高平）

**【国内单位面积堆载量最大的料场开工建设】** 3月3日，湛江钢铁原料增建C型矿石料场工程开工建设。料场长650米、宽90米，贮矿量达79万吨。工程建成后，二号高炉系统矿料运输外轮可实现100%直进，从而改变进口矿到湛江港中转倒驳的现状，有效降低原料进厂物流成本和物料损耗率。 （林高平）

**【南疆钢铁焦炉煤气深度脱硫环保项目投运】** 11月2日，南疆钢铁焦炉煤气深度脱硫环保项目建成

2018年1月25日，宝钢股份直属厂部一角 （刘继鸣 摄）

投运。该装置采用一段并联塔式全干法脱硫工艺，一次性脱除焦炉煤气中的杂质，得到满足国家标准的合格净化煤气。 （林高平）

**【宝武炭材沥青焦回转窑除尘系统环保综合改造工程开工】** 12月7日，宝武炭材化一厂沥青焦回转窑除尘系统环保综合改造工程开工。改造范围为沥青焦回转煅烧窑窑尾除尘系统，处理后的烟气依靠新增除尘风机的压力回至烟囱达标排放，满足国家及行业的最新环保要求。 （林高平）

**【宝钢节能中标沧州中铁烧结机烟气脱硝技术改造工程】** 7月5日，宝钢工程下属上海宝钢节能环保技术有限公司（简称宝钢节能）中标沧州中铁装备制造材料有限公司（简称沧州中铁）一号240平方米、四号260平方米、五号180平方米烧结机烟气脱硝技术改造工程。宝钢节能对脱硝工程进行总承包，提供系统设计、成套设备供货、施工、性能保证等服务。 （林高平）

**【宝钢工程获国家绿色制造系统集成项目资助】** 继2017年获得工业和信息化部、财政部关于绿色制造系统集成项目的联合资助后，宝钢工程联合中科软科技股份有限公司申报的"焦炉节能环保绿色关键工艺系统集成"项目入选国家2018年绿色制造系统集成项目，再次获得资助。 （林高平）

# 循环经济

**【固体废弃物不出厂工作取得成效】** 2018年，中国宝武全面推进固体废弃物不出厂工作。年初，集团公司组织各单位进行固体废弃物、危险废弃物自查自纠，摸清家底，完成31份自查自纠报告。5月31日，集团公司下发《中国宝武2018年"固体废弃物不出厂"专项行动工作方案》。经过一年工作，全面完成方案确定的4项刚性指标（固体废弃物信息化系统建设、三大固体废弃物不出厂、产品化认证、贮存场地规范化）和3项进步性指标（综合利用率、返生产利用率、产品化率）。 （林高平）

**【建筑垃圾资源化利用】** 2018年，宝武环科下属上海宝钢新型建材科技有限公司（简称宝钢建材）发挥在资源综合利用方面的经验和优势，提出"依托宝武，面向宝山"的建筑垃圾处置方案。2月8日，宝钢建材与宝山区罗店镇政府签订建筑垃圾资源化处置协议。为确保建筑垃圾处置合规，宝钢建材引进的一条日产1 800吨、年产50万吨的履带式移动破碎筛分处置

生产线同步投入使用。该生产线采用世界先进的破碎工艺技术，能最大限度提升处置效率，可利用再生物产出率超过95%；在露天堆场各种复杂工况下，仍具有极强的作业适应能力，保障处置作业的环保、高效运行。　　（林高平）

【钢渣处理及资源化技术成果达国际领先水平】 12月20日，在中国金属学会组织的科技成果评价会上，评价委员会认为"炼钢熔渣高效清洁全量处理及产品化技术开发和应用"技术成果达到国际领先水平。该项目技术由宝山钢铁股份有限公司、上海宝钢节能环保技术有限公司、中冶宝钢技术服务有限公司、上海宝钢新型建材科技有限公司、北京科技大学、宁波宝丰冶金渣环保工程有限责任公司、武汉钢铁集团金属资源有限责任公司合作完成，开发了以滚筒粒化工艺为核心的系列成套工艺和装备，

实现了不同类型钢渣的清洁高效处理及其资源化利用，获得授权专利40件（其中发明专利24件），制定国家标准2项、行业和地方标准2项，发表论文55篇。技术成果成功应用于国内外几十家钢厂钢渣的处理及其资源化，促进了钢铁工业的绿色发展，经济、社会和环境效益显著。　　（林高平）

【梅山矿业工业废水循环利用获突破】 2月2日，梅山矿业公司完成水系统改造，井下采矿用水全部由工业水取代自来水，实现零补加。此举不仅每月节约3万吨自来水，减少了长江原水取水量，还减轻了梅山公司水平衡和环保压力。　　（林高平）

【宝钢工程签约塔塔钢铁滚筒渣处理项目】 11月15日，宝钢工程成功签约印度塔塔钢铁公司KPO（Kalinganagar Plant in Orissa）新厂

2018年3月28日，梅钢公司（梅山公司）"幸福林"　　（朱　飞　摄）

炼钢系统滚筒渣处理项目。滚筒渣处理技术是中国宝武自主研发并经过多家炼钢厂实际运用和检验的渣处理技术，拥有独家专利。该技术主要处理转炉渣、电炉渣，具有设备占地小、环保清洁、效率高、易操作等优点。　　（林高平）

【宝钢工程中标越南和发废钢加工和钢渣二次处理项目】 6月29日，宝钢工程中标越南和发荣桔综合钢铁厂（简称越南和发）废钢加工和钢渣二次处理项目，主要内容包括废钢的检测、分选、剪切及火焰切割加工设施，钢渣分选、破碎、提纯等设施，以及公辅配套的全流程设计，实现废钢的高效加工处理、钢渣的二次破碎分选和提纯回炉，实现炼钢清洁化生产和钢渣再利用。　　（林高平）

【宝钢节能总包台塑集团酸洗液污泥资源化项目】 5月18日，由宝钢节能EPC总包的中国台湾"台塑集团福欣特殊钢有限公司"酸洗液污泥资源化项目完成全线功能考核，产品指标及能耗指标均满足中国台湾"台塑集团"严苛的标准。该项目年处理污泥规模为2万吨，酸洗液污泥经干化、成型后，成为冷固结球团产品返回不锈钢电炉做造渣剂利用，使危险废弃物得到资源化利用，既减少危险废弃物委外处置费，又节约资源。项目的运行操作实现全自动模式，是国内工业污泥处置和资源化利用成套系统中自动化程度最高、环保最优的设施。　　（林高平）

编辑：仝　荣

07

人力资源

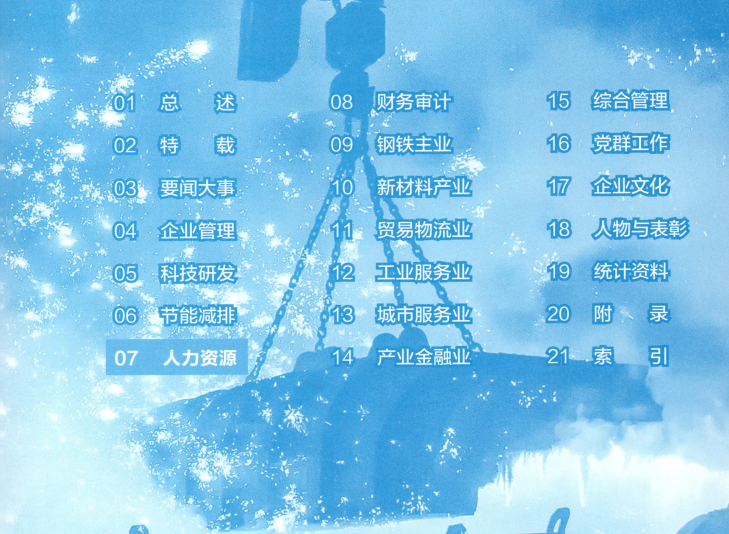

# 人力资源

中国宝武人力资源工作包括人力资源管理和教育培训等工作。中国宝武人力资源部是集团公司人力资源管理的职能部门，包括领导力发展、员工发展、薪酬福利、人事效率4项职能。党校、宝武管理学院负责教育培训与管理研究等工作，支撑中国宝武战略落地、管理变革和能力提升。　　（施　志）

## 领导力发展

【加强领导人员队伍建设】 2018年，中国宝武人力资源部贯彻落实新时代党的组织路线，着眼中国宝武新时代事业发展需要，着力构建以《关于进一步激励中国宝武各级干部新时代新担当新作为的实施意见》为主体、多项配套制度有机衔接的"1＋N"制度体系；制定《关于进一步优化子公司领导班子及高级管理人员配置的实施办法》，从年龄结构、任职时间、配置情况、专业结构等维度全面梳理、分析26家子公司领导班子及高级管理人员配置情况，并提出优化建议；对26家子公司中"任同一职务满9年、任同一敏感岗位满6年、任同一职务满6年"的人员进行系统梳理，形成加强干部交流任职的专业建议；制定并印发《派出董事、监事管理办法》，有效助推集团公司切实履行积极股东职责。全年累计调整直管、托管和参股公司的派出董事、监事71人次，初步形成330人左右的董事、监事基础数据库。　　（霍兆光）

【规范开展领导人员选拔任用】 2018年，中国宝武加强干部交流任职，实现穿透式管理，结合工作需要，调整直管干部123人次，其中提拔15人、重用5人。在选人用人过程中，认真审核其政治表现等情况，严格执行"20字"（信念坚定、为民服务、勤政务实、敢于担当、清正廉洁）国有企业干部选用标准和"凡提四必"（对拟提拔或进一步使用人选，做到干部档案"凡提必审"，个人有关事项报告"凡提必核"，纪检监察机关意见"凡提必听"，反映违规违纪问题线索具体、有可查性的信访举报"凡提必查"）等要求，落实廉洁背书"双签字"制度，防止"带病"提拔。在民主推荐、人选考察、讨论决策等各个环节，坚持公正公平、规范严谨。在任职管理环节，参照中央要求，制定任职管理规范流程，切实履行任前谈话、宣布会、发文等程序。 （霍兆光）

【优化绩效管理体系】 2018年，人力资源部加强组织绩效在领导人员绩效评价中的应用，并全面考量领导人员实际工作绩效和各个专业维度相关方面评价情况；优化评价授权机制，由二级单位根据组织绩效对应的强制分布比例对其班子副职开展业绩评价和综合评价，集团公司在对直管领导人员开展综合评价过程中注重正职对班子副职评价的影响；优化绩效评价反馈信息。同时，反馈内容在反映被评价人整体绩效表现基础上，展现多维度的评价信息，并传达对下一步工作的要求和指引；组织实施2017年度中国宝武领导班子成员业绩评价。 （霍兆光）

【发现培养使用年轻干部】 2018年，中国宝武下发《关于大力发现培养选拔优秀年轻干部进一步加强领导班子队伍建设的实施办法》。人力资源部组织开展"如何加快优秀年轻干部的发现培养和使用"课题调研，形成优秀年轻干部调研小结暨下一步行动计划，明确了拓宽来源、优化结构、改进方式、提高质量的工作思路；组织各二级单位择优推荐优秀年轻干部近700人，并对其中近300人开展考察调研；配合中组部开展优秀年轻干部考察调研，形成16名优秀年轻干部推荐人

选，向中共上海市委组织部推荐优秀年轻干部38人。 （霍兆光）

【建立管理岗位与干部层级管理体系】 2018年，人力资源部制订《中国宝武子公司及岗位层级认定方案》，提出公司分档定级采取"动态调整"的方式，进一步鼓励企业做强做优做大。制定《管理岗位与干部层级体系管理办法》，明确以"绩效积分制"量化"干部能上能下"，为中国宝武领导人员交流任用、激励发展搭建体系平台。 （霍兆光）

【选派优秀干部扶贫及挂职交流】 2018年，中国宝武制定《中国宝武钢铁集团有限公司扶贫援派干部管理办法（试行）》，先后选派云南省普洱市政府挂职干部1名及扶贫办公室挂职干部1名、青海省属企业挂职干部1名、定点扶贫县挂职干部4名，并向在云南省定点贫困县深度贫困地区选派驻村第一书记挂职干部2名，还对任期届满的6名扶贫援派干部开展工作考核；选派2名优秀年轻干部分赴国务院国资委、上海市经济和信息化委员会挂职锻炼；协调安排中共云南省委组织部选派的优秀干部赴中国宝武挂职锻炼；组织、策划安排5名中国五矿集团有限公司挂职干部赴宝钢股份、韶关钢铁、鄂城钢铁挂职锻炼。 （霍兆光）

【强化日常干部监督管理】 2018年，中国宝武对领导人员进行提醒、函询、诫勉316人次，其中提醒168人次，函询94人次，诫勉54人次；组织领导干部个人有关事项报告填报，对102名干部开展个人有关事项报告查核工作，对本人填报与查核结

果不符的23名干部进行认定处理；建立党委组织部与纪委监察部联席会议制度，按季度召开联席会议，沟通举报线索、违纪问题，防止干部带病提拔；定期发布《干部监督工作通讯》，传达中央有关精神与集团公司有关要求，通报巡视、督查过程中发现的有关问题及情况，对各单位进行工作提示；加强对子公司领导班子成员分工调整报备的管理，及时掌握子公司领导班子成员分工情况；进一步规范中国宝武领导人员兼职管理，并通过巡视检查等方式，加强对子公司领导人员兼职管理工作的监督、指导。 （霍兆光）

【总部资深高级经理（资深高级专员）、高级经理（高级专员）选聘】 2018年，中国宝武制定并下发《总部资深高级经理（资深高级专员）、高级经理（高级专员）选聘管理办法》，按照有关程序，选聘资深高级经理（资深高级专员）、高级经理（高级专员）16人，打造一支富有活力、充满激情的职业化人才队伍，拓展总部员工职业发展通道。 （霍兆光）

## 中国宝武钢铁集团有限公司负责人（2018年12月）

董事长：陈德荣
董　事：陈德荣　胡望明
　　　　贝克伟（外部董事）
　　　　李国安（外部董事）
　　　　沈肖芜（外部董事）
　　　　林建清（外部董事）
　　　　傅连春（职工董事）
总经理：胡望明
副总经理：郭　斌　张锦刚
总会计师：朱永红
党委书记：陈德荣

党委副书记：胡望明　伏中哲
党委常委：陈德荣　胡望明
　　　　　伏中哲　邹继新
　　　　　章克勤
纪委书记：章克勤
工会主席：傅连春
董事会秘书：朱永红（兼）
总经理助理：李庆予　傅新宇
　　　　　　吴小弟　李琦强

## 中国宝武钢铁集团有限公司总部各部室领导人员（含总监、处长及内设、挂靠部门负责人）（2018年12月）

### 钢铁业发展中心
总经理、新材料产业发展推进办公室主任：吴小弟（兼）
钢铁业规划总监：陈君明
钢铁业投资总监：许旭东
钢铁业资本运作总监：范松林
新材料产业发展推进办公室副主任：陈步权
武汉分中心主任：赵昌武

### 服务业发展中心
总经理：李庆予（兼）
服务业规划投资总监：徐美竹
服务业资本运作总监：严　曜
服务业运营评价总监：张彤艳

### 产业金融发展中心
总经理：李琦强（兼）
产业金融党工委副书记、纪工委书记：孔祥清
生态圈金融发展总监：李德强
产业金融资产总监：刘　俊
产业金融资本运作总监：刘文昕

### 城市新产业发展中心
总经理：傅新宇（兼）
副总经理：顾柏松
城市新产业项目总监：夏　琦
城市新产业规划总监：刘晋波
城市新产业资产总监：金学湛

### 办公厅、党委办公厅
主任：冯爱华
副主任：杨建忠
北京办事处主任：李庆楠
信访办公室主任：杨建忠（兼）
信访办公室副主任：严　俊

### 战略规划部（经济与规划研究院）
总经理（院长）：吴东鹰
战略规划总监：吕笑然
战略合作及海外事业推进总监、经济规划与研究院院长助理：何太平
钢铁业发展策划总监：常兴辉
服务业发展策划总监：池忠仁
外事办公室副主任：张　敏

### 财务部
总经理：路巧玲
首席会计师：李　钊
资产管理总监：李伟毅
产权交易总监：周宝英
预算总监：夏　峰

### 党委组织部、人力资源部
副部长、副总经理：
　　汪　震（主持工作）
党委组织部副部长：
　　胡志强　　周　瑾
领导力发展总监：黄洪永
人事效率总监：封　峰
薪酬福利总监：张玉宾
员工发展总监：刘兆华
组织统战处处长：陆卫忠

### 党委统战部
部长：胡志强

### 公司治理部
总经理：秦长灯
公司治理总监：汪爱民
风险控制总监：刘新宇
信息总监：杨建夏
组织绩效总监：刘亦飞

### 党委宣传部、企业文化部
部长：王语
党委宣传部副部长：陈志宇
企业文化部副部长：钱建兴

新闻管理处处长：王　语（兼）
新闻中心主任：王　语（兼）
公共品牌处处长：何　潮
史志办公室主任：张文良
企业文化处处长：王丹云
思政工作处处长：汤平健

### 法律事务部
副总法律顾问、部长：沈　雁
诉讼管理处处长：沈　雁（兼）
合同管理处处长：蔡东辉

### 审计部
部长：张立明
经营审计处处长：徐世磊
管理审计处处长：赵春阳
派出子公司监事管理处处长：赵　雍

### 纪委
副书记：朱汉铭　何柏林
纪检干部监督与综合管理处处长：崔荣新
信访案管审理处处长：武海山
执纪审查一处处长：张颖睿
执纪审查二处处长：徐　佶

### 党委巡视工作办公室
主任：何柏林
副主任：童卫银

### 科技创新部
部长：施　兵
科技发展处处长：马朝晖

### 能源环保部
部长：施　兵
能源管理处处长：戴　坚
环境保护处处长：韩　晶
碳减排办公室主任：韩　晶

### 安全生产监督部
部长：施　兵
副部长：孙有力
安全企划处处长：李　盛

### 运营共享服务中心
总经理：陆怡梅

### 工会
副主席：陈英颖
办公室主任：徐　伟

经济工作部部长：吕艳斌
宣教保障部部长：杨小川
**团委**
书记：周　瑾
**老干部工作部**
部长：胡志强
**机关党委**
书记：冯爱华
纪委书记：崔荣新
工会主席：张　伟
**宝武管理学院**
院长：王　语
副院长：钱建兴
**宝武党校**
校长：伏中哲（兼）
常务副校长：王　语
副校长：陈志宇
**中国宝武设计院**
院长：王建跃
**全面深化改革工作办公室**
主任：秦长灯（兼）
**专职巡视组**
组长：吴声彪　刘长威
**安全督导组**
第一安全督导组组长：杨　敏
第一安全督导组副组长：周学龙
第二安全督导组组长：杨春平
第三安全督导组组长：胡邦喜
第三安全督导组副组长：尹小鹏
第四安全督导组副组长：张望兴
第五安全督导组副组长：吴　斌
**上海市金属学会**
秘书长：张　淼
副秘书长：拓西梅
**中国宝武科学技术协会**
秘书长：拓西梅

# 中国宝武钢铁集团有限公司各子公司领导人员（2018年12月）

**宝山钢铁股份有限公司**
董事长：邹继新（兼）

总经理：侯安贵
副总经理：储双杰（常务）
　　　　　刘　安　盛更红
　　　　　姚林龙
党委书记：邹继新（兼）
党委副书记：侯安贵　周建峰
纪委书记：刘国旺
**武钢集团有限公司、中国宝武武汉总部**
执行董事：郭　斌（兼）
总经理：周忠明
副总经理：陈清泉　吴寒芬
党委书记：郭　斌（兼）
党委副书记：周忠明　张先贵
纪委书记：张先贵
**宝钢集团新疆八一钢铁有限公司**
董事长：肖国栋
总经理：魏成文
副总经理：崔伟灿　陆大胜
　　　　　袁万能　柯善良
总会计师：陈海涛
党委书记：肖国栋
党委副书记：冯　义
　　　　塔依尔·买买提
纪委书记：张忠武
**宝武集团广东韶关钢铁有限公司**
董事长：李世平
副总经理：刘建荣（主持工作）
　　　　　冯国辉
党委书记：李世平
党委副书记：寿耀明
**武汉钢铁集团鄂城钢铁有限责任公司**
执行董事：王素琳
总裁：赖晓敏
高级副总裁：谢成付
党委书记：王素琳
党委副书记：赖晓敏　张启敏
纪委书记：张启敏
**宝钢资源有限公司、宝钢资源（国际）有限公司**
董事长：张典波

总裁：胡玉良
高级副总裁：鲁兆明　徐昌林
宝钢资源（国际）有限公司党委书记：张典波
宝钢资源（国际）有限公司党委副书记：胡玉良　王铁成
宝钢资源（国际）有限公司纪委书记：王铁成
**宝钢工程技术集团有限公司**
董事长：王建跃
总经理：汪平刚
副总经理：袁　磊　李　麒
党委书记：王建跃
党委副书记：汪平刚　张智勇
纪委书记：张智勇
**欧冶云商股份有限公司**
董事长：赵昌旭
总裁：金文海
高级副总裁：王明东　严鸽群
　　　　　张佩璇
党委书记：赵昌旭
党委副书记：金文海　王小干
纪委书记：王小干
**华宝信托有限责任公司**
总经理：张　轶
副总经理：张晓喆　王锦凌
**上海宝地不动产资产管理有限公司**
董事长：王继明
总裁：吕　军
高级副总裁：黄孔威　秦铁汉
　　　　　黄道锋
党委书记：王继明
党委副书记：吕　军　翁志华
纪委书记：翁志华
**宝钢发展有限公司**
执行董事：蔡伟飞
总裁：蔡伟飞
高级副总裁：杨大宏　蒋勤芳
党委书记：蔡伟飞
党委副书记：朱　超
纪委书记：朱　超

**宝钢金属有限公司**

董事长：贾砚林

总裁：祁卫东

高级副总裁：陈国荣　庄建军

党委书记：贾砚林

党委副书记：祁卫东　蔡正青

纪委书记：蔡正青

**宝钢德盛不锈钢有限公司**

董事长：江庆元

总经理：钱海平

副总经理：林　炜　李庭海

党委书记：江庆元

党委副书记：钱海平　蒋兴元

纪委书记：蒋兴元

**上海宝信软件股份有限公司**

董事长：夏雪松

总经理：朱湘凯

副总经理：周建平　宋健海

　　　　　陈　健　王剑虎

　　　　　胡国奋

党委书记：夏雪松

党委副书记：朱湘凯　陶全兴

纪委书记：陶全兴

**宝武集团环境资源科技有限公司**

执行董事：陆　熔

总经理：陈在根

副总经理：邹　安

党委书记：陆　熔

党委副书记：陈在根　蔡建群

纪委书记：蔡建群

**华宝基金管理有限公司**

总经理：黄小薏

督察长：刘月华

副总经理：李慧勇　向　辉　欧江洪

**华宝证券有限责任公司**

董事长：陈　林

监事会主席：薛丽娟

总裁：刘加海

高级副总裁：郑　亮　冯　葆

　　　　　　熊　伟

**宝钢集团财务有限责任公司**

总经理：曾　杰

副总经理：张　波

**宝钢不锈钢有限公司、上海不锈钢有限公司**

宝钢不锈执行董事、上海不锈董事长：史国敏

总经理：朱建春

副总经理：张鹤鸣　林长春

党委书记：史国敏

党委副书记：朱建春　戴相全

纪委书记：戴相全

**宝钢特钢有限公司**

执行董事：胡达新

总经理：胡达新

副总经理：杨千威　宋　飞

　　　　　周新平

党委书记：胡达新

党委副书记：王忠辉

纪委书记：王忠辉

**宝武炭材料科技有限公司**

董事长：林秀贞

总经理：徐同建

副总经理：李峻海　吴新江

　　　　　张金涛

党委书记：林秀贞

党委副书记：徐同建　季艳军

纪委书记：季艳军

**宁波宝新不锈钢有限公司**

董事长：潘世华

副总经理：饶志雄（主持工作）

　　　　　李　杰

党委书记：潘世华

党委副书记：许云东

纪委书记：许云东

**上海宝钢包装股份有限公司**

董事长、总裁：曹　清

高级副总裁：胡爱民　葛志荣

　　　　　　谈五聪　朱未来

党委书记：胡爱民

纪委书记：李宽明

**宝武特种冶金有限公司**

总经理：章青云

副总经理：刘剑恒　李永东

党委书记：章青云

党委副书记：徐克勤

纪委书记：徐克勤

**武汉钢铁集团耐火材料有限责任公司**

执行董事：李　军

总裁：李　军

高级副总裁：胡　波

总会计师：匡奕军

党委副书记：李　军　孙　彤

纪委书记：孙　彤

**华宝都鼎（上海）融资租赁有限公司**

总经理：管晓枫

副总经理：李瑞超

**华宝冶金资产管理有限公司**

董事长：庞远林

副总经理：魏春奇

**华宝投资有限公司**

总经理：李琦强（兼）

**宝钢集团一浦五联合党委**

党委书记：王继明

党委副书记：黄道锋

纪委书记：翁志华

**上海吴淞口创业园有限公司**

总经理：杨千威

**上海宝地临港产城发展有限公司**

董事长：胡达新

副总经理：杨千威

财务总监：周新平

**上海宝地上实产城发展有限公司**

董事长：史国敏

副总经理：张鹤鸣

财务总监：林长春

# 员工发展

【发布实施《中国宝武中长期人才发展规划》】　2018年，中国宝武制定下发《中国宝武中长期人才

发展规划（2018—2023）》。该《规划》立足国有资本投资公司定位及使命，分析人才队伍存在的主要问题，提出人才发展三方面新要求和十六个着力点，明确了十大标志性发展目标，对九大重点人才工程和七大人才发展机制与环境制定针对性举措。 （龚 羽）

【向国家、地方遴选推荐高端人才】 2018年，人力资源部遴选推荐国家"万人计划"青年拔尖人才（自然科学类）2人，中青年科技创新领军人才4人，享受国务院特殊津贴人选19人（包括技术业务人才12人、高技能人才7人），全国技能人才4人，上海市领军人才6人，上海市技能大师工作室2人，上海市首席技师10人，钢铁行业教育培训工作先进个人6人，上海青年拔尖人才4人。 （龚 羽）

【干部教育培训】 2018年，人力资源部按计划组织13名集团公司领导人员、直管领导人员参加中组部2018年度调训。组织52名集团公司直管领导人员参加中国干部网络学院培训。组织近400名各级管理人员参加大连高级经理学院、国务院国资委干部教育培训中心、商务部、国家发展和改革委员会等51个主题班学习。深入推进"两高四关"（高管人员培训、高潜后备培训、关键岗位、关键任务、关键人才、关键能力研修）培训体系，组织实施决策人研修、任期经营责任制专题研修、扭亏增盈行动学习等"两高四关"重点培训项目，实施45个重点项目，开办98个班级，培训4 582人次。 （龚 羽）

【国际化人才培养】 2018年，人力资源部在集团公司范围内选送15名员工参加哈佛大学、伯克利大学、曼彻斯特大学、马斯特里赫特大学、特温特大学等境外重点培训项目。结合集团公司业务发展需要，研究更具针对性的定制化课程，39名员工参加宝瑞吉A项目和B项目培训、三井物产职能研修、三井物产国际管理研修、智能制造与创新全球竞争力研修，开拓员工国际视野，了解、掌握国外企业的先进管理运营模式。推荐5人参加国家工业和信息化部2018年出国（境）培训班、1人参加世界钢协第二十一届钢铁管理培训班、3人参与国家发展和改革委员会"一带一路"国际产能合作领军人才培养计划，培养熟悉沿线国家环境、带领企业业务实高效地开展产能合作、提高企业国际竞争力的人才。 （龚 羽）

# 薪酬福利

【优化工资总额分配机制】 2018年，中国宝武工资总额管理进一步突出"效益、效率"双引擎，强调工资总额与经营业绩挂钩联动，强化效率提升，实施工资总额与企业效益增减同向线性挂钩，明确"减人不减薪，增人不增资"的政策。同时，完善以丰补歉、分类管理、重点管控等机制设计，强化子公司自主管理，形成科学合理分配关系。 （丁 冲）

【深化领导人员薪酬制度改革】 2018年，中国宝武实施子公司领导班子岗位绩效年薪制切换，实现"以岗定薪"，落实"岗变薪变"，解决层级对收入影响过大的问题；倡导强绩效导向，组织绩效与奖金直接挂钩；实施"薪酬分配权"有效授权，副职人员的绩效奖由主要负责人实施分配，进一步凸显基于绩效贡献的分配导向。 （丁 冲）

【推进中长期激励机制】 2018年，人力资源部有序推进上市公司股权激励，依据国务院国资委、中国证券监督管理委员会及相关政策规定，完成宝钢股份首期限制性股票计划第三批解锁工作；根据战略发展需要，结合所处行业特点，实施宝钢包装2018年股票期权激励计划；阶段性总结欧冶云商员工持股工作，探索在不确定的新兴战略孵化产业开展员工持股的模式，为中央企业深化和规范员工持股工作提供借鉴。 （丁 冲）

【完善内部分配制度】 2018年，中国宝武陆续出台《岗位绩效年薪制管理办法》《关于深化子公司负责人薪酬制度改革的意见》《关于进一步规范专项奖励的指导意见（试行）》等有关管理文件。对总部员工、子公司班子成员薪酬制度以及专项奖励分配等事项作出明确规定，既有定性的原则要求，又有量化的操作规范，为集团公司内部分配工作的公平、合理开展，营造透明、规范的制度环境。 （丁 冲）

【强化员工福利保障】 2018年，人力资源部为避免员工"因病致贫、因病返贫"，实施员工意外综合团体保险重疾保障升级方案，员工的重疾保障额度从原先的10万元，最高可提升到30万元，提升了员工的保障水平；推出"员工保险自购保障计划"。 （丁 冲）

# 人事效率

【推进人事效率提升】 2018年，中国宝武持续深入推进人事效率提升工作，全年在岗员工精简12 672人，比例达9.1%，连续3年完成年均人事效率提升≥8%的工作目标。3年来，集团公司在册人数从21.1万人优化到16.1万人，其中在岗人数从18.7万人优化到12.7万人，主业人均吨钢产量增加435.5吨，增长比例83.1%，年均增长22.3%；人均营业收入增长154.5万元，增长比例96.6%，年均增长25.3%；人均利润实现扭亏为盈，增长29.8万元，增长比例531.9%，年均增长74.6%。 （戎载春）

【以智能制造促效率提升】 2018年，各钢铁单元开展智能制造的探索与实践，全年精简1 000多人，4年（2015—2018）累计精简人员超过6 700人。年内，宝钢股份推进热轧1580智能工厂、冷轧1550智能工厂、炼焦电车无人化、高炉集中控制、连铸离线值守及少人化浇钢、无人成品车间等智能制造，八一钢铁推进皮带治理、操作室整合、工序智慧化项目，韶关钢铁推进智能仓库、自动称量、可视化集中控制、信息化系统、机车可视化改造、取样自动化、卸车系统改造等项目，鄂城钢铁以建设经营管控系统为重点，全面提升自动化、信息化、智能化水平。 （戎载春）

【员工社会化转型】 2018年，人力资源部针对不同区域、不同子公司情况，探索员工社会化转型发展的新方法、新途径。在上海地区，与上海市各区委、区政府紧密对接，共同组建工作平台，促进训练有素的产业工人转型发展融入社区工作，全年有193名员工转型到社区工作。 （戎载春）

【开展嵌入式协同支撑】 2018年，人力资源部通过"项目化运作、嵌入式支撑"，推动管理一体化运作，协同提升体系能力。在八一钢铁、韶关钢铁等经营较为困难、人事效率水平偏低的子公司，派出协同支撑专家团队，担任管理岗位实职。在上海不锈、宝钢特钢等面临大规模转型的子公司，会同所在子公司组成专项工作团队，派驻专人进入整体方案策划、政策路径设计、岗位资源挖掘、员工转型推进等每一个环节，帮助做好"一人一策一表"和历史问题的解决，平稳有序地推进员工转型发展。在鄂城钢铁、宝钢德盛、宁波宝新等子公司，针对实际情况，派出专人阶段性支撑其信息化建设、人事效率提升工作。 （戎载春）

# 教育培训与管理研究

2018年，宝武党校、宝武管理学院按照中国宝武明确的新定位、新要求，坚持训研合一，支撑变革，全年完成各类管理研究课题、任务33项，完成党建研究课题10项；不断深化"两高四关"管理人员培训体系，支撑集团公司分层次、多形式、全覆盖开展学习贯彻党的十九大精神集中培训和党员政治轮训，开展新任党委书记、党委副书记和纪委书记培训、高级经理培训、宝武整合专题研修等重点培训项目；实施首届党支部书记工作实务竞赛，组织开展中国宝武第二届微课大赛，"宝武云"学习平台实现集团公司全覆盖；11月，协同集团公司办公厅面向集团公司中高级管理者，推出《宝武每日要情》《宝武周讯》《宝武研究》等信息类产品，支撑中国宝武战略落地、管理变革和能力提升。

至年底，宝武党校、宝武管理学院在册员工73人。其中博士学位4人、硕士学位28人、学士学位22人；首席培训师1人、首席研究员1人，主任培训师（主任研究员）11人、培训师（研究员）29人。 （许 勇 李珍珠）

【管理课题研究】 2018年，宝武党校、宝武管理学院探索管理研究与培训授课相统一的组织方式，从组织架构、人员管理上进行改革，发挥管理研究专业力量，坚持训研合一，深入开展管理课题研究，支撑中国宝武转型发展重点任务。全年开展各类管理研究课题、任务36项，其中离线外协1项，离线自主35项，完成33项，按计划跨年延续3项。创建《宝武党建与管理研究课题简报》。 （雷锐戈）

【完成各类培训31.6万人次】 2018年，宝武党校、宝武管理学院紧扣管理和党建重点任务，深化"两高四关"培训，全年开展领导人员学习贯彻党的十九大精神集中培训、党员政治轮训、决策人研修、高级经理培训、扭亏增盈专项研修等各类培训707项，31.6万人次（含网络培训26.9万人次），26.2万个培训日（其中面授8万个培训日）。 （许 勇）

## 2018 年宝武党校、宝武管理学院各类培训完成情况表

| 部　　门 | 项目个数 | 班级个数 | 培训人次 | 学时数 | 培训日 |
|---|---|---|---|---|---|
| 党建教研部 | 53 | 400 | 25 291 | 5 893 | 34 693 |
| 领导力教研部 | 192 | 485 | 20 944 | 8 341 | 44 165 |
| 在线学习中心（面授） | 3 | 18 | 583 | 352 | 1 070 |
| 在线学习中心（网络） | 459 | 754 | 269 157 | 4 702 | 182 459 |
| 面授合计 | 248 | 903 | 46 818 | 14 586 | 79 928 |
| 合计（含网络） | 707 | 1 657 | 315 975 | 19 288 | 262 387 |

（许　勇）

## 2018 年宝武党校、宝武管理学院管理课题研究项目一览表

| 序　号 | 课题、任务名称 | 来　源 | 角　色 |
|---|---|---|---|
| 1 | 支撑集团公司治压办工作（含总结参股公司瘦身实践） | 集团公司委托 | 参与 |
| 2 | 支撑绩效驱动型战略执行体系建设 | 集团公司委托 | 参与 |
| 3 | 支撑宝钢股份整合融合工作（IMO 工作） | 宝钢股份 | 参与 |
| 4 | 子公司经营范围梳理/再梳理 | 集团公司委托 | 参与/负责 |
| 5 | 宝钢股份文化融合调研 | 宝钢股份 | 负责 |
| 6 | 宝钢股份五大能力评价体系研究 | 宝钢股份 | 负责 |
| 7 | 宝钢股份多基地管理模式评价体系研究（跨年延续） | 宝钢股份 | 负责 |
| 8 | 风险案例总结与宣贯 | 集团公司委托 | 负责 |
| 9 | 武汉区域总部建设 | 集团公司委托 | 负责 |
| 10 | 欧冶云商员工持股工作总结 | 集团公司委托 | 参与 |
| 11 | 宝钢发展总部管控模式与组织结构优化研究 | 宝钢发展 | 负责 |
| 12 | 存量不动产租赁管理模式研究 | 宝地置业 | 负责 |
| 13 | 中国宝武员工发展指数调研（跨年延续） | 集团公司委托 | 负责 |
| 14 | 党委宣传部、企业文化部（公共关系部）职能职责优化 | 集团公司委托 | 参与 |
| 15 | 宝武管理学院定位优化 | 集团公司委托 | 负责 |
| 16 | 投资管理体系优化 | 集团公司委托 | 负责 |
| 17 | 体量小收益低的子公司法人压减方案研究 | 集团公司委托 | 负责 |
| 18 | 聚焦“一基五元”高效健康三层法人管理架构优化研究 | 集团公司委托 | 负责 |
| 19 | 可分离事务共享问题研究（审计） | 集团公司委托 | 负责 |
| 20 | “三结合”培训学员现状调研报告 | 集团公司委托 | 负责 |

（续　表）

| 序　号 | 课题、任务名称 | 来　源 | 角　色 |
|---|---|---|---|
| 21 | 运营共享服务中心深化研究 | 集团公司委托 | 负责 |
| 22 | 中国宝武扭亏增盈实践总结 | 集团公司委托 | 负责 |
| 23 | 违规经营投资责任追究政策解读 | 集团公司委托 | 参与 |
| 24 | 宝钢气体股权转让实践总结 | 集团公司委托 | 负责 |
| 25 | 青年工作相关职能策划 | 集团公司委托 | 负责 |
| 26 | 国内外上市公司董事会结构研究 | 集团公司委托 | 负责 |
| 27 | 重钢管理诊断 | 集团公司委托 | 负责 |
| 28 | 中国宝武信息工作优化方案研究 | 集团公司委托 | 负责 |
| 29 | 宝钢不锈资产处置管理总结（跨年延续） | 集团公司委托 | 参与 |
| 30 | 宝钢德盛经营诊断支撑/支撑宝钢德盛、韶关钢铁、鄂城钢铁、八一钢铁等钢铁企业管理交流 | 集团公司委托 | 参与/负责 |
| 31 | 宝武特冶员工千分制激励 | 宝武特冶 | 参与 |
| 32 | 2018年上半年阳光采购评估 | 集团公司委托 | 参与 |
| 33 | 招投标制度评估 | 集团公司委托 | 负责 |
| 34 | 支撑突围行动特训营（商业计划、管理报告环节） | 集团公司委托 | 负责 |
| 35 | 支撑关键岗位履职培训（管理诊断环节） | 集团公司委托 | 负责 |
| 36 | 支撑中国宝武聚焦融合相关行动学习 | 集团公司委托 | 负责 |

（雷锐戈）

【公司治理优化研究】　2018年，宝武党校、宝武管理学院开展聚焦"一基五元"、高效和健康的三层法人管理架构优化研究、信息工作体系优化方案研究，完成《宝武集团商业计划管理体系总结》，编制《中国宝武商业计划100问》等基础类研究8项。完成武汉总部建设运营模式研究、可分离事务共享问题研究（审计）、运营共享服务中心深化研究等职能优化研究6项。

（雷锐戈）

【整合融合研究】　2018年，宝武管理学院协同钢铁业发展中心对重庆钢铁（集团）有限责任公司进行管理诊断。协同宝钢股份推进整合融合中的各项工作，并完成宝钢股份文化融合调研。支撑宝钢德盛、韶关钢铁、鄂城钢铁、八一钢铁等企业管理和项目管理培训与交流。

（雷锐戈）

【体系能力提升研究】　2018年，宝武党校、宝武管理学院开展"宝钢股份多制造基地管理模式研究""宝钢股份五大能力评价体系研究""宝钢发展总部管控模式和组织结构优化""存量不动产租赁模式研究"等课题。完成《宝武集团参股瘦身工作指导手册》编制、中国宝武经营风险教育警示案例

编写、欧冶云商员工持股工作总结、扭亏增盈实践总结等专项研究12项。

（雷锐戈）

【推进中国宝武管理创新成果申报】　2018年，宝武党校、宝武管理学院组织策划42篇管理创新成果向全国企业管理现代化创新成果审定委员会、中国钢铁工业协会、上海市企业管理现代化创新成果评审委员会申报，获奖27项，一等奖5项。

（雷锐戈）

【决策人研修】　6月21—22日，宝武党校、宝武管理学院与集团公司科技创新部等部门举办中国宝武

智慧制造工作会议暨第三期决策人研修，116人现场参加、39人视频参加。11月16日，举办第四期决策人研修，主题为"投资管理体系的宣传与贯彻"，内容包括国家政策解读、公司制度解读和业务板块贯彻落实公司要求的设想和措施，131人现场参加、26人视频参加。研修中安排了签订《依法合规投资经营承诺书》环节。11月22—23日，集团公司举办"深入贯彻新思想，全力谋划新发展"大调研成果交流研讨会暨决策人研修。

（王　健）

【管理人员履职培训】　2018年，宝武党校、宝武管理学院举办2期中国宝武管理人员综合素质能力提升班，35人参加。第一期培训班开展了沪外不动产管理审计项目，第二期培训班学员赴北京对百度、洛可可、地平线3家公司进行创新企业参访和接受西柏坡红色教育，增加了党建工作责任制现场验证课程。年内，举办4期高级经理培训班，127人参加。举办3期新经理人培训班，81人参加。

（王　健）

【子公司管理者研修】　2018年，宝武党校、宝武管理学院支撑宝钢股份、欧冶云商等10家子公司举办19期管理者研修，1 153人次参加。

### 2018年宝武管理学院举办子公司管理者研修项目一览表

| 序　号 | 班　级　名　称 | 班级数（个） | 学员数（人） |
|---|---|---|---|
| 1 | 宝钢股份经营者研修 | 1 | 135 |
| 2 | 宝钢金属构建组织优势领导力系列培训 | 1 | 66 |
| 3 | 宝武炭材管理者研修 | 1 | 54 |
| 4 | 宝钢包装管理人员研修 | 1 | 62 |
| 5 | 欧冶云商管理者研修 | 1 | 79 |
| 6 | 宁波宝新管理人员研修 | 4 | 173 |
| 7 | 钢管条钢事业部管理者研修 | 3 | 263 |
| 8 | 宝地置业领导人员"茅庐"系列培训 | 5 | 176 |
| 9 | 宝钢工程管理者研修 | 1 | 80 |
| 10 | 宝钢德盛管理者研修 | 1 | 65 |
| 合　计 | | 19 | 1 153 |

（王　健）

【"青苹果"研修】　2018年，宝武管理学院开展集团公司"青苹果"研修项目培训4次，其中第六期"青苹果"研修开展3次培训，第七期"青苹果"研修开展1次培训。年内，为第七期"青苹果"研修设计了2年期的整体培训方案，首期研修于11月26—30日开始，内容涉及破冰与管理交流、封闭式军训、思维导图、见证第六期"青苹果"研修结业式等课程与环节。

（王　健）

【轮岗锻炼实习】　2018年，集团公司人力资源部、宝武管理学院组织跨单位人员轮岗锻炼实习培训，使员工更好了解集团公司和各子公司的工作和业务，学习借鉴实习单位的管理方法和模式，在实践中提升实习员工能力，同时增强对中国宝武的认同感与忠诚度。全年举办5期跨岗实习，83位学员参加培训。

（王　健）

【扭亏增盈专项培训】　2018年，宝武管理学院与集团公司财务部、人力资源部、治僵脱困及压减工作办公室策划和组织实施扭亏增盈专项研修班。11月底举办研修班，跨年度实施6期培训，对集团公司下属各亏损子公司32家企业的64名管理者进行培训。该项目获中国企业高管培训发展联盟2017年优秀培训项目、第九届世界钢铁协会教育培训卓越奖提名奖。

（王　健）

【开展编制商业计划培训】 10月30—31日，以经济增加值（EVA）为核心的中国宝武子公司商业计划书编制培训（示范班）在中国宝武大厦举办，来自集团公司下属各三、四、五级子公司的执行董事、总经理，分管商业计划书编制的副总经理，财务、规划、运营等与商业计划书编制直接相关的部门负责人261人参加培训。11月8日、13日、15日，在总结示范班经验的基础上，对八一钢铁、韶关钢铁、武钢集团等地区子公司送教上门，276人参加培训。（王　健）

【专业化聚焦整合专题研修】 6月，宝武党校、宝武管理学院举办梅钢公司聚焦整合培训，51人参加培训。9月26—28日，在中国宝武（常熟）领导力中心举办专业化聚焦整合研修，60人参加研修。研修旨在深入推进韶关钢铁、八一钢铁、武钢集团、鄂城钢铁、宝钢德盛多元业务的聚焦融合工作，助力集团公司多元业务聚焦融合进程，培训内容包括精神宣贯、实践分享、方法导入、方案共创四个方面。（王　健）

【中大院宝武教学基地培训】 2018年，中国大连高级经理学院（简称中大院）宝武教学基地举办6期培训班，主题包括重组整合、产融结合和公司治理，189人参加培训。

（王　健）

【青海省领导干部培训】 11月12—23日，宝武管理学院举办青海省第三期青年干部培训班，39名学员是来自青海省省直有关单位、市州的45岁以下副处级领导干部。宝武管理学院根据中共青海省委组织部和中国宝武援青工作要求，策划了产融结合、信息技术、企业管理、旅游开发4个方面的学习内容，并辅以高校、企业探访交流。

（王　健）

【扶贫对口地区管理干部及致富带头人培训】 10月21日—30日，中国宝武扶贫对口地区管理干部及致富带头人培训班开班。培训聚焦于扶贫政策、中小企业融资、股权激励、品牌销售等课程，由宝武管理学院邀请专家、学者讲授。安排中国宝武发展历程介绍，让学员们了解中国宝武企业文化、基层管理方面的先进做法。51名学员中，来自云南省普洱市40人、西藏自治区7人、广西壮族自治区上林县2人、湖北省罗田县2人。

（王　健）

【青海省海南州企业经营管理人才研修】 4月9—13日，集团公司党委组织部、人力资源部和宝武管理学院、宝武党校组织开设青海省海南州企业经营管理人员研修班。青海省海南州政府领导及海南州所属县的主要企业负责人有34人参加研修活动。 （王　健）

【人才测评】 2018年，宝武管理学院开展人才测评项目29个，测评1 421人次、1 009人。开展结构化面试3天，考官培训4学时、13人。开展自我认知辅导和测评报告招聘使用辅导共8场次、30学时，辅

导学员187人。主要测评项目包括集团公司境外重点培训项目人员选拔测评、第七期"青苹果"境外研修人员选拔测评、欧冶云商核心人才盘点测评等。 （王　健）

【学习宣传贯彻党的十九大精神培训】 2018年，宝武党校组织骨干教师成立课程开发团队，开发"深入学习领会习近平新时代中国特色社会主义思想"和"学习党章新精神，做新时代合格共产党员"两门主题党课。支撑集团公司党委组织部，开展中国宝武领导人员学习贯彻党的十九大精神集中培训，267人完成32学时的集中培训；支撑集团公司各二级单位开展领导人员学习贯彻党的十九大精神集中培训，实施10期，865人次参加培训；支撑宝钢股份等二级单位开展党员政治轮训，实施99期，12 863人参加培训。 （徐力方）

【党建课题研究】 2018年，宝武党校开展各类党建课题研究11项，完成10项，跨年延续1项。其中，完成集团公司党委交办的国务院国资委课题"加强党的领导和完善公司治理相统一研究"（该课题跨两年）。完成国务院国资委党建工作局《新时代国有企业党的建设》教材第五章的编写。完成2018年度全国党建研究会重点课题"加强党的政治文化建设研究"、自选课题"激发青年活力研究——中国宝武青年思想引领与职业发展的实践与探索"。组织集团公司基层单位完成中央企业党建政治研究会课题研究3项。组织撰写党建论文参加中国冶金职工思想政治研究会优秀论文评选，论文《典型引领　创新驱动》获三等奖。12月

## 2018 年宝武党校、宝武管理学院党建课题研究项目一览表

| 序 号 | 课 题 名 称 | 来 源 | 角 色 |
|---|---|---|---|
| 1 | 坚持党的领导与完善公司治理相统一研究 | 国务院国资委 | 负责 |
| 2 | 中国宝武思想政治工作40年实践与思考 | 中央企业党建思想政治工作研究会 | 负责 |
| 3 | 典型引领 创新驱动 | 中国冶金职工思想政治工作研究会 | 负责 |
| 4 | 试论国有企业坚持党的领导、加强党的建设的重大意义 | 集团公司委托 | 负责 |
| 5 | 新时代国有企业党的建设 | 集团公司委托 | 参与 |
| 6 | 加强党的政治文化建设研究 | 全国党建研究会 | 负责 |
| 7 | 激发青年活力研究——中国宝武青年思想引领与职业发展的实践与探索 | 全国党建研究会 | 负责 |
| 8 | 打造与国有资本投资公司相适应的中国宝武品牌管理体系 | 集团公司委托 | 参与 |
| 9 | "完善党建工作责任制考核评价机制"与"强化基层党组织标准化、规范化建设" | 集团公司委托 | 参与 |
| 10 | 新时代基层工会如何在企业深化改革中进一步创造价值——宝钢股份炼钢厂工会的实践与思考 | 中央企业党建思想政治工作研究会 | 参与 |
| 11 | 凸显政治性、先进性、群众性,打造给力工会、活力工会、魅力工会——企业精简高效模式下工会工作彰显价值实践研究 | 中央企业党建思想政治工作研究会 | 参与 |

（徐力方）

30 日,集团公司党委发文成立中国宝武党建研究会,秘书处设在宝武党校。 （徐力方）

【新任党委书记、党委副书记和纪委书记培训班】 11 月 11—14 日,宝武党校举办新任党委书记、党委副书记和纪委书记培训班,26 名学员参加培训。培训班以明晰基本职责、熟悉基本理论、理解基本政策、掌握基本知识和基本制度的"五个基本"为重点,进行难点释疑、案例解析和经验交流,并进行党建知识测试。 （徐力方）

【首届党支部书记工作实务竞赛决赛】 9 月 20 日,宝武党校举办中国宝武首届党支部书记工作实务竞赛决赛。59 名选手进入决赛,决赛分为笔试(理论阐述、案例分析)和机试(党建基础知识、"党建云"操作)两部分。第四季度表彰参加党支部书记实务大赛的前六名选手和优秀组织。 （徐力方）

【党支部书记示范班暨组织工作干部培训班】 9 月 26—27 日,宝武党校举办中国宝武党支部书记示范班暨组织工作干部培训班,培训内容聚焦党支部工作最新规范性要求的学习和基层党建工作经验和特色做法交流。来自中国宝武各单位的党支部书记、组织工作干部代表 48 人参加培训。 （徐力方）

【党支部书记履职培训与研修】 2018 年,宝武党校优化党支部书记履职培训,更新完善培训课程,强化训战合一。全年举办党支部书记履职培训班 9 期,387 人参加培训并结业。支撑宝钢国际、宝钢资源、宝钢金属、中央研究院以及宝钢股份炼钢厂、钢管条钢事业部等单位实施党支部书记研修共 17 期,学员 554 人。 （徐力方）

**【红色基地党性教育】** 2018年，宝武党校支撑宝钢股份、宝武炭材、宝钢特钢等二级单位实施"两优一先"（优秀党务工作者、优秀共产党员和先进基层党组织）党性教育专题培训，组织基层党组织负责人、"两优一先"先进代表、党务工作者1 849人分49期到延安、井冈山、遵义、西柏坡等红色教育基地开展培训，接受党性教育。支撑各基层党组织到中共一大会址、嘉兴南湖等上海周边开展短途红色党性教育，开展党支部主题党日活动110期，3 293人参加培训。 （徐力方）

**【党群工作者系列研修】** 2018年，宝武党校支撑集团公司工会和宝钢股份、宝钢国际等单位实施工会干部培训8期，497人参加。支撑集团公司纪委实施纪律审查实务培训，165人参加；支撑宝钢股份纪委实施纪检监察工作研修3期，114人参加；支撑集团公司巡视办公室实施巡视巡察工作实务培训1期，82人参加；实施欧冶云商廉洁从业专题教育培训1期，118人参加。支撑宝钢股份企业文化部实施思想文化建设示范点创建（试点）工作专题研修1期，25人参加；实施宝钢不锈宣传（企业文化）干部研修1期，29人参加；实施宝钢股份营销中心企业文化价值观培训1期，22人参加。支撑宝钢股份实施统战干部培训班1期，24人参加。以拟申报高级政工师人员为对象，实施党群工作者高级研修班1期（总第18期），49名党群干部参加培训并结业。配合政工师系列职称评审工作，对85名申报中级（57人）和高级（28人）政工师人员进行测试。 （徐力方）

**【入党积极分子培训】** 2018年，宝武党校举办入党积极分子培训6期。培训内容以《中国共产党党章》为纲，系统讲解党的性质、宗旨、指导思想和党员义务权利，并组织学员到中共一大会址等红色教育基地开展体验式党性教育，248名学员参加培训并结业。支撑湛江钢铁实施党员发展对象培训1期，24人参加培训。 （徐力方）

**【团校培训】** 2018年，宝武党校支撑集团公司团委举办中国宝武共青团"学习贯彻团十八大精神，当好高质量发展生力军"主题研修班1期，66人参加研修。支撑宝钢包装举办团干部研修1期，30人参加研修。 （徐力方）

**【委托代理人法律知识考试】** 2018年，宝武党校组织2次委托代理人法律知识考试。沪内单位采取机考方式，沪外单位采取纸质考方式，多个考点同时进行。宝武党校以网络远程视频方式配合沪外单位共同监考，并安排教师赴沪外考点巡考。第一次考试有367人次报名，合格率61.3%；第二次考试444人次报名，合格率58.8%。（徐力方）

**【为离退休人员提供培训服务】** 9月4日，宝武党校支撑开展离退休干部党支部书记（扩大）培训，63名离退休党支部书记、支委委员参加培训。支撑宝钢老干部大学黄兴路教学点、漠河路教学点的政治理论班授课，并为老干部工作部离退休党支部、高工党支部等党支部上党课。 （徐力方）

**【在线学习】** 2018年，宝武党校、宝武管理学院以在线学习方式

按计划组织实施网络培训459个项目、440门课程、269 157人次、4 702学时、182 459培训日，同比上年人次数增长198%、培训日增长209%；宝武云学习平台提供网络课程1 182门、微课1 282个、5 071学时，学习人次483 022人课次，7.54万名员工参加学习，人均17.1学时，课程点击600万人次；宝武云学习平台开设党建与企业文化、领导力与管理、能源环保与智慧制造、安全培训等集团公司公开课592门，开设学习专区165个、混合式培训班87个，组织在线考试187场。 （周　胜）

**【中国宝武第二届（2018）微课大赛】** 2018年，宝武党校、宝武管理学院组织举办中国宝武第二届（2018）微课大赛。集团公司领导和集团公司人力资源部、企业文化部、安全生产监督部、工会、团委及宝武党校、宝武管理学院、人才开发院组成组委会，设置国有企业党建、企业文化、安全生产和创新技能4个大赛主题。22家单位报名参赛，提交参赛微课528个，经过专家评审、小组评审，最终评选出4个主题的一等奖4名、二等奖12名、三等奖20名和优秀微课创作者奖8名，其中8名优秀微课创作者奖获得者被聘为宝武党校、宝武管理学院微课开发授证兼职教师。宝武管理学院组织参加首届中央企业"联盟杯"微课大赛，中国宝武获最佳组织奖，"宝钢人的知与行"等5个微课获优秀微课一、二、三等奖和最佳创新奖等奖项。 （周　胜）

**【课程开发】** 2018年，宝武党校、宝武管理学院实施课程开发34门，包括"深入学习领会习近平新时

代中国特色社会主义思想""学习党章新精神，做新时代合格共产党员""习近平新时代中国特色社会主义思想三十讲(解读)""《共产党宣言》的当代价值""《中国共产党纪律处分条例》解读"等课程。开发网络课件86个、微课9个，课件转化出165门课程。　　　　（许　勇）

【专职师资队伍建设】　2018年，宝武党校、宝武管理学院为推进集团公司宣传、教育和管理活动的融合，建设一支集研究、管理及培训能力于一身的宣传思想工作领域的员工队伍，对机构和人员作相应调整。3人走上新的领导岗位，2人分别被聘任为主任管理师、主任培训师。举办项目负责人学习"学习系统"改版后的操作规则专项培训，员工外出培训28人次、857学时，内部培训132人次、931学时。组织3个团组出国考察学习交流。
　　　　　　　　　　　　（李珍珠）

【培训管理改善】　2018年，宝武党校、宝武管理学院配合宝钢股份接受国金恒信能源管理体系审核、中国质量认证中心(CQC)及英国标准协会(BSI)综合管理体系审核，员工培训、研修部分未发现不合格项。接受宝钢股份内部体系审核，发现不符合项1项并完成整改。按照每季度一次推进宝武党校、宝武管理学院体系自查，全年提出6个建议改善事项并落实整改，有效推进管理改善。
　　　　　　　　　　　　（许　勇）

【对外培训与交流】　2018年，宝武管理学院在做好集团公司围绕产业链协同，服务战略客户，服务战略供应商，宣传中国宝武品牌，锤炼提升师资能力的定位，利用中国宝武现有教学资源和发挥中大院宝武教学基地、中国钢铁工业协会平台作用，策划并实施东风汽车有限公司东风日产乘用车公司党支部书记培训班等外部培训47个，实现收入560万元。完成对上海市干部培训中心、新华社教育培训中心等11家单位的接待交流。　　　　（许　勇）

【合同及供应商管理】　2018年，宝武党校、宝武管理学院对外签订合同226份，涉及供应商108家。其中培训类供应商64家，工具测评、课件制作、维修及其他类供应商28家，对外部培训签约收费的合作单位16家。相关供应商均纳入学习管理系统管理。全年无不合规合同和不合规培训供应商。
　　　　　　　　　　　　（王庆军）

【成果与获得荣誉】　1月，宝武党校完成的课题报告《网络信息技术在基层党组织建设中的应用研究——宝武"党建云"建设应用的实践与探索》获全国党的建设研究会授予的2017年度调研课题优秀成果三等奖。3月，"宝武整合融合系列培训"获中国企业高管培训发展联盟授予的"2017年度中央企业人才培养荣誉评选特色实践奖"，"中国宝武党支部书记培训"获2017年度优秀党建类培训项目奖，"中国宝武提质增效(扭亏增盈)专项培训"获2017年度优秀管理类培训项目奖，陶云武、许勇获2017年度优秀培训管理者奖。10月，宝武党校、宝武管理学院获由中国钢铁工业协会颁发的第四届钢铁行业教育培训先进单位最具影响力的教育培训机构奖，"扭亏增盈行动学习项目"获世界钢铁协会教育培训卓越奖全球提名。
　　　　　　　　　　　　（胡　欢）

編辑：张　鑫

08

财务审计

# 财务审计

## 财务管理

2018年，中国宝武财务部围绕"聚焦融合，创新发展"的管理理念，根据集团公司年度重点工作，主动适应国有资本投资公司对管控模式及职能转变的要求，推进和落实财务体系各项专项重点工作。年底，在册员工24人。 （施　蔚）

【信用评级】 2018年，中国宝武继续保持全球综合类钢铁企业最优信用评级。穆迪、标准普尔先后将中国宝武的评级上调一级，分别由"Baa1"上调为"A3"，由"BBB＋"上调为"A－"。评级结果分别为：标普"A－"，评级展望为"稳定"；穆迪"A3"，评级展望为"稳定"；惠誉"A"，评级展望为"稳定"。3家评级机构对中国宝武的评级结果均为当前国际综合类钢铁企业最高评级水平。 （夏美芳）

【商业计划书】 2018年，中国宝武不断完善商业计划书管控体系，强化商业计划书和经营分析对管理决策的支撑作用，商业计划书作为过程控制手段，成为强化子公司管控、确保战略落地的重要管理工具。财务部制定《商业计划书管理办法》，发挥商业计划书对经营管理的指导和促进作用，明确部门责任，规范和完善管理流程，提高编制效率和强化管理报告过程跟踪分析，并以管理报告为重要载体，利用"季度工作例会平台"组织相关部门对各子公司商业计划书目标和举措进行过程跟踪，着力解决运营过程中存在的问题。

（夏美芳）

【亏损子企业扭亏增盈专项治理】 2018年，按照"企业不消灭亏损，就消灭亏损企业"的导向，中国宝武坚持点面结合深化扭亏增盈工作。财务部修订下发《关于加强亏损子公司扭亏增盈工作的管理办法》，为加强扭亏增盈工作提供制度基础。年内，对八一钢铁、韶关钢铁、鄂城钢铁、宝钢德盛和宁波宝新5家子公司实行"嵌入式"支撑，从集团公司内各专业条线抽调技术专家组成协同支撑团队，长期派驻现场，通过项目化的方式聚焦问题，制定解决方案，协同效益显现；亏损户数和亏损面均创近年来新低，剔除战略培育期及其他特殊类型子公司外，子公司亏损面控制在10%的年度控制目标范围内。 　　　　　　（周　钦）

【降杠杆、减负债、防风险】 2018年，财务部确立中国宝武整体降杠杆减负债和2018年高负债子企业控制目标。至年底，中国宝武资产负债率49.3%，较年初下降4.3个百分点，提前完成国务院国资委下达的指标；有息负债规模较年初下降415亿元。 　　　　　　　（梁　峰）

【"两金"管控】 2018年，财务部强化经营现金流管理，精细化推进"两金"压降，按照分类管控原则，一企一策制定子公司管控策略。全年实现经营现金流553.5亿元，与经营应得现金流基本持平，好于上年同期；至年底，"两金"余额合计1 021亿元，增幅7.59%，营业收入增幅10.1%，完成"两金"增幅低于营业收入增幅的管控目标。 　　　　　　　（梁　峰）

【股权转让】 2018年，财务部组织各级子公司严格按照国务院国资委要求，规范开展股权转让工作，将所持企业国有股权通过产权市场平台对外公开挂牌转让9项，挂牌价格全部以评估值为基准确定，转让金额47.61亿元，实现国有资产保值增值。 　　　（唐松平）

【上市公司国有股权管理】 2018年，根据国务院国资委要求，财务部组织集团公司所属有关公司对

国有股东和国有股东证券账户进行梳理、填报，对51个国有股东进行标识，27个国有股东证券账户进行上报。 　　　　　　　（蔡　广）

【中央企业负责人经营业绩考核】 2018年，财务部落实国务院国资委业绩考核指标完成情况的统计及日常联络和汇报。年内，中国宝武取得2017年度中央企业负责人经营业绩"A"、财务综合绩效"优秀"的考核结果。 　　（李伟毅）

【产权和资产流转基础管理】 2018年，中国宝武根据国务院国资委相关管理制度，结合集团公司实际情况，修订《国有产权转让管理办法》《子公司利润分配管理办法》等制度，进一步推动强化各级单位的合规意识和操作规范性。
　　　　　　　　（唐松平）

【子公司利润分配管理】 2018年，集团公司加强子公司利润分配管理，以适应作为国有资本投资公司的定位要求。按照"管理上体现股东意志，收益上体现股东回报"的原则，集团公司总部收到子公司现金分红73亿元，收到参股投资企业现金分红12亿元，合计85亿元。 　　　　　　　（周庆伟）

【完善财务管理体系建设】 2018年，财务部结合中国宝武组织机构、管理职能调整以及2017年度财务体系重点工作，对评价指标和评价范围进行调整。通过财务体系评价工作，建立了清晰的重点工作标准，明确了管控目标，发挥集团公司财务管理导向作用，形成管理闭环。同时，发挥财务例会实践交流和经验共享的平台功能，搭建信

息沟通桥梁，加强及时有效的信息交流。 　　　　　　　（施　蔚）

【财务信息化】 2018年，财务部会同集团公司总部相关部门，按计划启动武钢集团总部及下属各分（子）公司、鄂城钢铁总部及下属分（子）公司、武汉耐材等相关单位标准财务系统覆盖延伸工作，发挥财务信息化对管理的支撑，深化整合融合和发挥协同叠加效益。 　　　　　　　（施　蔚）

【减税降费】 2018年，中国宝武实际上缴税费245.85亿元，同比减少0.45亿元，下降0.18%。其中：企业所得税同比增加15.59亿元，主要是2018年度中国宝武实现经营利润创历史最好水平；增值税及税金附加同比减少14.5亿元，主要是2018年增值税税率下调以及地方教育费附加下调所致；政府性基金等其他税费同比减少2.05亿元，国家"减税降费"政策效果在中国宝武逐步得到显现。 　　　　　　　（杨华荣）

# 审计管理

中国宝武审计部下设经营审计处、投资审计处、管理审计处和派出子公司监事管理处。2018年，审计部完成集团公司542个审计项目，计划完成124%。与年初相比，增加的主要是离任审计（子公司领导人员调整）和净资产审计（子公司压减、资产处置力度加大）。审计项目发现问题并提出管理优化建议，通过审计挽回5 646.37万

元。年底，有员工21人，均为大专以上学历，其中中级以上职称18人，占86%；拥有注册会计师、注册内部审计师、造价工程师资格证书等17张。另有专职派出监事2人，均为本科以上学历，其中高级职称1人。　　　　　　（吴翠芳）

【建立投资后评价机制】　2018年，审计部按照集团公司投资管理体系的总体要求，基于国有资本投资公司的总部定位，制定、发布《投资项目后评价管理办法》《长期投资项目后评价操作指引》《固定资产投资项目后评价操作指引》，形成责任主体明确、评价标准统一、范围全面覆盖、兼顾过程评价、强化成果运用的体系。指导子公司建立投资后评价的闭环管理机制，确保"国家法规、集团规章、战略规划"的相关要求在投资项目管理上落实到位，以体系力量支撑战略实施。　　　　　　（苏　央）

【优化内部控制评审机制】　2018年，审计部鉴于"一企一业、一业一企"原则下一级子公司数量有所增加、新一轮战略实施过程中新进单元需要关注等因素，建立"常态评审＋指导评审＋专项评审"的三位一体的内部控制评审机制，有针对性开展内部控制评审工作。编制《中国宝武内部控制评审工作指引》及系列文件，帮助各一级子公司提升内部控制体系能力。在集团公司年度内部控制评价中，系统梳理分析、评价集团公司内部控制状况，揭示内部控制中存在的库存管理不规范、信用体系不完善、供应商管理不到位等典型缺陷，报告经中国宝武董事会审定并上报国务院国资委。　　　　（黄　卫）

【绩效审计】　2018年，审计部对子公司2017年组织绩效和商业计划书完成情况、投资实绩与集团公司战略符合性进行审计鉴证。审计沪外不动产，全面盘点沪外不动产分布，对各城市闲置、出租、面临转型发展的不动产情况进行详细调查分析，提出加强不动产开发利用的具体建议，促进资产效率提升。实施货币资金专项审计，全面盘点集团公司银行账户、货币资金余额、资金集中管理情况，对"银行账户销户、加入资金平台或直联监控"等情况进行梳理分析，提出管理优化建议，促进资金进一步集中、集团公司整体利益最大化。实施扶贫资金专项审计，对中国宝武扶贫工作落实情况开展现场扶贫资金专项审计，覆盖云南、广西、湖北、西藏、青海5个省、自治区的10个县，促进扶贫资金使用规范、扶贫项目发挥实效。实施标准财务系统覆盖情况审计，全面调查标准财务系统在子公司的覆盖情况，为标准财务系统的后续覆盖工作提供支撑。　（吴翠芳　黄　卫）

【经济责任审计】　2018年，审计部先后对宁波宝新、宝地置业（7月更名为宝地资产）、五钢公司、宝钢心越人力资源服务中心、宝钢资源及宝钢资源（国际）、华宝投资、宝钢工程7家子公司开展领导人员任期经济责任审计，鉴证履职情况和经济责任完成情况。　　（鲍雷军）

【财务收支审计】　2018年，审计部开展宝和通商株式会社的财务收支审计和宝钢德盛的参股公司专项审计。指出被审计单位经营管理中存在的突出问题，提出管理建议。　　　　　　（鲍雷军）

【支撑集团公司重点工作审计】　2018年，审计部为集团公司处僵治困、法人压减、参股瘦身、"三供一业"移交等国务院国资委重点工作提供审计支撑。修订完善《产权变动净资产审计管理办法》，为提高净资产审计复核工作质量和工作效率提供制度基础。完成各级子公司138项净资产审计复核工作，同比增加51项，净调减净资产16.14亿元。　　　　　（鲍雷军）

【投资项目审计评价】　2018年，审计部实施审计评价项目2项（安徽皖宝矿业股份有限公司石灰生产线及配套矿山、专用码头项目和上海宝钢化工有限公司湛江钢铁化产项目），审计项目概算投资6.09亿元。审计过程中发现项目可行性研究批复、初期设计审批等程序环节缺失；设计管控不到位，重大设计变更界定不清晰，设计漏项及变更多、设计质量有重大缺陷；招标采购中存在串通投标行为以及废标标准不一、重新评标无记录；监理工作流于形式等问题。审计部完成项目建设运营的评价，提示项目建设管理中的风险，追回投资63.49万元。　　　　　（苏　央）

【股权投资项目审计】　2018年，审计部对宝钢工程股权投资目标实现情况进行审计，涉及宝钢工程下属17家子公司，投资总额16.77亿元。通过审计，揭示了股权投资中的问题及风险，从"股权对等模式"、投资技术密集型企业关注事项等方面，总结长期投资管理经验。　　　　　　（苏　央）

【重点投资项目过程审计】　2018年，审计部实施宝地置业的二钢项目和佘山项目的过程审计。审计中发现各类问题22项，提出审计建议22条，将风险关口前移，在项目建设过程中为相关单位揭示问题、提示风险，提供审计服务。

（苏　央）

【投资项目专项审计】　2018年，审计部实施武钢集团及武钢有限建设项目管理情况审计调研，韶关钢铁技改项目审计、工程管理系统（BPMS）审计、宁波宝新技改项目综合审计。专项审计过程中发现重大项目立项决策体系不够完善、项目可行性研究审批未按管理制度执行、现场签证不规范等相关问题，针对相关子公司及项目分别进行了风险提示。

（苏　央）

【审计问题整改】　2018年，审计部对2016—2017年集团公司子公司审计问题整改情况进行全面调查，跟踪整改情况，构建闭环管理的良性循环机制，为后续深入优化整改机制提供支撑。配合国家监督部门跟踪整改，组织开展审计署2017年对原武钢集团审计问题的整改工作和国务院国资委监事会对中国宝武2017年度监督检查发现问题的整改工作。配合国务院国资委企业管理局开展审计问题整改、上海市审计局长江经济带环保专项审计等工作。配合开展违规经营投资责任追究工作，协同武钢集团向国务院国资委监督三局汇报原武钢集团境外业务问题的整改

和追责情况，配合开展追责工作；参与集团公司《违规经营投资责任追究实施办法》制订过程的讨论；根据集团公司《违规经营投资责任追究实施办法》的分工，系统梳理审计部在违规经营投资责任追究工作中的职责，着手制定《违规经营投资责任追究工作规范》。

（鲍雷军　吴翠芳）

【审计体系管理】　2018年，审计部策划研究与国有资本投资公司相匹配的审计体系管理模式，探索从事后审计向事前审计转型，从合规性审计为主向战略绩效审计和管理审计为主转型。编制审计计划过程中，走访26家子公司，在国家政策和集团公司管理控制要求、2019年审计重点等方面与子公司进行了交流。统一调配13家子公司的14位审计人员，加强交叉审计和协同审计，发挥审计体系协同力量。

（吴翠芳　黄　卫）

【审计体系培训】　2018年，审计部邀请专家对集团公司审计人员开展两轮专业培训，共培训144人次。5月，中国宝武审计人员专业研修开班，主要培训审计体系骨干人员；8月，中国宝武审计人员集中培训开班，审计体系所有人员参加培训。培训班设置"像咨询师一样工作""公司战略""孙子兵法与人生战略""深化国有企业和国有资本审计监督""管理沟通"等课程，并策划了拓展训练及经典审计案例讨

论等多种培训形式。　　（苏　央）

【中介机构审价业务互评和年度评价】　2018年，审计部履行审计业务聘用社会中介机构的归口管理职能，年初完成新一年度审计业务聘用社会中介机构合格名录的调整、发布工作。7月，组织、启动中介机构审价业务互评工作，按照统计汇总的各中介机构审价业务承接情况，16家中介机构参与互评。11月，组织、启动中介机构年度评价工作，完成合格名录的调整、上报。　　（苏　央）

【选聘工程造价审计中介机构】　2018年，审计部根据《工程造价审计中介机构选聘工作细则》，完成韶关钢铁煤气高效综合循环利用之一电站改建工程、二电站改建工程、宝钢德盛黑卷轧制退火酸洗工程3个项目的造价审计中介机构选聘工作；完成宝钢工程设备再制造和修复中心工程项目、宝钢工程混铁车沟盖及机车修理中心工程项目、宝钢安全生产培训演练与技能实训功能改善项目等5个项目的竣工财务决算审计中介机构选聘工作。

（苏　央）

【审计信息系统建设】　11月，集团公司内部审计信息系统改造完成。改造后的信息系统覆盖集团公司设置审计机构的子公司，功能涵盖审计计划、审计项目、审计发现问题、审计整改的全流程闭环管理。

（黄立毅）

编辑：张　鑫

09

钢铁主业

# 钢铁主业

## 钢铁业发展中心

钢铁及相关制造业发展中心（简称钢铁业发展中心）承担集团公司钢铁及相关制造板块的资本投资运营功能，对资产总量、结构和效率负责，推进资本投资项目的"投、融、管、退"工作，采用项目化、矩阵式、扁平化的运作方式，下设钢铁规划、投资管理、资本运作、运营评价等业务模块。2018年5月，中国宝武成立新材料产业发展推进委员会，在钢铁业发展中心设立新材料产业发展推进办公室。年底，有员工17人，其中硕士以上学历7人，高级职称以上10人。 （沈宇明）

【编制钢铁和新材料产业发展规划】 2018年，钢铁业发展中心根据中国宝武规划管理制度的要求，按照集团公司战略布局，编制2018—2020年和2019—2021年两轮中国宝武钢铁和新材料产业发展规划，明确了中国宝武钢铁和新材料产业未来发展的基本方向。 （沈宇明）

【优化不锈钢和棒材专项产业规划】 2018年，钢铁业发展中心组织相关子公司，优化编制不锈钢和棒材专项产业规划。一是完善中国宝武不锈钢总体发展规划。6月，宝钢不锈全线停产后，钢铁业发展中心从充分利用现有生产线装备和提升产品市场竞争力出发，按照打造不锈钢产业链的战略思路，提出建立印度尼西亚镍原料、建设宝钢德盛精品不锈钢核心基地和宁波宝新"薄特精优"冷轧不锈钢精品基地，形成470万吨不锈钢产品产能的总体产业发展规划。二是策划中国宝武棒线材规划。通过对国内棒线材市场需求和竞争格局的研究分析，针对集团公司棒线材生产线现状和面临的问题，提出中国宝武棒线材生产线布局规划。 （沈宇明）

【优化钢铁产业总体战略布局】 2018年，钢铁业发展中心和战略规划部共同提出中国宝武应围绕沿海和沿江、临近市场区域形成"弯弓搭箭"的钢铁产业战略布局，并赴福建宁德地区和江苏沿海地区

进行钢厂寻址和并购机会的调查研究，并提交相关调研报告。（沈宇明）

**【策划和推进钢铁产能置换】** 2018年，钢铁业发展中心完成了将宝钢不锈和梅钢公司相关产能置换到宝钢湛江、宝钢德盛以及鄂城钢铁的工作。其中，湛江钢铁三号高炉系统项目产能置换经广东省经济和信息化委员会公告生效。（沈宇明）

**【策划和推进新材料项目落地】** 2018年，钢铁业发展中心组织协调相关新材料产业主体单位，统筹推进各类新材料项目的落地，在铝合金、镁合金、金属粉末与增材制造、石墨电极、电池负极材料、碳纤维及复材等项目投资领域取得进展。一是与河南能源集团、河南省三门峡市政府共同投资，建设年产30万吨铝合金板带生产线，产品重点在汽车铝板和航空铝板。年底，已确定合资方案，进入成立合资公司阶段。二是宝钢金属与南京云海特种金属股份有限公司（简称云海金属）经过多轮商谈达成意向，宝钢金属拟作为云海金属的战略股东，重点布局原镁及镁合金制品。三是宝钢金属和日本JFE钢铁株式会社合资的铁粉生产基地——上海宝武杰富意清洁铁粉公司投产。年产3万吨预混合铁粉线，产品主要用于制造汽车变速器齿轮或发动机部件。四是宝武炭材与方大炭素新材料科技股份有限公司合资成立宝方炭材料公司，开展10万吨/年超高功率石墨电极项目建设。五是宝武炭材—武汉科技大学联合炭材料联合研发中心揭牌，启动"年产20吨通用级沥青基碳

纤维制备关键技术与装备研发"项目。（沈宇明）

**【开展"一带一路"项目推进工作】** 2018年，钢铁业发展中心组织相关子公司，推进"一带一路"发展项目。一是印度尼西亚镍电一体化项目。年内，钢铁业发展中心加大了印度尼西亚镍电一体化项目的推进力度，调动和组织各方力量，形成印度尼西亚镍电一体化项目预可研报告。二是巴基斯坦瓜达尔港项目。8月，中国宝武设计院完成瓜达尔港钢铁项目的项目建议书。10月，八一钢铁瓜达尔港钢铁项目组对厂址及外部配套情况进行实地考察，并对下一步工作进行评估。三是柬埔寨项目。12月，钢铁业发展中心和战略规划部赴柬埔寨，就柬埔寨项目厂址选择的前期情况进行调研。（沈宇明）

**【推进钢铁产业结构调整】** 2018年，钢铁业发展中心继续推进钢铁业结构调整工作。一是实施宝钢德盛精品不锈钢绿色基地规划方案。11月28日，宝钢德盛举行1780热轧打桩仪式，标志着宝钢德盛精品不锈钢绿色基地正式启动。二是宁波宝新"薄特精优"冷轧不锈钢精品基地建设。年内，宁波宝新年产3万吨汽车用钢项目被集团公司批准立项。同时，落实宁波宝新100万吨冷轧不锈钢生产线规划。三是鄂城钢铁搬迁八一钢铁长材生产线调整产品结构项目。年内，钢铁业发展中心完成鄂城钢铁搬迁八一钢铁长材生产线项目可行性研究报告编制及报批，协调鄂城钢铁与八一钢铁商谈搬迁方案和资产处置方案及报批。四是宝钢特钢的产业结构调整。年内，

钢铁业发展中心参与宝钢特钢整体改革方案推进工作；研究完成宝特韶关股权转让及宝特长材减资方案；形成宝钢特钢60吨炼钢、冷轧产线调整方案；组织中央研究院、宝钢特钢、宝武特冶等单位共同研究垂直连铸设备的应用，形成研究报告。（沈宇明）

**【开展钢铁企业高质量发展大调研】** 2018年，钢铁业发展中心承担《钢铁企业高质量发展》课题调研任务。采用会议交流、现场查看、工作讨论方式，对制约钢铁企业高质量发展的关键因素、钢铁企业实现高质量发展存在的短板和钢铁企业高质量发展的主要措施等进行了研究，并梳理出集团公司层面需要统筹、协调、指导的主要工作，形成《中国宝武钢铁高质量发展调研报告》。（沈宇明）

**【推进子公司聚焦整合融合】** 2018年，钢铁业发展中心组织相关单位，继续推进子公司整合。一是协调推进宝武炭材与武汉平煤武钢联合焦化有限责任公司整合。与武汉平煤武钢联合焦化有限责任公司的外部股东——河南平煤集团进行沟通协商，就土地、环保、安全等遗留问题与武钢有限、武钢集团进行沟通协商。二是推进武钢集团子公司专业化整合。10月19日，中国宝武常务会审议通过《武钢集团三家公司专业化整合方案》。钢铁业发展中心牵头组织相关子公司，制订武汉钢电股份有限公司由武钢有限整体托管方案，推进武汉钢电股份有限公司专业化整合工作。三是完成武汉钢铁集团耐火材料有限责任公司管理关系调整报批工作。年内，调

研、完成了关于武汉钢铁集团耐火材料有限责任公司管理关系调整的建议方案。4月1日，武汉钢铁集团耐火材料有限责任公司委托中国宝武直接管理，资产关系保持不变。 （沈宇明）

【支撑子公司转型发展】 2018年，钢铁业发展中心组织相关单位和部门，围绕八一钢铁、韶关钢铁、宝钢德盛、宁波宝新、鄂城钢铁5个被支撑单位的转型发展和结构调整，以需求为导向，聚焦生产运营、技术攻关、产品开发、人力资源优化等方面工作，开展精准协同支撑，提升各子公司竞争力。年初，确定5个被支撑单位共17个协同支撑项目。项目启动后，各项目总监按计划开展各项工作，并根据各子公司的具体实施推进情况进行调整。年底，实现年初制定的支撑目标。 （沈宇明）

【完善子公司经营动态评估体系】 2018年，钢铁业发展中心组织钢铁板块10家子公司商业计划书审查和批复工作，并配合完成2019年度钢铁板块商业计划书编制工作。结合环境的变化，按季度对各钢铁子公司商业计划书的执行情况进行评估，并完成钢铁业发展中心报告撰写。组织10家子公司完成季度管理报告，定期组织管理例会对各子公司的市场情况、生产经营情况进行跟踪监控，以突出各子公司的经营亮点，并提出改进方向。完成钢铁板块10家子公司"三年任期制"责任书签订。完成钢铁业发展中心组织绩效评价工作。配合推进钢铁板块10家子公司组织绩效评价工作。 （沈宇明）

【完成"钢铁行业规范企业"2017年度自查】 2018年，钢铁业发展中心组织各钢铁子公司，根据"钢铁行业规范企业"相关管理办法，对中国宝武内已公告的规范钢铁企业2017年度情况进行了自查。组织湛江钢铁进行"钢铁行业规范企业"的申请工作；完成各子公司《"钢铁行业规范企业"2017年度自查报告》《钢铁行业规范条件申请报告》；根据各钢铁子公司发展情况，对相关装备的变更情况进行申报。 （沈宇明）

【探索产业基金和资本运作】 2018年，钢铁业发展中心按国有资本投资公司试点工作要求，推进资本经营和投资运作。一是参与新材料产业基金合作交流。就国泰君安证券股份有限公司成立的新材料产业基金，与其开展多轮交流，围绕碳纤维及复材、新能源材料等领域，寻求投资标的，探索基金合作方式；与中集海洋工程有限公司合作，就碳纤维、铝合金等新材料领域展开合作的意愿进行交流研讨。二是提出资本运作意见和建议。围绕中国商用飞机有限责任公司增资扩股、湛江港集团股份有限公司增资扩股及梅钢公司股权回购等一系列资本运作事项，从战略、财务、业务发展和产业链协同等角度进行研究，并从价值增值的角度提出了一系列针对性意见和建议。 （沈宇明）

【审核子公司董事会和股东会议议案】 2018年，钢铁业发展中心根据国有资本投资公司试点工作要求，从维护股东利益角度出发，对子公司相关议案进行审核，并提出修改完善意见。对子公司相关议案及时发出风险提示。为子公司资产处置出谋划策，帮助提升拟处置资产的价值。同时，对子公司关注的相关财务指标的异常情况，及时发出提醒。 （沈宇明）

【加强投资管理和项目审查】 一是理顺职能管理流程。2018年，钢铁业发展中心制定《钢铁及制造业投资项目可行性研究报告规范》。根据"投、融、管、退"等全流程管理的特点，细化全流程工作的程序和分工。二是提高投资审查质量与效率，支撑各单位投资项目落地。在投资计划环节，严格按照集团公司要求，并结合各单位特点，完成计划的审核和审批工作。在投资项目环节，严格按照投资程序履行项目审查职能，完成湛江钢铁三号高炉系统、韶关钢铁中板生产线转型工业线材项目、鄂城钢铁新建轧材项目、宝钢德盛1780热轧项目、宁波宝新年产3万吨汽车用钢项目等20余项投资项目审查工作。三是推动资产流转，提高资产处置效率。完成南京梅钢医院转让等45项资产处置项目的论证和审批，办理80余项资产处置项目的评估公示与备案。 （沈宇明）

# 宝山钢铁股份有限公司

## 概　述

宝山钢铁股份有限公司（简称宝钢股份）是中国宝武下属控股子公司。2000年2月3日，由宝钢集团有限公司（简称宝钢集团）独家发起创立。12月12日，宝钢股份在上海证券交易所挂牌上市。2005年4月，宝钢股份增发新股，收购宝钢集团的钢铁生产、钢铁供应链以及相关产业等三大体系部分资产和股权，其中宝钢股份直属厂部组建宝钢分公司。2007年12月，宝钢股份收购罗泾项目相关资产。2009年5月，宝钢股份撤销宝钢分公司建制，由宝钢股份对宝钢分公司各项业务实行直接管理。2012年4月，向

宝钢集团出售不锈钢、特钢事业部全部资产。9月，由宝钢股份作为主体建设湛江钢铁项目的议案获股东大会通过。2016年10月，宝钢股份吸收合并武钢股份方案获股东大会通过。2017年2月27日，宝钢股份吸收合并武钢股份并在上海证券交易所复牌上市。3月，武汉钢铁有限公司（简称武钢有限）挂牌成立。8月，湛江钢铁在建工程全部竣工。2018年12月，湛江钢铁三号高炉系统项目正式启动。

至2018年底，宝钢股份形成四大钢铁制造基地，即宝山基地（宝钢股份直属厂部为主）、青山基地（武汉钢铁有限公司）、东山基地（宝钢湛江钢铁有限公司）和梅山基地（上海梅山钢铁股份有限公司），专业生产高技术含量、高附加值的碳钢薄板、厚板与钢管等钢铁精品。拥有国内领先的系列产品，汽车用钢、硅钢等大类品种在国内高端市场居于领导地位，质量控制水平居行业前列，冷轧超高强钢等部分品种已达到国际领先水平，部分品种实现全球首发。拥有国内领先的技术，在超高强钢、高表面质量、高性能要求、高尺寸精度产品及用户使用技术方面拥有大量的核心技术，构成了产品差异化的核心能力。拥有遍布全球的营销网络，在国内拥有最多的钢材服务中心，为汽车等行业提供剪切配送、激光拼焊、车轮制造、热冲压、液压成型、焊接总成等全系列的加工配送服务，并通过现代信息技术构建了便捷的供应链服务系统。作为客户最值得信赖的价值创造伙伴，通过服务先期介入、大客户总监负责制、电子商务交易平台，快速响应完善的营销服务体系，为客户提供一流的产品、技术和服务，在满足国内市场需求的同时，产品出口日本、韩国、欧美等70多个国家或地区。

宝钢股份拥有领先的研发体系和高素质研发团队，完善的现代化实验室和中试基地，以客户为中心的产销研研发平台和"金苹果"团队，具有丰富经验的产品开发和技术开发团队，以及充足的研发经费投入。拥有国内领先

2018年4月9日，宝钢股份指挥中心一角　　　　　　　　　　　　（刘继鸣　摄）

的信息管理系统，构建了客户管理、生产制造、成本分析、供应链服务等先进的信息化管理系统。保持良好的财务状况和信用评级，连续多年获得全球钢铁行业最高信用评级。

宝钢股份以成为钢铁技术的领先者，成为环境友好的最佳实践者，成为员工与企业共同发展的公司典范为公司愿景，以成为全球最具竞争力的钢铁企业，成为最具投资价值的上市公司为战略目标，坚持国内行业业绩最优，坚持国内碳钢板材的领导地位，实施一体两翼的发展战略，强化成本变革、技术领先、服务先行、智慧制造与城市钢厂五大能力，破解公司发展难题，厚植发展优势，从而担负起中国从钢铁大国到钢铁强国的伟大使命。同时，积极履行社会责任，积极响应城市生态红线保护和规划实施，投入城市生态文明建设，成为城市服务功能和工业文化的有机组成部分，并通过扶贫援建、救灾捐助、资助教育事业等回报社会。

2018年，宝钢股份经营业绩创历史同期最好水平，利润总额、累计实现经营活动现金净流量均创上市以来最优，利润总额保持国内行业最优，在全球钢铁企业中排名第三。生产铁4 592万吨、钢4 849.5万吨、商品锭坯材4 703万吨。耗能总量2 818万吨标准煤，吨钢综合能耗581千克标准煤。研发投入率2.3%，新产品销售率14.45%，独有新试产品比例39.65%，专利申请量1 115件，其中发明专利比例87.98%，科研直接新增效益34.05亿元。营业总收入3 056.4亿元。

全年固定资产投资126.29亿

元，完成年度计划的100.28%。年内，推进节能技改项目55项，完成投资1.68亿元；推进环保技改项目180项，完成投资24亿元。宝钢股份直属厂部镀锡板、取向硅钢产品结构优化、二烧结大修等重大项目按计划投产；炼铁原料环境整治项目群一期输入系统改造、三期输入系统大修、煤场大棚封闭改造等项目建成。武钢有限完成三炼钢新增板坯表面火焰清理机改造。湛江钢铁原料增建D型煤场投运，三号高炉系统项目完成可行性研究立项，并进入主体设备采购和初步设计阶段。梅钢公司完成煤筒仓仓体建设、4座焦炉脱硫脱硝、四号烧结机脱硝、九号路通廊封闭等一批政府限期督办项目。

在资本市场方面，国际三大评级机构标准普尔、穆迪和惠誉分别给予宝钢股份A−、A3、A的长期企业信用评级，公司继续保持全球综合性钢铁企业最高信用评级。公司获美国权威金融杂志《机构投资

2018年1月20日，宝钢股份获得的第十三届中国上市公司董事会金圆桌奖"最佳董事会"奖杯　　　　（赵　莹摄）

者》2018年度"亚太区公司管理团队"排行榜基础材料组"最佳投资者关系公司"第一名；获美国《财富》（中文版）和怡安翰威特管理咨询联合评选的"中国最佳董事会50强"及董事会金圆桌奖"最佳董事会"；获2018年美国《财富》中国500强第24位，以及"中国上市公司资本运作标杆奖"；入选首届"创新中国·百强上市公司"榜单。

年内，宝钢股份"高效节能环保烧结技术及装备的研发与应用"项目获国家科学技术进步奖二等奖；"汽车轻量化用吉帕级钢板稳定制造技术与应用示范"成果获中国钢铁工业协会、中国金属学会评选的冶金科学技术奖唯一特等奖；"宝钢超轻型钢制白车身（BCB）开发与应用"项目获国家工业和信息化部"服务型制造示范项目奖"。10月26日，在《哈佛商业评论》（中文版）第五届中国年会暨第二届"拉姆·查兰管理实践奖"颁奖活动上，获"改革开放40年管理实践特别奖"。

年底，在册员工66 259人，在岗员工56 594人。

（叶　正　孙荣祥）

【企业负责人简介】　戴志浩，1963年6月生，江苏南通人，中共党员，高级工程师，宝钢股份党委书记、董事长（至2018年11月）。

邹继新，1968年7月生，湖北监利人，中共党员，教授级高级工程师，宝钢股份总经理、党委副书记（至2018年11月），宝钢股份党委书记、董事长（2018年11月任职）。

侯安贵，1972年2月生，江苏溧水人，中共党员，高级工程师，宝钢股份总经理、党委副书记（2018年11月任职）。　　（孙荣祥）

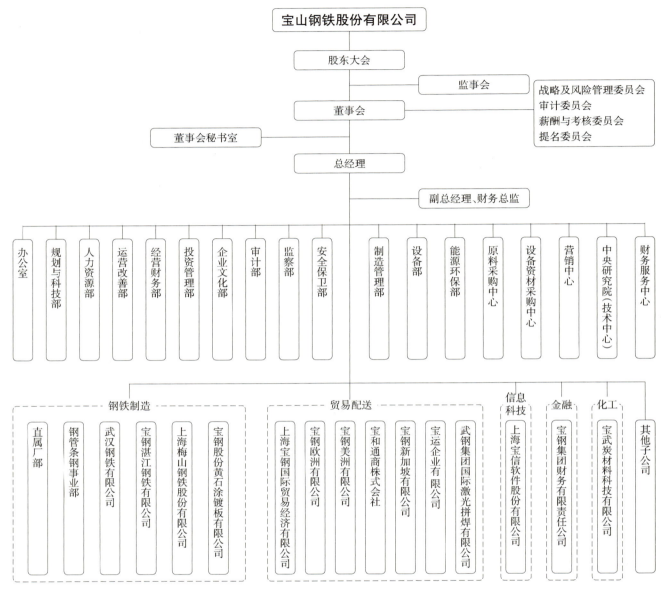

宝山钢铁股份有限公司组织机构图（2018年12月）

宝钢股份主要装备（生产线）一览表

| 区　域 | 装 备 和 规 格 | 数　量 |
|---|---|---|
| 宝钢股份直属厂部 | 600平方米级烧结机 | 3台 |
| | 7米50孔焦炉、6米50孔焦炉 | 各4座 |
| | 7米55孔焦炉 | 2座 |
| | 4 966立方米高炉、4 706立方米高炉、4 850立方米高炉、4 747立方米高炉 | 各1座 |
| | 300吨转炉、250吨转炉 | 各3座 |
| | 1 930毫米板坯连铸机、1 450毫米板坯连铸机 | 各2台 |

（续　表）

| 区　域 | 装 备 和 规 格 | 数　量 |
|---|---|---|
| 宝钢股份直属厂部 | 2 300毫米板坯连铸机、1 750毫米板坯连铸机 | 各1台 |
| | 2 050毫米热连轧机、1 580毫米热连轧机、1 880毫米热连轧机 | 各1套 |
| | 2 030毫米冷连轧机、1 420毫米冷连轧机、1 550毫米冷连轧机、1 730毫米冷连轧机 | 各1套 |
| | 5米厚板轧机 | 1套 |
| 钢管条钢事业部 | 直径140毫米无缝钢管机组、中口径直缝焊管机组、大口径直缝焊管机组 | 各1套 |
| | ARE轧扩管机、460PQF连轧机 | 各1套 |
| | 150吨电炉 | 2座 |
| | 320毫米×425毫米大方坯连铸机 | 1台 |
| | 初轧机组、高速线材机组 | 各1套 |
| 宝日汽车板 | 1 800毫米冷连轧机 | 1套 |
| 梅钢公司 | 200平方米烧结机 | 1台 |
| | 450平方米烧结机 | 2台 |
| | 55孔焦炉 | 2座 |
| | 60孔焦炉 | 1座 |
| | 1 280立方米高炉、3 200立方米高炉、4 070立方米高炉 | 各1座 |
| | 150吨转炉 | 3座 |
| | 250吨转炉 | 2座 |
| | 1 320毫米连铸机、1 650毫米连铸机 | 各2台 |
| | 1 422毫米热连轧机、1 780毫米热连轧机 | 各1套 |
| | 1 630毫米热轧酸洗机组 | 1套 |
| | 1 420毫米冷连轧机 | 1套 |
| | 550平方米烧结机 | 2台 |
| | 5 050立方米高炉 | 2座 |
| | 65孔焦炉 | 4座 |
| | 500万吨球团生产线 | 1条 |
| 湛江钢铁 | 350吨转炉 | 3座 |
| | 2 150毫米连铸机 | 2台 |
| | 1 000吨/天石灰回转窑 | 2台 |
| | 2 250毫米热连轧机 | 1套 |
| | 4 200毫米厚板轧机 | 1套 |

（续　表）

| 区　　域 | 装　备　和　规　格 | 数　量 |
|---|---|---|
| 湛江钢铁 | 2 030毫米冷连轧机 | 1套 |
| | 2 030毫米热镀锌机组 | 2套 |
| | 2 030毫米连退机组 | 1套 |
| | 1 550毫米酸洗机组 | 1套 |
| | 1 550毫米冷连轧机 | 1套 |
| | 1 550毫米热镀锌机组 | 1套 |
| | 1 550毫米连退机组 | 1套 |
| | 1 550毫米硅钢机组 | 2套 |
| 武钢有限 | 6米55孔焦炉 | 4座 |
| | 7米60孔焦炉、7.63米70孔焦炉 | 各2座 |
| | 435平方米烧结机 | 3台 |
| | 280平方米烧结机、360平方米烧结机 | 各1台 |
| | 2 200立方米高炉、2 600立方米高炉 | 各1座 |
| 黄石公司 | 酸洗机组、连退机组、镀锌机组、镀铝锌机组 | 各1套 |
| | 冷轧机组、彩涂机组 | 各2套 |

## 股东大会　董事会　监事会

【2018年第一次临时股东大会】　2月9日，宝钢股份2018年第一次临时股东大会在上海举行，审议通过《关于明确限制性股票计划相关事项的议案》。　（李　于）

【2017年年度股东大会】　5月25日，宝钢股份2017年年度股东大会在上海举行，审议通过如下议案：《2017年度董事会报告》《2017年度监事会报告》《2017年年度报告》《关于2017年度财务决算报告的议案》《关于2017年度利润分配的议案》《关于2018年度预算的议案》《关于2018年度日常关联交易的议案》《2017年度董事、监事及高级管理人员薪酬执行情况报告》《关于选举公司第七届董事会董事的议案》《关于选举公司第七届董事会独立董事的议案》《关于选举

2018年2月9日，宝钢股份召开2018年第一次临时股东大会　　　　（张　勇摄）

116

公司第七届监事会非职工代表监事的议案》。　　　　　（李 于）

【2018年第二次临时股东大会】 9月18日，宝钢股份2018年第二次临时股东大会在上海举行，审议通过如下议案：《关于聘请2018年度独立会计师及内控审计师的议案》《关于回购注销第二期限制性股票计划部分激励对象限制性股票的议案》。　　　　　　（李 于）

【第六届董事会第二十六次会议】 1月19日，宝钢股份以书面投票表决的方式召开第六届董事会第二十六次会议，审议通过如下议案：《关于明确限制性股票计划相关事项的议案》《关于指定公司财务总监代行董事会秘书职责的议案》《关于召开2018年第一次临时股东大会的议案》。　　（李 于）

【第六届董事会第二十七次会议】 4月8—9日，宝钢股份召开第六届董事会第二十七次会议，听取《2017年度总经理工作报告》《关于2017年度资产损失情况的报告》，审议通过如下议案：《关于2017年末母公司提取各项资产减值准备的议案》《2017年年度报告》《关于2017年度财务决算报告的议案》《关于2018年度日常关联交易的议案》《关于2018年度预算的议案》《关于2017年度利润分配的预案》《关于2018年金融衍生品操作计划及2017年金融衍生品开展情况的议案》《关于批准子公司开展金融衍生品业务和交易额度的议案》《关于执行2017年新会计准则等的议案》《关于修改〈公司章程〉的议案》《2017年度组织机构管理工作执行情况及2018年度

工作方案的议案》《关于宝钢股份2017年度全面风险管理报告的议案》《宝山钢铁股份有限公司2017年度可持续发展报告》《关于上海梅山钢铁股份有限公司产品结构调整升级技术改造立项的议案》《关于对外捐赠、赞助的议案》《关于〈2017年度内部控制评价报告〉的议案》《关于高级管理人员2017年度绩效评价结果及薪酬结算的议案》《关于2017年度董事、监事及高级管理人员薪酬执行情况报告》《关于总经理2018年度绩效指标（值）的议案》《关于公司部分高级管理人员调整的议案》《关于董事会换届选举的议案》。（李 于）

【第六届董事会第二十八次会议】 4月27日，宝钢股份召开第六届董事会第二十八次会议，审议通过如下议案：《关于2018年第一季度末母公司提取各项资产减值准备的议案》《2018年第一季度报告》《关于召开2017年度股东大会的议案》。　　　　　　（李 于）

【第七届董事会第一次会议】 6月11日，宝钢股份召开第七届董事会第一次会议，听取《汽车"三化"给我们带来的风险和思考》《宝武（宝钢股份与原武钢股份）整合融合推进工作报告》，审议通过如下议案：《关于选举公司第七届董事会董事长的议案》《关于选举公司第七届董事会专门委员会成员及执行董事的议案》《关于聘任公司总经理的议案》《关于聘任公司副总经理、财务总监的议案》《关于聘任公司董事会秘书、证券事务代表的议案》《关于公司首期限制性股票计划第三个解锁期解锁的议案》《关于宝钢股份高级管理人员薪酬

模式优化的议案》《关于修订〈对外捐赠、赞助管理办法〉的议案》《关于工会、湛江钢铁申请实施捐赠项目的议案》。　　　（李 于）

【第七届董事会第二次会议】 8月6日，宝钢股份以书面投票表决的方式召开第七届董事会第二次会议，审议通过《关于子公司投资设立宝方炭材料科技有限公司的议案》。　　　　　　（李 于）

【第七届董事会第三次会议】 8月27日，宝钢股份召开第七届董事会第三次会议，听取《2018年半年度总经理工作报告》，审议通过如下议案：《关于2018年第二季度末母公司提取各项资产减值准备的议案》《2018年半年度报告》《关于批准子公司开展金融衍生品业务和调整公司年度衍生品交易额度的议案》《关于武钢有限收购武钢集团及其下属公司相关资产的议案》《关于武钢有限转让下属武钢金属资源公司51%股权的议案》《关于回购注销第二期限制性股票计划部分激励对象限制性股票的议案》《关于湛江钢铁三号高炉系统项目的议案》《关于调整总部组织机构的议案》《关于修订〈全面风险管理办法〉的议案》《关于调整2018年对口云南扶贫资金的议案》《关于聘请2018年度独立会计师及内控审计师的议案》《关于召开2018年第二次临时股东大会的议案》。　　　　　　（李 于）

【第七届董事会第四次会议】 10月29日，宝钢股份召开第七届董事会第四次会议，听取《多基地模式下的环保风险管控》《2017年宝钢股份竞争力评估报告》，审议通过

如下议案：《关于2018年第三季度末母公司提取各项资产减值准备的议案》《2018年第三季度报告》《关于"三供一业"及市政资产移交的议案》《关于无取向硅钢产品结构优化的议案》《关于调整营销体系组织机构的议案》《关于武钢集团财务公司公积金转增资本相关事项的议案》。　（李　于）

【第七届董事会第五次会议】　12月18日，宝钢股份以书面投票表决的方式召开第七届董事会第五次会议，审议通过《关于公司第二期A股限制性股票计划实施预留授予的议案》。　　　　（李　于）

【第六届监事会第二十二次会议】　1月19日，宝钢股份以书面投票表决的方式召开第六届监事会第二十二次会议，审议通过如下提案：《关于审议董事会"关于明确限制性股票计划相关事项的议案"的提案》《关于审议董事会"关于指定公司财务总监代行董事会秘书职责的议案"的提案》《关于审议董事会"关于召开2018年第一次临时股东大会的议案"的提案》。　（李　于）

【第六届监事会第二十三次会议】　4月9日，宝钢股份召开第六届监事会第二十三次会议，审议通过如下提案：《2017年度监事会报告》《2017年度董事履职情况的报告》《2017年度内部控制检查监督工作报告》《关于监事会换届选举的提案》《关于审议董事会"关于2017年末母公司提取各项资产减值准备的议案"的提案》《关于审议董事会2017年度报告的提案》《关于审议董事会"关于2017

年度财务决算报告的议案"的提案》《关于审议董事会"关于2018年度日常关联交易的议案"的提案》《关于审议董事会"关于2018年度预算的议案"的提案》《关于审议董事会"关于2017年度利润分配的预案"的提案》《关于审议董事会"关于执行2017年新会计准则等的议案"的提案》《关于审议董事会"2017年度可持续发展报告"的提案》《关于审议董事会"关于〈2017年度内部控制评价报告〉的议案"的提案》《关于审议董事会"关于宝钢股份2017年度全面风险管理报告的议案"的提案》。　（李　于）

【第六届监事会第二十四次会议】　4月27日，宝钢股份召开第六届监事会第二十四次会议，审议通过如下提案：《关于审议董事会"关于2018年第一季度末母公司提取各项资产减值准备的议案"的提案》《关于审议董事会"2018年第一季度报告"的提案》《关于审议董事会"关于召开2017年度股东大会的议案"的提案》。　　　　（李　于）

【第七届监事会第一次会议】　6月11日，宝钢股份召开第七届监事会第一次会议，审议通过如下提案：《关于选举公司第七届监事会主席的提案》《关于审议董事会"关于宝钢股份首期限制性股票计划第三个解锁期解锁的议案"的提案》。　　　（李　于）

【第七届监事会第二次会议】　8月6日，宝钢股份以书面投票表决的方式召开第七届监事会第二次会议，审议通过《关于审议董事会

"关于子公司投资设立宝方炭材料科技有限公司的议案"的提案》。
　　　　　　　　　　（李　于）

【第七届监事会第三次会议】　8月27日，宝钢股份召开第七届监事会第三次会议，审议通过如下提案：《关于〈2018年上半年度内部控制检查监督工作报告〉的提案》《关于审议董事会"关于2018年第二季度末母公司提取各项资产减值准备的议案"的提案》《关于审议董事会2018年半年度报告的提案》《关于审议董事会"关于批准子公司开展金融衍生品业务和调整公司年度衍生品交易额度的议案"的提案》《关于审议董事会"关于武钢有限收购武钢集团及其下属公司相关资产的议案"的提案》《关于审议董事会"关于武钢有限转让下属武钢金属资源公司51%股权的议案"的提案》《关于审议董事会"关于回购注销第二期限制性股票计划部分激励对象限制性股票的议案"的提案》《关于审议董事会"关于湛江钢铁三高炉系统项目的议案"的提案》《关于审议董事会"关于调整总部组织机构的议案"的提案》《关于审议董事会"关于修订〈全面风险管理办法〉的议案"的提案》《关于审议董事会"关于调整2018年对口云南扶贫资金的议案"的提案》《关于审议董事会"关于聘请2018年度独立会计师及内控审计师的议案"的提案》《关于审议董事会"关于召开2018年第二次临时股东大会的议案"的提案》。　（李　于）

【第七届监事会第四次会议】　10月29日，宝钢股份召开第七届监事会第四次会议，审议通过如下提

案:《关于审议董事会"关于2018年第三季度末母公司提取各项资产减值准备的议案"的提案》《关于审议董事会"2018年第三季度报告"的提案》。　　（李　于）

【第七届监事会第五次会议】　12月18日，宝钢股份以书面投票表决的方式召开第七届监事会第五次会议，审议通过《关于审议董事会"关于公司第二期A股限制性股票计划实施预留授予的议案"的提案》。　　（李　于）

## 生产经营管理

【规划编制】　2018年，宝钢股份以未来钢铁为引领，组织编制公司2019—2024年新一轮发展规划。规划编制打破传统职能业务分工界面，对传统的职能业务规划进行大规模归并，缩减了中长期发展意义不显著的常规性内容。确定了公司愿景和新的使命、发展战略与目标，制定了实施规划的主要举措，并从产品经营、成本削减、技术创新、服务领先、智慧制造、城市钢厂、效率提升、多基地协同制造八个方面策划了战略业务子规划，及宝钢股份直属厂部、武钢有限、湛江钢铁、梅钢公司、钢管条钢事业部等5个钢铁经营单位规划。　　（孙荣祥）

【深化改革】　2018年，宝钢股份从组织体制、运行机制、人力资源三个方面制订深化改革举措以及"瘦身健体"、提质增效各项措施，全体员工居安思危，加快加大创新改革步伐，推进提质增效取得新成绩。

优化各制造基地职能机构配置，公司总部及直属厂部减少9个分厂（车间、室）级机构，精简4.4%。武钢有限完成设备系统、推进制造系统集中一贯管理改革，采购业务整体切换到采购中心。湛江钢铁开展生产协力与后勤协力整合，完成72个项目商业模式转换，30个协力业务合同整合成11个。梅钢公司多元单元"瘦身"工作快速推进，部分非核心业务实现社会化。年内，深化营销、采购、研发集中统一管理，深化厂管作业区体制变革，提升劳动效率，全年精简正式员工5 083人，劳动效率提升8.3%。　　（孙荣祥）

【宝武整合】　2018年，宝钢股份宝武整合五大专项组和16个职能业务条线，年度任务计划进度完成率100%，里程碑进度完成率100%，实现宝武协同效益27亿元。武钢有限营业收入达716.36亿元，报表利润总额21.15亿元，经营绩效大幅提升，企业重现新的活力。宝武信息化整合按计划推进系统移植覆盖任务。6月30日，设备管理系统、设备资财采购系统切换上线，制造管理、成本、运输管理等系统于10月31日、12月31日分二期切换上线，全年实现经营管理层及制造管理层共18＋8个系统的覆盖移植。　　（孙荣祥）

【成本削减】　2018年，宝钢股份以新三年成本削减规划落地为导向，围绕23亿元挑战规划目标，各基地科学分解、绩效引导，持续推进全员全体系成本削减，全年削减成本38.5亿元。以公司职能管理为主线开展的多基地协同项目，实现协同效益7.02亿元。公司第一轮三

年成本削减累计实现191.65亿元，完成规划目标。　　（孙荣祥）

【多基地管理】　2018年，宝钢股份从进一步统一思想、统一认识、规范用语入手，深入探索实践多制造基地管理运行模式，进一步明确各基地定位与管理关系。全面开展制度建设，建立健全符合多基地运行管理要求的公司级管理制度，发挥管理的规范作用；开展多制造基地管理模式及集中一贯管理的培训宣贯，建立系列化培训课程体系；建立多制造基地管理运行成熟度评估方案，开展评估工作；组织召开多制造基地管理模式建设年度推进会议，建立推进体制和机制；组织编制多制造基地管理模式建设六年规划，在营销、采购、研发、制造、设备、能环、安全等领域制订关键里程碑目标和管理指标，打造多制造基地管理能力。通过推进，多制造基地管理模式建设形成良好开端。　　（孙荣祥）

【提升制造能力】　2018年，宝钢股份提升一贯制管控能力，统筹策划瓶颈工序解决方案，协同提升冷轧汽车板、超高强钢等重点产品制造能力，确保合同及时交付。直属厂部推进铁钢高效稳定生产，炼钢能创新高，9—12月日均产能136.7炉，创近五年最好水平。热轧板坯400℃以上热送热装率达40%。武钢有限用户端月均抱怨件数同比减少47%，合同完成率提升23%。湛江钢铁煤炭直进率、周转率等指标创新高，钢种认证完成率115%，零件认证完成率141%，汽车板等重点产品制造能力明显提升，彩涂基板具备千吨级以上批量稳定生产能力。梅钢公司142项经济技

指标达标率78%，刷新率58%，废次降发生率、现货发生率、质量异议万元损失等指标均创历史最高水平。多基地协同制造取得新进展，全年建立175项多基地制造管理指标对标体系。武钢有限电镀锌汽车板、彩涂板实现与直属厂部同品质生产，梅钢公司实现与直属厂部同品质指数≥95分。高品质低成本生产取得成效，连铸年产能提升18万吨，在制品月均库存降低2万吨，超高强钢成材率稳步提升，用户端质量持续改善，合金优化、热送热装、降低现货等成本削减工作完成弹性目标的139%。

（孙荣祥）

【科技创新】 2018年，宝钢股份坚持新产品差异化发展道路，以创新的产品和服务持续满足和引导市场需求，引领行业技术进步，实现核心产品领先竞争对手一代以上。超高强汽车板、薄规格取向硅钢、高强度高精度磁轭钢、非调质高强韧地质钻探管、饮料罐用覆膜铁、双相不锈钢船用复合板、热轧双面覆铝基板用钢等产品实现全球首发。铸坯角横裂控制技术、热连轧变厚度轧制工艺及技术、冷轧预氧化还原及内氧化技术等12项技术取得突破。"一院多中心"多基地协同创新模式基本形成，以"互联网＋创新"推进宝武众研平台建设，10月30日，宝武众研平台上线。推进"金苹果"计划，开发2项全球首发产品，100多项业内领先的重点产品、工艺和装备技术取得突破，申请发明专利196项、国际专利36项，新增直接经济效益超过5亿元。牵头"高效率、低损耗及特殊用途硅钢开发与应用""高性能超高强汽车用钢"等"十三五"

（2016—2020）国家重点研发计划项目6项，获国家拨款3 580万元。

（孙荣祥）

【市场营销】 2018年，宝钢股份销售冷轧汽车板876万吨，保持50%以上市场占有率；出口冷轧汽车板79万吨，销售超高强钢45.8万吨，新能源汽车用户年订货量6万吨；销售无取向硅钢226.67万吨，市场占有率保持第一；直属厂部销售取向硅钢35.17万吨，武钢有限取向硅钢库存实现历史最低；厚板产品扭转多年亏损局面，实现毛利20.18亿元；热轧热处理产品实现销售7.5万吨，同比增长82.9%。同质化产品销售创新取得新进展，交货期较常规期货合同缩短50%～60%；非汽车冷轧产品大量使用网上直销模式，实现当期产销平衡。加大境外市场拓展，碳钢产品签约量398万吨。以客户为中心，推进客户与产品服务管理，举办第四届宝钢汽车板EVI（供应商先期介入）论坛、第三届宝钢取向硅钢EVI大会，首次举办酸洗产品EVI专题研讨会。 （孙荣祥）

【智慧制造】 2018年，宝钢股份启动智能装备类项目104个、智能工厂项目8个、智能互联项目8个、信息技术（IT）基础变革项目2个，带给近800名员工告别艰苦环境、转型更有价值岗位的机会。直属厂部自主集成建设的全球首套大型高炉控制中心建成启用，实现对4座高炉的集中化操作控制和生产管理，并可对其他基地高炉进行远程技术支持；启动热轧1580智能车间第二阶段建设任务；启动C008冷轧智能车间试点示范建设；完成炼钢三号连铸机智能化

改造，实现连铸工序保护渣添加、中间包测温取样等的机器人自动化作业；占地逾6万平方米、国内面积最大、智能化程度最高的钢制品无人化仓库投运。武钢有限完成四炼钢连铸机离线值守、无人化浇钢改造，自动化程度到达国内先进水平。湛江钢铁实现一期、二期原料场全部堆取料机无人化操作，1550冷轧轧后库5台行车、成品库10台行车全部无人化运行。梅钢公司在炼钢厂投运全国第一台智能化热态熔融金属吊，实现自动巡航。

（孙荣祥）

【城市钢厂建设】 2018年，宝钢股份从"排放地图"过程管理、固体废弃物零出厂、厂容环境改善等方面推进城市钢厂建设，主要环保指标实绩持续改善，重点污染源在线排放100%过程达标，全年无重大环境风险事件。直属厂部实现全面污染源在线监测及预警，实施首届中国国际进口博览会期间空气保障管控方案，启动实施转底炉、滩涂整治、焚烧提效等一系列项目；完成厂区生态绿化建设面积25万平方米，新增绿化面积15万平方米，炼铁西区环境得到改善。武钢有限落实环保快速整改资金2.1亿元，完成环保整改80项；固体废弃物综合利用率由96.5%提高到99.02%，返生产利用率由14.7%提高到18.38%；厂区大气降尘量同比下降13.06%。湛江钢铁完成一号高炉、二号高炉系统竣工环保验收，三号高炉系统项目环评报告通过广东省生态环境厅组织的专家评审，完成国家新排污许可证申办，通过首次清洁生产审核验收，入选"中国钢铁工业清洁生产环境友好企业"，被中国钢铁工业

协会绿化委员会评为"全国冶金绿化先进单位"。梅钢公司在国家、江苏省督查回头看、南京市驻点检查等122次各类检查中未发生一起环保处罚事件。推动水污染防治，以"河长制"工作体制强化执法监督机制；污染物综合减排率同比下降20.93%，危险废弃物返生产利用率达到98.7%。 （孙荣祥）

【人才培养】 2018年，宝钢股份分层分类推进人才培养工作。举办宝钢股份党的十九大精神专题学习班暨战略管理高级研修班，开展"集中一贯制管理专题实战研修""宝钢股份行动学习教练认证项目""管理者智慧制造主题海外短期研修"等项目，推进"多基地制造能力提升"主题实战联合演练，共300多名管理者参加。200多名管理者参加集团公司副总经理培训班、高级经理培训班、新经理人培训班及中国大连高级经理学院培训项目。开展8期"金苹果"团队研修、10期十佳（TOP10）主题研修、5期"走近大师"专题讲座。策划宝钢—昆士兰大学联合培养项目，推进"双元制"企校合作，开展"金蓝领""银蓝领"研修班及"未来工匠训练营"，共130多人参加。出台技能人才队伍建设指导意见，打造高技能人才队伍。增强薪酬激励的牵引作用，首期限制性股票计划第三批解锁，第二期限制性股票计划预留的1 000万股限制性股票，授予新任职的76名核心骨干。 （孙荣祥）

【提质增效】 2018年，宝钢股份推进子公司法人压减，压减5户。参股公司"瘦身"8户。推进亏损子公司扭亏增盈，年末亏损户数10户，较上年下降47%。落实"三供一业"分离移交、市政设施移交及医疗机构改革等剥离企业办社会职能工作，武钢有限、梅钢公司、黄石公司等年内完成剥离企业办社会职能各项任务。 （孙荣祥）

【"两金"压控】 2018年，宝钢股份持续推动各单元"两金"压控落实到位。年末"两金"总额512.1亿元，"两金"周转天数70.9天，周转效率较上年显著提升；经营实得现金472.6亿元，较应得现金超出50亿元；年末净有息负债348.5亿元，超额完成集团公司下达的管控目标。 （孙荣祥）

【安全管理】 2018年，宝钢股份针对严峻安全形势，坚持问题导向，深化安全管理模式，聚焦员工最关心、最迫切、最现实的安全问题，完善安全体系，深化管理者安全履职，开展重大安全生产事故隐患排查，实施液态熔融金属、冶金煤气及高处作业、人机结合作业、有限空间作业等专项整治，深化安全检查与隐患排查、全员岗位安全风险辨识（描述）与应对、推进协力安全、重点区域、领域安全督导等工作，全年未发生较大及以上生产安全事故。 （孙荣祥）

# 宝钢股份直属厂部

## 炼铁厂

下设高炉分厂、炼焦分厂、烧结分厂、原料分厂、煤精分厂、设备管理室、综合管理室、生产技术室、湛江工作组、炼铁项目组。至2018年底，在册员工1 537人。

2018年，炼铁厂产铁1 476.75万吨、烧结矿1 523.44万吨、焦炭544.91万吨，原料作业总量1.22亿吨。

年内，高炉分厂缪伟良的"高炉炉体冷却设备操作维护技术及其应用"项目获第十届国际发明展览会金奖，炼焦分厂卫福全的"一种满炉整体更换焦炉上升管的方法"项目获第十届国际发明展览会银奖，炼焦分厂倪升起的"一种焦炉炉门密封检测系统"、炼焦分厂丁立的"一种干熄焦装入时控制冒烟的方法"、生产技术室赵思杰的"一种保护高炉炉身炭砖的凉炉水位自动控制装置及方法"项目获第十届国际发明展览会铜奖，"活性炭法多污染物协同处理技术研究及工程化应用"项目获2018年冶金科学技术奖一等奖，原料分厂混匀作业区白班自主管理小组被评为全国质量管理小组活动40周年"标杆QC（质量管理）小组"，高炉分厂四号高炉炉内自主管理小组被评为"冶金行业优秀质量管理小组"，原料分厂综合管理自主管理小组被评为"2018年全国优秀质量管理小组"，高炉分厂张培峰获"首钢杯"第九届全国钢铁行业职业技能竞赛高炉炼铁工第三名并获"全国钢铁行业技术能手"称号，高炉分厂四号高炉获"上海市工人先锋号"称号，高炉分厂缪伟良的"高炉炉缸长寿综合维护技术及其应用"项目获上海市科技进步奖三等奖。 （仇晓磊）

【打赢"二对四"攻坚战】 2018年，面临"2台烧结机供给4座高炉"（简称"二对四"）的非常规生产组织模式，炼铁厂以高炉为中心，全流程保障生产组织稳定顺畅。同时，克服原燃料品质劣化特别是球团矿质量剧烈波动、"二对四"物流平衡复杂、低烧结比高球团比、建设技改项目密集、环境保护限产影响大等诸多不利因素，层层发动、协同挖潜、对标找差、全面深化成本削减工作，全年生铁成本实绩比计划值低53.97元/吨。

（仇晓磊）

【推进城市钢厂建设】 2018年，炼铁厂继续推进环保改造，矿石料场OG、OH、OI料条封闭改造及一烧结、二烧结整合大修改造按计划完成；新增或改造45 761平方米绿化；消纳冷轧酸碱污泥1.5万吨，高炉、炼焦处置化工焦油渣类固体废弃物87.12吨，处理废旧轮胎310吨；全年平均降尘量10吨/平方千米·月，创历史新低；烧结、炼焦综合脱硫效率分别为99.13%和85.67%，综合脱硝效率分别为68.72%和81.24%，均为历史新高。

（仇晓磊）

【智慧制造初见成效】 2018年，炼铁厂高炉控制中心启用，实现4座高炉集中控制；一炼焦电车实现无人化操作；原料场4台斗轮堆取料机、5台刮板堆取料机实现远程自动堆取料作业。

（仇晓磊）

【重大建设技改项目】 6月29日，炼铁厂矿石料场OG、OH、OI料场封闭改造（C型）建成投运；11月14日，一烧结、二烧结整合改造大修工程竣工投产，标志着宝钢股份烧结节能环保综合改造计划全部完成。

（仇晓磊）

## 炼钢厂

下设一炼钢分厂、二炼钢分厂、运转车间、设备管理室、生产技术室、综合管理室、连铸优化改造项目组及湛江工作组。2018年底，在册员工1 316人。

2018年，炼钢厂累计产钢1 404.13万吨，其中一炼钢单元734.86万吨，二炼钢单元669.27万吨。

年内，炼钢厂团委被评为"上海市五四红旗团委"；一炼钢分厂姜立新被授予"上海市五一劳动奖章"。

（王 佳）

2018年12月31日，宝钢股份炼铁厂二炼焦（已拆除）区域完成绿化升级改造

（张 勇 摄）

【提升生产能力】 2018年，炼钢厂一炼钢、二炼钢铁水比分别同比降低0.27%和1.35%，累计增产21.79万吨。协同制造管理部实施鱼雷罐车加废钢项目，共计加入废钢7.3万吨。连铸日均浇铸炉数连续突破历史最好水平，最高日均生产能力达139炉/天；全年钢产量1 404.13万吨，超产33.3万吨，完成率102.43%。

（王 佳）

【改善品种质量】 2018年，炼钢厂后工序临时封锁同比下降18.76%。完成厚板连铸机改造，铸机装备水

2018年10月8日，宝钢股份炼铁厂一炼焦电车实现无人化操作

（张 勇 摄）

平和稳定性得到提高,250毫米厚板低倍合格率(≤2.0)同比提高21.08%。汽车板改钢率同比下降11.84%。中间包连浇炉数同比提高9.52%,是近5年来提升幅度最大的一年。质量揭榜制项目和质量攻关项目中,二号连铸机液面波动、四号连铸机高强钢锯齿裂等取得成效。 (王 佳)

【降低吨钢成本】 2018年,炼钢厂坚持"抓稳定,追求生产顺行;勇破局,精益成本改善"的成本管理思路,固化降成本经验及举措,追求生产稳定高效。全年各级降本增效项目有效开展,成本管控体系运行有序,吨钢降成本37元,累计降低成本7.155 4亿元,其中变动成本下降额居各厂部首位,现货绩效完成率达317%。 (王 佳)

【设备运行状态趋稳】 2018年,炼钢厂重要作业线螺栓类故障时间同比下降93.35%;清灰(渣)引起的设备故障对比前3年平均故障停机时间下降41.84%;润滑原因引起的设备故障对比前3年平均故障停机时间下降57.39%。 (王 佳)

【清洁生产】 2018年,炼钢工序能耗指标实绩 – 7.91千克标准煤/吨钢,能源成本同比下降2 547万元。累计消化油漆桶13 267.66吨,焙烧石灰石泥饼压球21 929.26吨,电炉灰消纳21 249.36吨,固体废弃物返生产利用率6.2%。 (王 佳)

【技术改造项目建设】 2018年,二炼钢渣处理综合改造(三期)项目投运;实施一炼钢铁水预处理区域综合改造项目;开展二炼钢转炉区域除尘系统优化改造、二炼钢转炉综合改造、地下料仓增设除尘系统的研究,为全流程绿色炼钢创造条件。 (王 佳)

【智慧制造】 2018年,炼钢厂对三号连铸机机器人进行自动化改造,填补业内智慧制造空白,成为全球首例采用4台机器人的连铸机,其中大包受钢侧机器人为业内首创,投入率达90%,中间包机器人投入率达98.6%。 (王 佳)

【深化改革】 2018年,炼钢厂优化工艺技术管理队伍和管理模式,形成以首席工程师负责的技术团队。在机构设置方面,优化生产技术室职能业务划分,成立综合管理室;在作业区层面,设备管理室电气作业区与仪表作业区合并为电仪作业区,并按转炉、连铸区域进行机械、电仪作业区的合并;推进"厂管作业区"试点,研究形成炼钢厂"厂管作业区"实施方案。全年劳动效率提升8.3%。 (王 佳)

【群众性创新】 2018年,炼钢厂围绕技术降成本、现场改善、成果提炼等方面,实现科技创新效益1.32亿元;申请发明专利18件;开展自主管理活动,获中国质量协会奖1个,获冶金行业优秀自主管理小组1个,获上海市优秀自主管理小组1个;获第117届法国巴黎国际发明展览会银奖1项,获第十届国际发明展览会银奖3项、铜奖3项,获第三十届上海市优秀发明选拔赛职工技术创新成果银奖1项、铜奖1项。 (王 佳)

【协同交流】 2018年,炼钢厂深化与各基地间同工序的共建共享与交流活动。与武钢有限开展作业长制对接,赴武钢有限开展对接的作业长近40人次,接收武钢有限轮岗锻炼作业长50余人次;与梅钢公司围绕生产、技术、质量、成本、效率、设备管理等工作制定九大项目,协同共进;做好湛江钢铁支撑人员回流安排。 (王 佳)

【人才培养和队伍建设】 2018年,炼钢厂完成计划培训项目70项,涉及员工3 565人次。管理人员强化绩效导向,采用"关键绩效指标 + 重点工作任务 + 党组织绩效"方式,与自管干部签订绩效目标责任书;加快技术人才、技能人才培养,建立后备技能人才梯队,完成3名技能大师选聘,成立炼钢厂技师协会,完成5对高师带徒签约,评选首批4名"炼钢工匠"。 (王 佳)

【改善员工工作环境】 2018年,炼钢厂重点解决二炼钢装包区域150多位员工生活用水,焙烧区域过渡期间更衣、洗浴的问题。聚焦员工普遍关注的共性问题,收集员工热点及"三最"(最关心、最直接、最现实)问题80项,进行沟通协调和反馈。为员工休息室提供空气净化器、冰柜、净水壶、落地电扇、绿植等硬件、软件设施,开展"我的环境我作主"主题实践活动,打造员工最满意的操作室、休息室、更衣室及厕所。 (王 佳)

## 热轧厂

下设一热轧分厂、二热轧分厂、三热轧分厂、设备管理室、生产技术室。2018年底,在册员工758人。

2018年,热轧厂产钢1 259万吨,缴库量1 255万吨。月均非计划停机时间87小时,创5年来最

2018年11月12日，工作中的"上海工匠"、宝钢股份热轧厂高级技师幸利军（鲍　轩　摄）

产量超7 000吨，全年毛利8 770万元。热轧1880平整线最高产能达5.6万吨，满足了宝钢股份对高强钢增产的要求。

（张文熙）

【硅钢生产】 2018年，热轧厂成立多专业、多部门的专项品种攻关团队，有效解决制约热轧1580生产线取向硅钢和高牌号无取向硅钢稳定生产的重点、难点问题，逐步实现硅钢产品在热轧1580生产线的全覆盖。热轧1580生产线取向硅钢一次通过率稳定在90%左右，薄规格高牌号一次通过率稳定在80%，与热轧1880生产线达到同等水平，具备放量稳定生产的能力。

（张文熙）

低；22项技术经济指标中有18项刷新历史最好纪录。热轧2050生产线、1880生产线日历作业率分别提升2.74%、3.54%。

年内，热轧厂获"上海市文明单位"称号，热轧厂三热轧分厂丁班获"上海市工人先锋号"称号，幸利军获"2017—2018年度上海市职工职业道德建设"十佳标兵个人、2018年"上海工匠"，王军获聘中国（上海）2021年第46届世界技能大赛申办形象大使，三热轧分厂杨军获中国钢铁工业协会"首钢杯"第九届全国钢铁行业职业技能竞赛金属轧钢工第一名。 （张文熙）

【降低成本】 2018年，热轧厂将各生产线的成本目标、各专业的技术经济指标纳入年度绩效目标，并按月进行评价，推动成本管控目标的实现。全年降成本12 451.49万元。

（张文熙）

【品种拓展】 2018年，热轧厂以市场为导向，首次实现复合板在热

连轧的"批量、稳定、合理成本"的工业化生产，实现纳米钢B600NP的首发与订货，开发全球首发产品高表面大变形双面覆铝用钢BFA280S产品，完成强度级别最高的海水输浆管用钢BMS1400首次供货。在国内首次研制成功耐磨蚀钢，解决车轮双相钢表面质量难题。热处理产品综合成材率达87.31%，较2017年提高4.12%，月

【基础管理】 2018年，热轧厂针对现场管理短板，推进安全管理进班组、金牛级作业区创建等活动。全年无轻伤以上安全事故，安全管理受控，公司年度安全绩效排名前列，获优秀单位。在基础管理方面，10个作业区被评为宝钢股份金牛级作业区，6个作业区被评为银牛级作业区。

（张文熙）

2018年11月23日，宝钢股份热轧厂2050生产线 （张　勇　摄）

【跨基地交流】 2018年，热轧厂以热轧技术管理推进委员会为平台，采用项目化推进，互帮互助，促进宝钢股份四基地生产稳定运行和整体技术能力提升，四基地热轧厂9条生产线指标进步率达70.3%，其中宝钢股份直属厂部和梅钢公司逐渐接近韩国浦项钢铁公司水平。加强各基地同工序人才培训交流，实现知识共享，全年参加学习交流1 343人次，完成支撑项目139项。 （张文熙）

## 厚板部

下设生产技术室（质检站）、综合管理室、设备管理室、轧钢作业区、精整作业区。2018年底，在册员工437人（不含湛江钢铁支撑人员58人）。

2018年，厚板部累计轧制量170.76万吨，缴库量150.33万吨，降低成本5 669万元，废次降发生率3.43%。重大安全环保、设备、质量与操作事故为零。

年内，厚板部获"第十九届（2017—2018年度）上海市文明单位"称号；生产技术室课题获全国冶金行业QC（质量管理）成果发布一等奖；施凌获首届中国宝武技能大赛机械设备点检第一名；丁海绍获国务院政府特殊津贴和第十届国际发明展览会金奖；王红获第十届国际发明展览会铜奖和上海市第三十届优秀发明选拔赛铜奖；戚海峰的"一种不锈钢复合板精准测厚的操作方法"获2017年度上海市职工先进操作法创新奖。 （胡悦高）

【召开二届二次职代会】 3月，厚板部召开二届二次职代会。会议确立"改革创新，强化核心能力；提质增效，决胜扭亏为盈"的工作方针，力争实现"打造精品厚板样板工厂，引领工程材料升级换代"。 （胡悦高）

【设备体系改革】 2018年，厚板部按照"集中一贯、机电一体、操检合一"的改革思路，推进作业区精简、职能组整合、点检标准瘦身、强化技术责任体系、岗位配置优化和人员选聘等。实现了设备业务集中一贯管理，技术力量集中统一管理；机电作业区合并，高效协同，面向智能工厂未来发展需要，着眼机电一体化人才培养。设备体系改革后，作业区（含职能组）设置精简40%，技术人员岗位设置精简25%，点检操维岗位精简20%。 （胡悦高）

【智慧制造】 2018年，厚板部板坯库行车无人化投入运行；完成轧钢、精整区域操作室合并，一次性减少操作室7个，平台软件升级到最新版本；完成大数据平台建设，智能化应用取得突破。 （胡悦高）

【产品研发取得突破】 2018年，厚板部打造管线钢产品为代表的百万吨级（含热轧及大口径直缝焊管产品），船板、容器钢为代表的数十万吨级，不锈钢为代表的万吨级产品群；将9Ni（镍）钢、轧制复合板等千吨级产品升级为万吨级产品；研发推出无锈钢、铝板、钢铝复合板等功能性新材料，为大国重器提供材料支撑。 （胡悦高）

【技术改造】 2018年，厚板部技改运行项目13项，其中上年度延续项目3项，2018年度新增项目10项。年底，完成施工任务并实物交接项目3项，按计划延续到2019年继续实施的项目10项。 （胡悦高）

## 硅钢部

下设轧钢分厂、取向分厂、无取向分厂、设备管理室、综合管理室、生产技术室、质检站7个部门。2018年底，在册员工1 258人。

2018年，硅钢部累计完成产量116.9万吨，其中取向硅钢33.42万吨、无取向硅钢83.48万吨；全年实现利润15.45亿元；完成科技创新效益15 225万元。

年内，硅钢部"极薄一次冷轧高硅硅钢制造技术及装备的开发与应用"项目获2018年冶金科学技术奖一等奖。 （王彦杰）

【新产品开发】 2018年，宝钢股份开发的新产品取向硅钢B18P080实现全球首发，有7家客户用于制造配电变压器。 （王彦杰）

【重大工程项目供货】 2018年，硅钢部完成向上海福伊特水电设备有限公司中标的中国长江三峡集团公司金沙江乌东德水电站建设项目一号、二号机组，天津阿尔斯通水电设备有限公司中标的中国长江三峡集团公司金沙江乌东德水电站建设项目二号、三号和四号机组，哈尔滨电机厂有限责任公司中标的白鹤滩水电站一号机组共6台机组供货，供货高牌号50W250-C6涂层产品4 000吨。完成昌吉—古泉±1 100千伏特高压直流输电线路工程项目用料的交付工作，该项目14台全球最高等级电压换流变全部采用宝钢股份取向硅钢产品制造。 （王彦杰）

【体系审核】 2018年，硅钢部通过德国西门子股份公司全球供应商

IATF16949体系审核。这是4年一次西门子全球供应商IATF16949体系审核，德国西门子股份公司评价宝钢股份是取向硅钢全球最优秀供应商之一。　　　（王彦杰）

【降低能源成本】　2018年，硅钢部通过对5条机组的热工抽样检测及节能诊断、2条机组的辐射管检漏测试工作，加强加热炉能效管理；通过对各机组分时用电情况的跟踪管理，推进错峰优化用电，实现能源降成本116万元/月，累计降低能源成本3 168万元。年内，硅钢部污染物排放达标率100%，各项节能环保指标均达标。与2017年相比，硅钢工序能耗下降7.26%；硅钢能源成本降低5 834万元，下降6.5%。　　　　　　（王彦杰）

【智慧制造】　2018年，硅钢部新建硅钢四期实施9大类31套智慧制造项目，具体包括：11套工业机器人、1套自动搬运小车（AGV小车）、3台智能行车、2套多功能表检仪、5套智能检测设备、5套智能自动化装备、2套智能设备点检系统、1套智能安全系统、1套智能集中监控系统，实现了单机架轧机工作辊自动更换投入，首套AGV搬运小车、首套涂层配液立体库、首套立卷拆捆机器人、首套立卷吊运智能行车、首套智能移动终端等多个创新性的应用。　　　（王彦杰）

【推进"操检合一"试点】　2018年，硅钢部122名点检员进入操作室，与生产操作、工艺技术和管理人员"一站式"融合，实现"操检"（操作和点检）的快速响应与互动。通过开展技能培训，实现多岗位能力提升，全年有150名操作人员完成点检资格证培训工作，占硅钢部操作人员总数的19%；先后有38名点检人员通过作业员上岗考核，占点检人数的24.67%。通过智慧制造、"操检合一"、岗位再设计，新建硅钢四期项目岗位人员大幅精简，由定岗的151人下降到实际的99人。　　　　　　（王彦杰）

【第三届取向硅钢EVI论坛】　5月22日，宝钢股份召开第三届取向硅钢EVI（供应商先期介入）论坛。来自相关行业协会及境内外变压器重点企业的350名嘉宾参会。与会嘉宾对取向硅钢的研究、发展和应用等进行探讨和交流。（王彦杰）

【取向硅钢产品结构优化（一期）工程热负荷试车】　12月28日，硅钢部四号高温环形炉（RBAF）机组完成热负荷试车，生产出的第一卷成品卷，质量符合正品要求，标志着宝钢股份取向硅钢产品结构优化（一期）工程（即硅钢四期工程）实现全产线贯通。工程于2017年2月15日开工建设，由中国二十冶集团有限公司、五冶集团上海有限公司负责施工。主要生产高等级薄规格取向硅钢，产品主要应用于输配电行业高能效等级变压器的制造。　　　　　（王彦杰）

## 冷轧厂

下设一冷轧分厂、二冷轧分厂、三冷轧分厂、精整分厂、磨辊车间、设备管理室、生产技术室、湛江工作组、冷轧升级改造项目组、技改组和办公室。2018年底，在册员工1 471人。

2018年，冷轧厂完成轧制量564.38万吨，商品材交库量685.04万吨。汽车板产量同比提升2.1%，异常开炉次数环比下降61.5%。科技创新效益完成1.78亿元，实现降成本1.88亿元。

2018年，冷轧厂制定了2019—2024年发展规划。规划明确提出要把冷轧厂打造成"全球最具竞争力的绿色工厂、精品工厂和智慧工厂"的总体目标，并分解制定了包括6个维度33项指标在内的目标体系，为冷轧厂未来发展明确了方向和路线图。

年内，磨辊车间清洗日班获"全国质量管理优秀小组"称号，王康健、陈杰获第十届国际发明展金奖。王康健的"冷轧机颤振智能监控与抑振提速技术及应用"项目获2018年度冶金科学技术奖一等奖。任玉苓、陈杰获国务院批准享受2018年政府特殊津贴。（董　洁）

【体制改革】　5月30日，冷轧厂启动新一轮深化改革方案。在精整分厂实行的"检操合一"，是集生产操作、设备点检、设备运保"三合一"的全新人力资源管理模式，实现工作效率提升及员工岗位技能拓展。至年底，实现点检项目移交生产操作20%。同时，通过提升设备管理幅度，推进设备作业区和班组进行重组整合，原14个作业区整合为9个作业区，班组数由原来的54个缩减至18个。　（董　洁）

【节能降耗】　2018年，冷轧厂环境事件为零，污染物综合排放合格率100%，主要污染物排放总量100%达标。工序能耗环比下降4%，创历史新低。能源成本累计削减2 737万元。　　　　（董　洁）

【冷轧工艺改进】　2018年，冷轧厂以降低轧制油异味为出发点，与中央研究院、资材备件采购部合作，研究和优化轧机轧制油工艺配方。C102机组、C502机组、C602机组的轧制油异味得到改善。同时，在确保钢卷表面质量及后工序使用的前提下，轧制油吨钢油耗下降比例超过20%。其中，酸连轧机组油耗降至0.198千克/吨，轧制油工艺在国内外同行中处于领先地位。　　（董　洁）

【提升冷轧制造能力】 2018年，冷轧厂扩大高等级汽车外板直接出成品能力，综合成材率85.95%，创5年来新高。其中，合金化热镀锌外板（GA）综合成材率86.35%，热镀纯锌外板（GI）综合成材率88.1%。持续优化超高强钢产品结构，改进超高强钢质量。年内，超高强钢全品种综合成材率85.22%，创3年来新高。　　（董　洁）

【新产品开发及品种拓展】 豪顿华工程有限公司搪瓷钢继2017年认证取得突破后，2018年批量稳定供货突破4 000吨。油桶板新产品合同量1.6万吨，首次实现向东南亚大批量出口。热镀铝硅累计完成6批次5 600吨生产，具备批量稳定生产能力。低铝锌铝镁完成第二次批量生产，首次生产出满足汽车外板旅行要求的汽车板。电镀锌微电机用无机无铬自润滑产品开始批量供货和零件小批量试供。新一代耐高温干燥的高耐磨性耐指纹产品试制成功并开始小批量验证应用。完成彩涂产品畜牧用钢、无铬氟碳、不锈钢基板、100微米超高涂层厚度和建筑用无铬耐指纹镀铝锌钢板的开发。　　（董　洁）

2018年4月3日，冷轧C008机组6合1远程集控操作室　　（张　勇摄）

【智慧制造】 2018年，冷轧厂C008智慧工厂建设进入中期阶段，产能提速、"黑灯工厂"（即智慧工厂，无需人工操作，可关灯运行）、操作室6合1远程集控和劳动效率提升四大任务取得进展，机组产能提升超10%。同时，以C008智慧工厂为牵引，冷轧厂自动行车、自动包装、自动磨辊等智慧制造项目得到有序推进。　　（董　洁）

【末端库划转】 2018年，冷轧厂协同运输部对末端库业务进行梳理，形成包括18个末端库、19个大门、6台行车、50名正式员工和26名协力员工在内的划转改革方案，并于8月6日划转至运输部进行专业化管理。　　（董　洁）

【技术协同支撑】 2018年，冷轧厂继续支撑多基地协同，累计派遣129次、326人赴宝钢股份各基地开展技术支撑。支撑武钢有限冷轧厂，支撑项目拓展到10项，项目达标率90%。支撑梅钢公司冷轧厂，开展16个技术支撑项目和12个党支部共建互助项目，重点指标达标

率77.78%、进步率88.89%。支撑湛江钢铁冷轧厂，派遣首席工程师、主任工程师等技术骨干，参与湛江钢铁三冷轧项目各项技术谈判工作。支撑黄石公司新建镀铝锌和彩涂家电项目，支撑八一钢铁酸连轧技术改造项目。　　（董　洁）

## 镀锡板厂

下设综合管理室、生产技术室、设备管理室、镀锡板产品结构优化项目组。年底，在册员工289人。

2018年，镀锡板厂完成产品交库量53.19万吨，毛利同比下降10 646万元。二次材镀锡板从1220单元生产线转移到1420冷轧区域。1420冷轧区域生产二次冷轧产品（DR材）3.64吨、电池钢0.54吨、双层焊管钢0.57吨。

年内，"高耐蚀食品包装用镀铬板根源治理技术"项目获第十届国际发明展览会金奖。　（刘　蓉）

【1220单元生产线关停】 2017年6月起，镀锡板厂1220单元生产线开始分批次实施产能结构调整、经

2018年4月4日，宝钢股份镀锡板厂成品库出库作业现场　　　　　（张　勇 摄）

济运行。2018年8月，实现全部生产线关停。　　　　（刘　蓉）

【员工转岗分流】　2018年，镀锡板厂完成436名员工转岗分流。其中，通过待退休、协商解除劳动合同等途径实现员工退出232人，实现宝钢股份内部转岗142人，实现镀锡板厂内部转岗62人。　　　　　　　　　　（刘　蓉）

【新机组热负荷试车】　8月1日，镀锡板厂产品结构优化项目——新建二次冷轧机组和锡铬共线机组热负荷试车，生产出第一卷产品。该项目调试工作仅用了2个月，锡铬共线机组首卷即实现了450米/分最高工艺速度运行，二次冷轧机组实现1 200米/分稳定轧制，创造同类机组最优调试纪录。　　　　　　　　　　（刘　蓉）

【覆膜铁产品批量稳定生产】　2018年，镀锡板厂覆膜铁产品实现批量稳定生产，全年合同量首次突破3 000吨。年内，解决了厂内覆膜铁切板技术问题，完善覆膜铁产品检测项目及放行标准，建立薄膜生产控制技术标准，机组成材率同比提升7.24%，达到96.12%。　　　　　　　　　　（刘　蓉）

## 电厂

下设综合管理室、生产技术室、设备管理室、运行管理室。2018年底，在册员工305人。其中，作业长及以上管理人员35名；技术业务人员58名；操作维护人员212名。2018年，电厂发电83.65亿千瓦时（其中一号、二号、三号机组发电58.29亿千瓦时，0号机组发电7.12亿千瓦时，四号机组发电18.24亿千瓦时），同比下降4.45%；供气22.6万吨；消耗煤气85.9亿立方米，折合标准煤106.4万吨。各项经济指标完成情况：发电成本4 924元/万千瓦时，厂用电率3.48%，供电煤耗328.57克/千瓦时；强迫停运小时数1 044小时，同比减少209.77小时；全厂等效可用系数85.48%，同比上升4.16%。　　　　　　　　　　（高　薇）

【机组检修】　2018年，电厂进行6次机组计划检修：2017年12月27日—2018年1月26日，0号机组B修；2018年1月27日—2月20日，一号机组C修；3月1—10日，四号机组D修；3月12日—6月25日，三号机组A修；10月27日—11月12日，四号机组D修；11月1—23日，二号机组C修。检修天数206.53天，较计划209天下降2.47天。

【控煤电量替代交易】　2018年，宝钢股份落实上海市政府的控煤方案，要求电厂控制电煤总量不突破210万吨。11月6日，宝钢股份与福建宁德核电有限公司签订跨省电量替换交易协议，首次实施控煤电量替代交易，全年累计替代电量3.71亿千瓦时。　　　（高　薇）

【三号机组超低排放综合改造工程】　为满足国家及上海市的环保要求，自2016年起，电厂相继实施一号、二号、三号机组超低排放综合改造项目。2017年，完成一号机组和二号机组改造。2018年6月21日，完成三号机组改造。改造后，烟气排放指标明显改善，实现机组超低排放目标。该工程改造项目涉及锅炉燃烧系统、脱硫烟气净化系统、引风系统等，各系统相互关联，在实现环保达标排放的同时，兼顾节约能源。　　（高　薇）

【探索固体废弃物处置方法】　2018年，电厂实施固体废弃物处置相关的调研、交流、科研和技术改造项目，进行电厂锅炉掺烧污泥、废轮胎和废树枝树叶的技术研究，首次组织实施一号炉废弃催化剂的处置，首次实施宝钢股份水处理

汅

污泥和电厂化学废树脂的掺烧。全年处理废乳化液4 783.56吨。

（高 薇）

## 制造管理部

负责宝钢股份钢铁产品（含核电用钢）和副产品生产物流、技术质量、有害物质管理体系的管理，生产物流、技术质量的规划、计划管理，产品技术质量一贯制管理，企业标准的管理，公司级产品生产工艺设计的管理，周以下生产计划管理，生产管制，金属平衡和在制品库存管理，原燃料（含废钢铁、铁合金）的技术标准、需求计划、厂内库存管理，生产物流、技术质量绩效监测、综合分析和持续改进，总部应急预案和生产、质量事故的管理，检化验监督及业务归口管理，标准化作业管理，钢铁产品国内外政府许可证类认证、产品及标志类认证、行业类质量体系认证。下设办公室、生产技术管理室、质量保证室、原料管理中心、薄板生产管理室、薄板工序质量室、薄板产品设计室、厚板管理室、生产管制中心、检化验中心。2018年底，在册员工763人。　　　　（许胜利）

【推进鱼雷罐车管理】 2018年，宝钢股份组建制造管理部、运输部、炼钢厂等跨部门团队，通过优化鱼雷罐车空罐烘烤和加盖模式、高炉下配罐方式、降低鱼雷罐车日运行罐数等一系列措施，鱼雷罐车周转率由2.6提升到3.0，铁水温降下降19.2℃。策划并制订混铁车预加废钢方案，制定鱼雷罐车专用废钢标准、作业指导标准，3月率先在一炼钢区域开展，5月拓展到二炼钢区域，7月废钢加入量突破1万吨，全年加废钢7.32万吨。（许胜利）

【提升修磨机修磨作业量】 2018年，制造管理部建立按周推进机制，协同炼钢、设备和采购等部门，推进修磨机设备消缺，制定并持续优化修磨目标钢种和修磨标准，发布《修磨机修磨规范》。重点推进修磨机日历作业率的提升，推进摄像头功能恢复，探索局部修磨模式，炼钢计划与修磨机合理匹配。全年月均板坯修磨1 184块，其中月度最大修磨量达到1 754块，板坯热送率达到63.78%，热装率达到55.4%。　　　　　（许胜利）

【推进热送热装模式】 2018年，制造管理部通过六西格玛精益运营项目，以修磨机为重点突破口，协同制定钢轧高效推进规划，管控要素及环节由10个细化至41个。协同设备、炼钢、热轧、厚板、运输、合同计划等业务部门，补充完善钢轧联动检修协同、检验周期、运输周期等5个大项过程管理及时间管控基准。全年热轧生产线实现降成本3 116万元，5米厚板生产线热送热装实现降成本1 068万元；9月，3条热轧生产线综合热装水平达到40.82%，实现热轧生产线整体达到国家清洁生产三级标准。

（许胜利）

【提升冷轧超高强钢成材率】 2018年，制造管理部牵头建立双周推进机制，梳理出超高强钢38项质量问题，经过有效持续推进，超高强钢成材率较2017年提高1.77%。通过推进铸机状态精度管理和无氩浇铸，锯齿裂封锁率下降到13.55个百分点；通过优化热轧冷却、卷取工艺和优化生产线，厚差比例显著下降；优化热轧除鳞、卷取工艺，冷轧退火炉气氛管理，热镀工

序鸡爪印、麻面等缺陷改善明显，镀层不良（漏铁）缺陷改判率下降38%；加强炼钢成分高精度控制和监控，依据成分动态调整退火工艺和优化退火制度，双相钢（DP）及淬火延性钢（QP）等品种的性能合格率大幅提高，改判率从3.52%下降到2.57%。　　　　（许胜利）

【推进智慧制造】 2018年，制造管理部围绕作业自动化、业务智能化、流程高效化，以人工智能技术、工业大数据等新一代技术为基础，按照统一规划、分步实施、试点突破的设想稳步快速推进。1580热轧自动优化排程系统完成主要子模型及轧制规程数字化编码、高阶"人机交互"等功能研发，交付生产后可实现全自动运行效率90%以上。冷热卷合同余材充当系统成功上线，实现多工序多生产线大规模优化充当，同比冷热卷合同余材充当量提升7.57%，小欠量合同减少炼钢投入量月均0.4万吨。启动检化验中心原料二步及二炼钢检测能力提升、连铸试验室低倍制样及低倍电解腐蚀自动化、1550冷轧试验室全自动加工及力学性能检测系统改造项目。　（许胜利）

【提升多基地协同制造能力】 2018年，制造管理部从生产效率、过程控制、产品质量、检化验四个方面建立175项多基地对标体系，以项目化方式推进对标。梳理出28项多基地支撑项目，37项宝山基地（以宝钢股份直属厂部为主）对标改善提升项目，倒逼各基地、二级厂部水平提升。强化镀锡板质量一贯制体系建设，解决武钢有限、梅钢公司基板点锈问题，支撑武钢有限前工序工艺改进和控制能

力提升，互供产品现货发生率由2017年的13.7%下降到2018年的9.4%。制定武钢有限烘烤硬化钢（BH钢）、低合金高强度钢（HSLA钢）一贯工艺改进方案，解决牌号780DP扩孔率低和表面可镀性问题。武钢有限电镀汽车板交库量4.2万吨，电镀外板交库量3.7万吨，全流程成材率较上年提升41.9%。湛江钢铁完成7个牌号超高强钢互供宝钢股份直属厂部热轧和轧硬卷生产；实现互供2.1毫米规格热卷，在宝钢股份直属厂部生产出0.5毫米、0.6毫米的冷轧成品；完成保温罩热卷在宝钢股份直属厂部轧硬卷生产。超高强钢制造能力实现主要品种验证，基本具备120千克及以下前工序批量生产能力。策划梅钢公司热轧、酸洗及19个产品移植项目，实现向精冲钢用户批量供货。　　　　（许胜利）

【实施宝武整合融合项目】　2018年，制造管理部组织落实制造能力提升计划，完成11个项目、21项任务，实现协同效益15.41亿元。对电镀锌、热镀锌、热轧和酸洗等产品开展质量一贯管理体系审核及产品质量验证，支撑武钢有限对标改善，提高关键过程稳定控制能力和产品实物质量，电镀锌汽车外板、彩涂板实现同品质。组织制造管理系统覆盖武钢有限，10月31日制造管理系统一期上线，12月31日制造管理系统二期上线。　　　　（许胜利）

【推进梅钢公司融合化合】　2018年，制造管理部将10个项目上门送教到梅钢公司，进行点对点辅导46人次，进行对口学习37人次。全流程成本管理系统（CE-Plus系统）覆盖梅钢公司。　　　（许胜利）

【提升检化验体系能力】　2018年，制造管理部通过ISO17025新版认可准则换证评审，完成控制计划113个项目的测量系统分析。建立84项四基地对标体系，依据用户需求设定34项重点评价指标，9项标志性速度指标提升8.1%，7项标志性精度指标提升11.9%，铁矿石、副原料、铁合金检测周期较上年分别提升40.5%、49.4%、32.1%，一炼钢精炼光谱分析速度连续3个月实现"3分18秒"挑战目标。　（许胜利）

【推进组织体制改革】　2018年，制造管理部实现厂管作业区组织体制变革，撤销检化验中心下属3个检验室，技术人员统一管理。按照工艺相近、区域相邻、集散适度的原则，进行业务整合，原24个作业区压缩到14个作业区。作业长及以上管理岗位由38个精简到20个，作业区管理幅度由每作业区平均22人增加到29人，技术岗位由55个精简到47个，操作岗位由484个精简为391个。镀锡板室按计划节点撤销，2名管理干部转为技术人员。　　　　　　　（许胜利）

## 设备部

　　下设办公室、设备管理室、检修管理室（设备管制中心）、备件管理室、合同管理室、固定资产管理室、计量室、设备技术室、自动化控制室、通信室（网络管制中心）。2018年底，在册员工437人。
　　　　　　　　　　（苏　浩）

【设备管理】　2018年，设备部14项重点指标全部达标。一是深化全员生产维修（TPM）管理，提升生产操作履职能力。全年生产操作原因造成故障时间同比下降35.17%。协同配合各厂部推进"操检合一"，组织策划5期设备专职、3期运行点检员资质认证培训班，509人通过考核并取证。优化TPM公众号，增加点到点消息发送，及个性化回复、交流等功能。截至12月底，员工关注人数1 163人，注册人数730人，发布案例183篇，纳为经典案例29篇，发布交流主题221个。二是智慧制造工作。完成《智慧设备管理专项规划（2019—2024）》编制工作；组织开展"ABB及KUKA机器人"专业培训12期，135名技术人员参加培训并通过认证；组织宝钢股份直属厂部首届工业机器人应用维护技能比武，选拔8位选手参加上海市"康桥杯"邀请赛，获得职工组一等奖。关键设备在线监测覆盖率为4.4%，风机等5类设备的10种模型植入在线监测诊断平台。三是设备分层分类管理。组织10个生产厂部辨识六位码设备42 336个；完成九位码辨识100 497个。设备分层分类辨识工作完成率100%。四是推进多基地设备管理。建立四大协同运作机制（设备会议、专业组交流、对标、评估），按季组织召开四基地设备工作会议；组织四基地26个项目的跟踪推进。6月30日，武钢有限设备管理信息系统上线；9月30日，武钢有限设备管理数据仓库上线。组织四基地各类项目化推进：多基地协同降成本项目，全年降成本1.242 6亿元；宝武整合融合项目，共8个项目46子项，完成率100%；嵌入式支撑工作项目，共8类55个项目215个子项，完成率100%，其中设备管理优化、检修工程管理优化两个嵌入式支撑项目分别获宝钢股份第一、三名；梅钢

公司"一部带一部"项目，共9大类20个项目，累计活动43次，共完成17个项目。　　　　（苏　浩）

【点检管理】　2018年，宝钢股份通过《点检管理月报》，开展数据分析和评价，及时反映点检管理的现状，揭示存在问题，进一步强化点检实绩的深度分析与跟踪；开展点检规范性检查，全年有565名点检员被扣分。开设点检系列培训班50个，1 587人参加培训。组织2018年宝钢股份机械专业点检员技能大赛，1 440人参赛。（苏　浩）

【维修成本管理】　2018年，设备部推进降低日修负荷精益运营项目，强化对"三高"（消耗额高、单价高、引发故障停机率高）物料的分析管控。全年维修总投入（含非生产，不含煤精及其他单列）较2017年可比口径下降5.03%。研究建立"五自动"（自动采集、自动整合、自动分析、自动生成、自动推送）维修费智能管家系统。　　（苏　浩）

【制度建设与基础管理】　2018年，宝钢股份级设备管理程序共48篇，其中降级3篇（A降为B），新增1篇，作废1篇，修订27篇；设备管理标准共58篇，其中新增4篇，修订11篇；设备部级管理文件共28篇，修订2篇。年内，设备部有6个作业区被宝钢股份评定为金牛级作业区，1个被宝钢股份评定为银牛级作业区，基础管理年度评价获宝钢股份第一名。组织完成186篇《协力岗位规程》的编制。　　　　　　　　（苏　浩）

【检修管理】　一是设备定修。2018年，设备部组织完成设备定修592次，累计21 978.1小时，较计划值减少1 329.9小时，降幅5.7%，创机会产能效益4 441.4万元；组织完成主作业线、重要作业线和单体设备年修102次，合计提前545.1小时，创机会产能效益630.09万元；组织完成首届中国国际进口博览会（10月30日—11月11日）期间系列年修与定修工作。二是提升检修队伍能力。设备部组织培训科目114个，2 443人次参加检修安全、电气清灰、润滑紧固等系统培训，合格率为97.81%；各厂部完成协同培训项目34项，完成率为100%；各检修单位完成自主培训项目74项，完成率为100%；组织第十三届检修技能大赛，完成钳工、电工、起重、焊工四大专业工种和架子工比武。三是建立检修资源共享库平台，并于2018年9月30日上线运行。四是智能管控新模式。《宝山基地（宝钢股份直属厂部）设备运行管制日报》是宝钢股份调度系统第一个投运的专业模块，为后续管理效能的提升提供了有力支撑。五是规范检修业务流程。以制度优化为驱动，聚焦协同，促进检修管理业务流程的规范与统一。颁布《BGFZ12A07设备定修模型与计划管理制度》《BGFZ12A14常规检修工程管理办法》《BGFZ12A16设备事故报告、调查处理管理办法》等6个管理文件或标准，为检修和状态管理的标准化、规范化奠定良好基础。　　　　　　　　（苏　浩）

【运行状态管理】　2018年，宝钢股份直属厂部25条主作业线月均故障时间176.07小时，较控制目标值下降29.57%，同口径（25条）与2017年实绩（202.58小时）相比下降13.09%；46条重要作业线月均故障时间162.87小时，较控制目标值下降56.45%，同口径（46条）与2017年（216.18小时）相比下降24.66%；35条公司瓶颈、盈利产线月均状态达标率为89.29%，较控制目标值上升6.29%，与2017年实绩（34条，88.48%）相比上升0.81%；主作业线、重要作业线故障时间呈明显下降趋势，未发生一、二级设备事故。全年组织479起故障（事故）调查，完成三级及以上设备事故整改措施的验证和每季度典型案例汇编发布，编制《关于近期公司四大基地冶炼区域设备典型故障案例的通报》《关于近期公司四大基地轧钢区域设备典型故障案例的通报》。持续推进设备功能精度攻关消缺，累计完成17项攻关，设备原因造成的产品质量损失发生率累计为0.16%（目标值0.21%），同口径较2017年（0.22%）下降0.06%。推进"紧固、润滑、清扫"类设备基础管理专项工作，定期组织开展过程检查和交流，组织各厂部梳理完成《关键设备润滑管控清单》，优化完善《关键螺栓管控清单》，实施"油品基础知识""电气室清灰管理"等基础管理维护技能培训课程；主作业线、重要作业线螺栓类故障时间同口径较2017年下降59.64%，各直属厂部润滑油、脂领用量同口径较2017年分别下降19.67%、12.98%。　　（苏　浩）

【备件管理】　2018年，宝钢股份物料库存、成本管理工作总体受控。备件库存总量（含待摊）140 471万元，完成宝钢股份"两金"压控14.06亿元的目标。常规维修物料消耗（含返冲、保险理赔，年修,不含轧辊)153 036万元(不含电厂0号机大修7 172万元),同比下降4 838万元,降幅3.06%。设备部在备件管理工作中,一是推进物料降成本工作。全年国产化降成本2 026万元;推进"三高"(消耗高、单价高、故障率高)项目降成本,累计效益3 793万元;利用3年以上库存6 364万元(现值)。二是备件智慧管理。强化图档、备件基本信息等基础管理工作,提高备件管理应急响应速度。三是备件共享。全年152项大额件在四基地实现共享,共享库存金额7 000万元,降低四基地备件储备158万元。四是库存报废处置,完成3 789万元长龄低效存货备件的报废处置工作。五是推广新技术。开展陶瓷辊、复合材料刮油辊、复合材料挤干辊、纠偏用橘皮辊等新技术的应用和推广工作。六是召开宝钢股份轧辊管理研讨会,实现宝钢股份轧辊管理同一平台、同一语言的目标。

（苏 浩）

【合同管理】 一是设备维修供应商使用。2018年,设备部全面实现设备维修供应商个人推荐和网上公示;推进实现供应商资质有效性管理系统在线联动控制功能;全年选用检修供应商49家、检修分包商58家、备件修理供应商129家、维修工程设计供应商29家。二是设备维修合同管理。全年,宝钢股份直属厂部推进单项检修项目1 269项,其中维修费用口径1 047项、非维修费用口径222项(包括罗泾区域单项检修项目20项);组织推进维修工程项目220项,当年项目完成率64%;与104家备件修理供应商签订备件修理框架合同,签订总包修复合同13项,梳理并编制完成2018年备件修理协议价1 883条,完成备件修复项目结算1.48万项,合计涉及备件约9.89万件;推进实现备件修复内容确认与报价、核价的网上操作功能开发。三是其他合同管理。设立环保快速改善专项费用,通过单项检修和维修工程渠道,推进并完成项目14个。

（苏 浩）

【设备前期管理】 2018年,设备部作为设备专业职能管理部门,参与宝钢股份建设、技改项目各类审查493次,日均2.5次,组织技改项目建议书审查50份、各类会签135份。批复会签共提出87条建议,采纳79条,采纳率90.8%。秉持低成本理念,完成11项自主集成开发任务,节约投资2 353万元。此外,在智能装备选型方面取得一定成效,完成《智能装备通用技术规定/智能化桥式起重机系统(试行版)》《设备在线监测诊断系统架构规范》《设备在线监测与诊断技术导则》的发布,编制相应解读教材,并开展培训。

（苏 浩）

【固定资产管理】 2018年,宝钢股份新增固定资产入账14 054项,账面原值36.07亿元;资产报废9 841项,账面原值23.54亿元,净值2.03亿元;资产异动1 449项,账面原值14.34亿元,净值3.14亿元;处置报废资产原值170 511.67万元,净值16 198.61万元,处置收入7 451.36万元,处置原值收益率4.37%;完成利旧零配件上机886项,利旧原值3 786.12万元,实现利旧效益1 941.6万元,完成目标3 000万元的126.20%;归口零固审核8 885项,金额20 132.17万元;签订租赁(托管)协议20项,涉及资产1 816项,原值176 166万元;完成非生产性设施大修68项,其中实事工程28项,防汛防台9项,建构筑物20项,其他11项;重点强化非生产性大修控费降成本,严把项目立项审核关,全年执行大修费用2 370.6万元,比预算(2 878万元)节省费用507.4万元,降低大修成本17.6%。完成13套消防系统年度实喷试验工作,功能测试265项,发现各类问题105项,较2017年同期下降35.24%;落实816台空调报废更新安装工作,组织完成"战高温、保状态"空调系统保驾任务,高温期间异常次数同比下降29.7%;推进"闲废资产回收处置业务系统编程开发"等工作。

（苏 浩）

【计量管理】 2018年,设备部获中国计量协会授予的"冶金行业计量标杆示范单位"称号。宝钢股份、宝日汽车板测量管理体系通过年度监督评审,宝特长材首次与宝钢股份同步接受审核。宝钢股份直属厂部145枚同位素放射源实现信息化安全管理。

（苏 浩）

【技术管理】 2018年,设备部新增《钢结构通用技术标准》《轧辊入厂检测及验收标准》《设备在线监测与诊断技术应用导则》3篇通用设备技术规程;修订《基础自动化》《预防性试验标准》等4篇通用维修技术标准。开展宝钢股份级科研项目11项,结题2项;开展设备部自管科研项目21项,结题8项,创效益3 564万元。经过科研及现场攻关,国家专利局受理专利9件,其中发明专利9件;认定技术秘密20.3项。

（苏 浩）

【网络通信管理】 2018年，设备部完成主干网终端准入系统改造项目。完成宝钢股份光缆资源的摸查梳理，数据库内有网络节点数据1 543个、网络光缆数据1 620条。进行工业控制网络安全现场检查和指导103次、发现问题98项、完成整改83项，与2017年相比，人力投入增加433%，检查次数增加758%，发现问题数增加790%。推进工业控制系统信息安全档案数据完善工作，录入工业控制系统1 095套。推进主干网络核心架构升级改造项目，完成全部施工任务。推进数字通信设备的应用：工业电视设备31.44%实现数字化、8.85%可远程点检和远程维护；现场有线设备26.19%实现数字化、19%实现可远程点检。 （苏 浩）

【过程控制系统运行维护】 2018年，设备部优化过程机管控模式，开展隐患排查和消缺工作，共消除设备隐患32个。L2/L3/L4系统故障造成主/重要作业线停机时间降低3.4%，停机次数降低29%。值班运维点由6个缩减至1个，参加日常值班人员从45名减少到18名，实现了人员技能及劳动效率提升。信息化监控平台建设项目已经成功上线，实现了计算机系统的智能监控、智能点检、智能管理。信息管控中心建设项目立项批复，并开展土建施工和设备采购。开展模型调整优化和控制功能完善，提升设备功能精度，全年完成用户需求436项，实现合理化建议创效804万元。"一种冷轧轧机刚度的动态计算方法"在第十届国际发明展览会上获"发明创业奖——项目奖"金奖；"一种转炉合金生产系统的料仓用自动称重控制方法"在第十届国际发明展览会上获"发明创业奖——项目奖"银奖。涉及58项建设技改项目，其中模型自主开发18项，节约投资3 179万元。设备部负责自主开发的三号连铸L2模型、一炼钢转炉"三电"系统改造转炉模型、计算机系统智能管控平台、硅钢常化机组高牌号生产适应性改造、取向硅钢产品结构优化等10项自主开发项目一次性投运成功。"冷轧机颤振智能监控与抑振提速技术及应用"获2018年冶金科学技术奖一等奖。 （苏 浩）

## 运输部

负责宝钢股份直属厂部各类生产性运输车辆、工程机械、移动机械和厂内运输业务，以及滩涂圈围区域的专业归口管理。下设综合管理室、运输管理室、设备管理室、滩涂圈围项目组、货代管理室、马迹山港、原料进厂中心、成品出厂中心、铁区运输中心。2018年底，在册员工1 119人（含湛江钢铁支撑人员）。

2018年，运输部港口吞吐总量1.150 3亿吨；汽车运输总量6 223.7万吨；铁路运输总量2 211万吨；产成品仓库进出库总量1 294.7万吨；拖轮作业9.52万小时；削减成本6 077万元；马迹山港完成吞吐量6 303万吨，正式员工劳动效率提升9.3%。

年内，运输部获"2017年度上海市安全行车管理先进集体"称号，被评为"2017年度货物港务费征管工作先进港口经营人"。 （张建宏）

【机构调整】 2月1日，运输部设备管理室铁路点检作业区整体划转至铁区运输中心，实现铁路设备一体化管理。7月1日，运输部成立车辆临时授权中心。10月10日，设备管理室马迹山点检作业区整体划转至马迹山港，实现马迹山港区域一体化管理。11月26日，运输部组织机构调整，撤销船队的机构建制，将相关业务纳入原料进厂中心管理，将原料进厂中心承担

2018年8月17日，宝钢股份运输部员工在台风"温比亚"来临前对港机防风设施进行加固 （张 勇 摄）

的原料汽车运输及装卸业务划转至铁路站，铁路站更名为铁区运输中心。 （张建宏）

【业务整合】 1月1日，运输部原料进厂中心炼铁车队管用养修协力业务与区域委外运输业务完成整合切换，炼铁车队区域汽车工程机械设备退出，实现区域付现不增，轻资产运行。7月1日，宝钢股份直属厂部原料进厂、钢成品仓储、钢成品水运及铁路出厂等作业协力业务完成合同直签切换，压缩管理层级，减少业务界面，生产协力业务运作成本下降5%。7月15日，热轧在制品运输业务全部由中冶宝钢技术服务有限公司承接，框架车完全退出热轧在制品运输，实现专业化管理，保障热轧工序的运输需求。11月30日，拖轮机工水手作业原"四班二运转"切换为"三班一运转"，减少现场作业人员配置，缓解缺员压力，提高协力作业效率。12月1日，原料汽车检修业务由多家检修单位整合为中冶宝钢技术有限公司一家承接。12月11日，炼铁、炼钢区域的工程机械管用养修业务及检修业务全部纳入生产协力业务，运输部按照集中一贯制原则继续承担专业管理职责。 （张建宏）

【滩涂钢制品智能仓库投运】 4月28日，运输部滩涂钢制品智能仓库提前2个月投入运行，成功实现无人行车的立式卷和二层堆高作业，堆存能力超设计30%。这是国内最大、智能化程度最高的钢制品智能仓库。 （张建宏）

【通关实施汇总征税模式】 7月1日，宝钢股份在海关浙江省舟山关区对进口大宗原料通关实施汇总征税模式。该模式是宝钢股份进出口通关业务多年以来的重大突破，减少下半年海关保证金投入6.7亿元，节省资金成本1 098万元。 （张建宏）

【物流改革】 7月25日，宝钢股份直属厂部出厂物流管理优化改革工作启动。至年底，冷轧厂、厚板部、热轧厂、硅钢部、镀锡板厂、钢管条钢事业部和宝日汽车板7个厂部的成品末端库管理业务，以及营销中心营销管理部陆运业务先后划转至运输部，共划转员工140人。12月15日，产成品外部运输委托上海交运沪北物流有限公司负责，实现人力资源优化，降低物流运输人工成本。 （张建宏）

【运输管理信息系统改造项目上线】 8月1日，运输管理信息系统改造项目上线，标志着运输部框架车调度迈入智能时代。 （张建宏）

【电炉圆坯铁路运输线路开通】 12月29日，宝钢股份直属厂部电炉圆坯铁路运输线路开通。该项目的实施，有效提升了电炉圆坯运输效率，降低运输成本，改善道路交通状况。 （张建宏）

2018年1月25日，宝钢股份运输部铁路运输线 （刘继鸣 摄）

## 钢管条钢事业部

钢管条钢事业部下设综合管理部、人力资源部、经营财务部、纪委监察部、安全保卫部、营销部、制造管理部、设备能环部、电炉厂、条钢产品经营部、无缝钢管厂、焊管部、管加工中心、精密钢管厂、宝钢特钢长材有限公司（简称宝特长材）、烟台鲁宝钢管有限责任公司（简称鲁宝钢管）、南通宝钢钢铁有限公司（简称宝通钢铁）、宝钢克拉玛依钢管有限公司（简称宝玛钢管）、宝力钢管（泰国）有限公司（简称宝力钢管）。2018年底，在册员工4 742人。

钢管条钢事业部拥有电炉、初轧、棒材、高速线材、无缝钢管、中口径直缝焊管（HFW）和大口径直缝焊管（UOE）多条世界先进的现代化生产线，形成以棒线材、无缝钢管、焊管三大系列为核心的产品体系，年生产能力200万吨棒线材、200万吨无缝钢管、80万吨焊管。钢管产品形成油井管、锅炉管、管线管、机械结构管四大系列产品；长材产品形成初轧商品坯材、棒线材产品两大系列产品。产品通过美国石油协会（API）、TÜV南德意志集团、六国船级社（美国ABS、英国LR、德国GL、法国BV、挪威DNV、意大利RINA）等国际权威机构的认证，广泛应用于石油、化工、电站锅炉、汽车、机械、船舶、航天、军工等各个领域和行业，远销欧美、东南亚、大洋洲、非洲等国家或地区。

2018年，钢管条钢事业部实现商品坯材销量333.4万吨，营业收入204.6亿元。 （李叶钧）

【编制新一轮规划】 2018年，钢管条钢事业部通过环境分析、市场预测、同行对标等手段，完成《宝钢股份钢管条钢事业部发展规划（2019—2024）》，进一步明确将长材产品打造成为公司第三大核心战略产品；无缝管产品保持国内无缝钢管精品制造的引领者地位，综合竞争力中国第一，全球前三；焊管产品成为全球焊管技术领先者。《宝钢股份钢管条钢事业部发展规划（2019—2024）》围绕城市钢厂、智慧制造、技术创新、制造能力提升、效率提升、成本削减、服务领先七个方面，分别设定了标志性的年度目标和战略举措，编制形成新一轮规划的总纲及专项子规划，致力于将钢管和长材打造成为宝钢股份的核心战略产品。 （李叶钧）

【扭亏增盈】 2018年，鲁宝钢管采取"过程管控，体系覆盖"的管控模式，成功扭亏为盈。焊管生产线扭转连续5年亏损的不利局面，实现盈利。宝力钢管产销量分别同比增长32.8%、14.1%，经营毛利率提升8%。 （李叶钧）

【深化改革】 一是压缩管理层级。2018年，钢管条钢事业部撤销6个科室编制。增强焊管产品营销力量，实施焊管业务与机构优化。明确宝特长材受托管理后的整体管控模式和各专业条线分工。二是打破宝钢特殊扣量规授权点免费借用和宝钢量规无法外售的固有模式，形成量规租赁有偿借用、租赁收费模式，全年实现效益28万元。三是实施条钢运维和抢修业务切换整合和人员培训、无缝钢管精整设备一体化协同管理、焊管设备运行和点检值班业务优化等举措，无缝钢管主作业线设备综合效率同比提升3%，线材主作业线设备故障时间同比下降20.9%。四是以人力资源行动计划为抓手，实施智慧制造、操作工位优化整合、灵活用工机制、检操合一试点、人力资源共享、回归技术岗位本原、作业区优化、区域专业化外包等举措，正式员工劳动效率提升8.1%。 （李叶钧）

【受托管理宝特长材】 4月3日，钢管条钢事业部受托管理宝特长材后，系统策划，明确了宝特长材整体管控模式和各专业条线分工。将宝钢特钢60吨电炉资产划转至宝特长材，完成宝特长材组织机构同步调整。推进宝特长材制造能力提升，结构钢热轧成材率提升至96.2%，线材生产线小时产量提升17.1%。通过多措并举，宝特长材的结构钢线材产品销量同比提升52%。 （李叶钧）

【产品结构优化】 2018年，钢管条钢事业部棒线材实现汽车用材销量和市场份额稳定。其中，汽车圆钢在蒂森克虏伯发动机零部件（中国）有限公司实现增量19%；高强弹簧钢替代进口，市场份额提高到

2018年8月17日，宝钢股份钢管条钢事业部无缝钢管厂生产现场 （张 勇摄）

90%。无缝钢管加大品种管市场拓展，140生产线高合金油套管销量同比增长153%，高强结构管销量同比增长68%；鲁宝品种管比例提高到57%，非标套管销量同比增幅90%；精密生产线汽车管销量首次突破2万吨，非锅炉管产品同比增长12%。焊管加大管线管市场开拓，高端产品增长125%，宝钢股份独有的18米长焊管销量同比增长95%。　　（李叶钧）

【开拓市场】　一是棒线材产品。2018年，钢管条钢事业部2 050兆帕高强弹簧钢批量替代进口，齿轮钢实现向全球第三大变速器供应商加特可自动变速箱有限公司的批量供货。二是无缝钢管产品。获中国石油化工集团有限公司石油管订单，中标乌兹别克斯坦埃里尔公司特殊扣等项目。三是焊管产品。推动道达尔乌干达输油管线项目增加中口径直缝焊管管型。全年完成第二方认证24项。
　　（李叶钧）

【开发差异化产品】　2018年，钢管条钢事业部以科技创新为抓手，加快开发差异化产品。加特可自动变速箱有限公司用齿轮钢四面淬透性带宽的控制达到世界先进水平，成功替代进口；用宝钢股份原料加工的2 050兆帕级钢丝批量替代进口；商合杭高铁芜湖长江大桥工程用镀锌钢丝实现批量供货。非调质高强韧地质钻探管产品实现首发，高气密性油管产品实现首次供货，高温蒸汽输送用正火热处理型焊管首次供货。全年，新试产品实现销售23.44万吨，科技创新效益2.84亿元，科技降成本1.25亿元。
　　（李叶钧）

【提升制造能力】　2018年，钢管条钢事业部76项核心技术经济指标中，46项优于2017年，进步率达60.5%，31项创历史最佳，历史最优率达40.8%。一是电炉生产线同比增产4万吨，140无缝生产线热轧量超上年同期2.9万吨，鲁宝钢管生产线热轧量同比增产12.7万吨，焊管部大口径直缝焊管生产线工序成本下降21.9%。二是推进多基地协同，充分发挥生产线价值。推进多生产线优势互补，发挥机组产能，提高产品质量，实现协同效益1.1亿元。三是重点产品工艺技术不断进步。弹簧钢探伤合格率提升8%。四是鲁宝钢管制造能力联合攻关工作取得成效。实施热轧缺陷成因分析及改进、芯棒冷却装置改造、离线水淬设备改造、339毫米外径车丝合格率全流程问题梳理及改进等联合攻关，套管探伤一次合格率提升至96.7%，特殊扣套管车丝一次合格率提升至93%，热轧连轧辊寿命提高10%，芯棒寿命提高30%。　　（李叶钧）

【降低成本】　2018年，钢管条钢事业部强化成本分析，实现源头降成本6 770万元。策划十大类降本增效项目，实现效益2.1亿元。实施优化废钢结构、降低电极消耗、调整营销定价、优化钢种成分等举措，减少原料价格波动对经营的影响。完善成本管控体系，推进全流程精细化管控。全年成本同比下降1.04亿元。　　（李叶钧）

【智慧制造】　2018年，钢管条钢事业部启动智能装备类项目8项，信息化类项目2项，智能工厂类项目5项。其中，连铸浇钢机器人成功完成设备安装与中间包覆盖剂投料现场测试，圆方坯连铸在线铸坯长度自动复检系统在线试运行，特殊扣区域无人化智能示范线多个项目试运行效果良好，多基地营销驾驶舱项目完成开发。　　（李叶钧）

【基础管理】　2018年，钢管条钢事业部确立245个年度环境改善项目。11个作业区被评为宝钢股份金牛级作业区，21个作业区被评为宝钢股份银牛级作业区，在宝钢股份事业部、子公司、协力单位序列中排名第一。改善员工工作条件，完成实事工程项目50项。
　　（李叶钧）

【获得荣誉】　2018年，金国平获全国五一劳动奖章，获"上海工匠"称号；邢君获"全国钢铁行业技术能手"称号；王超峰获"第八届中国金属学会冶金先进青年科技工作者"称号；徐智俊被评为全国钢铁行业"青安杯"竞赛最佳青安岗岗长；成进军获山东省"劳动模范"称号；胡喆获山东省烟台市五一劳动奖章。条钢产品经营部初轧厂生产准备作业区获"中央企业先进集体"称号，管加工中心量规团支部获"全国钢铁行业五四红旗团支部"称号，无缝钢管厂质检作业区青安岗被评为"全国钢铁行业青年安全生产示范岗"，"高等级管线管UOE工模具关键技术及规格拓展"获2018年冶金科学技术奖三等奖。发明专利"用于保障连铸安全连续化生产的引锭杆安全制动智能监控技术"获2018年法国巴黎国际发明展览会银奖，发明专利"一种消除钢管超声波探伤机组探伤误报的技术"在广东佛山举行的第十届国际发明展览会上获金奖。全

年，钢管条钢事业部新增上海市高新成果牌号12个，获上海市财政资金扶持2 416万元。（李叶钧）

## 宝钢特钢长材有限公司

宝钢特钢长材有限公司（简称宝特长材）是宝钢特钢有限公司（简称宝钢特钢）的全资子公司，其前身为宝钢特钢与广东韶钢松山股份有限公司（简称韶钢松山）合资组建的公司，成立于2015年12月，下设全资子公司宝钢特钢韶关有限公司（简称宝特韶关），注册资本28亿元，其中宝钢特钢持股51%，韶钢松山持股49%，于2016年5月起正式独立运行。2017年7月1日起，宝特长材由宝钢股份托管；2018年4月起，由宝钢股份钢管条钢事业部托管。2018年6月，宝特长材完成了韶钢松山撤资、宝钢特钢减资工作，注册资本减至8.4亿元，成为宝钢特钢的全资子公司。

宝特长材具有国内先进工艺技术水准的棒线材、冷拉拔和磨光材生产线，年生产能力达90万吨，涵盖棒/线热轧材、冷拉材、磨光材、剥光材的12个系列1 400个以上牌号特殊钢产品，产品广泛应用于汽车、铁路、机械加工、电子、仪器仪表、电站、石油化工、军工、核电、舰船等领域。

2018年，宝特长材对内部组织机构、托管模式进行了调整。全年销售钢材81.2万吨，销售收入52.52亿元，实现利润总额1.43亿元。年底，在册员工916人。
（施 健）

【受托管理】 4月3日，宝钢股份发文，宝特长材由宝钢股份托管变更为由宝钢股份授权钢管条钢事业部管理。6月22日，钢管条钢事业部发文，明确宝特长材管控模式。
（施 健）

【公司改制】 5月7日，中国宝武同意宝特长材将其持有的100%宝特韶关股权转让给韶钢松山，韶钢松山减资持有宝特长材49%股权，同时宝钢特钢对宝特长材减资6亿元。6月底，宝特长材完成韶钢松山撤资、宝钢特钢减资工作，注册资本减至8.4亿元，成为宝钢特钢的全资子公司，撤销子公司宝特韶关建制。11月，宝钢特钢60吨电炉生产线划转至宝特长材，设立电炉厂。
（施 健）

【人事调整】 3月23日，宝钢股份推荐王洪兵为宝特长材董事，并作为董事长人选（兼）；傅建国不再担任宝特长材董事长、董事。4月，经宝特长材第一届董事会审议通过，选举王洪兵为公司董事长，傅建国不再担任董事长职务。（施 健）

【机构调整】 8月，宝特长材撤销初轧厂建制，并将初轧厂职能成建制划归制造管理部。
（施 健）

【安全环保】 2018年，宝特长材未发生生产性轻伤及以上事故；安全生产重大隐患为零，重大险肇为零；火灾事故为零；厂区道路主责及以上交通死亡事故为零；区域内较大社会影响的治安案（事）件为零。关键环保指标稳定受控，污染物综合排放合格率为100%。
（施 健）

【管理体系认证】 2018年，宝特长材获能源管理体系、测量管理体系、职业健康安全管理体系、环境管理体系认证证书；通过汽车质量体系换版审核、能源管理体系年度监审；完成德国莱茵技术有限公司（TUV）对不锈钢棒材产品的年度监督认证（产品认证）。（施 健）

【科研成果】 2018年，宝特长材科研项目结题18项；专利受理9件，其中发明专利3件，授权7件，技术秘密认定2件。在广东佛山举行的第十届国际发明展览会上，"国Ⅴ排标的针阀体偶件用钢"项目获得

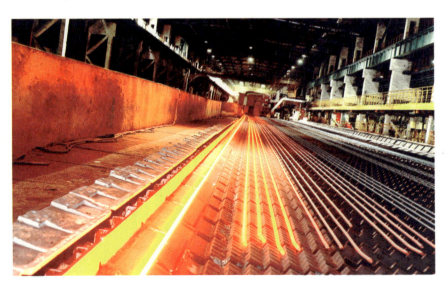
2018年6月20日，宝特长材棒材轧制现场 　　　　　　（张　勇摄）

银奖，"保证高温合金棒材生产线产品质量的成套技术""盘圆连续拉拔辅助技术""一种新型剪切机旋转导槽成套装置"3个项目获铜奖。"宝钢抽油杆线材研究与开发"获中信铌钢技术进步奖三等奖。

（施　健）

# 武汉钢铁有限公司

武汉钢铁有限公司（简称武钢有限）前身为武汉钢铁股份有限公司。公司地处湖北省武汉市青山区，厂区面积21.17平方千米。公司总资产792亿元，国家核定的产能规模为1 800万吨。产品以碳钢板材为主，有六大类500多个品种，形成以冷轧硅钢片、汽车板、高性能结构用钢、精品长材四大战略产品为代表的钢铁精品。产品广泛应用于汽车、家电、石油化工、机械制造、能源交通、金属制品、航天航空、核电、电子仪表等行业。

武钢有限下辖8个职能部门、8个业务部门、8个厂部单位、2家子公司、2家托管单位。职能部门有：办公室、人力资源部（党委组织部）、运营改善部、经营财务部、审计监察部（纪律检查委员会机关）、安全保卫部（人防武装部）、投资管理部、党群工作部；业务部门主要有：采购中心、营销中心、技术中心、硅钢中心、制造管理部、设备管理部、能源环保部、运输部；厂部单位有：炼铁厂、炼钢厂、条材厂、热轧厂、硅钢部、冷轧厂、质检中心、检修中心；子公司有：武汉平煤武钢联合焦化有限责任公司（简称焦化公司）、武汉钢铁集团气体有限责任公司（简称气体公司）；托管单位有：武钢新日铁（武汉）镀锡板有限公司、武汉钢电股份有限公司。至2018年底，在岗人员19 913人。

2018年，武钢有限生产铁1 572.6万吨、钢1 625.9万吨、钢材1 499.3万吨，实现经营利润73.08亿元，上缴税收29.48亿元。获湖北省五一劳动奖状，获武汉市"和谐企业"、武汉市"安全生产红旗单位"称号。

（闫　亮）

【企业负责人简介】　刘安，1961年9月生，浙江开化人，中共党员，教授级高级工程师，武钢有限执行董事、总经理。

刘强，1960年12月生，湖北仙桃人，中共党员，武钢有限党委书记。

（闫　亮）

【制造能力】　2018年，武钢有限750兆帕高精度磁轭钢实现全球首发，低温高磁感硅钢、磁浮轨道用型轨钢实现批量生产。成立铁区建设项目组，加快推动铁区环保规划。硅钢热处理4条线机组

2018年1月1日，武钢有限新大门

（吴　刚摄）

提速近20%，硅钢酸洗2条线提速近30%。高温HiB钢高端率较上年提升26.98%，高端牌号钢较上年提升9.4%，无取向硅钢综合成材率达93%以上。特高压钢27RK085填补企业低温钢空白。

（闫　亮）

【绿色环保】　2018年，武钢有限续建环保项目15项，新开环保项目28项，新增投资44.25亿元。九号焦炉、十号焦炉烟气脱硫脱硝项目建成投产，达到排放标准；烧结矿成品料场实现全封闭；炼铁厂跨二十一号公路皮带通廊封闭改造工程完工。12月28日，七号焦炉正式停炉，提前退役。年内，吨钢综合能耗583.02千克标准煤，较上年降低15.38千克标准煤。在武汉市改善空气质量考核中排名第四。

（闫　亮）

【深化改革】　2018年，武钢有限完成岗位体系重构、岗位工资制切换，管理岗位定员比例由9.9%压减到5.5%。开展作业长制改革，完成由传统的工段制向作业长制转型，优化设置作业区587个，16个作业区获评宝钢股份银牛级作业区，92个作业区获评铜牛级作业区。持续以信息化逆向倒逼管理流程变革升级，重组之初确定的18个经营层管理系统和8个制造层系统年内实现了全覆盖。修订完善制度891个，实现人、财、物全面按照宝钢股份的管理模式、业务流程和规则正常运营。组建检修中心，推进自有检修改革，整合优化分散的检修力量。全力做好压减工作，法人户数从56户减至11户，子公司亏损户数控制在1户，参股公司减少9户。

（闫　亮）

2018年12月28日，武钢有限七号焦炉正式停炉　　　　（吴　刚摄）

【队伍建设】　2018年，武钢有限推进员工职业发展，全年培训员工7.21万人次，人均9.88个学时。118名作业长赴宝钢股份直属厂部进行岗位锻炼。炼铁厂黄平获"全国钢铁行业技术能手"称号。在中国宝武首届职工技能大赛中，5名员工分获5个工种的前4名。炼铁厂乐天勤、运输部何雨帆分获宝钢股份技能大赛决赛高炉炼铁工比赛第一名、轨道列车司机（内燃机车）比赛第一名。

（闫　亮）

【文化融合】　2018年，武钢有限党委抓住重要节点促文化融合。一是策划"武钢有限周年志庆"活动。开展周年志庆暨元宵节造型展示、职工文艺作品展、纪念公司周年植树等活动；《钢铁雄风满青山》宣传专题片在职工代表大会上进行首映，并在宝武大厦等公开场合进行展播。二是策划开展"公众开放日"活动。邀请区委区政府相关部门领导、各兄弟企业和区小学师生代表40余人走进武钢有限，《湖北日报》、湖北卫视等媒体同步刊发。三是策划举办宝钢股份第二期企业文化主题活动。通过诗朗诵、舞台剧等形式展现武钢有限成立后的变革及员工的思想转变。四是策划开展"纪念武钢投产60周年"活动。组织科技人员代表、劳模代表参加纪念武钢投产60周年座谈会；微信公众号"武钢有限"播发专题片《钢铁报国的长子情怀》，微信点击量突破2.3万次。

（闫　亮）

【武钢有限大事纪要】

1月1日，武钢有限全体员工正式换装。

1月2日，武钢有限硅钢部CA19机组成功实现生产提速15.4%，年可增产4.4万吨。

1月16日，武钢有限首家外包餐厅正式营业。

1月19日，武钢有限质检中心获2015—2016年度"湖北省文明单位"称号。

1月，"中国宝武薄板坯连铸连轧（CSP）产线实现硅钢高效规模化生产"消息入选《世界金属导报》2017年"世界钢铁工业十大技术要闻"。

2月5日，武钢有限召开一届一次职代会暨2018年度工作会。会上，对武钢有限2017年先进集体和个人进行表彰。

2月8日，武钢有限举行2018年党风廉政建设和反腐败工作会议。

2月9日，武钢有限举办第一期管理制度"部长讲坛"。

2月，武钢有限气体公司获2017年度"全国安全文化建设示范企业"称号，成为湖北省4家获此荣誉的单位之一。

同月，武钢有限冷轧厂获中华全国总工会颁发的全国五一劳动奖状。

3月2日，武钢有限召开先进模范人物、重点战战成员代表座谈会。

3月12日，湖北省副省长曹广晶一行到武钢有限调研。

3月22日，武钢有限召开党代表会议。会议通过无记名投票方式差额选举产生30名出席中国宝武第一次党员代表大会代表。

3月，武钢有限获得国家大型能源项目——"中国石化新疆煤制气外输管道工程"南区段管线钢供货权。

4月19日，武钢有限举行检修中心成立大会。

4月26日，武钢有限"一种用于钢铝复合板的热轧基板及生产方法"等4个项目获武汉市专利资助资金301万元。

5月9日，武钢有限炼铁厂炉前工高级技师刘自力被评为首届"湖北工匠"。

5月15日，中国宝武第一安全督导组派驻武钢有限工作启动会召开。

5月，武钢有限气体公司被武汉市人民政府授予2016年度"武汉市模范和谐企业"荣誉称号。

6月4日，武钢有限热轧厂中厚板分厂三号常化炉生产线重启。

6月5日，武钢有限首次举办"公众开放日"活动。

6月14日，武钢有限重点环保项目——焦化公司九号焦炉、十号焦炉烟气脱硫脱硝项目建成。

6月26日，武钢有限炼钢厂"提升质量设备本质化水平，创建高质量板坯连铸产线"成果获湖北省优秀质量管理奖。

6月29日，武钢有限举行纪念中国共产党成立97周年暨表彰大会。武钢有限党支部书记研修会揭牌。

6月30日，武钢有限设备管理信息系统（EQMS）和采购供应链管理系统（PSCS）正式上线。

7月1日，武钢有限产品首次通过直航方式出口。装载着近2 000吨武钢有限热轧合金钢卷的伯利兹籍"宝珠船长（JEWEL MASTER）"号货轮从武汉阳逻港二期码头起锚，直航韩国。

8月8日，应急管理部发布公告，武钢有限炼铁厂、条材厂、热轧厂、硅钢部、冷轧厂、能源环保部、运输部、质检中心被确定为冶金安全生产标准化一级企业。

8月30日，武钢有限获武汉市五一劳动奖状。

8月，武钢有限营销中心与宝钢股份资材采购中心、上海宝钢商贸有限公司共同签署《2018—2019年度重轨（民用轨）战略供货协议》，武钢有限钢轨正式实现宝钢股份内部采购。

9月3日，中央军委委员、国务委员兼国防部长魏凤和上将到武钢有限视察指导国防教育工作。

9月13—15日，在第十届国际发明展览会上，武钢有限18个项目获3个金奖、2个银奖、8个铜奖。

9月18—19日，中国共产党武汉钢铁有限公司第一次代表大会召开，选举产生中国共产党武汉钢铁有限公司第一届委员会和纪律检查委员会。

9月20日，武钢有限召开"快乐购"发布会，推出全新营销模式。

11月1日，武钢有限制造管理

2018年5月9日，武钢有限刘自力获首届"湖北工匠"称号　　　　　　　　（吴　刚摄）

系统改造项目群一期正式升级上线运行。

11月，武钢有限获湖北省总工会颁发的湖北省五一劳动奖状。

12月14日，武钢有限召开年终管理研讨会。

12月20日，武汉钢电股份有限公司股权托管协议签字仪式在武钢大厦举行。武汉钢电股份有限公司由武钢集团委托武钢有限管理。

12月28日，武钢有限焦化公司七号焦炉正式停炉。

12月31日，武钢有限制造（成本）管理系统上线。　（闫　亮）

# 宝钢湛江钢铁有限公司

宝钢湛江钢铁有限公司（简称湛江钢铁）是宝钢股份控股子公司，于2011年4月18日在广东省湛江市注册成立，注册资本80亿元，5月22日在湛江举行揭牌仪式。2012年5月24日，宝钢广东湛江钢铁基地项目（简称湛江钢铁基地项目）通过国家发展与改革委员会核准，并于5月31日举行开工仪式。2012年9月—2013年2月，经过股权划转、变更、减资、回购、增资等，湛江钢铁由宝钢股份控股，控股比例为75%，广东恒健投资控股有限公司（简称恒健控股公司）持股25%。2013年10月，宝钢股份增资120亿元，增资完成后，湛江钢铁注册资本为200亿元。其中，宝钢股份对湛江钢铁的控股比例增至90%，恒健控股公司持股比例为10%。

湛江钢铁基地项目主体工程占地面积12.58平方千米，以华南地区为目标市场并辐射东南亚，产品主要品种有热轧薄板、普冷板、热镀锌、宽厚板、无取向硅钢等，面向汽车、家电、机械、建筑、造船、集装箱等碳钢板材高端市场，同时具备热轧超高强钢生产能力。

2018年，湛江钢铁完成钢种认证31个，完成耐磨钢BW300TP一贯制工艺优化、酸洗80千克级高强钢工艺固化、厚板水冷工艺改进及冷轧超高强钢前工序验证等工作，锌铝镁产品实现工业化试生产，彩涂基板具备千吨级以上批量稳定生产能力；推进智慧制造工作，编制完成《湛江钢铁2019—2024年智慧制造规划》，实施智慧制造项目49个，钢制品（冷轧）物流效率提升一期项目上线，实现自动模型推荐配载、出库顺序队列化管控、车辆智能化跟踪调度。全年铁水产量839.2万吨，钢坯产量884.6万吨，商品材销量861.5万吨。

至年底，湛江钢铁正式员工5 146人。其中，宝钢股份支撑员工557人，返聘员工及其他人员32人，湛江钢铁属地员工4 557人。　（牟　志）

【企业负责人简介】　盛更红，1964年1月生，江西永新人，中共党员，高级工程师，湛江钢铁党委书记、董事长。

刘代德，1963年4月生，四川绵阳人，中共党员，高级工程师，湛江钢铁总经理、党委副书记。　（牟　志）

【2018年第一次股东会】　4月18日，湛江钢铁召开2018年第一次股东会，审议通过《关于变更公司董事的议案》《关于"宝钢湛江钢铁有限公司2017年度财务决算报告"的议案》《关于"宝钢湛江钢铁有限公司2018年预算"的议案》《关于2018年固定资产年度投资计划的议案》。会议决定，唐军不再担任董事，李一鸣担任董事。　（牟　志）

【2018年第二次股东会】　9月7日，湛江钢铁召开2018年第二次股东会，审议通过《关于董事人选变更的议案》《关于修订〈公司章程〉的议案》。会议决定，储双杰不再担任董事，王静担任董事；湛江钢铁住所地变更为：湛江经济技术开发区东简街道办岛东大道18号；湛江钢铁董事会由盛更红、李一鸣、吴琨宗、王静、刘代德、郭建光、李娟7名董事组成。　（牟　志）

【三届七次董事会】　3月3日，湛江钢铁召开三届七次董事会，书面审议通过《关于继续购买宝盈稳健组合投资资金信托计划解决职工住宅项目建设资金的议案》。　（牟　志）

【三届八次董事会】　4月18日，湛江钢铁召开三届八次董事会，审议通过《关于"宝钢湛江钢铁有限公司2017年度财务决算报告"的议案》《关于"宝钢湛江钢铁有限公司2018年预算"的议案》《关于2018年金融衍生品交易额度的议案》《关于2018年固定资产年度投资计划的议案》《关于固定资产投资管理制度（第五版）的议案》《关于聘请公司副总经理的议案》。会议决定，聘请敖爱国担任湛江钢铁副总经理。　（牟　志）

【三届九次董事会】　9月7日，湛江钢铁召开三届九次董事会，审议通过《关于协力管理部、后勤管理部机构和业务整合的议案》《宝钢湛江钢铁三号高炉系统项目可研方案》《长龄低效库存备件报废的议案》《关于调整2018年金融衍生品交易额度的议案》《湛江钢铁2018年中期预算调整的报告》。

（牟 志）

【三届十次董事会】 11月23日，湛江钢铁召开三届十次董事会，书面审议通过《关于"聘用2018年度决算审计会计师事务所"的议案》《关于受托管理湛江宝航置业有限公司的议案》。 （牟 志）

【三届四次监事会】 4月18日，湛江钢铁召开三届四次监事会，会议通过《关于审议董事会"关于宝钢湛江钢铁有限公司2017年度财务决算报告"的提案》《关于审议董事会"关于宝钢湛江钢铁有限公司2018年预算"的提案》《关于审议董事会"关于2018年金融衍生品交易额度"的提案》《关于审议董事会"关于2018年固定资产年度投资计划"的提案》《关于审议董事会"关于固定资产投资管理制度（第五版）"的提案》《关于审议董事会"关于聘请公司副总经理"的提案》。 （牟 志）

【三届五次监事会】 9月7日，湛江钢铁召开三届五次监事会，会议通过《关于审议董事会"关于协力管理部、后勤管理部机构和业务整合"的提案》《关于审议董事会"关于宝钢湛江钢铁三号高炉系统项目可研方案"的提案》《关于审议董事会"关于长龄低效库存备件报废的议案"的提案》《关于审议董事会"关于调整2018年金融衍生品交易额度"的提案》《关于审议董事会"关于湛江钢铁2018年中期预算调整"的提案》。 （牟 志）

【生产经营绩效】 2018年，湛江钢铁产能发挥稳定。其中，炼钢厂钢坯产量884.6万吨，超设计产能44.6万吨；热轧产量620.8万吨，超设计产量70.8万吨；厚板产量180.9万吨，超设计产量60.9万吨。实现营业收入390.6亿元、利润52.5亿元（不含广州薄板有限公司）。 （牟 志）

【球团单元完成首次年修】 1月17日，湛江钢铁球团单元首次年修结束。年修期间，共解决主要设备问题10项，消除检修过程中发现的重大设备隐患8项。年修用时41天，比原计划提前2天完成。（牟 志）

【专用铁路通车】 2月6日，湛江市东海岛铁路湛江钢铁专用铁路通车，首列满载1 600多吨钢制品的列车驶出东简站，发往重庆、福建等12个地区。东海岛铁路的通车，拓宽了湛江钢铁产成品出厂方式，降低了物流运输成本。 （牟 志）

【新品种拓展】 3月6日，湛江钢铁成功轧制1180QP冷轧超高强钢。此次超高强钢试轧历经5个多月的准备工作，是继780DP和980DP超高强钢试轧成功后的又一次拓展，为后续冷轧超高强钢的批量试制提供经验积累与技术支撑。 （牟 志）

【微信公众号"青春湛场"上线】 3月15日，湛江钢铁团委开通微信公众号"青春湛场"，拓宽宣传阵地，利用新媒体手段引导青年、宣传青年、凝聚青年。 （牟 志）

【产成品库无人化改造工程投运】 4月9日，湛江钢铁产成品库A跨无人化改造工程投运。车辆进出库区道闸连锁与智能化停车位推荐联动，可自动获取框架配载信息，实现了出入库运行全流程无人化。 （牟 志）

【举办企业文化主题活动】 4月24日，宝钢股份2018年第一期企业文化主题活动在湛江钢铁举行。此次活动以"平凡的点滴汇聚知行合一的磅礴力量"为主题，通过舞台场景剧的方式，展示了湛江钢铁员工践行、传承知行合一的行动和成果。 （牟 志）

【第二届职工艺术节开幕】 5月29日，湛江钢铁第二届职工艺术节开幕。艺术节以"弘扬先进文化、歌颂'梦工厂'"为主题，展出了湛江钢铁及协力单位员工创作的诗词、书法、绘画、摄影作品百余件。 （牟 志）

【技能人才培训】 6月7日，湛江钢铁召开2018年轧制区域技能深化培训开班动员，1 158名员工参与，培训内容涉及原料加热、钢材轧制、钢材精整、设备点检等。 （牟 志）

【新料场投运】 6月27日，湛江钢铁新料场——DC料场投运，作业台时稳定达到2 500吨/小时的水平，其中输入系统至DC料场的卸船过程首次实现智能化作业。DC料场的投运，解决了因料场限制而导致的堆取冲突问题，提高了煤炭输入、输出系统的作业效率。

（牟 志）

【社会公益活动】 6月30日（广东省扶贫济困日），湛江钢铁认捐368万元，用于湛江市三岭山宝钢林项目建设、公益爱心助学、贫困户危房改造等，年内全部实施完毕。

（牟 志）

【智慧制造】 7月1日，湛江钢铁钢制品物流效率提升一期项目上线。该项目是宝钢股份首个智慧物流项目，通过智能化算法模型与流程信息化改造，在实现物流精细化、智能化管理与劳动效率提升的同时，将成为连接厂内无人化库区及码头间高效运转的桥梁。

（牟 志）

【成功生产锌铝镁汽车板】 7月1日，宝钢股份第一卷锌铝镁镀层汽车板在湛江钢铁下线。锌铝镁镀层汽车板与热镀纯锌镀层（GI）、热镀锌铁合金镀层（GA）、电镀锌镀层（EG）等汽车板相比，具有更高的耐蚀性及更好的成形性。

（牟 志）

【进口原燃料实现自理报关】 7月16日，装载17.6万吨原燃料的"河北王朝"号外轮完成海关审结放行，这是湛江钢铁首次实现进口原燃料自理报关。此次报关过程，湛江钢铁实施全流程管控，接审单据、报关材料整理、进口合同翻译、税款资金申请、理货报告录入、报关系统录入、复核审单等环节全部自主操作完成。

（牟 志）

【获海关"协调员企业"资格】 7月27日，湛江钢铁被湛江海关授予"协调员企业"资格，可享受中国海关，以及与中国实现AEO互认国家或地区海关提供的通关便利。AEO高级认证，是指企业无论以何种方式参与货物国际流通，都会被海关当局认定符合世界海关组织或相应供应链安全标准的一方。

（牟 志）

【首卷家电自润滑产品下线】 8月13日，宝钢股份新一代高耐蚀自润滑热镀锌产品在湛江钢铁下线，这也是湛江钢铁生产的首卷家电独有热镀锌产品。湛江钢铁热镀锌后处理品种已拓展到钝化、耐指纹、汽车自润滑、家电自润滑4类品种，可满足华南地区汽车、家电市场的需求。

（牟 志）

【技能比武】 8月28日，2018年宝钢股份"东山杯"变配电运行值班员技能比赛在湛江钢铁举行。来自宝钢股份的32名选手参加了应知计算机机考、笔试、应会面试答辩、现场实际操作等4场次比赛。

（牟 志）

【获菲迪克"优秀奖"】 9月9日，国际咨询工程师联合会（FIDIC，菲迪克）全球基础设施大会在德国柏林召开，湛江钢铁基地项目获菲迪克"优秀奖"，成为中国大陆（不含中国港澳台地区）唯一获奖的产业项目。

（牟 志）

【安全生产标准化评审】 9月11日，湛江钢铁炼铁厂、炼钢厂、热轧厂、厚板厂、冷轧厂、能源环保部6个部门的8个专业通过安全生产标准化一级企业现场评审，这是湛江钢铁首次向中国安全生产协会提出申请，开展安全生产标准化达标评审工作。

（牟 志）

【组织机构整合】 9月14日，湛江钢铁下发《关于明确协力管理部、后勤管理部机构和业务整合的通知》，撤销后勤管理部机构建制，协

2018年7月1日，湛江钢铁生产的第一卷锌铝镁镀层汽车板下线 　　　　（雷孝凯 摄）

力管理部与后勤管理部整合后的名称沿用"协力管理部"，下设协力管理室、通勤物业管理室、餐饮医疗管理室3个业务室。（牟 志）

【防御台风"山竹"】 9月16日，湛江钢铁落实船舶离港避风、各工序产线停机、建设检修项目停工、人员紧急疏散等各项防台措施，1 500多名干部职工在岗值守，防御2018年 第22号 台风"山竹"。21时40分，湛江钢铁一号高炉出铁，生产逐步开始恢复。（牟 志）

【试点"即靠即作业"查验模式】 10月18日，经过湛江边防检查站审定，湛江钢铁具备开展入境船舶"即靠即作业"查验模式条件，作为湛江地区首选单位开展试点工作。该模式的实施，可缩短入境船舶联检时间，每月可多卸原料5万吨。（牟 志）

【获评环保诚信企业】 11月15日，广东省生态环境厅通报广东省2017年企业环境信用评价结果，湛江钢铁获"环保诚信企业"称号。此次评选，是湛江钢铁首次被广东省纳入省级环境信用评价范围，21项评价指标均获得满分。（牟 志）

【参展中国海洋经济博览会】 11月22日，2018年中国海洋经济博览会在湛江市开幕，湛江钢铁参展并获"最佳组展奖"。湛江钢铁参展主题为"与改革开放同行，宝钢建设40年"，图文并茂展示了宝钢建设40年来的改革发展成就，并设置"湛钢创造"专题，展示湛江钢铁为湛江市经济发展、产业拉动、人才引进等方面作出的贡

2018年11月22日，湛江钢铁参展2018年中国海洋经济博览会　　　（梁清松 摄）

献。在为期4天的展览中，湛江钢铁展台接待近4 000人次参观。（牟 志）

【召开三号高炉系统启动会】 12月6日，湛江钢铁举行三号高炉系统项目启动会，项目计划于2021年7月投产，建成后湛江钢铁总规模为年产铁水1 225万吨、钢水1 252.8万吨、钢材1 081万吨。三号高炉系统项目结合智慧制造、绿色钢厂的新要求，坚持"简单、高效、低成本、高质量"的建设和运营理念，采用全流程超低排放新标准。（牟 志）

【启动新一年党组织共建】 12月13日，宝钢国际—湛江钢铁党组织共建年度工作会议在湛江钢铁召开。会议对2017—2018年共建工作作出总结，签订《2019年宝钢国际—湛江钢铁党组织共建协议》，表彰了2家党组织共建先进集体、18名先进个人。被评为先进集体的湛江钢铁厚板厂党总支、宝钢国际南方公司党委分别就年度项目

作了专题交流。 （牟 志）

【三号高炉系统节能报告通过审查】 12月25日，广东省发展和改革委员会出具《关于宝钢湛江钢铁三号高炉系统项目节能报告的审查意见》。该《意见》指出，湛江钢铁三号高炉系统项目采用的建设方案和主要技术标准符合国家相关节能法规及节能政策的要求，同意该项目节能报告。 （牟 志）

【无人化行车自动化联动运行】 12月28日，湛江钢铁冷轧1550单元成品库10台无人化行车实现全自动化联动运行，成品库机组收料、机组上料、成品发货、光卷入离线包装、离线卷入库库内倒垛等作业已具备手动、遥控、自动3种模式。 （牟 志）

【湛江钢铁大事纪要】 1月16日，湛江钢铁召开2018年现场基础管理大会，并对获得"湛钢之星"等先进个人进行表彰。1月23日，湛江钢铁获"2017

年度湛江市交通运输行业安全生产目标管理考核优秀单位"称号。

2月7日，湛江钢铁召开2018年度党风廉政建设和反腐败工作会议。

2月8日，湛江钢铁冷轧2030单元D174重卷机组投产。

3月2日，湛江钢铁召开2018年度管理研讨会议。

3月3日，湛江钢铁原料增建C型矿石料场工程开工建设。

3月8日，湛江钢铁举行2018年"三八"国际劳动妇女节纪念表彰活动。

3月12日，湛江钢铁召开二届三次职工代表大会和工会代表大会。

3月22日，中共宝钢湛江钢铁有限公司委员会党员代表大会召开，差额选举产生出席中国宝武党员代表大会的8名代表。

4月15日，湛江钢铁热轧新建平整切边机组工程项目开工建设。

4月24日，湛江钢铁完成一号、二号高炉系统全厂信息化工程竣工决算。

4月，湛江钢铁开始实施绩效奖金包干机制。

5月11日，"2018年中国梦·劳动美"广东工人艺术团送文艺进基层活动，走进湛江钢铁。

5月22日，中启计量体系认证中心向湛江钢铁颁发测量管理体系年度监督审核合格证书。

6月5日，湛江钢铁开展"绿色湛钢，我是实践者"主题活动。

6月13日，宝钢股份对湛江钢铁开展综合巡视整改"回头看"。

6月20日，湛江钢铁召开2018年巡察工作动员会，对制造管理部党总支、炼钢厂党委开展首轮巡察工作。

7月19日，湛江钢铁举办首期自主管理课题成果发布会。

7月25日，湛江钢铁召开2018年厂情通报会暨管理者讲坛。

7月31日，中共广东省委副书记、省长马兴瑞到湛江钢铁调研。

8月14日，"宝钢—格兰仕联合工作室"在湛江钢铁揭牌。

8月22日，湛江钢铁首届工程机械操作技能比武大赛启动。

8月28日，广东省经济和信息化委员会发布《关于宝钢湛江钢铁有限公司三号高炉系统建设项目产能置换方案的公示》。

9月15日，湛江钢铁检化验中心通过中国合格评定国家认可委员会（CNAS）评审组开展的现场评审。

9月19日，为纪念湛江钢铁工程指挥部成立10周年、宝钢建设40周年，湛江钢铁举行"钢铁荣誉林"揭牌活动。

9月26日，中国钢铁工业协会冶金绿化分会第一届第三次会员大会召开，大会授予湛江钢铁"全国冶金绿化先进单位"荣誉称号。

9月28日，广东省经济和信息化委员会发布《关于宝钢湛江钢铁有限公司三号高炉系统建设项目产能置换方案的通告》。

10月7日，湛江钢铁炼钢厂新增二号LF钢包精炼炉、三号RH真空脱气精炼装置开工建设。

11月19日，湛江钢铁热轧首次生产BW400TP耐磨钢产品。

11月23日，湛 江 钢 铁 举 行 2018年度"讲理想、比贡献"质量成果案例发布会。

12月4日，湛江钢铁一号、二号高炉系统所有项目通过环保竣工验收。

12月，中国施工企业管理协会公示2018—2019年度第一批国家优质工程奖评选结果，湛江钢铁基地项目30万吨级矿石码头工程位列其中。　　　　（牟　志）

2018年9月19日，湛江钢铁"钢铁荣誉林"揭牌　　　　　　　　　　　（梁清松　摄）

# 上海梅山钢铁股份有限公司

上海梅山钢铁股份有限公司（简称梅钢公司）的前身是始建于1969年4月24日的九四二四厂工程指挥部，1972年7月更名为梅山工程指挥部，1984年12月更名为上海梅山冶金公司，1994年12月组建上海梅山（集团）有限公司，1998年11月进入上海宝钢集团公司，并更名为宝钢集团上海梅山有限公司（简称梅山公司）。2001年8月23日，梅山公司与金融资产管理公司等债权单位合资组建梅钢公司，梅山公司的钢铁主体生产单位、与主体密切相关的资产进入梅钢公司。2005年5月，按照宝钢集团一体化战略，宝钢股份完成增发收购，梅钢公司资产进入宝钢股份，成为宝钢股份的子公司。2011年8月，根据宝钢集团委托宝钢股份管理梅山公司的决定，宝钢股份授权梅钢公司负责管理梅山公司，梅钢公司与梅山公司实行一体化运营。2012年6月，梅钢公司二期项目全面投产，形成760万吨钢规模能力。至2018年底，梅钢公司主要装备有：容积4 070立方米高炉1座，3 200立方米高炉1座，1 280立方米高炉1座；198平方米带式烧结机1台，450平方米带式烧结机2台；JN60—6型复热式55孔6米焦炉2座、JNX3—70—1型复热式60孔7米焦炉2座；150吨顶底复吹转炉3座，250吨顶底复吹转炉2座，在线钢包底吹氩精炼装置3座，162吨钢包精炼炉2座，RH真空精炼炉3座，双工位精炼炉1座，CAS炉（钢包合金微调站）1座，复合喷吹铁水脱硫装置4座

2018年10月24日，梅钢公司铁水运输线 　　　　　　　　　（朱　飞　摄）

和单点矫直的全弧形连铸机1台，连续弯曲连续矫直高效连铸机1台，1650板坯连铸机2台；250吨/时步进梁加热炉3座，1 422毫米热轧机组1套，1 780毫米热轧机组1套；1 420毫米酸洗轧机联合机组、连续式热镀锌机组、连续式热镀铝锌机组、连续退火机组、电镀锡机组和1 630毫米热轧高强钢酸洗机组各1条，准备机组、横切机组、重卷机组各1条，以及相应配套的辅助设施。

2018年，梅钢公司生产生铁703.4万吨、连铸坯748.2万吨、热轧板卷728.5万吨、酸轧产品84.18万吨、酸洗产品111.2万吨、热镀锌20.51万吨、热镀铝锌27.14万吨、普冷产品15.25万吨、电镀锡产品19.92万吨、连退卷35.79万吨，烧结矿1 025.9万吨，焦炭193.64万吨，铁精矿229.26万吨，新热力、余热、干熄焦、高炉煤气余压回收发电装置（TRT）共发电13.975亿千瓦时。实现营业总收入325.13亿元，利润23.64亿元。其中，钢铁主业实现利润23.26亿元，创12年来

最优经营业绩；多元产业实现利润3 799万元，成功扭转了连续两年亏损局面，全面完成特困企业脱困目标。梅钢公司获上海市五一劳动奖状。年底，在岗员工9 536人。

（金　利）

【企业负责人简介】　诸骏生，1960年11月生，浙江杭州人，中共党员，高级工程师，梅钢公司党委书记（2018年1月任职）、董事长。

王强民，1970年1月生，江苏淮安人，中共党员，高级经济师，梅钢公司党委副书记（2018年1月任职）、总经理。

施兵，1967年8月出生，安徽怀远人，中共党员，高级工程师、高级政工师，梅钢公司党委书记（至2018年1月）。

【钢铁生产】　2018年，梅钢公司以高炉稳定顺行为中心，摸索高外购焦比例下的原燃料保供策略和高炉操作制度，通过稳定配矿结构、加强筛分管理、严格标准化作业，确保高炉生产的稳定顺行、稳产

高产，全年烧结矿品位、自产焦入炉率、高炉利用系数等指标创历史新高。以强化事故管理为抓手，推进1小时以上故障现场闭环验证，提前策划异常天气、2B焦炉停炉、环保管控等各类生产预案，主作业线非计划停机时间较上年下降12.7%。 （金利）

【提废增钢】 2018年，梅钢公司聚焦"提废增钢"（提高废钢比，增加钢产量）作业模式，从优化铁钢运工序衔接和开展转炉高废钢比攻关入手，持续提升鱼雷罐废钢装入量、转炉废钢装入量，全年累计铁钢比0.939，创历史最高水平。 （金利）

【生产线资源配置】 2018年，梅钢公司推进生产线资源优化配置，坚持"降低二炼钢冶炼周期、优化二热轧轧制节奏、提升酸洗产能"多管齐下，把有限的资源向低成本生产线和高盈利品种配置，二热轧全自动轧钢模型投用率和轧制间隔时间、酸洗机组产能释放均创历史最好水平，实现了规模效益和资源配置效率的双突破。 （金利）

【新产品研发】 2018年，梅钢公司以技术移植、互供料生产、全新产品研发为路径，强化产销研团队和小微团队协同运作，策划实施19个技术移植项目，完成新产品开发22个，成功开发酸洗两片罐搪瓷钢，完成高铝锌铝镁镀层产品工业化试制，首次开发酸洗硅镇静钢，实现梅钢公司最高碳精冲钢的稳定生产，双层焊管具备批量稳定供货能力，实现品种结构及生产线资源优化效益1.26亿元。 （金利）

【管理变革】 2018年，梅钢公司梳理形成涵盖4个大类、14个改革项目的改革总体方案，以"一项一表"方式进行过程跟踪与管控，通过节点倒排、任务倒逼、责任倒追，促进改革项目逐一落实、逐项落地。聚焦钢铁制造，相继完成污泥、道口值守、铁路辅修、汽车辅助、新事业仓储、市政绿化、环卫等业务的有序退出。按照中国宝武"一基五元"产业定位，完成梅钢公司下属上海梅山联合经济发展有限公司由宝地资产，南京梅山冶金发展有限公司资源分公司由宝武环科，上海梅盛运贸有限公司由欧冶云商委托管理工作。完成"三供一业"所有移交项目正式协议签订，移交工作有序推进。推动梅山医院增资扩股改革。 （金利）

【成本管理】 2018年，梅钢公司强化成本运作机制的完善，建立规划引领、目标分解、项目化推进的过程管控机制，成本削减与所有部门"强相关"的绩效评价机制，党组织共建、"班组降本"竞赛全面融入的齐抓共管机制，推进降本增效的全面、全员、全过程。强化成本支撑手段的运用，充分借助成本管控系统、计划值管理系统和全流程盈利系统覆盖优势，建立以计划值及标准成本为中心的成本管控模式，以平台、语言、规则、指标"四统一"，实现跨基地实时对标。年内，围绕10个公司级降本增效项目，建立目标清单、措施清单和责任清单，层层细化指标、层层压实责任，实现降本增效11.65亿元。 （金利）

【转型发展】 2018年，梅钢公司针对江苏省、南京市对梅钢公司发展布局的重大变化，做好产业转移和新基地建设相关前期工作，对江苏沿海9个港口、10个产业区进行考察调研，为中国宝武、宝钢股份在江苏沿海布局钢铁产业提供决策依据。以11月30日中国宝武与江苏省及南京市、盐城市签订"1 + 2"战略合作协议为标志，梅钢公司转型发展工作正式启动。 （金利）

【节能减排】 2018年，梅钢公司完成烧结脱硝、焦炉脱硫脱硝、柴油叉车尾气治理等项目，全球首套烧结机脱硫脱硝协同处置装置正式投运，污染物综合排放较上年下降20.93%。强化环保督察整改，全年中央督察2次，省环保督察1次，长江沿线8市交叉互查1次，生态环境部专项督察1次，落实整改项目20多项，重点推进三号烧结机机尾扬尘改造、转炉渣区域道路硬化及场地水收集、炉料加工区域的打灰进仓、西明渠废水直接进入回用水厂、石灰窑上料系统封闭改造等项目。 （金利）

【技术创新】 2018年，梅钢公司与高校联合申报的"现代高炉最佳镁铝比冶炼技术的开发与应用""热连轧超薄超高强带钢智能轧制技术开发及应用"分获冶金科学技术奖一等奖和三等奖。汽车用钢板形、酸洗汽车结构钢开裂、镀锡基板色差等难点问题得到有效解决。抓好智慧制造项目，原料系统智慧化改造完成功能投运。推动二炼钢区域智能示范生产线建设，全国第一台智能化热态熔融金属吊投入运行，实现二号、三号和四号连铸机结晶器区域无人浇铸，实现二炼钢转炉操作集控和自动吹氩作业。 （金利）

【三号烧结机脱硫脱硝项目投运】
1月1日，总投资6 500万元的三号烧结机脱硫脱硝项目正式投入运行。这是全球首套应用烧结机烟气脱硫脱硝超净技术的项目，采用"臭氧氧化＋循环流化床"同步脱硫脱硝技术工艺，经处理后，脱硫、脱硝效率分别达到95%、75%以上，远优于国家特别排放限值标准，具备超净排放的能力。
（金　利）

【管理系统及采购供应链系统上线】 1月1日，梅钢公司制造（成本）管理系统及采购供应链系统（PSCS）上线运行。本次新建及改造的系统包括：原产销系统、原铁区系统、资源综合利用系统、统一成本核算系统、标准财务系统、销售物流管控、属地数据仓库等43个系统。项目于2016年12月立项，2017年2月正式启动，8月开始进入测试阶段，10月集控层投用，同

时启动采购供应链系统。经切换，2018年1月1日上午10点成功上线。新系统的升级上线，以"统一语言、统一规则、统一平台"为抓手，深化信息系统融合，提升了梅钢公司制造能力。
（金　利）

【18号智能行车热负荷试车】 3月27日，梅钢公司炼钢厂18号智能行车吊钢水从二号LF炉东工位自动巡航、一键到达一号连铸机大包回转台，坐包成功。行车安全稳定运行，自动调整区域限位，中途无人员干预。18号行车自动巡航的成功，标志着国内首台液态熔融智能化行车投入热负荷试车。
（金　利）

【钢包自动底吹氩精炼系统投运】
4月23日，国内首套钢包自动底吹氩精炼系统在梅钢公司投入运行。该系统采用高温工业摄像头，通过对钢包渣面状况进行连

续图像识别和技术分析，实现氩气流量的自动调节。系统提高了控制的稳定性和精确度，缩短了吹氩精炼时间2分钟，降低铝烧损0.005%，年经济效益超100万元。
（金　利）

【举行"国企开放日·走进梅钢"活动】 6月6日，围绕2018年世界环境日"美丽中国，我是行动者"主题，梅钢公司举行"国企开放日·走进梅钢"活动。活动分为主会场展示、参观厂史馆及生产现场两部分，并发布了"钢铁让城市更美好"的绿色宣言，展示了梅钢公司环境经营、绿色发展成果，让社会公众更好地了解梅钢，促进企业与社会的和谐共处、企业与城市的互融共进。梅钢公司总经理、党委副书记王强民致辞，来自地方政府、新闻媒体、周边企业、社区居民代表、环境观察员80余人参加本次活动。
（金　利）

2018年1月1日，历时超过一年半进行升级改造的梅钢制造（成本）管理系统上线运行　　　　　　　　（梅其文 摄）

**【李梁与队友夺得亚运会桥牌比赛金牌】** 8月27日，在印度尼西亚雅加达举行的第18届亚运会桥牌混合团体赛中，梅钢公司能源环保部员工李梁作为中国亚运会桥牌队队员之一，与队友配合，以总比分122.67比70战胜泰国队夺得金牌。这是中国桥牌在亚运会历史上的首金。　　　　　（金 利）

**【2B焦炉停炉】** 9月12日4时50分，随着梅钢公司炼铁厂2B焦炉最后一个炭化室内焦炭推空、11时煤气鼓风机出口管盲板封堵，梅钢公司炼铁厂2B焦炉正式停炉。停炉工作从9月11日11时30分推空2B焦炉第一个炭化室开始，整个主线操作过程安全、有序。2B焦炉2010年3月投产，累计出焦201 907炉，生产干焦6 068 732吨。　（金 利）

**【梅钢公司大事纪要】** 1月1日，梅钢公司制造（成本）管理系统正式升级上线运行，融入宝钢股份一体化体系。

同日，全球首套应用烧结机烟气脱硫脱硝超净技术的梅钢公司三号烧结机脱硫脱硝项目投运。

2月6日，梅钢公司召开五届一次、梅山公司十二届一次职工代表大会。

2月7日，梅钢公司召开2018年度党风廉政建设和反腐败工作会议，梅钢公司领导班子作集体承诺。

同日，梅钢公司举行2017年群众创新招揭榜项目成果发布会暨创新表彰会。

3月16日，梅钢公司试制成功热轧超极限规格产品S430GP。

3月18日，梅钢公司计量实验室顺利通过中国合格评定国家认可委员会（CNAS）现场评审。

3月26日，梅钢公司三号烧结机环冷系统改造项目热负荷试车成功。

3月27日，梅钢公司炼钢厂18号智能行车自动巡航热试成功，标志着国内首台液态熔融智能化行车投入生产运行。

3月28日，梅钢公司热轧厂成功轧制高强度捆带用钢St50。

3月29日，中国环保产业协会、中国钢铁工业协会到梅钢公司察看三号烧结脱硫脱硝装置运行情况。

4月3日，梅钢公司召开2018年全面深化改革动员大会。

4月23日，国内首套钢包自动底吹氩精炼系统在梅钢公司二炼钢投用。

4月26日，梅钢公司召开股东大会及董事会、监事会会议。

4月27日，在上海市"五一"表彰大会上，梅钢公司获上海市五一劳动奖状。

5月4日，梅钢公司热电厂四号锅炉投运。

5月5日，梅钢公司2A、2B焦炉增设烟气净化装置项目开始脱硫脱硝全流程热负荷试车。

5月22日，连续油管用钢CT80首次在梅钢公司实现全流程试制。

6月27日，梅钢公司与宝武环科签订南京梅山冶金发展有限公司资源分公司托管协议。南京梅山冶金发展有限公司资源分公司由宝武环科托管。

6月28日，梅钢公司原料码头新系统通过竣工验收。

同日，梅钢公司仓储智能化改造项目设备投用。

7月12日，梅钢公司办公区等区域以及能源环保部等3个单位获得2015—2017年度"上海市花园单位"称号。

7月16日，梅钢公司召开技师协会成立大会。

7月21日，梅钢公司成功开发出1422粗轧0+6轧制模型。

7月31日，梅钢公司协同管控系统上线试运行。

同日，梅钢公司热轧厂成功开发出高碳工具钢SK85。

8月5日，梅钢公司监测中心获国家实验室复评审认可。

8月23日，宝钢第二代镀层新产品——高铝锌铝镁（BAM）镀层产品在梅钢公司试制成功。

8月27日，梅钢公司能源环保部员工李梁夺得第十八届亚运会桥牌混合团体赛金牌。

9月12日，梅钢公司2B焦炉正式停炉。

9月15—19日，在"首钢杯"第九届全国钢铁行业职业技能竞赛上，梅钢公司获"优秀组织奖"称号，2名员工获"全国钢铁行业岗位能手"称号。

10月15日，梅钢公司炼铁厂2A焦炉实现无人化操作。

10月22日，梅钢公司热轧厂1780生产线试轧成功高强防弹钢。

10月30日，欧冶云商和梅钢公司签署协议，明确从11月1日起，欧冶云商正式托管上海梅盛运贸有限公司。

10月31日，梅钢公司炼铁厂完成三号烧结机竖冷炉改造、四号烧结机余热锅炉大修。

11月14日，梅钢公司通过广州JFE钢板有限公司的第二方审核。

11月30日，中国宝武与江苏省政府、南京市政府、盐城市政府分别签署战略合作协议。根据协议，中国宝武将与江苏省共同推进梅钢区域产业转移和转型发展。

12月17日，梅钢公司炼铁厂四号烧结机新增烟气脱硝装置热负荷试车成功。　　（金　利）

# 宝钢股份黄石涂镀板有限公司

宝钢股份黄石涂镀板有限公司（简称黄石公司）地处湖北省黄石市国家级经济技术开发区，是由宝钢股份、黄石市国有资产经营有限公司和香港臻德企业共同经营的合资企业，3家单位股权比例分别为：58.45%、29.94%和11.61%。2018年底，在册员工543人。

2018年，黄石公司生产钢材41.72万吨、销售42.2万吨，销售收入20.85亿元，利润总额1 525万元。
　　　　　　　　　　　（洪梦琳）

【新产品开发】　2018年，黄石公司镀锌0.3毫米及以下极薄环保家电板比例，由2017年的40%上升到60%。彩涂高耐候及氟碳产品总量同比增长42%。年内，首发铝镁锰彩涂、网纹彩涂、镀铝锌耐指纹板投放市场。　　（洪梦琳）

【科技攻关】　2018年，黄石公司推进镀锌机组薄弱环节改善，通过攻关，先后解决出口分卷频繁跳闸、光整色差印、联轴器跳动运行等问题。逐一完善平床、反冲洗过滤器功能，新增网式粗过滤装置，使轧机辊印、辊泡问题得到改善。
　　　　　　　　　　　（洪梦琳）

【科研开发】　2018年，黄石公司推进产品研发课题15个，"彩色涂层铝卷的研发"等2个课题完成了初试和小批量生产；"信息化系统升级改造支持项目"结题。推进群众性技术创新活动，员工提出合理化建议3 078条，创效597.36万元；自主管理课题35项，结题25项。
　　　　　　　　　　　（洪梦琳）

【营销管理】　2018年，黄石公司推进产品差异化销售，彩涂产品加大了重大工程跟单和行业终端营销力度。推进普通冷轧产品向高精度、高表面要求的方向拓展，薄板产品与竞争对手价格对标，逐步优化分牌号分规格定价的模型。针对同行企业普通冷轧产品放量投放、低价投放的情况，发挥服务差异化和细分品种差异化的优势，特殊颜色和小品种合同同比增长20%以上。强化合同变更和交货期倒逼，彩涂合同量不仅没有出现萎缩，还发挥出多机组优势。
　　　　　　　　　　　（洪梦琳）

【降本增效】　一是现场成本改善。2018年，黄石公司建立成本日管控、周分析、月评价和季度检查的机制。2017年公司职代会提出的7项改进举措中，2项完成目标，4项得到提升，1项受规模及市场影响未完成。通过降低维修费用、减少机组故障时间和节约能源消耗，实现降本增效620万元。全年削减成本1 107万元。二是采购成本管控。通过建立热卷合同签订、月度合同交付、周合同交付及急需原料交付的保障机制，对渠道进行整合，降低成本107万元。开拓新供应商，降低液氨、平整液等采购成本。全年实现采购及物流仓储降本。

成本351万元。三是资金运作增效。利用暂时性沉淀资金，开展委托国债回购短期投资业务，全年取得资金运作收益73万元。
　　　　　　　　　　　（洪梦琳）

【新港项目建设】　2018年，黄石公司新港项目进入建设后期，各职能部门和生产厂全面介入，实现管理职能向新港项目的全覆盖，一同参与项目建设及调试，整改172项建筑工程施工尾项问题。　　（洪梦琳）

【新老机组切换】　2018年，黄石公司整改完成新港项目中影响设备调试的初期问题246项，落实相关方支撑方案和合同保障方案。7月19日、9月15日和11月22日，镀铝锌机组、一号彩涂机组和二号彩涂机组相继投产，标志着新港一期项目建设完成，新老机组成功切换。11月9日，团城山区域彩涂机组正式关停。　　（洪梦琳）

【新生产线试运行】　2018年，黄石公司新港项目镀铝锌机组、一号彩涂机组和二号彩涂机组投入试运行。公司形成各机组热负荷联络方案和调试计划，并结合每个品种调试，固化和调整方案。结合生产模式，不断调整人员和作业区配置。单体调试及联动调试期，以两班建制参与调试及危险源辨识，并完善了岗位操作规程。
　　　　　　　　　　　（洪梦琳）

【员工素质建设】　2018年，黄石公司开展学习践行"宝钢人的知与行"活动，重点突出管理人员带头和示范作用，并挖掘和宣传一线最佳实践者17名；围绕形势任务、薪酬福利、人文关怀等，组织党群系

统人员分批次深入每个班组开展宣传活动。 （洪梦琳）

**【员工培训培养】** 2018年，黄石公司建立实习岗培养、高技能骨干培养、师徒帮带培训、年度之星荣誉评选、年度优秀员工评选等机制，丰富员工经历、拓展专业知识、提升业务学习技能，培养复合型人才。组织员工参加各种技能比赛和荣誉申报，全年实施培训90项，2 743人次参加培训，员工平均培训11.37小时。设备部李祥获2018年度"湖北省技术能手"称号，设备部颜雪立获2018年"荆楚工匠"称号；在2018年黄石市职工职业技能大赛中，公司员工在维修电工、焊工和行车工比赛中夺得2个第二名、1个第三名和1个第四名。 （洪梦琳）

**【员工关爱活动】** 2018年，黄石公司实施新港项目员工休息室规范化建设、新港项目澡堂建设、老厂区员工单宿规范化配置等实事工程；开展各类慰问活动，全年慰问1 500多人次，慰问金额近40万元；开展群众性文体活动项目10余项，300多人次参加。 （洪梦琳）

**【安全生产管理】** 2018年，黄石公司落实异常作业、清辊、吊运等较大后果风险点的管理防控；集中治理违规吊运作业，促进吊运作业规范化；推动协力单位问题查摆和管理自查；推动新港项目建设、调试、生产安全，通过安全员现场标准化巡查及24小时值班等多种手段，保证了新港项目的建设安全。全年安全生产费用投入1 700万元，轻伤及以上事故为零。 （洪梦琳）

**【环保改善】** 2018年，黄石公司投入120万元用于环保设施技术改造与升级，投资70多万元实施酸再生机组预浓缩器改造。在二号轧机安装在线监测系统，在北大门安装大屏幕显示系统，对环保监测数据予以公示公开。全年总能耗1.87万吨标准煤、吨钢总能耗57.65千克标准煤。 （洪梦琳）

## 上海宝钢国际经济贸易有限公司

上海宝钢国际经济贸易有限公司（简称宝钢国际）主要从事钢材贸易、加工配送、包装钢带和汽车零部件加工等业务。2018年底，在册员工4 176人。

2018年，宝钢国际建成经销和加工配送碳钢、不锈钢、特钢三大类钢铁产品的营销服务网络，业务遍布26个省、直辖市、自治区以及3个境外地区，在全国51个大中城市及3个境外城市设立营销网点120家，投资设立及托管各类子公司95家，其中运营管控类子公司63家、战略管控类子公司20家、财务管控类子公司12家。进一步完善对重要用户的贴身服务，有效支撑了战略用户的多基地发展布局。

年内，宝钢国际获冶金企业管理现代化创新成果奖二等奖1项，国际发明展览会金奖1项、银奖5项、铜奖4项，法国巴黎国际发明展览会银奖1项，上海市优秀发明选拔赛优秀发明奖7项，申请发明专利35件。 （张蕴华）

**【武钢有限钢材销售】** 2018年，武钢有限钢材全面纳入宝钢国际统一销售渠道。宝钢国际围绕保持存量份额、拓展增量市场、优化产品结构、推进物流协同、提升产品及服务质量、加工体系协同等多方面，有序推进各项工作，全年销售武钢有限钢材1 157万吨。 （张蕴华）

**【汽车零部件认证推进】** 2018年，宝钢国际相关子公司在扩大用户份额的同时，加强宝特长材产品在汽车零部件领域的认证推进，全年销售67.89万吨，同比增长9%。 （张蕴华）

**【渠道管理融合】** 2018年，中国宝武国内营销渠道由整合进入全面融合，各项管理深度覆盖武钢有限业务及武钢有限托管加工中心。通过营销渠道整合、融合，实现协同效益1.09亿元。 （张蕴华）

**【推进智慧制造】** 2018年，宝钢国际推进智慧制造项目11个，在自动装刀、上料和包装等核心环节均有突破，一键式生产、工厂精细化优化完善等重点项目均按计划节点推进，拼焊线一键式生产项目在广州花都宝井汽车钢材部件有限公司投入试运行。 （张蕴华）

**【优化营销网络结构】** 2018年，宝钢国际完善全供应链服务能力，共批复39个项目；新增剪切落料28万吨、激光拼焊20万片；批复技改项目31个。随着宝钢股份直属厂部、湛江钢铁、武钢有限3个基地精整分流和委托精整业务的推进，拓展精整分流产线8条，新增40万吨精整分流能力，精整分流能力合计276万吨。 （张蕴华）

## 2018 年宝钢国际全资、控股子公司一览表

| 公 司 名 称 | 经 营 范 围 | 控股比例（%） | 备 注 |
|---|---|---|---|
| 上海宝钢钢材贸易有限公司 | 钢材贸易 | 100 | |
| 广州宝钢南方贸易有限公司 | 钢材贸易 | 100 | |
| 北京宝钢北方贸易有限公司 | 钢材贸易 | 100 | 一体化运作 |
| 天津宝钢北方贸易有限公司 | 钢材贸易 | 100 | 一体化运作 |
| 成都宝钢西部贸易有限公司 | 钢材贸易 | 100 | 一体化运作 |
| 成都宝钢汽车钢材部件加工配送有限公司 | 钢材加工配送 | 100 | 一体化运作 |
| 武汉宝钢华中贸易有限公司 | 钢材贸易及加工配送 | 100 | |
| 沈阳宝钢钢材贸易有限公司 | 钢材贸易及加工配送 | 100 | |
| 上海宝钢商贸有限公司 | 钢材贸易 | 100 | |
| 上海宝钢浦东国际贸易有限公司 | 钢材贸易 | 100 | |
| 上海宝钢高新技术零部件有限公司 | 钢材加工配送 | 100 | |
| 上海宝钢不锈钢贸易有限公司 | 钢材加工配送 | 100 | |
| 上海宝钢车轮有限公司 | 钢材加工配送 | 100 | 一体化运作 |
| 烟台宝钢车轮有限公司 | 钢材加工配送 | 100 | 一体化运作 |
| 湖南宝钢车轮有限公司 | 钢材加工配送 | 100 | 一体化运作 |
| 重庆宝钢美威车轮有限公司 | 钢材加工配送 | 75 | |
| 西安宝钢钢材加工配送有限公司 | 钢材加工配送 | 100 | |
| 重庆宝钢汽车钢材部件有限公司 | 钢材加工配送 | 80 | 一体化运作 |
| 重庆宝井钢材加工配送有限公司 | 钢材加工配送 | 82 | 一体化运作 |
| 重庆宝钢钢材加工配送有限公司 | 钢材加工配送 | 100 | 一体化运作 |
| 重庆宝吉汽车零部件有限公司 | 钢材加工配送 | 51 | 一体化运作 |
| 湛江宝钢物流配送有限公司 | 物流配送 | 100 | |
| 广州市南沙宝钢物流配送有限公司 | 物流配送 | 100 | |
| 厦门宝钢精密钢材科技有限公司 | 钢材加工配送 | 100 | |
| 柳州宝钢汽车零部件有限公司 | 钢材加工配送 | 95 | 一体化运作 |
| 柳州宝钢汽车钢材部件有限公司 | 钢材加工配送 | 100 | 一体化运作 |
| 东莞宝钢钢材部件有限公司 | 钢材加工配送 | 100 | 一体化运作 |

（续　表）

| 公　司　名　称 | 经　营　范　围 | 控股比例（%） | 备　注 |
|---|---|---|---|
| 广州宝丰井汽车钢材加工有限公司 | 钢材加工配送 | 68 | 一体化运作 |
| 广州宝钢井昌钢材配送有限公司 | 钢材加工配送 | 51 | 一体化运作 |
| 广州花都宝井汽车钢材部件有限公司 | 加工销售 | 65 | 一体化运作 |
| 佛山三水宝钢钢材部件有限公司 | 钢材加工配送 | 100 | 一体化运作 |
| 福州宝井钢材有限公司 | 钢材加工配送 | 72 | |
| 东莞宝钢特殊钢加工配送有限公司 | 钢材加工配送 | 100 | |
| 襄阳宝林泓钢材加工配送有限公司 | 钢材加工配送 | 90 | |
| 长沙宝钢钢材加工配送有限公司 | 钢材加工配送 | 51 | |
| 郑州宝钢钢材加工配送有限公司 | 钢材加工配送 | 100 | |
| 南昌宝江钢材加工配送有限公司 | 钢材加工配送 | 51 | |
| 天津宝钢钢材配送有限公司 | 钢材加工配送 | 100 | 一体化运作 |
| 天津宝井钢材加工配送有限公司 | 钢材加工配送 | 65 | 一体化运作 |
| 济南宝钢钢材加工配送有限公司 | 钢材加工配送 | 100 | |
| 烟台宝井钢材加工有限公司 | 钢材加工配送 | 65 | |
| 青岛宝井钢材加工配送有限公司 | 钢材加工配送 | 83 | 一体化运作 |
| 青岛宝钢钢材加工配送有限公司 | 钢材加工配送 | 100 | 一体化运作 |
| 大连宝友金属制品有限公司 | 钢材加工配送 | 72 | |
| 长春一汽宝友钢材加工配送有限公司 | 钢材加工配送 | 53 | |
| 吉林市一汽宝钢汽车钢材部件有限公司 | 钢材加工配送 | 70 | |
| 长春宝钢钢材贸易有限公司 | 钢材加工配送 | 100 | |
| 佛山宝钢不锈钢贸易有限公司 | 钢材加工配送 | 80 | |
| 上海宝井钢材加工配送有限公司 | 钢材加工配送 | 65 | 一体化运作 |
| 上海宝钢高强钢加工配送有限公司 | 钢材加工配送 | 100 | 一体化运作 |
| 安徽宝钢钢材配送有限公司 | 钢材加工配送 | 70 | |
| 南京宝钢住商金属制品有限公司 | 钢材加工配送 | 51 | |
| 杭州宝井钢材加工配送有限公司 | 钢材加工配送 | 65.2 | 一体化运作 |
| 宁波宝井钢材加工配送有限公司 | 钢材加工配送 | 65.2 | 一体化运作 |

（续　表）

| 公 司 名 称 | 经 营 范 围 | 控股比例（%） | 备 注 |
|---|---|---|---|
| 宁波宝钢不锈钢加工有限公司 | 钢材加工配送 | 51 | |
| 上海宝钢包装钢带有限公司 | 包装材料生产、销售 | 100 | |
| 武汉威仕科钢材加工配送有限公司 | | 托管 | |
| 开封威仕科材料技术有限公司 | | 托管 | |
| 武钢诺贝（武汉）激光拼焊技术有限公司 | | 托管 | |
| 武钢激光拼焊（武汉）有限公司 | | 托管 | |
| 芜湖威仕科材料技术有限公司 | | 托管 | |
| 武钢（广州）钢材加工有限公司 | | 托管 | |
| 天津武钢钢材加工有限公司 | | 托管 | |

（张蕴华）

## 宝钢欧洲有限公司

宝钢欧洲有限公司（简称宝欧公司）是宝钢股份全资子公司，1993年10月11日成立，位于德国汉堡市诺能施泰格路1号（Nonnenstieg 1, 20149 Hamburg, Germany），注册资金25.57万欧元，实有资本金204.52万欧元。宝欧公司致力于开展中国宝武钢铁产品销售业务，开展设备、备件、资材进出口业务，探索欧非中东区域钢铁投资、供应链建设及技术合作。

宝欧公司下设财务管理部、钢铁部、设备备件部、新事业发展部、欧洲技术服务中心、南非代表处、俄罗斯代表处、土耳其代表处，并管理宝钢意大利钢材集散中心有限公司、宝钢西班牙有限公司和宝钢中东公司3家子公司。宝钢意大利钢材集散中心有限公司是由宝欧公司和意大利卡斯特集团共同

出资建立的中意合资企业，成立于2001年10月1日，位于意大利最大的港口城市热那亚，注册资本450万欧元（宝欧公司占51%股份），不仅向客户提供宝钢优质产品，如汽车、金属包装用钢等精品钢材，还向客户提供技术支持和解决方案。宝钢西班牙有限公司是宝欧公司全资子公司，成立于2007年4月26日，注册资本20万欧元，位于西班牙最重要的经济、金融和港口城市——巴塞罗那，主要经营钢铁产品销售业务。宝钢中东公司是宝欧公司全资子公司，成立于2009年5月13日，位于阿联酋迪拜酋长国杰贝阿里港（JEBEL ALI）自由区内，注册资本160万欧元，负责宝钢在欧非中东区域的钢管产品销售业务。

2018年，宝欧公司"海外重大项目以客户为中心的钢管交付服务机制的构建与实践"项目，获上海市企业管理现代化创新成果二等奖。4月1日，宝欧公司上海代

表处人员从宝欧公司划转到宝钢股份营销中心，代表处完成注销。全年销售钢铁产品73万吨，设备备件销售收入3 092万欧元，实现总销售收入6.28亿欧元。年底，有员工71人。

（张　林）

【汽车板市场开发】 2018年，宝欧公司向宝钢股份采购汽车板30万吨，创历史新高。在欧洲区域，克服欧盟钢铁保障措施造成的困难，强化属地化营销与技术服务，加强与武钢激光拼焊（意大利）有限公司、宝钢金属下属意大利子公司——宝马尔科汽车零部件公司（BAOMARC AUTOMOTIVE SOLUTIONS SPA）的协同，动态开展欧洲重要汽车板客户的订货、供货工作，并在西班牙和法国实现首次向世界著名品牌汽车厂大批量供货；在非洲、中东区域，继续加强与汽车板客户的合作，其中南非市场汽车板销量突破2万吨。

（张　林）

**【提升境外EVI技术服务深度】** 2018年，宝钢股份向意大利汽车板用户菲亚特克莱斯勒汽车集团派出现场服务工程师开展技术合作，这是世界著名品牌汽车厂首次给予宝钢股份现场服务工程师在境外开展合作的机会；首批2项海外EVI（供应商先期介入）项目实施，包括新车型零部件EVI合作项目和宝钢汽车板成形性能数据应用合作项目。 （张 林）

# 宝钢美洲有限公司

宝钢美洲有限公司（简称宝美公司）的前身是于1996年4月9日在美国成立的宝钢美洲贸易有限公司，是宝钢股份的全资子公司，注册资本98万美元，位于美国新泽西州蒙特威尔市切斯纳特里奇路85号（No.85 Chestnut Ridge Road, Montvale, New Jersey 07645, USA）。2013年11月15日，宝钢美洲贸易有限公司更名为宝钢美洲有限公司。

宝美公司主要从事钢铁相关产品营销、多元贸易等业务，主要市场覆盖南美洲和北美洲。下设财务部、钢铁部和多元部，在美国洛杉矶、加拿大多伦多、墨西哥的墨西哥城和巴拿马的巴拿马城等地设有代表处，有宝钢巴西贸易有限公司一家子公司。

2018年，宝美公司钢铁产品销售签约量47.1万吨，实现销售收入4.18亿美元。年底，有员工35人。 （丁建成）

**【营销管理变革】** 2018年，宝美公司面对美国等美洲多个国家接踵而至的贸易保护措施，实施营销转型和管理变革。全年销售规模恢复至2015年的水平，期间费用比2015年下降30%，利润总额超过2015年水平。 （丁建成）

**【机构调整】** 上半年，宝美公司开展上海代表处撤销相关工作，11月完成上海代表处注销相关工商、税务和银行账户等工作。7月6日，新设巴拿马代表处注册成立，英文名称"Baosteel America Inc.（Sucursal Panama）"，9月6日取得跨国公司区域总部的执照。巴拿马代表处服务南美洲北部区域主要国家，包括巴拿马、哥伦比亚、委内瑞拉、秘鲁、厄瓜多尔。第四季度，宝美公司组建北美技术服务中心。 （丁建成）

**【应诉贸易合同案】** 2018年，宝美公司对于美洲区域发生的各项贸易救济案，有效协调中国宝武相关部门组织应诉，深入调研产品供应情况，充分发挥属地用户的作用，特别是与有影响力的客户进行联合抗辩，取得显著效果，在贸易保护区域最大限度地维持了通商渠道和市场份额。全年，宝美公司在加拿大地区销售尾矿用钢管3.4万吨，市场占有率超过30%；在美国地区，协调组织营销、技术人员，与客户、律师共同研究美国232调查相关举措，争取关税排除。宝美公司用户向美国商务部提交26份排除申请，涵盖全部订货内容。有5份申请获得排除，合计数量1.17万吨。在巴西地区，1月，巴西政府对热轧产品反倾销和反补贴作出肯定性终裁，但在宝美公司与用户联合阵线的共同推动下，巴西政府决定对热轧产品反倾销和反补贴案延期实施。2018年，宝钢股份成为中国唯一对巴西出口热轧产品的钢铁企业，11月再次获得巴西政府判定2019年再延期一年。 （鲍震宇）

# 宝和通商株式会社

宝和通商株式会社（简称宝和通商）成立于1993年8月26日，注册资本8.76亿日元，是宝钢股份的全资子公司，位于东京都千代田区一番町15番地。宝和通商主要从事钢材贸易，设备、备件、资材贸易，钢铁原料和钢铁深加工产品贸易。钢铁销售区域涵盖日本、韩国、新西兰、澳大利亚和中国台湾等国家或地区。宝和通商下设社长室、经理部、钢铁部（含物流室）、机材部、市场开发部及综合营业部，并分别在韩国设立首尔事务所，在中国大陆设立上海事务所（2018年4月撤销），在中国台湾地区设立高雄事务所，在澳大利亚设有宝钢澳大利亚贸易有限公司及墨尔本事务所，在韩国设有合资的钢材加工配送中心——BGM株式会社。至2018年底，宝和通商有中外员工84人（含派遣员工），其中中方员工32人、外籍员工52人。中方员工中，大专及以上学历32人，占100%。

2018年，宝和通商在日本市场首次突破10万吨销售规模，宝钢新日铁汽车板有限公司的原板稳定供应，汽车板采购量连续4年超过10万吨水平。全年实现主营业务收入917.11亿日元，其中钢材销售收入847.35亿日元，资材备件销售收入69.76亿日元。 （沈益军）

【钢铁业务保持稳定】 2018年，宝和通商完成钢材进出口112万吨，其中出口宝钢股份钢材71.4万吨，与上年基本持平。代理进口宝钢新日铁汽车板有限公司原板和热镀锌钢材40.4万吨。 （张 放）

【保证战略用户市场份额】 2018年，宝和通商重点保证战略用户的基本需求，确保市场份额稳定。向核心价值用户及重要价值用户销售钢材48.4万吨，占宝和通商碳钢产品销售量的70%。 （张 放）

【汽车板销售稳定增长】 2018年，宝和通商克服韩国汽车产业低迷不利影响，提升汽车用户的属地服务能力。全年销售宝钢股份汽车板14.7万吨，同比增加27%。（张 放）

【日本市场首次突破10万吨规模】 2018年，宝和通商获得2020年日本东京奥运会主会场"新国立竞技场"和"奥运选手村"建筑项目的2 400吨热镀锌钢材订单。全年向日本市场销售宝钢股份钢材10.7万吨，突破10万吨规模，同比增长78%。 （张 放）

【发挥"四基地协同"优势】 2018年，宝和通商根据宝钢股份4个基地的产品特性和区域优势，满足用户的个性化需求，实现日本、韩国等多家用户的"四基地协同"供应模式；资材备件业务进一步完善服务理念、提升服务价值、强化对四基地的服务能力，扩大对武钢有限的资材备件供应数量。全年实现效益296万元人民币。 （沈益军）

【资材备件业务连续增长】 2018年，宝和通商利用日元汇率贬值、日元采购成本降低的有利时机，以湛江钢铁基地生产达标、资材备件需求稳定为契机，同时挖掘武钢有限备件业务增量效应，与设备资材采购中心携手，扩大轧辊、氧化镁等资材备件在日本区域的采购数量，全年完成签约金额80.78亿日元，同比增长26%。 （周 宁）

【廉政建设和经营风险管控】 2018年，宝和通商加强对"禁入"规定的学习和部署，梳理廉洁风险点，健全礼品管理制度，推进敏感岗位轮岗制度和分层约谈制度；增加钢铁物流人员，规范钢铁物流管理流程，实施钢铁物流管办分离，推进钢铁物流招投标工作。全年实施钢铁物流招投标12次。 （沈益军）

【信息收集】 2018年，宝和通商每月定期采编《钢铁新干线》《碳钢专列》"不锈钢专列""特钢专列"和"技术服务专列"4份专题信息及《宝和信息》，发送给集团公司领导以及相关管理部门和业务部门，为领导和相关部门的决策提供参考依据。全年编撰《宝和信息》271期。 （沈益军）

# 宝钢新加坡有限公司

宝钢新加坡有限公司（简称宝新公司）的前身为宝钢新加坡贸易有限公司，于1997年2月25日在新加坡成立，是宝钢股份全资子公司，注册资本金150万新加坡元。位于新加坡淡马锡林荫大道7号新达城第一大厦40楼02/03室（7 Temasek Boulevard, No.40-02/03 Suntec Tower One, Singapore 038987）。2013年3月20日，宝钢新加坡贸易有限公司更名为宝钢新加坡有限公司。

宝新公司主要从事钢铁相关产品贸易活动，主要市场包括新加坡、马来西亚、印度尼西亚、菲律宾、泰国、越南等东南亚国家和印度、巴基斯坦、孟加拉国等南亚国家。主要用户包括印度威尔斯彭有限公司、越南莲花集团、日产汽车（泰国）有限公司、福特汽车（泰国）有限公司、上汽正大有限公司、通用印度汽车公司、松下新加坡有限公司、宝腾（马来西亚）有限公司、志成发有限公司、印度尼西亚钢管制管厂等。下设钢铁部、财务部、物流部，以及宝钢印度有限公司、宝钢印度尼西亚加工中心、越南胡志明市代表处、泰国代表处、印尼代表处。2018年2月1日，宝新公司在越南河内设立的河内代表处投入运营。

2018年，宝新公司出口宝钢股份产品（签约量）201.6万吨，实现销售收入16.35亿美元。排名新加坡1 000强企业第240位。11月16日，宝钢印度有限公司获海立电器（印度）有限公司"年度战略合作伙伴奖"。年底，有员工178人，其中宝钢外派员工23人。 （倪 峰）

【钢材出口量突破200万吨】 2018年，宝新公司出口宝钢股份产品（签约量）201.6万吨，较上年增长30%，成为宝钢股份历史上首个年度钢材出口量突破200万吨的境外公司。 （胡佩珠）

【优化钢材出口品种结构】 2018年，宝钢股份对印度尼西亚、孟加拉国的钢材出口量较上年分别增长90%和50%以上。产品结构不断优化，能源管线用钢、汽车板、家电板、食品包装用钢、机电用钢等战略、重点产品占比达60%。

（胡佩珠）

【营销力量向一线倾斜】 2018年，宝新公司80%外派人员从事市场开拓工作。在印度和印度尼西亚等地区集中了50%以上外派人员，同时在以上两个区域推行"工贸一体化"管理模式，最大限度地提升外派人员的劳动效率。 （倪 峰）

【薪酬激励体系】 2018年，宝新公司制定以正向激励为导向的薪酬体系，连续三年实施"自我挑战、自我激励"管理办法，对超出上年实际销量和当年挑战销售目标量的员工分别给予不同奖励，提高营销人员的工作积极性。 （倪 峰）

# 宝金企业有限公司

宝金企业有限公司（简称宝金公司）由原上海宝山钢铁总厂（简称宝钢）和中国香港董氏集团下属的金山轮船代理有限公司合资（双方各占50%股份，宝钢总投资额为1 492.1万美元），于1992年11月3日在香港注册成立，注册资金330万港元。2005年10月，宝钢集团将其持有的宝金公司50%股权转让给宝钢股份。至2018年底，宝金公司拥有6艘18万吨级海岬型船舶——"宝勇"轮、"宝泰"轮、"宝欣"轮、"宝仪"轮、"BULK MEXICO"（散装墨西哥）轮和"BULK SPAIN"（散装西班牙）轮，并长期期租1艘18万吨级海岬型船舶"宝力"轮和1艘20万吨级海岬型船舶"宝诚"轮。

宝金公司利用宝钢股份在钢铁行业的实力、影响力和稳定的货源，利用董氏集团在国际航运市场上丰富的经验，共同投资建造船舶，以长期货物包运合同的形式，降低宝钢股份的运输成本，规避航运市场的波动风险，从而稳定宝钢股份的原料物流供应。2018年，宝金公司完成铁矿石运输量959万吨，实现营业收入9 300.9万美元。

（王中泽）

【买船返租项目】 6月，宝金公司开始与自豪海洋公司和繁荣海洋公司（两家均为安赛乐米塔尔公司与希腊散货日志公司组建的合资公司，简称卖家）接触，意向购买卖家的2艘18万吨散货船"散装墨西哥"轮和"散装西班牙"轮，再以光租形式返租给卖家。经过几个月的谈判，董事会最终批复该项目。租期内所有船员费用、维修保养、保险、坞修以及满足国际规范要求加装压载水管理系统和脱硫塔等，均由租家（即卖家）负责。两艘船分别于10月5日和10月23日交予宝金公司，并同时返租给卖家。

（王中泽）

【"宝泰"轮坞修】 6月，"宝泰"轮在舟山东邦船厂进行船舶坞修。为提升航行效率和节约燃料油消耗，同时安装了能源节约型螺旋桨毂帽鳍。 （王中泽）

【"宝勇"轮和"宝泰"轮环保能效改造】 全球散货船舶评级机构对散货船舶的能效要求越来越高，一旦船舶排放达不到标准，就难寻客户。9月和12月，宝金公司分别对"宝勇"轮和"宝泰"轮进行主机功率调整的改造，提升这两艘船舶的废气排放评级，增强了公司船队的市场经营能力和接受度。（王中泽）

# 宝运企业有限公司

宝运企业有限公司（简称宝运公司）由原上海宝山钢铁总厂和中国对外贸易运输（集团）总公司共同出资，于1992年1月9日在香港注册成立。1997年，宝山钢铁（集团）公司（简称宝钢）收购中国对外贸易运输（集团）总公司持有的50%股份，宝运公司成为宝钢的全资子公司。2005年10月，宝运公司进入宝钢股份，成为宝钢股份以航运为主业的境外全资子公司。2013年，宝运公司建立融资结算平台。2017年9月1日，宝运公司合并武钢香港贸易有限公司和武钢（香港）航运有限公司业务。

宝运公司是宝钢股份境外融资、投资和资金运作平台，进口原燃料及国际航运结算平台，国际航运境外运营平台。董事会由董事长及2名董事组成，实行董事会领导下的总经理负责制。下设财务部、航运部、市场部、运营部。2018年底，有员工20人。 （杨 勇）

【融资业务】 2018年，宝运公司到期债券分别有：2013年12月发行的5亿美元5年期债（票面利率3.75%）；2015年2月发行的5亿欧元3年期债（票面利率1.625%）。年末，有11家银行授信，授信额度37.2亿美元。 （杨 勇）

【投资与结算】 2018年末，宝运公司长期投资金额为0.45亿美元，可供出售金融资产账面金额3.03亿美元。全年原燃料采购销售结算量8 770万吨，同比增长51%。

（杨 勇）

【资金运作】 基于2018年的利率和汇率环境，宝运公司利用宝钢股份矿石双币种结算模式及境外人民币即期购汇价格优于境内的窗口，完成即期购汇0.58亿美元，减少购汇支出50万元人民币。

（杨 勇）

【航运运营】 2018年，宝运公司完成运营量3 378万吨，同比增长18%。煤炭航运采用租船方式，进行市场化运作，完成运营量212万吨，获毛利135万美元，较上年的58万吨增长265%。 （杨 勇）

# 武钢集团国际激光拼焊有限公司

武钢集团国际激光拼焊有限公司（简称武钢国际激光拼焊公司）于2013年5月在德国杜伊斯堡注册成立，注册资本1 000万欧元，作为武汉钢铁集团公司收购蒂森克虏伯激光拼焊业务的控股公司，对所并购板块的全球激光拼焊业务实施管理。2013年7月31日，蒂森克虏伯激光拼焊公司股权的交割工作正式完成。2018年1月，宝钢股份向武钢有限收购武钢国际激光拼焊公司股权，武钢国际激光拼焊公司正式划归宝钢股份直接管理，成为宝钢股份的一级子公司。

武钢国际激光拼焊公司主要从事激光拼焊板产品的研发、制造和销售，为全球汽车制造商提供激光拼焊解决方案，促进汽车轻量化的发展。公司发明了世界第一块激光拼焊板，拥有全球领先的激光拼焊技术和产品，全球激光拼焊产品市场占有率第一。公司业务涵盖激光拼焊板制造、激光设备与技术两大业务板块，拥有武钢激光拼焊（德国）有限公司、武钢激光拼焊（瑞典）公司、武钢激光拼焊（意大利）公司、武钢激光拼焊（土耳其）公司、武钢激光拼焊（武汉）公司以及武钢集团激光技术公司6家全资子公司，共8家工厂；合资公司有：与美国华新顿工业有限公司合资经营的TWB公司，拥有美国、加拿大和墨西哥的10家工厂（美国华新顿公司占股55%，武钢国际激光拼焊公司占股45%）。

武钢国际激光拼焊公司是在全球主要市场为汽车厂提供激光拼焊板解决方案的供应商，主要客户包括欧洲市场的德国大众、戴姆勒—奔驰、沃尔沃、菲亚特克莱斯勒、通用汽车、福特汽车，中国市场的上海通用、东风神龙、长安福特、长安汽车，北美市场的福特汽车、通用汽车、菲亚特克莱斯勒和日产、丰田等汽车制造商。主要产品包括激光拼焊板、激光拼焊卷、铝合金拼焊板、激光拼焊管等系列产品。

2018年，武钢国际激光拼焊公司控股子公司合并销售收入3.4亿欧元，参股子公司销售收入4.6亿美元，共生产激光拼焊板6 387万件，占中国、欧洲和北美市场激光拼焊板总量的28%。年底，武钢国际激光拼焊公司有员工463人〔不

含托管给宝钢国际的武钢激光拼焊（武汉）公司221人，不含与美国华新顿工业有限公司合资经营的TWB公司781人〕，其中宝钢股份派驻欧洲的管理人员9人，德国属地员工279人，意大利属地员工76人，瑞典属地员工82人，土耳其属地员工17人。 （桂 萱）

【股权收购】 1月1日，武钢有限采购中心将武钢国际激光拼焊公司100%股权转让给宝钢股份，激光拼焊业务板块由宝钢股份直接管理。武钢国际激光拼焊公司成为宝钢股份的一级子公司。3月6日，宝钢股份委托宝钢国际对武钢激光拼焊（武汉）公司进行日常经营管理。 （桂 萱）

【重大项目】 3月29日，宝钢股份批准实施汽车门环激光拼焊中试线项目，意大利政府资助项目——武钢激光拼焊（意大利）公司"热成形汽车门环激光拼焊制造技术"正式启动。该项目使武钢国际激光拼焊公司形成热成形门环的激光拼焊产品及成套装备制造能力，提高宝钢汽车板国际竞争力。 （桂 萱）

【提升武钢激光拼焊（德国）有限公司劳动效率】 5月25日，武钢国际激光拼焊公司向宝钢股份上报《武钢激光拼焊（德国）有限公司2018年劳动效率提升总体方案》。10月28日，武钢激光拼焊（德国）有限公司与其工会达成利益协商、社会计划、社会计划补充协议和预防性社会计划4项协议，启动减员工作。到12月31日，武钢激光拼焊（德国）有限公司全年在册员工减员44人，外用工减员26人，全口

径劳动效率提升22%。　（桂　萱）

**【宝钢汽车板获戴姆勒认证】**　7月30日，宝钢汽车板通过武钢激光拼焊（德国）有限公司获得德国戴姆勒—奔驰汽车BR205车型前纵梁加强件的PPAP（生产件批准程序）证书。武钢激光拼焊（德国）有限公司获得戴姆勒—奔驰汽车批准，启动批量订购宝钢汽车板5 190吨，宝钢汽车板首次进入德国境内的戴姆勒—奔驰汽车主机厂。　（桂　萱）

**【机构调整】**　10月31日，武钢激光拼焊（德国）有限公司对组织机构进行调整，将7个部门精简为4个部门。采购部与销售/供应链部合并，会计部和控制部合并，质量管理部按照质量体系、产品质量、用户质量服务职能模块分别并入管理部、生产部和销售/供应链部。　（桂　萱）

**【订购宝钢汽车板实现突破】**　2018年，武钢激光拼焊（德国）有限公司实现宝钢汽车板原料订货量零的突破，达到5 660吨；武钢激光拼焊（意大利）公司切换宝钢汽车板的总计订货量达到2.16万吨。　（桂　萱）

## 宝钢新日铁汽车板有限公司

宝钢新日铁汽车板有限公司（简称宝日汽车板）下设生产部、技术质量管理部、销售部和管理部，其中生产部下设轧钢分厂、镀锌分厂、设备管理室、能介车间，技术质量管理部下设冷轧技术管理室、镀锌技术管理室、冷轧质量管理室、镀锌质量管理室，销售部下设生产物流室、销售业务室、销售业务一室、销售业务二室、技术服务室，管理部下设综合管理室、财务管理室、人力资源室。至2018年底，有中方员工709名，新日铁住金株式会社派遣人员18名。

2018年，宝日汽车板累计销售商品材量224.48万吨，实现销售收入139.22亿元，利润6.5亿元。　（黄传举）

**【董事会会议】**　7月30日，宝日汽车板召开四届五次董事会，会议听取《2018年1—6月总经理工作报告》，审议并通过《2018度计划预算调整的议案》《宝钢股份吸收合并武钢股份后销售部组织机构变动的议案》等5项议案内容。12月16日，召开四届六次董事会，听取《2018年1—11月总经理工作报告》，审议并通过《2019度计划预算的议案》等2项议案。　（未　勇）

**【提升用户满意度】**　2018年，宝日汽车板通过预防控制、全程跟踪、快速响应、持续改进等方面的团队协作，实现对重要零件零不良的汽车板品质管控。抱怨件数由2017年的299件下降至2018年的280件。获东风日产乘用车公司、东风本田汽车零部件有限公司"优秀供应商"称号。　（方百友）

**【推进成本变革】**　2018年，宝日汽车板强化成本削减绩效导向，围绕提高机组成材率、降低现货比、降低消耗和专项费用等方面，对成本削减计划进行细化分解，明确成本削减计划各项目责任主体，通过部门绩效评价与劳动竞赛奖励相结合的方式合理引导各部门积极推动成本改善措施落地，促进全员参与成本削减工作，全年降成本0.66亿元。　（陆　旦）

**【机组年修】**　5月6日—6月15日，508机组年修。5条主作业线及所有辅助机组所涉及的总体项目815项，均比原计划提前完成。各主控项目年修后运行情况良好，达到产能提升和质量改进的效果。　（未　勇）

**【编制智慧制造蓝图】**　2018年，宝日汽车板经过多轮讨论和修订，完成智慧制造蓝图的编制工作，提出："构造一个高度集成信息化平台，实现公司主干网千兆到万兆转变；打造一条智慧制造样板机组——A08；夯实二位一体的安全和能环智慧基础；推进五个智能化按汽车零件管理的生产过程。"年内，A08精整库行车无人化改造、磨辊间自动化改造、成品库行车CLTS改造等项目按计划实施，其中A08精整库实现常规品种无人操作。　（未　勇）

**【操作维护人员培养】**　2018年，宝日汽车板制订多能工培养方案，并按照"师徒带教培养、岗位技能确认、在岗操作实践"等流程开展操作维护人员培养工作。年内确定的24名多能工培养对象，均通过技能鉴定，具备独立作业能力。　（郭梦佳）

**【技术人才培养】**　2018年，宝日汽车板制定技术人才培养方案，为25名工艺技术人员制定工作目标任务书，并完成综合评价。年内，被列入培养对象的技术人员实施技改项目6项，科研项目37项，承担技术攻关项目19项，撰写论文或案例18篇，申报技术秘密25项，撰写技术报告133份，人均取得技术成果9.76项。　　（郭梦佳）

【召开二届三次职代会暨四届三次工代会】　4月20日，宝日汽车板召开二届三次职工代表大会暨四届三次工会会员代表大会，听取审议《聚焦用户，砥砺前行 创佳绩不忘初心，牢记使命再出发》《激发士气、凝聚人心　促进公司生产经营管理任务的完成》工作报告；审议《宝日汽车板2017年安全管理工作报告》《宝日汽车板2017年环保工作报告》《宝日汽车板工会经费2017年使用情况及审查情况报告》等。　　（陈　丽）

【参加第十届国际发明展览会】　9月13日，在第十届国际发明展览会上，宝日汽车板何建锋的"高品质汽车外板智能制造核心技术及应用"项目和强晓彬的"一种锌锅气刀自动清洁综合技术"项目获金奖，王鲁的"一种改善辊面温度均匀性的方法和系统"项目获银奖，顾希成的"镀锌汽车板连续生产线入口段设备综合技术开发及应用"项目获铜奖。　　（陈　丽）

【基础管理工作】　2018年，宝日汽车板开展"季季赛"，激发全员参与基础管理工作的热情；开展"百日整治活动"，消除基础管理的区域短板；开展"党支部共建"活动，提升协力单位基础管理水平；同时，强化金牛作业区创建活动的覆盖面。年内，在宝钢股份基础管

2018年3月20日，宝日汽车板开展2018年首场"季季赛"活动　　（宋　潞摄）

理工作评价中排名第二，5个作业区通过宝钢股份金牛作业区验收。　　（来　勇）

# 广州JFE钢板有限公司

广州JFE钢板有限公司（简称广州JFE钢板）下设经营企划部、营业部、制造部、品质管理部、综合管理部。其中，经营企划部下设企划室、财务室、信息管理中心，营业部下设汽车板销售室、薄板销售室、营业管理室，制造部下设冷轧工场、镀锌工场、设备室、生产管理室，品质管理部下设商品技术室、品质技术室、技术服务室，综合管理部下设安全环保室、人力资源室、采购室、行政室。2018年底，有中方员工714人，日本JFE钢铁株式会社派遣人员18人。

2018年，广州JFE钢板实现钢板生产量126.1万吨、销售量121.8万吨、利润总额6.43亿元。（李巧群）

【董事会会议】　1月31日，广州JFE钢板召开第四届董事会第四次会议，审议通过《2018年度收益计划》《2018年度投资计划》。8月21日，召开第四届董事会第五次会议，审议通过《2017年收益实绩及2018年调整利润目标》《2018年度调整投资计划》《CAL（连退机组）改造计划》。　　（陈丽仪）

【基础管理】　2018年，广州JFE钢板推进制度化建设，新增（修订）制度110份；建立健全成本分析系统、能源精细化系统、调度大屏系统等10个系统；开展自主管理和全员生产维修管理，提升生产效率和产品质量；通过微信平台实时反馈、指差确认、管理者履职检查等形式，整改隐患1 507条，整改率达99.8%。　　（李巧群）

【环境改善】　2018年，广州JFE钢板发布环保改善三年行动计划，改善工作环境和生活环境，投入同比增加606%。建成绿色停车场，建设文化休闲园区，开展厕所、休

息室改造,改善工作环境和生活环境。　　　　　　　(李巧群)

【市场营销】　2018年,广州JFE钢板进一步提高产销体系响应速度和协同效率,与用户开展团队共建活动,提升技术服务水平,提高汽车板市场份额,全年实现销售量121.8万吨,其中汽车板97万吨。
　　　　　　　　　　(韩曙光)

【降本增效】　2018年,广州JFE钢板从管理、采购、物流、生产、技术进步着手,开展全员降本增效活动,全年直接降成本3 700万元。通过精细管理、对标找差、改进工艺流程,先后开展降低电力成本、降低能源消耗、改进产品包装等项目攻关,创效600多万元;通过采购降成本、委外项目降成本和采用直购电方式,降成本890多万元;通过改良原板运输方式,优化物流方案,降成本880万元;通过加强财务工作,增加银行理财收益;申请获评高新技术企业,实现未来3年可享受企业所得税税率下降10%的国家政策。　　(李巧群)

【员工队伍建设】　2018年,广州JFE钢板通过网络培训、视频教育、内训师培训、送教上门等多种培训方式,内部培训员工6 500人次、外部培训员工(含送教上门)2 652人次;选派一批优秀员工到宝钢股份和日本JFE钢铁株式会社进行培训。同时,开展部门师带徒、岗位基本技能提升活动,开展自主管理和全员生产维修管理等活动。通过作业长研修会、技术人员研修会、班组长联谊会等形式,开展月度研讨、技术沙龙、项目发布等活动,提高员工技能。　　(李巧群)

【获得荣誉】　2018年,广州JFE钢板获"国家高新技术企业""广东省制造业百强企业""广东省外商直接投资百强企业""广东省最佳雇主企业""广州优秀企业"称号,并获"南沙企联杰出贡献奖""东风雷诺优秀供应商奖""广汽日野汽车有限公司协力奖"等。(李巧群)

## 上海宝钢工业有限公司

上海宝钢工业有限公司(简称工业公司)于2017年2月由宝钢发展有限公司委托宝钢股份管理,主要承担宝钢股份全部冷轧、热轧、硅钢、汽车板等产品包装、出口产品木质包装材料热处理,铁、木、纸、塑等包装材料生产制作,钢铁产品包装设备和包装材料制作设备的设计研发,钢铁包装工技能等级鉴定,以及资材备件收发存及配送业务等,是一家以钢铁产品包装业务、包装技术输出、包装设备研发和相关包装材料制作为主业的集成生产服务性企业。下设综合管理部、经营管理部、生产管理部、包装作业中心、包材制品中心、物流仓储中心。2018年,实现销售收入10.12亿元、利润22万元。
　　　　　　　　　　(郑 芳)

【机构变更】　7月,工业公司将物流仓储中心12个作业区缩减为9个,设立综合管理室,撤销管理组;设立物流湛江分公司,负责湛江钢铁物流部代甲方管理;设立支撑协同组,负责正式员工借用支撑协力单位;设立运输配送作业区,撤销钢管作业区、配送作业区;设立炉料作业区、撤销炉料厂内作业区、炉料厂外作业区;撤销薄板厂作业区。　　　　　　　(郑 芳)

【冷轧产品包装】　2018年,工业公司包装作业中心冷轧区域主要承担宝钢股份冷轧成品卷、板包装任务,其中冷轧卷采用离线卧式卷和离线立式卷两种包装方式,冷轧板采用在线板包装方式,全年包装冷轧卷85.7万卷、713.23万吨;冷轧板2.37万包、8.54万吨;中间产品15.93万包、291.14万吨。一次包装合格率99.91%,出厂合格率100%。
　　　　　　　　　　(郑 芳)

【宝日汽车板产品包装】　2018年,工业公司包装作业中心宝日汽车板包装区域承担宝钢新日铁汽车板有限公司的成品包装任务。全年完成包装成品卷32.31万包、311.97万吨;中间产品2.61万包、62.06万吨。一次包装合格率99.83%,出厂合格率100%。
　　　　　　　　　　(郑 芳)

【硅钢产品包装】　2018年,工业公司包装作业中心硅钢区域承担宝钢股份硅钢部两个分厂的卷包装业务,有9条半自动包装机组及1个立式翻钢机组、3个离线场地及1个包装作业点,包装作业采用设备与人工相结合方式进行。全年包装无取向硅钢卷14.20万包、85.44万吨;取向硅钢卷13.57万包、35.71万吨;轧硬卷0.39万包、6.93万吨;中间产品0.12万包、2.05万吨。一次包装合格率99.81%,出厂合格率100%。　　(郑 芳)

【镀锡板包装】　2018年,工业公司包装作业中心镀锡板区域承担宝钢股份镀锡板厂生产的普通冷轧卷、镀铬卷（板）、镀锡卷（板）等包装作业。全年产量为14.19万包、40.89万吨，一次包装合格率达到99.98%，出厂合格率100%。

（郑　芳）

【热轧产品包装】　2018年，工业公司包装作业中心热轧区域承担宝钢股份热轧厂3个分厂的热轧成品板、卷包装任务，主要分为裸露包装和全封闭包装及简易包装，采用离线包装和在线包装的作业方式。全年包装热轧卷16.97万包、289.71万吨；热轧板6.92万包、36.38万吨，一次包装合格率99.23%，出厂合格率100%。　（郑　芳）

【生产材料制作】　2018年，工业公司包材制品中心铁制品区域主要生产用于钢铁包装的铁制品，主要产品包括盒盖、内角钢、外角钢、圆护板、包板等，全年生产大盒帽1.16万只，内角钢126.67万套、外角钢108.61万套，圆护板56.47万套，包板4.94万吨，小盒帽10.42万只，侧护板4.96万套、围板10.44万套、圆盒盖21.34万只。包材制品中心纸木区域木制品主要生产板木、木台、立托架、井字架、纤维板等产品，全年生产板木2.84万套、木台8.27万只、立托架13.17万只、井字架1.76万只、纤维板1.73万张。包材制品中心纸木区域纸制品主要生产平板纸、纸圆护板、内外纸护角、直纸护角、瓦楞纸、牛皮纸等产品，全年生产平板纸210.25万平方米、纸圆护板82.04万平方米、内外纸护角923.90万米、直纸护角3.26万米、瓦楞纸7.08吨、牛皮纸0.85万张。包材制品中心塑料区域主要生产钢铁包装用塑料产品，包括钢塑保护环、塑料锁扣垫片、塑料袋、塑料薄膜、PET塑钢带、塑料板材、塑料护角等，共生产和外购61种品名大类、700余种规格的产品。年内，生产钢塑保护环241.2万只、塑料锁扣垫片372万只、塑料袋112万只、塑料薄膜460吨、塑钢带6 204卷、塑料板174万平方米、塑料圆护板69.5万套、塑料护角46.6万米、卷包装塑料护角2.9万套。　（郑　芳）

【物流仓储】　2018年，工业公司物流仓储中心主要业务有：宝钢股份使用的资材和备件的提运、入库常规验收、仓储、配送业务；宝钢股份、宝武炭材、宝日汽车板等公司工程、技改项目设备的仓储保管和开箱检验等业务；宝钢股份精密钢管厂的钢管运输业务。全年，资材备件仓储作业量42.7万项；工程设备仓储入库量8.83万吨，出库量8.88万吨；原料仓储作业量56.65万吨。物流钢成品、原料区域（1—6月）作业量1 201.18万吨。

（郑　芳）

【业务优化】　7月1日起，物流钢成品、原料区域业务退出，原管理团队成立协同支撑组借用到上海宝誉物流服务有限公司。10月底，工业公司停止纸制品生产。12月底，停止热处理加工业务；完成湛江钢铁包装材料制作业务退出。

（郑　芳）

【签订集体合同】　11月22日，工业公司召开八届三次职工代表大会，签订《上海宝钢工业有限公司2018—2020年集体合同》，报上海市宝山区劳动和社会保障局备案。

（郑　芳）

【科技研发】　5月31日，工业公司自管类科研项目"功能性缠绕膜的研发"结题。该项目于2017年1月立项，项目成果价值：实现了湛江钢铁1550冷轧2条自动包装线配套包装材料的国产化，降低了包装材料的采购成本。9月13日，包材制品中心塑料区域的"自动脱模装置的研发"项目，获第十届国际发明展览会银奖。9月14日，完成"一种翻盖式应急开关防触碰盒罩"专利授权。　（郑　芳）

【包装代码体系变更】　2018年，工业公司对热轧包装标准进行调整，版本修改为BQB300—2018，于4月10日实施；对冷轧包装标准进行调整，版本修改为BQB400—2018，于4月10日实施。5月21日，在新版冷轧包装保准BQB400—2018基础上，发布实施"20180521版冷轧产品包装代码"。　（郑　芳）

【自主管理与合理化建议】　2018年，工业公司收集合理化建议412条，采纳404条，采纳率98.06%；实施383条，实施率94.8%。申报自主管理课题95个，结题95个。物流仓储中心炉料厂内作业区自主管理小组的"提高海绵钛拆包装作业效率"课题，参与全国冶金行业举办的"冶金质量联盟杯"优秀质量管理成果发表赛，获二等奖。包装作业中心热轧区域的1550/1880作业区自主管理小组的"降低剪切捆带弹出危险源等级"课题，获2018年全国冶金工业质量经营联盟成果发布优秀课题。　（郑　芳）

【天车工技能大赛】　2018年，工业公司承办了宝钢股份天车工技能大赛、中国宝武首届职工技能竞赛

天车工决赛,员工朱俊杰在两项比赛中均取得第一名。 （郑 芳）

【工会换届选举】 4月25日,工业公司召开八届二次职工代表大会和七届一次工会会员代表大会。八届二次职工代表大会通过《关于上海宝钢工业有限公司阶段性执行待退休政策的方案》《员工健康关爱计划》2个议案。七届一次工会会员代表大会选举并产生第七届工会委员会、经费审查委员会委员。 （郑 芳）

# 宝钢股份大事纪要

1月8日,2017年国家科学技术奖揭晓。宝钢股份"高效节能环保烧结技术及装备的研发与应用"项目获国家科学技术进步奖二等奖。

1月15日,宝钢股份召开成本变革推进会,提出了公司新三年成本削减目标:2018—2020年成本削减100亿元,挑战目标为130亿元。

1月20日,由中国上市公司协会指导、《董事会》杂志社主办的第十三届中国上市公司董事会"金圆桌奖"评选揭晓,宝钢股份获"最佳董事会"称号。这也是宝钢股份第二次获此荣誉。

1月26日,在中国环境报社举办的2017中国绿色发展论坛暨中国绿色发展联盟年会上,宝钢股份获"2017年度绿色企业管理奖"。

1月30日,宝钢股份举行2018年度管理工作会议。

1月31日,宝钢股份召开五届一次职工代表大会暨干部大会。会上,举行《宝钢人的知与行(2017版)》首发式。

1月,全球首套高炉炉前作业自动化控制系统在宝钢股份投用。

2月7日,宝钢股份举行党风廉政建设和反腐败工作会议。

2月,宝钢股份热轧全球首发产品新型耐磨钢BW300TP年产量从2013年的300吨提升至6 000吨水平,累计产销量突破1万吨,形成大批量生产供货能力。

3月7日,宝钢股份举行基础管理推进会,提出今后三年基础管理总体要求。

3月15日,宝钢股份召开2018年技术创新工作会议。

3月16日,宝钢股份召开2018年度全面深化改革动员大会。

3月28日,由宝钢股份自主集成建设的全球首套大型高炉控制中心建成启用,成功实现对直属厂部4座高炉的集中化操作控制和生产管理,并可对其他基地高炉进行远程技术支撑。

4月9日,宝钢股份发布2017年年报。2017年,公司实现营业收入2 895亿元,同比增长17.4%,归属上市公司股东的净利润为191.7亿元,同比增长111%。公司拟每股派发现金股利0.45元(含税),股息合计100.2亿元。

4月25日,宝钢股份以"新时代、新使命、新担当"为主题召开技能人才队伍建设大会。

4月28日,宝钢股份与中冶宝钢技术服务有限公司签订新一轮党组织共建合作协议。

4月,在2017年度上海市科学技术奖励大会上,宝钢股份电厂技能专家洪华、宝钢股份炼铁厂高炉技术专家缪伟良获上海市科技进步奖三等奖。宝钢股份与上海电力学院合作的"大型火电机组经济运行与负荷调度优化技术与应用"项目获科技进步奖三等奖。

5月15日,在上海市总工会召开的基层工会创新案例命名发布会上,宝钢股份工会"钢铁行业领头羊,岗位创新是法宝"案例,获2017年度上海市基层工会十大(类)创新案例奖,宝钢股份工会被列为上海工会干部教育培训基地。

5月22日,以"走进新时代——融合·节能·共享"为主题的第三届宝钢取向硅钢EVI论坛在长沙举办。

5月23日,中共中央政治局委员、上海市委书记李强到宝钢股份直属厂部调研,并听取公司智慧制造、城市钢厂情况汇报。

5月,宝钢股份美洲技术服务中心在美国新泽西州成立。

同月,汽车用钢开发与应用技术国家重点实验室第二届学术委员会第三次会议在宝钢股份中央研究院召开。

6月15日,宝钢股份举办"未来炼铁新技术"研讨会。

6月30日,宝武(宝钢股份直属厂部与武钢有限)信息化整合设备管理系统切换上线。

6月,宝钢股份炼钢厂三号连铸机通过改造,成为全球首例采用4台机器人(1台钢包受包侧机器人、1台中间包区域机器人、2台结晶器保护渣机器人)协同作业的连铸机。

同月,宝钢股份与江南造船(集团)有限责任公司签订自主研发的大型液化气船低温钢板整船供货协议,标志着宝钢股份成为国内首家批量供超大型液化气船低温钢板的企业,一举打破以往此船型低温钢被国外钢厂垄断的局面,实现低温船板进口替代。

同月，美国权威金融杂志《机构投资者》2018年度"亚太区公司管理团队"排行榜评选揭晓。宝钢股份获基础材料组"最佳投资者关系公司"第一名。

7月1日，武钢有限采购供应链系统上线。宝钢股份资材备件采购系统在同一平台、使用同一语言、按照同一规则开始运行。

7月10日，美国《财富》中国上市公司500强排行榜揭晓，宝钢股份以2894亿元的营业收入位列第24名。

7月11日，宝钢股份全品种汽车用钢亮相亚洲汽车轻量化展览会。

7月24日，由中国机械冶金建材工会与中国钢铁工业协会联合开展的"全国重点大型耗能钢铁生产设备节能降耗减排对标竞赛"活动评审揭晓，宝钢股份三号烧结机获"冠军炉"称号，湛江钢铁一号烧结机获"优胜炉"称号；在高炉组别中，宝钢股份四号高炉、武钢有限一号高炉获"冠军炉"称号，湛江钢铁二号高炉、梅钢公司五号高炉、武钢有限八号高炉、梅钢公司四号高炉获"创先炉"称号；在转炉组别中，宝钢股份一号转炉、武钢有限4炼钢二号转炉获"优胜炉"称号，湛江钢铁二号转炉获"创先炉"称号。

7月26日，宝钢股份召开首场"技能大师"专家评审会，"技能大师"岗位选聘工作全面启动。

7月，世界首个±1100千伏工程——昌吉—古泉特高压直流输电工程首台发送端±1100千伏换流变压器通过验收，发往工程现场。该工程有46台直流换流变压器的铁芯材料采用宝钢股份生产的高等级激光刻痕取向硅钢，其取向硅钢国产化率达80%以上。

同月，由宝钢股份自主开发的钢铁产成品物流无纸化提货系统，在梅钢公司上线运行，标志着宝钢股份在国内钢铁领域率先实现产成品物流无纸化提货的规模化应用。

同月，宝钢股份申报的2017年度高新技术成果享受财政资金扶持项目通过上海市财税部门的审核，获市级财政科技成果扶持资金1.26亿元。

8月12日，第十二届中国上市公司价值评选活动榜单揭晓，宝钢股份获"中国上市公司资本运作标杆奖"。

8月14日，"宝钢—格兰仕联合工作室"揭牌。

8月，宝钢股份申报的12项成果被中国钢铁工业协会、中国金属学会授予2017年冶金科学技术奖，其中"汽车轻量化用吉帕级钢板稳定制造技术与应用示范"成果获唯一特等奖。

8月，第八届中国金属学会冶金青年科技奖获奖者及冶金先进青年科技工作者名单公布，中央研究院武汉分院任安超获冶金青年科技奖，宝钢股份王超峰、武钢有限肖光润获评第八届冶金先进青年科技工作者。

9月3日，中央军委委员、国务委员兼国防部长魏凤和上将到武钢有限调研。

9月4日，宝钢股份举行李斌创新工作室与中冶宝钢技术服务有限公司李伟伟创新工作室结对共建仪式，进行结对授牌。

9月19日，"首钢杯"第九届全国钢铁行业职业技能竞赛落幕。宝钢股份8名选手取得所在工种前20名优异成绩，获"全国钢铁行业技术能手"称号。热轧厂杨军、炼铁厂张培峰分获金属轧制工第一名、高炉炼铁工第三名。宝钢股份被全国钢铁行业职业技能竞赛委员会授予"优秀组织奖"。

9月30日，宝钢股份撤销罗泾管理部机构设置。

9月，上海市绿化委员会办公室公布2015—2017年度"上海市花园单位"名单，梅钢公司办公区、梅钢公司能源环保部、梅钢公司炼铁厂及宝钢化工梅山分公司作为续评单位上榜。

同月，"宝钢—雅虎汽车用钢技术联合开发工作室"在浙江雅虎汽车部件有限公司揭牌。这是宝钢股份和民营企业、汽摩配企业联合设立的首个工作室。

同月，由中国汽车工程学会、汽车轻量化技术创新战略联盟组织的首届"中国汽车轻量化设计奖"评选在北京举办，宝钢股份"新能源汽车高速电机用高扭矩输出镁合金减速器壳体""低成本快节拍热冲压创新技术研究与应用"项目分获一等奖和优秀奖。

10月12日，在第二届中国服务型制造大会上，"宝钢超轻型钢制白车身（BCB）开发与应用"项目获国家工业和信息化部颁发的"服务型制造示范项目奖"。

10月18日，以"绿色、安全、成本"为主题的第四届宝钢汽车板EVI论坛举行。

10月26日，《哈佛商业评论》（中文版）在北京举办主题为"新科技、新管理"的第五届中国年会暨第二届"拉姆·查兰管理实践奖"颁奖活动，宝钢股份获"改革开放40年管理实践特别奖"。

10月30日，以"绿色钢铁、

智慧制造"为主题的第七届宝钢学术年会在宝钢股份中央研究院开幕。

10月，湛江钢铁炼钢工程获中国建筑行业工程质量的最高荣誉奖——"鲁班奖"。

同月，宝钢股份申报的机械结构高性能调质钢板（BWELDY 700QL2、BWELDY 700QL4、BWELDY 900QL2、BWELDY 900QL4、BWELDY 960QL2、BWELDY 960QL4、BWELDY 1100QL2/4）被上海市高新技术成果转化中心认定为上海市高新技术产品。

11月5日，穆迪公司将宝钢股份的信用评级上调一级，由Baa1调整为A3，评级展望维持"稳定"。

11月20日，标准普尔将宝钢股份的评级上调一级，由BBB+调整为A-，评级展望维持"稳定"。

12月5日，在2018上海高新技术成果转化百佳年会上，2017年度上海市高新技术成果转化项目"百佳""先锋人物"评选结果揭晓。宝钢股份"铁镍基合金油套管（BG2532-110、BG2532-125）"获2017年度"百佳"科技成果；宝钢股份张春霞获"2017年度上海市高新技术成果转化先锋人物"。

12月6日，湛江钢铁召开三号高炉系统项目启动会，湛江钢铁三号高炉系统开工建设正式启动。

12月17日，湛江钢铁2250热轧年产能达600万吨，创造国内热连轧单条生产线产能最高纪录。

12月28日，宝钢股份取向硅钢结构优化工程（一期）投产。

12月，宝钢股份工会获"2018云南省脱贫攻坚先进集体"称号。

（孙荣祥）

# 中国宝武乌鲁木齐总部/宝钢集团新疆八一钢铁有限公司

## 概　述

宝钢集团新疆八一钢铁有限公司（简称八一钢铁）始建于1951年。1952年5月20日，中国人民解放军新疆军区后勤部钢铁厂与新疆军区军工部合并，定名为新疆军区八一钢铁总厂。1953年1月，钢铁厂移交新疆维吾尔自治区工业厅，5月7日更名为新疆八一钢铁厂。1974年1月1日，更名为乌鲁木齐钢铁厂。1979年3月31日，新疆成立新疆钢铁公司，乌鲁木齐钢铁厂为该公司直属企业。1980年11月24日，乌鲁木齐钢铁厂更名为新疆八一钢铁总厂，并与新疆钢铁公司实行"两块牌子、一套班子"运作。1995年9月27日，以新疆八一钢铁总厂为主体成立新疆钢铁（集团）有限责任公司。1999年11月，更名为新疆八一钢铁（集团）有限责任公司。2001年底，更名为新疆八一钢铁集团有限责任公司。2007年1月16日，宝钢集团与新疆维吾尔自治区政府签署增资重组新疆八一钢铁集团有限责任公司的协议；4月28日，公司正式加入宝钢集团，定名为宝钢集团新疆八一钢铁有限公司。2018年12月，中国宝武成立乌鲁木齐总部，与八一钢铁合署办公。

2018年，八一钢铁生产钢560.85万吨，同比增长8.65%；钢材522.96万吨，同比增长6.17%；生铁522.22万吨，同比增长7.67%；焦炭228.4万吨，同比增长1.18%；铁矿石原矿量474.65万吨，同比下降6.19%；铁精矿223.08万吨，同比下降24.05%；球团矿132.21万吨，同比增长3.59%；烧结矿754.9万吨，同比下降2.08%；板簧2.81万吨，同比增长14.23%。完成工业总产值（现价）252.38亿元，资产总额412.25亿元。销售钢材524.32万吨，同比上升5.5%；营业收入217.38亿元，同比增长19.88%；主营业务收入210.32亿元，同比增长20.09%。利润总额7.55亿元。削减成本12.01亿元。宝武班列国内业务到发208列，同比提升29%；国际业务开行172列，同比提升16%。年底，在册员工16 704人。

（张广平　陈　洁　卢晓亮）

【企业负责人简介】　肖国栋，1965年6月生，山东莱州人，中共党员，教授级高级工程师，八一钢铁党委书记、董事长。

魏成文，1970年9月生，福建古田人，中共党员，高级工程师，八一钢铁总经理。　（张广平）

## 董事会　股东大会

【第五届董事会第二十三次会议】1月18日，八一钢铁以通讯表决方式召开第五届董事会第二十三次会议，审议《关于改选宝钢集团新疆八一钢铁有限公司第五届董事会各专门委员会委员的议案》。

（张　静）

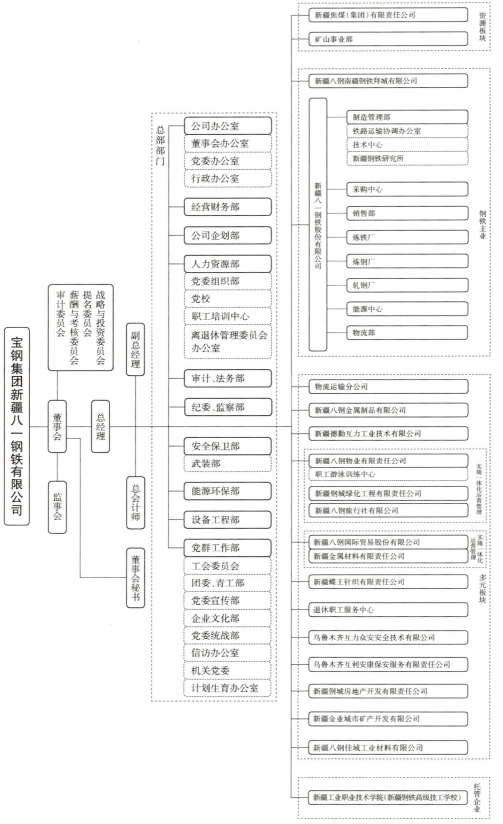

**宝钢集团新疆八一钢铁有限公司组织机构图（2018年12月）**

说明：

1. 本组织机构图按照管理关系绘制；统计范围为总部部门，分公司，全资、控股子公司及托管企业；不包括参股企业。

2. 总部部门：党委办公室、行政办公室、董事会办公室实行"三块牌子、一套班子"运作。党委组织部、人力资源部实行"两块牌子、一套班子"运作。党委组织部与党校、离退休管理委员会办公室合署办公。职工培训中心挂靠人力资源部，实施一体化管理。党群工作部、工会委员会、机关党委、党委宣传部、党委统战部、企业文化部、信访办公室、计划生育办公室实行"八块牌子、一套班子"运作。党群工作部和团委、青工部合署办公。审计部和法律事务部实行"两块牌子、一套班子"运作。纪律检查委员会、监察部实行"两块牌子、一套班子"运作。安全保卫部、武装部实行"两块牌子、一套班子"运作。

## 八一钢铁主要装备（生产线）一览表

| 装　　备 | 规　　格 | 数　　量 |
| --- | --- | --- |
| 铁矿 |  | 3座 |
| 煤矿 | 以生产焦煤为主 | 1座 |
| 烧结机 | 430平方米 | 2台（其中南疆钢铁1台） |
| 烧结机 | 265平方米 | 2台 |
| 焦炉 | 4.3米42孔 | 4座 |
| 焦炉 | 4.3米49孔（捣固） | 1座 |
| 焦炉 | 5.5米60孔复热式（捣固） | 2座（南疆钢铁） |
| 焦炉 | 6米55孔 | 4座 |
| 熔融还原炼铁炉 | C3000 | 1座 |
| 高炉 | 2 500立方米 | 3座 |
| 高炉 | 1 800立方米 | 2座（南疆钢铁） |
| 转炉 | 150吨 | 1座 |
| 转炉 | 120吨 | 5座（其中南疆钢铁2座） |
| 电炉 | 70吨 | 1座 |
| 高速线材机组 |  | 3套（其中南疆钢铁1套） |
| 棒材机组 |  | 3套（其中南疆钢铁1套） |
| 冷轧机组 | 1 420毫米轧机 | 1套 |
| 热轧机组 | 1 750毫米轧机 | 1套 |
| 中厚板机组 | 3 500毫米 | 1套 |

（陈　洁）

**【第五届董事会第二十四次会议】** 3月9日，八一钢铁召开第五届董事会第二十四次会议，审议《关于审议八钢公司资产处置的议案》《关于审议新疆八一钢铁股份有限公司设立全资子公司的议案》。

（张　静）

**【第五届董事会第二十五次会议】** 3月29日，八一钢铁召开第五届董事会第二十五次会议，审议《关于审议八钢公司2018年度经营预算议案》《关于审议八钢公司2018年度全面风险管理报告的议案》《关于审议八钢公司2017年度内部控制评价报告的议案》《关于审议八钢公司本部申报2018年度银行综合授信的议案》《关于审议八钢股份2018年度螺纹钢套期保值操作的议案》《关于审议八钢公司2018年度远期购汇业务操作的议案》《关于审议八钢公司资产处置的议案》《关于审议八钢公司职工医院移交当地政府管理的议案》《关于宝钢集团新疆八一钢铁有限公司董事会换届选举的议案》《关于宝钢集团新疆八一钢铁有限公司监事会换届选举的议案》《关于召开八钢公司2018年第二次临时股东会的议案》。

（张　静）

**【第六届董事会第一次会议】** 3月29日，八一钢铁召开第六届董事会第一次会议，审议《关于选举宝钢集团新疆八一钢铁有限公司第六届董事会董事长的议案》《关于选举宝钢集团新疆八一钢铁有限公司第六届董事会各专门委员会委员的议案》《关于聘任宝钢集团新疆八一钢铁有限公司总经理的议案》《关于聘任宝钢集团新疆八一钢铁有限公司其他高级管理人员的议案》《关于聘任宝钢集团新疆八一钢铁有限公司董事会秘书的议案》。

（张　静）

【第六届董事会第二次会议】 6月20日，八一钢铁召开第六届董事会第二次会议，审议《关于审议八钢公司2017年度董事会工作报告的议案》《关于审议八钢公司2017年度总经理工作报告的议案》《关于审议八钢公司2017年度财务决算报告的议案》《关于审议八钢公司2017年度利润分配方案的议案》《关于审议八钢公司2018年度固定资产投资计划的议案》《关于审议天山格冉特公司资产处置的议案》《关于审议阜康气煤处僵治困方案的议案》《关于审议八钢公司2018年度对外捐赠计划的议案》《关于召开八钢公司2017年度股东会的议案》。 （张 静）

【第六届董事会第三次会议】 9月20日，八一钢铁以通讯表决方式召开第六届董事会第三次会议，审议《关于审议南疆钢铁处僵治困方案的议案》《关于审议八钢公司持有新疆招标有限公司股权对外转让的议案》《关于审议金属制品公司吸收合并新疆八钢板簧有限公司的议案》《关于审议清算注销钢业互达财务公司的议案》《关于审议出售参股交通银行股票的议案》《关于审议新疆钢铁设计院有限责任公司股权结构调整的议案》。 （张 静）

【第六届董事会第四次会议】 11月28日，八一钢铁以通讯表决方式召开第六届董事会第四次会议，审议《关于审议新疆八钢物业有限责任公司吸收合并新疆八钢天汽服务有限公司议案》《关于审议新疆宝莘市场开发有限公司清算注销的议案》《关于审议宝钢集团新疆八一钢铁有限公司续聘会计师事务所的议案》。 （张 静）

【2017年度股东会】 6月20日，八一钢铁召开2017年度股东会，审议《关于审议八钢公司2017年度董事会工作报告议案》《关于审议八钢公司2017年度监事会工作报告的议案》《关于审议八钢公司2017年度财务决算报告的议案》《关于审议八钢公司2017年度利润分配方案的议案》《关于审议八钢公司2018年度固定资产投资计划的议案》。 （张 静）

【第一次临时股东会】 1月18日，八一钢铁以通讯表决方式召开2018年第一次临时股东会，审议《关于改选宝钢集团新疆八一钢铁有限公司第五届董事会部分董事的议案》。同意宋飞辞去宝钢集团新疆八一钢铁有限公司第五届董事会董事职务，选举陈君明任宝钢集团新疆八一钢铁有限公司第五届董事会董事。 （张 静）

【第二次临时股东会】 3月29日，八一钢铁召开2018年第二次临时股东会，审议《关于审议八钢公司2018年度经营预算议案》《关于宝钢集团新疆八一钢铁有限公司董事会换届选举的议案》《关于宝钢集团新疆八一钢铁有限公司监事会换届选举的议案》《关于审议八钢公司吸收合并联强公司协议的议案》。 （张 静）

# 生产经营管理

【阳光采购】 2018年，八一钢铁全部品类（指所有采购物品）上网采购率达85.42%，运行维护物品上网采购率100%。全部品类竞争采购率82.07%，集中采购率91.3%。 （卢晓亮）

【产品转型】 2018年，八一钢铁坚持板、型、优产品结构调整战略。板、型、优产品占总销量的比例从2017年的59%提高到2018年的68%；建材占总销量的比例从2017年的39%下降到2018年的30%，下降了9%。 （卢晓亮）

【智慧制造】 2018年，八一钢铁以项目化管理方式完成智慧制造项目74个，上报集团公司智慧制造实用技术13项，其中4项纳入集团公司实用技术目录，"120吨转炉自动溅渣控制技术"作为优秀实用技术在韶关钢铁智慧制造现场会展示。 （卢晓亮）

【能源环保】 2018年，八一钢铁对中央环保督察整改项目"焦化烟气脱硫脱硝技术改造工程"和"能源中心220吨锅炉脱硫脱硝改造项目"进行推动和整改。9月，完成中央环保督查整改验收及销号工作。 （卢晓亮）

【"三供一业"及市政设施、社区管理分离移交】 2018年，八一钢铁分别与乌鲁木齐经济技术开发区（头屯河区）政府、达坂城区人民政府签订市政设施、社区管理分离移交协议及资产无偿划转协议，年底完成资产移交。年底，八一钢铁本部供水、供热、供气、物业及蝶王家属区供热、雅矿哈密养老院供热共6个"先改造后移交"项目基本完成改造，完成管理职能移交，涉及资产移交项目均与接收单位签订了资产无偿划转协议。 （卢晓亮）

# 新疆八一钢铁股份有限公司

新疆八一钢铁股份有限公司（简称八钢股份）是2000年7月27日由新疆八一钢铁集团有限责任公司联合邯郸钢铁集团有限责任公司、南京联强冶金集团有限公司、新疆华顺工贸有限公司、新疆维吾尔自治区技术改造投资公司发起设立，2002年8月16日在上海证券交易所挂牌交易。

2017年底，八钢股份立足原有的炼钢及轧钢生产系统，实施重大资产重组，将控股股东的炼铁、能源和厂内物流等资产置入公司，成为拥有包括炼铁、炼钢、轧钢等核心生产工序在内的钢铁生产工艺流程及与之配套的能源辅助系统的上市公司。具备年产660万吨铁、800万吨钢、870万吨材的生产能力。

作为新疆最大的钢铁上市企业和西北地区重要的大型钢铁企业，八钢股份的产线和设备具备国内先进水平，主要产品覆盖棒材、线材、型材、中厚板、热轧薄板、冷轧板、镀锌板、彩色涂层板等，产品质量达到国际公认的高精度产品DIN的标准，通过ISO9002国际标准质量认证注册，广泛应用于西北地区的工业及民用建筑、铁道、桥梁、公路、水电等行业。其中，"互力"牌螺纹钢获得全国"冶金产品实物质量金杯奖"，并通过国家首批质量免检认定，在西北地区拥有较高的品牌知名度和市场认可度。

2018年，八钢股份产钢561万吨、产材523万吨，实现营业收入201.05亿元。年底，八钢股份总股本15.32亿股，总资产193.22亿元，净资产40.42亿元。在册员工5 941人。　　（刘江华）

## 炼铁厂

分新、老两个区域，主要产品有生铁、烧结矿、焦炭及其副产品，下设第一炼铁分厂、第二炼铁分厂、焦化分厂、烧结分厂、原料分厂、炼铁厂机关。主要设备有2 500立方米高炉3座，3 000立方米欧冶炉（熔融还原炼铁装置）1座，265平方米烧结机2台，430平方米烧结机1台，6米55孔焦炉4座。2018年，生产铁水522万吨、烧结矿614万吨、焦炭169万吨。铁水成本2 046元/吨，高炉铁水成本在全国排名第六名。年底，在册员工1 992人。　　（张红）

【生产管理】 5月26日，炼铁厂第一炼铁分厂欧冶炉（熔融还原炼铁装置）在完成工艺技术优化改造后开炉，仅用4天实现达产，各项指标均优于同期最高水平，焦比降至200千克/吨以下，燃料比达到863千克/吨，铁水月产量10.6万吨，达到历史最高水平。焦化分厂配煤成本大幅降低，新疆焦煤（集团）有限责任公司（简称焦煤集团）煤比持续在55%左右，实现焦煤集团煤100%消耗，疆（新疆）内煤比累计66%，同比提高5.9%；焦炭产量同比提高0.44%。　　（张红）

【技术创新】 2018年，炼铁厂推进创新工作室的创建和管理，田宝山工作室承担的"制作螺旋完成气化炉排料"在欧冶炉长周期检修的炉体清料项目中起到关键作用。年内，炼铁厂通过加大创新奖励力度，降低生产成本8 000余万元。　　（张红）

【废弃物利用】 2018年，炼铁厂消耗除尘灰、瓦斯灰等25.9万吨，处置能源及物业污泥1 168吨，消耗炼钢污泥8.5万吨；使用浓盐水近6.3万立方米；接收能源中心水处理废旧离子树脂29.72吨，油泥球团537.23吨。　　（张红）

## 炼钢厂

2008年6月企业改制后成立，下设第一炼钢厂、第二炼钢厂。主要设备有150吨转炉1座，120吨转炉3座，40吨转炉2座，70吨直流电弧炉各1座。2018年，产钢560.85万吨。11月，员工黄正华参加第十三届世界钢铁协会模拟炼钢挑战赛（中国宝武赛区），获第一名。年底，在册员工775人。　　（吴军）

【环保及能源消耗】 2018年，炼钢厂电除尘器、布袋除尘器排放全部合格，除尘设施与主线生产同步运转率100%，厂界噪声达标，固体废弃物合规处置，冷固球团吨钢用量10.1千克，危险废弃物处置合格率100%，厂界噪声达标，放射性物质控制符合国家法律法规要求。　　（吴军）

【发明创新】 2018年，炼钢厂申请专利120项，其中发明专利9项，申报技术秘密101个。在第十届国际发明展览会上，炼钢厂"一种利用废渣分层处理铸余钢水工艺"获金奖，"一种提高连铸机中间包热交换成功率的方法""一种提高钢包透气芯座砖使用寿命的方法"获铜奖。　　（吴军）

【质量管理】 2018年，在新疆维吾尔自治区第三十九次质量管理小组代表会议上，炼钢厂推荐的"降低转炉铁水消耗""降低120吨转炉铁耗"两项成果分别获二等奖、三等奖；在2018年新疆维吾尔自治区质量信得过班组会议上，第一炼钢分厂的"降低转炉铁水消耗"获成果发布一等奖。 （吴 军）

【培训教材编写】 2018年，炼钢厂编写完成《150吨转炉、精炼工艺与设备》《板坯连铸工艺与设备》等炼钢系统教材12本，为炼钢厂专业技术传承及员工培训、技能传承做好保障。 （吴 军）

## 轧钢厂

2008年6月成立，下设棒线、热轧、冷轧、中厚板4个分厂；机关设综合办公室、生产技术室、设备室3个部门。2018年，生产钢材550.24万吨，其中热区522.04万吨、冷区28.2万吨，较2017年的492.6万吨（热区452万吨、冷区40.6万吨）增产11.7%。年底，在册员工1 260人。 （曹耀哲）

【成本管理】 2018年，轧钢厂通过降低燃耗、电耗，加强备品备件管理、油品管理，开展锌耗攻关等，实现降成本8 254万元。 （曹耀哲）

【实施"板材、型材、优质钢"战略】 2018年，轧钢厂板材、型材、优质钢产品占总产品结构的74.76%。其中，热轧品种钢同比增产9.85%，品种钢主要为热轧汽车用钢、低合金结构钢；中厚板品种钢同比增产5.8%，品种主要为钢容器板、桥梁钢、风电钢；高线机组品种钢同比增产26.45%；小型机组同比

增产15.7万吨，增幅448.57%；巨峰机组同比增产7.49万吨，增幅101.2%。 （曹耀哲）

【新品种开发】 2018年，轧钢厂棒线分厂小型机组完成3个新钢种、9个新品规格的开发；巨峰机组完成插口钢、热轧H型钢的开发；中厚板机组完成毛边板和正火板的开发；热轧机组完成抗硫化氢管线钢试生产，超厚规格钢产品，汽车用钢产品扩展试验，同时相继完成大梁钢的开发；轧钢厂棒线分厂一高线机组完成新品预应力钢筋的轧制，一次实现性能合格、质量达标。 （曹耀哲）

## 制造管理部（八一钢铁公司技术开发中心、新疆钢铁研究所）

制造管理部于2008年2月28日成立，对外称"八一钢铁公司技术开发中心"或"新疆钢铁研究所"，下设综合管理室、工艺技术研究室、生产计划室、生产管制中心（总调）、原料管理室、理化检验中心。2018年底，在册员工393人。 （高 斌）

【配煤工作】 2018年，八钢股份以自产焦煤为基础，最大能力利用新疆区域内现有资源，优化配煤结构，疆（新疆）内配煤比例由年初的61.2%提高至年底的64.2%，单月最高达到76%。全年焦炭成本1 300元/吨。 （高 斌）

【配矿工作】 5月，欧冶炉投产，炼铁球团矿消耗居高不下。制造部协同炼铁分公司推进提高高炉烧结矿比例、节约球团矿的工作，烧结工序推进低价电石渣的消耗，

全年消耗电石渣15.4千克/吨，比2017年提高2.8千克/吨，全年烧结比例73%。 （高 斌）

【原料库存管理】 2018年，制造管理部推进铁料低库存运行模式，总铁料从年初的106万吨降至12月的6万吨，其中烧结铁料从62万吨降至47万吨，降低24%。同时，提高焦煤库存量。年底，八钢股份本部焦煤库存为17.5万吨，南疆钢铁焦煤库存为19.5万吨，同比均有所提高。 （高 斌）

【生产计划管理】 2018年，制造管理部做好生产计划组织工作，统筹兼顾、综合平衡，重点做好板材、优钢、型材的生产计划组织工作。全年板材、优钢、型材比例达到70%，同比提高13.12%。同时，通过推进120吨250毫米板坯的生产，优化中厚板组板规则，加大入炉板坯单重，2018年板坯单重较2017年提升6.3%。 （高 斌）

## 能源中心

负责八一钢铁地区水、电、汽、暖、风、氧、氮、氩、煤气的生产、供应和能源、计量管理工作，下设计控分厂、制氧分厂、热力分厂和5个业务室、14个作业区。2018年，发电9.2亿千瓦时，转炉煤气回收112.5立方米/吨。全年污水处理厂稳定运行率100%，出水水质合格率100%，废水排放合格率100%。年底，在册员工831人。 （贺麟浩）

【安全管理】 2018年，能源中心利用3次同步检修，更换二炼钢、煤气系统等6个故障及不符合规定的眼镜阀；开展不能实现自动和远程控制眼镜阀的治理工作；通过乌鲁木

齐市安全监督局、国家应急部等的现场检查。　　　　　（贺麟浩）

【设备管理】　2018年，能源中心按照《能源中心设备良性循环管理办法》对综合评价第一的单位进行奖励。截至12月底，共查处问题点612项，全部反馈验证。通过异常销号平台，反馈并处理设备异常信息7 618项。每月对公司设备体系评价中的主要问题点，召开分析总结会，制定整改措施，落实责任人及整改日期。截至12月底，能源中心共4次获得主线排名第一，年度综合排名第一。　　　（贺麟浩）

【锅炉脱硫脱硝改造项目】　6月29日，能源中心重点工程——热力分厂220吨/小时锅炉脱硫脱硝改造项目开始施工。8月27日，完成改造并投产；8月30日，通过环保验收。　　　　　　　（贺麟浩）

【技术改进】　根据国家淘汰落后产能，关停一号25兆瓦发电机组，优化220吨/小时燃气锅炉烟气治理方案，采用共用2×130吨/小时锅炉脱硫系统，降低了工程投资和运行能耗费用，按节点完成政府要求的环保治理要求。　　（贺麟浩）

## 采购中心

2014年底，由前设备工程部物资采购室与原料采购管理事业部资源采购部合并而成，主要负责八钢股份国内大宗原燃料、资材备件类等物资的集中采购，设铁料采购室、煤焦采购室、合金熔剂采购室、资材备件采购室以及运营管理室5个科室。2018年，完成采购量1 091.5万吨、采购额度157.13亿元。年底，在册员工39人。　　（彭洪玉）

【阳光采购】　2018年，采购中心通过欧冶采购平台采购资材备件6.32亿元，占总采购额的64.6%；通过欧冶采购平台，降低资材备件采购成本7 624万元，占总采购额的7.8%。　　　　　（彭洪玉）

【原料保障】　2018年，采购中心依据性价比增加原料采购量。推进原料长期采购协议，稳定供货渠道，锁定优质资源。运用异地库采购模式，控制疆（新疆）内资源。实行异地库采购，将采购工作延伸到矿山企业前沿，直接设库采购，锁定资源。抓住铁路运费下浮的时机，加大铁路发货量。　　　　　　　　（彭洪玉）

## 销售部

主要负责产品销售和服务工作，下设5个职能部室、4个产品室、5个经销办事处。2018年，销售钢材525.18万吨，实现销售收入195.27亿元，产销率100%。年底，在册员工149人。　　（郑诗青）

【产品结构调整】　2018年，八钢股份加快了产品结构调整步伐，通过产品结构调整，板、型、优产品占总销量的比例从2017年的59%提高到2018年的68%；建材占总销量的比例从2017年的39%下降到2018年的30%。　　　（郑诗青）

【提高运输效率】　2018年，销售部通过八钢股份内部各相关单位协同沟通，协调解决优钢、中厚板相互压钢，严重影响产品发货速度的问题。同时，挖掘物流装车潜力，提前准备预案，实现产品下线后及时装车，减少落地存放时间；增加小型库房的周转垛位；实现

厂外装支架，厂内发运钢材的创新；突破热轧双炉生产情况下火车发运的瓶颈；与铁路部门协调，物流最高日发运200节车皮以上。　　　　　　　（郑诗青）

# 八一钢铁各分（子）公司、事业部

## 新疆焦煤（集团）有限责任公司

新疆焦煤（集团）有限责任公司（简称焦煤集团）是2000年7月3日由新疆维吾尔自治区经贸委批准组建的国有独资公司（前身是原煤炭部直属统配煤矿新疆艾维尔沟煤矿）。2001年6月6日改制挂牌成立，2004年7月21日整体并入八一钢铁，为八一钢铁全资子公司。2018年，生产原煤134.99万吨、精煤121.04万吨，实现工业总产值7.52亿元，营业收入7.81亿元，利润总额9 133.95万元。年底，在岗员工2 244人。　　（王　勇）

【精煤供应】　2018年，焦煤集团一九三〇煤矿开采存在设备老化等问题，针对地质变化及时调整安全技术措施，保障精煤的供应，全年完成精煤产量71.04万吨。　　　　　　　　　（王　勇）

【计分制度改革】　2018年，焦煤集团对矿井的计分制度进行改革，由原来的十分制变革为"千分制"，细化计件工作，其中1890煤矿掘进队运用较好，调动了一线员工的生产积极性，创出单头掘进月进度380米的好成绩。　　　（王　勇）

**【办理矿井合规性手续】** 12月27日，焦煤集团办理了1890煤矿、1930煤矿和2130煤矿扩大范围的采矿证，解决矿井超层越界的问题，增大煤炭可采储量。

（王 勇）

**【技术改造】** 2018年，焦煤集团1930煤矿改扩建项目试验自动钻机设备，4月2日开始进行，7月25日结束。改造后，可减少一半井下单台钻机作业人数。 （王 勇）

**【历史遗留工程合同清理】** 2018年，焦煤集团对往年留存的工程项目进行全面清理。其中，对64个重点和难点工程合同制定清理计划，落实责任，推进结算。至年底，完成55个。 （王 勇）

## 矿山事业部

原为成立于2012年12月的矿山管理（事业）部，2016年7月5日更名为矿山事业部。矿山事业部是按照事业部体制运行的非煤矿山管理单位，主要负责八一钢铁非煤矿产资源整合、开发建设及所属矿山企业生产经营及安全环保等管理工作。下辖新疆钢铁雅满苏矿业有限责任公司（简称雅矿公司）、富蕴蒙库铁矿有限责任公司、巴州敦德矿业有限责任公司、新疆叶尔羌矿业有限公司、新疆金昆仑矿业有限责任公司、新疆和合矿业有限责任公司（参股）等矿山企业，其中独资4家，参股、控股4家。2018年，生产铁矿石584.69万吨、铁精粉288.21万吨、球团矿132.21万吨、锌精粉2.01万吨，主营业务收入26.37亿元，利润总额5.06亿元。年底，在册员工1 052人。

（杨建元）

**【采矿管理】** 2018年，雅矿公司组织实施磁海贫矿的拉运工作。从磁海抢运贫矿746万吨，保证雅矿公司近2年的生产用料。（杨建元）

**【阳光采购】** 9月，矿山事业部对生产物流运输、生产装卸业务进行招投标管理，纳入"欧冶运帮"物流采购平台，资材备件采购纳入欧冶采购平台，实现阳光采购。

（杨建元）

**【智慧矿山建设】** 2018年，矿山事业部开展智慧制造项目，完成项目8项，精简人员31人。年内，就瓦吉里塔格钒钛磁铁矿、雅满苏石灰石矿的合作开发，与多家合作商进行洽谈，形成《瓦吉里塔格钒钛磁铁矿合作开发方案》《雅满苏石灰石矿合作开发方案》。 （杨建元）

## 新疆八钢南疆钢铁拜城有限公司

新疆八钢南疆钢铁拜城有限公司（简称南疆钢铁）是集钢铁冶炼、轧制、焦化、动力煤气于一体的大型国有钢铁联合企业，2016年10月被八一钢铁收购，为其下属子公司，下设烧结厂、炼铁厂、炼钢厂、轧钢厂、动力厂、焦化厂6个分厂。主体设施包括430平方米烧结机1座、5.5米60孔复热式（捣固）焦炉2座、1 800立方米高炉2座、120吨顶底复吹转炉2座、棒材轧钢机组1条、高速线材轧钢机组1条、2.2万立方米/时制氧机组2座、综合料场1座及其他相关配套设施。2018年，钢铁生产线处于封存状态，焦化正常运行。全年生产焦炭59.51万吨，销售收入11.04亿元，利润1.34亿元。年底，在册员工192人。

（钟 洁）

**【设备生产投运】** 2018年，南疆钢铁2座焦炉正常生产。6月，干熄焦系统投产；9月，动力厂一号燃气锅炉点火；10月，焦化工程通过竣工环境保护验收；11月，焦炉煤气深度脱硫环保项目投产；12月，焦化项目通过消防验收。

（钟 洁）

**【技术改造出效益】** 2018年，南疆钢铁动力厂一号锅炉改造，实现智慧制造。年节约动力煤58 000吨标准煤，创效益3 069万元。一号锅炉改造减少16人，年降成本100余万元。动力煤气加压风机氮封每小时用氮气500立方米（液体储槽氮气成本从2017年4.1元/立方米降为2018年2.6元/立方米），年创效益1 393.2万元。 （钟 洁）

## 物流运输分公司

承担八一钢铁本部的产成品、大宗原燃料、资材备件、生活物资等物品的收、发、转、存工作，及八一钢铁本部的铁路运输、公路运输管理、物流优化、承运商准入、合同、价格等管理职责，下设公路运输部、铁路运输部、仓储物流部3个分厂级单位，2017年设置社会化物流业务部（基层单位），主要负责拓展物流外部业务，开行宝武班列。2018年底，在册员工1 057人。

（左 英）

**【效率提升】** 2018年，物流运输分公司根据每日火车进厂时间编制日发运时刻表，对每日火车装车、卸车、对位时间分时段管控，提高生产组织计划性和发运效率；改变传统钢材装车绑扎方式，引入"卷钢集装托架"在敞车车皮中装载热轧、冷轧钢卷，提高装车效率，降低

2018年12月11日，八一钢铁专用铁路道线实现电气化　　（姚海山 摄）

安全危害程度。8月，实现火车月发运量31万吨，比2017年同期增长55%。　　（左　英）

【智慧制造】　2018年，物流运输分公司实施专用铁路物流信息化建设智慧制造项目。此项目的实施，实现铁路运输全程实时监控和信息化管理，提高运输效率和安全运行能力，减少了人员投入。　　（左　英）

【阳光采购】　2018年，物流运输分公司对物流服务实施阳光采购，各子公司物流运输服务均在"欧冶运帮"平台进行采购。通过开展线上竞争性竞价，子公司厂内物流业务降低费用1 700余万元。　　（左　英）

## 新疆八钢金属制品有限公司

　　新疆八钢金属制品有限公司（简称金属制品公司）是八一钢铁下属专门从事金属制品加工的企业，以金属制品、机电产品、五金交电为主营业务，以设计研究、产品开发为龙头，集生产、销售、服务为一体的多元化公司。公司成立于2003年7月，注册资本5.58亿元，其全资子公司有陕西八钢板簧有限公司、新疆八钢喀什金属有限公司，分厂有制品分厂、新疆八钢金属制品公司乌鲁木齐市金圆螺旋焊管分厂，分公司有新疆八钢金属制品有限公司板簧分公司、新疆八钢金属制品有限公司乌鲁木齐分公司、新疆八钢金属制品有限公司乌鲁木齐金运分公司，控股公司有新疆八钢钢管有限责任公司，参股公司有天津大桥集团新疆焊接材料有限公司、新疆宝新恒源物流有限公司。2018年，产品销售量72.7万吨，实现销售收入30亿元、利润5 023万元。年底，在册职工406人。　　（李　擎）

【品牌建设】　2018年，金属制品公司板簧产品、冷轧带肋钢筋产品、冷拔丝镀锌丝产品取得"乌鲁木齐名牌产品"称号，并获政府20万元奖励资金。获名牌产品称号的产品由政府出资拍摄广告，在2018年中国亚欧博览会上推广宣传。　　（李　擎）

【"两金"压控】　2018年，金属制品公司通过协作，存货从2017年初的9万吨压减到2018年的5.6万吨。年内，金属制品公司成立债权债务清收小组，加大对历史老账清收力度，民事诉讼5家，发律师函18家，并积极应对外部诉讼案件，解决完成的案件10余件，涉及金额约1 000万元。应收账款余额从2017年初的8 600万元降到2018年底的5 600万元。　　（李　擎）

【环境保护】　2018年，金属制品公司加强危险废弃物管理。对危险废弃物重新进行辨识，所有危险废弃物按照规范进行储存、转移，同时对建设项目合规性进行梳理，全年完成6个项目的环评验收，金属制品公司和板簧分公司取得排水许可证。　　（李　擎）

## 新疆德勤互力工业技术有限公司

　　新疆德勤互力工业技术有限公司（简称德勤互力公司）前身是2007年11月16日成立的检修中心，2016年4月25日更名为新疆德勤互力工业技术有限公司，下设市场营销部、安全生产技术部、企业管理部、检修工程部、机械制造部、工业运营中心。2018年，完成产值2.34亿元，利润2 203万元。年底，在册员工581人。　　（张伟斌）

【技能培训】　2018，德勤互力公司围绕烧结余热发电、机车不落轮在线修复、阀门修理等8个重点维修项目，针对性地对35人进行相关培训。立足岗位，开展内部培训3 799人次（其中协力人员1 600人次）、特种作业资格培训254人、外部培训18人、远程培训42人。　　（张伟斌）

**【提升各单元产值能力】** 2018年，德勤互力公司机械制造部营业产值3 000万元，是上年的1.6倍，其中外部社会化产值由上年的80万元增加到2018年的234万元。工业运营中心营业产值9 800万元，较上年增加31%。检修工程部营业产值1.06亿元，较上年增加26%。

（张伟斌）

## 新疆八钢国际贸易股份有限公司

2014年12月30日，八一钢铁成立贸易部，下设八钢国际贸易有限公司、新疆金属材料有限责任公司。2016年12月12日，八一钢铁撤销贸易部机构；新疆八钢国际贸易股份有限公司（简称八钢国贸公司）、新疆金属材料有限责任公司为八一钢铁直属单位；新疆金属材料有限责任公司不再单设管理机构，由八钢国贸公司托管。2018年，八钢国贸公司实现营业收入36.91亿元，利润1.28亿元。全年向八一钢铁供应各类矿产品170万吨、煤炭67.97万吨，出口钢材13.97万吨，实现出口贸易额8 849.5万美元。年底，在岗员工155人。

（李 娜）

**【采购供应】** 2018年，八钢国贸公司向八一钢铁供应各类矿产品170万吨，各类煤炭67.97万吨，保证了八一钢铁及客户的生产需求，为八一钢铁多元采购提供各方面条件。

（李 娜）

**【价格模型创新】** 2018年，八钢国贸公司与资源供应商实行利益共享、风险共担的长期协议定价机制。采用以普氏指数为基准价，在此基础上的价格上下波动均由双方共同承担，实现与供应商的共赢。

（李 娜）

**【服务能力创新】** 2018年，八钢国贸公司实现进出口许可证电子化；将自有的业务系统与乌鲁木齐海关报关系统连接，实现在线报关、在线查验、在线缴费；由八钢国贸公司报关的产品，均由"一车一检"变为"一批一检"。

（李 娜）

## 乌鲁木齐互利安康保安服务有限责任公司

乌鲁木齐互利安康保安服务有限责任公司（简称互利安康公司）于2016年1月26日挂牌成立，注册资金300万元，是新疆维吾尔自治区公安厅批准的保安服务特许经营企业，隶属于八一钢铁，具有保安服务、劳务派遣、安保设施建设和维护、安保信息化管理等经营许可能力，服务客户100余家。公司下设5个保安大队，1个技术操作服务大队。2018年，完成营业收入1.24亿元，盈利9.9万元，逐步向自负盈亏的经营性企业转型。年底，在册员工1 509人。

（李元英）

**【安全保卫工作】** 3月，互利安康公司承接八一钢铁8个区域大封闭安检执勤任务，做好员工业务培训，熟练掌握、使用各种查验设备。在卡点执勤过程中，严格落实"重点查、查重点"的工作要求，每天24小时对进入八一钢铁区域的2.4万余车辆、5.8万余人员进行检查，并协助警务站拦截预警车辆。

（李元英）

**【制度建设】** 2018年，互利安康公司修订、完善《互利安康公司体系推进管理办法》《绩效奖金考评管理办法》等22项管理文件；梳理业务流程《部门体系文件、流程上传管理流程图》《合同签订流程图》等20项；组织公司内部专项审核，并针对问题点进行整改验证。召开体系推进会9次。组织体系知识内部培训3次，并通过中国质量协会质量保证中心对公司的第一次外部监督审核工作。

（李元英）

## 八一钢铁大事纪要

1月26日，八一钢铁与宝钢资源控股（上海）有限公司、冀中能源峰峰集团有限公司签订战略合作协议。

2月12日，新疆维吾尔自治区副主席赵青率团到八一钢铁检查指导安全生产工作。

3月21日，经过新疆维吾尔自治区环保验收评审组的评审，八一钢铁2×120吨转炉、1 750毫米热轧带钢及配套设施进行的节能减排、结构调整升级技术改造工程通过环保验收评审。

4月17日，八一钢铁与西安建筑科技大学冶金工程学院举行"共建大学生实习实践、创新创业、就业实践基地"签约挂牌仪式。

4月18日，八一钢铁举行本部"三供一业"分离移交改造工程项目开工仪式。

7月1日，八钢国贸公司与蒙古国特提斯矿业公司（Tethys Mining LLC）签订焦煤销售合同。

8月3日，八一钢铁举行宝钢工程托管新疆钢铁设计院仪式。

8月30日，在第六届中国亚欧博览会上，八一钢铁与蒙古能源有限公司、俄罗斯穆勒新型材料公司、俄罗斯奥卡木业有限公司3家企业签订总金额79.35亿元人民币的合同。

9月30日，八一钢铁与中国宝武设计院举行《新疆钢铁设计院有限责任公司股权转让协议》签约仪式。

同日，八一钢铁举行《新疆维吾尔自治区冶金建设公司整建制移交新疆交通建设投资控股有限公司移交框架协议》签约仪式，将新疆维吾尔自治区冶金建设公司移交新疆交通建设投资控股有限公司。

12月27日，中国宝武发文，决定成立中国宝武乌鲁木齐总部，与八一钢铁合署办公。

12月28日，八一钢铁与宝环科举行托管协议签约仪式，将新疆互力佳源环保科技有限公司交由宝武环科托管。

（李贞萍）

# 宝武集团广东韶关钢铁有限公司

## 概　述

宝武集团广东韶关钢铁有限公司（简称韶关钢铁）前身是广东省韶关钢铁集团有限公司，始建于1966年8月22日。2011年8月22日，宝钢集团和广东省国资委签订股权划转协议，韶关钢铁由原宝钢集团直接持股51%。2012年4月18日，宝钢集团广东韶关钢铁有限公司挂牌成立。2016年12月1日，宝钢集团与武钢集团联合重组成立中国宝武钢铁集团有限公司，韶关钢铁成为其子公司，2017年10月16日更名为宝武集团广东韶关钢铁有限公司。2018年底，在册员工10 537人。

2018年，韶关钢铁产铁577万吨、钢661万吨、钢材618万吨（含轧制坯17.7万吨）、烧结矿785.5万吨、焦炭260万吨，发电17亿千瓦时。全年销售钢材648.44万吨，实现营业收入269.9亿元，实现利润35.25亿元，上缴税金14.14亿元。

（陈立新）

【企业负责人简介】 李世平，1964年9月生，上海人，中共党员，高级工程师，韶关钢铁党委书记、董事长。

刘建荣，1974年9月生，上海人，中共党员，高级工程师，韶关钢铁副总经理（主持工作）。

（陈立新）

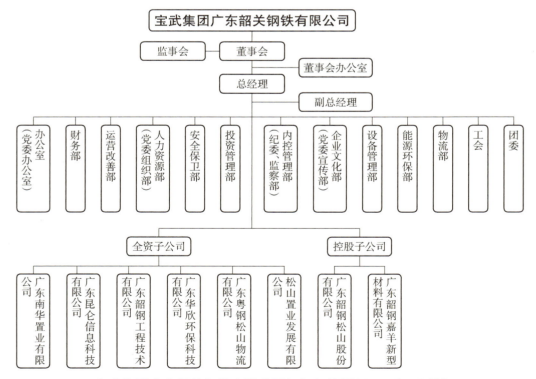

宝武集团广东韶关钢铁有限公司组织机构图（2018年12月）

## 韶关钢铁主要装备（生产线）一览表

| 装　　备 | 规　　格 | 数　量 |
| --- | --- | --- |
| 麦尔兹石灰窑 | 500吨/天 | 2座 |
| 烧结机 | 360平方米 | 2台 |
| 焦炉 | 4.3米55孔 | 2座 |
| 焦炉 | 6米55孔 | 4座 |
| 高炉 | 1 050立方米 | 1座 |
| 高炉 | 2 200立方米 | 1座 |
| 高炉 | 3 200立方米 | 1座 |
| 转炉 | 120吨 | 3座 |
| 转炉 | 130吨 | 2座 |
| 连铸机 | 6机6流方坯连铸机 | 2台 |
| 连铸机 | 5机5流方坯连铸机 | 2台 |
| 连铸机 | 2 300板坯连铸机 | 1台 |
| 连铸机 | 8机8流方坯连铸机 | 1台 |
| 高速线材 | 成品直径5.5～20毫米,5.0～20毫米 | 2套 |
| 棒材轧机（棒一） | 成品直径12～40毫米 | 1套 |
| 棒材轧机（棒一2） | 成品直径10～16毫米 | 1套 |
| 棒材轧机（棒三） | 成品直径12～50毫米 | 1套 |
| 宽厚板轧机 | 3 450毫米 | 1套 |
| 特钢轧机（大棒） | 成品直径70～180毫米 | 1套 |
| 特钢轧机（中棒） | 成品直径20～80毫米 | 1套 |

（肖机卫）

# 生产经营管理

【能源环保】 2018年，韶关钢铁吨钢综合能耗526.9千克标准煤，创历史新低。推进环保合规性管理、污染物减排和环境质量改善，通过中央和广东省环保专项督察。推进厂区环境整治，新增绿化面积10.18万平方米，绿化覆盖率达38.6%。实施工业固体废弃物源头分选，推进固体废物协同处置和产品化认证，实现"固体废弃物不出厂"目标。推进厂区道路"白改黑"，覆盖厂区道路总里程17.1千米。 （陈立新）

【智慧制造】 2018年，韶关钢铁通过系统梳理，完成《韶钢智慧制造专项规划（2019—2020）》。坚持目标牵引和问题导向，评审同意实施智慧制造项目49个，投资估算5.2亿元。其中，立项并推进实施43个项目，完成实施23个项目，年化效益4 820万元。标志性项目"铁区与能介智慧中心"，从点、线、面三个方向同步开展全流程资源配置优化，实现现场42个中控室撤并（其中22个位于煤气危险区);炼钢厂七号连铸无人平台智慧制造项目减轻了员工劳动强度,确保操作人员远离高温液态金属危险区域,实现国内首例"五机五流"特钢大方坯连铸机无人化。

(陈立新)

【机构优化】 2018年,韶关钢铁对铁前、钢后、能源环保等单位三级机构进行优化整合,推行厂管作业区运行模式,实现生产管控一体化,三级机构数量由37个减少至17个,作业区数量由136个大幅减少至52个,精简人员178人,人事效率提升31%。 (陈立新)

【增产创效】 2018年,韶关钢铁铁水成本2 070元/吨。探索高炉加废钢新工艺,六号、七号高炉实现高炉加废钢作业。炼钢工序铁钢比持续降低,全年综合铁钢比867.2千克/吨,创历史最高水平。

(陈立新)

【基础管理】 2018年,韶关钢铁通过岗位规程优化升级、岗位关键指标对标、全员岗位规程培训等措施,推进"三岗"(岗位找茬、岗位对标、岗位提升)活动,提升基层基础管理能力。193个指标对比周边钢厂(指位于湖南、江西、广西等省、自治区的钢铁企业),排名前三的有89个;对比行业,排名前三的指标有13个。以现场问题为导向,聚焦安全、环保、质量、设备等领域,开展全员"改善日"活动。全年开展改善活动26期,改善成果达2 849项。规范站立式班前会和列队式交接班;推进手机集中管控,设置手机定置点334个及接听点453个,现场安全管理进一步强化。

(陈立新)

【设备管理】 2018年,韶关钢铁推进设备"零故障"管理模式,强化薄弱生产线的状态监控,抓好主要(重要)生产线的关键、瓶颈设备的点检和状态管理,非计划停机时间月均12.34小时,设备事故次数36起,均处在历史最好水平。深化备品备件阳光采购,公开采购率达76%。 (陈立新)

【产品转型升级】 2018年,韶关钢铁在产品质量改善、服务水平提升、认证项目拓展、重点产品销量提升等方面取得新突破,产品结构进一步优化。全年开展34项技术攻关、110项科研项目。特钢产品第二方认证通过44项,实现销量转化2.45万吨,汽车用钢实现从国产品牌到合资品牌应用的突破,轴承用钢跨进世界八大知名轴承品牌供货门槛。工业线材实现由"增量"向"提质"转变,重点产品销量由28.13万吨提升至36.56万吨,同比增长30%;高等级工业线材实现销量6.38万吨,同比增长117%。

(陈立新)

【提升营销体系能力】 2018年,韶关钢铁电子商务现货销售8万吨,同比增长50%。全面推进合同全周期管理,特钢合同按期交付率达92%,同比提升21%。创新工业线材期货模式,实施全额付款或周预付款订货模式,合同按期交付率达98%,同比提升18%。加大终端开拓力度,新开拓客户235家,其中终端客户95家。韶钢品牌的区域影响力得到提升,全品种自营渠道占比70%,同比提升9%,实现自营渠道增值13 640万元。完善客户服务快速响应处理机制,为用户提供技术服务600次。加强物流服

务商管理,24小时到货率稳步提升至80%,同比提升13%。客户满意度达92.28%,实现连续3年提升。

(陈立新)

【社会职能分离】 2018年,韶关钢铁"三供一业"等剥离企业办社会职能工作有序推进,供水、供电、供气、物业管理、市政设施、幼儿园等全部项目都实现交职能、交资产、交资金,家属区供水、供电维修改造竣工,并完成交接。

(陈立新)

【产业融合】 2018年,韶关钢铁对宝特韶关、华欣环保进行专业化整合。5月,宝特韶关完成股权转让,成为韶钢松山的全资子公司。12月,实现华欣环保委托宝武环科管理。与此同时,从"请进来"到"派出去",韶关钢铁首次派出支撑团队,以"嵌入式支撑、项目化管理"的方式,支撑宝钢德盛的产品转型、降本增效、运营能力提升等工作。 (陈立新)

【企业与员工共同发展】 2018年,韶关钢铁将原员工549间休息室优化为68间,完成121间存在安全隐患休息室"拆、关、调";完成餐饮模块手机上线工作,实现岗位餐环保饭盒配送;提高中夜班津贴标准,并增设一线员工全勤奖等;同时,召开第二次人才工作会议,重新梳理核心人才培养对象633人;举办青年骨干培训班,进一步完善后备人才梯队建设;安排49人申报赴集团公司、宝钢股份轮岗锻炼;完成31个技能竞赛项目,参与人数2 153人次;参加集团公司全部14个工种的技能竞赛,其中营销模拟项目获第二、第三名,程序应

用设计项目分获第三、第四名及团体第一名。　　（陈立新）

# 广东韶钢松山股份有限公司

广东韶钢松山股份有限公司（简称韶钢松山），由原广东省韶关钢铁集团有限公司独家发起。1997年4月8日，向社会公开发行8 000万股人民币普通股（含公司职工股800万股），每股面值1元，发行价格为7.76元。发行后，公司的总股本为32 000万股，其中国有法人股24 000万股，社会公众股8 000万股。在深圳证券交易所上市交易。2011年12月27日，广东省韶关钢铁集团有限公司股权被无偿划转至宝钢集团。2012年9月26日，完成工商变更登记手续，广东省韶关钢铁集团有限公司正式更名为宝钢集团广东韶关钢铁有限公司，宝钢集团成为其控股股东。2017年10月16日，经广东省工商行政管理局核准，公司控股股东由宝钢集团广东韶关钢铁有限公司变更为宝武集团广东韶关钢铁有限公司。截至2018年12月31日，韶钢松山总股本为2 419 524 410股，其中韶关钢铁拥有1 283 512 890股，占总股本的53.05%。

2018年，韶钢松山产铁577万吨、钢661万吨、钢材618万吨（其中宝特韶关生产特棒50万吨）、焦炭260万吨，实现营业收入271.12亿元，利润总额为33.06亿元。年底，在册员工6 691人。（赖万立）

【2017年度股东大会】　4月23日，韶钢松山召开2017年度股东大会，审议通过公司《2017年度董事会工作报告》《2017年度监事会工作报告》《2017年度财务决算报告》《2017年度利润分配预案》《关于收购宝特韶关100%股权并减资退出宝特长材暨关联交易的议案》《2018年度日常关联交易计划》《2017年年度报告全文及摘要》《2018年度基建技改项目投资框架计划》《关于修订公司章程的议案》。　　（赖万立）

【2018年第一次临时股东会议】　2月28日，韶钢松山召开2018年第一次临时股东会议，审议通过《关于公司向15家银行申请综合授信额度192亿元的议案》《关于计提减值准备及核销资产的议案》《关于向宝武集团广东韶关钢铁有限公司申请最高36亿元委托贷款之关联交易的议案》《关于公司2018年金融衍生品投资计划的议案》。　　（赖万立）

【2018年第二次临时股东会议】　5月30日，韶钢松山召开2018年第二次临时股东会议，审议通过《关于增加公司经营范围及相应修改〈公司章程〉的议案》。　　（赖万立）

【2018年第三次临时股东会议】　11月14日，韶钢松山召开2018年第三次临时股东会议，审议通过《关于续聘财务与内控审计机构的议案》《关于修订〈独立董事制度〉的议案》。　　（赖万立）

【2018年第四次临时股东会议】　12月21日，韶钢松山召开2018年第四次临时股东会议，审议通过《关于修订〈公司章程〉的议案》。　　（赖万立）

【第七届董事会2018年第一次临时会议】　2月12日，以通讯方式召开韶钢松山第七届董事会2018年第一次临时会议，审议通过《关于公司向15家银行申请综合授信额度192亿元的议案》《关于计提减值准备及核销资产的议案》《关于向宝武集团广东韶关钢铁有限公司申请最高36亿元委托贷款之关联交易的议案》《关于公司2018年金融衍生品投资计划的议案》。　　（赖万立）

【第七届董事会第五次会议】　3月5日，韶钢松山召开第七届董事会第五次会议，审议通过《2017年度董事会工作报告》《2017年度总经理工作报告》《2017年度财务决算报告》《2017年年度报告全文及摘要》《2017年度内部控制自我评价报告》《2017年度利润分配预案》《2018年度日常关联交易计划的议案》《2018年度基建技改项目投资框架计划》《关于修订公司章程的议案》。　　（赖万立）

【第七届董事会2018年第二次临时会议】　4月3日，以通讯方式召开韶钢松山第七届董事会2018年第二次临时会议，审议通过《关于收购宝特韶关100%股权并减资退出宝特长材暨关联交易的议案》。

【第七届董事会2018年第三次临时会议】　4月19日，以通讯方式召开韶钢松山第七届董事会2018年第三次临时会议，审议通过《韶钢松山2018年第一季度报告》。　　（赖万立）

**【第七届董事会2018年第四次临时会议】** 5月14日，以通讯方式召开韶钢松山第七届董事会2018年第四次临时会议，审议通过《关于增加公司经营范围及相应修改〈公司章程〉的议案》。 （赖万立）

**【第七届董事会2018年第五次临时会议】** 5月17日，以通讯方式召开韶钢松山第七届董事会2018年第五次临时会议，审议通过《关于向全资子公司宝钢特钢韶关有限公司购买资产的议案》。 （赖万立）

**【第七届董事会2018年第六次临时会议】** 8月27日，以通讯方式召开韶钢松山第七届董事会2018年第六次临时会议，审议通过《关于2018年半年度财务报表合并范围变化及相关数据追溯调整的议案》《关于为全资子公司提供担保的议案》《关于应收账款计提坏账准备的议案》《2018年半年度报告全文及摘要》《关于续聘财务与内控审计机构的议案》。 （赖万立）

**【第七届董事会2018年第七次临时会议】** 9月20日，以通讯方式召开韶钢松山第七届董事会2018年第七次临时会议，审议通过《关于聘任公司高级管理人员的议案》。 （赖万立）

**【第七届董事会2018年第八次临时会议】** 10月29日，以通讯方式召开韶钢松山第七届董事会2018年第八次临时会议，审议通过《关于变更公司会计政策的议案》《关于2018年第三季度财务报表合并范围变化及相关数据追溯调整的议案》《2018年第三季度报告全

文及正文》《关于修订〈董事会秘书工作制度〉的议案》《关于修订〈董事会薪酬与考核委员会工作细则〉的议案》《关于修订〈期货套期保值业务内部控制制度〉的议案》《关于修订〈独立董事制度〉的议案》。 （赖万立）

**【第七届董事会2018年第九次临时会议】** 12月6日，以通讯方式召开韶钢松山第七届董事会2018年第九次临时会议，审议通过《关于资产分离移交并相应核销资产的议案》《关于修订〈公司章程〉的议案》。 （赖万立）

# 韶关钢铁其他分（子）公司

## 广东韶钢嘉羊新型材料有限公司

广东韶钢嘉羊新型材料有限公司（简称韶钢嘉羊）是由韶关钢铁（持股比例61.7%）、嘉华建材（韶关）投资有限公司（持股比例28.97%）、广东省羊城建材供应有限公司（持股比例9.33%）共同投资设立的合资企业，有3条粒化高炉矿渣微粉生产线，年产量180万吨。产品应用于大型建筑、水坝、城市道路、水下、海防、油田、化学防腐工程。2018年底，在岗员工90人。

2018年，韶钢嘉羊矿渣粉产量完成193.24万吨，矿渣粉销量完成192.68万吨。实现销售收入4.7亿元，利润总额1.54亿元。（邹　万）

**【通过全国循环经济技术中心认定】** 2018年，韶钢嘉羊钢矿渣微粉新产品研发成功，并通过全国循

环经济技术中心认定。 （邹　万）

**【两个项目获政府奖励】** 2018年，韶钢嘉羊"矿渣粉生产线综合节能技术改造项目"申报政府奖励，第一次奖励补助资金198.32万元，第二次奖励补助资金810.08万元；获"高新技术企业"称号，政府奖励补助30万元。 （邹　万）

## 广东昆仑信息科技有限公司

广东昆仑信息科技有限公司（简称昆仑科技）成立于2013年4月26日，前身是1988年设立的韶钢信息中心，2004年2月更名为韶钢信息部。昆仑科技注册资本1 000万元，是广东省重点支持的信息技术（IT）企业，粤北地区大型信息技术和业务解决方案公司，韶关市"华南数谷"大数据产业园规划、建设的重要技术力量暨首批入驻企业，先后获"广东省'互联网＋'试点企业""中国智慧城市云计算应用创新奖"。

昆仑科技围绕信息化产品、自动化产品、系统集成服务、系统运维服务四大核心业务，聚焦智能制造、大数据、云计算、物联网、智慧城市五大重点技术领域追求创新发展，拥有股权投资、电子招标等相关业务平台，是广东省"双软"（软件产品认定和软件企业认定）企业、广东省工业软件技术研究中心企业，具有软件开发成熟度模型能力三级、信息系统集成及服务（三级）、涉密信息系统集成（系统集成/乙级、软件开发/乙级）、政府采购招标代理（乙级）等资质。拥有2项实用新型专利，取得38项国家计算机软件著作版权。

2018年，昆仑科技实现营业收入10 669万元，利润3 183万元。年底，在册员工100人。（张　志）

【华亿信分公司】　2018年，华亿信分公司新增股权投资企业5家，新增管理股权投资财政资金7 000万元。（张　志）

【能力建设】　2018年，昆仑科技通过2015版质量管理体系换版；成功申报获批广东省钢铁深加工产业制造云平台和韶关市中小企业公共服务示范平台。2月，经广东省国家保密局批准，昆仑科技取得"涉密信息系统集成资质（系统集成/乙级、软件开发/乙级）"两项资质。（张　志）

## 广东华欣环保科技有限公司

广东华欣环保科技有限公司（简称华欣环保）于2013年4月成立，为韶关钢铁全资子公司，拥有省级工业污染治理及废物利用工程技术研究开发中心，具备环境污染治理废水、固体废弃物处理及污染修复专业乙级资质以及技术专利23项，有冶金固体废弃物加工处理、钙产品生产加工等多条生产线，并负责韶关钢铁生活及工业污水处理系统综合性总包运营，具备110万吨/年钢渣热焖处理能力、90万吨/年钙产品生产加工能力、10万吨/日工业污水处理能力。2018年12月6日，宝武环科与韶关钢铁签署华欣环保委托管理协议，华欣环保由宝武环科委托管理。

2018年，华欣环保实现营业收入4.98亿元，生产经营利润1 085万元。年底，在册员工238人。（刘立丽）

【聚焦产业融合】　11月30日，华欣环保水处理厂、钙业事业部成建制划转到韶关钢铁能源环保部、炼钢厂。12月6日，宝武环科与韶关钢铁举行华欣环保委托管理协议签字仪式，双方商议自2019年1月1日起，华欣环保委托宝武环科管理，并加快推进整合融合事项。（刘立丽）

【转底炉项目建设】　12月5日，韶关钢铁25万吨转底炉项目举行开工仪式。项目是为实现对公司生产过程中产生的粉尘、污泥的再回收利用，减少外委及污染，提高能源利用效率、资源回收利用率和改善环境，建立循环型钢铁企业的一项绿色环保工程。项目总投资2.77亿元。建设内容包括：转底炉工艺设施包括原料处理系统、转底炉系统、转底炉成品系统、转底炉烟气处理系统；排水设施、燃气设施、检化验设施等公辅设施。由河北省安装工程有限公司负责施工，计划于2019年9月投产。（刘立丽）

【高新技术企业认定】　11月，华欣环保被全国高新技术企业认定管理工作领导小组认定为高新技术企业。华欣环保的高新产品享受产业化购地优惠、产业化资金扶持、无息借款、信息化建设补贴等。（刘立丽）

## 广东韶钢工程技术有限公司

广东韶钢工程技术有限公司（简称韶钢工程）位于广东省韶关市曲江区，由原广东韶钢建设有限公司更名，在吸纳和整合原韶钢设计院、机械制造厂、计控仪表及衡器维修工段的基础上，于2013年4月

3日正式成立，为韶关钢铁全资子公司、国家高新技术企业。2018年底，在册员工777人，助理级以上人员189人，技师、高级技师107人。

2018年，韶钢工程实现营业收入41 934万元，利润1 479万元，外拓业务收入3 449.29万元。（王卫琴）

【服务主业】　2—3月，韶钢工程参与韶关钢铁炼铁厂七号高炉复产抢修，4月4日恢复正常生产。9月4日，承接炼钢厂七号大方坯连铸机浇注平台智能操控改造工程。12月15日，完成韶关钢铁煤气管网系统安全运行能力提升技术改造项目的10处阀门改造。（王卫琴）

【内部资源协同】　2018年，韶钢工程完成20个项目设计管理，36个项目的可研设计，132项施工图设计，10个项目的软件编程。完成机制、铸造车间整体搬迁安装、升级改造，6月4日，韶钢松山机制铸造线环保升级改造项目热负荷试车成功。完成韶关钢铁19项智慧制造项目。（王卫琴）

【优化组织机构】　2018年，韶钢工程结合战略发展和业务流程梳理、智能改造等有利条件，完成钢结构公司、经营财务部、自动化事业部电机维修车间划转检修事业部等的整合及职能调整，突出服务主业职能。（王卫琴）

## 广东南华置业有限公司

广东南华置业有限公司（简称南华置业）的前身是韶关市曲江韶钢房地产开发有限公司，于2011年12月26日注册成立，2013年7月更

名为广东南华置业有限公司,2017年9月吸收合并广东韶钢现代产业发展有限公司。注册资本9 856万元,拥有房地产企业三级资质、国家城市园林绿化三级资质、广东省清洁环卫服务四级资质。主营业务为房地产开发经营、园林绿化、商务咨询、酒店住宿、工业旅游,经营范围还包括环卫保洁、物业管理服务、饮料生产、餐饮服务、水电气安装维修、房屋维修等。2018年底,在册员工124人。

2018年,南华置业实现营业收入21 993万元,利润总额1 077万元。 (朱芙蓉)

【社会职能分离】 2月12日,韶关钢铁幼儿园移交给广东韶关市曲江区人民政府。2月28日,韶关钢铁社区物业服务移交给广东韶关市曲江区人民政府。7月1日,韶关钢铁社区市政设施移交广东韶关市曲江区人民政府。12月18日,韶关钢铁家属区供水、供电职能移交当地供水、供电单位,实行社会化专业管理。 (朱芙蓉)

【员工服务】 9月13日,在韶关钢铁全面推行环保餐盒配送;10月8日,各餐厅及送餐点实现订餐结算模式。员工洗衣服务从2016年期初的1 000多套增长到2018年月均1.3万套。11月,启动员工洗衣智能送洗、配送系统开发项目。 (朱芙蓉)

## 韶关钢铁大事纪要

1月5日,韶关钢铁10名员工获广东省韶关市政府授予的"韶关市首期享受市政府特殊津贴人才(2018年1月—2019年12月)"称号。

1月30日,韶关钢铁签订韶关钢铁幼儿园分离移交协议暨家属区物业管理服务委托协议。按照协议约定,2018年3月1日前,韶关钢铁2所自办幼儿园将由韶关钢铁移交给广东省韶关市曲江区接管。

2月1日,韶关钢铁召开十五届二次职代会暨2018年度工作会议,总结2015年以来公司变革、2017年生产经营工作,分析面临的形势和任务,部署2018年重点工作。

2月5日凌晨,韶关钢铁发生一起煤气中毒较大事故,能源环保部2名煤气防护站员工在操作七号高炉煤气出口总管G037插板阀进行送煤气作业时,违规操作导致大量煤气泄漏,造成18人不同程度中毒,其中死亡8人,受伤10人。

2月9日晚,韶关钢铁七号高炉一号风口小套发生穿漏喷溅,造成1人死亡、3人受伤。

2月27日,韶关钢铁党委召开2018年党风廉政建设和反腐败工作会议,对2017年主要工作进行回顾,布置2018年主要工作。

3月3日,韶关钢铁党委书记、董事长李世平随广东代表团赴京参加十三届二次全国人民代表大会,正式履行代表职责。

3月27日,韶关钢铁召开党委理论学习中心组(扩大)学习会,全国人大代表、公司党委书记、董事长李世平传达全国"两会"精神。

4月17日,《韶关钢铁安全生产禁令》正式下发,促进员工遵循岗位规程和标准化作业,保障广大员工生命健康和安全。

4月27日—5月8日,第117届国际发明展览会在法国巴黎举行。炼铁厂陈科创新工作室团队的"皮带运输机效率提升技术"项目获铜奖。

6月13日,韶关钢铁召开基层基础管理推进大会及人才工作会议,对进一步推进基础管理、人才工作进行布置。

7月13日,华欣环保钙业事业部的"提高轻烧白云石一级品率"项目获2018年全国"冶金质量联盟杯"自主管理课题发表一等奖。

8月初,炼铁厂八号高炉获全国重点大型能耗钢铁生产设备节能降耗对标竞赛"优胜炉"称号,五号烧结机获"创先炉"称号。

8月6日,韶关钢铁客户关系管理系统(CRM系统)上线启用,标志着韶关钢铁客户关系管理迈入全面信息化管理新阶段。

8月8日,韶关钢铁与中冶赛迪工程技术股份有限公司签订《韶钢铁区集中操作监控中心工程总承包(EPC)框架协议》。

8月9日,在广东省群众体育先进单位和先进个人总结表彰大会上,韶关钢铁获"广东省群众体育先进单位"称号。

同日,2018广东企业500强、优秀自主品牌发布大会在广州市举行,韶关钢铁获"广东省优秀自主品牌"。

9月13日,2018第十届国际发明展览会在广东省佛山市开幕。韶关钢铁11项创新发明专利成果参展并获2金、3银、3铜,创历史最好成绩。

10月24日,挪威—劳氏船级社审核专家对韶关钢铁进行钢板生产工厂现场审核。韶关钢铁33个板材牌号通过审核。

11月1日，韶关钢铁举行中国宝武职业技能鉴定中心韶关钢铁分站成立揭牌仪式，并组织冶金行业职业资格考评员培训和考试。

11月8—9日，中国计量协会冶金分会召开2018年会，韶关钢铁获"产业计量标杆示范活动标杆单位""冶金计量标杆示范活动标杆单位"称号。

11月22日，韶关钢铁与中铁物贸集团签订战略合作协议。

11月28日，韶关钢铁煤气高效发电项目举行开工仪式。

12月6日，韶关钢铁举行华欣环保委托管理签字仪式。自2019年1月1日起，华欣环保委托宝武环科管理。

12月14日，韶关钢铁召开2018年客户座谈会。290家客户代表参会，共商合作发展大计。

12月15日，韶关钢铁举办第四届"穿越工农渠"活动，韶关市相关部门领导和韶关钢铁的合作客户、战略伙伴等嘉宾代表800多

人，韶关钢铁600多名员工参加活动。

12月17日，第四届珠江西岸先进装备制造业投资贸易洽谈会开幕。韶关钢铁有100余件展品亮相洽谈会。

12月27日，韶关钢铁智慧制造重点项目——智慧中心整体切换上线。

（陈立新）

# 宝钢不锈钢有限公司

## 概　述

宝钢不锈钢有限公司（简称宝钢不锈）坐落于上海市宝山区，占地3.53平方千米。具有炼钢、热轧、冷轧等世界一流的不锈钢生产线，形成了奥氏体、铁素体、马氏体、双相钢四大系列产品，能够

满足用户多样化的需求。产品广泛用于交通运输、建筑装潢、汽车制造、石油化工、家用电器、厨房设备、餐具器皿等各个领域，不仅畅销全国各地，而且远销美国、德国、韩国等国家或地区。

2018年，宝钢不锈完成钢产量16万吨、热轧产量28万吨、不锈钢产品销量48万吨、碳钢产品销量11万吨。6月，宝钢不锈全面停产，共减少炼铁产能293万吨，炼钢产能455万吨，总计2 600多位员工实现转型发展。年底，在册员工1 165人，在岗员工576人。

（陶　亮）

【企业负责人简介】　史国敏，1962年4月生，浙江宁波人，中共党员，教授级高级工程师，宝钢不锈党委书记、执行董事。

朱建春，1971年7月生，河北秦皇岛人，中共党员，高级政工师，宝钢不锈总经理、党委副书记。

（陶　亮）

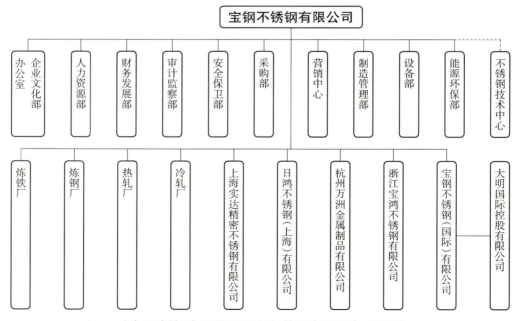

宝钢不锈钢有限公司组织机构图（2018年12月）

宝钢不锈主要设备（生产线）一览表

| 装　　　备 | 规　　　格 | 数　　　量 |
| --- | --- | --- |
| 碳钢转炉 | 150 吨 | 2 座 |
| 不锈钢转炉 | 120 吨 | 2 座 |
| LF 钢包精炼炉 | 150 吨 | 1 座 |
| LF 钢包精炼炉 | 120 吨 | 1 座 |
| VOD 精炼装置 | 120 吨 | 1 座 |
| 电炉 | 100 吨 | 2 座 |
| 连铸机 | 750 ～ 1 650 毫米 | 4 台 |
| 热连轧机组 | 1 780 毫米 | 1 套 |
| 冷连轧机组 | 1 750 毫米 | 1 套 |
| 二十辊冷轧机组 | 1 600 毫米 | 1 套 |
| 不锈钢热带退火酸洗机组 | 1 600 毫米 | 1 套 |
| 不锈钢冷带退火酸洗机组 | 1 600 毫米 | 1 套 |
| 不锈钢修磨机组 | 1 600 毫米 | 1 套 |
| 不锈钢平整机组 | 1 600 毫米 | 1 套 |
| 不锈钢重卷机组 | 1 600 毫米 | 2 套 |

# 生产经营管理

【超常规安排生产组织】 2018年，宝钢不锈在确保安全、环保受控的前提下，生产组织以超纯铁素体等不锈钢品种钢为主，满足汽车主机厂战略用户的原料保供，兼顾余材消化。形成稳定、高效的不锈钢生产经济运行模式，完成15.5万吨不锈钢板坯生产量，其中85%为不锈钢超纯铁素体，达到历史最高峰。热轧工序根据单双炉能耗数据，优化调整生产模型，做到生产最稳定、成本最经济。冷轧各机组依据需求灵活调整，采用品种集批、减少切换的生产模式，稳定生产，保证合同交货，生产合同综合完成率98.35%。 　　　　　（陶　亮）

【产品质量稳定】 2018年，宝钢不锈以用户为导向，强化过程控制，降低质量缺陷。针对全废钢冶炼特点，对关键工序、关键控制点，强化生产过程控制稳定性的动态监控、实时反馈，重点抓好各工序质量损失控制、九大质量攻关推进及日常工艺纪律抽查等相关工作，确保生产过程稳定、受控。超纯铁素体质量稳定，冷轧超纯一级品率达91.85%，不锈钢质量损失比目标31.16元/吨降低0.07元/吨。同时，及时跟进，做好用户异议处置。 　　（陶　亮）

【加强现场管控】 2018年，宝钢不锈强化基层基础管理和现场管理者履职，定期开展现场安全隐患排查，及时落实隐患整改，确保安全管控措施有效到位。立足固体废弃物不出厂，推进废弃物减量化、资源化，推进环保在线监管预警能力提升，加强环保设备运维状态检查，提升环保设施保驾能力。以设备状态为重点，降低设备故障（事故）时间，保证设备稳定高效运行；以年度维修费用预算为基础，采用灵活的合同模式，差异性备件采购、修复和领用策略，降低维修费投入，总费用同比下降

3 329万元。开展降本增效，突出指标优化、技术降本、配料降本、系统降本，强化供、产、销联动，发挥协同效应，实现成本改善4 043万元。通过对不锈钢备料需求反复确认和计划平衡，完成汽车战略及重点用户保供量9.4万吨，将不锈钢生产线停产对汽车行业战略用户及宝钢股份普碳汽车板预订量的影响减小到最低。　（陶　亮）

【生产线全部关停】　2018年，宝钢不锈编制《不锈钢全线关停方案》，形成关停事前、事中、事后全过程生产组织和关停行动指导，突出以安全有序受控关停为核心，精细做好设备、能介、环保、安全、原料、合同、营销、后勤等专项管控及其配套工作。各单元以"工完料清、工完场清、工完资产清、工完资料清"为标准，精准组织实施生产线关停。确立10个管控风险点、14项重点管控措施、4项停产过程管控要求、5项停产后管控要求，加强现场关停过程的监管；全面梳理机组停机位，保证相关机组各主要工位、关键设

备状态，为后续生产线搬迁和资产处置提供理想的设备状态；以"有效切断"为管控目标，实现天然气、氧氮氩等11种能源介质全系统停役，关停各类能源介质系统设施24套；梳理关停期环保风险点，落实一厂一册关停环保重点管理，建立环境污染监督管理机制，落实环境污染防治工作；加强厂容厂貌巡查力度，保持厂区环境整洁卫生。5月31日炼钢生产线停产，6月6日热轧生产线全线停产，6月14日冷轧生产线全线停产。　（陶　亮）

【废弃物处置】　2018年，宝钢不锈处置含铬污泥9 717吨、电炉除尘灰17 613吨、废油648吨、废乳化液1 500吨、废酸1 400吨。

【余坯材与原材料处置】　2018年，宝钢不锈处理在制品1万吨、产成品2万吨、铺地坯3 500吨、修磨料3 700吨、不锈废钢7 600吨；消化铬铁、各类贵重合金5 038吨。　（陶　亮）

【厘清家底】　2018年，宝钢不锈盘

点清查上海不锈各类资产11 200项、宝钢不锈各类资产1 752项。梳理电气室、变电所、地下电缆隧道以及存有电缆、铜排等其他贵金属材料场所，开展保护性拆除工作，回收处置电缆铜排77.66吨。对重要设备、设施实施集中存放，完成259处重点管控物资点封闭隔离。　（陶　亮）

【员工转型发展】　2018年，宝钢不锈建立员工转型发展工作推进责任体系，成立专项工作组，协同支撑各部门分解、落实员工转型发展工作。通过开展方案解读、一人一表分析，组织社工实务等应聘技巧培训，提升转型发展员工择业能力。年内，宝钢不锈以市场化选聘方式，公开、公正、公平地推进选聘工作。先后提供岗位资源量达到3 758个，人均3.9个；先后有49人转型到社区、17人转型到上海城投环境实业和污水处理公司工作，474人在集团公司内部落实了转型发展。同时，上海宝钢不锈钢有限公司结合后续土地开发和园区管理的人员需要，对业务存续部门的人员进行选拔留用，并结合业务需求对安全保卫部、资产管理部等空缺岗位进行公开选聘，累计留用111人。　（陶　亮）

【"三保"管理模式】　2018年，宝钢不锈实施区域"三保"（资产保全、治安保卫、能源保供）管理方案。以项目化运作方式，将不锈钢区域划分为五大责任区块，11月底，各生产厂部与区域责任部门完成资产盘点交接，实现现场管理接续。落实区域管控责任，编制巡查计划，明确巡查周期及现场巡查重点，完善了异常汇报和整改流

2018年6月6日，宝钢不锈热轧厂在轧制最后一块钢后关停　　　　　　　　　　　（杜国华　摄）

程，形成"三保"工作周报机制，提高新业态经营模式下的管控能力。责任区块管理者带头履职，定期开展现场巡查，累计发现现场问题242项，对巡查发现的孔洞等治安隐患实现封堵95次，保障区域安全。 （陶　亮）

【强化治安防范措施】　2018年，宝钢不锈通过对现有治安人防资源的统一调配，落实11个治安岗亭。强化门岗一体化管理，提高物资出厂的安全管控力度。聚焦资产处置区域的物资保全，装配、利用生产闲置的摄像探头。落实区域消防责任，更新调配31个消防器材配置点。 （陶　亮）

【能源合理使用】　2018年，宝钢不锈为确保能源介质的经济使用，策划优化供配电系统、给排水系统。自主设计、施工完成了源水取水泵站、自来水增压泵站的改造，工业水使用量较停产初期降低75%；开展供配电系统的梳理整治工作，公司购电费用较停产初期下降67.4%。全年能源系统降成本3 367万元。推进对外创收工作，富余碳资产交易创收782万元。实施直购电模式，实现经济效益517.12万元。 （陶　亮）

【依规处置资产】　一是防范管理风险，完善工作制度。2018年，宝钢不锈建立健全《固定资产管理制度》《整条产线主体部分处置后剩余资产处置管理办法》《零星固定资产管理制度》《闲废固定资产回收处置管理制度》等6项资产管理类制度，切实防范停产产线（闲废）资产处置管理风险，为后续资产高效、快速处置确立了新思路、新方法。开展资产处置业务培训，针对41个业务环节，辨识出重要风险点6个，落实管控举措，确保处置过程公开阳光透明。二是拟订开发时序，细化处置计划。年内，宝钢不锈先后完成借用给宝钢股份冷轧轧辊转让、宝钢德盛部分检化验设备转让工作，完成了宝钢股份受让技术中心检化验设备资产评估、湛江钢铁受让一号碳钢重卷机组资产拆迁、特种车辆评估转让，烧结机及原料场评估、挂牌等工作，启动1780热轧生产线资产的评估等工作。三是优化处置流程，拓宽寻源渠道。年内，宝钢不锈在完善资产评估后，开展资产转移及零星固定资产整体评估、单体转让等方面的资产处置。推进集团公司内相关资产评估和转让，同时对集团公司内暂无需求意向的生产线开展社会化寻源，加快资产处置进程。全年各类资产处置收益6 839万元，资源资产转化率2.77%。 （陶　亮）

【上海不锈按实运作】　上海宝钢不锈钢有限公司（简称上海不锈）成立于2012年1月，与宝钢不锈"两块牌子、一套班子"。2018年1月1日，上海不锈管理方式及管理关系进行调整，上海不锈开始按实运作。2月23日，上海不锈党委发文，建立中共上海宝钢不锈钢有限公司不锈钢地块开发总支委员会，撤销原中共产城结合培训班临时总支委员会。2月26日，上海不锈发文，调整组织机构设置，撤销原运营改善部、工程投资部、采购部、营销部、制造管理部、技术质量部、设备部、房地产开发部、不锈钢技术中心、炼铁厂、炼钢厂、热轧厂、冷轧厂等13个部门建制，原经营财务部更名为财务发展部，成立人力资源管理服务中心（挂靠人力资源部），成立合同管理部、规划设计部、商业开发部、项目管理部、资产管理部等5个转型开发业务部门。3月29日，上海不锈召开2018年集体合同协商会，审议公司2017年集体合同履行情况以及2018年集体合同（草案）。7月1日，上海不锈再次启动员工转型发展工作。8月9日，上海不锈召开一届三次董事会，审议《关于上海不锈基本管理制度的议案》《关于上海不锈土地开发成本及会计处理相关事项的议案》等内容。9月28日，上海宝地上实产城发展有限公司揭牌仪式在宝武大厦举行。上海宝地上实产城发展有限公司由上海宝钢不锈钢有限公司、上海上实（集团）有限公司及上海宝山城乡建设有限公司合资组建，负责不锈钢区域的转型开发。 （陶　亮）

# 宝钢不锈大事纪要

5月31日，宝钢不锈炼钢生产线全线停产。

6月6日，宝钢不锈热轧生产线全线停产。

6月14日，宝钢不锈冷轧生产线全线停产。

9月7日，宝钢不锈召开厂情通报会，通报2018年经营情况及下半年重点工作情况、2018年员工与企业共同发展工作报告等内容。

12月5日，宝钢不锈召开干部大会，林长春任宝钢不锈、上海不锈副总经理。

12月20日，集团公司党委发文，撤销中共宝钢不锈钢有限公司

委员会、纪律检查委员会。原宝钢不锈钢有限公司党委、纪委有关领导人员职务自然终止。（陶 亮）

## 宝钢德盛不锈钢有限公司

### 概 述

宝钢德盛不锈钢有限公司（简称宝钢德盛）成立于2005年11月23日，其前身是福建德盛镍业有限公司。2011年初，原宝钢集团收购福建德盛镍业70%的股权，成立混合所有制企业宝钢德盛，委托宝钢不锈钢有限公司管理。2017年10月，宝钢德盛由中国宝武直接管理。宝钢德盛坐落在福建省福州市罗源湾开发区金港工业区，占地218万平方米，主要从事镍合金及不锈钢材料生产，具备烧结、粗炼、精炼、热轧、固溶、冷轧等完整的不锈钢生产工艺。至2018年底，形成年产120万吨以上热轧及40万吨冷轧不锈钢的生产能力。2018年11月28日，宝钢德盛年产570万吨不锈钢绿色产业基地项目开工建设。

2018年，宝钢德盛板坯产量151万吨，商品坯材销量164万吨，实现工业产值103.45亿元，经营利润1.1亿元，降本增效1.96亿元。年底，在册员工2 109人。（杨 涵）

【企业负责人简介】 江庆元，1961年9月生，江苏海门人，中共党员，教授级高级工程师，宝钢德盛党委书记、董事长。

钱海平，1969年3月生，辽宁营口人，中共党员，工程师，宝钢德盛总经理、党委副书记。（杨 涵）

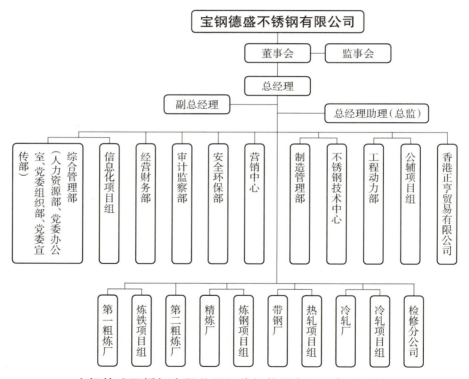

宝钢德盛不锈钢有限公司组织机构图（2018年12月）

宝钢德盛主要设备（生产线）一览表

| 装　　　　备 | 规　　　　格 | 数量 |
| --- | --- | --- |
| 烧结机 | 126平方米 | 3台 |
| 高炉 | 600立方米 | 3座 |

（续　表）

| 装　　备 | 规　　格 | 数量 |
|---|---|---|
| 转炉 | 80吨 | 3座 |
| 转炉 | 70吨 | 1座 |
| 不锈钢连铸机 | 180×1 250毫米一机二流板坯连铸机、200×1 600毫米一机一流板坯连铸机 | 各1台 |
| 热连轧机 | 1 150毫米轧机 | 1套 |
| 固溶线 | 1 150毫米 | 6套 |
| 冷轧DRAP机组（轧制、退火、酸洗不锈钢全连续生产线） | 1 250毫米4台18辊连轧机 | 1套 |
| 冷轧HRAPL机组（黑卷轧制退火酸洗不锈钢全连续生产线） | 1 250毫米2台18辊连轧机 | 1套 |

## 生产经营管理

【2018年第一次股东会】　2月1日，宝钢德盛召开2018年第一次股东会，审议通过《关于选举宝钢德盛第三届董事会组成人员名单的议案》《关于选举宝钢德盛第三届监事会组成人员名单的议案》《关于宝钢德盛炼钢品种结构调整技术改造项目的议案》。　（杨　涵）

【2018年第二次股东会】　10月31日，宝钢德盛召开2018年第二次股东会，审议通过《关于1 780毫米热轧项目的议案》《关于1780热轧项目占地区域固定资产处置的议案》《关于2018年固定资产投资计划的议案》《关于宝钢德盛下属子公司香港正亨的参股公司大华、茂盛压减工作的议案》，并听取《2018年经营情况报告及四季度工作计划》。　（杨　涵）

【第三届董事会第一次会议】　2月1日，宝钢德盛召开第三届董事会第一次会议，审议通过《关于推选宝钢德盛第三届董事会董事长、副董事长的议案》《关于聘解公司总经理、常务副总经理的议案》《关于聘解公司副总经理的议案》《关于宝钢德盛炼钢品种结构调整技术改造项目的议案》《关于2018年重大关联交易预算额审批的议案》《关于公司组织机构调整的议案》《关于公司组织机构局部调整授权方案的议案》《关于喷煤煤场固定资产处置的议案》《关于精炼厂VOD真空精炼炉固定资产处置的议案》。　（杨　涵）

【第三届董事会第二次会议】　10月31日，宝钢德盛召开第三届董事会第二次会议，审议通过《关于1 780毫米热轧项目的议案》《关于1780热轧项目占地区域固定资产处置的议案》《关于2018年固定资产投资计划的议案》《关于宝钢德盛下属子公司香港正亨的参股公司大华、茂盛压减工作的议案》《关于授权美元远期结售汇业务的议案》《关于审定公司〈全面风险管理办法〉等公司基本制度的议案》，并听取《2018年经营情况报告及四季度工作计划》。　（杨　涵）

【第三届董事会第一次临时会议】　3月1日，宝钢德盛以文件传签的方式召开第三届董事会第一次临时会议，审议通过《关于第一粗炼厂三号高炉系统技术改造项目的议案》《关于新建精炼35千伏开关站技术改造项目的议案》。　（杨　涵）

【第三届董事会第二次临时会议】　4月20日，宝钢德盛以文件传签的方式召开第三届董事会第二次临时会议，审议通过《关于第一粗炼厂一号、二号烧结机机组大修技术改造项目的议案》《关于第一粗炼厂三号高炉矿焦槽及出铁场除尘系统技术改造项目的议案》《关于第一粗炼厂烧结上料系统技术改造项目的议案》《关于宝钢德盛2017年全面风险工作报告及2018年全面风险工作计划的议案》。　（杨　涵）

【压减工作】　2018年，宝钢德盛制定下属全资子公司香港正亨贸易有限公司参股的大华运输有限公司、茂盛中国有限公司瘦身工作方案，并于8月31日取得集团公司关于两家参股公司清算注销的批复。

（杨 涵）

【降本增效】 2018年，宝钢德盛通过梳理配料降成本、合金优化降成本、各工序协同降成本等举措，降成本1.96亿元。各项费用管理根据年度分解预算原则，通过按月下发费用目标、跟踪、反馈提醒，分月控制各部门归口费用发生情况，特别是期间费用和重点管控费用，全年期间费用实际进度为66%，重点管控费用进度为87%。 （杨 涵）

【营销管理】 2018年，宝钢德盛根据产品结构调整计划，在兼顾不锈钢业务的前提下，开展碳钢原料市场和产品市场的调研和渠道拓展，建立碳钢营销空间模型；加大与专业市场分析机构的合作力度，共同研究和探讨市场走势及预判，优化、改善营销空间。全年销售不锈钢商品坯材96万吨、普碳坯材68万吨。产品异议结案839件（不锈钢产品异议838件，碳钢产品异议1件），异议量8 149.573吨，理赔金额485.48万元（含税），吨钢理赔额2.96元，万元理赔额4.19元。

（杨 涵）

【规划发展】 2018年，宝钢德盛编制《宝钢德盛不锈钢有限公司绿色制造发展规划（2018—2025）》，践行绿色、精品、成本、智造战略，致力于成为世界一流的不锈钢板材精品智造服务商。该《规划》采取总体设计，分步实施，第一步建设360平方米烧结机、2 500立方米高炉、炼钢连铸（270万吨）、1 780毫

2018年7月24日，宝钢德盛第二粗炼厂炉前工手拿钢钎测温取样 　　（陆亚敏 摄）

米热轧、1 600毫米酸洗及相关公辅配套设施，总产能470万吨/年，总投资95亿元；第二步建设炼钢连铸（100万吨）、2 250毫米炉卷轧机、2 150毫米酸洗、单张板酸洗及相关公辅配套设施，总产能570万吨/年，第一步、第二步总投资按136亿元控制。 （杨 涵）

【智慧制造】 2018年，宝钢德盛围绕"生产自动化、过程可视化、管控精细化"开展智慧制造项目，共实施23项，完成改造项目14项（9项纳入2019年计划），精简52人，能耗下降7%。全年以"自主＋协同"模式推进3D（风险大、环境脏、重复劳动岗位）岗位消除工作、操作室集控工作、基础自动化提升工作，有效提升安全性和生产效率；以冷轧生产线为示范，建设以"质控、集控、监控、安控"为目标的智慧产线，为后续全面建设智慧工厂提供借鉴。 （杨 涵）

【科技研发】 2018年，宝钢德盛申请专利8件，其中发明专利2件；研发投入率2.92%；新产品销售率5.57%。科研项目26项，其中"车辆用高强不锈钢研发"被列入集团公司重点科技工作之一。"氮合金化高品质不锈钢板带产品开发"项目，作为参与单位，与福州大学联合申报福建省科技重大专项专题。

（杨 涵）

【人力资源管理】 2018年，宝钢德盛完善人才激励机制和员工福利待遇，关键岗位人员流失处于受控状态；优化干部管理工作机制，进一步规范干部人事档案集中管理、因私出国（境）管理和兼职管理；加强员工队伍建设，全年培训员工14 112人次；1人入选"青苹果"项目；编制《宝钢德盛不锈钢有限公司中长期人才发展规划（2018—2023年）》，建立"互联网＋培训"的知识共享体系。 （杨 涵）

【安全管理】 2018年，宝钢德盛开展全员岗位安全风险描述活动，培训323场，3 291人次参加培训，参与率100%，辨识岗位安全风险16 076条。开展煤气设施设备和重大生产安全事故隐患专项整治活动，煤气专项检查共排查问题114项，并于6月26日全部整改完

成。开展重大生产安全事故隐患排查治理专项行动，自查问题15项，完成14项。开展各专项检查共148次，其中公司领导带队的安全大检查6次，查处隐患551项，全部整改完成。开展危险源辨识活动，辨识危险源3 259条。开展新进员工及转正员工安全教育培训，1 632人次参加培训。　　（杨　涵）

【环保管理】　2月2日，宝钢德盛完成合金熔化炉项目竣工环保验收；6月28日，取得新版排污许可证；8月14日，取得炼钢品种结构调整项目环评批复；11月21日，完成体系外审再认证；12月24日，取得1 780毫米热轧工程项目环评批复。年内，编制《宝钢德盛不锈钢有限公司绿色制造发展规划（2018—2025）》；编制《2018年度固体废弃物不出厂方案》《工业垃圾效能监察方案》，确保处置合规化、风险最低化、综合利用最大化。开展环保专项监察，共监察发现问题115项，并协同制定系列整改措施，至年底，114项问题完成整改。开展环保宣传教育，组织公司级环保培训6场次，参加培训239人次。（杨　涵）

## 宝钢德盛大事纪要

1月23日，宝钢德盛召开2018年度干部大会。

2月26日，宝钢德盛召开2017年领导班子民主生活会。

3月5日，宝钢德盛召开二届一次职工代表大会、2017年度党员大会。

3月15日，宝钢德盛召开党风廉政建设和反腐败工作会议。

3月21日，宝钢德盛召开党员大会，选举中国宝武党员代表大会代表。

3月29日，宝钢德盛举行党支部书记抓基层党建述职评议考核会。

5月28日，宝钢德盛成立无锡办事处。

7月12日，冷轧厂黑卷轧制退火酸洗机组成功轧制第一卷黑皮卷。

9月19日，1 780毫米热轧工程项目开始试桩。

11月28日，宝钢德盛精品不锈钢绿色产业基地开工建设，1 780毫米热轧工程项目打桩。（杨　涵）

# 宁波宝新不锈钢有限公司

## 概　述

宁波宝新不锈钢有限公司（简称宁波宝新）始建于1996年3月，系中国宝武一级子公司。宁波宝新由中国宝武、浙甬钢铁投资（宁波）有限公司、日新制钢株式会社、三井物产株式会社、阪和兴业株式会社联合投资，投资总额为71.4亿元，注册资本为31.88亿元，出资比例分别为54%、12%、20%、7%和7%，占地面积约74万平方米。2018年底，在册员工1 331人（含出资方派遣人员），平均受教育年限15.6年。

宁波宝新地处浙江省宁波经济技术开发区，是专业生产冷轧不锈钢板、卷和不锈钢焊管的企业。不锈钢板、卷年设计产能66万吨，不锈钢焊管年设计产能1万吨。产品广泛用于电梯、城轨、集装箱、精密电子、太阳能、汽车配件、家电制

2018年11月28日，宝钢德盛精品不锈钢绿色产业基地开工建设　　　　（杨　波摄）

品、化工设备、建筑装潢等行业。

2018年，宁波宝新完成冷轧不锈钢板卷产量68.75万吨、销量68.79万吨，热轧不锈钢酸洗产量0.11万吨、销量0.1万吨，焊管产量0.15万吨、销量0.15万吨，受委托加工产量0.18万吨、销量0.18万吨；营业收入87.95亿元，主营业务收入87.53亿元；利润总额1.31亿元。　　（许徐敏　杨武）

**【企业负责人简介】** 潘世华，1962年4月生，上海人，中共党员，高级工程师，宁波宝新党委书记、董事长。

饶志雄，1974年9月生，上海人，中共党员，工程师，宁波宝新副总经理（主持工作）。　（许徐敏）

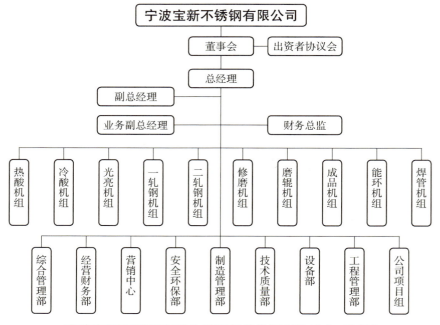

宁波宝新不锈钢有限公司组织机构图（2018年12月）

## 宁波宝新主要设备（生产线）一览表

| 装　　备 | 规　　格 | 数　　量 |
|---|---|---|
| 不锈钢热带退火酸洗机组 | 宽度650～1 350毫米，厚度2.0～6.0毫米 | 1套 |
| 不锈钢冷带退火酸洗机组 | 宽度650～1 350毫米，厚度0.2～3.0毫米 | 3套 |
| 光亮退火机组 | 宽度650～1 350毫米，厚度0.3～2.0毫米 | 2套 |
| 罩式炉 | | 18套 |
| 修磨抛光机组 | 宽度650～1 350毫米，厚度0.3～3.0毫米 | 3套 |
| 单机架冷轧轧机 | 宽度650～1 350毫米，厚度0.2～3.0毫米 | 7台 |
| 不锈钢平整机组 | 宽度650～1 350毫米，厚度0.2～3.0毫米 | 3套 |
| 拉矫机组 | 宽度650～1 350毫米，厚度0.2～3.0毫米 | 2套 |
| 重卷机组 | 宽度650～1 350毫米，厚度0.2～3.0毫米 | 2套 |
| 横切机组 | 宽度650～1 350毫米，厚度0.2～3.0毫米 | 2套 |

（续　表）

| 装　　备 | 规　　格 | 数　　量 |
|---|---|---|
| 纵切机组 | 宽度650～1 350毫米,厚度0.2～3.0毫米 | 1套 |
| 焊管机组 | 激光焊管及高频焊管 | 各1套 |

## 生产经营管理

【出资者协议会、七届一次董事会会议】　3月7日,宁波宝新在上海召开出资者协议会、七届一次董事会会议,审议通过《关于公司出资者协议会会长、成员、董事长、董事调整情况的报告》《关于公司高级管理人员调整情况的报告》《关于2017年生产经营情况及2018年生产经营预算的请示》《关于公司2017年度利润分配方案的请示》《关于工程、技改项目投资建设情况的报告》《关于启动新日铁住金原料采购的报告》。　　（许徐敏）

【出资者协议会、七届二次董事会会议】　7月19日,宁波宝新在上海召开出资者协议会、七届二次董事会会议,审议通过《关于公司出资者协议会成员、董事调整情况的报告》《关于2018年上半年生产经营情况及下半年损益预测的报告》《关于工程、技改项目投资建设情况的报告》《关于年产3万吨汽车用钢项目可研报告的请示》。
　　　　　　　　　　　　（许徐敏）

【出资者协议会、七届三次董事会会议】　12月12日,宁波宝新在宁波召开出资者协议会、七届三次董事会会议,审议通过《关于公司出资者协议会成员调整情况的报告》《关于2018年生产经营情况及2019年生产经营预算的请示》《关于公司2018年度利润分配方案的请示》《关于工程、技改项目投资建设情况的报告》。　　（许徐敏）

【安全管理】　2018年,宁波宝新推进以"安全打招呼""专业＋区域＋24小时安全巡查""旁站监管"等为载体的安全文化建设,开展现场隐患治理、全员查违章、岗位安全风险描述等活动。年内,安全指标均达标,违章下降55%,险肇事故同比下降5起,安全生产总体稳定。　　　　　　　（许徐敏）

【环保管理】　2018年,宁波宝新完善环境动态管理制度,推进机组长制度下的环境管理试点工作,尝试环境风险管理方式,激励持续改进环境行为。同时,整合信息化监管,利用现有危险废弃物综合监管信息系统、废水在线监测、全球眼视频危废监控等,合法合规开展废弃物处置工作,各项环保指标均达标。　　　　　　　（许徐敏）

【机构改革】　2018年,宁波宝新深化机构改革,优化调整机组设置,机组由20个减少为10个;成立原料战略委员会、智能制造工作推进体系、信息系统优化升级工作组,形成专项推进机制;完善审计监察、战略规划、信息化管理职能配置,强化相应管理工作;在销售部基础上组建营销中心,并成立产品战略委员会,打造集研发、制造、加工服务于一体的综合材料供应商和解决方案服务商。　（许徐敏）

【稳定原料采购】　2018年,宁波宝新通过多方寻源,采取签订年度战略合作协议、拓展海外原料渠道等方式,原料采购平稳过渡到完全市场化采购,基本实现产能不放空、核心用户不流失、用户感知不下降。全年市场化采购原料占比达93.4%。其中,400系原料实现市场化采购,通过与供应商快速对接,签订技术合作钢种25个,实现订货钢种18个,至年底基本实现钢种全覆盖。　　　　　　　（许徐敏）

【市场营销】　2018年,宁波宝新坚持"精品＋服务"产品战略,创建8个产销研团队,在压花产品、毛面产品、汽车装饰用钢、不锈钢复合板、无磁钢等方面进行专项拓展,发挥技术优势,加快产品研发,304系压花产品成功替代进口材料,实现批量供货。优化品种结构,拓展产销规模,全年冷轧产品销量达68.79万吨,同比增加7.84万吨,创历史新高;独有领先产品期货接单量同比增加0.79万吨;400系销量同比增加2.04万吨;出口增幅达79.8%。　　　　　　　（许徐敏）

【制造管理】　2018年,宁波宝新坚持以销定产,完善产销管理流程,提高合同完成率，当期合同完成率同比提高4.08%。严格精细化质量管理，开展工艺优化攻关，推进原料优料优用，持续攻关现场生产难点及缺陷，全年产品吨钢质量成本同比下降6.2%，平均综合收得率提高至94.06%。自主完成多项设备优化改造，首次实现大电机属地化修复。　　　　　　　（许徐敏）

【降本增效】　2018年，宁波宝新持续推进全员降本增效工作。年初，各部门、机组签订《降本增效管理目标责任书》，将经营目标层层分解，并通过工会引导推进，采取按季现场表彰"降本增效对标"劳动竞赛优胜团队的激励手段，调动各部门、机组降本增效积极性。通过削减费用支出、资金运作、政策利用等途径，实现机组可控成本下降、资金运作增收、政策利用创效。年内，开展降本增效对标劳动竞赛项目80个，产生经济效益8 770万元。　　　　　　　（许徐敏）

【智慧制造】　2018年，宁波宝新创新实施磨床智能化磨削、物资进出厂过磅无人化、断纸自动吹扫等项目。全面调研和梳理信息化需求，制定信息化三年规划，年内启动经营分析管理系统与对外业务合同管理系统两个项目的建设。至年底，完成项目初步需求与系统设计审查，部分功能完成编程及测试。　　　　　　　（许徐敏）

【科技创新】　2018年，宁波宝新策划推进20个新产品项目，实现经济效益2 244万元。其中包括：成功开发不锈钢激光毛化产品；水槽用压花板新产品实现批量订货；高光泽汽车装饰条新产品稳定供货；试制高耐蚀汽车亮条用铁素体不锈钢等。同时，推进自主创新能力建设及产学研交流合作，完成"汽车装饰条用冷轧不锈钢钢带"项目国家行业标准的申报工作。（许徐敏）

【重点项目建设】　2018年，宁波宝新推进新增四号修磨机组、3万吨汽车用钢项目的实施。年底，新增四号修磨机组项目完成设备招标和签约，处于施工阶段；3万吨汽车用钢项目处于设备招标阶段。根据3万吨汽车用钢项目特性，宁波宝新提前介入，就项目建设及后期生产经营模式开展多次专题研讨，确保"高标准、高精度"完成项目建设。　　　　　（许徐敏）

【员工队伍建设】　2018年，宁波宝新持续做好员工培训教育工作，推进技术人才、高技能人才、青年人才的培养。组织开展职能部门负责人经营管理能力提升研修项目，109人次参加；实施《防错技术》及实战训练、现场改善与标准化作业培训，92人次参加；组织员工操作维护技能比武，88名员工参加酸洗、轧钢等6个工种的技能比武，21名员工获奖。全年全口径精简人员118人，人事效率提升8.14%。
　　　　　　　　　　　（许徐敏）

## 宁波宝新大事纪要

2月12日，宁波宝新举行2018年上半年经营管理研讨会。

3月7日，宁波宝新在上海召开出资者协议会、七届一次董事会会议。

4月27日，宁波宝新工会召开第四次职工代表大会，选举产生第四届公司工会委员会委员、主席和经费审查委员会委员。

5月，宁波宝新被宁波市五水共治领导小组办公室、宁波市城市供节水管理办公室评为"宁波市节水先锋"。

7月5日，宁波宝新机组经理研修会成立。

7月16日，"宁波宝新青年中心学习社——宁波宝新青创吧"揭牌。

7月19日，宁波宝新在上海召开出资者协议会、七届二次董事会会议。

7月27日，宁波宝新举行2018年下半年经营管理研讨会。

9月，宁波宝新员工王庆强发明的"一种退火炉双燃料在线快速切换装置"项目获第十届国际发明展览会铜奖。

11月29日，宁波宝新在宁波召开用户座谈会，100余家国内不锈钢用户200余人出席会议。

12月12日，宁波宝新在宁波召开出资者协议会、七届三次董事会会议。　　　　（许徐敏）

# 宝武特种冶金有限公司

## 概　述

2018年8月9日，宝钢特钢按照"一地两业"战略规划，以特种冶金核心资产为主体，注册成立宝武特种冶金有限公司（简称宝武特冶)。10月1日,举行揭牌仪式。宝武特冶由宝钢特钢委托中国宝武进行管理,作为中国宝武直接管理的一级子公司,是中国宝武旗下唯一特种冶金材料制造单元。注册资本5亿元。下设产销研运营中心、综合服务部(党群工作部)、装备保障部、科技质量部(军工管理办公室)、安全能环部、运营财务部,并直管电炉、感应、电渣、自耗、等温锻、锻造、精整、精密合金8个生产单元。

2018年,宝武特冶研发投入率2.03%,科研新增直接经济效益3150万元。第四季度实现坯、材销量1.82万吨,销售收入4.22亿元,利润总额 - 0.42亿元。至年底,在册员工577人,在岗员工577人。

(焦 杨)

【企业负责人简介】 章青云,1969年8月生,安徽太湖人,中共党员,经济师,宝武特冶党委书记、总经理(2018年8月任职)。 (焦 杨)

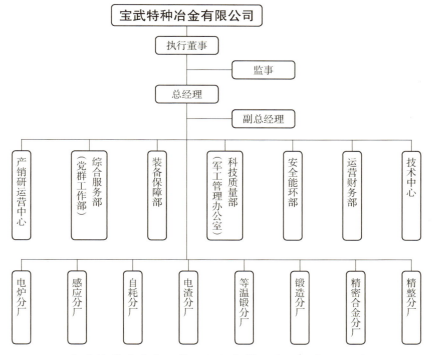

宝武特种冶金有限公司组织机构图(2018年12月)

宝武特冶主要设备(生产线)一览表

| 装　　备 | 规　　格 | 数　　量 |
| --- | --- | --- |
| 炼钢生产线电炉 | 40吨 | 3台 |
| 炼钢生产线真空感应炉 | 40吨 | 1台 |
| 感应生产线感应炉和真空感应 | 0.025～12吨 | 6台 |
| 电渣重熔产线电渣炉 | 0.5～20吨 | 19台 |
| 自耗产线自耗炉 | 0.5～12吨 | 8台 |
| 锻造产线快锻机组 | 2 000吨快锻机、4 000吨快锻机、6 000吨快锻机 | 3套 |
| 锻造产线径锻机组 | 1 300吨径锻机 | 1套 |
| 合金钢棒材轧机 | 直径20～80毫米 | 1套 |
| 热处理产线淬、回火(固溶)热处理炉 | 20～100吨 | 8台 |

（续 表）

| 装　　备 | 规　　格 | 数　　量 |
|---|---|---|
| 热处理产线退火（正火）炉 | 20～100吨 | 12台 |
| 热处理产线淬火介质槽 | 4×8×3.5米 | 4套 |
| 等温锻产线油压机 | 2 000吨、3 000吨、新3 000吨、新500吨、500吨、6 300吨、8 000吨 | 各1台 |

# 生产经营管理

【安全生产】 2018年，宝武特冶未发生较大及以上生产安全事故。安全生产重大隐患为零，重大险肇为零；较大以上火灾事故为零；厂区道路主责及以上交通死亡事故为零；区域内较大社会影响的治安案（事）件为零。 （焦　杨）

【科研创新】 2018年，宝武特冶启动国家重点研发计划课题2项、国家军品配套项目4项；获国家工业和信息化部工业转型升级（中国制造2025）重点新材料产业链技术能力提升项目1项、国家军品配套项目2项、上海市经济与信息化委员会产业转型升级发展专项资金项目1项的批复；申报国家"大型先进压水堆及高温气冷堆核电站"重大专项课题1项，国家军品配套项目9项。获得国家和上海市财政经费1 529.85万元。 （焦　杨）

【知识产权及自主管理】 2018年，宝武特冶合理化建议采纳数2 601条，经济效益585.49万元，全员参与率38.49%；技术秘密认定数6项，专利申报受理45件（其中发明专利29件），专利授权27件。 （焦　杨）

【人力资源管理】 2018年，宝武特冶对原宝钢特钢特材事业部、板带厂精密合金产线、炼钢40吨产线涉及人员进行梳理，设计人员配置标准；按"人随业务走"的思路，明确产线人员整建制划转及专业职能人员组织推荐、公开竞聘等进入规则；以合法合规为前提平稳运作劳动关系变更、人事管理划转。 （焦　杨）

【环保节能】 2018年，宝武特冶环保总体受控，5项环保指标处于受控状态。受产线调整、产品结构、产能规模影响，能源指标未达到年初目标水平。宝武特冶按照"谁发生，谁管控"的原则，对能源分项成本进行分类管控。结合公司规划，以机时产量为抓手，调整能源公辅设施配置，提升能源使用环节利用效率。12月，通过北京国金衡信的ISO 50001：2011能源管理体系认证，并取得证书。 （焦　杨）

【质量标准化管理】 2018年，宝武特冶完成质量攻关目标5项，策划统计过程控制（SPC）项目3项、六西格玛项目3项、产品质量先期（APQP）项目4项。依据产品的关键特性、重要特性，以及用户已经明确的关键过程，识别、策划、确定产品的关键过程。质量实施标准按ISO 9001-2015、

AS9100D及GJB9001C版标准进行。 （焦　杨）

【计量管理体系】 2018年，宝武特冶持续改进和完善测量管理体系，以计量法规为原则，结合生产和能源管理的需求，探索新体制下公司能源计量管理模式，确保计量设备稳定、可靠，实现计量溯源，期间核查计划100%得到实施。 （焦　杨）

【综合管理体系】 2018年，宝武特冶制定发布管理文件196个、管理标准287个。完成年度综合管理体系内部审核、管理评审等工作。通过项目方式推进全面风险管理及内部控制工作，明确了控制目标、预警机制、风险预案和责任体系。 （焦　杨）

【设备管理】 2018年，宝武特冶通过评价的导向性管理，提升设备管理精细化水平。开展检修作业标准化竞赛，将维修作业标准772篇转化为检修标准项目278篇，转化率完成年度目标。 （焦　杨）

【用户服务】 12月，宝武特冶在上海、常熟分别召开航天航空军工及工模具钢用户座谈会。两场座谈会共45家重点用户参与，86名用户代表参会。会上，宝武特冶与用户对特种冶金材料的发展、新的钢

铁制造产业，新形势下的商业模式进行了探讨。 （焦　杨）

## 宝武特冶大事纪要

6月20日，中国宝武在宝钢特钢举行宣布会，披露拟成立宝武特种冶金有限公司，同时宣布相关领导人员职务调整的决定。

8月9日，宝武特种冶金有限公司注册成立。

9月7日，宝武特冶举行干部大会暨形势任务宣传贯彻会议。会议报告了宝武特冶组建及相关情况，对公司改革发展及员工转型发展政策进行解读。

9月12日，宝武特冶召开一届一次董事会。

10月1日，宝武特种冶金有限公司举行揭牌仪式。

同日，宝武特冶信息化系统上线。

12月6日，宝武特冶召开航空航天及军工用户座谈会。

12月19日，宝武特冶召开工模具钢用户座谈会，与21家工模具钢用户签订2019年合作协议。

（焦　杨）

2018年10月1日，宝武特种冶金有限公司揭牌成立 （焦　杨摄）

# 武汉钢铁集团鄂城钢铁有限责任公司

## 概　述

武汉钢铁集团鄂城钢铁有限

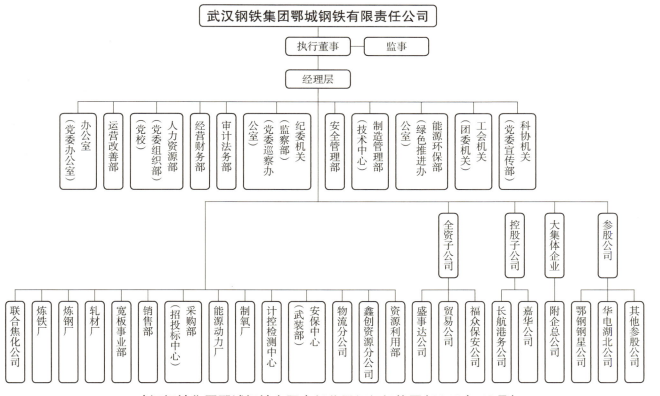

武汉钢铁集团鄂城钢铁有限责任公司组织机构图（2018年12月）

鄂城钢铁主要设备（生产线）一览表

| 装　　备 | 规　　　格 | 数　　量 |
|---|---|---|
| 一号高炉 | 2 200立方米 | 1座 |
| 二号高炉 | 1 800立方米 | 1座 |
| 烧结机 | 260平方米 | 2台 |
| 焦炉 | 6米55孔 | 4座 |
| 干熄焦设备 | 140吨/小时 | 2套 |
| 酚氢废水处理系统 | 120立方米/小时 | 2套 |
| 转炉 | 130吨、35吨 | 各2座 |
| 热焖、热泼渣处理 | 22.5万吨 | 1套 |
| 热轧长材 | 粗轧直径550毫米，中轧直径450毫米、直径400毫米，精轧直径300毫米 | 1套 |
| 热轧长材 | 粗轧直径750毫米、直径650毫米、直径550毫米，中轧直径550毫米、直径450毫米，精轧直径450毫米、直径350毫米 | 1套 |
| 热轧长材 | 直径320毫米、直径420毫米、直径520毫米、直径560毫米 | 1套 |
| 热轧型材 | 粗轧直径610毫米、直径495毫米，中轧直径420毫米，预精轧直径285毫米，精轧直径216毫米 | 1套 |

责任公司（简称鄂城钢铁）始建于1958年，前身是湖北省地方钢铁骨干企业——鄂城钢铁厂，是新中国成立后建设的18家地方钢铁骨干企业之一；1997年5月经湖北省人民政府批准，整体改制为鄂城钢铁集团有限责任公司；2004年11月经国务院国资委批准与武汉钢铁（集团）公司联合重组，成为武汉钢铁（集团）公司控股子公司；2014年成为武汉钢铁（集团）公司全资子公司。2018年1月，纳入中国宝武一级子公司管理。

鄂城钢铁拥有连轧棒材、合金型材、高速线材、宽厚板、冷轧薄板等生产线，年产钢能力450万吨，是中国宝武在华中地区精品建材、优质工业材、高端板材的重要制造基地。条材生产线主要生产碳素结构钢、优质碳素结构钢、合结钢、弹簧钢、轴承钢、热轧带肋钢筋及连铸圆管坯、热轧钢带等200多个品种规格；4 300毫米宽厚板生产线主要生产碳素结构板、高强度结构板、桥梁板、锅炉及压力容器板、高层建筑板、船板、石油管线板等；1 500毫米冷轧薄板生产线主要生产热镀锌卷、冷硬卷。

2018年，鄂城钢铁生产铁414.72万吨、钢454.04万吨、材430.95万吨，实现营业收入201亿元、经营利润28亿元。年底，在册员工9 086人。（王　奇　李　舒）

【企业负责人简介】　王素琳，1963年5月生，湖北大冶人，中共党员，正高职高级工程师，鄂城钢铁党委书记、执行董事。

赖晓敏，1972年10月生，广东南雄人，中共党员，高级会计师，鄂城钢铁总裁、党委副书记（2018年12月任职）。　　　　（江竹君）

# 生产经营管理

【成本管控】　2018年，鄂城钢铁轧材、宽板作业率同比分别提高4.19、4.48个百分点；通过优化生产组织和生产工艺、提高作业效率，增钢34万吨，增利2.1亿元。推进低硅低硫低磷冶炼，加强炼焦工序管理，焦炭成本低于行业平均水平；烧结机利用系数同比提高5.08%；废钢直送炼钢比例提升到60%。通过财务管控，减少带息负债15.52亿元，较年初降低22%，降低财务费用4 000万元，资产负债

2018年6月22日，湖北省鄂州市特种设备安全生产专业委员会联合鄂城钢铁在制氧厂西区开展移动式压力容器低温液体泄漏事故处置演练　　（张　蕾摄）

率较年初下降4.74%；"两金"占用较年初降低2亿元、周转天数23.56天。加强与集团公司采购协同，进口矿、国内铁精矿采购成本分别比行业平均水平低36.73元/吨、50.7元/吨；降低辅材、易耗件、零星物资采购成本240余万元。盘活闲置资产，实现处置土地资产收益1 474万元；处置长库龄备件3 200万元，减少资金占用；争取政府财政支持，减少税费留抵资金占用5.5亿元。　　　（王　奇　李　舒）

【安全生产】　2018年，鄂城钢铁重伤及以上人身安全事故为零，一般及以上消防、交通事故为零，被湖北省授予"安全生产红旗单位"称号。年内，鄂城钢铁构建安全风险分级管控、隐患排查治理的双重预防机制，加强安全隐患排查和人防技防的措施，参与岗位风险描述员工6 058人，查找风险45 933条，整改隐患2 372项；对危险作业实行旁站式管理，全年跟踪危险作业129项；强化安全日常督查和专项安全检查，检查发现问题2 736项，督促单位整改问题7 901项，形成闭环管理。严格执行年度安全教育培训计划，组织487名班组长、209名车间主任进行安全管理培训考试。制定下发《协力管理办法》《协力管理通用标准》等制度，明确了物流、劳务、检修等业务领域的协力管理职责，有效防范协力安全风险。　　　（王　奇　李　舒）

【绿色发展】　2018年，鄂城钢铁一般及以上环境污染事故为零。完成钢铁主业排污许可证申办、棒三轧线节能审查和环境评价，确保生产合法合规。制定三年环境治理计划和五年环保提升专项规划，全年投入8.6亿元用于焦化酚氰废水、大转炉三次除尘等17个重点环保项目改造，环境质量得到改善。拆除废弃建构筑物40余座，占地面积8 200平方米；拆除烟囱3座、废弃皮带通廊2条；投入2.1亿元用于通廊封闭、烧结噪声综合治理、高炉炉台整治、绿化率提升、道路集中整治等，厂容厂貌得到明显改观。推进节能技术应用，投运烧结一号循环风机变频、能动溴化锂制冷等7个节能改造项目，自发电率由年初59.14%提升到年底的68.07%；钢坯热装热送量262.7万吨，同比提高3.6%。　　　（王　奇　李　舒）

【精益运营】　2018年，鄂城钢铁完善风险防控体系建设，梳理各类风险78项，加强合同、质量、劳务、保密等风险管控，严格财务、审计、法务、监察等专业把关，规范经营行为，实现经营活动"零风险"。推进"瘦身健体"改革，完成"三供一业"分离移交任务，参股企业"瘦身"5户；推进大集体改革，在岗员工较年初减少460人，钢铁主业人均产钢924吨，提升了劳动生产效率。初步建立起适应全流程信息化管控的组织机构和业务流程，实现经营管控系统全覆盖。推进重点工程项目建设，年内在建工程项目34项，其中完工10项。推进专业化融合聚焦，水渣、钢渣等二次资源实现与宝武环科专业化整合，焦化副产品煤焦油统一由宝武炭材进行深加工。　　　（王　奇　李　舒）

【人才培养】　2018年，鄂城钢铁制定《武汉钢铁集团鄂城钢铁有限责任公司人才工作规划（2018—2023）》，建立100名年轻干部后备人才库，建立1 499人的关键人才库。加强优秀人才选拔推荐，成功推荐湖北省首席技师、技能大师各1名，申报国务院政府特殊津贴2名、省政府专项津贴1名。加强员工教育培训，开展培训项目224项、

11 974人次。坚持激励员工，两级工会组织开展岗位建功劳动竞赛，全年立项219项，参与竞赛5 530人次；组织参加全国钢铁行业和中国宝武首届职工技能大赛，获1个集团公司第一名、1个集团公司第三名、2个中国钢铁行业第五名。

（王　奇　李　舒）

【凝聚力工程】 2018年，鄂城钢铁组织基层调研、座谈会、网上问卷调查等活动5场次、6 300余人次，及时掌握员工思想动态。以问卷调查、满意度测评等方式了解员工需求，落实员工福利待遇，员工体检费提高180元/人、工作餐标准提高5元/人。

（王　奇　李　舒）

【廉政建设】 2018年，鄂城钢铁加强领导干部绩效考评，全年责任追究15人次，调整66人次。落实领导人员带班值班等制度，两级班子建立基层联系点81个，深入一线解决问题。针对工程建设项目多的实际情况，组织中层领导人员集体提醒谈话27人次。严格监督执纪问责，全年收到举报线索42件，办结35件。严格执行集团公司禁入名单规定，清理3家违约供方，警示性约谈1家供应商。抓好集团公司党委巡视反馈的20项问题整改，对存在的问题逐一落实整改。成立党委巡察组，建立巡察人才库，综合巡察计控检测中心、安保中心，专项巡察水处理药剂总承包、薪酬管理和非生产性费用开支等3个项目，发现问题29项，考核10人次。

（王　奇　李　舒）

## 鄂城钢铁大事纪要

1月10日，鄂城钢铁召开第四届职工代表大会第一次会议。

2月8日，鄂城钢铁召开2018年党风廉政建设和反腐败工作会。

2月27日，鄂城钢铁召开干部大会，对公司领导班子、班子成员及总经理助理、总会计师进行年度考评和党风廉政建设测评，对公司选人用人工作进行民主评议。

4月13日，鄂城钢铁召开第十二届技术比武动员会，同时正式启动参加2018年度全国钢铁行业及中国宝武首届职工技能大赛工作。

5月31日，鄂城钢铁与鄂州市水务集团举行"三供一业"供水分离移交实施协议签约仪式。

6月25日，鄂城钢铁召开干部大会，宣布集团公司人事任免决定，赖晓敏任鄂城钢铁副总经理（主持工作），刘继生、王社教不再聘任鄂城钢铁副总经理。

10月30日，鄂城钢铁与宝武环科举行资源利用部托管协议签字仪式。

12月11日，中国宝武宣布干部调整决定，赖晓敏任鄂城钢铁总裁、党委副书记。

12月31日，鄂城钢铁经营管控系统成功切换上线。 （孙　磊）

编辑：金　荣

10

新材料产业

# 新材料产业

## 宝钢金属有限公司

宝钢金属有限公司(简称宝钢金属)成立于2007年12月28日,是中国宝武的全资子公司,注册资本40.549 9亿元,主营业务包括工业气体、金属制品、汽车贸易与服务等。

2018年,宝钢金属划转上海宝钢包装股份有限公司业务至中国宝武。武汉钢铁江北集团有限公司(简称江北公司)精密带钢厂、冷弯型钢有限公司、金属制品有限公司3家公司的资产由江北公司转让至宝钢金属。全年,宝钢金属实现营业收入152.3亿元。年底,在册员工2 997人。　　　　(张　津)

【企业负责人简介】 贾砚林,1962年10月生,河北井陉人,中共党员,高级会计师、高级工程师,宝钢金属党委书记、董事长。

祁卫东,1970年10月生,河南淮阳人,中共党员,高级工程师,宝钢金属总裁、党委副书记。
　　　　　　　　　　(张　津)

【董事会会议】 2018年,宝钢金属召开17次董事会,其中2次为董事会定期会议,15次为董事会临时会议。议题共计48项,其中议案34项,报告14项,内容涉及公司总体经营、项目投资、董事会事务等。
　　　　　　　　　　(张　津)

【探索混合所有制改革】 2018年,上海宝钢气体有限公司51%股权以41.66亿元转让太盟投资集团,年复合投资回报率42.06%。11月,上海宝钢住商汽车贸易有限公司51%股权转让项目在上海联合产权交易中心挂牌。　(张　津)

【提高企业经营能力】 2018年,宝钢金属完成26户法人退出和1户法人(宝钢住商汽车贸易有限公司镇江宝润汽车销售服务有限公司)强制清算,完成5户参股公司(江苏宝京汽车部件有限公司、上海宝钢长兴工业气体有限公司、陕西长青能源化工有限公司、昆山中宝华新材料科技有限公司、昆山宝盐气体有限公司)退出。应收账款年末数8.87亿元,较年初下降0.2%,

存货年末数7.08亿元，较年初下降30.4%。长库龄库存年底清理完毕。总部职能部门精简59人，占比37%。全年完成培训9 940人次，完成培训52 369学时，投入培训费用261万元。　　　　　（张津）

【管理体系】　2018年，宝钢金属促进经营单元细分，开展成熟度评估工作，评估范围扩大到采购、销售、人力资源等10个专业管理流程。4月，宝钢金属推行在欧冶云商平台上采购，实现采购过程阳光透明化，降低采购成本；8月，全部实现上网采购。全年公开采购率为50%。选取9家公司的重点客户进行满意度调查，提高客户服务能力。评定星级工厂10家，其中五星级工厂6家，四星级工厂3家，三星级工厂1家。　　　　（张津）

【科技研发】　2018年，宝钢金属研发投入率2.38%，新产品销售率10.11%，申请专利数23件（其中发明专利8件），科技政策利用收益800万元，科研直接新增效益2 100万元。上海宝钢型钢有限公司开发包含菱形管在内的24种精密型材新产品，上海宝敏科汽车工程技术有限公司设计74种新车型配套零部件；江苏宝钢精密钢丝有限公司研发50母线，成为国内唯一拥有超细规格金刚砂母线制造能力的供应商。12月，成立宝钢金属技术研发中心，通过技术交流、转移等多种方式帮助各业务单元开展研发工作。　　　　　（张津）

【安全管理】　2018年，宝钢金属有1 823名一线员工对本岗位风险进行描述，描述风险9 002条，单位整改率100%；识别出危化品重大危

险源9个，一级危险源1个，二级危险源60个，分级分类进行管控。各单位开展危险化学品运输泄漏处置、火灾逃生等各种应急演练166次，实地演练117次，桌面演练49次，合计参加演练人数1 587次，通过演练修改完善应急预案31个。　　　　　　　　（张津）

【节能减排】　2018年，宝钢金属有15家单位通过环境体系认证。年内，宝钢金属5家工厂取得国家排污许可证，制定节能减排专项计划，共实施9项节能技改项目，节约能耗核算标准煤1 544吨。　　　　　　　　（张津）

【金属制品业务经营业绩】　2018年，南京宝日钢丝制品有限公司完成利润总额4 004万元，创历史新高；应收账款较年初下降5.05%，及时清理和利用长龄库存，存货较年初下降15.1%；关注产品结构和市场开拓工作，新开发的轴承钢产品，通过生产许可。宝钢集团南通线材制品有限公司销售弹簧钢丝4.4万吨，国内市场占有率超过30%；桥梁缆索用镀锌钢丝产品实现满产满销；小规格弹簧钢丝销售实现零突破，12家客户实现达产目标。江苏宝钢精密钢丝有限公司钢帘线产量28 345吨，金刚母线产量169吨，小产品产量3 577吨，扭亏为盈；盘条库存金额较年初降低55.6%，产成品库存金额较年初降低41%。上海宝钢型钢有限公司及时调整产品结构，重点拓展客车、定制型材市场，风道型材、前风窗框立柱、激光焊管、扭力梁等产品实现批量销售，总销量达72万平方米。上海宝钢金属贸易有限公司实现利

润总额112万元，实现经营活动现金流2.7亿元；开展统一采购和协同营销工作，携手宝钢集团南通线材制品有限公司开发印度和墨西哥等国际市场；通过提前锁定汇率等手段，为江苏宝钢精密钢丝有限公司节省10万余元的换汇成本。　　　　　　　　（张津）

【汽车贸易经营业绩】　2018年，宝钢金属合肥宝敏科分公司生产汽车零部件1.3万余套，实现销售收入5 207万元。宝马尔科汽车零部件公司（BAOMARC AUTOMOTIVE SOLUTIONS SPA）整体经营大幅改善，总销量增长7%，其中法国工厂销量同比增长10%，墨西哥工厂销量增长40%。上海宝钢住商汽车贸易有限公司累计营业收入12亿元，同比增加6 108万元；利润总额801万元，同比增加234万元；整车销售同比增加361辆；服务吸收同比增长6%；维修入库台次同比增加2 445台。　　　　（张津）

【宝钢金属大事纪要】
　　2月9日，江苏宝钢精密钢丝有限公司与东南大学等单位联合申报的"超高强度钢丝制备技术研究及产业化"项目获2017年度江苏省科学技术奖一等奖。
　　5月28日，合肥宝敏科分公司获安徽省安全生产协会安全生产标准化二级企业评审认可。
　　10月10日，宝钢集团南通线材制品有限公司悬架弹簧钢丝通过北京奔驰—戴姆勒克莱勒汽车有限公司审核。
　　10月23日，宝钢集团南通线材制品有限公司工会委员会被授予"江苏省模范职工之家"称号。
　　10月30日，江苏宝钢精密通

过青岛森麒麟供应商资质能力审核。

11月23日，上海宝钢住商汽车贸易分公司理赔分中心获上海市车险理赔服务技能竞赛团体第三名。

（张　津）

## 宝钢金属下属子公司（含参股公司）一览表

| 公司名称 | 地　　　址 | 注册资金 | 主要经营范围 | 股权情况 |
|---|---|---|---|---|
| 宝钢集团南通线材制品有限公司 | 江苏省南通市港闸区陈桥街道宝钢路8号 | 39 064.09万元 | 金属材料、电线、电缆的生产、加工、销售，国内贸易（国家禁止或限制经营的项目除外，国家有专项规定许可经营的项目除外），四技服务，经营本企业自产品及技术的出口业务和本企业所需的机械设备、零配件、原辅材料及技术的进口业务（国家限定公司经营或禁止进出口的商品及技术除外），厂房租赁，设备租赁 | 100% |
| 南京宝日钢丝制品有限公司 | 江苏省南京经济技术开发区兴文路9号 | 20 459.6万元 | 生产冷镦钢丝、弹簧钢丝等线材类二次和三次加工制品，销售自产产品以及相关服务和技术开发 | 宝钢金属51.40%，其他方持股48.60% |
| 江苏宝钢精密钢丝有限公司 | 江苏省海门市滨江街道香港路2566号 | 67 800万元 | 金属丝绳及其制品、太阳能光伏关键材料切割钢丝的生产、加工、销售，经营本企业自产产品及技术的出口业务和本企业所需的机械设备、零配件、原辅材料及技术的进口业务（国家限定公司经营或禁止进出口的商品及技术除外），钢材的批发零售，经营本企业产品及设备的技术开发、技术转让、技术服务、技术咨询 | 100% |
| 上海宝钢型钢有限公司 | 上海市宝山区宝杨路2056号 | 15 003.3万元 | 冷弯型钢、冷轧带肋钢筋及延伸产品的生产、销售，生产焊接成型的型钢、延伸产品，销售、制作自产产品及提供自产产品的安装服务，专业承包钢结构工程三级，提供相关技术咨询和售后服务，在特殊钢材、钢铁、机电、建筑钢材应用领域从事技术开发、技术转让、技术服务，从事货物及技术的进出口业务 | 100% |
| 上海宝钢金属贸易有限公司 | 上海市宝山区宝杨路2498号综合楼 | 2 450万元 | 冶金炉料、旧设备收购拆解、分选、加工、销售、储存，金属材料、五金销售，货物及技术的进出口业务，经营进料加工和"三来一补"业务，生产性废旧金属收购 | 100% |
| 上海宝成钢构建筑有限公司 | 上海市宝山区蕰川路3962号 | 5 348.67万元 | 生产和销售各种钢结构和其他相关的钢结构产品及产品的维护，汽车钢制车轮的生产、销售、维护，汽车部件的精密锻压、多工位压力成型机模具设计与制造，从事货物及技术的进出口业务，物业管理，钢材销售 | 100% |

（续　表）

| 公司名称 | 地　　址 | 注册资金 | 主要经营范围 | 股权情况 |
|---|---|---|---|---|
| 上海宝钢住商汽车贸易有限公司 | 上海市宝山区宝杨路1943号9楼 | 1.6亿元 | 汽车销售（不含乘用车），汽摩配件、机械产品、电器机械及器材、汽车用品、金属材料及制品的批发及零售，物业管理，汽车租赁，经济信息咨询服务，技术的进出口，附设分支机构 | 宝钢金属51%，其他方持股49% |
| 武汉万宝井汽车部件有限公司 | 湖北省武汉经济技术开发区45MD地块 | 2.76亿元 | 设计、开发、生产、加工汽车驱动桥和车厢关联零部件及其模具、夹具，销售本公司产品，并提供技术咨询及售后服务 | 25% |
| 广州万宝井汽车部件有限公司 | 广东省广州市花都区汽车城东风大道28号 | 18 989万元 | 汽车零部件及配件制造（不含汽车发动机制造），模具制造，汽车零配件设计服务 | 25% |
| 宝钢金属（国际）有限公司 | 美国德克萨斯州杰克逊湖奥伊斯特克里克街路135号 | 99万美元 | 从事氦气采购，精炼提取、氦集装箱罐的采购和生产及氦气进出口贸易；从事货物进出口及技术进出口贸易；提供市场、技术等信息收集、市场调研、行业分析、项目寻源等商务咨询服务 | 100% |
| 上海宝敏科汽车工程技术有限公司 | 中国（上海）自由贸易试验区德堡路38号2幢二层212—43室 | 400万元 | 汽车技术领域内的技术开发、技术咨询、技术服务、汽车配件、机电设备、机械设备及配件、五金交电、金属材料的批发，进出口、佣金代理（除拍卖外）并提供相关配套服务，机械设备的安装（除特种设备） | 50% |
| 深圳市大西洋焊接材料有限公司 | 广东省深圳市龙岗区平湖辅城坳工业区工业大道99号 | 2 100万元 | 电焊条、焊接材料的生产、购销 | 38.1% |
| 上海宝昀轻质材料科技有限公司 | 中国（上海）自由贸易试验区富特北路500号1栋1层124室 | 1 000万元 | 金属材料、碳纤维材料及其制品的加工工艺及装备的技术开发、技术转让、技术服务、技术咨询；金属材料、碳纤维材料及其制品、装备的销售，从事货物及技术的进出口业务 | 35% |
| 宝钢金属制品工业（香港）有限公司 | 中国香港湾仔骆克道193号东超商业中心2103室（RM 2103 TUNG CHIU COMM CTR 193 LOCKHART RD WAN CHAI HK） | 3 371.5万美元 | 融资、投资、咨询、贸易 | 100% |

（续　表）

| 公司名称 | 地　址 | 注册资金 | 主要经营范围 | 股权情况 |
|---|---|---|---|---|
| 上海宝武杰富意清洁铁粉有限公司 | 上海市宝山区蕰川路3962号 | 6 540万元 | 无偏析预混合铁粉生产、销售，金属材料科技领域内的技术开发、技术服务、技术咨询，从事货物及技术的进出口业务 | 宝钢金属50%，日本JFE钢铁株式会社50% |
| 宝航环境修复有限公司 | 北京市顺义区高丽营镇金马园一街21号 | 5 000万元 | 环境修复的设计、咨询、技术服务，环境污染防治技术及工程，施工总承包，专业承包，接受委托提供环境污染治理设施运营，技术进出口、货物进出口、代理进出口，销售环境修复设备、设施、化学制剂（不含危险化学品及一类易制毒化学品） | 44% |
| 江苏宝京汽车部件有限公司 | 江苏省镇江市京口工业园区金鼎路33号 | 5 000万元 | 汽车轴管及其他部件的设计、生产，技术服务，自营和代理各类商品及技术的进出口业务 | 42% |
| 苏州启明融信股权投资合伙企业 | 江苏省苏州工业园区苏虹东路183号东沙湖股权投资中心14栋203室 | 12.47亿元 | 从事非证券股权投资活动及相关咨询业务 | 2.41% |
| 宝马尔科汽车零部件公司（BAOMARC AUTOMOTIVE SOLUTIONS SPA） | 意大利都灵省维诺沃市皮埃蒙特大道0/9号 | 2 166.67万欧元 | 生产汽车零部件，设计和生产与其相关的制造工具，综合分析、设计和生产各种工业所需的相关设备、机械、零部件和器械 | 75% |
| 武汉钢铁江北集团冷弯型钢有限公司 | 湖北省武汉市阳逻经济开发区滨江大道特1号 | 9 538.52万元 | 薄板、焊接钢管、冷弯型钢、带钢、无缝钢管、拉丝加工、生产、销售，金属结构、建筑用小五金制品、金属门窗及栏栅加工，冶金设备修造，自营和代理各类商品及技术进出口业务（国家限定公司经营和禁止进出口的商品和技术除外），商业用房租赁 | 100% |
| 武汉钢铁江北集团金属制品有限公司 | 湖北省武汉市阳逻经济开发区滨江大道特1号 | 1.2亿元 | 金属丝绳及制品的制造，机械、金属制品加工，电机电器修理；货物进出口（不含国家禁止或限制进出口的货物）；仓储服务（不含化学危险品） | 100% |
| 宝武轻材（武汉）有限公司 | 湖北省武汉市阳逻经济开发区西港区滨江大道特1号第1栋第1层 | 5亿元 | 金属制品、金属材料、汽车配件、机械设备制造、批发兼零售，货物或技术进出口 | 100% |

（张　津）

# 宝武炭材料科技有限公司

宝武炭材料科技有限公司（简称宝武炭材）的前身是上海宝山钢铁总厂化工厂，1990年12月改制为化工公司；1996年12月，更名为上海宝钢化工有限公司；2005年5月进入宝钢股份，组建宝钢股份化工分公司；2007年9月，恢复为上海宝钢化工有限公司（简称宝钢化工）；2018年9月，更名为宝武炭材料科技有限公司，为宝钢股份的全资子公司，由中国宝武直接管理。注册资本金21.1亿元。宝武炭材拥有宝山直属厂部及梅山分公司、苏州宝化炭黑有限公司（简称苏州宝化）、乌海宝化万辰煤化工有限责任公司（简称宝化万辰）、宝钢化工湛江有限公司（简称宝化湛江）、武汉聚焦精化工有限责任公司、四川达兴宝化化工有限公司、宝钢化工（张家港保税区）国际贸易有限公司（简称宝化国际）、上海欧冶化工宝电子商务有限公司（简称化工宝）、上海宝汇环境科技有限公司（简称宝汇环境）等生产基地和子公司，以及东南亚代表处等机构。

宝武炭材具有年115万吨焦油加工能力、35万吨粗苯加工能力、24万吨炭黑生产能力。焦油加工能力排名国内前列，具有发展成为世界级煤化工企业的规模优势。纯苯特号、精萘产品多次获"上海市优质产品""国家优质产品"称号，连续多年获上海市、全国"用户满意产品"称号，并获评"上海市名牌产品"；苏州宝化"宝马牌"炭黑获评"江苏省名牌产品"。主要产品有针状焦、沥青焦、苯类、萘类、酚类、喹啉类、油类、古马隆、硫酸铵、咔唑、炭黑系列产品等50余种，广泛应用于电极、建筑、医药、农药、塑料、轮胎、染料等领域。2017年，中国宝武将宝武炭材定位于"一基五元"之一，从冶金煤化工到新型炭材料的转型发展，稳步构建石墨材料、碳纤维材料和聚酯材料等新型炭材料产业链，打造具有核心竞争力和品牌影响力的一流企业，致力于成为中国新型炭材料行业的领先者。2018年，宝武炭材对武汉聚焦精化工有限责任公司整体托管、武汉平煤武钢联合焦化有限责任公司的苯加氢和废水处理装置进行委托管理，完成职能体系对接和管理覆盖。

2018年，宝武炭材完成焦油处理量96.3万吨、粗苯22.9万吨、炭黑20.4万吨，实现销售收入67亿元，利润4.5亿元。年底，在册员工1 340人，在岗员工1 266人。武汉聚焦精化工有限责任公司年处理焦油22.9万吨，生产改质沥青3.65万吨，销售化工产品41.25万吨，实现销售收入12.79亿元，扭亏为盈。苏州宝化获评国家高新技术企业。东南亚代表处获"上海市巾帼文明岗"称号。宝武炭材员工李峰、徐新华获上海市五一劳动奖章，徐新华获"上海市技术能手"称号，徐新华创新工作室获评"上海市职工技师创新工作室"。宝武炭材员工获第十届国际发明展览会银奖1项、铜奖2项。 （陆　路）

【企业负责人简介】 林秀贞（女），1964年12月生，福建福州人，中共党员，高级工程师，宝武炭材党委书记、董事长。

徐同建，1965年9月生，江苏淮安人，中共党员，高级政工师，宝武炭材总经理、党委副书记。 （陆　路）

【三届五次董事会第五次临时会议】 1月29日，宝钢化工召开第三届五次董事会第五次临时会议，审议通过《解聘上海宝钢化工有限公司副总经理》等议案。（陆　路）

【三届五次董事会第六次临时会议】 2月24日，宝钢化工召开第三届五次董事会第六次临时会议，审议通过《公司组织机构优化调整方案》等议案。 （陆　路）

【三届六次董事会议】 4月13日，宝钢化工召开第三届六次董事会议，审议通过《宝钢化工2017年度董事会工作报告》《宝钢化工2017年度利润分配方案》《宝钢化工2018年度预算与经营计划》等11项议案。 （陆　路）

【三届六次董事会第一次临时会议】 7月12日，宝钢化工召开第三届六次董事会第一次临时会议，审议通过《宝钢化工2017年度财务决算报告》《宝钢化工2018年度固定资产投资计划》等4项议案。 （陆　路）

【三届七次董事会议】 8月8日，宝钢化工召开第三届七次董事会议，审议通过《投资设立宝方炭材料科技有限公司》等4项议案。 （陆　路）

【三届七次董事会第一次临时会议】 8月16日，宝钢化工召开第三届七次董事会第一次临时会议，审议通过《上海宝钢化工有限公司章程修订方案》等议案。（陆　路）

【三届七次董事会第二次临时会议】 9月3日，宝钢化工召开第三届第七次董事会第二次临时会议，审议通过《聘解上海宝钢化工有限公司副总经理》等议案。（陆 路）

【环境经营】 2018年，宝武炭材实施酚氰废水深度回用工程技术升级改造项目、化产尾气集中焚烧项目、泄漏检测与修复（LDAR检测）等多项环保治理项目，进一步降低环保风险。化学需氧量排放量214.19吨，同比下降0.43吨。A、B类环境事件为零，环保问责计分为零，万元产值综合能耗2.17吨标准煤。 （陆 路）

【提升劳动效率】 2018年，宝武炭材减少在岗人员124人，人事效率提升9.56%。优化组织机构，试行公司直管作业区模式。机关和直属厂部的部门数量由17个减少至13个，各分（子）公司职能和机构相应精简。 （陆 路）

【炭材料项目】 2018年，宝武炭材明确了石墨电极、负极材料、炭纤维3条主要发展路径，各个规划项目有序推进。8月，宝武炭材与方大炭素新材料科技有限公司合资成立宝方炭材料科技有限公司，10万吨超高功率石墨电极项目有序推进；11月，与内蒙古乌海市政府签订投资保障协议，乌海5万吨针状焦项目进展有序；开始搭建碳纤维研发中试平台；与多家企业开展负极材料项目交流。 （陆 路）

【智慧制造】 2018年，宝武炭材实施的智慧制造项目有：宝山苯加氢装置现场操作人员安全定位监控

项目，码头长距离管线无人巡检项目，焦油槽区、苯加氢槽区智能巡检监控检测一体化项目，水处理集中控制项目等。宝山新型炭材料项目获评工业和信息化部"2018年智能制造综合标准化与新模式应用项目"，工控安全感知系统入选工业和信息化部"2018年制造业与互联网融合发展试点示范项目"。 （陆 路）

【宝武炭材大事纪要】

1月1日，宝钢化工正式对武汉聚焦精化工有限责任公司实施整体托管。

2月1日，宝钢化工煤精业务资产划转至宝钢股份。

3月15日，宝钢化工与武汉科技大学合作，成立中国宝武·武汉科技大学炭材料联合工程研究中心。

5月20日，位于内蒙古乌海市的中国宝武炭材料产业园特种沥青·碳纤维项目举行开工奠基仪式。

6月19日，宝山新型炭材料项目获评工业和信息化部"2018年智能制造综合标准化与新模式应用项目"。

8月15日，宝钢化工获"2018年中国石油和化工企业500强"称号，位列第168名。

8月20日，宝钢化工与方大炭素新材料科技有限公司合资成立宝方炭材料科技有限公司。

8月31日，工控安全感知系统入选工业和信息化部"2018年制造业与互联网融合发展试点示范项目"。

9月25日，宝钢化工更名为宝武炭材料科技有限公司。

11月26日，内蒙古自治区乌海市人民政府与宝武炭材在宝武大厦签订《中国宝武炭材料产业园项目投资保障协议》。

12月，上海宝汇环境科技有限公司首套焦化废水处理零排放示范工程在宝钢股份四号焦炉废水处理区域建成，并开始热负荷试车。 （陆 路）

2018年11月26日，内蒙古乌海市人民政府与宝武炭材签订《中国宝武炭材料产业园项目投资保障协议》
（张 勇摄）

## 宝武炭材下属子公司（含托管）一览表

| 公司名称 | 注册资本 | 主要经营范围 | 持股比例 | 在岗员工（人） |
|---|---|---|---|---|
| 苏州宝化炭黑有限公司 | 3.95亿元 | 生产销售炭黑；销售轮胎及橡胶制品、黑色金属、有色金属、化工油脂、脱硫石膏化产品（不含危化品）、汽车（不含小轿车）、五金机电、仪器仪表、电线电缆，并提供相关技术及咨询服务；经营本企业自产产品及技术的出口业务；经营本企业生产、科研所需的原辅材料、仪器仪表、机械设备、零配件及技术的进口业务；经营进料加工和"三来一补"业务，外供蒸汽、生产销售苗木；自备机组上网供电 | 宝武炭材占60%，苏州创元占18.18%，苏州爱能吉占17.82%，高新区国有资产经营公司占4% | 272 |
| 宝钢化工（张家港保税区）国际贸易有限公司 | 3000万元 | 危险化学品批发；自营和代理各类商品的进出口业务，煤炭、金属材料、钢材、炉料、化工产品（危险化学品除外）的批发，与贸易有关的咨询服务业务，货物运输代理，沥青（危险化学品除外）、燃料油的批发 | 100% | 6 |
| 上海欧冶化工宝电子商务有限公司 | 1487.1212万元 | 电子商务，客户关系管理及中介服务，网站建设服务，设计、制作、代理、发布各类广告，商务信息咨询服务，计算机系统集成，在计算机专业领域内从事技术开发、技术转让、技术咨询、技术服务，化工原料及产品批兼零、代购代销，投资管理 | 宝武炭材占65.03%，欧冶云商占14.79%，武汉焦耐、鞍钢股份各占10.09% | 5 |
| 四川达兴宝化化工有限公司 | 5000万元 | 批发：煤焦油、粗苯、苯、化肥，生产、销售：煤焦沥青、萘、杂酚、石脑油、蒽、洗油、化工产品（不含危险化学品），经营本企业自产产品的出口业务和本企业所需的机械设备、零配件、原辅材料的进出口业务，商务信息咨询服务 | 宝武炭材占45%，达兴能源占55% | 56 |
| 乌海宝化万辰煤化工有限责任公司 | 2亿元 | 生产销售：洗油、蒽油、煤焦沥青、粗酚、萘；批发：焦油、粗苯、沥青、蒽油、工业萘。一般经营项目：碳材料及相关产品，化工原料及产品（不含危险化学品）的采购、销售，化学工业专业和环保专业领域内的技术开发、技术转让、技术咨询、技术服务 | 宝武炭材占51%，黄河集团占49% | 93 |
| 宝钢化工湛江有限公司 | 2.9亿元 | 化工原料及产品（含炭黑）的采购、销售（除危化学品），危险化学品生产，化学工业专业领域内的技术开发、技术转让、技术咨询、技术服务、货物进出口、技术进出口、工业废水处理等 | 100% | 102 |
| 上海宝汇环境科技有限公司 | 1000万元 | 环境保护设施的投资、咨询、设计、施工、运行、维护，从事水处理、土壤修复、废气治理和固体废弃物治理领域内的技术开发、技术转让、技术咨询、技术服务，环境保护设备和相关化学品的研发、制造、销售、技术服务，从事货物及技术的进出口业务，仓储 | 宝武炭材占51%，上海洗霸占49% | 5 |
| 宝方炭材料科技有限公司 | 13亿元 | 石墨、炭素新材料及副产品的研制、科技研发、技术推广、生产加工、批发零售，土地、房屋、厂房、设备的租赁，钢材、建材、有色金属、化工产品（危险品、爆炸品除外）及耐火材料销售，经营进料加工和"三来一补"业务 | 宝武炭材占51%，方大炭素占49% | 26 |

（续　表）

| 公司名称 | 注册资本 | 主要经营范围 | 持股比例 | 在岗员工（人） |
|---|---|---|---|---|
| 宝化炭黑（达州）有限公司 | 4 000万元 | 生产、销售：炭黑；销售：轮胎及橡胶制品、黑色金属、化工油脂、炭黑尾气、外供蒸汽；商务信息咨询服务；从事货物和技术进出口业务 | 苏州宝化占55%，达兴能源占45% | 34 |
| 武汉聚焦精化工有限责任公司（由宝武炭材托管） | 5 000万元 | 生产：苯酚1 651吨/年、邻甲酚430吨/年、焦化萘（工业萘）47 484吨/年、粗蒽9 973吨/年、煤沥青15万吨/年，易燃液体、易燃固体、自燃物品和遇湿易燃物品、毒害品、腐蚀品，易制毒化学品：甲苯。经营易制爆化学品：硫黄 | 武汉平煤武钢联合焦化有限责任公司占100% | 204 |

（陆　路）

## 武汉钢铁集团耐火材料有限责任公司

武汉钢铁集团耐火材料有限责任公司（简称武汉耐材）的前身为1957年伴随武钢兴建应运而生的武钢耐火材料厂，位于武汉市东郊，占地面积32.6万平方米。1993年5月28日更名为武钢耐火材料公司，1998年7月31日更名为武汉钢铁集团耐火材料有限责任公司。2018年4月1日，武汉耐材管理关系调整，由武钢集团委托中国宝武直接管理，业务对口钢铁业发展中心。

武汉耐材是国内主要的钢铁行业用耐火材料研发、设计及生产制造基地，拥有武钢有限、鄂城钢铁、新余钢厂、三明钢厂、宁波钢铁等十多家国内外钢厂和项目的耐火材料总包或代理权。2018年，实现营业收入15.7亿元，利润4 672万元。资产负债率降到70%以下。年底，在册员工1 173人，在岗员工792人。（陈永飞）

【企业负责人简介】　李军，1969年3月出生，湖北武汉人，中共党员，高级经济师，武汉耐材执行董事、总裁、党委副书记。　（陈永飞）

【市场拓展】　2018年，武汉耐材通过调整产品结构，增加产品品种，拓展内外部市场，产量较2017年增加7.2%。年内，积极参与武钢有限炼钢厂及条材厂钢包、铁包招标工作，新增钢包总包业务，实现武钢有限四炼钢全流程总包，市场份额由49.2%增至71.1%。全年，国内市场增收1 170万元，国际市场在印度签订2套转炉及30套钢包合同。　（陈永飞）

【治僵脱困】　2018年，武汉耐材通过武钢有限回款、创利增收、"两金"压降及武钢集团债转投等多项经营性改善举措，将86.5%资产负债率下降至68.3%，完成国务院国资委对特困企业资产负债率必须降到70%以下的脱困刚性指标，实现脱困。同时，完成武汉市武耐高新材料开发有限责任公司和武汉武钢协丰永磁材料有限公司压减工作。　（陈永飞）

【提质增效】　2018年，武汉耐材对标维苏威合资公司，梳理产品技术方案和作业标准，改进模具工艺，砖制品生产线实现降成本的同时，自产率由38%上升至51%，并实现盈利。通过成立质量督导专班，推广质量精益管理方法及统计工具，加大对质量问题曝光及巡查力度，将生产类用户的质量抱怨纳入绩效考核。盘活库存，加大再生资源的循环利用力度，开辟"外销"模式，实现增收。探索仓储管理由"代保管"变为有偿服务模式。

（陈永飞）

【企业管理】　2018年，武汉耐材对管理归口和流程进行全面梳理，修订新增制度48个，优化流程200余个，72项管理职能与集团公司专人对接。推进机构改革，形成以制造分公司为核心的制造板块，以武钢有限总包事业部、销售公司、炮泥事业部为主体的市场运营板块，以各部门、中心为支撑的保障支持板块。各单元以下设室、作业区的方式对业务模块进行集成管理。选聘9名40岁以下管理层人员，精简在岗人员85人。初步构建适合武汉耐材经营及发展的方针，以战略规划为龙头，以商业计划、管理报告、绩效审核为过程控制手段，以绩效激励为驱动的战略执行体系。

（陈永飞）

【安全环保】 2018年，武汉耐材成立安全督查小组，加大对现场隐患，尤其是重大生产安全事故隐患排查治理、煤气专项治理、出租场所专项整治、假冒特种作业操作证专项治理、危险源点、危险作业管理及建设工程隐患的排查治理力度，治理工作整改率达100%。深化员工风险描述活动，参与人数达952人，查找岗位安全风险19 500条；基层班组通过成立安全自主管理小组，立项攻关45项，立查立改1 584条。配合和参与湖北省、武汉市政府部门的环评工作，对北湖区域进行现状评估和环境监测，并纳入武汉市青山区环保局日常管理；对湖北省环保厅在环保驻点执法督察过程中发现的问题，严格按照武汉市环保局要求进行整改。通过安全环保专题会、安全委员会、公司内网、微信群、全员安全环保培训等多种渠道进行宣传，营造良好的环保工作氛围，全年无环境污染事件和环境投诉事件，固体废弃物、危险废弃物合规处置率达100%。

（陈永飞）

【凝聚力工程】 2018年，武汉耐材以"团队争先、岗位创优"为主题组织开展3个层次39项劳动竞赛，形成"人人肩上有指标、千斤重担人人挑"的全员参与劳动竞赛氛围。通过"建平台、设展台、搭舞台"，以职工创新工作室为平台，开展全员自主创新活动；以"铸匠心、提技能"职工技术运动会为舞台，开展8个公司级比赛项目。为基层班组配备18台微波炉，为员工澡堂配置防风浴帘；为41名因病住院的员工发放补贴28 500元，为15名困难员工子女发放助学金2.6万元；开展困难党员、老党员走访慰问和"心系职工情，温暖进万家"送温暖活动，走访慰问困难党员46人、困难员工396户，对7名生活特别贫困的员工家庭实行公司领导结对帮扶。丰富员工业余文化生活，定期组织开展员工喜闻乐见的文体活动。年内，武汉耐材获"2016年度武汉市模范和谐企业"称号。

（陈永飞）

【武汉耐材大事纪要】

1月，武汉耐材获"2016年度武汉市模范和谐企业"称号。

2月11日，武汉耐材召开2018年度工作会暨十二届八次职工代表大会。

4月1日，武汉耐材管理关系调整，由武钢集团委托中国宝武直接管理，业务对口钢铁业发展中心。

5月3日，武汉耐材员工黄洋获"武汉市劳动模范"称号。

5月7日，武汉耐材成立党委巡察工作组，启动内部首轮巡察工作。

8月7日，中国宝武党委巡视组进驻武汉耐材开展巡视工作。

10月25日，武汉耐材与武汉科技大学就共建陶瓷新材料联合工程研究中心举行签字仪式。

（陈永飞）

编辑：金 荣

11

贸易物流业

# 贸易物流业

## 宝钢资源（国际）有限公司

2006年7月21日，宝钢资源有限公司的前身——宝钢贸易有限公司成立，为宝钢集团的全资子公司。2008年4月8日，宝钢贸易有限公司更名为宝钢资源有限公司。2010年12月21日，宝钢资源（国际）有限公司在香港揭牌。2015年3月6日，宝钢集团明确宝钢资源（国际）有限公司（简称宝钢资源）为公司总部，与宝钢资源有限公司实行境内外一体化运作。2017年12月宝武联合重组后，成为中国宝武的全资子公司。

2010年7月，宝钢资源南非有限公司成立。2011年1月，宝钢资源印度尼西亚公司成立。同年12月，宝钢资源澳洲有限公司成立。2012年7月，宝钢资源新加坡有限公司成立。同年11月，宝豫利比里亚有限公司成立。至此，宝钢资源形成在澳洲、非洲、美洲、东南亚等全球资源产地网络布局雏形。2018年7月，宝钢资源受委托管理浙江舟山武港码头有限公司；12月，受委托管理武钢资源集团有限公司持有和管理的境外资产。

宝钢资源主要从事矿产资源的投资、贸易及物流服务，依托钢铁生态圈倾力打造面向钢铁及其他工业领域的资源投资与贸易，以及综合物流配送服务平台。宝钢资源着眼于矿产资源的全球化配置，致力于为客户提供优质产品和增值服务，追求矿石、煤炭、合金、有色金属、金属再生资源和航运物流等业务的跨越式发展和国际化的合作共赢。

宝钢资源下设资源开发单元、资源贸易单元（包括矿石、煤炭、合金、金属、金属再生资源等贸易业务）和物流业务单元等；拥有宝钢澳大利亚矿业有限公司、上海宝钢航运有限公司等多家境内外子公司。2018年底，在册员工759人，在岗员工754人。

2018年，宝钢资源完成工业总产值（现价）373.82亿元，销售量5 581.67万吨；实现主营业务收入360.89亿元，利润5.72亿元；资产总额300.16亿元。　　（须筱英）

213

【企业负责人简介】 张典波，1962年4月生，山东掖县人，中共党员，高级工程师，宝钢资源（国际）有限公司党委书记，宝钢资源（国际）有限公司、宝钢资源有限公司董事长。

胡玉良，1973年5月生，湖北黄冈人，中共党员，高级工程师，宝钢资源（国际）有限公司、宝钢资源有限公司总经理，宝钢资源（国际）有限公司党委副书记。 （须筱英）

【贸易业务】 2018年，宝钢资源的矿石贸易：获澳大利亚球团稳定的供应渠道，开发四川省川威钢铁集团有限公司、武钢资源集团鄂州球团有限公司等稳定渠道，主流团队紧盯市场，踩准出货节奏，超额完成利润目标。煤炭贸易：俄罗斯煤由单一品种（K10）扩展至K10瘦焦煤、K4肥煤、GJ三分之一焦煤、俄罗斯喷吹煤和肥煤等多个品种，供应商由1家发展到4家。合金贸易：锰矿销售规模超过100万吨，进口量排名稳居国内贸易商前两名，继续稳固与澳大利亚南方32（South32）公司、埃赫曼康密劳（上海）等贸易有限公司的战略合作，打造下游渠道"战略客户＋重要客户＋成长客户"三级

梯队。金属贸易：开拓新能源业务，销售新能源镍豆663吨，开展锂辉石、锂精矿代理业务，以及铝锭、镍、锌锭的期现结合业务。金属再生资源：调整内部运营管理机制，组建以区域责任制为主的矩阵小组，加强各重点区域战略用户渠道的维护与拓展，推进废钢协作堆场网络建设，提高资源控制能力。 （须筱英）

【平台经济业务】 3月25日，上海矿石国际交易中心有限公司与西本新干线股份有限公司及上海场外大宗衍生品协会签署合作协议，共同研发中国（上海）自由贸易试验区进口铁矿石价格指数（FTZ指数）；年内，推进会员拓展及交易量提升工作，平台产业链会员数超过150家。上海欧冶资源电子商务有限公司实现营业收入17.74亿元、利润总额123万元，完成"扭亏增盈"任务。 （须筱英）

【重点项目推进】 澳大利亚伊格尔唐斯（Eagle Downs）项目：2018年，宝钢资源把澳大利亚伊格尔唐斯（Eagle Downs）项目作为公司战略项目，9月完成与巴西

淡水河谷公司以及澳大利亚南方32（South32）公司的股权转让交割，确定管理委员会代表人员，并于10月30日与澳大利亚南方32（South32）公司召开第一次管理委员会会议。宝瑞吉合资项目：宝钢资源推进宝瑞吉合资项目合资延期谈判，解决东坡生产延期与西坡开发的问题。8月，双方工作组确定条款清单内容，并获中国宝武同意；9月18日，签署条款清单；12月18日，中国宝武和力拓集团在宝钢资源上海总部签署合作框架协议。 （须筱英）

【资产处置】 2018年，宝钢资源完成压减法人11家，获中国宝武"治压工作优秀奖"。对下属部分参股公司进行梳理：淮北矿业控股股份有限公司在上海证券交易所挂牌上市，印度宝威公司股权置换为威泽钢铁有限公司股权，山西煤销集团新工煤业有限公司股权转让，澳大利亚伊格尔唐斯（Eagle Downs）项目股权转让，上海启欣机动车服务有限公司股权转让，山西霍宝干河煤矿有限公司产能置换，江西永盛矿冶股份有限公司账实案存，梳理贵州格目底矿业有限公司合资项目并启动项目退出及仲裁工作。 （须筱英）

【探索转型发展】 2018年，宝钢资源探索大宗原燃料供应链配送服务，向产业链进一步延伸。尝试实行重庆钢铁集团一票结算制配送业务、鄂城钢铁货款结算配送业务，通过不同模式，实践一站式配送服务运行方式，为打通配送业务链积累经验。7月起，宝钢资源托管浙江舟山武港码头有限公司，协同宝钢股份采购中心联合揽货，

2018年12月18日，中国宝武和力拓集团签署《宝瑞吉项目合作框架协议》（施　琮　摄）

加大吞吐量，通过统一排港、优化库存、协同保供、统一揽货、共同谋划、差别定价等措施，破除舟山武港码头有限公司堆场瓶颈，释放接卸能力，确保年吞吐量达到3万吨。　　　　　（须筱英）

【提升人事效率】　2018年，宝钢资源较上年精简人员9%，人均利润增长33%。通过工作流程梳理、问卷调查、工作访谈与观察、数据分析等方法，建立岗位素质能力模型和岗位定员策略，推动后台服务单元流程优化和人事效率提升；通过规范人员劳动关系、平稳切换薪酬福利、协调人员过渡期保障机制等，确保整合、融合工作顺行，托管单位人员平稳过渡；在合同管理单元、财务共享中心试点开展岗位定员及人员配置后评估工作。（须筱英）

【财务管理】　2018年，宝钢资源分别在7月、9月两次调整年初制定的汇率管理策略。推进5年期股权并购贷款，调整融资结构，缓解公司资金压力。以上海宝易贸易有限公司股权转让为契机，借入中长期贷款，调整宝钢资源总体负债结构和融资主体，缓解宝钢资源资金周转压力。　　　　　（须筱英）

【法律事务】　2018年，宝钢资源法律事务部门为宝瑞吉合资项目延期、公司"瘦身健体"与扭亏增盈、资产处置等公司级重点项目提供有效的法律支持；处理诉讼纠纷，全年挽回（降低）损失1.8亿元。
（须筱英）

【宝钢资源大事纪要】
　　1月2日，宝钢资源移动APP（手机应用程序）待办审批板块上

2018年6月29日，中国（上海）自由贸易试验区进口铁矿石价格指数在上海发布
（致　远　摄）

线试运行。
　　3月25日，上海矿石国际交易中心有限公司与西本新干线股份有限公司及上海场外大宗商品衍生品协会举行中国（上海）自由贸易试验区进口铁矿石价格指数（FTZ指数）战略合作洽谈会，并签署合作协议。
　　3月27日，宝钢资源控股（上海）有限公司获上海市商务委员会颁发的上海市第二批贸易型总部企业证书。
　　5月28日，宝钢资源与澳大利亚南方32（South32）公司在澳大利亚珀斯签约。南方32（South32）公司替代巴西淡水河谷公司成为宝钢资源在澳大利亚昆士兰鲍温盆地伊格尔唐斯（Eagle Downs）焦煤项目的合作开发方。
　　6月29日，中国（上海）自由贸易试验区进口铁矿石价格指数（FTZ指数）在上海发布。上海矿石国际交易中心有限公司、西本新干线股份有限公司、上海场外大宗商品衍生品协会在会上签约。

　　7月10日，宝钢资源与武汉钢铁集团物流有限公司在宝武大厦签订浙江舟山武港码头有限公司托管协议，武汉钢铁集团物流有限公司委托宝钢资源控股（上海）有限公司管理浙江舟山武港码头有限公司。
　　8月29日，宝钢资源与山东润峰集团签署战略合作协议。
　　8月30日，宝钢资源与澳大利亚塞米克矿业（Semic Mining）公司在宝钢资源香港总部签订2019年度铁矿石供货协议。
　　9月18日，宝钢资源和瑞吉采矿公司、瑞吉管理公司、哈默斯利铁矿有限公司在大连签订《关于宝瑞吉项目东坡延期和西坡建设的条款清单》。
　　10月18日，宝钢资源参股的淮北矿业控股股份有限公司经重组更名，正式在上海证券交易所挂牌上市。简称"淮北矿业"，股票代码600985。
　　11月7日，宝钢资源在首届中国国际进口博览会上与俄罗斯、瑞

士的两家煤炭公司分别签订2019年度战略合作协议，与菲律宾铂族金属公司的镍矿合同也在本次进口博览会中报备签署。

11月8日，上海欧冶资源电子商务有限公司被中国忠旺控股有限公司、东岭集团股份有限公司评为"优秀电商服务平台"。

11月12日，宝钢资源与哈萨克斯坦铁米尔套钢铁公司开展商务交流。

11月19日，宝钢资源与中信泰富特钢集团下属江阴兴澄特种钢铁有限公司在江苏江阴开展业务交流，对2019年度煤炭、合金方面的供应量达成共识。

12月14日，宝钢资源在宝钢资源大厦与到访的南非阿泰诺（Aeterno）公司开展商务交流。

同日，宝钢资源与日本三井物产株式会社在上海进行交流。

12月18日，中国宝武和力拓集团在宝钢资源上海总部签署宝瑞吉项目合作框架协议，双方一致同意延长宝瑞吉合资项目期限，进一步深化战略合作关系。

12月21日，武钢资源集团有限公司境外资产委托宝钢资源管理的协议签约仪式在宝武大厦举行。

（须筱英 何小璇）

## 宝钢资源下属子公司一览表

| 公司名称 | 地 址 | 注册资本金 | 主要经营范围 | 持股比例 | 在岗员工(人) |
|---|---|---|---|---|---|
| 宝钢资源控股（上海）有限公司 | 上海市虹口区东大名路568号 | 200 000万元 | 从事货物及技术的进出口业务,道路货物运输代理,船舶代理,煤炭经营,实业投资,第三方物流业务,电子商务 | 100% | 246 |
| 上海宝易贸易有限公司 | 上海市虹口区东大名路568号 | 10 000万元 | 从事货物及技术的进出口业务,国内贸易,道路货物运输代理,实业投资,第三方物流服务(不得从事运输),自有房屋租赁 | 100% | 0 |
| 上海宝钢航运有限公司 | 上海市虹口区东大名路568号 | 39 700万元 | 航运业务咨询、仓储服务 | 100% | 29 |
| 上海宝钢钢铁资源有限公司 | 上海市宝山区铁山路6号 | 3 600万元 | 生产性废旧金属收购、储运、加工、销售 | 100% | 0 |
| 江苏宝锡炉料加工有限公司 | 江苏省无锡市锡山区锡北镇工业园泾瑞路3号 | 2 000万元 | 炉料加工、钢板卷板开平、剪割、冷却 | 100% | 0 |
| 浙江宝嘉炉料加工有限公司 | 浙江省嘉兴市嘉善县陶庄镇工业园区 | 1 000万元 | 炉料加工、钢板卷板开平、剪割、冷却 | 100% | 0 |
| 宝钢资源澳大利亚有限公司 | 澳大利亚西澳州珀斯市圣乔治大街77号21层（Level 20,77st.GeorgesTerrace,Perth,WA Australia） | 15 700万美元 | 矿产资源开发 | 100% | 14 |
| 宝钢资源新加坡有限公司 | 新加坡淡马锡林荫大道7号新达城第一大厦27楼2701A | 3 000万美元 | 从事铁矿、煤炭等矿产资源贸易业务 | 100% | 6 |
| 宝钢资源南非有限公司 | 南非约翰内斯堡桑顿格雷斯通路95号2楼（2nd Floor,95 Grayston Drive,Sandton,Johannesburg South Africa） | 1 000万美元 | 锰、铬等矿产资源投资、勘探、开发、生产及相关产品国内、国际贸易业务及物流业务等 | 100% | 5 |

（续　表）

| 公司名称 | 地　　　址 | 注册资本金 | 主要经营范围 | 持股比例 | 在岗员工（人） |
|---|---|---|---|---|---|
| 宝豫利比里亚有限公司 | 利比里亚　蒙罗维亚市　宾夕法尼亚　爱瓦社区　爱瓦营地（Montserrado, PAYNESVILLE CITY, ELWA COMMUNITY, ELWA COMPOUND） | 50万美元 | 矿产资源开发 | 100% | 0 |
| 宝钢BS投资有限公司（Baosteel BS Company Pte Ltd） | 新加坡淡马锡林荫大道7号新达城第一大厦27楼2701A | 0.06万元 | 西芒杜项目投资 | 100% | 0 |
| 宝钢资源（印尼）有限公司 | 印度尼西亚雅加达苏迪蔓大道28号（JI.Jend Sudirman No.28, Jakarta10210, Indonesia） | 500万美元 | 矿产品、采矿设备以及钢材产品进出口、经销, 企业管理咨询服务 | 99% | 4 |
| 阿奎拉资源投资有限公司（Aquila Resources Pty Ltd） | 澳大利亚西澳州珀斯市圣乔治大街225号14楼 | 38 176万澳元 | 矿产资源项目开发与开采 | 85% | 24 |
| 上海宝洋国际船舶代理有限公司 | 上海市宝山区高逸路105号A楼 | 500万元 | 国际船舶代理业务 | 75% | 16 |
| 苏尼特右旗宝德利矿业有限公司 | 内蒙古自治区锡林郭勒盟苏尼特右旗赛汉塔拉镇 | 28 500万元 | 萤石开采、矿产品加工、销售 | 70% | 5 |
| 宝钢南非矿业有限公司 | 南非约翰内斯堡桑顿格雷斯通路95号2楼（2nd Floor, 95 Grayston Drive, Sandton, Johannesburg South Africa） | 1 000万南非兰特 | 锰、铬、铁等矿产资源投资、勘探及相关矿产品贸易业务 | 70% | 0 |
| 安徽皖宝矿业股份有限公司 | 安徽省池州市秋浦中路11号 | 11 885万元 | 非金属矿采选业（石灰石、石膏开采） | 60% | 175 |
| 上海矿石国际交易中心有限公司 | 中国（上海）自由贸易试验区荷丹路88号3幢12层01部位 | 10 000万元 | 为铁矿石现货交易提供场所及配套服务 | 60% | 6 |
| 上海全仕宝信息技术有限公司 | 上海市虹口区东大名路568号 | 2 000万元 | 销售汽车配件 | 60% | 7 |
| 青岛宝邯运输贸易有限公司 | 山东省青岛市市南区东海西路15号英德隆大厦 | 600万元 | 公路、铁路货运代理, 货物运输信息咨询服务, 货物物资代储、批发零售；煤炭批发、船舶代理、货物运输代理 | 60% | 8 |
| 上海宝晟能源有限公司 | 上海市虹口区东大名路568号 | 1 000万元 | 煤炭、焦炭、化工产品及原料 | 51% | 5 |

（续　表）

| 公司名称 | 地　　址 | 注册资本金 | 主要经营范围 | 持股比例 | 在岗员工（人） |
|---|---|---|---|---|---|
| 上海宝顶能源有限公司 | 上海市虹口区东大名路568号 | 1 000万元 | 煤炭、焦炭、钢材、化工产品（除危险品）、建筑材料、矿产品、机械设备、货物和技术的进出口 | 51% | 4 |
| 嵊泗宝捷国际船舶代理有限公司 | 浙江省嵊泗县菜园镇海滨东路98号 | 300万元 | 中外籍国际船舶代理业务 | 51% | 22 |
| 宝船航运有限公司 | 新加坡淡马锡林荫大道7号新达城第一大厦28楼2801室 | 600万美元 | 远洋运输 | 51% | 6 |
| 香港宝豫有限公司 | 中国香港湾仔港湾道1号会议展览广场办公大楼29层2901室（Room 2901, 29th Floor, Office Tower, Convention Plaza, No.1 Harbour Road, Wanchai, Hongkong） | 300万美元 | 从事铁矿石等矿产资源贸易业务 | 50.10% | 0 |
| 宝钢澳大利亚矿业有限公司 | 澳大利亚西澳洲珀斯市圣乔治大街77号21层（Level 20, 77st. GeorgesTerrace, Perth, WA Australia） | 1 996万澳元 | 矿产资源开发 | 托管 | 0 |
| 上海欧冶资源电子商务有限公司 | 上海市虹口区东大名路568号205室 | 10 000万元 | 电子商务（不得从事增值电信、金融业务），计算机技术领域内的技术开发、技术转让、技术咨询、技术服务，从事货物及技术的进出口业务，道路货物运输代理，船舶代理，实业投资，商务咨询，货物仓储（除危险化学品）；销售金属材料，金属制品，矿产品（除专控），焦炭，煤炭经营 | 托管 | 11 |
| 浙江舟山武港码头有限公司 | 浙江省舟山市普陀区六横镇台门凉潭岛 | 89 600万元 | 为船舶提供码头设施和货物装卸、仓储，港口码头项目基础设施开发（不含建筑施工）、管理、码头开发、管理，钢材、铁矿砂销售，铁矿砂初级混匀 | 托管 | 134 |
| 宝钢香港投资有限公司 | 中国香港湾仔港湾道1号会议展览广场办公大楼29层2901室（Room 2901, 29th Floor, Office Tower, Convention Plaza, No.1 Harbour Road, Wanchai, Hongkong） | 400万港元 | 担任集团在外的投资平台，主要行使投融资活动 | 托管 | 0 |

（须筱英）

## 欧冶云商股份有限公司

欧冶云商股份有限公司(简称欧冶云商)成立于2015年2月,注册资本24亿元,是原宝钢集团整合大宗商品电子商务相关资源,以全新商业模式建立的生态型服务平台。2017年5月,实施混合所有制改革,增资至33亿元。2018年9月,成为全国供应链创新与应用试点企业。欧冶云商拥有上海钢铁交易中心有限公司(又称欧冶电商)、上海欧冶物流股份有限公司(简称欧冶物流)、上海欧冶金融信息服务股份有限公司(简称欧冶金服)、东方钢铁电子商务有限公司(简称东方钢铁)、上海欧冶采购信息科技有限责任公司(简称欧冶采购)、欧冶国际电商有限公司(简称欧冶国际)、上海欧冶材料技术有限责任公司(简称欧冶材料)等子公司。年底,在册员工927人。

2018年,欧冶云商电商平台钢材GMV(成交总额)交易量1.2亿吨,同比增长69%,其中变现量4 380万吨。同时,基于物联网、区块链、大数据征信等现代风险控制技术的应用,围绕以钢铁为核心的大宗商品全流程在线交易,拓展供应链增值服务,创新供应链服务产品,各项业务取得快速发展。

现货交易服务:继续加强与钢厂的合作,巩固平台一手资源优势,推进钢厂现货资源上欧冶云商电商平台分销,挖掘钢厂和用户端的多样化需求,推出产能预售创新模式。全年电商平台交易量1 388万吨,同比增长18%,其中钢厂产能预售成交48万吨;电商平台交

易用户8 193家,年度新增交易用户2 508家。

物流服务:欧冶云商深化物流服务能力建设,上海、天津、深圳等地13家中心库开始试运营。全年物流人均监管量6 384吨/月,同比提升40%以上,监管人数年平均134人,同比减少68人。欧冶"运帮"平台承运水运业务69万吨。"最初1公里"服务方面,欧冶云商推动钢厂产成品出厂物流平台化服务项目,为中国宝武和社会钢厂提供一站式物流解决方案。年内,完成与本钢集团有限公司(简称本钢集团)、中天钢铁集团有限公司、韶关钢铁等13家大客户的服务对接,年度服务规模超过150万吨。探索加工业务和加工厂赋能商业模式,上海精锐捷时达钢材加工有限公司5家核心加盟工厂加盟欧冶物流。

金融信息服务:推进与银行等金融机构的直接融资业务,通过设立华宝信托主动管理项目,以及与华瑞银行达成直接融资合作意向,全年银行直接融资实现金融机构授信8亿元,服务规模6.7亿元,"绿融"产品的日均融资余额由年中的3.3亿元提升至年底的4.8亿元。推进金融牌照的申请和利用,12月25日,设立欧冶融资担保有限责任公司,并以线下模式完成首单业务。

宝钢股份专属平台服务:推进宝钢慧创平台(iBaosteel)建设和运营,支撑宝钢股份构建在线连接用户、平台化联动体系内外部服务资源的"虚拟网络",与宝钢国际、宝钢股份境外公司等实体网络"虚实结合"服务用户,实现从信息化支持传统业务模式,向"互联网+"支持智慧营销模式转型。年内,宝

钢慧创平台实现交易量近4 000万吨,销售金额2 100多亿元。

"循环宝"交易服务:循环物资交易平台加强线下服务能力建设和社会业务拓展力度,全年完成交易额47亿元,同比增长34%。其中,社会用户交易额占比从上年的7%提升至14%。

工业品采购服务:欧冶采购平台完成交易额1 017亿元,同比增长68%,并实现持续盈利。推进阳光采购工作,在中国宝武实现系统互联互通,全法人覆盖率超过90%。欧冶采购通过专项平台建设、数据分析等增值服务提升用户体验,用户满意度平均89.2分。

跨境交易服务:全年完成跨境交易量178万吨。11月,泰国属地化平台上线运营,年底注册会员66个,交易量26万吨。    (郭如川)

【企业负责人简介】 赵昌旭,1965年5月生,湖北通城人,中共党员,教授级高级工程师,欧冶云商党委书记、董事长。

金文海,1965年9月生,上海人,中共党员,欧冶云商总裁、党委副书记。    (郭如川)

【供应链服务产品拓展】 2018年,欧冶云商推出供应链服务新模式,并以"钢厂、仓库、运营"集中为原则推进。供应链服务通过建立钢厂准入和复评机制,合作钢厂集中至50家,并与其中20家签订年度协议。全年完成业务量756万吨。此外,供应链服务还向终端和次终端延伸,加工配送模式实现业务量8 500吨,通过工地配送模式,中标上海体育场改建项目钢筋供料业务。至年底,次终端和终端用户91家,占用户总数的18%。 (郭如川)

【供应链金融服务产品创新】 2018年，欧冶云商与银行等金融机构开展直接融资项目，设立华宝信托主动管理项目，与华瑞银行达成直接融资意向，全年与银行间直接融资实现金融机构授信8亿元，服务规模6.7亿元，"绿融"产品的日均融资余额由年中的3.3亿元提升至年底的4.8亿元。期货与现货联动销售方面，欧冶金服协同欧冶电商交易推进远期产能预售模式，重庆钢铁（集团）有限责任公司、韶关钢铁等企业在欧冶电商平台成交钢材6 000吨，并推广由贸易商参与的产能预售项目。丰富产业链金融服务手段和能力，12月25日，成立欧冶融资担保有限责任公司，并以线下模式完成首单业务，并与银行沟通授信事宜；欧冶商业保理有限责任公司完成增资流程；东方付通信息技术有限公司除服务欧冶云商内部需求外，对外开拓市场，全年签约中国化工集团有限公司等7家电商平台。

（郭如川）

【技术创新与新技术应用产品创新】 2018年，欧冶云商开展人工智能、物联网、大数据、区块链等技术创新与运用工作，支撑运营管理能力的提升和经营业绩的增长。欧冶云商电商平台引入微服务架构，实现结构清晰、耦合低、易扩展、支持多入口同时访问及能柔性适应业务发展的技术架构，全年系统运行有效率99.6%。年内，欧冶云商承建上海市区块链供应链金融应用示范项目，通过将区块链技术与大宗商品供应链金融相结合，以中国宝武产业链、欧冶云商生态圈为场景，研发基于区块链的全新产业链金融服务平台，为产业链全流程客户提供灵活、高效、低成本

的金融服务。8月30日，上海市区块链供应链金融服务平台一期上线，并推出新的支付结算工具——"通宝"，在欧冶云商和中国宝武生态圈进行试运行。"通宝"结算方式覆盖重庆钢铁（集团）有限责任公司、八一钢铁及欧冶云商内多家核心企业及其上游供应商，年内开展"通宝"业务18笔、开立金额1.17亿元，转让及融资次数30笔。

（郭如川）

【物流基础设施建设】 2018年，欧冶云商在关键物流节点运营方面，探索"系统切换＋社会监管"管控模式，通过属地服务分层定价，引导服务集中。年内，建设上海、天津、深圳等地13家中心库，并试运营建设，还有5家继续建设。在物联网技术应用方面，通过物联网通信技术（UWB）、现代物联网定位技术，对行车进行实时定位，并配合视频分析技术，对监管货物实行24小时远程监控，在货物发生异常移动时能够及时预警及查看，年内确定在5家监管仓库使用该技术，并建设上海欧珏供应链管理有限公司的智慧示范仓库。全年物流人均监管量6 384吨/月，较上年提升40%以上，监管人数年平均134人，较上年减少68人。黄金水道及沿海钢材产成品运输能力建设方面，开展对中国宝武各制造基地和部分外部钢厂的出厂物流业务的调研，为策划、构建中国宝武产成品智慧物流服务平台的线上、线下体系打下基础，年内托管上海梅盛运贸有限公司等专业水运服务商，有序推进水路运输业务平台化运作；"欧冶运帮"平台完成相应的功能改造，全年承运水运业务69万吨。"最初1公里"服务方面，推动

钢厂产成品出厂物流平台化服务项目，为中国宝武和社会钢厂提供一站式物流解决方案。全年完成对本钢集团、中天钢铁集团有限公司、重庆钢铁（集团）有限责任公司、韶关钢铁等13家大客户的服务对接，服务规模超过150万吨。"最后1公里"服务方面，欧冶云商提升电商平台和供应链服务对加工平台的转化率，探索加工业务和加工厂赋能商业模式，年内有上海精锐捷时达钢材加工有限公司等5家核心加盟工厂加盟欧冶云商。全年，欧冶云商物流服务规模和变现能力快速增长，欧冶物流经营业绩开始减亏，"欧冶运帮"交易量2 382万吨，同比增长11%，其中变现量达708万吨；依托中心库建设和新技术手段的应用，代理仓储344万吨，监管量664万吨，提升了物流服务的盈利能力。加工服务完成交易量224万吨，其中变现量55万吨。

（郭如川）

【推进第二轮股权开放】 2018年，欧冶云商推进第二轮股权开放工作，通过资本运作，优化公司治理体系。7月，启动股权融资工作，并有序推进。年底，有10多家国内投资机构和战略投资者表达了投资意向。

（郭如川）

【整合物流】 年初，欧冶云商完成对琴台e网的整合工作，提升了在华中地区的物流服务能力。下半年，按照中国宝武产成品智慧物流服务体系建设规划，推进对上海梅盛运贸有限公司、上海宝通运输实业有限公司、武汉钢铁集团物流有限公司、宝钢物流（江苏）有限公司的整合融合工作，分别与4家物流企业签署托管协议，相关业务纳入

欧冶云商管理体系，并继续推进后续的资产收购工作。　（郭如川）

**【开展互联网营销】** 2018年，欧冶云商推广客户关系管理系统（CRM）等互联网营销工具应用，通过嵌入关键业务流程，挖掘和维护用户信息，发现更多的潜在营销机会，并向外应用推广。在数据分析支撑营销方面，欧冶云商向宝钢股份、本钢集团、马钢集团等13家重点钢厂提供月度电商交易数据分析。同时，引导各产品单元以数据驱动营销，加强数据分析及应用和过程管理的意识，优化平台的流程及页面设计，提升营销管理效率。在增值服务引流方面，全年"欧冶知钢"小程序注册用户超过2.8万人，公众号关注数近3.8万人，举办"知钢"沙龙11期。策划专项劳动竞赛及"一站到底　我是金牌销售""用户唤醒""送教上门"等一系列专题营销活动，开发新客户，提升业务规模。　（郭如川）

**【欧冶云商大事纪要】**

3月29日，"欧冶加工服务"在欧冶电商平台上线。

4月13日，中国大宗商品电商峰会公布"中国大宗商品电商百强"榜单，欧冶云商名列第三名。

4月28日，欧冶云商入选"2017年上海市品牌培育示范企业"。

5月4日，欧冶云商在青岛举办用户沟通会。

5月28日，南宁现代化加工及物流配送中心——南宁源盛城物流园区（"源盛城钢铁世界"）开业，欧冶云商与其签署战略合作协议。

5月30日，东方钢铁取得"拍卖经营批准证书"。

6月1日，本钢集团现货在欧冶电商平台上线销售。

6月2日，欧冶云商与河北敬业集团签署战略合作协议。

6月12日，欧冶采购入选上海市电子商务"双推"创新服务平台。

6月28日，在中国钢铁流通协会主办的第二次中国钢铁电商高层论坛暨2017年度中国钢铁电商评选颁奖活动上，欧冶云商被评为"2017年中国钢铁电商最具竞争力企业"。

8月18日，欧冶云商和唐山港陆钢铁有限公司签署战略合作协议。

8月23日，欧冶云商首次参加2018中国国际（重庆）智能产业博览会。

8月30日，欧冶云商建设的上海大宗商品区块链供应链金融应用示范平台上线。

9月6日，本钢集团华东中小微用户推介会在欧冶云商举行。

9月10日，欧冶国际首批货物运达埃塞俄比亚，标志着欧冶云商的国际供应链业务领域覆盖世界六大洲。

9月21日，国家商务部等8个部门公布"关于全国供应链创新与应用试点城市和企业评审结果的公示"，欧冶云商作为唯一钢铁电商入选。

9月27日，欧冶云商首家境外合资公司——泰国钢铁电子商务有限公司（I Steel Thai Company Limited）成立，泰国钢铁电商平台同步上线。标志着欧冶国际境外属地化项目跨出第一步。

9月28日，欧冶云商被第十届中国产业链与供应链金融峰会组委会授予"2018年中国钢铁电商领域领军企业奖"。

10月9日，欧冶采购获"上海市杨浦区'双创'小巨人企业"称号。

同日，欧冶材料中标"上海体育馆综合体项目"，并于10月实现首次供货。

10月12日，欧冶金服获"上海市宝山区产业互联网创新示范企业"称号。

10月18日，本钢集团下属国贸公司与欧冶云商签署2019年度合作协议。

10月25日，欧冶云商发起的板材加工分会揭牌成立。

同日，欧冶云商获2018年度

2018年5月28日，欧冶云商与南宁源盛城物流园区签署战略合作协议　（朱　静　摄）

"B2B（企业到企业的电子商务模式）+供应链金融行业领军奖"，位列B2B行业风云榜30强。

10月30日，欧冶云商与梅山公司签署《上海梅盛运贸有限公司委托管理协议》，上海梅盛运贸有限公司委托欧冶云商管理。

11月8日，欧冶材料与苏州隆兴供应链管理有限公司签署合作协议。

11月16日，欧冶云商在广东省佛山市乐从镇举办用户沟通会。

11月27日，欧冶商业保理有限责任公司增资至4亿元。

12月4日，欧冶云商与韶关钢铁签订2019年度合作框架协议。

12月12日，东方钢铁获"2018上海市软件企业核心竞争力评价（创新型）企业"称号。

同日，欧冶金服获"中华人民共和国融资性担保机构经营许可证"。

同日，欧冶云商与重庆钢铁（集团）有限责任公司签订2019年度合作意向书。

12月13日，欧冶金服当选首届中国钢铁产业区块链联盟会长单位。

12月21日，武钢集团、宝钢国际、宝钢发展分别与欧冶云商签署托管协议，委托欧冶云商管理武汉钢铁集团物流有限公司、上海宝通运输实业有限公司、宝钢物流（江苏）有限公司。

同日，第五届中国产业互联网大会公布"2018年中国B2B行业百强榜"，欧冶云商名列第三名。

12月24日，欧冶材料中标"中交二航局余杭段高架连接桥供货项目"。

12月25日，欧冶融资担保有限责任公司成立。　　（郭如川）

## 上海钢铁交易中心有限公司

上海钢铁交易中心有限公司（又称欧冶电商）是欧冶云商的钢铁B2B电子商务平台，由原宝钢集团牵头、上海市宝山区政府协助组建，2013年5月31日正式揭牌。

上海钢铁交易中心有限公司聚合了中国宝武的电子商务体系，以创新的结算交易模式为供应商和采购方提供服务，供应商的产品通过平台销售给采购方，由供应商定价和挂牌。产品的供应商可以是中国宝武，也可以是其他社会钢厂或者贸易商。上海钢铁交易中心有限公司强调第三方平台的概念，专注于为钢厂、贸易商和买家提供优质的服务，创新和优化系统功能，并依托中国宝武的营销服务网络、电子商务发展的技术能力及品牌影响力，打造新型贸易流通形态，优化行业资源配置，构建立足华东、服务全国、面向世界的国际化综合性要素市场。

2018年，上海钢铁交易中心有限公司成交1 532万吨，实现销售金额495亿元，注册客户7.8万家，供应商2 978多家，其中钢厂110家。　　（于　杰）

【本钢集团现货上线销售】　6月1日，本钢集团在欧冶电商平台成交67万吨钢材，总成交额27.8亿元。受益于资源投放量的快速增长，全年客户呈现出快速增长趋势，全年参与成交的客户有1 776家。　　（于　杰）

【鄂城钢铁产品上线销售】　8月，鄂城钢铁在欧冶电商平台销售实行"供应链服务+电商"模式，流程形成常态化。全年，鄂城钢铁现货平台成交22.58万吨，较上年成交5.56万吨提升406%；鄂城钢铁非尺螺纹钢实现在线销售；中厚板、标尺板在欧冶电商平台实现常态化交易，中厚板、螺纹钢类品种产能可以在线预售。　　（于　杰）

【产能预售业务】　2018年，欧冶电商平台重点推进产能预售业务，有17家钢厂投放资源，其中12家钢厂成交，全年成交48万吨（含宁波钢铁有限公司21万吨）。（于　杰）

【欧冶电商大事纪要】

3月29日，"欧冶加工服务"在欧冶电商平台上线。

6月1日，本钢集团现货开始在欧冶电商平台销售。

8月1日，鄂城钢铁产品开始在欧冶电商平台销售。　　（于　杰）

## 上海欧冶物流股份有限公司

上海欧冶物流股份有限公司（简称欧冶物流）于2015年2月成立，是欧冶云商的子公司。欧冶物流网（www.ouyeel56.com）是欧冶物流倾力打造的面向钢铁流通领域的专业化在线物流服务平台，业务范围包含钢铁产品物流过程中的仓储服务、运输服务、加工服务、物流交易服务、融资监管服务等。

2018年，欧冶物流成交量3 614万吨，其中变现量1 771万吨。　　（郭临川）

【建设钢铁物流服务网络】　2018年，欧冶物流形成遍布全国的钢铁物流服务网络。仓储方面，通过系统部署、监管合作、业务合作等方式整合仓储资源，建立拥有全国近2 000家钢材仓库的基础仓储网络；加工方面，有加盟加工厂287家；运输方面，合作车辆2万多辆。同时，欧冶物流坚持探索应用互联网、物流网技术，推进"互联网工厂+智慧仓库"建设，在全国建有5家核心加盟加工厂和13家中心库。

(郭临川)

【拓展外部市场】 2018年，欧冶物流以"业务+布局"双导向，推动"欧冶云仓""欧冶加工"2个物流服务平台与外部电商、物流平台对接，共享线下基础设施，做大服务量。年内，接入杭州享运、欧浦智网2家外部平台。全年完成代理仓储344万吨、监管量664万吨、加工服务交易量224万吨。 (郭临川)

【欧冶物流大事纪要】
2月28日，欧冶物流获无船承运人资质。
3月29日，"欧冶加工服务"在欧冶云商电商平台上线。
5月10日，上海欧冶物流股份有限公司召开第一次股东大会。
8月3日，宝钢股份取向硅钢半高箱运输精品物流试单成功。

(郭临川)

## 上海欧冶金融信息服务股份有限公司

上海欧冶金融信息服务股份有限公司（简称欧冶金服）于2015年2月11日注册成立，是欧冶云商的子公司。欧冶金服致力于构建领先的产业金融科技服务平台，集产业链金融、金融科技、互联网平台优势于一身，为产业链客户提供融资服务、在线支付、资产管理等专业化金融服务，打造大宗商品产业链金融服务生态圈。

2018年12月12日，欧冶金服获"中华人民共和国融资性担保机构经营许可证"
(方晓东 摄)

2018年，欧冶金服根据欧冶云商整体发展战略部署，调整组织架构和业务模式，聚焦金融科技平台建设，实现金融服务能力的有效升级。至年底，欧冶金服的融资发生额近400亿元。 (张春晖)

【业务拓展与产品创新】 2018年，欧冶金服开展直接融资工作，引入华瑞银行、华宝信托、宝钢财务公司等资金。12月25日，成立欧冶融资担保有限责任公司，并完成首单业务，为后续各项业务拓展和产品创新创造了条件。金融科技研发取得实质性进展，9月，基于区块链的大宗商品供应链金融平台上线，并推出支付结算新工具——"通宝"，为生态圈金融业务的开展创造良好载体。 (张春晖)

【欧冶金服大事纪要】
8月30日，上海大宗商品区块链供应链金融应用示范平台上线。
9月4日，上海大宗商品区块链供应链金融应用示范平台开出首单票据。
10月12日，欧冶金服获"宝山区产业互联网创新示范企业"称号。
12月12日，欧冶金服获"中华人民共和国融资性担保机构经营许可证"。
12月13日，欧冶金服当选首届中国钢铁产业区块链联盟会长单位。
12月25日，欧冶融资担保有限责任公司成立。 (张春晖)

## 东方钢铁电子商务有限公司

东方钢铁电子商务有限公司（简称东方钢铁）成立于2000年7月，是欧冶云商的子公司，是中国宝武下属专业提供电子商务服务的公司，长期从事钢铁及制造业领域B2B电子商务服务。东方钢铁依托云商务架构的制造业全程电子商务服务平台体系，为大型制造企业提供符合企业运营特点的采购、销售供应链的专属及共享电子商务应用，并陆续推出多个面向制造业的垂直型B2B公共电子商务平台，提供工业品电子交易、循环物资处置等电子商务服务，帮助企业提升电子销售、电子采购的应用绩效，支持企业在网络化经营、用户服务、供应链整合、循环物资处置以及全球营销等领域的业务需求，加速中小企业的参与和融合，共同构筑诚信、专业的制造业高端电子商务社区。

2018年，东方钢铁运营的全电商平台交易规模为2 193亿元。

（蔡　凌）

【提升宝钢慧创平台运营能力】 一是全面梳理宝钢慧创平台运营工作，构建完备的运营体系。2018年，东方钢铁完成重点用户月报改版和专题月报的制作、平台功能分析，完成商务智助、技术服务、智慧圈等用户培训推广活动。二是提升差异化服务能力。年内，完成智慧供应链8家试点用户推广，总结提炼了汽车板智慧供应链标准服务；物流服务全面覆盖武钢有限，在梅钢公司实现平台无纸化电子提单；汽车板需求现场、超高强钢零部件管理等实现全员使用该平台，质量异议、技术询单移动智联上线试运行；以汽车板为试点，实现一户一表数据自动获取并分析；开展宝钢慧创平台运营分析，并根据分析结果提出运营重点方向及功能改进提升建议；完成现货价格预测模型的设计开发和上线试用，并根据试用结果调整优化，可在平台直接下达预销售合同。三是提升同质化服务水平。通过升级宝钢慧创平台运营集控核，支持宝钢

股份现货直接销售业务和同质化产品期货销售。年内，通过平台销售宝钢股份现货200多万吨，并逐步推进武钢有限现货的覆盖；通过产能预售、精准营销等多种模式的销售探索，为宝钢股份同质化产品期货销售探索提供系统支持和运营服务。

（李亚军）

【"循环宝"业务】 2018年，东方钢铁"循环宝"业务交易总额47亿元，同比增长31%。其中，社会业务交易规模6.7亿元，同比增长151%。开发新用户，导入以钢厂为主的社会卖家21家、新卖家交易额超过1.66亿元；新引入参与买家（缴纳保证金）2 094家。保证金日均余额9 100万元。

（李亚军）

【客户关系管理系统上线运行】 1月1日，欧冶客户关系管理系统（欧冶CRM系统）上线运行。该系统由东方钢铁打造，是业内首个专注于钢铁电商垂直领域的CRM解决方案。年内，实现对欧冶电商、欧冶物流、欧冶国际、欧冶金服、欧冶采购及供应链服务、"绿融""循环宝"等主要产品线的覆盖，并结合内部用户的需求，深化应用。欧冶云商营销中心、欧冶电商等通过客户关系管理系统展现部分营销例会所需信息，部分产品线通过系统可以进行相关业务管理及统计分析等。东方钢铁对外推广客户关系管理系统应用，8月，韶关钢铁客户关系管理系统项目（第一阶段）上线并投入使用，12月完成项目整体上线，覆盖韶关钢铁营销、物流、采购体系。开发中国宝武以外用户，为其提供基于销售自动化的咨询、实施服务。

（李亚军）

【东方钢铁大事纪要】
5月30日，东方钢铁取得"拍卖经营批准证书"。

12月12日，东方钢铁被评为"2018上海市软件企业核心竞争力评价（创新型）企业"。 （蔡　凌）

## 上海欧冶采购信息科技有限公司

上海欧冶采购信息科技有限责任公司（简称欧冶采购）成立于2015年12月28日，是欧冶云商的子公司，中央企业电子商务联盟副秘书长单位和中国钢铁工业协会备件委员会秘书长单位。欧冶采购定位于专业服务企业采购的第三方平台，依托核心客户的优质供应资源，以平台为纽带连接采购组织、供应商及相关供应链服务商，提供一站式的电子采购交易市场，并配套有工业品商城、采购咨询、平台运营等全方位的采购电商支撑服务，辅助以互联网金融、大数据、供应链物流等完备的产业链支撑服务，帮助企业实现"互联网＋采购"转型升级，打造企业采购服务生态圈。

2018年，欧冶采购平台年度交易额破千亿元，有428家采购方客户使用平台。年底，注册供应商8.6万多家。 （李　嘉）

【支撑阳光采购业务】 2018年，欧冶采购对宝钢金属、宝信软件、宝钢包装、八一钢铁、武钢集团、韶关钢铁等中国宝武下属子公司落实专人，协助梳理其业务情况，组织业务推介和培训。通过系统对接，有效支撑阳光采购，第一季度，完成宝钢工程电子合同和采购执行协同的业务全流程对接；5月至8月分别完成了与武钢有限、宝钢特钢和鄂城钢铁的采购供应链系统

（PSCS）全面对接,9月至12月设计完成与武鑫国际招标代理有限公司的系统对接,形成集团公司内3家招标机构的完整对接;11月,完成与宝信软件各分(子)公司、宝钢轧辊科技有限责任公司的系统对接;12月底,协助集团公司治理部初步完成"1+N"采购管理体系的搭建。全年,集团公司内开展网上采购法人306家,业务开展率90.8%;采购规模839亿元,较上年增长约68%。　　　（徐苏建）

【开拓外部市场】 2018年,欧冶采购平台年交易量过千万吨的外部客户30家。在钢铁行业,新增重庆钢铁(集团)有限责任公司、江苏镔鑫钢铁集团有限公司、河北敬业集团等19家钢厂用户;在煤炭及资源行业,从冀中能源股份有限公司单独应用拓展到其下属20家子公司,山东能源集团重装公司、招金矿业股份有限公司签约应用欧冶采购平台。　　　　　　　（刘　立）

【扩充欧冶商城重点物料品类】 2018年,欧冶采购采取共享中国宝武等企业优质产品资源、与制造商直接谈判、对接MRO(维护、维修、运行)电商平台,引进品牌供应商,开发商城物料品种等措施,至年底,欧冶商城重点物料商品有一级类目(大类)14个、二级类目(中类)96个、三级类目(小类)800个,涉及办公劳防、包装工具、电气仪表、机械通材、化工油脂、建材五金、合金涂料、暖通耐材等重点品类,商品SKU(库存量单位)数量从25万个拓展到50多万个。 （焦　清）

【业务结算系统上线】 2018年,欧冶采购建立适用于欧冶采购主营业务的结算系统,实现业务数据与财务数据的一一匹配,与销售结算、采购结算、应收管理、应付管理数据的无缝对接。通过系统的流程控制,避免线下操作带来的不规范、易出错等问题,降低业务、财务手工数据处理工作量。 （李　剑）

【实现采购全流程贯通】 2018年,欧冶采购在欧冶采购平台原系统功能基础上新增采购计划模块、合同管理模块、电子签署支持多数字证书功能、库存管理模块,并将原本割裂的各个模块通过一定业务规则连接起来,功能实现从采购计划、寻源、合同、收发货、结算与发票的全流程贯通,欧冶采购平台具备全流程在线电子采购与执行的能力,满足不同企业、不同内部ERP(企业资源计划)系统、不同接入点的灵活接入的需求。

（楼剑江）

【欧冶采购大事纪要】

4月11日,欧冶采购4款计算机软件系统获得国家版权局颁发的计算机软件著作权登记证书。

6月2日,欧冶云商与河北敬业集团签署战略合作协议,探索智慧采购互联网生态协同,实现平台系统及资源的互联互通。

6月12日,欧冶采购入选上海市2018年电子商务"双推"平台企业。

8月18日,欧冶采购和唐山港陆钢铁有限公司签署战略合作协议,探索共建共享区域采购领域互联网生态圈。

10月12日,欧冶采购获"上海市杨浦区'双创'小巨人企业"称号,并参加2018年全国"大众创业万众创新活动周"上海分会场"双创"成果展。

12月20日,欧冶采购通过英国标准协会(BSI)的综合管理体系认证,该体系包括ISO 9001质量管理体系、ISO 14001环境管理体系、OHSAS 18001职业健康安全管理体系。 （李　嘉）

## 欧冶国际电商有限公司

欧冶国际电商有限公司(简称欧冶国际)成立于2016年3月23日,是欧冶云商全资子公司。欧冶国际致力于全球化、社会化和多元化,建设钢铁等大宗商品B2B跨境交易服务平台,以互联网技术整合全球资源,聚焦交易、物流、证代、金融四个服务领域,打造第三方国际贸易及服务O2O(线上线下电子商务)全供应链服务。同年6月,欧冶国际电商平台交易模块上线,提供国际供应链服务业务。2018年9月,泰国钢铁电商平台(iSteelthai)上线,开展海外钢铁新零售业务的探索。

2018年,欧冶国际电商平台询单量4.4亿吨,其中433.2万吨达成交易,合同金额7.29亿美元,既有进出口业务,也有第三国贸易,产品涵盖钢铁业务和非钢多元业务。年底,欧冶国际电商平台有23个国家和地区的1 267个注册用户。

（黄河清）

【境外属地化电商平台项目】 9月27日,欧冶国际首家境外合资公司——泰国钢铁电子商务有限公司(I Steel Thai Company Limited)在泰国曼谷注册成立,泰国钢铁电商平台(iSteelthai)同步上线运营。年内,欧冶国际协同该合资公司开发用户190多家,涵盖当地单轧厂、贸易商、中盘商、次终端用户等，平台上线品种包括钢坯、圆钢、热镀锌、冷轧、不锈钢、彩涂、钢管等，并通过互联网及合作伙伴官方网站宣传等方式提升知名度。2018年全年，平台现货挂牌、竞价专区、撮合交易、帮我找货四大功能区完成交易量（GMV）26.2万吨，注册用户数60家。 （谢　毅）

2018年9月10日，欧冶国际2万吨方坯运抵埃塞俄比亚　　　（杨　晓摄）

**【欧冶国际大事纪要】**

9月10日，随着欧冶国际2万吨方钢产品运达埃塞俄比亚，标志其国际供应链业务领域正式覆盖世界六大洲。

9月27日，欧冶国际首家境外合资公司——泰国钢铁电子商务有限公司（I Steel Thai Company Limited）成立，泰国钢铁电商平台（iSteelthai）同步上线。

11月9日，欧冶国际作为中外运股份有限公司的战略合作伙伴，在首届中国国际进口博览会上，共同开展跨境电商物流推介。

（段光杰）

## 上海欧冶材料技术有限责任公司

上海欧冶材料技术有限责任公司（简称欧冶材料）于2015年2月11日成立，是欧冶云商子公司，成立之初欧冶材料重点开展加工服务平台、技术服务平台建设和运营。随着市场环境和监管要求的变化，自2018年起，欧冶材料转型承揽欧冶云商供应链服务业务。 （范佳炳）

**【业务模式创新】** 2018年，欧冶材料拓展供应商渠道，包括宁波钢铁有限公司、山东钢铁集团有限公司、本钢集团、首钢集团、陕西钢铁集团有限公司等钢厂资源，帮助用户选择适合自身需求且性价比高的一手钢厂资源，拓展订货渠道，提升钢厂端服务能力。开发终端用户，将钢厂端资源（大型加工厂）与终端用户直接对接，年内开发了中策橡胶（国内最大轮胎生产企业）、浦江缆索（国内最大悬索生产企业）、钢结构、彩钢瓦等行业内的知名企业，将供应链服务逐步深入到终端用钢企业。 （范佳炳）

**【工程供应链】** 2018年，欧冶材料尝试开展工程项目服务，以平台推送、阳光采购为切入点，研究项目方构成、准入资质获取、业务招投标、业务运营、突发事件处理等环节，并制定翔实的预案。10月起，欧冶材料为上海体育场改建项目提供所需钢筋。 （范佳炳）

**【欧冶材料大事纪要】**

3月15日，"欧冶随身行"APP（手机应用程序）上线。

3月16日，欧冶材料供应链产品在欧冶云商电商平台进行首单测试，标志欧冶材料供应链业务正式开始。

4月2日，欧冶云商成立供应链服务工作组。

4月10日，欧冶材料作为供应链服务产品运营主体被欧冶云商重新启用。

9月15日，欧冶材料供应链产品业务系统3.0版上线。

10月12日，欧冶材料为上海体育场改建项目提供所需钢筋。

（范佳炳）

编辑：张　鑫

# 12

工业服务业

# 工业服务业

## 服务业发展中心

中国宝武钢铁及相关服务业发展中心（简称服务业发展中心）承担钢铁及相关服务板块的资本投资运营功能，推进资本投资项目的"投、融、管、退"。下设服务业规划及投资、资本运作及新产业孵化、运营评价及董事业务管理3个业务模块，以实现中心的常态化、专业化管理职责。2018年，服务业发展中心优化人员结构，完善工作机制，通过横向职能与纵向业务有机衔接，创新中心的运作模式，形成中心总经理领导下的"业务总监＋业务代表"的矩阵式管理与服务架构，畅通了信息流，缩短了服务链，提升了响应速度和价值创造能力。至年底，在岗员工11人。

（于　亮）

【编修中国宝武服务产业规划】 2018年，服务业发展中心系统研究、编制贸易物流业和工业服务业的发展规划，进一步明晰服务业的产业定位、业务组合、发展战略和实施路径，并组织对口7家全资、控股子公司完成2019—2021年发展规划滚动修编工作。同时，与规划修编工作结合，协同子公司开展编写重点业务结构分析、产业计划书等工作，并总结归纳形成管理工具和工作模板，重点选取磁性材料、微晶玻璃、智能交通、互联网数据中心（IDC）等重点发展业务进行研究。

（于　亮）

【推进相关服务业的聚焦融合】 2018年，服务业发展中心实施5批共22个专业化聚焦融合项目，涵盖环境资源利用、信息技术、金属制品、原燃料物流、产成品物流等多个业务领域，涉及25家法人单位、3家大集体企业。通过先委托管理梳理产业边界、夯实资产和人员效率、模拟融合后的产业发展路径，再按照市场化的原则开展资产交割。按计划完成21家法人或单位的管理关系调整，6家在年内实施资产交割。

（于　亮）

【开展投资项目策划与审查】 2018年，服务业发展中心编制完成《钢铁及相关服务业投资项目可行性研究报告编制规范》和《钢铁及相关服务业子公司分业对标规范》，并协助子公司完善投资管理制度体系。年内，前期参与22个项目的方案研究与策划，审批通过宝钢金属收购南京云海特种金属股份有限公司、宝钢金属增资宝马尔科汽车零部件公司（BAOMARC AUTOMOTIVE SOLUTIONS SPA）；宝武环科收购上海宝钢新型建材科技有限公司外部股东股权；宝钢资源下属宝钢BS投资有限公司（Baosteel BS Company Pte Ltd）收购澳大利亚伊格尔唐斯（Eagle Downs）项目50%权益资产和后续转售及出售项目，武钢国际资源开发投资有限公司增资中非（利比里亚）邦矿公司；欧冶云商设立泰国钢铁电商公司等6个长期股权投资项目；上海宝钢气体有限公司配套陕西渭化彬州化工有限公司新建空分项目，宝武环科湛江高炉矿渣综合利用二期工程，武汉钢铁集团金属资源有限公司钢渣二次加工中心项目，宝钢股份直属厂部冶金尘泥预处理中心项目，宝钢包装的越南宝钢制罐（顺化）有限公司扩容项目、越南宝钢制罐（平阳）有限公司新增制盖项目等6个限上固定资产投资项目。

（于 亮）

【推进子公司股权多元化工作】 2018年，服务业发展中心组织推进上海宝钢气体有限公司51%控股权转让项目。按照市场规律运作，以企业价值和股东回报最大化为原则，实现中国宝武作为国有资本投资公司主动开展非核心业务的"战略性有序进退"。下半年，牵头开展欧冶云商第二轮股权开放工作，协调推进财务顾问选聘、资产审计评估、业务发展规划审批等专项工作，融资方案经过中国宝武审批通过。开展宝钢金属对外转让江苏宝京汽车部件有限公司和宝航环境修复有限公司股权，宝钢金属对下属子公司江苏宝钢精密钢丝有限公司、宝钢集团南通线材制品有限公司债转股，上海宝昀轻质材料科技有限公司清算注销，上海宝钢磁业有限公司小股东退出等有关股权或资产处置的资本运作项目。协调推进宝钢包装的资产重组和股权激励，策划宝钢工程、宝钢金属等子公司混合所有制改革相关工作。

（于 亮）

【开展子公司商业计划书管理】 2018年，服务业发展中心根据对口子公司行业分布不一、规模大小不均、发展阶段不同的情况，以发展战略和价值创造为导向，逐一按各公司战略重点和经营特点协商制定各自经营目标，选择合理的指标进行跟踪对标，结合集团公司重点关注工作的要求和各公司实际制定各项经济增加值（EVA）改善项目，推进落实整体战略意图的战略项目，并协调各项资源为子公司的经营提供保障支持。年内，服务业发展中心对口子公司整体经营业绩较上年得到改善。

（于 亮）

【推进"三供一业"分离移交专项工作】 11月，服务业发展中心统筹协调宝钢工程下属常州宝钢冶金机械有限公司完成供电、物业及市政相关资产无偿划转，成为集团内首家完成"三供一业"分离移交的企业。年内，服务业发展中心完成武钢资源集团有限公司12个"三供一业"项目经济行为审批，并在年底前将全部项目移交地方政府。

（于 亮）

【推进法人压减、参股公司"瘦身"等专项工作】 2018年，服务业发展中心系统梳理对口各级子公司，对压减目标企业实行"一企一策"，协同集团公司相关职能部门加快审批效率，全面完成法人压减、参股公司"瘦身"及处僵治困等工作目标，其中法人压减目标41家，实际完成41家；参股公司"瘦身"目标10家，实际完成16家；处僵治困目标5家，实际完成5家。

（于 亮）

## 上海宝钢包装股份有限公司

上海宝钢包装股份有限公司（简称宝钢包装）前身为2010年3月成立的上海宝钢包装有限公司，年底改制为上海宝钢包装股份有限公司，是国内专业从事生产食品、饮料等快速消费品金属包装的龙头企业之一，产品包括金属饮料罐及配套拉盖，以及为金属包装配套的彩印铁产品，为国内快速消费品高端金属包装领域的领导者和行业标准制定者之一。2015年6月11日，在上海证券交易所上市，股票代码601968。至2018年底，总股本833 333 300股。

宝钢包装下设制罐事业部、印铁事业部、制盖等业务单元。2018年，宝钢包装实现销售收入49.57亿元，较上年增长9%；利润总额6 162万元，较上年增长151.2%；净利润4 427万元，较上年增长

164.77%。归属于上市公司股东净利润41 891 579.79元。在册员工1 258人。　　　　（屠佳胤）

【企业负责人简介】　曹清,1965年8月生,安徽巢湖人,中国民主促进会会员,教授级高级工程师,宝钢包装董事长、总裁。

胡爱民,1973年12月生,江西永丰人,中共党员,宝钢包装党委书记、高级副总裁。　（屠佳胤）

【2017年度股东大会】　6月26日,宝钢包装召开2017年度股东大会,审议通过《关于2017年度监事会工作报告的提案》《关于2017年度董事会工作报告的提案》《关于2017年度报告的提案》《关于宝钢包装2017年度高级管理人员绩效考评及董事、监事、高级管理人员薪酬执行情况报告的提案》《关于宝钢包装2017年度财务决算报告的提案》《关于宝钢包装2017年度利润分配方案的提案》《关于宝钢包装2018年度财务预算的提案》《关于宝钢包装2017年度内部控制自我评价报告的提案》《关于宝钢包装2017年度关联交易公允性和2018年度预计日常关联交易的提案》。　　　（屠佳胤）

【2018年第一次临时股东大会】　8月10日,宝钢包装召开2018年第一次临时股东大会,审议通过《关于聘任2018年度会计师的议案》《关于增补董事的议案》《关于增补监事的议案》。　（屠佳胤）

【2018年第二次临时股东大会】　12月21日,宝钢包装召开2018年第二次临时股东大会,审议通过《关于公司2018年股票期权激励计划(草案)及摘要的议案》《关于公司股票期权激励计划实施考核管理办法的议案》《关于提请股东大会授权董事会办理股票期权激励计划相关事宜的议案》。　　　　（屠佳胤）

【第五届董事会第八次会议】　1月26日,宝钢包装召开第五届董事会第八次会议,通过《关于签订租赁合同的议案》。　　（屠佳胤）

【第五届董事会第九次会议】　3月23日,宝钢包装召开第五届董事会第九次会议,通过《关于调整宝钢包装董事长的议案》。　（屠佳胤）

【第五届董事会第十次会议】　3月30日,宝钢包装召开第五届董事会第十次会议,通过《关于2017年度总经理工作报告的议案》《关于2017年度董事会工作报告的议案》《关于2017年度报告的议案》《关于宝钢包装2017年度高级管理人员绩效考评及董事、监事、高级管理人员薪酬执行情况报告的议案》《关于宝钢包装2017年度财务决算报告的议案》《关于宝钢包装2017年度利润分配方案的议案》《关于宝钢包装2018年度财务预算的议案》《关于办理远期结售汇业务的议案》《关于宝钢包装2017年度内部控制自我评价报告的议案》《关于审计委员会2017年度履职情况报告的议案》《关于2017年度独立董事述职报告的议案》《关于宝钢包装2017年度关联交易公允性和2018年度预计日常关联交易的议案》《关于越南(顺化)制罐扩容的议案》《关于成都制罐新增棱形罐技改项目的议案》

《关于召开宝钢包装2017年度股东大会的议案》。　　（屠佳胤）

【第五届董事会第十一次会议】　4月25日,宝钢包装召开第五届董事会第十一次会议,通过《2018年第一季度报告的议案》《关于宝钢包装调整组织架构的议案》。　　　　　（屠佳胤）

【第五届董事会第十二次会议】　5月14日,宝钢包装召开第五届董事会第十二次会议,通过《关于越南制罐开展技改项目的议案》。　　　　（屠佳胤）

【第五届董事会第十三次会议】　7月25日,宝钢包装召开第五届董事会第十三次会议,通过《关于聘任宝钢包装总经理的议案》《关于聘任宝钢包装副总经理的议案》《关于提名宝钢包装董事候选人的议案》《关于聘任2018年度会计师的议案》《关于召开2018年第一次临时股东大会的议案》。　　（屠佳胤）

【第五届董事会第十四次会议】　8月24日,宝钢包装召开第五届董事会第十四次会议,通过《关于2018年半年度报告及摘要的议案》《关于与财务公司签订金融服务协议暨关联交易的议案》。　　（屠佳胤）

【第五届董事会第十五次会议】　10月12日,宝钢包装召开第五届董事会第十五次会议,通过《关于公司2018年股票期权激励计划(草案)及摘要的议案》《关于公司股票期权激励计划实施考核管理办法的议案》《关于提请股东大会授权董事会办理股票期权激励计划相关事宜的议案》《关于召开2018年度第二次临时股东大会的议案》。

（屠佳胤）

**【第五届董事会第十六次会议】** 10月29日，宝钢包装召开第五届董事会第十六次会议，通过《关于2018年第三季度报告及摘要的议案》《关于变更公司经营范围暨修改公司章程的议案》《关于召开2018年度第二次临时股东大会的议案》。

（屠佳胤）

**【第五届董事会第十七次会议】** 12月24日，宝钢包装召开第五届董事会第十七次会议，通过《关于调整2018年股票期权激励计划相关事项的议案》《关于向激励对象授予股票期权的议案》《关于开展商品期货套期保值业务的议案》《关于制定〈铝锭期货套期保值业务管理制度〉的议案》。

（屠佳胤）

**【第四届监事会第七次会议】** 3月30日，宝钢包装召开第四届监事会第七次会议，审议通过《关于2017年度监事会工作报告的议案》《关于2017年度报告的议案》《关于宝钢包装2017年度财务决算报告的议案》《关于宝钢包装2017年度利润分配方案的议案》《关于宝钢包装2018年度财务预算的议案》《关于宝钢包装2017年度内部控制评价报告的议案》《关于宝钢包装2017年度关联交易公允性和2018年度预计日常关联交易的议案》。

（屠佳胤）

**【第四届监事会第八次会议】** 4月25日，宝钢包装召开第四届监事会第八次会议，审议通过《关于2018年第一季度报告的议案》。

（屠佳胤）

**【第四届监事会第九次会议】** 7月25日，宝钢包装召开第四届监事会第九次会议，审议通过《关于提名宝钢包装监事候选人的议案》。

（屠佳胤）

**【第四届监事会第十次会议】** 8月24日，宝钢包装召开第四届监事会第十次会议，审议通过《关于2018年半年度报告及摘要的议案》《关于选举第四届监事会主席的议案》。

（屠佳胤）

**【第四届监事会第十一次会议】** 10月12日，宝钢包装召开第四届监事会第十一次会议，审议通过《关于公司2018年股票期权激励计划（草案）及摘要的议案》《关于公司股票期权激励计划实施考核管理办法的议案》《关于提请股东大会授权董事会办理股票期权激励计划相关事宜的议案》《关于召开2018年度第二次临时股东大会的议案》。

（屠佳胤）

**【第四届监事会第十二次会议】** 10月29日，宝钢包装召开第四届监事会第十二次会议，审议通过《关于2018年第三季度报告的议案》。

（屠佳胤）

**【第四届监事会第十三次会议】** 12月24日，宝钢包装召开第四届监事会第十三次会议，审议通过《关于调整2018年股票期权激励计划相关事项的议案》《关于向激励对象授予股票期权的议案》。

（屠佳胤）

**【组织机构变革】** 2018年，宝钢包装调整总部组织机构，新设立综合管理部（与党群工作部合署）和人力资源部（与党委组织部合署），并将原采购部更名为供应链管理部，优化工作定位，加强总部职能管控和党群工作力量。

（屠佳胤）

**【运营改善】** 2018年，宝钢包装成立运营改善领导小组和工作小组，并确定重点推动的营运改善项目。推动公司各项管理制度的梳理、修订和完善工作，建章立制、硬化制度约束。全年各部门修订及完善管理制度82个，其中新建31个，更新51个。

（屠佳胤）

**【技术创新】** 2018年，宝钢包装注重技术研发的积累与投入，拥有国内研发水平领先的金属包装研发平台，成立上海金属包装材料及制品工程技术研究中心，并获上海市科学技术委员会授牌；获上海市经济和信息化委员会批准，成立市级企业技术中心——上海宝钢包装股份有限公司技术中心。完成科研项目22项，持续开展的科研项目6项，主要包括覆膜铁、减重、新罐型开发等多项新材料新产品新技术。申请专利104件，其中发明专利17件（授权11件）。

（屠佳胤）

**【个性化定制易拉罐】** 1月19日，全球首套饮料罐数码印刷设备在上海宝翼制罐有限公司成品罐正式出罐，使宝钢包装率先具备了向客户提供个性化定制罐印刷服务能力。7月14日，宝钢包装自行设计的数码易拉罐分选设备完成安装调试工作，有效地支撑了定制业务的供应链。

（屠佳胤）

**【股权激励】** 2018年，宝钢包装股权激励方案上报国务院国资委

2018年1月19日，宝钢包装生产的金属饮料罐　　　　　　（王黎明 摄）

并得到批复同意。该方案对中高层管理人员和核心技术、业务骨干107人，授予占公司股本总额1.6%的股份，进一步完善公司法人治理结构，健全中长期激励约束机制，调动中高层管理人员和核心技术、业务骨干的积极性、创造性。

（屠佳胤）

【业务增长】　2018年，宝钢包装金属饮料罐业务总体销售量达96亿罐，较上年增长14.7%。国内市场保持领先，产销量均为同业第一；境外市场同比增长23%。包装彩印业务实现销量19万吨，较上年增长32.7%，并继续扩大非饮料罐品种的生产，推进包装彩印铁产品结构转型。

（屠佳胤）

【安全环保管理】　2018年，宝钢包装持续推进"党政同责、一岗双责"的管理者履职，完善安全和能环体系建设，完善制度与安全能环体系和重点工作评审标准，并按计划开展评审与绩效考核，各单位陆续建设蓄热式热氧化技术（RTO）项目进行废气治理，并通过节能减排项目减少能源消耗，全年安全无事故。

（屠佳胤）

【宝钢包装大事纪要】

1月8日，上海宝翼制罐有限公司获评喜力啤酒（上海）有限公司"2017年度最佳合作伙伴"。

1月15日，宝钢包装纳入中国宝武一级子公司管理体系，由中国宝武直接管理。

1月19日，全球首套饮料罐数码印刷设备在宝钢包装投运。

3月23日，宝钢包装召开第五届董事会第九次会议，通过《关于调整宝钢包装董事长的议案》，曹清担任宝钢包装董事长。

3月，上海宝翼制罐有限公司被上海申美饮料食品有限公司评为2017年最佳供应商。

4月26日，上海宝钢印铁有限公司员工常维仓被授予2018年度

上海市五一劳动奖章。

4月，宝钢包装优化总部组织机构，新设立综合管理部（与党群工作部合署）和人力资源部（与党委组织部合署），并将原采购部更名为供应链管理部。

5月4日，武汉宝钢包装有限公司综合部员工刘浪获"武汉市劳动模范"称号。

6月21日，上海宝翼制罐有限公司批量生产SLEEK200毫升、SLEEK250毫升罐型。

6月，为配合境外市场需求，上海宝钢制盖有限公司启动生产线搬迁工作，将一条生产线搬迁至越南。

10月25日，宝钢包装获评"上海市优秀包装企业""上海市包装创新企业"称号。

10月27日，成都宝钢制罐有限公司获"成都市（第一批）两化融合示范企业"称号。

10月，在2018年第六届"凌云杯"包装印刷作品大奖赛上，宝钢包装获设计奖、技术创新奖、质量管理大奖、金属包装类作品一等奖4个奖项。

11月26日，河南宝钢制罐有限公司通过河南省省级绿色工厂认证。

11月，宝钢包装获评"广药集团王老吉'钻石级'合作伙伴"。

同月，成都宝钢制罐有限公司获"AA级成都市模范劳动关系和谐企业"称号。

12月10日，河北宝钢制罐北方有限公司获评河北省工业和信息化厅颁发的"技术创新工作室"铭牌。

12月，武汉宝钢包装有限公司获评"武汉市模范和谐企业"。

（屠佳胤）

## 宝钢包装下属分（子）公司（含参股公司）一览表

| 公司名称 | 地 址 | 注册资金 | 主要经营范围 | 持股比例 |
|---|---|---|---|---|
| 上海宝翼制罐有限公司 | 上海市宝山区月罗路1888号 | 16 659.136万元 | 设计、生产、销售钢制、铝制两片式易拉罐及其他相关产品、提供相关服务，金属材料销售，包装印刷，从事货物及技术的进出口业务，在金属包装相关科技领域内从事技术开发、技术转让、技术服务、技术咨询 | 宝钢包装95.5%，其他方持股4.5% |
| 河北宝钢制罐北方有限公司 | 河北省遵化市通华西街 | 14 000万元 | 制造和销售钢制、铝制两片罐、盖及相关产品，提供相应的技术服务；货物进出口、技术进出口 | 100% |
| 成都宝钢制罐有限公司 | 四川省成都市新都区工业东区龙虎大道399号 | 19 842.66万元 | 钢制和铝制两片罐、盖及相关产品的制造、销售和科技研发，提供相应的技术服务，货物进出口、技术进出口，销售：钢材、铝材、涂料（不含危险化学品），包装装潢印刷品印刷 | 100% |
| 佛山宝钢制罐有限公司 | 广东省佛山市顺德高新区（容桂）建业中路18号 | 31 992.24万元 | 设计、制造、销售：钢制两片罐、铝制两片罐、钢制冲杯件、金属定型罐、钢制两片优化罐、金属精整坯、金属防锈坯、金属彩涂产品、金属盖及相关产品，对上述设计、制造、销售的产品提供相应的技术服务；销售金属材料；包装装潢印刷品、其他印刷品印刷（凭有效许可证经营）；经营和代理各类商品及技术的进出口业务 | 100% |
| 武汉宝钢包装有限公司 | 湖北省武汉市黄陂区罗汉寺龙兴街118号 | 20 593.5万元 | 各类材质包装制品设计、加工、销售，各种材质包装材料的销售，货物及技术的进出口业务，包装装潢印刷，灌装，在包装材料科技领域内的技术服务、技术咨询、技术开发、技术转让 | 100% |
| 武汉宝钢包装有限公司沌口制罐分公司 | 湖北省武汉市经济技术开发区江城大道545号 | | 各类材质包装制品设计、加工、销售，各种材质包装材料的销售，货物和技术的进出口业务（不含国家禁止或限制进出口货物或技术），包装装潢印刷，灌装，在包装材料科技领域的技术服务、技术咨询、技术开发、技术转让 | |
| 越南宝钢制罐有限公司 | 越南平阳省新渊市永新社新加坡ⅡA工业区15号路2号ⅡA区 | 3 560万美元 | 两片罐生产销售 | 宝钢包装70%，其他方持股30% |

（续　表）

| 公司名称 | 地　址 | 注册资金 | 主要经营范围 | 持股比例 |
|---|---|---|---|---|
| 河南宝钢制罐有限公司 | 河南省卫辉市唐庄镇百威大道2号 | 19 582万元 | 铝制两片式易拉罐及相关产品的设计、生产、销售,金属产品、化工产品(不含危险化学品)的销售,包装印刷,从事货物及技术的进出口贸易 | 100% |
| 越南宝钢制罐(顺化)有限公司 | 越南承天顺化省香水市富牌坊富牌工业区B-13号 | 3 372万美元 | 两片罐生产销售 | 100% |
| 哈尔滨宝钢制罐有限公司 | 黑龙江省哈尔滨经开区哈平路集中区春晖路28号 | 16 983万元 | 从事包装装潢印刷品和其他印刷品印刷。设计、生产、销售:铝制两片式易拉罐及相关产品与技术服务;销售:金属材料、化工原料(不含易燃易爆品、危险品、剧毒品);货物进出口、技术进出口 | 100% |
| 上海宝钢包装股份有限公司上海印铁分公司 | 上海市宝山区罗东路1818号 | | 金属涂彩产品设计、加工、销售,从事货物及技术的进出口业务 | |
| 上海宝钢包装股份有限公司北京印铁分公司 | 北京市怀柔区雁栖经济开发区雁栖大街11号 | | 金属彩涂产品制造、加工(仅限包装制品及材料),包装装潢印刷品印刷,各类材质包装制品设计、销售,货物进出口、技术进出口 | |
| 上海宝钢包装股份有限公司佛山印铁分公司 | 广东省佛山市顺德高新区(容桂)建业中路18号 | | 包装装潢印刷品、其他印刷品印刷,各类材质包装制品设计、销售,各种材质包装材料的销售,货物及技术的进出口业务,投资咨询 | |
| 宝钢包装(意大利)有限公司 | 3 Str.Tortona, Pozzolo Formigaro(AL) 15068, Italy | 2 129万欧元 | 钢铁行业一般钢铁产品及相关产品的切割和印刷 | 宝钢包装70%,其他方持股30% |
| 上海宝钢制盖有限公司 | 上海市宝山区罗东路1818号 | 9 500万元 | 各种材质包装的盖子设计、制造、加工,销售自产产品;工业设备租赁;与上述产品同类的商品批发、进出口,及相关配套业务,并提供相关技术咨询服务及售后服务 | 宝钢包装75%,其他方持股25% |
| 完美包装工业有限公司 | 中国香港九龙尖沙咀广东道7-11海港城世界商业中心14楼1401室 | 6 318.41万欧元 | 从事包装材料贸易,提供进出口代理服务和投资控股等 | 100% |

（续　表）

| 公司名称 | 地　址 | 注册资金 | 主要经营范围 | 持股比例 |
|---|---|---|---|---|
| 西藏宝钢包装有限责任公司 | 西藏自治区拉萨经济技术开发区管委会办公楼501室 | 1 500万元 | 易拉罐的生产及销售，包装材料销售，水产品购销，设备进口及租赁，软件开发及销售，企业管理咨询 | 100% |
| 上海宝颖食品饮料有限公司 | 上海市宝山区罗新路419号 | 1 000万元 | 饮料（茶饮料类、果汁及蔬菜汁类、蛋白饮料类、其他饮料类）生产、自产产品销售，从事货物及技术的进出口业务，包装制品设计、销售，包装材料销售，包装装潢印刷，在包装材料专业科技领域内的技术开发、技术转让、技术咨询、技术服务，货运代理 | 30% |
| 江苏奥宝印刷科技有限公司 | 江苏省宜兴经济技术开发区永盛路88号 | 9 000万元 | 印刷技术的研究开发，包装装潢印刷品印刷，马口铁材料及制品的加工、销售，包装制品设计、销售，包装材料的销售，自营和代理各类商品及技术的进出口业务 | 19.50% |

（屠佳胤）

# 宝钢工程技术集团有限公司（中国宝武设计院）

宝钢工程技术集团有限公司（简称宝钢工程）是中国宝武的全资子公司，注册资本金28.2亿元。宝钢工程前身为成立于1999年8月的上海宝钢工程技术有限公司（注册资本金6.34亿元）。2009年8月，宝钢集团为整合宝钢内工程技术业务和资源并形成产业优势，成立宝钢工程技术委员会；同年12月，原上海宝钢工程技术有限公司更名为宝钢工程技术集团有限公司。2010年4月16日，宝钢工程技术集团有限公司揭牌成立。2016年5月4日，宝钢集团发文，组建宝钢设计院建制，与宝钢工程实行"两块牌子、一套班子"方式运作，宝武联合重组后更名为中国宝武设计院。2018年9月30日，宝钢工程收购新疆钢铁设计院有限责任公司51%股份，整合优势资源，加强业务协同。

宝钢工程拥有宝钢钢构有限公司（简称宝钢钢构）、上海宝钢建筑工程设计有限公司（简称宝钢建筑）、工程技术事业本部（包含上海宝钢节能环保技术有限公司）、宝钢轧辊科技有限责任公司（简称宝钢轧辊）、上海宝钢铸造有限公司（简称宝钢铸造）、上海宝钢工业技术服务有限公司（简称宝钢技术）、上海宝华国际招标有限公司（委托管理，简称宝华招标）、上海宝钢工程咨询有限公司（简称宝钢咨询）、苏州大方特种车股份有限公司（简称苏州大方）、新疆钢铁设计院有限责任公司等10多家子公司。经过资源整合，宝钢工程具有国家颁发的20多项公司资质，服务涵盖工程总承包、项目管理、工程咨询、工程设计、工程招标、工程监理、成套设备制造、施工管理、运行维护、检修检测等，领域涉及冶金工程、城市钢厂建设、钢结构装配式建筑、智慧制造、智慧服务等。

2018年，宝钢工程实现营业收入71.46亿元，利润总额2.83亿元。年底，在册员工5 439人。

（赵　莹）

【企业负责人简介】　王建跃，1961年6月生，上海人，中共党员，教授级高级工程师，宝钢工程党委书记、董事长，中国宝武设计院院长。

汪平刚，1962年10月生，湖北黄冈人，中共党员，教授级高级工程师，宝钢工程总经理、党委副书记。

（赵　莹）

【形成设计院工作新格局】 2018年,宝钢工程(中国宝武设计院)配合编制《中国宝武钢铁制造业发展总体规划纲要》和不锈钢冷轧发展规划,配合宝钢股份完成《城市钢厂能源环保规划(2019—2024)》编制。完成梅钢公司新建超厚规格酸洗机组可行性研究、二冷轧规划方案,湛江钢铁三号高炉系统工程可行性研究及总体设计,韶关钢铁电炉短流程示范项目、高三线项目可行性研究及总体设计,推进宝钢股份55项技术改造项目。协助中国宝武推进"一带一路"优势产能国际合作项目,配合八一钢铁编制巴基斯坦瓜达尔钢铁基地的可行性研究方案,完成智利太平洋钢铁公司(CAP)项目的实地勘察、预可行性研究方案编制及审查工作。完成智能化微型网络钢厂总体规划和技术方案,持续推进薄带连铸技术商业化工作。

(赵 莹)

【高质高效服务重点项目】 2018年,宝钢工程发挥"前店后厂"优势,聚焦核心业务,为中国宝武、河钢集团、广西柳州钢铁(集团)公司等客户提供全生命周期智慧解决方案,承接一批符合公司战略要求的重点项目。工程技术事业本部相继完成宝钢股份直属厂部取向硅钢高温退火环形炉项目,武钢有限九号焦炉、以"建筑—拥有—转让"的商业模式承接十号焦炉烟气脱硫脱硝项目,宝钢股份直属厂部硅钢四期工程脱碳退火机组(DCL)和热拉伸平整机组(FCL)的设计和安装调试;推进湛江钢铁超高强钢项目建设;签约河钢集团乐亭钢铁有限公司LF钢包精炼炉、煤气柜、检化验及水处理系

列项目,广西钢铁集团有限公司防城港钢铁基地项目焦化焦炉煤气净化工程,武钢金属资源有限责任公司钢渣二次处理项目等。宝钢技术完成宝钢股份直属厂部系列大型年修、定修,冷轧C512废气烟囱、电厂零号机组抢修,湛江钢铁厚板大电机、炼钢大包回转台抢修,武钢有限冷轧飞剪抢修等任务。宝钢钢构完成恒力石化(大连)公司钢结构制作项目;签订中化泉州石化有限公司乙烯及炼油改扩建工程钢结构制作项目框架协议,订单金额6亿元。宝钢建筑签订南极泰山站站区建筑二期工程合同,支撑国家极地科考事业。宝钢轧辊提升国际化能力,在全球前50强钢铁企业的销售占比增长到77%,连续5年获评德国蒂森克虏伯公司A类优先采购供应商。

(赵 莹)

【推进智慧制造工作】 2018年,宝钢工程整体策划智慧制造工作,组建智慧制造创管中心,制定2018—2020年三年行动计划,推进智慧制造项目落地。工程技术事业本部

自主研制连铸浇钢机器人、全自动堆垛机等智能装备,完成宝钢股份炼铁厂四炼焦自动化改造目标,持续推广建筑信息模型技术(BIM)的运用。宝钢技术完成宝钢股份直属厂部、湛江钢铁10余条产线数据接入智慧运维平台,10余个智能模型植入平台运行。宝钢建筑将增强现实技术(AR)、虚拟现实技术(VR)等新技术应用于热轧排除故障及冶金煤气操作。宝钢轧辊在宁波宝新实现轧辊制造、使用、磨削、循环再生的数据集成。

(赵 莹)

【人才队伍建设】 2018年,宝钢工程出台《宝钢工程人才队伍建设方案(2018—2020)》,提出高技术人才、高技能人才、项目经理三支队伍建设的总体目标、实施路径和具体举措。通过实施技术交流、项目实战、师徒带教等举措强化人才队伍建设,2人获上海市勘察设计行业协会"勘察设计之星""勘察设计工匠"称号,1人获第十届国际发明展览会金奖;高技能人才数量占比提升5.1%,宝钢技术吉志勇获

2018年2月2日,宝钢工程开展以"迎新春、送春联"为主题的联欢活动 (施 琮 摄)

"全国技术能手"称号，巢平源获"上海市技术能手"称号；新增持证项目经理14人。　　（赵　莹）

【宝钢工程大事纪要】

1月12日，由工程技术事业本部承担的宝钢股份三号连铸机综合改造项目热负荷试车。

2月5日，宝钢工程中标越南和发铁路运输系统项目。该项目为宝钢工程在越南成套输出工业铁路技术装配的第二大单。

4月12日，宝钢轧辊被德国蒂森克虏伯公司评为A类优先采购供应商。

5月18日，西门子（中国）有限公司青年商务代表团一行来访宝钢工程。

6月7日，由宝钢工程自主研制的全自动堆垛机应用于上海宝武杰富意清洁铁粉有限公司无偏析预混合铁粉项目。

6月15日，工程技术事业本部完成宝日汽车板年修任务。

7月2日，宝钢钢构与中化泉州石化有限公司签订《100万吨/年乙烯及炼油改扩建项目钢结构框架协议与采购合同》。

7月9日，由宝钢工程"宝钢机械除鳞技术团队"总包集成的安徽宝钢钢材配送有限公司机械除磷技术（BMD）纵切线进入项目总结阶段。该项目为宝钢机械除鳞技术团队的首个商业推广项目。

7月19日，苏州大方与欧德神思软件系统苏州分公司联合研发中心成立开业。

8月2日，宝钢工程智慧制造重点科研攻关技术——无人化浇钢技术进入实验室调试阶段。

8月24日，宝钢工程与国家自然资源部所属中国极地研究中心举行《南极伊丽莎白公主地内陆夏季考察站（泰山站）站区建筑工程项目（二期）总承包合同》签订仪式。

9月28日，由工程技术事业本部承担的宝钢股份硅钢四期工程热拉伸平整机组（FCL）、脱碳退火机组（DCL）热负荷试车成功，标志着宝钢股份硅钢四期（一步）工程全面建成投产。

9月30日，宝钢工程收购新疆钢铁设计院有限责任公司51%股份。

11月2日，宝钢建筑随中国第35次南极科学考察队启程，参与南极伊丽莎白公主地内陆夏季考察站（泰山站）站区建筑工程（二期）项目建设。

11月23日，宝钢工程签约印度塔塔钢铁公司新建炼钢系统滚筒渣处理项目。该项目是宝钢工程开拓印度市场以来签订的单笔金额最大的供货合同。

12月5日，宝钢工程智慧制造创管中心揭牌成立。　　（赵　莹）

2018年12月5日，宝钢工程智慧制造创管中心揭牌成立　　（施　琮摄）

### 宝钢工程下属子公司（含托管单位）一览表

| 公司名称 | 地　　　址 | 注册资金 | 主要经营范围 | 持股比例 | 在岗员工（人） |
|---|---|---|---|---|---|
| 宝钢钢构有限公司 | 上海市宝山区宝杨路2001号 | 32 000万元 | 设计、制造、安装各种钢结构，销售自产产品；承包境外钢结构工程和境内国际招标工程；机电产品（除专项规定）制造、销售；金属材料销售；停车场（库）的投资建设、研发、设计、施工、咨询、经营管理；停车场（库）配套设备的生产、经营、销售；自动化工程、智能化系统的管理；在计算机科技领域内从事技术咨询、技术服务 | 100% | 118 |

（续　表）

| 公司名称 | 地　址 | 注册资金 | 主要经营范围 | 持股比例 | 在岗员工（人） |
|---|---|---|---|---|---|
| 上海宝钢建筑工程设计有限公司 | 上海市宝山区同济路999号13号楼 | 30 000万元 | 建筑工程设计、咨询和总承包，房地产开发、建材及五金销售、安装，建筑工程领域内的技术开发、技术转让、技术服务，建筑装饰，从事货物进出口及技术进出口业务 | 100% | 83 |
| 上海宝钢铸造有限公司 | 上海市宝山区宝钢股份厂区纬一路经五路路口 | 4 498.6万元 | 冷却壁、钢锭模铸件及铸管件 | 100% | 69 |
| 宝钢轧辊科技有限责任公司 | 江苏省常州市新冶路41号 | 29 692.5万元 | 高精度冷轧工作辊制造 | 100% | 409 |
| 常州宝菱重工机械有限公司 | 江苏省常州市新冶路41号 | 7 300万美元 | 现代冶金装备、备件及制管工具制造 | 46.321% | 1 072 |
| 上海宝钢工程咨询有限公司 | 上海市宝山区克山路550弄8号楼 | 1 000万元 | 工程监理、设备监理、信息监理 | 30% | 150 |
| 上海宝华国际招标有限公司 | 上海市宝山区克山路550弄8号楼 | 1 000万元 | 招标代理及咨询 | 中国宝武全资公司（托管） | 56 |
| 上海宝钢工业技术服务有限公司 | 上海市宝山区同济路3521号 | 3 056.07万元 | 状态把握与设备管理、环境监测、炉窑与节能技术、品质检验、设备备件制造、设备维修工程、起重运输服务、轧辊技术 | 100% | 2 963 |
| 苏州大方特种车股份有限公司 | 江苏省苏州市高新区浒关工业园浒杨路71号 | 11 100万元 | 设计、制造液压动力平板运输车、模块式液压全挂车、半挂车、轮胎式提梁机以及其他重型特种运输设备 | 51% | 164 |
| 新疆钢铁设计院有限责任公司 | 新疆维吾尔自治区乌鲁木齐市头屯河区八一路578号 | 500万元 | 工程咨询、城乡规划编制、工程设计、对外承包工程，特种设备（压力管道）设计；测绘；房屋租赁；安全标准化咨询、安全咨询、安全顾问；能源、社会稳定风险分析评估 | 51% | 54 |
| 常州宝钢冶金机械有限公司 | 江苏省常州市新冶路41号 | 11 806.1万元 | 厂房、设备及房屋租赁 | 100% | 2 |
| 宝钢苏冶重工有限公司 | 苏州高新区浒关镇永安路122号 | 19 374.7万元 | 冶炼和轧制设备、工艺处理线设备、节能环保设备、齿轮传动设备、机械成套设备及其备件的设计研发、制造、安装和维修；动力平板运输车、高铁运架设备和港口机械设备、特种工程设备的设计研发、制造、安装、维修及租赁；技术咨询服务，房屋及设备租赁；建筑安装工程 | 100% | 8 |

（赵　莹）

## 上海宝华国际招标有限公司

上海宝华国际招标有限公司（简称宝华招标）成立于2005年，前身为上海宝钢国际经济贸易有限公司招标办公室，注册资金1 000万元。2011年，宝华招标与上海宝钢建设监理有限公司（简称宝钢监理）实行"一套班子、两块牌子"管理模式。2013年2月18日，宝钢监理更名为上海宝钢工程咨询有限公司（简称宝钢咨询）。2018年，宝华招标与宝钢咨询在经营管理上分开，实行独立运作。

2018年，宝华招标获中国采购招标网"2017年度中国招标代理机构综合实力百强""上海市电子商务'双推'（推动电子商务企业创新发展、推动中小企业应用电子商务）创新平台""宝山区优秀企业""宝山区产业互联网创新示范企业"等称号。公司实现营业收入7 200万元，实现毛利3 400万元。新增招标委托6 865万元，工程招标新签2 316万元，货物招标新签4 549万元。年底，在册员工55人。

（耿　晖）

【企业负责人简介】　谢安宁，1974年10月生，四川攀枝花人，中共党员，工程师，宝华招标执行董事、总经理。

（耿　晖）

【货物招标】　2018年，宝华招标完成1 263单货物招标项目，有5名员工完成招标超过100单，招标效率在行业内处于较高水平。对接宝钢股份采购中心，掌握业主工程建设计划和招标需求，制定个性化服务方案，提前开展招标前期策划，有效提升业主对规范招标的认识并改进招标策略。宝钢股份采购中心项目招标比例由上年的34%提升到61%；平均招标周期同比减少近5天，招标效率明显提升。

（柏伟林）

【工程和服务招标】　2018年，宝华招标推进宝钢股份原料场改造项目、宝钢德盛不锈钢1780热轧项目、武钢有限三期矿石料场项目、湛江钢铁C型料场项目等重大冶金招标项目，全年没有发生一起投诉质疑。全年新拓展社会项目施工总承包招标投资额14亿元。

（陶　晟）

【外省区招标项目】　2018年，宝华招标下属青海宝矿工程公司建立西部项目开拓机制，与客户建立合作、共赢良好关系，超额完成年初制定的各项业绩目标，其承接西部矿业集团有限公司所有招标项目，金额39亿元。开拓甘肃省、新疆维吾尔自治区、内蒙古自治区及青海省海西州、海南州、海东市的部分业务市场，实现20多个项目在省、市交易平台操作，满足青海省全过程电子招标的要求。　（顾献智）

【提升招标管理水平】　2018年，宝华招标协助中国宝武提升招标管理水平、规范招标业务操作。参与集团公司组织的阳光采购管理提升、招标采购管理调研、招标管理制度效用评估、招投标管理过程专项监督检查等工作。为宝武炭材、宝武环科、宝钢包装、八一钢铁、韶关钢铁等单位的招标采购人员提供招标法律、法规业务的解读、培训服务，培训500人次。　（邵小淳）

【优化招标服务模式】　2018年，宝华招标优化招标服务模式。配合八一钢铁相关管理部门，对其评标室进行改造升级；针对八一钢铁供应商特点，协调在当地建立CA（电子商务认证授权机构）证书办理点，培训八一钢铁中层以上管理人员、供应商等，为实行电子招标创造条件。7月中旬起，八一钢铁所有货物类项目实行电子招标，且重新占领当地其他招标代理机构在"三供一业"、政府补贴资金项目等领域的市场份额；10月起，部分工程服务类项目逐步开展电子招标。湛江钢铁从第四季度起在施工类项目中推行电子招标。宝钢德盛项目全部为非政府监管项目，年内，施工招标采用电子招标，招标文件模板确定、过程规范。

（柏伟林　陶　晟）

【升级改造电子招标交易信息化系统】　2018年，宝华招标围绕电子招投标云平台建设和内部流程优化，改造货物、工程项目业务流程和系统功能，完善和优化财务结算、评标专家库录入、开票信息、开标记录下载、投标人自助查询项目进展情况及缴费收退情况等功能，提升客户体验、提高工作效率。

（邵小淳）

【加强招标过程管理】　2018年，宝华招标针对外部审计中发现的问题和国家法律要求，对评标专家评价、非标类工程资质设定、围标和串标检查、评标过程通信工具使用、评标过程资料保管、招标公告和公示等环节进行调整和优化，编制《稽查审计关注问题及解决方案》和《关于评标时可否澄清的联络函（致采购中心）》，发布《关于开展评标专家异常情况记录和处理工作的通知》《关于加强对围标

串标情况检查的通知》《评标区域资料保管和处理》等5个通知，并进一步加强评标区域通信工具的管理控制。　　　　　（邵小淳）

【加强招标知识积累】 2018年，宝华招标的货物招标部完成38份典型案例分析和阶段性总结，完善27类货物的分享报价表模板，探索和积累多基地集中招标模式，满足客户的个性化需求。工程和服务招标部撰写各类论文等33篇，系统梳理工程招标中的难点并制定对策，包括《拆除和资产处置的招标方案》《上海市各种评标办法的应用》《上海市电子招投标系统应用》等。通过内网、微信公众号等多种媒体平台发布最佳实践者案例20余例。　　　　　（耿晖）

【宝华招标大事纪要】

3月7日，宝华招标通过ISO 9001：2015质量管理体系认证。

5月9日，宝华招标获中国采购与招标网评选的"年度中国招标代理机构综合实力百强"称号。

5月10日，宝华招标获上海市合同信用促进会评选的"2016—2017年度上海市守合同重信用企业""2016—2017年度合同信用等级3A"称号。

6月12日，宝华招标获"2018上海电子商务'双推'创新服务平台"称号。

8月24日，宝华招标与中钞油墨有限公司签订3年期招标代理协议。

10月12日，宝华招标获中国互联网协会、上海市宝山区经济（信息化）委员会、中国产业互联网创新实践区建设领导小组办公室和中国产业互联网促进中心评

选的"宝山区产业互联网创新示范企业"称号。

12月17日，宝华招标电子招投标系统通过中国网络安全审查技术与认证中心的电子招投标系统交易平台（EBS）年度认证。

12月20日，宝华招标获中国招标投标协会评选的"2018年新时代中国招标投标行业理论研究与实践创新征文活动"优秀组织奖。　　　　　（邵小淳）

## 宝武集团环境资源科技有限公司

2016年12月30日，由中国宝武和宝钢发展有限公司共同出资组建的宝武集团环境资源科技有限公司（简称宝武环科）注册成立，注册资本5亿元。2017年3月7日正式揭牌。宝武环科以固体废弃物资源综合利用及环境保护为基础，是面向工业领域和城市环境污染

第三方治理的专业化平台，主要从事冶金（熔）渣深加工及城市延伸服务、冶金尘泥再利用及城市延伸服务、冶金氧化铁红铁鳞磁材化利用、工业固体废弃物回收处置及城市废弃物协同处置服务、土壤修复和衍生服务及城市危险废弃物集约化处置服务等业务。

2018年，宝武环科实现营业收入46.11亿元、利润5.92亿元。年底，在岗人员（含托管单位）2 841人。　　　　　（郑轩）

【企业负责人简介】 陆熔，1961年7月生，上海人，中共党员，高级工程师，宝武环科党委书记、执行董事。

陈在根，1966年3月生，浙江平湖人，中共党员，高级工程师，宝武环科总经理、党委副书记。　　　　　（郑轩）

【业务整合】 1月1日、7月1日、11月1日，武汉钢铁集团金属资源有限公司、南京梅山冶金发展有限公司资源分公司、武汉钢铁集团鄂

2018年1月1日，宝武环科与武钢有限签署协议，武汉钢铁集团金属资源有限公司管理关系调整至宝武环科　　　（鲍环摄）

城钢铁有限责任公司资源利用部管理关系分别调整至宝武环科。年底，宝武环科与韶关钢铁、八一钢铁签订相关委托管理协议。全年，宝武环科有序推进集团公司相关固体废弃物资源综合利用业务整合工作，初步形成了一总部（上海）、多基地（湛江、武汉、鄂州、南京等）的发展格局，提升公司经营规模以及市场竞争力。 （郑　轩）

【环保项目】 2018年，宝武环科新建一批固体废弃物处置生产线，使宝钢股份直属厂部资源利用率达到98%。4月，建成投运机械混匀返烧结处理线，通过将水处理污泥（低锌）与渣铁粉混匀后返烧结处置利用，打通了水处理污泥（低锌）厂内协同处置路径；8月，建成投运热脱附预处理线，通过热脱附工艺处置冷轧浮渣污泥和冷轧生物污泥；9月，在干煤棚建成投运PC铁质校正料混匀生产线，满足低铁冶金尘泥的合规处置利用；下半年，完成危险废弃物焚烧炉系统消缺改善，提高了焚烧危险废弃物的能力，确保危险废弃物焚烧全过程的环保达标。 （郑　轩）

【产城融合】 2018年，宝武环科建设小微企业危险废弃物管理服务平台，提供危险废弃物收集、贮存、检测、现场优化设计、整理服务等危险废弃物处置全流程服务。年内，客户数量快速增长，与220家产废单位签订300吨危险废弃物收集合同，有效解决了上海市宝山区企业危险废弃物储存、处理难点。同时，利用钢铁主业的装备优势，利用回转窑和转炉协同处置各类危险废弃物，协助宝钢股份取得上海市生态环境局核发

的1万吨/年危险废弃物焚烧业务和3万吨/年废油漆桶业务经营许可证，全年处置社会危险废弃物1万吨。 （郑　轩）

【产业合作】 2018年，宝武环科与浙江省温州市就温州市环境发展有限公司股权收购项目合资合作所涉重大事项进行协调沟通，形成《温州市环境发展有限公司合资工作推进会备忘录》。与四川一名微晶科技股份有限公司、隆德资产管理有限公司签署《关于微晶绿色循环产业项目战略合作框架协议》，推进以宝武环科冶金固体废弃物为主要原料生产微晶玻璃的产业化工作。与深圳市中金岭南有色金属股份有限公司签订《框架合作协议》，双方在技术上深度合作，树立“黑色＋有色＋城市矿产”金属循环冶炼典范，打造国家城市矿产综合利用示范工程。 （郑　轩）

【产业基金项目】 2018年，宝武环科与金融板块的华宝（上海）股权投资基金管理有限公司开展深度合作。通过产业基金平台，联络启迪科技服务有限公司、上海电气环保集团、北京东方园林环境股份有限公司等相关环保产业集团，展开业务交流，考察、筛选多项固体废弃物项目及危险废弃物项目，助推宝武环科外部市场拓展。 （郑　轩）

【人力资源管理】 2018年，宝武环科通过人员转岗和岗位退出等人事效率提升方式，全年精简在岗人员174人。制定“四位一体”（管理、技术、业务、操作）人才培养方案，并制定培养计划。加大优秀年轻干部培养力度，通过社会招

聘引进专业人才6人。参与上海不锈产业结构调整、员工转型发展工作，招聘宝钢不锈员工32人。 （郑　轩）

【宝武环科大事纪要】 1月1日，武汉钢铁集团金属资源有限公司管理关系调整至宝武环科。

2月28日，宝武环科与四川一名微晶科技股份有限公司、隆德资产管理有限公司签署《关于微晶绿色循环产业项目战略合作框架协议》。

3月16日，宝武环科召开2018年度党风廉政建设和反腐败工作会议。

3月22日，宝武环科召开2018年度管理研讨会。

6月27日，宝武环科与梅钢公司签署南京梅山冶金发展有限公司资源分公司委托管理协议，南京梅山冶金发展有限公司资源分公司由宝武环科托管。

7月1日，南京梅山冶金发展有限公司资源分公司管理关系调整至宝武环科。

7月11日，宝武环科优化冶金尘泥再利用业务管理方式，组建转底炉事业部。

7月16日，宝武环科与深圳市中金岭南有色金属股份有限公司签订框架合作协议。

9月21日，宝武环科召开第一次党员代表大会、首届二次职工代表大会。

10月30日，宝武环科与鄂城钢铁签署武汉钢铁集团鄂城钢铁有限责任公司资源利用部委托管理协议，武汉钢铁集团鄂城钢铁有限责任公司资源利用部由宝武环科托管。

11月1日，武汉钢铁集团鄂城

2018年9月21日，宝武环科召开第一次党员代表大会 （郑 轩摄）

钢铁有限责任公司资源利用部管理关系调整至宝武环科。

同日，宝武环科优化湛江地区相关分（子）公司管理体系，调整宝武环境科技湛江有限公司管理关系，成立宝武环科湛江地区工作协调办公室。

11月28日，宝武环科与武汉钢铁（集团）公司实业公司签署武汉冶金渣环保工程有限责任公司委托管理协议，武汉冶金渣环保工程有限责任公司由宝武环科托管。

12月1日，武汉冶金渣环保工程有限责任公司管理关系调整至宝武环科，并委托武汉钢铁集团金属资源有限责任公司管理。

12月6日，宝武环科与韶关钢铁签署广东华欣环保科技有限公司委托管理协议，广东华欣环保科技有限公司由宝武环科托管。

12月28日，宝武环科与八一钢铁签署新疆互力佳源环保科技有限公司委托管理协议，新疆互力佳源环保科技有限公司由宝武环科托管。 （郑 轩）

## 宝武环科下属子公司（含托管单位）一览表

| 公司名称 | 地　址 | 注册资本金 | 主要经营范围 | 持股比例 | 在岗员工（人） |
|---|---|---|---|---|---|
| 武汉钢铁集团金属资源有限责任公司 | 湖北省武汉市青山区工人村路特1号 | 11 825万元 | 黑色、有色金属材料加工、销售，钢铁渣开采及加工销售，金属材料、钢材、汽车零配件销售，金属制品加工、销售，再生资源回收、加工、综合利用与产品研发、销售，机械制造及维修，金属铸锻加工、汽车零部件及配件制造、销售，非金属矿物制品制造、销售，通用零部件制造及机械（不含特种设备）修理，机械设备租赁，工程和技术研发，技术推广服务，金属废料和碎屑加工处理、非金属废料和碎屑加工处理、销售，磁性材料加工制造、销售及其专业技术服务，粉末冶金制品制造、销售及其专业技术服务，货物进出口、技术进出口、代理进出口（不含国家禁止或限制进出口的货物和技术），报废汽车回收、拆解 | 宝武环科51%，武钢有限49% | 838 |
| 上海宝钢新型建材科技有限公司 | 上海市宝山区蕰川路5075号 | 43 749.617 5万元 | 在新型建材科技专业领域内从事技术开发、技术咨询、技术转让、技术服务，再生资源回收、加工、销售，在环保科技领域内从事技术开发、技术咨询、技术转让、技术服务，从事货物及技术的进出口业务，建材、化工原料销售，装卸服务，冶金渣综合利用及采购销售 | 宝武环科80.000 7%，建银城投（上海）绿色环保股权投资有限公司17.482 5%，上海建科科技投资发展有限公司2.516 8% | 474 |

（续　表）

| 公司名称 | 地　址 | 注册资本金 | 主要经营范围 | 持股比例 | 在岗员工（人） |
|---|---|---|---|---|---|
| 上海宝钢磁业有限公司 | 上海市宝山区宝杨路2029号 | 5 300万元 | 磁性材料、电子元器件制造加工，金属材料、化工原料（除专项规定）、建材批发零售，本企业自产的磁性材料、电子元器件及辅料出口，本企业生产、科研所需的原辅材料、机械设备、仪器仪表、零配件、样品进口，冶金辅助设备维修、保养，在磁性材料科技专业领域内从事技术咨询、技术服务，从事资源再生及综合利用科技专业领域内的技术开发、技术咨询、技术转让，从事环保科技专业领域内的技术开发、技术咨询、技术服务、技术转让，开展危险废弃物集中收集贮存工作（限分支机构经营），销售蓄电池（除专项），装卸服务（除危险品及专项规定），自有多余房屋租赁，机械设备租赁 | 宝武环科100% | 203 |
| 宝武集团环境资源科技有限公司工业环境保障（分支） | 上海市宝山区湄浦路330号乙一 | — | 环境保护、治理评价及相关领域内的技术开发、技术服务、技术咨询、技术转让，环保工程：生态修复（除专项）、土壤改良、河道整治、污染场地整治、土壤修复，节能、环保设备及相关材料的研发、租赁与销售，环保产品的生产（限分支机构经营）与销售，再生资源的回收、加工（限分支机构经营）、综合利用与产品研发、销售，危险废弃物经营（涉及许可的按许可证经营），化工原料及产品（除危险化学品、监控化学品、烟花爆竹、民用爆炸物品、易制毒化学品）的销售、生产（限分支机构经营），货物及技术的进出口，土壤及地下水调查，土壤及地下水修复药剂的研发，空气、污水、噪声治理与净化地下水修复，耐火材料制造、加工（限分支机构经营），冶金辅料（除专项）的加工（限分支机构经营）、销售，自有房屋租赁，物业管理 | — | 409 |
| 宝武集团环境资源科技有限公司转底炉事业部（分支） | 上海市宝山区湄浦路337弄10号 | — | 主要负责冶金含铁含锌尘泥以及其他工业领域尘泥资源化再利用的系统解决方案策划与实施 | — | 106 |

（续　表）

| 公司名称 | 地　　址 | 注册资本金 | 主要经营范围 | 持股比例 | 在岗员工（人） |
|---|---|---|---|---|---|
| 上海宝发环科技术有限公司 | 上海市宝山区湄浦路337弄10号 | 2 000万元 | 污染场地修复：土壤及地下水调查、技术咨询、修复方案设计、工程专业承包等。装备成套开发：Geoprobe钻机、土壤筛分破碎设备、土壤深度处理设备、气相抽提系统设备等环保设备及相关材料的研发、租赁与销售。环境修复药剂：高级氧化剂、固化剂、调理剂等土壤及地下水修复药剂的研发与销售。生态修复治理：河湖整治、土壤改良、废弃物处理处置等系统解决方案 | 宝武环科60%,上海环境科学研究院40% | 15 |
| 南京梅宝新型建材有限公司 | 江苏省南京市中华门外新建 | 10 919万元 | 矿渣微粉生产,矿渣及其产品、建筑材料销售,粉末冶金销售,电子专用材料制造、销售,非金属矿及制品销售,金属废料和碎屑加工处理,非金属废料和碎屑加工处理,再生物资回收与销售,有色金属销售,金属原料及制品、金属结构制造、销售,线路、管道和设备安装,钢材、机械加工,设备维修,提供劳务服务（不含涉外劳务） | 南京梅山冶金发展有限公司51%,上海宝钢新型建材科技有限公司49% | 227 |
| 武汉钢铁集团鄂城钢铁有限责任公司资源利用部 | 湖北省鄂州市鄂城区 | — | 冶金副产品的水渣、钢渣、除尘灰（泥）、废耐材、脱硫石膏及矿粉的生产与销售,汽车装卸运输、仓储服务,建筑材料、冶金辅助材料加工与销售,工业技术开发、咨询服务,冶金矿产品和钢铁延长产品 | 鄂城钢铁100% | 63 |

（郑　轩）

# 上海宝信软件股份有限公司

上海宝信软件股份有限公司（简称宝信软件）前身可追溯到宝钢自动化部（1978年）；2000年4月18日，上海宝钢信息产业有限公司成立，并吸收合并上海宝钢软件有限公司、上海宝钢计算机系统工程有限公司等宝钢集团旗下的信息产业资产；2001年4月，上海宝钢信息产业有限公司通过与上海钢管股份有限公司整体资产置换上市，并更名为上海宝信软件股份有限公司；2005年，宝钢集团将其所持全部宝信软件股权转让给宝钢股份。截至2018年12月31日，公司总股本为877 307 886股，其中：境内上市人民币普通股（A股）648 507 886股（其中有限售条件股份为7 678 056股），境内上市外资股（B股）228 800 000股。

2018年，宝信软件实现销售收入54.71亿元，归属于上市公司股东的净利润6.69亿元。年底，在册员工4 906人，在岗员工4 834人。

（原秀芳）

【企业负责人简介】　夏雪松，1970年12月生，江苏金湖人，中共党员，宝信软件党委书记、董事长。

朱湘凯，1968年12月生，河北沧州人，中共党员，高级工程师，宝信软件总经理、党委副书记。　（原秀芳）

【第八届董事会第十七次会议】　2月7日，宝信软件召开第八届董事会第十七次会议，审议通过《修改公司章程部分条款的议案》和

2018年10月16日，宝信软件互联网数据中心外景 　　　　　　　　　　　　　　　　　　　　（包　原摄）

《调整宝信软件转债转股价格的议案》。　　　　　　　　（邵向东）

【第八届董事会第十八次会议】3月16日，宝信软件召开第八届董事会第十八次会议，审议通过《2017年度董事会工作报告的议案》《2017年度报告和摘要的议案》《高管绩效考核及薪酬方案执行情况的议案》《修改总经理工作规则部分条款的议案》等。
　　　　　　　　　　　　（邵向东）

【第八届董事会第十九次会议】4月20日，宝信软件召开第八届董事会第十九次会议，审议通过《2018年第一季度报告的议案》。
　　　　　　　　　　　　（邵向东）

【第八届董事会第二十次会议】5月29日，宝信软件召开第八届董事会第二十次会议，审议通过《公司董事变更的议案》《审计委员会委员变更的议案》《提议召开2018年第一次临时股东大会的议案》。（邵向东）

【第八届董事会第二十一次会议】6月12日，宝信软件召开第八届董事会第二十一次会议，审议通过《赎回全部已发行可转换公司债券的议案》。　　　　　（邵向东）

【第八届董事会第二十二次会议】8月16日，宝信软件召开第八届董事会第二十二次会议，审议通过《2018年半年度报告的议案》《注销山东分公司的议案》《调整限制性股票计划激励对象的议案》等。　　　　　　　（邵向东）

【第八届董事会第二十三次会议】9月28日，宝信软件召开第八届董事会第二十三次会议，审议通过《转让外服宝信股权的议案》。　　　　　（邵向东）

【第八届董事会第二十四次会议】10月15日，宝信软件召开第八届董事会第二十四次会议，审议通过《减资退股华谊信息的议案》。　　　　　（邵向东）

【第八届董事会第二十五次会议】10月26日，宝信软件召开第八届董事会第二十五次会议，审议通过《2018年第三季度报告的议案》。　　　　　（邵向东）

【行业地位和品牌形象提升】2018年，宝信软件跻身"2018年度中国软件和信息技术服务综合竞争力百强榜单"，位列第十九名；被中国软件行业协会授予"2018年中国软件行业最具影响力企业"称号；获"2018年度信息系统集成及服务行业大型骨干企业"称号；获上海市五一劳动奖状。作为长江三角洲首批工业互联网平台公司，与中国信息通信研究院签署《长江三角洲地区推进工业互联网平台集群联动战略合作框架协议》；成功申请工业和信息化部钢铁行业工业互联网平台试验测试项目。宝信软件测评中心通过新一轮中国合格评定国家认可委员会（CNAS）认可。宝信软件总经理朱湘凯被评为"2018年中国软件行业卓越优秀企业家"。

（原秀芳）

【滚动编制新一轮战略规划】 2018年，宝信软件以业务聚焦和提升核心竞争力为导向，组织各业务单元按照存量业务、增量业务和种子业务3个维度梳理现有业务，明确各类业务的定位和发展方向，编制形成业务发展规划，更加聚焦行业、聚焦市场、聚焦客户。在此基础上，完成《宝信软件2019—2021年战略规划》的滚动编制，明确宝信软件在中国宝武产业布局中的战略定位——协同构建钢铁生态圈，成为中国宝武信息技术服务产业发展的专业化平台。 （原秀芳）

【托管武钢工程】 根据集团公司专业化整合聚焦融合工作的总体安排，3月31日起，武汉钢铁工程技术集团有限责任公司（简称武钢工程）由宝信软件委托管理。年内，双方积极开展业务沟通，推进机构扁平化、经营实体化，建立管理对接体系和业务协同推进机制，实现深度融合、优势互补，发挥协同效应。 （原秀芳）

【推进中国宝武信息化整合】 2018年，宝信软件完成中国宝武经营管控系统（智慧办公、人力资源系统、标准财务系统）全面覆盖武钢集团工作；完成武钢有限新制造管理、运输管理、设备管理、铁区资源管理、能源管理等多个系统的上线投运，实现上下游工序、各部门、各厂部、各岗位间的业务协同，推动武钢有限的管理优化和流程再造；承接的中国宝武经营管控系统覆盖鄂城钢铁，鄂城钢铁智能制造改造项目、基础自动化改造系统和

基础自动化改造辅助业务系统等25个系统年底上线投运。

（原秀芳）

【推进智慧制造】 2018年，宝信软件协助制订《中国宝武智慧制造行动方案（2018—2020年）》，开展智慧制造最佳实用技术的申报和筛选工作，推进智慧制造成熟技术在中国宝武的推广；完成钢铁全流程智能车间解决方案策划，辅助宝钢股份、集团公司内其他制造单元编制智慧制造规划和三年行动计划。 （原秀芳）

【推进智能装备工作】 2018年，宝信软件推动生产线与仓储自动化、少人化。机器人从"一机一能"向"一机多能"转变，性价比和适应性提升；单体机器人应用逐步向生产线机器人解决方案发展，宝钢股份冷轧厂008机组与精整机组、宝日汽车板精整机组入口出口自动化改造项目进入试生产阶段；移载机器人（AGV）应用于宝钢股份三号高炉炮泥自动运输等场地，减轻操作工的劳动负荷。 （原秀芳）

【推进智能仓储建设】 2018年，宝信软件承建的宝钢股份成品智能仓库（滩涂库一期）项目投运后，自动化作业率大于99.7%；宝钢股份5米宽厚板板坯库、湛江钢铁1550冷轧生产线轧后库等无人化改造项目投运，运行自动化率99%以上；宝钢股份智能化料场建设（第一步）项目、梅钢公司铁前原料智慧化项目有序推进，堆取料无人化等功能模块上线，数字化料场初具模型；表面缺陷检测装置已完成升级换代，在宝钢股份冷轧和硅钢得到广泛应用；自主研发的无人化框

架车进入路试阶段。 （原秀芳）

【建设智能工厂】 2018年，宝信软件开发工厂级集中监控平台，将工厂原有的生产信息、质量信息、能介信息、设备信息、成本信息、人员信息等以更直观、更及时、更高效的方式集成在一起，构建数字化工厂；参与宝钢股份C008冷轧智能车间、高炉集控中心、硅钢四期集控中心等项目建设，确保按节点推进。 （原秀芳）

【实施智慧运营】 2018年，宝信软件承建的宝钢股份多基地、扁平化集成制造管理系统完成对武钢有限的覆盖，钢铁行业智慧物流解决方案应用在湛江钢铁冷轧钢制品物流管控；通过建设中国宝武"互联网＋"应用系统服务平台（BDAS），满足集团公司监管系统及运营共享系统要求；基于"宝之云"进行运营数据挖掘，初步建立"宝之云"关键业务指标体系。 （原秀芳）

【做好技术储备】 2018年，宝信软件初步形成依托"宝之云"平台、基于宝信软件大数据平台（xInsight）的工业互联网架构，承接2018年工业和信息化部钢铁行业工业互联网平台试验测试项目；加强与百度云、美国英特尔公司等业界知名厂商的合作交流，探索拓展人工智能、大数据、云计算及物联网等技术在钢铁全产业链场景的应用，储备智慧制造整体解决方案技术。 （原秀芳）

【拓展新市场】 2018年，宝信软件在钢铁行业信息化、自动化领域，凭借多年良好的服务和技术积累，成功签约实施一批重大项目，进一

中国宝武钢铁集团有限公司年鉴（2019）

步巩固了行业优势地位。依托钢铁行业智慧制造的示范效应，无人化业务在有色、离散行业取得突破；以大型企业电商平台建设为标志，开辟出非钢领域"互联网＋电商"的市场格局；进一步巩固并扩大了以政企客户需求为核心的云服务业务。 （原秀芳）

【技术创新成果】 2018年，宝信软件获发明专利授权16件，软件著作权登记53件，软件产品登记95件。申报多项国家级重点资助项目，包括工业和信息化部的钢铁行业工业互联网平台试验测试项目、面向特定行业应用的专业性信息物理系统测试验证床建设项目及科技部的长江三角洲城市综合科技平台研发与应用示范项目等。
（原秀芳）

【优化综合管理】 2018年，宝信软件打造规范性、统一性、有效性、可执行性的高标准管理体系，提升经营服务质量。通过优化过程管理制度，初步建成具有行业特点的质量管理体系；开发信息系统集成平台，支撑管理文件的审批、发布、授权、版本控制等工作；广泛应用运维服务标准管理体系。健全阳光采购工作体系，项目化推进阳光采购工作，延伸至各分（子）公司。采用月度跟踪、专项推进等措施压控"两金"，重点关注逾期应收账款，改善应收款账龄结构；通过分解年度存货管控指标，明确各单元存货责任人与月度存货管控计划，并动态跟踪落实情况，完成压控目标。压减2家参股公司。 （原秀芳）

【宝信软件大事纪要】
1月9日，宝信软件与万郡绿建科技股份有限公司签署合作协议，为满足其"互联网＋绿色建筑"生态融合，打造建筑全产业链互联网生态圈提供技术支持。

1月，宝信软件入选中国软件行业协会"2017年中国最具影响力软件和信息服务企业"。

同月，宝信软件获中国电子信息行业联合会"2017年中国信息技术服务优秀品牌领军企业"称号。

2月，宝信软件入选上海市信息安全行业协会"2018年度上海市网络与信息安全服务推荐单位"。

同月，宝信软件中标浙江省温州市轨道交通工程资源管控一体化平台项目，为温州市铁路与轨道交通投资集团有限公司构建"资产一体化"管控平台。

3月15日，宝信软件开发的"宝信集成制造管理软件V1.0""宝信全氢罩式炉信息监控软件V1.0"入选上海市经济和信息化委员会支持目录。

3月，宝信软件与浙江省温州市铁路与轨道交通投资集团有限公司签订战略合作协议。

4月，在第七届中国智能交通市场年会上，上海宝康电子控制工程有限公司获"2017年中国城市智能交通市场系统集成商业绩十强"和"2017年中国交通视频监控行业十大优秀企业"称号。

同月，宝信软件被上海市总工会授予上海市五一劳动奖状。

同月，宝信软件被上海市浦东新区人民政府授予"2017年经济突出贡献奖"。

5月25日，宝信软件测评中心通过新一轮中国合格评定国家认可委员会（CNAS）认可，拥有对外开展软件测试的实力和资质，可代表第三方提供客观的软件测试及咨询，可出具认证的软件测试报告。

5月28—30日，上海宝康电子控制工程有限公司参加第十二届中国国际智能交通展览会，动态可变车道解决方案在"智能交通杯"系列奖项评选活动中获"优秀解决方案奖"。

5月，宝信软件与上海申通地铁股份有限公司等单位联合申报的"城市轨道交通非正常运营安全保障关键技术研究与应用"项目，获上海市科学技术奖二等奖。

6月，中国电子信息行业联合会发布2018中国软件和信息技术服务综合竞争力百强企业，宝信软件名列第十九位。

同月，宝信软件中标上海市轨道交通14号线综合监控系统项目，这是公司承接的首个"车辆—信号—综合监控"3个关键系统高度关联的无人驾驶项目，其中的车载综合监控系统为国内首创。

同月，宝信软件承办轨道交通综合监控国家标准研讨暨发布会，公司作为编委单位之一的《城市轨道交通综合监控系统工程技术标准》正式颁布。

7月，宝信软件承接的江西省南昌轨道交通一号线一期工程获"2016—2017年度国家优质工程金质奖"。

8月31日，上海宝康电子工程控制公司为中国国际进口博览会核心区域安装视频监控系统1万套前端摄像机，并进入优化调试及试运行阶段。

8月，宝信软件被中国软件行业协会评为"2018十大创新软件

248

企业"和"2018创新云服务平台"。

同月，宝信软件开发的山东省青岛地铁运营施工调度管理系统获2018年中国轨道交通设备管理创新成果二等奖。

9月13—15日，宝信软件参加第十届国际发明展览会，获1项金奖、1项铜奖。

9月，宝信软件入选上海市设备管理协会评选的"2018年度上海市设备维修行业50强企业"。

10月25—26日，宝信软件开发的"宝信制药MES V2.0""宝信制药LIMS V1.0"2项产品亮相中国医药首席信息官峰会。

10月，"宝之云"互联网数据中心一期项目通过国际管理与运行体系（Uptime M&O）复核认证，成为国内第三个通过复审认证的数据中心。

同月，宝信软件名列2018上海软件企业规模百强第六位。

同月，宝信软件承接的港珠澳大桥综合监控项目通过验收。

11月28日，宝信软件中标上海崇明政务云灾备平台建设项目。

11月30日，宝信软件与江苏苏州隆兴供应链管理有限公司在苏州举行签约仪式，为其建设钢材供应链管理平台。

11月，上海宝立自动化工程有限公司开发的"宝立冷轧机18辊侧辊控制软件V1.0""宝立18辊自动厚度控制软件V1.0"入围2018年上海市首版次软件产品专项支持名单。

12月6日，申虹集团交通中心建设发展有限公司召开首届中国国际进口博览会保障表彰大会，宝信软件虹桥枢纽项目部受到表彰，李晨光被授予"进博保障十佳服务明星"称号。

12月12日，宝信软件首个异地服务交付中心——鄂城钢铁运维服务中心正式成立。

12月25日，宝信软件召开工业互联网平台测试验证项目启动会。

12月26日，宝信软件承接的山东省青岛市地铁13号线开通，是公司首个整线应用轨道交通能源管理系统与节能系统的地铁项目。

12月，宝信软件开发的浙江省国家水资源监控能力建设项目——水资源监控信息管理平台通过验收，在全国率先实现省、市、县水资源管理网上业务办理。

同月，在中国软件行业协会组织的2018年度推广优秀软件产品活动中，宝信软件申报的轨道交通综合监控平台软件（iRail）、大数据应用开发平台软件（xInsight）、分布式高性能实时数据库软件（iHyperDB）3项产品被评为"2018年度优秀软件产品"。

（原秀芳）

### 宝信软件下属分公司及控股子公司一览表

| 公司名称 | 地址 |
| --- | --- |
| 南京分公司 | 江苏省南京市雨花台区雄风路333号梅山商业广场6楼 |
| 宁波分公司 | 浙江省宁波北仑明州路731号长江国际大厦A座17楼1701—1709室 |
| 海盐分公司 | 浙江省海盐县武原镇海丰西路218号 |
| 北京分公司 | 北京市朝阳区建国门外大街丙12号宝钢大厦7A |
| 西安分公司 | 陕西省西安市高新技术产业开发区科技二路77号西安光电园A403室 |
| 深圳分公司 | 广东省深圳市高新区科技南十二路长虹科技大厦12楼1206—1207室 |
| 广州分公司 | 广东省广州市南沙区万顷沙镇粤海大道九涌段出口加工区管委会411室 |
| 湛江分公司 | 广东省湛江市东海岛镇海天路11号2楼205、206、207室 |
| 厦门分公司 | 福建省厦门市软件园观日路44号2层D、E、F、G单元 |
| 成都分公司 | 四川省成都市高新区世纪城南路599号天府软件园D区6号楼503室 |

（续　表）

| 公司名称 | 地　址 |
|---|---|
| 重庆分公司 | 重庆市渝中区大坪龙湖时代天街3号写字楼32—5、6、7号房 |
| 上海宝景信息技术发展有限公司 | 上海市宝山区化成路251号4楼 |
| 上海宝康电子控制工程有限公司 | 上海市宝山区杨行工业园区锦富路298号 |
| 日本宝信株式会社 | 日本东京中央区新川1-24-12上海国际大厦5楼 |
| 上海梅山工业民用工程设计研究院有限公司 | 上海市宝山区友谊路910弄3号 |
| 宝信云计算（重庆）有限公司 | 重庆市两江新区互联网产业园12号楼19层 |
| 宝信软件（成都）有限公司 | 四川省成都市金牛区环交大智慧城二环路北一段111号西南交通大学创新大厦25楼2516 |
| 大连宝信起重技术有限公司 | 辽宁省大连市甘井子区汇贤街19号 |
| 上海宝立自动化工程有限公司 | 上海市宝山区同济路1118号南楼 |
| 上海宝信数据中心有限公司 | 上海市宝山区川纪路500号 |
| 新疆宝信智能技术有限公司 | 新疆维吾尔自治区乌鲁木齐市头屯河区八一路372号 |
| 上海地铁电子科技有限公司 | 上海市徐汇区老沪闵路1号上海轨道交通梅陇基地3号楼 |

（原秀芳）

编辑：张　鑫

13

城市服务业

# 城市服务业

## 城市新产业发展中心

城市新产业发展中心聚焦发展产业园区，催生配套的城市新产业，创新"厂区—园区—城区"协同发展新模式。下设规划管理与项目策划、投资管理与资本运作、资产管理与运营评价3个业务模块。2018年底，有员工12人，其中硕士以上学历11人。　（宋忠敏）

【产业园区战略布局】 2018年，城市新产业发展中心积极推进产业园区业务战略布局，推动业务向纵深发展。7月4日，中国宝武和上海市政府签署《加强全面合作，推进吴淞地区整体转型升级合作协议》，吴淞地区转型取得实质性进展，为不锈钢、特钢生产基地转型发展奠定了基础。11月12日，中国宝武和武汉市政府在武汉签署《中国宝武武汉总部高质量发展战略合作协议》，为武钢集团转型发展创造良好条件。11月30日，中国宝武与江苏省人民政府签署《江苏省人民政府、中国宝武钢铁集团有限公司战略合作协议》，与南京市人民政府签署《江苏省南京市人民政府、中国宝武钢铁集团有限公司关于梅钢区域转型发展战略合作协议》，共同推进宝钢股份梅钢区域产业转移和转型发展。这些协议以"统一规划、政企合作"为主线，为中国宝武在上海市、武汉市、南京市的存量土地转型发展创造有利条件。　（宋忠敏）

【专业化聚焦工作】 2018年，城市新产业发展中心各对口子公司专业化聚焦工作：武钢集团把企业治理、人力资源管理、法务、财务等聚焦到城市新产业上，逐步建立与城市新产业发展相适应的考核、评价、分配新机制；吴淞口创业园"Wesocool"孵化器被评为上海十大孵化器；宝地资产试点推行市场化薪酬机制；宝钢发展逐步转型到以产业园区为主业的全新公司；酝酿成立新疆宝地产城发展有限公司，作为城市新产业运作平台，聚焦八一钢铁存量土地开发。

（宋忠敏）

2018年9月28日，上海宝地上实产城发展有限公司揭牌成立　　（施　琮摄）

【项目化管理工作】　2018年，城市新产业发展中心通过"搭平台、招团队、推项目"方式推进对口子公司项目化管理工作。武钢集团推动45项内部改革，在集团公司内树立了榜样。9月20日，集团公司决定，宝山罗泾地块由宝钢发展有限公司开发，成立专业项目团队，拉开罗泾地块转型开发的序幕。9月28日，成立上海宝地上实产城发展有限公司和上海宝地临港产城发展有限公司两家合资公司，作为不锈钢、特钢地块转型开发的平台公司，引领吴淞区域专业化、项目化转型开发。12月，集团公司同意成立武钢大数据产业园有限公司，分期建设武钢大数据产业园互联网数据中心（IDC）项目。　　（宋忠敏）

【互联宝地东区开园】　9月，互联宝地·上海"互联网＋"产业园（简称互联宝地）东区开园，启动创意办公。互联宝地按照"规划引领、环境优先、配套支撑、分布招商"的指导思想，以"互联网＋"为主导产业，集聚发展互联网金融、智慧城市、数字新媒体、工业4.0等

核心产业，完善交通设施、生活休闲、商业娱乐、商务服务等配套功能。年底，经与上海市杨浦区政府沟通协调，《互联宝地二期项目控制性详细规划实施深化任务书》获得上海市规划与自然资源局的批复。　　（宋忠敏）

【武钢大数据产业园项目建设】　12月，集团公司同意成立武钢大数据产业园有限公司，分期建设武钢大数据产业园互联网数据中心（IDC）项目。武钢大数据产业园项目投资22亿元，按照"统一规划、分步建设"的原则，分三期建设，计划2019年底第一阶段2000个机柜投运，2021年底第二阶段6000个机柜投运，2023年底第三阶段1万个机柜投运。　　（宋忠敏）

【东湖网谷产业园（武钢）项目建设】　12月27日，东湖网谷产业园（武钢）项目存量改造部分建成投运，东湖网谷产业园启动区满租开园。东湖网谷产业园（武钢）项目总投资5亿元，园区建筑面积约9万平方米，新建部分预计3年内建

成投运。　　（宋忠敏）

【长租公寓建设与开发】　2018年，中国宝武将整片存量土地进行转型开发，建设长租公寓。上海市虹口区广粤路持有租赁住宅项目开发建设立项，总建筑面积5.91万平方米；月浦庆安路炮库地块获得租赁住宅建设用地土地权属，土地面积2.64万平方米，计算容积率建筑面积5.29万平方米。宝地资产利用存量资源发展长租公寓，至年底已开发11万平方米寓舍，开业累计超过1000间，开业及筹备在建总规模共计3400间。　　（宋忠敏）

【资产专业化整合和管理】　2018年，城市新产业中心开展专业化整合与管理工作，优化物业资产管理关系，以提高物业资产运营效率。宝武大厦、广州宝地移交宝地资产进行专业运营管理；宝钢大厦委托宝地资产进行专业改造、运营，年底完成改造。　　（宋忠敏）

【探索不同法人之间土地开发盘活问题】　2018年，城市新产业中心探索不同法人之间的土地盘活问题。宝武管理学院四元路19号项目委托宝钢发展有限公司管理，宝钢股份罗泾区域地块委托宝钢发展有限公司进行管理和开发，宝武（常熟）领导力发展中心由宝钢发展有限公司运营。　　（宋忠敏）

【商业化项目拓展】　2018年，城市新产业中心着力推进子公司商业化项目。宝地资产的佘山项目一期（住宅开发）按计划推进，至年底，具备开盘出售的条件。武汉汉阳钢铁存量土地盘活方案通过审核，开展前期准备工作。武汉汉阳

钢铁存量土地盘活项目占地50.74万平方米,规划计算容积率建筑面积84万平方米,包括住宅、商业、办公、酒店、公寓等。　(宋忠敏)

【提升总部资产效率】 集团公司总部的资产收益主要来源于宝钢股份、宝武炭材等子公司的土地、房屋租赁收入。2018年,城市新产业发展中心对集团公司总部的土地房屋资产租赁合同进行全面梳理,全年集团公司直接管理的土地、房屋租赁总收入3.02亿元。　(宋忠敏)

## 中国宝武武汉总部/武钢集团有限公司

武钢集团有限公司(简称武钢集团)的前身是新中国成立后兴建的第一个特大型钢铁联合企业——武汉钢铁公司,坐落在湖北省武汉市东郊、长江南岸,于1955年开始建设,1958年9月13日建成投产,是中国重要的优质板材生产基地。1992年11月21日,武汉钢铁公司更名为武汉钢铁(集团)公司,并组建以武汉钢铁(集团)公司为核心的企业集团。2016年9月14日,国务院国资委下发《关于宝钢集团有限公司与武汉钢铁(集团)公司重组的通知》,决定宝钢集团有限公司与武汉钢铁(集团)公司实施联合重组。宝钢集团有限公司更名为中国宝武钢铁集团有限公司,作为重组后的母公司。武汉钢铁(集团)公司整体无偿划入,成为其全资子公司。2017年11月15日,武钢集团有限公司完成工商登记,由全民所有制企业改制为有限责任公司。

2018年,武钢集团实现营业收入387.35亿元,利润总额3.97亿元。年底,在册员工20 771人,在岗员工11 831人;下属实业公司、北湖经济开发公司及武钢资源下属8家集体企业在册员工15 874人,其中在岗员工13 330人。
　(张　君)

【企业负责人简介】 郭斌,1971年8月生,山东青岛人,中共党员,工程师,中国宝武武汉总部负责人,武钢集团党委书记、执行董事。

周忠明,1965年2月出生,湖北浠水人,中共党员,高级经济师,武钢集团总经理、党委副书记(2018年8月任职)。　(张　君)

【战略规划管理】 2018年,武钢集团编制《武钢集团有限公司战略规划(2018—2023)》,对武钢集团下属产业的现状、定位、发展目标、发展战略及路径进行梳理。年内,武钢集团重新梳理主业构成,编制完成《武钢集团有限公司滚动规划(2019—2021)》,提出:今后3年,武钢集团聚焦城市新产业,以"从厂区到园区到城区,从资源到资产到资本"为发展主线,加速推进不动产项目开发,加快城市新产业体系能力建设。　(詹婷婷)

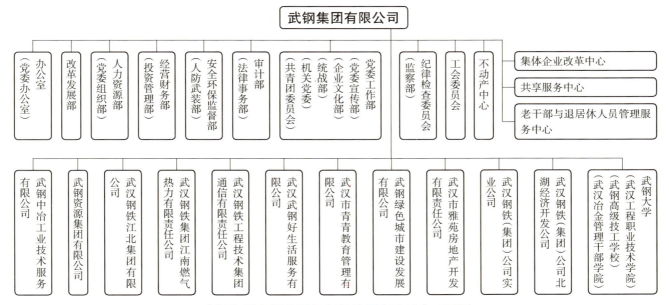

武钢集团有限公司组织机构图(2018年12月)

【广西钢铁管理权移交柳钢集团】 2月26日，武钢集团与柳钢集团签署重组广西钢铁集团有限公司（简称广西钢铁）协议。协议约定：以广西钢铁估值为基础，在不考虑土地使用权评估增值情况下的资产总额107.09亿元、净资产36.38亿元作为重组依据；广西钢铁履行减资程序，由实缴出资32亿元减为20.62亿元，减资额11.38亿元转为对武钢集团债务；柳钢集团作为新股东对广西钢铁增资扩股，认缴注册资本109.38亿元。增资后，广西钢铁注册资本增加至130亿元，柳钢集团占比84.14%，武钢集团占比15.86%。广西钢铁需要在履行完所欠武钢集团全部借款67.646亿元本金及利息后，武钢集团将15.86%股权无偿划转给柳钢集团。6月26日，国务院国资委批准广西钢铁增资扩股方案。7月19日，武钢集团将广西钢铁管理权移交柳钢集团。

（詹婷婷）

【企业变革】 2018年，武钢集团将包括武汉钢铁重工集团有限公司（简称武钢重工）、武汉钢铁（集团）公司北湖经济开发公司（简称北湖公司）、武汉钢铁（集团）公司实业公司（简称武钢实业）等板块的优质资源进行整合，借助中冶宝钢技术服务有限公司先进的管理技术等优势，合资成立武钢中冶工业技术服务公司，再由武钢集团吸收合并武钢重工，并消化武钢重工历史债务、不良资产等问题。4月12日，武钢集团总经理办公会决定调整武钢现代化城市服务（武汉）集团有限公司（简称武钢城服）管理架构，组建若干一级专业公司，提高产业集中度，提升整体竞争力。

（詹婷婷）

【管理变革】 2018年，武钢集团推进下属企业的整合融合工作。武钢集团鄂城钢铁有限公司和武汉钢铁集团耐火材料有限责任公司纳入中国宝武一级子公司管理体系；完成宝信软件对武汉钢铁工程技术集团有限责任公司，宝钢资源对浙江舟山武港码头有限公司和武钢资源集团有限公司境外业务，宝武环科下属宝武环科武汉金属资源有限责任公司对武汉钢铁（集团）公司实业公司下属冶金渣环保公司，武钢有限对武汉钢电股份有限公司，欧冶云商对武汉钢铁集团物流有限公司，韶关钢铁对武钢集团襄阳重型装备材料有限公司的专业化托管；完成宝钢金属对武钢钢铁江北集团有限公司冷弯型钢、金属制品、精密带钢的股权和资产收购。对幼教机构进行改革，组建青青教育管理有限公司，推进幼儿教育产业市场化、专业化运营。深化医疗机构改革，将武钢资源集团有限公司和武汉钢铁江北集团有限公司所属医院相关资产、业务、人员整合进武汉楠山康养有限责任公司，形成武汉楠山康养有限责任公司医、康、养三位一体的产业布局。12月18日，武钢集团与中国诚通控股集团有限公司下属中国健康养老集团有限公司签署武汉楠山康养有限责任公司无偿划转协议，完成武汉楠山康养有限责任公司及所属7家医疗机构划转工作。另外，完成武钢资源集团金山店矿业有限公司灵乡分公司职工医院移交大冶市政府相关工作。

（詹婷婷 黄 河）

【城市新产业】 2018年，武钢集团组建不动产中心，走专业化统一管理、统筹开发的道路，改变了长期资源分散、管理分散、各自低效经营的局面。成立武汉武钢好生活服务有限公司，整合快餐、宾馆等相关业务资源，配套服务不动产资源开发，加快向以"厂区—园区—城区"管理为主的高端园区服务公司转型。武钢绿色城市建设发展有限公司整合原武钢集团旗下绿色环保资源，打造区域领先的绿色技术服务商，明确"立足武汉市海绵城市建设及水环境治理，协同武钢不动产园区开发建设，服务宝武绿色钢厂建设"的市场定位，强化战略营销、精准营销、团队营销，加大市场化、集约化、社会化资源整合力度，全力聚焦目标区位、目标业务和目标项目，在青山海绵城市示范项目基础上，滚动承接东西湖、硚口区海绵城市项目，承接黄石园博园绿色园区项目，承接114街山水雅苑、大数据产业园等武钢不动产开发项目。整合武钢集团燃气资源，拓展增值业务，更好服务民生。整合发展工业技术服务产业，挖掘整合内部资源，组建武钢中冶工业技术服务有限公司。

（詹婷婷）

【压减工作】 2018年，武钢集团完成12家压减任务，其中让渡控股权2家、股权调整1家、清算注销3家、吸收合并2家，无偿划转4家。

（周晟昀）

【"三供一业"分离移交】 2018年，武钢集团完成"三供一业"分离移交、市政社区管理等职能分离移交工作任务。其中，"三供一业"分离移交项目合计14项，涉及供水54 949户、供电26 791户、物业69 882户，合计151 622户；市政社区管理方面涉及道路、桥梁等市政设施41项。

（黄 河）

【**总部机构改革**】 2018年，武钢集团按照"小总部、大产业"定位，着力构建"战略性、专业化、服务型"总部，整合老干部与退居休人员管理服务中心，实施"管办分离"，成立共享服务中心，不再保留人力资源服务中心，总部部门由10个减为9个，职能块由32个减为27个，机关人员由245人减至89人。推进武钢集团厂办集体企业改革工作，12月3日，成立集体企业改革中心。完成中国宝武武汉总部各部门职责与工作机制梳理，与中国宝武各部门和中心的对接等相关事项。 （周晟昀）

【**制度建设**】 2018年，武钢集团进一步完善制度体系，明确各项制度完善工作的责任部门，形成制度建设跟踪督办、动态更新、持续改善的长效机制，并首次将制度完善工作纳入各部门组织绩效评价范畴。全年制（修）订制度39项，其中经营类制度19项。截至年底，武钢集团有制度251项，其中经营类制度180项。 （吴智慧）

【**绩效管理**】 2018年，武钢集团下发《组织绩效评价管理办法》，初步形成组织绩效评价体系。按照《组织绩效评价管理办法》，遵循评价指标定量与定性相结合，制定并下发子公司（18家）、公司总部各单位（13家）组织绩效评价任务书，引导子公司以价值创造为核心，提升盈利能力。 （文 亮）

【**科技创新管理**】 2018年，武钢集团健全技术创新体系，完善技术创新绩效评价体系和子公司技术创新管理制度体系；制定科技发展年度计划，明确8项重点项目，完成研发投入率0.46%、科研直接新增效益1.28亿元、发明专利比例42.5%、科技政策利用624万元等年度指标；组织开展湖北省科技奖申报2项，落实武汉市知识产权奖励补贴10万元。 （文 亮）

【**信息化管理**】 2018年，武钢集团推进信息化建设，落实中国宝武人力资源系统及标准财务系统延伸覆盖工作要求，指导各单位系统上线所需的网络衔接、系统配置等工作。指导子公司申报一批产业发展所必需的信息化支撑项目。组织开展子公司信息化优秀成果申报及评审，武钢资源的"智能调度及无人驾驶技术在井下机车上的应用"项目入选中央企业优秀成果。组织各子公司研究制定智慧制造行动方案。组织开展公司网络安全及保密自查整改，协调武钢有限落实相关工作要求。 （钟祁海）

【**阳光采购**】 2018年，武钢集团推进阳光采购工作。全年网上采购成交金额16.53亿元，网上采购率达到86.3%。 （唐 君）

【**商业计划管理**】 2018年，武钢集团发挥商业计划书目标指引、经营改善功能，促进子企业全面提升经营绩效，全年超额完成25亿元经营目标。组织制定3年任期商业计划，确定首批子企业3年任期目标。加强制造单元成本管理，全年降低成本费用5亿元。以现金流管理和"两金"管理为核心，提升经营质量。全年经营现金流13.89亿元，同比增长98%；组织开展"两金"占用等专项检查，整改问题9项，"两金"周转率较上年优化26%。 （伍 钢）

【**投资管理**】 2018年，武钢集团结合集团公司的战略思路和公司的产业发展布局，从项目立项论证、投资评审、报批决策等方面完善投资管理体系。年内，东湖高新产业园和武钢大数据产业园等转型项目启动；武钢资源集团金山店矿业有限公司"-500米阶段开采工程项目"立项论证实施，为矿山转型创造了条件；一批绿色城市项目获批实施，实现绿色城建业务由冶金工程向绿色城市的转型；焦作物流园作为资源枯竭矿业转型无水港的典型，实现存量产业的快速转型发展。 （伍 钢）

【**优化债务结构**】 2018年，武钢集团通过置换外币贷款，规避汇率风险，在人民币持续贬值期间，置换外币贷款22亿元。调整短期债务结构，全年净减少短期债务66亿元。优化资产负债结构，年底的资产负债率比年初同口径降低0.22%。通过集中归集和配置子企业资金的模式，确保子企业正常生产经营所需的短期资金，实现富余资金的有效运作。清理存量委贷、担保，全年存量委贷净减少近6亿元，担保净减少93亿元。创新长线资金融资模式，通过信托、产业投资基金等为子企业寻求低成本融资方式。 （伍 钢）

【**盘活资产**】 2018年，武钢集团完成8户"僵尸企业"和特困企业治理，完成13.5户参股企业改制。推进内部产业资源整合，完成资产评估备案16件，盘活净资产14.2亿元。完成"三供一业"移交资产划转，落实维修改造资金；组织厂办大集体改革资产清查、审计评估管理等相关工作，完成改革成本初步测算；处理历史债权债务形成净收入0.78亿元；不动产新签订租赁合同每年可收取租金0.17亿元；全年取得资产处置收入10亿元。

（伍 钢）

**【税收及财政支持】** 2018年，武钢集团通过对外协调，争取各项改革事项适用的税收优惠、减免政策。年内，财务部组织江北公司完成武汉钢铁江北集团有限公司武钢汉阳钢厂重大税收筹划，通过吸收合并使税源税盾归于同一主体，实现大额节税；制定重组方案、"三供一业"移交等资产整合过程中相关税收筹划方案，申请办理各类税费减免2.8亿元。全年收到"三供一业"分离移交、特困企业专项治理、厂办大集体等国家专项补助奖补资金8.86亿元，特困企业人力资源优化资金1.38亿元。 （伍 钢）

**【财务信息化建设】** 2018年，武钢集团财务部配合集团公司推进标准财务系统全覆盖，组织62家分、子企业6批次共计800余人次完成标财系统切换、测试、上线等准备工作10余项，完成500余个银行账户和4 000余个供应商客户资料的清理导入。配合国家审计署专项审计和国务院国资委监督三局专项检查，组织问题整改16项，境外项目专项核查15项。组织子企业开展财务基础工作自查及问题整改工作，完成80家子企业、200多家集体企业年度财务决算，做好内退人员费用预留、历史遗留未结算事项清理核销工作；完成188家企业、594个出资人的产权信息登记和16项产权变动登记工作；完成对10余家子企业的会计基础工作检查及问题整改；组织各子企业逐

级逐户开展全国第四次经济普查工作。 （伍 钢）

**【审计监督】** 2018年，武钢集团审计部完成绩效审计、工程审计、房产审计等审计及检查项目11项，发现各类管理问题180个，涉及问题金额28.9亿元，提出审计建议100余条，促进增收节支1 100万元，督促修订完善制度和标准102项；支撑"分离企业办社会职能移交"等工作，完成净资产审计复核项目36个，涉及净资产总额55.13亿元；牵头开展工程项目管理情况专项评估工作，检查涵盖17家单位的24个经营实体。 （江 锋）

**【法务工作】** 2018年，武钢集团法务部为公司32项决策项目提供法律服务，出具97份法律意见书；妥善处理公司21件法律纠纷案件，指导子公司办理案件105件，避免、挽回损失2.1亿元；对20家参股、改制企业使用"武钢"字号情况进行清理，促进"武钢"字号规范使用。 （叶 蕾）

**【安全生产】** 2018年，武钢集团纳入统计的有责安全生产工亡事故1起，造成1名生产协力员工死亡；纳入统计的轻伤事故7起，造成7人轻伤，其中3人为正式员工，4人为协力员工。 （田邻国）

**【能源环保】** 2018年，武钢集团主要污染物二氧化硫、化学需氧量、氮氧化物排放量分别为1 325吨、84吨、1 733吨，万元产值能耗0.95吨标准煤，同比分别下降0.22%、32.25%、5.25%、14.4%。 （田邻国）

**【老干部工作】** 2018年，武钢集团帮扶241名离退休干部及40名离

休干部无工作遗属，发放慰问金31万元；救助困难退休人员2 415名，发放慰问金169.88万元。同时，对贫困离退居休人员家庭及孤寡老人、有困难的共产党员实施走访慰问工作，发放慰问金57.26万元，公司退管系统共慰问生活困难退居休人员、孤寡老人、患病退休人员3.82万人次，发放慰问款324万元。推进退休党员组织关系社会化工作。老干部与退居休人员管理服务中心党委管辖范围内的43个党支部、1 610名退休党员全部将组织关系转到相应的4个区7个街道党工委。 （孙 飞）

**【社会保险管理】** 2018年，中国宝武武汉总部所属青山地区76家单位35 014人对外缴纳5项社会保险费13.7亿元。其中，基本养老缴费94 744.6万元、失业缴费2 458.2万元、基本医保缴费34 838.8万元、工伤缴费3 089.4万元、生育缴费1 802.2万元。中国宝武武汉总部核发各项企业补贴约2.09亿元、企业年金约1.24亿元；为员工申领、报销各项社保费用1.24亿元，养老保险、企业年金、补充医疗保险一次性支付金额2 820万元。 （倪文杰）

**【武钢集团大事纪要】** 1月23日，湖北省国资委党委委员、省纪委驻省国资委纪检组组长杜文清带领省国资委党委党风廉政建设责任制暨"述评考"工作考评组一行到武钢集团检查指导工作。

2月5日，全国总工会副主席、湖北省委常委、省总工会主席尔肯江·吐拉洪到中国宝武武汉总部慰问一线职工。

2月6日，中国侨联副主席康晓萍，湖北省侨联党组书记、主席

2018年9月13日，中国宝武武汉总部举行纪念武钢投产60周年座谈会暨《纪念武钢投产60年技术论文集》首发式　　　　　　（朱旺春　摄）

谭作刚一行到中国宝武武汉总部看望慰问归侨。

5月8日，国务院国资委党委书记郝鹏一行到中国宝武武汉总部调研。

5月15日，全国总工会书记处书记、党组成员赵世洪一行到中国宝武武汉总部调研。

7月27日，武钢中冶工业技术服务有限公司成立揭牌仪式在武钢集团办公大楼举行。

9月13日，纪念武钢投产60周年座谈会暨《纪念武钢投产60年技术论文集》首发式在武钢集团办公大楼举行。

12月18日，楠山康养划转中国康养交接仪式在武钢集团办公大楼举行。　　（韩义平）

## 武钢中冶工业技术服务有限公司

2018年7月27日，武钢集团与中冶宝钢技术服务有限公司合资合作，成立武钢中冶工业技术服务有限公司（简称武钢中冶）。公司注册资本人民币1.2亿元。其中武钢集团持股60%，中冶宝钢技术服务有限公司持股40%。公司以服务钢铁业发展为根本出发点，聚焦装备制造、设备检测、检修、生产线运行维护等业务，积极拓展中国宝武内部钢铁业市场。同时，瞄准湖北工业强省地位聚焦向外，融入湖北先进制造业强省战略，以"产品＋技术＋工程＋服务"运作模式，重点为大数据、芯片制造等新兴产业客户提供高品质工业技术服务。2018年底，在册员工782人。
　　　　　　　　　　　　（汪汉林）

【建立健全法人治理结构】　8月21日，武钢中冶召开首次股东大会和一届一次董事会，审议通过《关于公司章程（草案）的议案》等11项议案，对董事会运行机制、重大决策、选人用人等权责作了明确，选聘产生公司董事会、监事会和经营层组成人员，公司法人治理结构初步形成。按照"先急后缓、分步推进、逐步完善"的原则，建立具有公司特色的内控管理、制度管理等制度近50项。　　　（汪汉林）

【构建业务板块】　2018年，武钢中冶制定装备制造事业部、铁路工程器材事业部定岗定编及员工招录方案。召开3次专项研修会，聚焦实际问题，输出行动方案，稳妥完成业务切换、人员切换等工作。组建专门业务支撑小组，优化工作流程，实现无缝对接，保证公司组建过渡期合同、资金、采购、现场、安全、生产等业务衔接顺畅、管理受控。成立装备制造、设备维保、生产协力业务板块构建小组，对拟进入公司业务单元生产经营、资产、人员及各生产单元的盈利状况进行梳理，摸清实际经营状况，为各业务板块顺利进入公司打好基础。
　　　　　　　　　　　　（汪汉林）

## 武钢资源集团有限公司

1984年，武汉钢铁公司设立矿山部，为武钢专业管理部门。1993年，武汉钢铁（集团）公司设立武钢矿业公司，作为武钢的分公司，对矿山生产经营进行管理。1997年，武汉钢铁（集团）公司全资设立武汉钢铁集团矿业有限责任公司。2015年1月9日，武汉钢铁集团矿业有限责任公司与武钢海外事业部整合，成立武钢资源集团有限公司（简称武钢资源）。武钢资源与武钢国际资源投资开发有限公司实行"一个机构、两块牌子"，在国内拥有5家矿山单位，分别是程潮矿业有限公司、金山店矿业有限公司、大冶铁矿有限公司、乌龙泉矿业有限公司、鄂州球团有限公司，主要产品包括铁精矿、球团矿、矿山铜、熔剂矿等。

2018年，武钢资源实现销售收入57亿元，利润2.67亿元。年底，在册员工11 286人。其中，在岗员工5 619人，不在岗员工5 667人。
（连　博）

【生产经营】　2018年，武钢资源生产铁精矿261.2万吨、球团矿562.5万吨；输出球团矿555.7万吨、熔剂矿272.9万吨；外销球团179.8万吨。乌龙泉矿业有限公司和金山店矿业有限公司推进尾矿、尾石资源综合开发，全年销售尾石建材364万吨，创收8 628万元。
（连　博）

【安全管理】　2018年，武钢资源下发《安全生产责任制》《安全生产评价管理办法》《领导人员带班管理规定》等30余项制度，形成"用体系抓安全、用制度明责任"的安全管理格局；开展季度安全大检查、职工岗位安全风险描述、中国宝武安全督导问题整改等，提升了安全体系保障能力。
（连　博）

【企业管理】　2018年，武钢资源对2015年成立后的内部管理制度进行分类清理，对制度的适用性、合规性进行评审，形成与中国宝武、武钢集团对接的制度控制体系。强化经济责任制考核的激励约束作用，依据《产业赛马任期经营绩效责任书》，及时调整考核办法，充分体现绩效与薪酬的正向关系，突出"价值创造"的导向。开展审计工作，配合上级组织的审计及内部组织的自审21项，对存在的问题进行整改，对相关当事人进行了追责。
（连　博）

【企业改革】　2018年，武钢资源推进人事效率提升，精简在岗员工496人。完成矿山"三供一业"分离移交，获得国家3 665万元、中国宝武16 572万元专项补贴资金。推进集体企业改革工作，成立集体企业改革办公室，初步完成业务、资产、人员、债权债务"四清"，制定大集体员工安置、资产与债权债务处置初步方案等。推进压减、"瘦身"工作，完成艾尔铁矿有限公司、河南隆鑫投资有限公司的清算注销。开展专业化整合工作，耐火炉料整合到乌龙泉矿业有限公司，年底实现扭亏为盈；乌龙泉矿业焦作分公司在岗人员、相关资产整合到武钢物流；公司境外资源项目由宝钢资源托管。开展"剥离国有企业办社会职能"工作，大冶铁矿有限公司、程潮矿业有限公司、金山店矿业有限公司、乌龙泉矿业有限公司4家矿山医院整体划转武汉楠山康养有限责任公司，武钢资源集团有限公司灵乡铁矿职工医院移交大冶市政府。
（连　博）

【重点项目】　2018年，武钢资源完成金山店矿业有限公司-500米阶段开采工程项目立项，并对其尾矿输送方式变更进行了可行性研究，程潮矿业有限公司-570米/-675米水平开拓工程项目通过立项；程潮矿业有限公司选矿厂工程建设达到进度目标，大冶铁矿-270米深部开采工程克服地质条件异常影响，达到施工进度计划；乌龙泉矿业采矿权扩界工作，完成补充水文地质勘查野外工作，资源储量核实报告提交湖北省自然资源厅评审。
（连　博）

【科技创新】　2018年，武钢资源下发《2018年度科技创新工作计划》，明确46项科研项目。完成专利申报8项、授权专利4项；完成3项技术诀窍认定；完成5项科研项目结题验收。运用科技手段强化作业安全管控，组织各单位安装"安全行为观察"视频系统100余个。推进"智慧制造"项目建设，促进"机械化换人、自动化减人"，15个项目达到阶段性指标，其中程潮矿业井下无人驾驶电机车项目获湖北省首届"工友杯"职工创业创新大赛优秀奖，并代表中国宝武参加国务院国资委中央企业信息化优秀成果发布。
（连　博）

## 武汉钢铁江北集团有限公司

武汉钢铁江北集团有限公司（简称江北公司）是武钢集团的全资子公司，由武汉市市属10家冶金企业（俗称市区厂）发展而成。1985年，市区厂由武汉市划归武汉钢铁（集团）公司管理。1995年10月，为扭转市区厂巨额亏损局面，武汉钢铁（集团）公司组建武钢冶金公司，加强对市区厂管理和指导，于2000年实现整体扭亏为盈。2000年底，市区厂资产并入武钢，武钢冶金公司正式成为武钢全资子公司。2005年11月，武钢冶金公司更名为武钢集团武汉江北钢铁有限公司，并整体搬迁到阳逻经济开发区和江夏大桥新区，形成阳逻钢材深加工基地、江夏仓储物流基地。主营业务为钢材加工、机械制造、金属延压加工、仓储物流、商贸、管道燃气供应等。年钢材深加工能力达到100万吨，年钢铁贸易物流能力400万吨、年天然气供应能力3.3亿立方米，主要生产冷弯型钢、精密带钢、金属制品、建筑钢材、铸锻件等系列产品。2013年5月，更名为武汉钢铁江北集团有限公司，启动下属单位公司制改革。

2018年底，江北公司下设武汉钢铁江北集团有限公司汉冶萍文旅分公司、武汉钢铁江北集团工业服务有限公司等单位。全年实现营业收入14.26亿元。年底，在册员工940人。　（任莹莹　郭晓敏）

【聚焦融合】　2018年，江北公司组织实施与武汉钢铁集团汉阳钢厂有限公司深度融合；承接武汉钢铁江北集团有限公司汉冶萍文旅分公司文旅产业孵化；武汉钢铁集团江南燃气热力有限责任公司和武钢集团襄阳重型装备材料有限公司的管理层级提升；武汉钢铁江北集团冷弯型钢公司、武汉钢铁江北集团金属制品公司、武汉钢铁江北集团有限公司精密带钢厂与宝钢金属、武汉易琴台电商公司与欧冶云商股份有限公司、汉钢医院与武汉楠山康养有限责任公司分别进行整合融合。6月13日，武汉钢铁集团汉阳钢厂有限公司召开职工代表大会，通过《江北公司与汉阳钢厂整合融合方案》。整合融合工作按时间节点完成托管协议、资产交割、工商变更和注销。年内，完成汉口银行股份有限公司的股权合并、武汉元辰集团股份有限公司的股权退出。　（任莹莹　郭晓敏）

【经营发展】　2018年，江北公司探索"物流园、工业园、文创园"为主题园区的产业园运营服务模式。推行格式化合同，做到应租尽租。江北公司物业租赁收入突破4 000万元。开发存量土地建设，焦作现代综合物流园实现当年立项、当年建成、当年创效。工业服务公司打造园区能源环保精品服务品牌，园区电力供应、水务供应、蒸汽供应、环保服务、公共设施检修获得满意度99%以上，园区年实现工业服务收入超8 000万元。拓展园区企业代理采购、共享仓储、组合营销、网络营销等业务。通过互联网寻找国际市场，维尔卡高端产品进入俄罗斯市场，签订合同量730吨；引入板卷厂商7家，为园区共享仓库搭建新模式，园区供应链服务收入突破2亿元。　（任莹莹　郭晓敏）

【文化产业】　2018年，江北公司承接武汉钢铁江北集团有限公司汉冶萍文旅分公司文旅产业孵化，策划物业租赁、传媒宣传、群体活动，文旅产业中的文化体育板块实现扭亏，完成利润100万元。3月27日，张之洞与武汉博物馆正式对外开放，至年底，接待游客100 381人次，成为"网红博物馆"。（任莹莹）

【企业管理】　2018年，江北公司完善各项管理制度12项，人事效率提升8%。利用整合融合契机，提取各种闲置资产减值准备8.3亿元。利用土地腾退、股权转让及资产交割等回笼资金，统筹资金使用和投融资计划，降低资产负债率，节约财务费用2 700余万元。（任莹莹）

## 武汉钢铁集团江南燃气热力有限责任公司

武汉钢铁集团江南燃气热力有限责任公司（简称武钢燃气）前身为建于20世纪70年代的武昌焦化厂。2002年，更名为武汉钢铁集团江南燃气热力有限责任公司。主要从事燃气运营、燃气工程设计施工、燃气增值服务等。2018年5月，武钢燃气由江北公司管理升级为由武钢集团管理。年底，在册员工470人。

2018年，武钢燃气实现营业总收入25 727万元，经营利润4 177万元；燃气销售6 592万立方米（含压缩天然气）；新发展燃气用户18 436户。　（陈　默）

【股权调整】　5月，武钢燃气由江北公司管理升级为由武钢集团管理。武钢华润公司50%股权纳入武钢燃气管理。　（陈　默）

## 武钢集团襄阳重型装备材料有限公司

2018年4月，武钢集团襄阳重型装备材料有限公司（简称襄阳重材）由武汉钢铁江北集团有限公司所属二级公司升级为武钢集团一级子公司。12月，受韶关钢铁管理。

2018年，襄阳重材产钢18.7万吨、产铸件0.82万吨、轧材19.8万吨、铸钢、铸铁产量1.67万吨。销售优坯、锭7.9万吨，销售铸钢、铸铁产品1.55万吨，锻件0.66万吨，销售抗震螺纹钢、高等级弹扁钢等轧材产品16.5万吨，完成中国宝武钢材贸易量24.72万吨，实现营业收入17.15亿元，利润1 201万元。

年内，襄阳重材通过汽车行业零部件供给商质量管理体系认证，完成中国船级社船用产品制造厂专业质量管理体系认证复审换证、螺纹钢生产许可证换证和排污许可证复审换证。　（张立新）

【产品开发】　2018年，襄阳重材成立大型铸钢件技术研发中心、弹簧扁钢技术研发中心，完成28项新产品、新工艺的研发和产品专利。开发弹簧钢、军工钢、模具钢、高锰钢铸件等优特钢新材料。　（张立新）

【外拓市场】　2018年，襄阳重材加大终端客户市场开发力度，先后与首钢京唐钢铁联合有限责任公司、山西太钢不锈钢股份有限公司等国内著名企业签订铸钢件直销合同，销量同比增长17.9%。襄阳重材武汉分公司铸造业务拓展加拿大、美国冷却壁市场份额。开发轴承座、轧辊、大压下辊、水电锻件等产品，成为新的利润增长点。 （张立新）

【品牌经营】 2018年，襄阳重材抢占弹簧扁钢市场，52系列弹簧扁钢批量供货东风汽车底盘系统有限公司悬架板簧工厂；拓展弹簧扁钢销售渠道，年销售弹簧扁钢产品2.09万吨。 （张立新）

【钢材贸易】 2018年，襄阳重材开发冷轧汽车钢、热镀锌深冲钢等新业务渠道。采取期货为主、现货为辅的销售模式，稳定终端客户、精益客户服务，钢材年贸易总量24.72万吨。 （张立新）

【环境治理】 2018年，襄阳重材加大力度实施环保治理提档升级，增加环保投入，解决噪音、粉尘、大气和水污染等突出环境问题，推进厂区环境整治，厂区主干道刷黑、废旧建筑物拆除，实施原料厂房封闭，推进固体废弃物协同处置，安装烟气在线监测系统。经襄阳市、襄州区环保局及第三方检测机构监测，襄阳重材各项环保指标全部达到国家标准和省、市要求。 （张立新）

【业务划转】 8月1日，武汉钢铁重工集团有限公司（简称武钢重工）与襄阳重材签订铸锻业务划转协议，武钢重工将铸锻业务板块成建制划转至襄阳重材。 （张立新）

# 武汉钢铁集团物流有限公司

武汉钢铁集团物流有限公司（简称武钢物流）是武钢集团下属全资子公司，主要从事钢材及散货等产品的物流经营，为客户提供仓储、运输、门对门配送、船代、货代、物流方案策划等综合性物流服务，是钢铁行业内首家5A级物流企业，具备国家一类开放口岸资质、国家二级道路货物运输企业资质、湖北省一类维修企业资质、武汉市一级道路运输服务企业资质。

2018年12月21日，武钢集团将武钢物流（不含焦作分公司、太仓武钢配送有限公司）委托欧冶云商管理。正式托管前，武钢物流资产总额13.35亿元（含焦作分公司资产1.5亿元，太仓武钢配送有限公司资产1.35亿元）；在册员工942人，其中在岗员工526人（含焦作分公司在岗员工33人）；总部机关设置8个职能和业务部门，下设5个经营实体（含焦作分公司）、1个控股公司、4个参股公司；公司管理的室内仓库（含在建）约12.7万平方米、室外仓库约5.5万平方米、散货堆场约11万平方米；总运力4700载重吨；拥有工业港七号～九号码头、外贸码头、鄂州码头、阳逻码头、上海浦达码头，年吞吐设计能力4800万吨。

2018年，武钢物流实现营业收入4.53亿元、利润3905万元。年底，在册员工942人。 （颜莉芳）

【生产经营】 2018年，武钢物流散货业务量同比大幅增长35%，公路"门到门"配送业务量同比增长100%以上。取得武钢有限铁路运输代理资质，成为武汉钢电股份有限公司2019年自采煤运输的唯一物流供应商。完善客户服务体系，优化作业流程，降低内部倒运费用14%。调整库存结构，全年出库量同比上升8.6%，劳动生产率提高15%。鄂州码头全年卸船量、利润同比分别上升32%、64%，外贸码头恢复国家一类开放口岸资质，全年完成码头装卸量395.7万吨。 （颜莉芳）

【转型发展】 2018年，武钢物流完成焦作物流园（一期）项目建设。截至年底，该项目建成2.8万平方米标准化分拣仓库和1万平方米铁路集装箱货场，配套的5670平方米综合楼完成主体工程建设，实现"当年立项、当年建设、当年投产、当年见效"的目标。盘活太仓武钢配送有限公司闲置资产，启动北盛公司（含武汉北盛机电有限责任公司、武汉武钢北湖钢材加工配送中心、武汉卓天尔工贸有限公司、武汉武钢北湖汉申工贸有限责任公司、武汉北湖鸿盛科技有限公司）整合项目。 （颜莉芳）

【深化改革】 2018年，武钢物流分别组建商务部、物流部，构建适应市场的营销体系和物流服务体系。建立以利润为中心的差异化绩效综合评价体系及分配模式。组织清理专业管理制度149项。完成中国质量管理协会管理体系、职业健康安全管理体系、环境管理体系监督审核。推进信息化系统建设，完成宝武智慧办公平台、型线材板块等新系统上线工作。完成客运、维修业务板块整合及博泰汽车服务有限公司清理注销。开展员工安全自主管理及安全行为观察活动，安全环保形势总体平稳受控。压缩负债规模，利用经营收现偿还银行贷款5000万元，实现公司带息负债为零。强化现金管理，利用闲

置资金开展理财业务，全年实现利息收入880万元。 （颜莉芳）

## 武汉武钢好生活服务有限公司

2018年4月，武钢集团整合快餐、饮料、酒店、物业、信息技术等业务的相关优势资源，组建武汉武钢好生活服务有限公司（简称武钢好生活）。公司以聚焦城市园区生活服务为主，业务范围涵盖物业经营管理、团体供餐、休闲主题餐饮、食品采购及加工贸易、饮料生产与销售、宾馆酒店、连锁超市、智能技术等领域，是一家总部位于武汉，以"构筑宜居乐业的美好生活"为愿景的生活服务业务供应商。

2018年，武钢好生活实现营业收入2.84亿元，利润307万元。物业管理签约面积162万平方米；饮料板块生产各类饮料180万件，食物中毒事故为零；所运营的武钢集团公司南华园观海酒店、武钢宾馆宾客入住10万余人次。年底，在册员工302人。 （吴 勇）

【品牌推广】 2018年，武钢好生活针对业务市场扩张的需要，组织23人参加物业项目经理培训取证。申请注册"武钢好生活""三满意铺子""遇稻蛙"等品牌，完成武钢好生活官方网站、企业标识、"三满意铺子"和"遇稻蛙"等品牌的设计工作，企业品牌形象得到释放，提升武钢好生活的产品及服务在社会上的认可度。 （吴 勇）

【人力资源管理】 2018年，武钢好生活优化人力资源，合理配置岗位人员，协商解除劳动合同7人。至年底，公司在岗员工303人，劳务用工1 441人。年内，武钢好生活构建市场化绩效薪酬体系，制定"岗薪＋绩效"薪酬管理办法，实行岗位薪酬与绩效的强联动机制，职工绩效工资浮动比例从20%提升至50%。推行经营目标和关键管理目标相结合的

组织绩效考评机制，对各事业部及专业部门设立关键主题考核目标，每月对目标完成情况进行综合评价，经营团队凭发展目标上岗，凭经营业绩取酬，凭产业成长去留。 （吴 勇）

【优化管理流程】 2018年，武钢好生活搭建"小机关、大事业部"管理模式，机关职能部门以服务型、专业化为定位，管战略、管资金、管业绩，承担专业管理的顶层设计职能，让基层事业部腾出更多精力管业务、管项目、管市场。构建公司和事业部两级制度体系，各事业部根据业务特点完善产品、服务和现场标准化体系，行政办公实现信息自动化的改造升级，通过流程再造，规范采购、配送、出入库的过程管控，建立了覆盖超市、餐厅、供应商的物流管理系统，推行阳光采购，开辟物资"直供车通道"，有效降低了食品、饮料等大宗原料采购成本。 （吴 勇）

【市场开拓】 2018年，武钢好生活管理的物业项目由中低端物业向专注于园区、城区的高端物业服务转型。正式承接高新工业园保安、保洁业务，通过与同行先进企业对标，形成了物业管理服务标准和管理体系。团体餐饮业务，由输出劳务向输出技术、输出标准、输出品牌、输出管理转变。与食品专业化公司合作，开设9家面食销售店。饮料业务从销售渠道精耕战略向品牌差异化、专业化战略转变。运动型饮料"咸伙计"产品市场份额进一步提升，全年销售175万件。推出的"咸伙计"系列新品——沙示汽水，在武汉销售5.45万件。 （吴 勇）

2018年7月28日，武钢好生活"遇稻蛙"新煮意轻食馆在光谷世界城火星美食街开业 （朱旺春 摄）

## 武汉市青青教育管理有限公司

武汉市青青教育管理有限公司（简称青青教育）是2018年武钢集团在原武钢幼教中心基础上出资新设的幼儿教育机构，主要致力于幼儿教育、早期教育及教育培训服务。拥有可持续盈利能力和高社会公众认同度的"青青幼儿世界"高端园2所、中端园7所、企办公办园4所、公办托管园1所，有为0～3岁幼儿和家长提供早教特色服务的珈因早教基地1所和提供艺术、文化等各类特色教育培训服务的大方广教育培训（咨询）中心1所。年收托幼儿4 500余人。

2018年，青青教育实现营业收入6 796万元，实现利润53万元。年底，教职员工726人（其中全民职工164人、外聘教职工562人），退休职工1 084人。 　（聂　俊）

【机构变革】 5月，武钢集团决定出资新设武汉市青青教育管理有限公司，与武钢幼教中心实行"一个机构、两块牌子"。9月30日，武汉市青青教育管理有限公司完成工商登记注册。 　（聂　俊）

## 武钢绿色城市建设发展有限公司

2017年3月，武钢集团将原武汉钢铁建工集团有限责任公司、武汉华德环保工程技术有限公司、武钢现代城市服务（武汉）集团园林工程有限公司整合，成立武钢绿色城市建设发展有限公司（简称武钢绿色城建），净资产28.47亿元。

2018年，武钢绿色城建下设市政工程公司、华德环保公司、生态园林公司、机电安装工程公司、金属结构公司、钢板桩租赁公司、海绵公司等7个专业化公司，以及若干项目管理公司，主要从事绿色市政、园林工程、大气治理、水环境治理、土壤修复、环评与规划咨询、绿色城市工程设计与咨询等业务。全年新签合同68.4亿元，实现营业收入24亿元、利润1.2亿元。年底，在册员工1 379人，其中在岗员工996人。 　（闫晓沛）

【产业转型】 2018年，武钢绿色城建围绕绿色发展主题，确立"由传统冶建行业向绿色产业转型，由施工企业向技术企业转型"的产业定位，以及"聚焦绿色城市建设，聚焦水环境治理，聚焦大气污染治理"的业务定位，着力在海绵城市、城市污水处理、流域污染治理、绿色园区、花园式工厂及工业废水废气处理等重点业务领域形成核心竞争力。在武汉市青山区海绵城市示范项目基础上，先后滚动承接东

2018年4月29日，由武钢绿色城建建设的武汉市青山区南干渠游园向市民开放 　（朱旺春 摄）

西湖区、硚口区海绵城市项目,承接黄石园博园绿色园区项目,承接114街山水雅苑、大数据产业园等武钢不动产开发项目。绿色收入占比由2017年的24%上升到2018年的42%。 （闫晓沛）

【调整产业布局】 2018年,武钢绿色城建调整产业布局,聚焦武汉区域,撤销非战略区域机构,退出非洲公司市场业务。打造专业化公司,先后成立武钢绿色城市建设发展有限公司市政工程公司、武钢绿色城市建设发展有限公司机电安装工程公司、武钢绿色城市建设发展有限公司海绵项目公司。 （闫晓沛）

【实施运营管控】 2018年,武钢绿色城建对市场、采购、资金、财务、人力资源等实行集中管控和服务共享,突出专业部门监管评价、过程管控、管理服务,形成以项目为中心的专业化、一体化、穿透式运营管控模式。优化管理职能,突出技术创新职能,强化全面风险管理职能;整合绿色城市领域市场营销职能,提高整体营销效能;整合项目、安全管理职能,推进生产安全一体化管理。 （闫晓沛）

【人力资源管理】 2018年,武钢绿色城建制定匹配转型发展目标的人力资源规划,退出168人,培训转岗79人,引进大学毕业生13人,社会化引进项目人员30人。推进员工素质提升,新增建造师持证人员28人、项目管理持证人员447人,在岗员工持证达743人。 （闫晓沛）

【人事制度改革】 2018年,武钢绿色城建建立以业绩能力为导向的人事管理体系,明晰构建管

理序列、职业经理人序列、技术序列、设计研发序列的职业通道体系,畅通人才成长通道。进一步规范岗位序列管理,坚持凭素质能力上岗、凭岗位业绩晋升,选拔18名年轻干部到重要管理岗位锻炼,选任21名青年骨干到项目班子培养。 （闫晓沛）

【重构内控体系】 2018年,武钢绿色城建建立健全内部一级管理制度90余项,二级管理制度31项。实施全面风险管理,建立全覆盖的内部审计机制,加强事前预控、事中监管和事后评价。构建"工序、专业、进度、成本、产值"五维核算体系,提高成本核算及时性、准确性,实时掌控项目经营动态。2018年,经营计划完成率提升到95%以上。项目利润率由上年的6%提高到2018年的10%,销售收入利润率由上年的1.6%提高到2018年的4.13%。 （闫晓沛）

【构建项目管理体系】 2018年,武钢绿色城建厘清各层级项目管理责任和管理规范,实施项目分层分级管理与穿透式管理相结合。完善21类标准化体系要素,确定施工现场安全风险控制点239项,编制完成安全操作规程73项。推行《现场安全文明施工标准化手册》《市政工序作业指导书》,强化项目人员标准化意识,持续提升项目管理水平。建立实时监管评价模型,对在建项目100%全覆盖评价、纠偏,着力提高项目人员履约意识、规则意识和风险意识。以项目为载体加快技术研发和工程创新,全年申报专利9项、工法10项、软件著作权2项,获各类工程奖项9项。 （闫晓沛）

## 武汉长江现代水务发展有限公司

武汉长江现代水务发展有限公司（简称长江水务）是2017年4月由武钢现代城市服务集团出资设立,纳入武钢集团直接管理的一级利润中心。长江水务的供水区域东至武汉市化工新区、南临东湖、西到罗家港、北靠长江,承担武汉市青山区及部分洪山区、化工新区、东湖风景区的自来水经营、销售、管理及自来水工程施工业务。设计供水能力60万吨/日,供水面积140平方千米,服务人口近60万人。

2018年底,长江水务下设党群工作部、人力资源部、经营财务部、安全运营管理部和办公室、纪检监察室,以及客户服务中心（调度中心）、工程管理部、港东水厂、水质监测中心、管网（二次供水）运行部、营销中心、运营保障中心、武汉长江现代安居公用设施发展有限公司8个单位。在册员工338人,其中在岗职工284人。2018年,实现营业收入25 992.34万元,利润1 204.36万元。 （党京武）

【公司改革】 3月30日,武钢集团与武汉市城市建设投资开发集团有限公司签订《中国宝武武钢集团有限公司青山本部职工家属区"三供一业"之供水分离移交协议》,标志着武钢职工家属区供水职能从武钢集团正式剥离,并按照该协议约定的工作日程最终移交至武汉市地方管理。 （党京武）

【股权划转】 10月23日,武汉长江现代安居公用设施发展有限公司的100%股权由武钢现代城市服务（武汉）集团有限公司划转至长

江水务名下。12月24日，武钢集团和武汉市城市建设投资开发集团有限公司签署《国有企业无偿划转协议书》，长江水务由武钢集团整体成建制划转至武汉市城投集团。　　　　　（党京武）

## 武汉市雅苑房地产开发有限责任公司

1998年12月，由武钢冶金公司（今江北公司）下属的汉阳钢厂出资组建武汉市雅苑房地产开发有限责任公司（简称雅苑公司），通过对汉阳钢厂的自有土地进行开发，实现企业转型和发展。2009年9月，雅苑公司升级为江北公司的全资子公司，将公司注册资金由1 000万元变更为5 000万元。其中，江北公司出资3 000万元，持有60%股权；汉阳钢厂出资2 000万元，持有40%股权。2017年5月，雅苑公司升级为武钢集团一级利润中心。公司主营业务为房地产开发，具备房地产开发二级资质。

2018年，雅苑公司实现营业收入2.55亿元，利润512万元。年底，在册员工89人。　　　（张倩）

【工程项目】 2018年，江北雅苑四期项目按计划进度平稳推进，完成项目主体结构封顶，如期实现预售，全面进入工程收尾阶段，完成项目竣工预验收。10月，青山方园项目开工建设；完成项目拆迁、地质勘察及报规报建等项目开发前期各项工作，取得项目《不动产权证》《建设用地规划许可证》《建设工程规划许可证》；完成项目售楼中心的建设交付，实现对外开放营业。年内，雅苑公司完成与青山区土地储备中心签订《安置商品房回购协议》，实现项目年底预售的目标，确保4 800万元预售款到位。锦绣雅苑项目完成规划验收。
　　　　　　　　　　（张倩）

【营销工作】 2018年，江北雅苑香榭花都项目582套住宅房源全部售罄，总销售额4.35亿元，总销售面积6.6万平方米；销售商铺总面积1 400.23平方米，实现销售额2 723万元。　　　　　　　（张倩）

【企业改制】 2018年，雅苑公司完成武汉雅苑物业管理有限公司业务、人员成建制划入武汉武钢好生活服务有限公司，由武钢好生活统一运营管理。完成武钢房产经营开发管理公司人员及组织关系的划转接收工作。推进武汉武钢宇科环保技术有限责任公司资产评估和接收工作，成立资产接收小组，完成资产评估、实物资产盘点及财务交接。完成武汉雅苑物业管理有限公司工商注销工作。
　　　　　　　　　　（张倩）

【项目储备】 2018年，雅苑公司开展蔡甸常福工业园、大冶铁矿博物馆地块开发前期工作。完成蔡甸常福工业园地块土地过户，取得《不动产权证》，启动土地收储及摘牌相关工作；开展大冶铁矿博物馆地块开发前期调研考察，对项目开发进行可行性分析。（张倩）

## 武汉钢铁（集团）公司实业公司

武汉钢铁（集团）公司实业公司（简称武钢实业）成立于1979年，是武钢集团公司下属的二级企业，其下属子公司20余家，拥有建筑安装、机电维修、炉窑工程、特种设备、环保设施运营等多种资质，主要为武钢生产提供产品供应、设备维修、资源加工、生产协力、运输等全流程服务。

2018年，武钢实业全面开启厂办大集体企业改革，推进专业化整合、"瘦身健体"、规范治理等重点工作，实现销售收入31.43亿元、利润1 890.41万元，带息负债降低10%；人力资源精简815人，压减法人84户。　　　　　（裴利）

【生产经营】 2018年，武钢实业按照6S（整理、整顿、清扫、清洁、素养、安全）管理要求，加强现场管理，建立6S现场管理示范区2个。加强与科研院校的技术合作，实业先后与中国京冶工程技术有限公司、中冶南方工程技术有限公司、武钢有限钢铁研究院等企业召开技术合作研讨会。合同管理信息化平台完成系统模拟设计，浪潮办公系统、运输车辆定位系统上线运行。成立"三供一业"移交工作小组和专业公司，保障移交及业务承接工作顺利实施。
　　　　　　　　　　（裴利）

【集体企业改革】 2018年，武钢实业全面启动集体企业改革，对243家法人实体业务、人员、资产和债权债务情况进行清理，先后6次对改革总体方案及改革成本情况进行修订。协同武钢中冶工业技术服务公司组建，建立工作对接联络机制，第一批进入武钢中冶工业技术服务公司的武钢铁路工程器材厂完成了业务切换，过渡期管理实现平稳交接。做好武钢粉末冶金协力厂注销、参股企业退出等清障工作，武汉冶金渣环保工程有限责任公司按计划移交宝

武环科托管。　　　　（裴　利）

【重组整合】　2018年，武钢实业加大产业整合力度，坚决退出长期亏损业务，整合压减12家直属单位。做好人员转岗划转及分流安置工作，多渠道发布用工信息，协调17家单位260余人转岗上岗。压减法人实体企业84家，调整8家单位股权结构。对总部机关机构和职能进行调整，部门由原来9个减少到6个。　　　　　　　（裴　利）

【企业管理】　2018年，武钢实业推动制度体系建设，清理公司基本管理制度12大类116项，细化总部机关部门31个职能块对应的248项工作职责。加强安全环保管理，对标落实集团公司安全环保体系，严格落实环保督查整改，关停不符合环保要求的生产设备、技术工艺和设备厂房。规范劳务用工管理，建立人力资源供应商考核评价体系。成立资产管理中心，规范不动产的租赁经营。完成公务车辆改革，公务车辆全部纳入统一集中经营管理。加大干部职工教育培训力度，组织43名管理人员参加内外部研修学习，举办各类培训班300余期，培训员工1 000余人次。　　　　　　　　　　（裴　利）

## 武汉钢铁（集团）公司北湖经济开发公司

　　武汉钢铁（集团）北湖经济开发公司（简称北湖公司）是武钢集团直属二级单位，成立于1975年，其前身是武钢北湖农场。经过4多年的建设发展，公司已成为涵盖机械制造、工程建筑、工程检修、冶金产品、钢材贸易、二次资源、劳务服务等产业的综合型企业，可生产包装材料、橡胶制品、劳保用品、机电设备、冶金炉料等产品。

　　2018年，北湖公司实现销售收入22.03亿元、利润6 793.84万元。年底，在册员工5 816人。

　　　　　　　　（何　驰　潘小军）

【企业"瘦身健体"】　2018年，北湖公司将长期停止业务和扭亏无望的60家"僵尸企业"列入清算注销行列。完成23家法人实体的工商税务注销工作。推进人力资源优化，在册员工从年初的7 639人减至年底的5 816人。

　　　　　　　　（何　驰　潘小军）

【集体企业改革】　2018年，北湖公司完成101家法人企业的业务、人员、资产、债权债务"四清"工作，摸清家底。编制进入武钢中冶工业技术服务公司的6家单位、14家法人企业有关人员、业务划转及资产处置等实施方案。

　　　　　　　　（何　驰　潘小军）

【内部业务整合】　2018年，北湖公司全面梳理各业务板块，开展价值评估和业务聚焦，将焦化区域、炼铁区域等从事生产协力相关的业务整合到北湖中合劳务服务有限公司，将武钢北湖能源分公司、武钢北湖源达公司、北湖耐火大队整合到武汉北湖源景环保科技有限责任公司。重新整合机关职能部门，突出改革及资产管理职能，将资产管理部、经营管理部合并，成立运营改革部。

　　　　　　　　（何　驰　潘小军）

【企业管理】　2018年，北湖公司新建、修订涵盖党建、人事、财务、安全等方面管理制度38项，使生产经营工作逐步呈现制度化、程序化、规范化。完善工资总额预算管理办法、干部绩效管理办法及绩效考核管理办法，发挥正向激励作用。实行全面预算管理，全年管理费用同比下降15.62%，财务费用同比下降18.26%。

　　　　　　　　（何　驰　潘小军）

2018年1月25日，北湖公司橡胶制品生产现场　　　　　　　（朱旺春　摄）

## 不动产中心

2017年3月16日，武钢集团发文，成立武汉钢铁（集团）公司不动产中心，系武钢集团业务管理部门。主要职责包括：统一管理公司土地、房产资源；不动产开发成本及收益与原权益单位分担、分享；负责组织推进跨法人、跨层级的不动产项目运营、策划及实施，盘活不动产资源，挖掘价值，实现增值；负责武汉市雅苑房地产开发有限责任公司等单位的业务工作；负责公司参股的武钢房地产开发有限责任公司的股权管理。2018年底，在册员工12人。

（纪玮玮）

【土地开发】 2018年，中国宝武与武汉市签订战略合作协议，并与武汉市规划局共同制定《武钢集团土地资源规划发展工作方案》。不动产中心确定开发的25个项目，涵盖产业园、城市综合体、商业、文化旅游等多种形态。

（纪玮玮）

【重点开发项目】 2018年，不动产中心与宝地资产、宝信软件协同合作，开工建设武钢大数据产业园。该产业园的目标是成为华中区域最具竞争力和盈利能力的大数据和云计算中心。年内，东湖网谷产业园开园，打造成集总部办公、多层研发、园区综合配套于一体的多元化产业聚集空间。114方园项目开始对外营销，实现预售款4 800万元。汉阳钢厂地块挂牌交易。北湖产业生态新城项目，组建工作组，开展产业研究。海南高端康养小镇、防城港南华园项目完成概念方案设计。

（纪玮玮）

【经营性房产管理】 2018年，不动产中心从健全管理制度做起，制定下发《经营性房产管理办法》，构建信息平台，规范房产管理经营。根据房产属性，编制下发仓库厂房、住宅、商铺、写字楼4类房产标准格式租赁合同文本，实现标准合同全覆盖。打造长租公寓品牌，推动品牌化运营，提升住宅租赁价值，全年实现经营性房产租赁面积同比增长49%，租金合同收入同比翻番。

（纪玮玮）

## 武钢大学

武钢大学的前身是始建于1956年的武汉业余钢铁学院，后更名为武钢业余大学，主要负责武钢职工的业余培训。1976年武钢业余大学更名为武钢工人大学。1981年学校更名为武钢职工大学，正式招收全国成人高考的学员，学校步入成人高等教育的办学阶段。1990年，原武钢干部研修室合并到武钢职工大学，学校进入到学历教育和继续工程教育并举时期。1999年，武钢职工大学首次招收全国普通高考学生，开始跨入高等职业技术教育领域。2001年，由湖北省人民政府批准、教育部备案、武汉钢铁（集团）公司出资举办的全日制普通高等职业院校——武钢职工大学更名为武汉工程职业技术学院。同年底，与武汉冶金自动化高级技工学校（即原武钢第二技工学校）重组。2007年，湖北黄石机电职业技术学院、武钢第一技工学校并入武汉工程职业技术学院。2013年12月，武汉工程职业技术学院与武钢党校、武汉冶金管理干部学院重组，成立武钢大学，对外仍用教育部备案的"武汉工程职业技术学院"。

2018年，武钢大学录取高职新生4 926人，实际报到4 636人，报到率为94.11%。2018届毕业生4 225人，初次就业率95.15%。全年完成培训2.5万余人次，实现培训产值3 088万元，较上年提升24.61%；获批为首家"冶金行业职业技能校企合作培训基地"，被授予湖北省、武汉市特种作业培训点和考试点。

（喻 晓）

【教育管理】 2018年，武钢大学推进退休党员组织关系社会化工作，全面上线全国党员管理信息系统和宝武"党建云"管理平台，进一步提升党务工作信息化水平；开展管理序列岗位人员集中轮训、新任党支部书记培训和党支部书记3年轮训，组织党支部书记参加应知应会竞赛等工作。强化思想舆论与校园文化建设，加强学校官网、微信公众号、课堂教学等意识形态阵地建设；加强思政教师队伍建设，开展校园文明建设，注重校园文化传承与发展；开展大学生社会实践、青年志愿者服务等实践活动。制定下发《职业技能竞赛管理办法（试行）》，进一步规范赛项的组织工作。

（喻 晓）

【学科管理】 2018年，武钢大学完成建筑工程技术、物流管理专业省级特色专业建设项目验收；建筑设备工程技术专业申报湖北省职业院校特色专业；与俄罗斯鄂木斯克国立交通大学开展中外合作办学，培养国际化高技能人才，年内首次招生89人；与湖北省建始县中等职业学校开展对口帮扶工作。

（喻 晓）

【技能大赛获奖】 2018年，武钢大学获全国职业技能大赛（高职组）一等奖4项、湖北省院校技能大赛（高职组）一等奖1项，全国类职业技能大赛（高职组）二等奖3项、省级职业技能大赛（高职组）二等奖4项，全国职业技能大赛（高职组）三等奖11项、湖北省职业技能大赛（高职组）三等奖9项，湖北省大学生技能大赛优秀奖1项。（喻 晓）

【科研出版】 2018年，武钢大学公开发表论文89篇，主编或参编教材15本，科研成果获省级以上奖励3项；校内课题立项23项，省级课题立项5项，其中重点课题1项；完成武汉市教育局产学研项目结题1项，签订技术服务合同1项，完成技术服务项目验收评审1项，完成湖北省教育科学规划课题结题2项；完成《武汉工程职业技术学院学报》《武汉冶金管理干部学院学报》共8期的出刊任务。（喻 晓）

【培训项目】 2018年，武钢大学与武钢有限协同完成作业长任职资格培训、安全系列培训、班组长培训、外协人员安全培训等项目，共同举办各类职工技能竞赛、职业鉴定、特种作业、设备点检资格培训与考试；与江苏中天钢铁集团有限公司、湖北省中建商砼有限公司、湖北省宏泰国有资本投资运营集团有限公司等开展培训业务。同时，加强培训工作流程管控、预算管理、费用管理、质量保证、后勤保障管理等；创新培训教学方式，采用网络学习、在线测试与无纸化考试相结合，采取"研修—交流—辅导"的授课形式，提升培训质量；组织实施和评估培训全流程管理，形成系统化培训及培训管理体系。 （喻 晓）

# 上海宝地不动产资产管理有限公司

上海宝地不动产资产管理有限公司（简称宝地资产）的前身是宝钢民用建设公司。1993年，宝钢集团成立上海宝钢房地产经营开发有限公司（简称宝钢房产公司），对部分市场化项目进行运作。1999年，宝钢民用建设公司并入宝钢房产公司。2002年7月，宝钢房产公司增资更名为上海宝钢地产有限公司，加大对房地产开发的力度。2005年，宝钢集团与香港嘉华国际集团公司、日本三菱商事株式会社、日本冬急不动产株式会社合资成立上海宝地置业有限公司（简称宝地置业）。2012年，宝钢集团回购其他3家外资股东持有的宝地置业股权，委托宝钢工程管理。2015年，宝钢集团明确宝地置业为直接管理的子公司，不再委托宝钢工程管理。2016年，中国宝武设立不动产及城市新产业发展中心，与宝地置业实行"两块牌子、一套班子"的方式运作。2017年，不动产及城市新产业发展中心与宝地置业分别独立运作。2018年5月，宝地置业党委与一浦五联合党委合署办公。7月，公司更名为上海宝地不动产资产管理有限公司。

2018年，宝地资产实现营业收入9.41亿元，实现利润4.53亿元，资源资产转换率42%。年底，有下属子公司（含托管单位）17家，在册员工1 413人，在岗员工566人。 （张 翅）

【企业负责人简介】 王继明，1972年8月生，湖北荆州人，中共党员，经济师，宝地资产党委书记、董事长。

吕军，1972年6月生，天津人，中共党员，高级经济师，宝地资产党委副书记、总裁。 （陆颖南）

【第一届董事会第十八次临时会议】 4月23日，宝地置业召开第一届董事会第十八次临时会议，审议通过《关于十钢新华路街道H1-18地块项目可行性研究报告的议案》《关于永清路二村62号改造项目可行性研究报告的议案》。 （杨勤娣）

【第一届董事会第十九次临时会议】 5月18日，宝地置业召开第一届董事会第十九次临时会议，审议通过《关于聘请黄道锋为上海宝地置业有限公司副总经理的议案》。 （杨勤娣）

【第一届董事会第二十次临时会议】 7月18日，宝地置业召开第一届董事会第二十次临时会议，审议通过《关于佘山项目抵押融资贷款的议案》。 （杨勤娣）

【第一届董事会第二十一次临时会议】 7月23日，宝地置业召开第一届董事会第二十一次临时会议，审议通过《关于宝地置业公司名称、注册地址、经营范围等事项变更的议案》。 （杨勤娣）

【第一届董事会第二十二次临时会议】 9月12日，宝地资产召开第一届董事会第二十二次临时会议，审议通过《关于收购湛江宝航股权并委托湛江钢铁管理的议案》《关于上海十钢有限公司对上海宝地互联众创空间管理有限公司增资入股的议案》。　　　　（杨勤娣）

【第一届董事会第二十三次临时会议】　10月12日，宝地资产召开第一届董事会第二十三次临时会议，审议通过《关于长江路32号改造项目投资的议案》《关于长江路860弄改造项目投资的议案》和《关于十钢新华路街道H1-18地块项目可行性研究报告的议案》。　　　　（杨勤娣）

【第一届董事会第二十四次临时会议】　11月7日，宝地资产召开第一届董事会第二十四次临时会议，审议通过《关于黄兴路217号明珠楼2号楼项目投资的议案》。　　　　（杨勤娣）

【互联宝地项目】　10月，宝地资产互联宝地·上海"互联网+"产业园（简称互联宝地）项目东区项目竣工验收。截至年底，签约率达65%，并成功承办2018年全国"双创"周上海分会场、第七届宝钢学术年会人工智能分论坛等活动。（李　铭）

【寓舍项目】　2018年，宝地资产新开工寓舍项目3个，竣工项目6个，新开业780间，已开业累计1 079间。管理体系进一步优化，单个项目建设周期缩短50%以上；运营项目平均出租率达到95%以上。"友间公寓"品牌入选"中国典型长租公寓品牌指数TOP30（30强）"。　　　　（李　铭）

【商办项目】　2018年，上海宝地广场办公楼平均出租率96%，商业出租率近100%。宝武大厦项目出租率为90%，平均租金单价为世博B片区（央企总部区）内最高。广州宝地广场出租率全年维持在99%以上，投运首年实现盈利。7月，宝钢大厦开始改造，12月通过竣工验收。12月，中国宝武（福建）区域商务研发中心项目及上海市城市更新计划首批试点工程——十钢新华项目开工。　　　　（李　铭）

【存量不动产清理】　2018年，宝地资产梳理60万平方米存量不动产，实现二钢公司、十钢公司存量经营性不动产集中管理，完成荣广商务中心、一钢公司宿舍、众杨建材市场、佘山度假村、二钢公司明珠楼、五钢公司宿舍等重点区域清退。　　　　（李　铭）

【宝地资产大事纪要】

2月9日，宝地置业召开2018年度工作会议暨一届二次职代会。

5月4日，宝地置业召开第一次党代会，审议通过党委工作报告、纪委工作报告，选举产生宝地置业新一届党委委员、纪委委员及党委、纪委领导班子。

6月4日，中共上海宝地置业有限公司委员会和中共一浦五联合委员会实行合署办公。

7月26日，上海宝地置业有限公司更名为上海宝地不动产资产管理有限公司。

10月9—15日，全国"双创"周上海分会场在互联宝地举行。

11月1日，第七届宝钢学术年会人工智能分论坛在互联宝地举行。

11月7日，宝钢集团（上海）置业公司、广东宝钢置业有限公司、福建宝钢置业有限公司、北京汇利房地产开发有限公司4个公司股权由中国宝武总部划转至宝地资产。

12月4日，十钢新华项目开工。

12月27日，宝地资产完成月浦炮库持有住宅租赁地块摘牌出让手续。

12月28日，中国宝武（福建）区域商务研发中心项目开工建设。　　　　（李　铭）

2018年5月30日，互联宝地东区大门　　　　（施　琮摄）

宝地资产下属子公司（含托管单位）一览表

| 公司名称 | 注册资金 | 主要经营范围 | 持股比例 | 在岗员工（人） |
|---|---|---|---|---|
| 上海宝地物业管理有限公司 | 5 000万元 | 物业管理,设备管理与维护；五金交电销售；资产管理；投资咨询；企业管理；商务信息咨询；市场营销策划；建筑专业设计,房地产租赁经营,停车场（库）经营,家用电器、电子产品、家具的销售,房地产经纪；以下限分支机构经营：旅馆、酒店管理 | 宝地资产100% | — |
| 上海宝地杨浦房地产开发有限公司 | 49 500万元 | 房地产综合开发、经营,公共停车场（库）经营 | 宝地资产100% | — |
| 上海十钢有限公司 | 23 121.631 4万元 | 生产、销售热轧钢带、冷轧钢带、焊接钢管、镀层板带、钢材和钢坯及其制品,电机产品及其加工、修理、国内贸易(除专项规定)、各类投资(除专项规定),房屋租赁,物业管理,居室装潢(非等级)；收费停车场；热轧带钢、焊接钢管、镀层板带、钢材和钢坯及其制品、电机产品的技术咨询、技术服务、技术开发、技术转让；以下限分支机构经营：为市场内农副产品经营者提供市场管理服务 | 宝地资产100% | 103 |
| 宝钢集团上海二钢有限公司 | 90 828.11万元 | 实业投资,国内贸易(除专项规定),四技服务,为国内企业提供劳务派遣服务,自有房屋租赁,物业管理,室内装潢,停车场（库）经营,商务部批准的进出口业务,下设分支机构 | 宝地资产100% | 92 |
| 上海宝地仲量联行物业服务有限公司 | 50万元 | 物业管理、停车场（库）经营、市场营销策划(广告除外)、房地产咨询、商务信息咨询、房地产经纪 | 宝地资产51% | 33 |
| 上海宝地互联众创空间管理有限公司 | 5 000万元 | 众创空间经营管理,房地产开发,物业管理,停车场库经营,商务信息咨询,从事货物与技术的进出口业务 | 宝地资产98% | — |
| 上海宝统物业管理有限公司 | 15 080万元 | 物业管理,企业管理,商务信息咨询,市场营销策划,建筑专业设计,自有房屋租赁,停车场库经营,家用电器、电子产品、家具销售,房地产经纪 | 宝地资产80% | — |
| 上海宝绿置业有限公司 | 13 000万元 | 房地产开发、经营,物业管理 | 宝地资产80% | 35 |
| 宝钢集团(上海)置业有限公司 | 128 000万元 | 房地产开发经营,物业管理,商务咨询(除经纪),从事货物及技术的进出口业务 | 宝地资产100% | — |
| 广东宝钢置业有限公司 | 90 000万元 | 房地产投资、开发、租赁,物业管理,物业服务,商业营运和商务咨询,与上述相关的服务；货物进出口、技术进出口；停车场经营 | 宝地资产100% | 15 |

（续　表）

| 公司名称 | 注册资金 | 主要经营范围 | 持股比例 | 在岗员工（人） |
|---|---|---|---|---|
| 福建宝钢置业有限公司 | 27 000万元 | 对房地产业投资，房地产开发，自有房屋租赁，物业管理，商务信息咨询，建材、工程机械设备批发、代购代销，自营和代理各类商品和技术的进出口（国家限定公司经营或禁止进出口的商品和技术除外） | 宝地资产100% | 1 |
| 宝武集团上海宝山宾馆有限公司 | 30 692.2万元 | 宾馆、咖啡馆、酒吧、茶座、理发店、舞厅、商场、棋牌室、卡拉OK，大型饭店（含熟食卤味），烟酒销售，食堂（不含熟食卤味），销售：预包装食品［不含熟食卤味、含冷冻（藏）食品］，停车场（库）经营，一类医疗器械批发零售代销，汽车客运出租，服装加工洗烫，办公用房出租，物业管理，百货、针纺织品、工艺品（除金银饰品）、家电销售，钢材销售，体育康乐服务（除专项规定），自有房屋租赁 | 中国宝武100%（宝地资产托管） | 166 |
| 上海溯源实业有限公司 | 500万元 | 黑色金属，有色金属，化工产品（除危险品），冶金炉料，建筑材料，磁性材料销售，机械加工生产，自有房屋租赁 | 宝地资产100% | — |
| 上海十钢新华众创空间管理有限公司 | 42 077万元 | 众创空间经营管理，物业管理，停车场库经营，商务信息咨询，自有房屋租赁，房地产开发经营 | 宝地资产100% | — |
| 上海梅山房地产开发经营有限公司 | 1 666.7万元 | 房地产开发经营，建筑装潢材料 | 中国宝武100%（宝地资产托管） | — |
| 上海梅山联合经济发展有限公司 | 7 000万元 | 从事货物及技术的进出口业务，冶金炉料，金属材料及制品，建筑材料，非危险化工产品，机械电子设备及配件，机电成套设备，制冷设备（国家控制除外），非专控通信设备，工业油脂，五金交电，汽车配件，液压、气动密封件，电缆，劳防用品，办公用品及维修，文教用品，日用百货，电脑配件，货运代理，橡胶制品 | 中国宝武100%（宝地资产托管） | 28 |
| 北京汇利房地产开发有限公司 | 54 919万元 | 房地产开发，销售商品房，物业管理，出租办公用房，会议服务，机动车公共停车场服务 | 宝地资产100% | 8 |

（戴富春）

# 宝钢集团上海第一钢铁有限公司

宝钢集团上海第一钢铁有限公司(简称一钢公司)前身是1938年11月日本侵华时期,由日亚制钢株式会社在吴淞建立的炼钢工坊。1949年上海解放后,定名为上海钢铁公司第一厂,1957年3月改名为上海第一钢铁厂。1995年12月,由工厂制改为公司制,组建成立上海第一钢铁(集团)有限公司。1998年11月,成为宝钢集团的全资子公司,1999年3月更名为宝钢集团上海第一钢铁有限公司。2005年5月,一钢公司钢铁主业由宝钢股份收购,一钢公司注册资本为15.93亿元。根据宝钢集团生产服务业整合规划,至2011年9月,一钢公司平稳完成所有经营业务向宝钢集团内外相关专业平台整合的任务,进入人员管理服务阶段。2016年8月,根据集团公司关于建立一浦五联合党委的通知要求,公司保持法人主体和党委建制不变,隶属于一浦五联合党委管理。

2018年,一钢公司完成退休职工档案梳理及退休党员组织关系转接等重点工作,未发生各类有责安全事故。管理费用支出1 004.38万元,实现利润521万元(剔除上海威钢能源有限公司关闭影响)。年底,在册员工182人。

(陶甄宇)

【企业负责人简介】 李明,1961年7月生,河南孟津人,中共党员,高级工程师,一钢公司党委书记、执行董事、总经理。 (陶甄宇)

【人员服务】 2018年,一钢公司对员工家访36 353人次,接待退休职工来信、来电、来访10 827人次,各类慰问46 978人次,帮困10 653人次,大病救助315人次;对离岗人员家访慰问584人次,接待服务3 085人次,离岗人员帮困1 467人次;为员工办理保险、住院、大病医药费用报销手续484人次;为工伤人员到社保中心报销166人次;接待办理特殊工种认定274人次,办理退休手续40人,办理集体户口证明131人次,户口迁出25人。9月17日,完成22名厂级退休党员的组织关系转接工作。全年走访慰问老干部117人次,关心"双高"(高年龄、高发病)期重病人和帮困9人次;组织老干部健康检查19人。 (陶甄宇)

【信访维稳】 2018年,一钢公司通过领导包案机制,对潜在的疑难信访进行专门协调,与上海市、虹口区残联、松江区民政局以及杨浦区、静安区等5个区的社保中心建立了联系,携手处理维稳事件。全年受理、处置信访事项34件、78批次,同比分别下降23%、29%。公司内部信访26批次,同比下降42%;越级信访52批次,同比下降20%。

(陶甄宇)

【档案管理】 2018年,一钢公司梳理核对退休审批表15 018份,梳理退休人员档案14 749份。完成15 260份退休职工审批表的电子资料建库工作。处理人事档案101份,接收文书档案1 078卷,接收会计档案817卷,接待阅档401人次,提供档案2 033份,借阅人事档案97份,接收上海三冠钢铁有限公司档案1件。 (陶甄宇)

【安全管理】 2018年,一钢公司配合上海宝地物业管理有限公司落实日常安全检查工作,对宿舍和租赁区域等人员密集场所组织23次日常安全监察、6项专项检查,查出安全隐患33条,全部落实整改。配合五钢公司、宝地资产推进原上海三冠钢铁有限公司相关生产线的拆除工作,确保拆除过程安全、平稳、受控、有序。 (陶甄宇)

【资产管理】 2018年,完成一钢公司办公楼搬迁工作,按时将原办公楼(长江路868号)交付给宝地资产,用于经营开发。12月,完成上海威钢能源有限公司税务清算,清算审计,固定资产、无形资产、存货的接收工作,推进上海威钢能源有限公司解散清算工作;完成上海外经国际冶金工程技术公司、上海宝鼎投资股份有限公司股权的退出;处置转让上海银行、光大银行股权;完成上海大名路、永兴路地块的政府收储工作,取得2 300万元处置收益,彻底解决相关历史遗留问题。 (陶甄宇)

【一钢公司大事纪要】 1月,一钢公司完成办公楼整体搬迁工作,从长江路868号搬迁至长江路580号办公。

3月20日,一钢公司召开2018年职工大会、2018年党员大会、2018年党风廉政建设和反腐败工作会议。 (陶甄宇)

# 宝钢集团上海浦东钢铁有限公司

宝钢集团上海浦东钢铁有限

公司（简称浦钢公司）前身为筹划于1913年3月、始建于1917年的和兴化铁厂，1922年2月易名为和兴钢铁厂，1938年9月被日军侵占更名为中山钢业浦东制铁厂，1945年抗战胜利后恢复为和兴钢铁厂，1947年7月易名为上海钢铁股份有限公司第三厂，1957年3月定名为上海第三钢铁厂。1996年5月，由工厂制改制为公司制，组建成立上海浦东钢铁（集团）有限公司。1998年11月，成为宝钢集团的全资子公司，更名为宝钢集团上海浦东钢铁有限公司。

2007年7月18日，浦钢公司老厂（位于浦东新区）因世博动迁全面停产，搬迁至宝山罗泾。2008年4月，浦钢公司生产主体被宝钢股份吸纳，按照宝钢集团规划重新成立浦钢公司，注册资金31.44亿元。2010年1月，浦钢公司的生产协力和生活后勤服务业务整合至宝钢发展有限公司。2011年10月，宝钢集团确定浦钢公司在退出经营后进入存续状态，职责是：资产管理、人员服务（含非在册人员）和历史遗留问题处理。2015年7月3日，浦钢公司注册资金调减为1亿元。2016年3月31日，宝地置业与浦钢公司签署不动产委托管理协议，对浦钢公司的不动产进行专业化管理。6月，浦钢公司的法人主体和党委建制不变，隶属关系由集团公司党委转为一浦五联合党委；主要职责为人员服务与历史遗留（维稳信访）问题处理；下设综合管理办公室、信访办公室、人员管理服务中心。

2018年6月，浦钢公司纳入宝地置业党委的合署办公范围。年底，总资产25.87亿元，所有权益21.35亿元，负债4.52亿元。在册员工210人。　　　　（来 勇）

【企业负责人简介】　杜界松，1960年9月生，江苏靖江人，中共党员，工程师，浦钢公司党委书记、执行董事、总经理。　　　（来 勇）

【员工服务】　2018年，浦钢公司送温暖慰问退休人员3 979人；送清凉慰问退休人员4 037人；家访慰问退休人员7 216人次；住院慰问退休人员1 814人次；救助退休人员1 686人次；电话联系退休人员7 392人次。对64名有各类特殊情况人员进行了慰问，占在册不在岗人员35.2%，共使用帮扶慰问金3.14万元，人均慰问493.63元。对退休人员全面实施2017年度医疗费用救助，完成1 117名退休人员2017年度医疗费用的救助，累计救助款547.82万元。对退休人员档案进行梳理，做到"人人有人事档案、人人有日常管理服务资料"。从"细、实、亲"入手，事先联系街道党员服务中心、居委会，亲自登门陪同退休员工去街道党员服务中心、居委会报到。

（李 惟　张红磊）

【维护职工合法权益】　2018年，浦钢公司召开职工代表会议，审议企业集体合同，开展劳资民主协商，保证职工参与民主管理、民主监督的权利。选举成立职工权益调解委员会、经费审查委员会和工会委员会，听取职工合理化建议并加以实施。年内，对符合岗位晋升条件的17名员工晋升岗位工资1级；调整职工岗位工资，解决在岗工资固定项目与绩效浮动比例偏低问题；调整中国人寿团体意外保险续保费标准。　　　　（来 勇）

【维稳工作】　2018年，浦钢公司受理各类信访件25件、40批、48人次，其中初次信访和初次上访21件、30批、37人次，重复上访4件、10批、11人次。　　　（王建敏）

【人事效率提升】　2018年，浦钢公司在岗员工退休8人，其中管理及技术岗员工退休5人，同时向集团公司输出管理干部1名，在集团公司内引进管理人员2名。至年底，浦钢公司聘用及协力人员全部清理完毕，在岗员工43人。（来 勇）

【股权退出】　2018年，浦钢公司完成对上海外经国际冶金工程技术有限公司、上海市电子材料公司投资退出工作。开展对沪外公司股权凭证资料收集、股权出售的工作；规范处置豫园商城、爱建股份的股权，并收回历年投资红利和财务资金。　　　　（来 勇）

【资产价值管理】　2018年，浦钢公司的资金以2%的年化利率，充实集团公司自有资金容量池，从而确保浦钢公司的盈利。另外，浦钢公司与宝地资产协同，完成上钢二村13号出租项目的营业收入预算。

（来 勇）

【2号楼整修】　8月27日，浦钢公司2号楼安全加固整修工程竣工。在工程实施过程中，浦钢公司通过强化现场巡视，做好安全闭环考核，使2号楼整修工程在安全、质量、环境保护、经济、工期等方面均达到预定目标。　　　（来 勇）

【浦钢公司大事纪要】

1月17日，中国宝武发文，从2018年1月起，浦钢公司财务资金平台的现金年化利率调整为2%。

9月25日，浦钢公司所持有的上海宝鼎投资股份有限公司312 500股股份无偿划转至中国宝武。

9月26日，浦钢公司将上海市电子材料公司4.4%的股权无偿划拨给五钢公司。

11月2日，浦钢公司以均价7.495元/股出售豫园商城股票（600655）；11月5日，以均价9.079元/股出售爱建股份股票（600643）。

11月3日，浦钢公司聘请王建敏任总经理助理，并任工会负责人。

11月21日，浦钢公司党委增补王建敏、来勇为浦钢公司党委会委员，由王建敏、杜界松、来勇（按姓氏笔画为序）组成浦钢公司党委会。

（来　勇）

# 宝钢集团上海五钢有限公司

宝钢集团上海五钢有限公司（简称五钢公司）前身是创建于1958年的上海第五钢铁厂，是专业开发、生产、销售特殊钢材的大型国有企业，地处宝山区吴淞口，占地300万平方米。1995年12月更名为上海沪昌钢铁有限公司，1996年吸收上海十钢有限公司（简称十钢公司）、上海冷拉型钢厂组建上海五钢（集团）有限公司。1998年11月加入宝钢集团后，更名为宝钢集团上海五钢有限公司。2003年8月，宝钢集团公司委托五钢公司管理上海钢铁研究所，同年10月委托五钢公司管理宝钢集团上海二钢有限公司（简称二钢公司）。2005年5月，五钢公司钢铁主业（不包括二钢公司）被宝钢股份收购，另行组建成宝钢股份特殊钢分公司，交易价格为27.91亿元。2006年7月，五钢公司注册资本为7.81亿元。2007年8月，宝钢集团委托五钢公司管理宝钢集团上海钢管有限公司。2015年11月2日，由五钢公司受托管理的二钢公司划转上海宝地置业有限公司（简称宝地置业）管理。2016年3月31日，五钢公司委托宝地置业管理十钢公司。2016年12月，五钢公司将十钢公司股权无偿划转至宝地置业。2017年，五钢公司分别吸收合并上海钢铁研究所、宝钢集团上海钢管有限公司、上海三冠钢铁有限公司，并先后注销上海钢铁研究所、宝钢集团上海钢管有限公司、上海三冠钢铁有限公司、上海冶金劳动服务公司。

2018年，五钢公司围绕"服务员工、确保稳定"两项任务，实现利润268.92万元；发生管理费用3 489万元，低于预算值。完成原上海三冠钢铁有限公司军工生产线处置工作。至年底，五钢公司下设综合管理（党群联席）办公室、信访办公室、人员管理服务中心，在册员工352人，总资产10.67亿元，净资产8.32亿元。

（何　恩）

【企业负责人简介】　陈晖，1968年7月生，上海市人，中共党员，经济师，五钢公司党委书记、执行董事、总经理。

（何　恩）

【月浦炮库地块开发】　10月，位于宝山区宝泉路1号的原五钢公司月浦炮库BSP0-2401单元H1-4地块收储、开发工作正式启动。五钢公司与宝地资产成立联合项目公司，在该地块合作投资租赁公寓，打造北上海租赁型品牌住宅社区。

（何　恩）

【参股单位"瘦身"】　12月，五钢公司实现参股股权单位退出4家，分别是：嵊泗县东海度假村海上娱乐场、上海爱建集团股份有限公司、上海管理大厦筹建办、上海中联千斤顶（集团）公司。整合2家，分别是：上海宝鼎投资股份有限公司137 260股权无偿划转至中国宝武钢铁集团有限公司；五钢公司同宝钢集团上海二钢有限公司、上海十钢有限公司、宝钢集团上海浦东钢铁有限公司分别签署无偿划转合同，持股上海市电子材料公司16.15%。过户、确权4家，分别是：原宝钢集团上海钢管有限公司参股上海宝鼎投资股份有限公司股权转入五钢公司名下；原上海钢铁研究所持有的长江经济联合发展（集团）股份有限公司法人股权变更过户至五钢公司名下；原上海钢铁研究所持有的参股单位上海安泰至高非金属有限公司完成股权工商过户变更；完成五钢公司子公司上海五钢服务开发公司、上海五钢工业公司、上海冶金劳动服务有限公司3家单位股权过户确权工作。以"两年任务一年完成"的业绩提前完成年度"瘦身"目标。

（何　恩）

【安全生产】　2018年，五钢公司轻伤及以上的生产安全事故、火灾事故、主责及以上交通死亡事故均为零，中暑及各类介质中毒事故为零；未发生重大及以上的治安事件。

（何　恩）

【信访维稳】　2018年，五钢公司受理来信、来访（电）32件87批次225

人次；信访批次同比减少58批次，下降40%；信访人次同比增加14人次，上升6%；初次信访、初次上访化解率100%；集体上访3批次。

（何　恩）

**【人文关怀】** 2018年，五钢公司开展"二送"（冬送温暖、夏送清凉）活动及特殊、大病、住院等群体的帮困慰问工作，对重点关注人员、弱势群体、离岗重点关注对象等进行走访慰问，实施精准帮困。在退休人员中落实"二送"活动、节日慰问13 176人次；对重病、大病、工伤重残等人员实施日常帮困2 800人次；大病救助460人。同时，做好外地精简回乡、征地养老人员的关心工作。

（何　恩）

**【五钢公司大事纪要】**

2月，五钢公司调整原有组织机构，撤销钢管办公室及相应党支部建制。

4月，五钢公司调整原有组织机构，撤销钢研办公室及相应党支部建制。

同月，五钢公司原党委书记、执行董事、总经理施劲松被中国宝武选派参加由中共中央组织部牵头实施的中央单位定点扶贫工程，进行为期2年的挂职锻炼。

5月，陈晖调任五钢公司党委书记、执行董事、总经理。

9月，五钢公司完成上海三冠钢铁有限公司中小型型钢（横列式）生产线资产处置（含拆除）工程，并将上海三冠钢铁有限公司场地、办公楼及所属资产（175项）移交宝地资产下属上海宝地物业管理有限公司。

（何　恩）

# 宝钢发展有限公司

宝钢发展有限公司（简称宝钢发展）是中国宝武全资子公司，注册资本30.04亿元。前身为1986年9月成立的宝钢总厂企业开发总公司，2007年10月组建宝钢发展有限公司。宝钢发展设职能（业务）部门10个，下设宝钢发展有限公司园区设施技术服务分公司（简称技术服务分公司）、宝

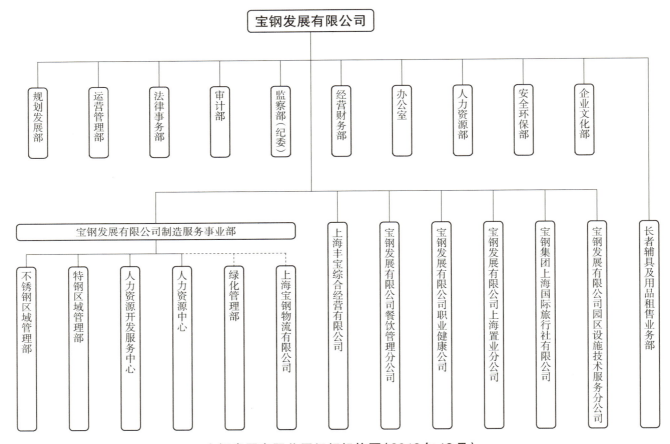

宝钢发展有限公司组织机构图（2018年12月）

钢集团上海国际旅行社有限公司（简称宝钢国旅）、宝钢发展有限公司上海置业分公司（简称置业公司）、宝钢发展有限公司职业健康公司（简称职业健康公司）、宝钢发展有限公司餐饮管理分公司（简称餐饮管理公司）、上海丰宝综合经营有限公司（简称丰宝公司）和宝钢发展有限公司制造服务事业部（简称制造服务事业部）7个业务单元。2018年底，在册员工5 614人，其中在岗员工2 990人。

2018年，宝钢发展实现营业收入25.23亿元，实现利润7 544万元，经济增加值（EVA）完成1 413万元，资产总额66.14亿元。

（施　政　陈云霞）

【企业负责人简介】　蔡伟飞，1963年1月生，上海人，中共党员，高级政工师，宝钢发展党委书记、执行董事、总裁。　（施　政　陈云霞）

【确立发展规划】　2018年，宝钢发展提出"把宝钢发展培育成国内优秀的产业园区开发运营服务商"的战略愿景，确立2019—2021年公司发展规划。年中，集团公司将罗泾区域地块的转型开发委托给宝钢发展。宝钢发展深度聚焦园区投资开发、园区运营管理服务和园区设施技术服务三大核心业务，以"房东＋股东"的模式实施项目开发建设，以"专家＋管家"的模式深化园区运营与技术服务。　　　（施　政　陈云霞）

【调整优化组织机构】　4月，制造服务事业部调整下属人力资源中心组织机构，撤销离岗人员管理一部、离岗人员管理二部，成立离岗人员管理部。5月，成立宝钢发展

广粤路项目组、宝钢发展长者辅具及用品租售业务部。7月，设立宝钢发展常熟分公司，并委托上海宝钢源康物业管理有限公司进行管理，开展中国宝武（常熟）领导力中心的经营管理工作。同月，成立宝钢发展绿化管理部，划入上海宝钢生态绿化管理有限公司所有业务。9月，成立宝钢发展湄浦路项目组。10月，配合宝钢股份完成直属厂部12所食堂市场化移交工作。同月，餐饮管理公司适时调整所属组织机构，下设采购供应中心、内部供餐中心、外部供餐中心和客户服务中心。11月，根据国务院国资委关于市政、社区管理职能与"三供一业"分离移交的相关要求，宝钢发展无偿划转上海源康物业管理有限公司的股权至上海宝房（集团）有限公司。宝钢发展汽车通勤公司、上海宝钢工贸有限公司进行业务整合和内部重组，提升丰宝公司为宝钢发展直属业务单元，宝钢发展汽车通勤公司划转丰宝公司进行管理，上海宝钢工贸有限公司委托丰宝公司进行管理。丰宝公司设综合管理部（党群工作部）、经营财务部等2个职能部门，下设宝钢发展汽车通勤公司、上海汽车检测修复有限公司、上海申宝汽车服务有限公司、上海宝钢工贸有限公司（上海宝钢新事业发展有限公司）、液压软管厂、油品经营部、设备经营部、业务管理部、专项管理组。绿化管理部退出宝钢股份部分区域的绿化业务，宝钢发展调整绿化管理部管理关系，绿化管理部由制造服务事业部进行管理。12月，组建宝钢发展园区设施技术服务分公司，原上海宝钢源康物业管理有限公司（住宅物业部除外）的所有业务划入、组织机构平移至技术服

务分公司。同月，置业公司实施组织机构和职责调整，运营改善部调整为运营改善部（安全环保部），新设招商研策中心作为业务部门。同月，宝钢发展将宝钢物流（江苏）有限公司委托欧冶云商进行管理，12月21日签订《宝钢物流（江苏）有限公司委托管理协议》，明确托管日起由欧冶云商对其日常管理全面负责。至年底，上海宝钢物流有限公司不再由宝钢发展直接进行管理，委托制造服务事业部进行管理。

（施　政　陈云霞）

【形成业务架构】　2018年，宝钢发展对下属业务单元按照"聚焦业务"与"存量业务"进行分类，将与公司发展高度相关的业务单元归类于"聚焦业务"，将有待进一步改革转型调整的业务单元归类为"存量业务"，并明确了各自的定位。年内，组建广粤路项目组、湄浦路项目组和罗泾项目组，专业从事园区开发建设；将存量不动产管理集中至置业公司，编制《不动产管理标准化手册》；组建园区设施技术服务分公司，聚焦园区技术服务业务，培育专业技术能力。至年底，宝钢发展直接管理的业务单元由10家下降至7家，基于战略的业务架构初步形成。（施　政　陈云霞）

【完成主要经营指标】　2018年，宝钢发展全年营业收入、报表利润和考核利润等均实现正数目标，经营性净现金流按剔除支付往年计提的辞退福利口径计算，实现"实得大于应得"目标，资源资产转化率完成目标的109%，存量资产租金收入完成目标的101%。对照集团公司3年任期经营目标责任指

标，"跑赢大盘"的目标增幅达到25.42%，"超越自我"的目标增幅达到53.19%。（施　政　陈云霞）

【完成重点管控指标】　2018年，宝钢发展存货总量和一年期以上集团公司外应收账款总额得到有效控制，净有息负债和资产负债率处于合理区间，亏损子公司户数为零，全面完成"法人压减"和"参股瘦身"任务。（施　政　陈云霞）

【改善经营管理】　2018年，宝钢发展实现经营管理持续改善。制造服务事业部接收绿化管理部业务，托管上海宝钢物流有限公司；在经营上紧盯成本不放松，实现减亏近3 000万元；稳定有序落实不锈钢区域停产后的员工安置工作，确保队伍稳定。丰宝公司在整合上海宝钢工贸有限公司的基础上，对风险高以及竞争力不强业务进行清理和退出；配合推进广粤路项目的前期拆违及停车场搬迁工作；有效落实人事效率提升和协力人员精简。餐饮管理公司配合宝钢股份供餐改革，深挖潜力、改善经营，实现突破预期的利润水平。职业健康公司优化激励机制，逐步解决医疗人员补充困难的问题，提升体检服务水平。置业公司落实公司不动产集中管理优化工作，编制完成《不动产租赁实施细则》《不动产租赁标准化手册》《出租场所安全、环保管理规范》等制度。技术服务分公司平稳完成源康物业公司的无偿划转和住宅物业业务的移交工作；中国宝武（常熟）领导力中心经营管理实现平稳过渡；宝钢股份空调、消防维护保障业务能力得到用户肯定。宝钢国旅开发针对内部市场的旅游产品，同时依托社会

2018年6月14日，宝钢发展参展第十三届中国国际养老辅具及康复医疗博览会

（施　琮摄）

平台开拓外部市场，严控成本，精简冗员，实现扭亏。

（施　政　陈云霞）

【降本增效】　2018年，宝钢发展坚持全员参与、全过程项目化的推进思路，开展降本增效劳动竞赛，实现降本增效5 646万元；深化人事效率提升工作，通过劳动合同终止、对外借用支撑、新业务拓展、协力业务回归等措施，增收节支逾1.1亿元；加大不良债权清理力度，回笼资金3 435万元。

（施　政　陈云霞）

【重大项目建设】　2018年，虹口区广粤路租赁住宅项目的规划及长期投资、固定资产投资计划获批；宝山区湄浦路北块361弄宝山智慧制造产业研发总部园区项目完成概念方案设计，总建筑面积10.5万平方米，宝钢发展与宝信软件签署共建产业研发总部园区协议；宝山区湄浦路南块360号租赁住宅及老年公寓项目概念设计方案初步完

成，总建筑面积20万平方米；罗泾产业园开发项目总面积2.82平方千米，公司就项目定位与规划向上海市、宝山区两级有关部门展开咨询，并就运营模式等内容与宝钢股份进行对接研究。

（施　政　陈云霞）

【盘活存量资产】　2018年，宝钢发展的宝山区友谊路160号地块改造工程按节点于9月完工，开始招租，入驻业态以教育机构、青年公寓为主。宝山区宝林路458号地块改造工程按计划推进，项目定位为青年创意社区，采用与租户合作模式进行开发及日后运营。宝山区宝杨路889号地块业态调整工作平稳推进。位于浦东新区的上海碧云钻石酒店公寓通过提升出租率实现经营扭亏。杨浦区通北路897号等地块开展租赁户清场工作，为业态调整腾出了空间。位于苏州光福的园中苑项目完成周边市场与业态需求调研，招商工作正式启动。（施　政　陈云霞）

【开发老龄康复业务】 2018年，宝钢发展成立长者辅具及用品租售业务部，组织参展第十三届中国国际养老辅具及康复医疗博览会，与上海市、宝山区两级民政部门开展合作，获得由政府补贴的长者康复辅助器具社区租赁项目合同，并在上海及浙江嘉善等地开设6家长者辅具及用品租售体验店。 （施 政 陈云霞）

【剥离企业办社区职能】 2018年，宝钢发展推进国有企业办社区职能剥离和职工家属区"三供一业"物业管理分离移交工作。5月30日，完成生活垃圾清运处置管理职能移交；7月4日，完成宝泉雨水泵站现场移交；11月30日，签订《上海源康物业管理有限公司股权无偿划转协议》《中国宝武上海地区职工家属区物业管理职能移交协议》；12月31日，对应19个小区23个物业项目149万平方米21 642户的物业管理职能实现平稳交接，管理权、股权、资产权属一次性完成移交。 （施 政 陈云霞）

【推进法人压减工作】 2018年，宝钢发展完成法人压减5户，超额完成1户；制定参股公司3年退出计划，明确年内"瘦身"目标，通过多地走访沟通，争取合资方理解支持，全年完成6户参股公司股权退出。 （施 政 陈云霞）

【业务结构调整】 2018年，宝钢发展继续对业务形态进行分析，加速退出高风险、低效率与缺乏竞争力的业务。年内，实现纯贸易性油品业务、汽车检测业务、事故车违法车拖车业务等的退出。同时，配合宝钢股份推进生活后勤领域改革，

退出部分绿化业务及11所厂内食堂供餐业务。 （施 政 陈云霞）

【人事效率提升】 2018年，宝钢发展编制人力资源发展规划，明确到规划期（2019—2021年）末"在岗人数控制在2 300人以内，聚焦业务人才总量达到500人以上，实现从存量业务向聚焦业务转型转岗700人"的控制指标。实施核心人才培养，与宝武管理学院合作开办经营管理训练营，选拔22名平均年龄38岁的学员，采取系统授课和实战演练相结合的方式开展培训。制定年度人事效率提升方案，年末在岗员工2 990人，提前一年实现"3年净减1 000人"的目标。制定《对外借用支撑管理办法》，开发外部岗位，全年借用支撑员工131人，其中37名员工通过试用期考核正式被对方单位录用。组织员工参与杨浦、宝山、虹口等区的居委会党组织书记和社区工作者定向招聘工作，25人实现转型。优化内部人力资源配置，全年完成员工内

部转岗、转型297人。 （施 政 陈云霞）

【资产使用效率管理】 2018年，宝钢发展全面梳理公司资产，锁定低效、无效资产清单，根据国有资产处置的相关规定编制处置流程，开展合规处置。完成2 774项低效、无效资产处置，实现净收益501万元。 （施 政 陈云霞）

【资金与银行账户管理】 2018年，宝钢发展全面开展银行账户清理工作，通过减资和利润分配，归集资金4.52亿元，委贷规模从年初的4.37亿元下降至0.51亿元，减少3.86亿元，银行账户从年初的151户下降到126户，减少25户，"僵尸"账户清理完毕。 （施 政 陈云霞）

【风险管理】 2018年，宝钢发展发挥审计的风险防范作用，开展经济责任审计、投资审计和管理审计，实施审计项目26个，发现问题

2018年2月28日，宝钢物流（江苏）有限公司门机作业现场 （施 琮摄）

213项。至年底，大部分问题得到整改。 （施 政 陈云霞）

【试点个性化激励管理】 2018年，宝钢发展针对部分承担重点工作任务的业务单元和项目组，下达单项商业计划目标，试点制定个性化激励方案。年内，分别对广粤路项目组实行重大项目节点目标提前完成奖励，对宝钢物流（江苏）有限公司、宝乐汇生活时尚中心、上海碧云钻石酒店公寓等业务实行营收利润超额提成奖励，对宝钢国旅实行扭亏专项奖励。
（施 政 陈云霞）

【安全环保管理】 2018年，宝钢发展试点推进环保重点区域、部位"点长制"，强化环保责任落实。开展基础管理工作的现场巡检和专项检查，查出问题531项，现场立即整改313项，后续整改218项。
（施 政 陈云霞）

【维稳管理】 2018年，宝钢发展对9个改革调整事项进行稳定风险评估评审，公司内控3件积案成功化解结案1件，无集团公司挂号C类及以上矛盾。全年办理信访事项44件、63批次、72人次，缓解、化解率达到100%。
（施 政 陈云霞）

【宝钢发展大事纪要】
3月9日，宝钢发展召开2018年党风廉政建设和反腐败工作会议。

3月28日，宝钢发展召开第九届职工代表大会第九次会议，通过《2018年度宝钢发展有限公司集体合同》《职工奖惩管理办法》和《基层团队建设活动经费实施办法》。

4月2日，宝钢发展总部机关由宝钢集团宝山宾馆南楼搬迁至上海市宝山区克山路550弄8号（果园商务楼）办公。

5月12日，成立宝钢发展有限公司长者辅具及用品租售业务部。

5月28日，成立宝钢发展有限公司广粤路项目组。

7月6日，宝钢发展举行纪念建党97周年表彰暨党员代表会议。

7月17日，成立宝钢发展有限公司绿化管理部。

7月18日，设立宝钢发展有限公司常熟分公司，并委托上海宝钢源康物业管理有限公司进行管理，开展中国宝武（常熟）领导力中心的经营管理工作。

9月12日，成立宝钢发展有限公司湄浦路项目组。

10月19日，宝钢发展与宝山区老龄委以"营造敬老爱老社会氛围，纪念改革开放40周年"为主题，共同举办大型户外公益活动。

11月22日，中国宝武党委发文，任命蔡伟飞为宝钢发展党委书记，任命朱超为宝钢发展党委副书记、纪委书记，免去刘长威的宝钢发展党委书记职务，免去杨大宏的宝钢发展纪委书记职务。

同日，中国宝武发文，聘请杨大宏任宝钢发展高级副总裁。

11月30日，宝钢发展无偿划转上海源康物业管理有限公司的股权至上海宝房（集团）有限公司。

12月21日，宝钢发展与欧冶云商签订《宝钢物流（江苏）有限公司委托管理协议》。

12月28日，组建宝钢发展有限公司园区设施技术服务分公司。
（施 政 陈云霞）

# 宝钢特钢有限公司（上海吴淞口创业园有限公司）

宝钢特钢有限公司（简称宝钢特钢）前身是上海第五钢铁厂，创建于1958年9月，地处宝山区吴淞地区，是专业研发、生产、销售特殊钢及特种合金产品的大型国有企业。1998年11月上海地区钢铁企业联合重组后，更名为宝钢集团上海五钢有限公司（简称五钢公司）。2003年8月、10月，按照宝钢集团战略决策，上海钢铁研究所和宝钢集团上海二钢有限公司先后由五钢公司托管，以"流程优化、管理高效"的原则实施"特钢"整合。2005年5月，五钢公司的核心资产由宝钢股份收购，并组建宝钢股份特殊钢分公司。2009年4月，为进一步明确特钢产品的经营责任主体，实现特钢产品的产、供、销、研业务链的纵向整合，组建特钢事业部。2012年4月，宝钢集团收购宝钢股份特钢资产，组建宝钢特种材料有限公司（简称宝钢特材）、宝钢特钢有限公司。2013年7月，宝钢特钢吸收合并宝钢特材。

宝钢特钢具备年产百万吨级钢坯、材能力，拥有特种冶金径快锻、高合金棒材、不锈钢长型材、银亮钢、特种金属及合金板带、高合金热挤压及冷轧无缝管等国际一流水平专业产线，形成了以高温合金、耐蚀合金、精密合金、钛及钛合金、特殊不锈钢、特种结构钢六大战略产品群族，以及"长材、扁平材、管材、锻件"四大重点品种的专业化生产营销格局。产品重点应用于航空航天与国防军工、核电与超超临界火电、油气开采与炼化工、交通运输与机械工程、新兴节能环保等先进及高端装备制造领域。

2018年6月20日,中国宝武明确特钢区域相关主体的功能定位及管理方式。即:特钢区域采用"一地两业"总体运作架构,一业以特种冶金核心资产为主体,经营特钢业务,聚焦特种冶炼金属材料发展;一业负责其余钢铁资产的调整和处置,并负责园区的开发转型,以吴淞口创业园为平台打造以新材料创新创业为核心的科技园区(城区)。宝武特冶为宝钢特钢新组建的全资子公司,定位为特种冶金材料、高性能金属与合金材料的生产经营主体,作为中国宝武直接管理的一级子公司,业务对口钢铁业发展中心。宝钢特钢是特钢区域不动产的所有者,在处置调整钢铁资产过渡期内,宝钢特钢与吴淞口创业园采用合署运作模式,聚焦园区开发和转型发展,并打造能源公辅、检测、公共等配套服务能力,支撑入驻园区公司运营。宝钢特钢、吴淞口创业园作为集团公司直接管理一级子公司,业务对口城市新产业发展中心。

在2018年第十届国际发明展览会上,杨磊主创的"一种利用快锻机生产六角形锻件的方法"和钢管厂蔡斌主创的"核电用无缝钢管热处理设备安全运行技术的优化与应用"获金奖。板带厂于光伟、钢管厂倪建平、炼钢厂周同军、制造管理部朱长春主创的专利成果均获铜奖。

2018年,宝钢特钢实现钢8.37万吨、材81.2万吨销量,销售收入79.13亿元(含宝特长材和宝武特冶)。年底,宝钢特钢在册员工1 390人(不含宝特长材和宝武特冶),吴淞口创业园在册员工34人。

(张志超)

【企业负责人简介】 胡达新,1963年6月生,福建漳浦人,中共党员,高级工程师,宝钢特钢党委书记、董事长、总经理,宝武特冶执行董事,吴淞口创业园董事长,宝地临港董事长。

(张志超)

【"一地两业"战略架构落地】 2018年,宝钢特钢完成宝武特种冶金有限公司(简称宝武特冶)、上海宝地临港产城发展有限公司(简称宝地临港)的组建,开创"两业"协同并进的良好局面。8月9日,宝武特冶完成工商注册;10月1日,宝武特冶揭牌成立、信息化系统成功上线,开始正式独立运营。9月,成立宝钢特钢控股的上海宝地临港产城发展有限公司,致力于将特钢地块打造成为国际一流的科创城。同时,积极推动吴淞工业区先行先试3.8平方千米区域控详规划、产业规划编制、首发地块概念设计等工作。

(张志超)

【环境监测】 2018年,宝钢特钢继续将环境监测业务外委上海宝钢工业技术服务有限公司开展,监测频次为:废水每月监测三次,大气降尘量每月监测一次,废气、噪声、大气环境质量每季度监测一次,油烟每年监测一次。全年委外监测污染因子953项次,污染物综合排放合格率为100%。

(张志超)

【排污许可证管理】 2018年,宝钢特钢根据排污许可证的要求,每季度编写自查报告,并在国家排污许可证信息公开平台提交季度执行报告。宝武特冶独立运行及宝钢特钢部分产线划归宝特长材后,宝钢特钢关停了钢管厂东区产线、板带厂冷热轧产线,并将60吨电炉产线划归宝特长材,40吨13号炉和15号炉划归宝武特冶,后续做好3家独立法人单位的排污许可证变更工作。

(张志超)

【节能减排管理】 2018年,宝钢特钢利用直供电交易政策,采取双边交易、挂牌交易和竞价交易等措施全年降低电力采购成本431万元。利用节能补贴政策,获得节能技改项目财政补贴301万元。出售节能富余配额给宝日汽车板,获得营业外收入567.3万元。组织完成公司2017年度《能源利用状况报告》《温室气体排放报告》报送工作,以及2017年度碳排放量的自查工作,并接受上海市节能减排中心的2016年、2017年碳排放现场核查。(张志超)

【提升员工安全技能】 2018年,宝钢特钢策划启动《2016—2018年新进、转岗、兼岗员工安全能力再培训、再考核和再鉴定工作方案》。通过人员梳理、教材编制、专项培训、考评鉴定4个阶段,采取"标准+α"的内容模式进行集中授课。全年共编制课件48份,试卷77份(套),累计培训在册员工175人,协力员工253人,考核通过率100%。

(张志超)

【提升全员应急能力】 2018年,宝钢特钢开展各级应急预案演练及现场应急处置实战演练,进一步提升员工现场处置意识和处置能力。全年组织公司级应急演练5项,厂部级应急演练30项,800余名员工参加各类应急演练,500余名员工

在现场学习观摩。　　（张志超）

**【测量管理体系审核】** 2018年，宝钢特钢接受并通过第三方体系审核机构的到期复审。组织修订5个测量管理程序文件、9个管理标准。在测量管理方面，根据各类标准及体系的要求，制定相关文件和标准，从制度和技术规范上加强对涉及军工、核电、航天航空、大飞机项目的测量管理。完成相关军工、航天航空、核电、职业健康、能源管理体系等第三方体系认证，通过各类重点产品（军工、核电、大飞机等）的第二方现场审核。对20名计量专业管理人员进行业务培训，满足体系持续改进的需要。　（张志超）

**【开展各项认证】** 2018年，宝钢特钢开展产品认证工作5项，完成4项。其中，Ni36合金钢板带产品取得美国船级社（ABS）的工厂认可认证；镍基合金管、不锈钢管、不锈钢锻棒通过TUV南德意志集团的复证审核；核一级690合金U形管民用核安全制造许可证申请复证。完成Nadcap（国家航空航天和国防合同方授信项目）监督审核，无损检测通过审核并取得新周期的认证证书，3个认证项目（热处理、无损检测、理化检测实验室）的部分审核标准进行更新换版。法国必维国际检验集团、北京国金恒信管理体系认证公司、中国质量认证中心3家审核机构对宝钢特钢质量管理体系实施了外部审核，提出5个一般不符合项，没有严重不符合项。启动武器装备承制资格证申请工作，年内完成取证培训，填报申请书，收集整理相关证明材料，并开展现场审核自查自纠工作。落实军工产品（高温合金、钛合金、高强钢各一个军工产品）认证，按程序文件要求，完成关键过程三定表的编制、会审、批准等，做好关键过程的生产数据跟踪分析工作。　　　　　　（张志超）

**【工程改造项目】** 2018年，宝钢特钢推进特冶锻造分厂噪音治理工程项目、特冶电渣炉配电操控台集中控制、特冶感应分厂新增钢包浇铸车改造项目、炼钢厂电炉除尘灰制球返生产利用4个项目的立项工作。5月，炼钢厂40吨分厂15号炉改造项目进入热负荷调试。6月，特冶等温锻产线航空、航天产品结构优化工程进入热负荷调试。　　　　　　　　　（张志超）

**【核安全文化建设】** 9月，宝钢特钢组织各级领导及核电管理人员40余人参加《核安全设备持证单位核安全文化建设交流》学习，熟悉和掌握核安全监管法规及相关文件。10月，组织民用核安全知识竞赛，参加115人，准确率100%。选送5人（次）参加核电无损检测人员培训和复训，至年底持有民用核电无损检验人员资格证书39张，其中2级证书38张，1级证书1张。　　　　　　（张志超）

**【提高产品竞争力】** 2018年，宝钢特钢质量攻关项目共计29项，其中公司级10个，部门级12个，精细化操作7个，编制29个项目《质量攻关实施方案》。推进以耐蚀合金、精密合金板带、钛合金、双真空高温合金、航空管、高端工模具钢等攻关项目，提升产品实物质量水平和市场竞争能力。提高重点产品成材率，40吨小帽口八角锭合计试验22炉，成品模块探伤合格18炉，超标4炉，平均成材率达到73%以上。　　　　　　　（张志超）

**【超长薄壁SHBG-2合金管材研制取得突破】** 2018年，宝钢特钢研制的熔盐塔式光热发电聚热塔用超长薄壁SHBG-2合金管材成品成功交付北京首航艾启威节能技术股份有限公司（简称首航节能）。熔盐塔式光热发电是太阳能热利用的一种，是环境友好可持续的清洁能源之一，被列入国家"十三五"能源计划。在服役中，该材料要长时承受高温熔盐腐蚀和温度急剧变化带来的冷热疲劳考验，其性能和质量是吸热器正常运行的关键。宝钢特钢与业主首航节能合作，攻克SHBG-2镍基难变形合金超长薄壁管材各种工艺难关。经检验，管材微观组织、高温力学性能、高温熔盐腐蚀性能和尺寸精度等均满足用户要求，其中某些性能指标超过国外同类产品水平，形成具有自主知识产权的全流程制造技术。　　　　　　　　　　（张志超）

**【UNS N06230冷轧板研发成功】** 2018年，宝钢特钢研制的UNS N06230冷轧板材成功交付首航节能。UNS N06230冷轧板是一种镍铬钨钼合金，兼具优良的高温强度、抗氧化性能、超长时间的热稳定性以及良好的加工性能，即使长时间暴露于高温环境下也有突出的抗氧化性能，尤耐氮化环境，有着良好的长时稳定性，在航空和能源领域得以广泛应用。　　（张志超）

**【成功试制航空发动机用主轴轴承钢】** 2018年，宝钢特钢炼钢厂与制造部、特材事业部等部门人员结合工艺路径，确定按最小规格锭型

1.2吨钢锭进行生产试制。炼钢厂从配料开始,优选废钢原料,从源头控制原料成分;优化电炉操作,精炼操作采用新型二次造渣技术,在原有基础上进一步提升钢液纯净度;浇注操作时克服传统轴承钢锭型限制,突破往常最小钢锭规格,实现了轴承钢1.2吨锭型钢锭的浇注,完成试制,各元素均达到内控成分目标值。 （张志超）

【宝钢特钢首个国家重大专项课题通过验收】 "核电蒸汽发生器用690合金U形管研制和应用性能研究"课题是国家重大专项压水堆分项中重大关键技术研究课题之一。宝钢特钢2013年8月承接国家重大专项示范工程CAP1400核电站蒸汽发生器用690合金U形管合同,截至2018年3月,共承接并交付三代核电690U形传热管批量合同1 000吨计260万米。6月28—29日,该课题通过国家能源局核电司组织的验收。 （张志超）

【板带厂热轧主轧线关停】 8月26日,宝钢特钢板带厂热轧主轧线关停。当日上午,炉卷分厂举行了简短的关停仪式,分厂全体当班员工、技术中心和制造部板带室相关工艺技术人员、设备保驾护航员工以及板带厂领导等近70人参加仪式。 （张志超）

【推进钢铁产线调整】 2018年,宝钢特钢板带热轧、冷轧、60吨炼钢、40吨炼钢产线实施调整。围绕"产线停运、搬迁支撑、区域管控、产品延续、人员转型",平稳推进产线关停工作。9月5日,连续热处理炉关停。9月28日,板带冷轧生产线关停。9月30日,钢管东

区产线停止运行,钢管生产实现了向西区集中。同时,为进一步发挥钢管产线在军工、核电等行业中的知名度和品牌影响力,整合公司内部资源,组建钢管产销研团队,实施专项业绩增量评价激励。11月1日,60吨炼钢产线委托宝钢股份管理,协同推进业务对接、消缺补全、生产爬坡、安全维稳等工作,使其平稳并入宝特长材生产制造体系。12月,为加快实现特种冶金装备的集中优化配置,完成40吨产线主要设备划转至宝武特冶工作。 （张志超）

【推进员工职业化转型】 2018年,宝钢特钢通过建立工作机制、拓展岗位资源、培育转岗能力、优化绩效导向举措,为员工转岗转型、拓宽职业发展途径创造条件和提供支撑。2017年7月—2018年11月底,累计组织推荐265人次参加社区工作者招聘,72名员工踏上了新的工作岗位。按节点推进宝武特冶人员划转。坚持"精干高效、人随业务走"原则,明确人员进入规则,以合法合规为前提,完成劳动关系变更、人事管理划转。至年底,宝武特冶已配置在岗员工577人。年内,宝钢特钢还依托临港集团创新管理学院培训平台,对员工进行分层分类培训。首个培训项目"园区开发业务综合提高班"面向公司管理层和业务骨干,内容涵盖对产业园区战略、规划、建设、投资、运营和孵化器管理等主要业务框架和模式的详细讲解,全面提升了转型员工对产业园区开发运营的认知,兼具全局性、战略性和启发性。针对未来智慧园区建设,组织高技能人才综合研修,加强对于前沿智能制造技术的认知。进一

步储备国际化人才队伍,开展英语培训,提升员工英语水平。 （张志超）

【为员工服务】 2018年,宝钢特钢完成职工健康体检、职业体检、特殊工种体检等各类体检2 502余人次;持续开展节日帮困送温暖活动,全年帮困1 260余人次,发放帮困金105万元;落实职工生日慰问,慰问2 354人次;持续实施关键岗位青年员工过渡性优惠租房政策;建立离岗、待聘人员信息登记制度,采用"一人一表",做到人员基本情况与家庭情况清楚、思想动态与个人诉求清楚、困难原因与帮困措施清楚。 （张志超）

【宝钢特钢大事纪要】

1月,宝钢特钢在镍基难变形合金超长薄壁SHBG-2合金管材制造方面取得重大突破,首批产品成功交付北京艾启威节能技术股份有限公司,用于国家首批示范项目"首航节能100 MW熔盐塔式电站"吸热器的制造。

2月,宝钢特钢研制的UNS N06230冷轧板材成功交付北京首航艾启威节能技术股份有限公司,标志宝钢特钢在镍基难变形高温合金研制替代进口方面取得突破。

3月27日,宝钢特钢应邀参加第十八届中国国际石油石化技术装备展览会。

3月,宝钢特钢通过无损检测NADCAP年度现场认证审核。

4月3日,中国高温合金产业创新战略联盟在北京成立,宝钢特钢参加成立大会并当选为副理事长单位。

4月16日,宝钢特钢应邀参展2018德国杜塞尔多夫国际管材线

材展览会，全面展示了宝钢特钢板管产品在核电、油气勘探、集输管线、油气炼化、清洁环保等领域的材料研制和应用情况。

5月14日，宝钢特钢代表中国宝武参加第六届上海国际航空航天技术与设备展览会。

5月16日，宝钢特钢钢铁精品参加第十八届中国国际冶金工业展览会。

6月28日，宝钢特钢召开"核电蒸汽发生器用690合金U形管研制和应用性能研究"课题验收会。

8月26日，宝钢特钢板带厂举行热轧主轧线关停仪式。

9月13日，宝钢特钢在第十届国际发明展览会上获2金、3铜，创一线职工参与率和获奖率历届之最。

9月28日，上海宝地临港产城发展有限公司在宝武大厦举行揭牌仪式。宝地临港由宝钢特钢有限公司、上海临港经济发展（集团）有限公司和上海宝山都市经济发展有限公司合资组建，负责特钢区域的转型开发。

10月1日，宝武特种冶金有限公司举行揭牌仪式。

10月12日，吴淞口创业园与树根互联联合承办工业互联网·智能制造分论坛。

12月12日，吴淞口创业园举办"一带一路"国际孵化器研讨会。

（张志超）

# 北京汇利房地产开发有限公司

北京汇利房地产开发有限公司（简称北京汇利）成立于2004年10月，原系北京市华远地产股份有限公司子公司，2005年6月开始动工建设华泽大厦项目（后更名为宝钢大厦）。2007年1月和3月，宝钢集团有限公司先后受让北京汇利49%和51%的股权，北京汇利成为宝钢集团有限公司（后更名为中国宝武钢铁集团有限公司）的全资子公司。2011年8月，北京汇利完成宝钢大厦（2017年4月更名为中国宝武大厦）工程竣工验收，正式进入运营出租阶段。2018年11月7日，北京汇利的股权由中国宝武总部划转至宝地资产。

北京汇利主要从事中国宝武大厦运营管理，下设物业、财务、接待、行政4个专业共计9个管理岗，综合保障中国宝武大厦的经营维护，主营业务为：写字楼出租、物业管理、停车场管理、会议服务等。

2018年，北京汇利实现营业收入10 270万元（其中租赁收入10 108万元），实现利润4 565万元。

（慕湘茹）

【企业负责人简介】 李庆楠，1965年11月生，上海人，中共党员，高级工程师，北京汇利执行董事兼总经理。

（慕湘茹）

【注册资金变更】 随着北京汇利2013—2018年经营净现金流不断积累，截至2018年底累计经营净现金流为3.67亿元。2018年，北京汇利注册资金由8.5亿元减为5.5亿元，同时将减资款3亿元上交集团公司。

（慕湘茹）

【西四北四条27号四合院投入使用】 北京汇利自2017年接管原武钢驻京办事处位于西城区西四北四条27号的四合院经营管理工作后，对其硬件设施进行改造，2018年2月投入试运行，承载的主要功能是接待中国宝武到北京出差人员的住宿。全年接待客房住宿369次，741人日。

（慕湘茹）

编辑：金 荣

14

产业金融业

# 产业金融业

## 产业金融发展中心/华宝投资有限公司

2018年,产业金融发展中心(华宝投资)围绕促进钢铁生态圈高质量发展的战略目标,根据集团公司要求调整中心职责、调整华宝投资管理框架、策划生态圈金融战略、实践产业基金运作、推动金融资产整合融合、为产业公司提供资本运作服务等,圆满完成了产业金融板块利润目标和各项重点工作。年底,在册员工14人。 (裴冬冬)

【打造高效产业金融管理体系】 7月30日,中国宝武下发《关于产业金融发展中心业务及管理体系调整的通知》。调整产业金融发展中心运作方式,与华宝投资有限公司实行"两块牌子、一套班子"运作。调整产业金融发展中心业务职责,设置生态圈金融管理、金融产业管理、资产管理、资本运作4个业务模块。此外,将华宝信托有限责任公司、华宝基金管理有限公司、华宝证券有限责任公司、华宝都鼎(上海)融资租赁有限公司和宝钢集团财务有限责任公司调整为集团公司直接管理的子公司,业务对口产业金融发展中心,打造高效运行的产业金融管理体系。 (裴冬冬)

【开展生态圈金融服务大调研】 2018年,产业金融发展中心(华宝投资)将《推动钢铁生态圈高质量发展的产业金融服务》作为大调研课题,牵头组建调研组,制定调研方案和调研方式。通过对集团公司内部和外部同行单位的实地走访、交流学习,最终形成调研报告。在报告中,分析和总结中国宝武在生态圈金融服务方面的不足和问题,提出了推进生态圈金融服务体系和服务模式不断优化和提升生态圈金融服务能力的工作建议。 (裴冬冬)

【以金融手段助力冶金行业重组】 2018年,四源合基金依托自身的钢铁产业背景优势和资本专业化运作能力，围绕基金投资核心业务的开展，探索钢铁行业、有色行业以及相关产业领域的破产重组和股权投资合作机会。参与重庆钢铁股份有限公司（简称重庆钢铁）重组，以市场化、法治化和专业化方式助力重庆钢铁成功化解巨额债务危机及资金危机。年底，重庆钢铁实现扭亏为盈。

（裴冬冬）

【成立宝武集团纾困与发展基金】 2018年，产业金融发展中心（华宝投资）设立宝武集团纾困与发展基金，成为第一家设立纾困基金的中央企业。基金规模总目标100亿元，第一期成立5亿元规模的母基金资产管理计划。该基金定位于"纾困＋发展"的思路，响应国家号召，救助民营企业，恢复民营企业活力。 （裴冬冬）

【设立宝蔚基元私募股权投资基金】 2018年，华宝（上海）股权投资基金管理有限公司（简称华宝股权）作为产业金融板块的私募股权投资公司，按照产融结合的整体思路，与上海宝钢节能环保技术有限公司（简称宝钢节能）共同发起，设立宝蔚基元私募股权投资基金项目。基金规模1亿元。该基金引入社会资本投资于宝钢节能，结合环保项目，助力宝钢节能业务转型。

（裴冬冬）

【成立宝武扶贫基金】 2018年，产业金融发展中心（华宝投资）按照市场化运作原则，经中国宝武批准设立宝武扶贫基金（暂定名），以切实支持贫困地区产业发展为根本目标，遴选并投资于符合贫困地区脱贫攻坚需要的产业项目。（裴冬冬）

【金融资产整合融合】 2018年，产业金融发展中心（华宝投资）牵头，将宝钢集团财务有限责任公司（简称宝钢财务公司）与武汉钢铁集团财务有限责任公司（简称武钢财务公司）进行资产整合。在整合工作项目细化方案中，产业金融发展中心（华宝投资）制定工作进度表，统筹考虑整合过程中资产评估、审计、法务、工商、税务等相关事宜，统筹相关各方完成宝钢财务公司与武钢财务公司合并整体交易方案的沟通与论证，协助推进武钢财务公司转增股本以及评估机构对宝钢财务公司、武钢财务公司预估值等事宜。

（裴冬冬）

【加强金融风险防范】 一是建立金融板块风险提示和风险评估机制。2018年，产业金融发展中心（华宝投资）针对违约、资产清收处置等下发风险提示函，提示金融板块关注民营企业及平台债务违约风险。启动对宝钢财务公司和上海欧冶金融信息服务股份有限公司风险管理体系的评估调研工作。二是强化风险排查机制。组织各单位完成相关民营企业信用风险排查、存量业务信用风险隐患排查、信托证券业务风险排查等各类信用风险排查14次，形成9份排查报告。三是强化信用风险处置工作机制。对已形成的信用风险事件，加大清收处置工作力度，对清收处置方案、工作机制、风控措施等提出改进方向。四是坚持风险信息定期监控机制，完成12份《风险管理月报》、9份《监管信息月报》、6份《诉讼纠纷月报》；加强对子公司监管处罚案例分析和风险研判，开展

案例研究，完成《2017年金融行业风险案例》汇编。五是完成华宝投资和华宝股权两级公司的风险管理工作，完成对华宝投资和华宝股权20余个拟投项目的前期风险尽调和风险审查评估工作，形成21份专项风控意见；开展授权管理，完成金融板块法人代表印鉴梳理，完成华宝投资及华宝股权管理层授权文件等；完善风险管理制度，起草《金融子公司违规经营投资责任追究实施办法》；完成合同审查300余份，负责外聘律师管理工作，处理华宝投资外部网站虚假负面信息和纠纷等。 （裴冬冬）

## 华宝信托有限责任公司

华宝信托有限责任公司（简称华宝信托）成立于1998年，宝钢集团有限公司（后更名为中国宝武钢铁集团有限公司）持股98%，浙江省舟山市财政局持股2%。注册资本金37.44亿元（含1 500万美元），旗下控股华宝基金管理有限公司（中美合资）。

华宝信托以资产管理与信托服务为主业，产品线投资范围涵盖现金管理、金融市场、境外投资、产业金融深度服务、薪酬福利、家族信托等领域；信托产品利用多种结构和工具覆盖资本市场、货币市场、实体经济。2018年，华宝信托设立产融业务总部，成立公司首单慈善信托。至年底，华宝信托受托管理信托资产规模5 348亿元（不含企业年金）。在册员工333人。

（梁 蓉）

**【产业金融服务】** 2018年，华宝信托增设产融业务总部，优化公司资源配置，为中国宝武及其子公司、内外部客户投融资活动提供金融支持。其中，与欧冶云商共同设计发行欧享主动管理信托计划。该信托计划由欧冶云商作为资产服务机构，依托欧冶云商已建立的仓储、物流、贸易生态圈，为有融资需求的中小企业提供资金支持，以支持实体经济发展。 （梁　蓉）

**【家族信托业务】** 2018年，华宝信托设立"华宝信托·农银2018纵联慈善信托"。年内，华宝家族信托业务获《上海证券报》第十一届"诚信托"奖·最佳家族信托产品奖，《证券时报》第十一届中国优秀信托公司评选"优秀家族信托计划"奖。 （梁　蓉）

**【获得荣誉】** 2018年，华宝信托获中国信托业协会2017年度行业评级A，2017年度"浦东新区金融业突出贡献奖"、2017年度上海市中资法人金融机构统计工作一等奖、2017年度中国债券市场"优秀资产管理机构"、2017年度银行业信息科技风险管理课题研究非银机构二类成果奖、2018年上海市企业管理现代化创新成果等荣誉，并获《上海证券报》第十一届"诚信托"奖·卓越公司奖、《证券时报》第十一届中国优秀信托公司评选"中国优秀信托公司"奖、《21世纪经济报道》第十一届"金贝奖"·2018卓越信托公司奖等奖项。（梁　蓉）

**【华宝信托大事纪要】** 1月，华宝信托获2017年度中国债券市场"优秀资产管理机构"称号。

同月，华宝信托获2017年度上海市中资法人金融机构统计工作一等奖。

同月，华宝信托报送的课题研究报告《信息科技运维与风险管理一体化体系的研究与应用》获2017年度"银行业信息科技风险管理课题研究非银机构二类成果奖"。

4月，华宝信托财富管理中心获"上海市工人先锋号"荣誉称号、华宝信托财富管理中心青年团队获"上海市青年五四奖章集体"荣誉称号。

5月，华宝信托荣获中国信托业协会2017年度行业评级A。

6月，华宝信托获《证券时报》第十一届中国优秀信托公司评选"中国优秀信托公司"及"优秀家族信托计划"奖。

7月，华宝信托获《上海证券报》第十一届"诚信托"奖·卓越公司及最佳家族信托产品奖。

同月，华宝信托获《21世纪经济报道》第十一届"金贝奖"·2018卓越信托公司奖。

11月，华宝信托获2018渣打银行"最佳证券服务奖"。

同月，华宝信托中标施维雅（天津）制药公司储蓄计划管理人。

12月，由华宝信托申报的"家族信托全生命周期的信息化管理"项目获2018年上海市企业管理现代化创新成果三等奖。

同月，由华宝信托家族个人客户发起设立的"华宝信托·农银2018纵联慈善信托"成立。 （梁　蓉）

# 华宝基金管理有限公司

华宝基金管理有限公司（简称华宝基金）前身为成立于2003年3月7日的华宝兴业基金管理有限公司，是国内首批中外合资基金管理公司之一。主要业务是为客户提供资产管理服务，客户类型包括主流的大众客户以及银行、保险、私募等机构客户。公司的收入来源主要来自发行基金产品收取的管理费，以及专户业务中的因业绩超越合同约定基准所产生的超额业绩报酬。

华宝基金成立之初，注册资本1亿元，华宝信托持股67%，法国兴业资产管理有限责任公司持股33%。2007年5月，注册资本增至1.5亿元，华宝信托持股51%，法国兴业资产管理有限责任公司持股49%。2010年12月30日，华宝兴业发生股东变更，华宝信托持股51%，领先资产管理有限公司持股49%。2017年8月，领先资产管理有限公司将所持有的公司49%的股权转让给美国华平投资集团。10月，公司更名为华宝基金管理有限公司。

2018年，华宝基金完成营业收入11.75亿元，其中公募基金管理费收入8.75亿元，合并利润总额5.75亿元。年底，资产管理规模1 739亿元，同比增长31%；管理公募基金63只，管理资产规模为1 674亿元，排名行业第22位。在册员工264人。 （刘晓韬）

**【企业管理】** 2018年，华宝基金形成《华宝基金管理有限公司2018—2020年三年发展规划》，从业务组合、能力提升、体制机制三方面进行布局。成立互金部，增加人员配置，明晰职责分工。成立多元资产投资管理部、养老金管理部，提升大类资产管理能力，发展养老金融产品。债券基金规模从年初的4亿元增长到年底的90亿元。 （刘晓韬）

**【募集资金业务】** 3月，华宝基金成立华宝港股通恒生香港35基金，募集资金2.47亿元；6月20日，成立华宝港股通香港精选混合型证券投资基金，募集资金4.48亿元；10月25日，成立华宝标普沪港深中国增强价值指数证券投资基金，募集资金2.47亿元。营销华宝标普美国品质消费股票指数证券投资基金产品，该基金产品从年初的1.28亿元增至年末的3.4亿元。　（刘晓韬）

**【华宝基金大事纪要】**

1月24日，华宝价值发现混合型证券投资基金成立。

3月30日，华宝港股通恒生香港35指数证券投资基金成立。

4月19日，华宝中证500指数增强型发起式证券投资基金成立。

6月20日，华宝港股通香港精选混合型证券投资基金成立。

7月30日，华宝标普香港上市中国中小盘指数证券投资基金（LOF）增加C类基金份额。

8月29日，华宝港股通恒生中国（香港上市）25指数证券投资基金（LOF）增加C类基金份额。

8月30日，华宝宝丰高等级债券型发起式证券投资基金成立。

9月4日，华宝绿色主题混合型证券投资基金成立。

10月25日，华宝标普沪港深中国增强价值指数证券投资基金成立。　（刘晓韬）

## 华宝证券有限责任公司

华宝证券有限责任公司（简称华宝证券）成立于2007年，注册资本金40亿元，华宝投资持股83.07%，华宝信托持股16.93%，经营范围包括证券经纪，证券投资咨询，证券自营，证券资产管理，融资融券，证券投资基金代销，代销金融产品，为期货公司提供中间介绍业务，证券承销，与证券交易、证券投资活动有关的财务顾问等。华宝证券在北京、长沙设有分公司，在上海、深圳、成都、广州、福州、武汉、杭州、南京、舟山、宁波、厦门、盐城等地设有营业部。2018年底，在册员工586人。　（陈一涓）

**【经营业绩】** 2018年，华宝证券首次晋升A类券商队列，实现营业收入56 308万元，实现利润总额4 476万元；经纪业务股基市占率上升至0.535%，增长32.34%。个股期权业务累计成交量市场份额连续3年保持市场排名前两位；资产管理业务总规模为147.74亿元，整体资产管理规模同比增长6%；线下新设5家分支机构。（陈一涓）

**【产融结合】** 2018年，华宝证券发展产融结合，挖掘中国宝武上下游资源，作为主承销商完成华宝投资40亿元公司债项目；重点推进集团公司下属企业资产证券化项目，与华宝（上海）股权投资基金管理有限公司、上海宝钢节能环保技术有限公司、广东韶钢松山股份有限公司、烟台鲁宝钢管责任有限公司共同参与节能环保项目，设计并推动"宝蔚基元节能环保产业基金"的落地。该基金为集团公司内首例由4家以上子公司协同合作并成功落地的市场化产业基金。（陈一涓）

**【华宝证券大事纪要】**

1月，华宝证券获《人民日报》《国际金融报》主办的中国资本市场扶贫先锋论坛"最佳精准脱贫案例"奖。

2月，华宝证券获上海证券交易所股票期权上市三周年庆祝活动"十佳期权经纪商"奖。

4月，华宝证券在上海市浦东新区经济突出贡献企业表彰活动中获"2017年经济突出贡献"奖。

同月，华宝证券发布《2018年度金融产品研究报告——大资管：变革与重构》。

6月，在由《证券时报》主办的"2018中国财富管理机构君鼎奖"评选活动中，华宝证券获券商类"2018十大创新资管产品君鼎奖"和"2018中国量化投资团队君鼎奖"。

10月，在由中国证券业协会、中国期货业协会、《证券时报》主办的2018中国证券期货业扶贫工作交流大会暨2018中国证券期货公司扶贫评选颁奖典礼上，华宝证券获"2018中国证券期货业最佳精准脱贫项目"奖。

12月，华宝证券被中国保险资产管理业协会评为"2018年中国保险资产管理业协会最佳合作研究机构"第二名。

同月，华宝证券"华宝智投APP（手机应用程序）"获新浪金麒麟论坛颁发的"最具突破潜力APP"奖和"最佳用户服务APP"奖。

（陈一涓）

## 华宝冶金资产管理有限公司

华宝冶金资产管理有限公司（简称华宝资管）于2018年9月13

2018年9月13日，华宝冶金资产管理有限公司揭牌成立　　　　（施　琮摄）

日由中国宝武和中国东方资产管理股份有限公司、鞍钢集团有限公司、马钢（集团）控股有限公司（简称马钢集团）下属马钢集团投资有限公司共同发起设立。4家股东出资20亿元，其中中国宝武持股37.5%，中国东方资产管理股份有限公司和鞍钢集团有限公司各持股25%，马钢集团投资有限公司持股12.5%，是国内首家专注于冶金行业的专业化资本运作平台。

华宝资管依托股东方强大的产业背景和广泛的金融资源优势，聚焦冶金及相关产业，开展不良资产管理、股权投资及投资咨询等业务。主要经营方向包括：通过直接购入或参与债转股等方式获得相关资产，通过资产及债务重整、产业协同、土地开发等多种形式，实现对目标资产的价值挖掘、价值提升；对扭亏无望的"僵尸企业"，采用关停并转等方式，释放其所占用的土地、资金、人员、厂房设备等资源；为企业提供资金、技术、管理等相关支持，推动产能搬迁置换、产品结构升级、节能减排改造等。　（裴冬冬）

【完成工商登记】 11月11日，华宝资管完成在上海市工商行政管理局的设立登记，并领取了营业执照。11月25日，完成20亿元注册资本的实际缴足。　（裴冬冬）

## 华宝都鼎（上海）融资租赁有限公司

华宝都鼎（上海）融资租赁有限公司（简称华宝融资租赁）系由华宝投资有限公司、宝钢香港投资有限公司、上海都鼎企业管理中心（有限合伙）共同发起设立并出资组建的有限责任公司，于2017年2月28日在上海自由贸易试验区注册成立。2018年8月，华宝融资租赁引入新股东浙江省舟山市国有资产投资经营有限公司，注册资本增加至13亿元。其中，华宝投资有限公司持股54.8%，宝钢香港投资有限公司持股25%，舟山市国有资产投资经营有限公司持股19%，上海都鼎企业管理中心（有限合伙）

持股1.2%。华宝融资租赁主要经营范围包括：融资租赁业务，租赁业务，租赁交易咨询和担保，从事与主营业务有关的商业保理业务。

自筹建伊始，华宝融资租赁便将围绕"国计"和"民生"，聚焦弱周期的稳定向上行业，规避"两高一剩"产业作为总体业务发展战略，确定以下几大行业投向：具有自身现金流的核心（即不可或缺）公用事业类企业，如供水、污水处理、供气、供暖、垃圾处理及公共交通等国有企业；公立医疗和公立教育机构，重点聚焦现金流情况较好、地方排名靠前的二甲、三乙、三甲级别公立医院和重点高中、高等职业技术学院、高等院校；以5A级景区为代表的旅游和影院院线等稳步发展的弱周期大消费行业。与此同时，华宝融资租赁设定以厂商租赁、产融结合为基础的业务模块，包括：与中国宝武投资C919大飞机租赁方向，与宝信软件合作的智慧城市、轨道交通控制方向，与集团公司钢铁生产板块合作的节能环保或高端装备制造方向。

截至2018年底，华宝融资租赁完成涉及医疗、教育、公用事业、交通运输、建设、文化旅游、能源7个方向46个项目的投放，累计投放金额45.26亿元。　（赵　烨）

【融资情况】 2018年，华宝融资租赁依托股东背景，争取优惠的授信条件，在扩大授信规模的同时，降低融资成本。至年底，共获18家金融机构23.45亿元的可用授信额度。同时，与多家金融机构探讨资产支持证券（ABS）、资产支持票据（ABN）融资模式、要求和具体细节，9月启动9.45亿元资产支持票据发行工作，12月29日获得发行批准。　（赵　烨）

**【租赁业务】** 2018年，华宝融资租赁先后走访宝信软件、宝康电子、宝钢包装、宝武环科、宝钢节能、宝钢气体、宝钢不锈、宝钢股份营销中心、欧冶金服等单位，进行业务沟通、合作探讨，年内完成两单业务落地。一单为安徽池州市九华船务有限公司3 500万元售后回租项目。该客户长期为宝钢股份承运干散货，华宝融资租赁为其提供3 500万元融资，帮助其新增1艘2.7万吨级船舶的运力。另一单为与马钢集团旗下的马钢（上海）融资租赁有限公司合作的3 500万元转租赁业务。 （赵　烨）

**【华宝融资租赁大事纪要】**

8月3日，华宝融资租赁引进浙江省舟山市国有资产投资经营有限公司作为战略投资者，注册资本增至13亿元。

9月14日，华宝融资租赁获中诚国际信用评级有限责任公司AA主题信用评级，评级展望为稳定。 （赵　烨）

## 四源合股权投资管理有限公司

四源合股权投资管理有限公司（简称四源合投资）成立于2017年7月14日，是由华宝投资有限公司、美国WL罗斯有限责任公司、中美绿色东方投资管理有限公司（中美绿色基金管理公司为其实际控制人）和深圳市招商平安资产管理有限责任公司（招商局集团为其控股股东）分别按照

25%、26%、25%、24%的持股比例共同出资设立的中外合资有限责任公司，注册资本为人民币10亿元。2017年8月14日，四源合投资在中国证券投资基金业协会（AMAC）登记为私募基金管理人，并以有限合伙企业设立四源合基金。9月7日，四源合基金正式登记成立，注册名称为"四源合（上海）钢铁产业股权投资基金中心（有限合伙）"，并发起旗下中国第一支钢铁产业结构调整基金——四源合钢铁产业结构调整基金。

2018年底，四源合基金有"四源合钢铁产业结构调整基金"和"四源合（重庆）钢铁产业发展基金"2支基金，累计资产管理规模为75亿元。 （裴冬冬）

**【四源合钢铁产业结构调整基金】** 2018年，四源合钢铁产业结构调整基金通过对重庆钢铁的公司治理变革、产品产线调整、财务杠杆降低、激励机制强化、劳动效率提升等一系列措施，改善生产经营现状，使重庆钢铁各项指标达到历史最好水平。11月，该基金完成重庆钢铁项目的交割，实现首个项目的顺利退出。 （裴冬冬）

**【四源合（重庆）钢铁产业发展基金】** 10月12日，四源合（重庆）钢铁产业发展基金在重庆市工商行政管理局正式登记成立。11月7日，中国宝武、四川德胜集团钒钛有限公司、四源合投资就四源合（重庆）钢铁产业发展基金事宜签署《四源合（重庆）钢铁产业发展股权投资基金合伙企业（有限合伙）》。四源合投资联合中国宝武、四川德胜集团钒钛有限公司等产业投资者发起旗下第二支基

金——四源合（重庆）钢铁产业发展基金，联合出资并接手重庆长寿钢铁有限公司75%的股权，从而成为重庆钢铁间接控股股东。钢铁产业发展基金充分发挥中国宝武作为中国钢铁行业龙头的技术人才优势和四川德胜集团钒钛有限公司的地域协同效应，同时保持重庆钢铁混合所有制的体制机制优势，为重庆钢铁未来长足发展奠定基础。 （裴冬冬）

**【重庆钢铁司法重整项目】** 重庆钢铁司法重整项目是四源合钢铁产业结构调整基金的首发项目。2018年，四源合钢铁产业结构调整基金结合重庆钢铁实际，提供了融合金融创新和经营改善的一揽子解决方案。通过债务重组和低效无效资产剥离，重庆钢铁债务由2017年的364亿元降至2018年的250亿元，资产负债率降为33%。2018年，重庆钢铁生产经营步入良性循环，全年生产铁567.77万吨、钢638.15万吨、材611.07万吨，同比分别增长47.8%、55.1%、56.5%。 （裴冬冬）

**【四源合投资大事纪要】**

10月12日，四源合（重庆）钢铁产业发展基金在重庆市工商行政管理局正式登记成立。

11月7日，中国宝武、四川德胜集团钒钛有限公司、四源合投资就四源合（重庆）钢铁产业发展基金事宜签署《四源合（重庆）钢铁产业发展股权投资基金合伙企业（有限合伙）》。

11月8日，四源合钢铁产业结构调整基金完成重庆钢铁项目的交割，实现了首个项目的顺利退出。 （裴冬冬）

# 宝钢集团财务有限责任公司

宝钢集团财务有限责任公司（简称宝钢财务公司）成立于1992年，注册资本金人民币14亿元（含2 000万美元），中国宝武和宝钢股份分别持股35.18%和62.1%。至2018年底，管理资产规模508亿元，净资产23亿元，在册员工62人。

宝钢财务公司经中国银行保险监督管理委员会、国家外汇管理局等监管机关批准的业务范围包括：支付结算、存贷款、票据贴现、"一头在外"供应链融资、有价证券投资、即远期结售汇、财务顾问、委托贷款和委托投资等，可提供综合性多元化金融服务。是上海支付清算协会会员、全国银行间市场同业拆借中心会员、银行间市场债券交易会员、即远期外汇市场会员，可以进入货币市场、资本市场、债券市场和外汇市场，为成员单位和产业链客户提供高效便捷的服务。

2018年，宝钢财务公司实现税前利润3.33亿元，净资产收益率11.91%。获中国银行保险监督管理委员会A2类评级、中国人民银行A类评级，获"上海市五一劳动奖状""2018年度上海证券交易所优秀参与机构"等荣誉。

（谢 放）

【企业负责人简介】 朱可炳，1974年10月生，浙江杭州人，中共党员，高级会计师、注册会计师，宝钢财务公司董事长。

曾杰（女），1970年8月生，安徽凤台人，中共党员，高级会计师，宝钢财务公司总经理。 （谢 放）

【结算和资金集中管理】 2018年，宝钢财务公司为成员办理结算流量4.31万亿元，业务量133万笔。在资金集中管理方面，按照管办分离的原则，优化流程，完善平台运营服务。为武钢集团定制个性化的现金平台搭建方案，11月底上线试运行。年底，集团公司和宝钢股份等几大现金平台共覆盖成员单位247家，管理账户800多个，现金平台归集资金余额268亿元，融通资金余额386亿元。 （谢 放）

【账户可视化服务】 2018年，宝钢财务公司配合集团公司推进账户清理工作，对集团公司内440多家法人单位的4 800多个账户进行分类梳理，制定销户、直连等推进计划并跟踪落实，利用财企直连技术实现账户可视化管理，协助集团公司加强资金风险管控，进一步提高资金集中度。 （谢 放）

【票据服务与创新】 2018年，宝钢财务公司推出电子商业汇票（简称电票）代理/托管、电票直连等服务，提升成员单位电票处理效率；财票具有手续费低、市场流通性好、再融资成本低等优点，供应商收到财票后，可以背书转让、持有到期、贴现融资。全年开立宝钢财务公司承兑票据32.4亿元，承兑业务量同比增长9倍多。 （谢 放）

【上下游供应链融资】 2018年，宝钢财务公司发放供应链融资182亿元，同比增长54%；服务产业链客户648家，其中小微企业占比超过80%。推广"宝财GO"APP（手机应用程序）在供应商中的应用，供应商贴现业务实现APP电子加签，提高了业务处理效率。扩大转贴

现通道，全年发生转贴现70亿元，再贴现9亿元。 （谢 放）

【国际化业务】 2018年，宝钢财务公司组建专职外汇团队，提高专业化服务水平。全年发生即远期结售汇业务74笔，金额15亿元，交易量同比增长6倍。在人民币汇率双向波动加大的背景下，提供汇率走势市场分析，支持成员单位管理外汇风险。为成员单位境外账户提供可视化服务，搭建全球资金可视化平台。 （谢 放）

【资金流动性管理】 宝钢财务公司承担集团公司结算资金流动性管理任务。2018年，利用交易所和银行间市场会员身份，扩大交易对手，提升交易能力，抓住关键时点灵活配置现金类管理品种，提升流动性管理效率。全年，流动性管理交易量1 668亿元，同比增长31%。 （谢 放）

【信贷融资服务】 2018年，宝钢财务公司配合集团公司去产能和"两金"压降，坚持区别对待、有扶有控的差异化信贷策略，调整优化客户结构和产品结构。全年发放各类自营信贷93笔，金额332亿元，其中过桥贷款18笔，金额240亿元；办理委托贷款109笔，金额337亿元。 （谢 放）

【业务整合】 2018年，宝钢财务公司和武汉钢铁集团财务有限责任公司（简称武钢财务公司）进行业务整合。在两家财务公司整合过程中，对税务筹划、股权结构调整、资产清收等问题进行充分的研究论证，经集团公司决策形成"吸收合并＋新设分支机构"的整合路

径。年内，完成监管沟通汇报，武钢财务公司转增资本，武钢集团现金平台搭建，武钢财务公司委托管理关系调整，中介机构陆续聘请到位并进场工作。 （谢 放）

【风险合规管理】 2018年，宝钢财务公司进一步完善制度建设，新增制度14项，修订制度54项。履行在线风控职责，探索实质性、差异化的风控策略。加强对风险合规指标的监控，将流动性指标、存贷比、资本充足率、投资类指标纳入动态跟踪与监控。针对监管机构强化问责机制的要求，完善公司问责体系，落实问责机制。 （谢 放）

【信息化建设】 2018年，宝钢财务公司完成上海票据交易所纸电融合二期项目，并成功与上海票据交易所实现直连接入，成为全国性票据市场的深度参与者。完成电票系统重构，全面实现分布式架构，前后台分离，支持大业务量吞吐，能够有效支撑未来票据业务的拓展。迭代开发"宝财GO"移动APP，构建供应商结算协同服务功能，为上游供应商客户提供发票、报支、付款等业务全流程跟踪服务。推进电子回单接口建设，落实与6家结算合作行对接方案，扩展宝钢财务公司"万向节"式结算体系功能。完成主机房搬迁，系统平稳过渡，并通过中国人民银行、中国银行保险监督管理委员会、上海票据交易所的各项验收。为应对快速增长的信息系统运行负荷，兼顾未来发展空间，设计了硬件升级分布实施方案，并于11月完成系统存储资源扩容。 （谢 放）

【宝钢财务公司大事纪要】 2月6日，宝钢财务公司召开2018年度工作会议。

4月27日，宝钢财务公司获"上海市五一劳动奖状"。

7月6日，宝钢财务公司召开年度董事会和股东会。

7月30日，宝钢财务公司管理关系调整为由中国宝武直接管理。

10月31日，宝钢财务公司整合总体方案上报中国银行保险监督管理委员会。

11月22日，宝钢财务公司与武钢集团、武钢财务公司签订协议，武钢集团将武钢财务公司委托宝钢财务公司管理。 （谢 放）

编辑：金 荣

15

综合管理

# 综合管理

## 办公厅事务管理

中国宝武办公厅与党委办公厅、董事会办公室合署办公,下设秘书室、行政室、北京办事处3个部门,信访办公室、保密办公室挂靠办公厅。2018年底,在册员工44人。

办公厅主要负责集团公司领导文秘工作、公司级会议的综合管理,行政决定事项的跟踪、反馈、落实,集团公司公文、印章和介绍信的日常管理,集团公司级接待活动的综合管理,集团公司在京业务联络和在京重要活动接待的综合管理,信访受理的综合管理,重大突发事件应急协调的综合管理,保密管理,集团公司外事外联归口管理(2018年12月,该项职能划转至战略规划部)等。

党委办公厅是集团公司党委的综合管理部门,主要负责推动党委决策部署的落实,承担"三重一大"事项决策党组织研究讨论前置程序工作、党的建设重点工作跟踪督办等职责;按党委要求协调有关方面开展工作,承担党委运行保障具体事务。

董事会办公室是中国宝武董事会常设工作机构,与办公厅合署办公,在董事会秘书的领导下开展工作。主要职责是负责筹备董事会会议,组织董事会议案材料的制作、起草、拟订,并保管董事会会议记录、决议及其他有关文件,跟踪反馈董事会决议执行情况,为董事了解公司经营信息、开展调研等工作创造条件,为公司与外部董事日常沟通提供服务。

(金芳英　庞丽雯)

【会议管理】 2018年,办公厅(党委办公厅)继续按照改进作风的要求,持续推进会议管理,提高效率。严格控制会议数量、时间和规模,明确《公司级会议及重要活动清单》,统一发布每周公司会议安排,每月预报下月集团公司会议及重要活动预安排;优化会议体系,梳理明确各类公司级会议的议事决策范围、议题类别、审议方式、会议频次,确保系统化、规范化运行;规范会议纪要类别、格式要求、发放范围、抄告方式，提高会议纪要质量。作为责任单位，全年组织召开党委常委会27次、公司常务会15次、党委书记办公会7次、党群工作例会3次、二级单位党委书记工作例会（党建工作例会）3次、董事长办公会28次、总经理办公会11次、总经理专题会28次，以及其他相关虚拟会议或临时会议，并做好相关的议案准备、记录、纪要等工作。按照精简高效原则，参会人员尽量精简，能用视频会议的非涉密会议，通过视频形式召开。同时，严格落实党委研究讨论作为决策"三重一大"事项前置程序，切实履行前置把关。年内，集团公司党委召开常委会27次，审议议题214个，前置研究讨论"三重一大"经营管理事项74个；开展课题调研，针对各子公司规模、业务特征和党组织设置情况，进一步从体制机制和流程上梳理完善，分层分类指导，更好发挥党组织的领导作用；在中共中央组织部召开的中央企业党建工作座谈会上，中国宝武党委作题为《改革完善重大事项决策机制，推动"两个一以贯之"落实落地》的交流发言。　（金芳英　吴海凤）

【文件管理】　2018年，办公厅（党委办公厅）做好公文（代拟文、呈批文、外来文）的登记、初审、拟办、承办、催办等工作。全年处理代拟文1 476份，呈批文1 807份，外来文529份，出国、出境管理文件759份，其他文件1 360份。定期跟踪集团公司领导批文周期，做好提醒跟踪。文件处理周期平均在4天左右，集团公司领导2天内批示完的文件全年平均达到95.5%。全年收到党内文件18 673份，分发中未发

生遗失、缺少等现象。做好集团公司密码传真件的收、发、流转、回收等工作，全年共收密码电报18件。做好密码机密钥保管、更换及试报工作，确保密码万无一失。清退2017年度上海市委机要局下发的密码电报9份。　　　（赵诗琴）

【督办管理】　2018年，办公厅（党委办公厅）根据中共中央《关于加强新形势下党的督促检查工作的意见》精神和《国务院国有资产监督管理委员会督促检查工作实施办法》有关要求，制订下发《督办工作管理办法》，推动党中央、国务院决策部署，以及集团公司党委、经营管理重点工作安排的贯彻落实。根据集团公司党委工作要点、总经理工作报告等，编制形成集团公司年度党委重点工作任务，分解为7大类31个项目；编制形成经营管理重点工作任务，分解为71项，通过党委常委会、党委书记办公会、总经理工作例会等形式向集团公司领导汇报重点工作任务进展情况。　（金芳英　吴蓓珠）

【信息调研】　2018年，办公厅（党委办公厅）牵头完成集团公司党代会党委工作报告、年度工作会议领导讲话等重要报告和材料的起草工作。牵头制订《关于开展"深入贯彻新思想、全力谋划新发展"大调研的具体实施方案》，并组织推进实施。围绕企业党的建设、改革发展面临的重大问题，由集团公司领导带队，组成10个调研组，立项28个课题，全面深入开展大调研，把学习成果转化为推动发展的具体举措。其中，办公厅（党委办公厅）作为责任部门，完成"完善重大事项议事决策机制"和"提升集

团总部办公效率"2项课题。协同宝武管理学院、新闻中心，建立完善集团总部和子公司信息报送体系，明确信息报送规范，协助做好信息编发和审稿工作。自11月首刊发布起，共编发《宝武每日要情》37期，主要发布对象为总部部门长以上领导人员和一级子公司主要领导；编发《宝武周讯》7期、《宝武研究》2期，主要发布对象为直管领导人员和总部重点管理岗位人员，成为公司"上情下达，下情上传"的重要抓手。

　　　　　（金芳英　吴蓓珠）

【信访维稳工作】　2018年，信访办公室共受理各类信访295件、652批、1 015人次。与上年相比，信访总量增加，初次信访初次上访增加，集体上访减少，突出信访矛盾（积案）存量减少，去北京非正常上访减少。初次信访动态化解率97%，未发生影响中国宝武形象的事件。　　　　　（顾国良）

【保密管理】　2018年，保密办公室强化保密工作主体责任，将保密工作纳入子公司党委党建工作责任制评价内容，推动保密工作责任制的落实。提高全员意识，强化保密宣传培训工作，将各级领导人员、重点涉密人员、保密专兼职干部保密专题培训列入年度重点培训项目，重点组织开展"保密和网络安全"培训，实施全员网络安全培训工作，开展国家安全与反间防谍专项宣传。完善工作机制，促进保密与业务工作有效融合，梳理保密管理制度，对照国家和上级机关的新规定、新要求，完成《保密管理办法》（第二版）、《网络与信息安全管理办法》（第二版）等管理文件的

修订，重点推进定密管理和涉密人员管理两项基础性工作。强化督促检查，将各单位党委、保密委员会、保密工作机构的履职情况和工作实绩纳入检查考核内容，定期进行跟踪检查和反馈。严格工作措施，做好重点领域防控工作，进一步规范保密工作流程，着力开展核心区域、重要时期的安全保密防控工作。　　　　　（杨建忠）

【境内外事务管理】　2018年，外事办公室受理752个出国（境）团组计2 442人次前往58个国家（地区）的申报审批工作〔其中，团组调整281批次，包括取消出访23批出国（境）团组计73人次〕，为宝钢股份境外技术、境外商务及加工中心团队、华宝基金境外业务提供快速响应服务。集团公司主要领导出国（境）团组2批次，及时上报外交部、国务院审批并获批准。按照国务院台湾事务办公室（简称国台办）要求，严格把关，上报国台办审批并获批准16批51人次。根据集团公司驻中国香港公司业务发展需要，受理2批首次赴中国香港工作团组计2人次，全部获得批准。严格执行因公出访领导团组信息公开制度。完成集团公司领导班子

成员出国团组信息公示5次，按外交部出访报告报送制度及时报送集团公司主要领导出访报告2篇。
　　　　　　　　　（胡超伦）

【外事联络与接待】　2018年，外事办公室接待境外团组62批511人次（不包括下属各子公司的一般接待）。接待外商单位副总经理以上高层领导48批，其中包括世界500强企业高层领导。组织南加州马歇尔商学院、夸祖鲁—纳塔尔省代表团、澳新高级公务员代表团、意大利政府高级别代表团、日本媒体代表团等参观中国宝武下属钢铁企业，介绍中国宝武企业文化。重要涉外活动有上海宝武杰富意清洁铁粉有限公司投产仪式、中国宝武—斯凯孚集团（SKF）高层交流会、中国宝武与力拓集团签订宝瑞吉项目合作框架仪式等。　　　　（胡超伦）

【内事联络与接待】　2018年，办公厅（党委办公厅）接待国内团组275批3 212人次。组织协调公司各类会议及大型活动20次，其中内部会议6次、外部会议14次。较大的活动有：与上海市政府签订宝山吴淞地区整体转型升级合作协议仪式、

华宝冶金资产管理有限公司揭牌仪式、上海宝地上实城发展有限公司揭牌仪式、上海宝地临港产城发展有限公司揭牌仪式等。组织完成与兰州市、乌海市及中国东方航空集团有限公司、新华人寿保险股份有限公司等战略合作协议签字仪式、中国宝武2018年度工作会议暨职工代表大会、中国宝武2018年度海外发展研讨会等公司级重要仪式和会议的筹备工作。　（胡超伦）

【服务重大外事活动】　2018年，外事办公室完成首届中国国际进口博览会各项招展布展、参会办会工作，集团公司主要领导参与虹桥国际经贸论坛等重要活动。中国宝武董事长陈德荣作为受邀中方嘉宾上台，参加国务院国资委举办的中国企业国际合作论坛。集团公司主要领导出席博鳌亚洲论坛、第十轮中美工商领袖和前高官对话、中德经济顾问委员会第五次全会暨首席执行官（CEO）圆桌会议等外事活动。　　　　（胡超伦）

【对外签证邀请】　2018年，外事办公室受理215批323人次的对外签证邀请函的审批签发工作，涉及36个国家。　　　　　（胡超伦）

### 2018年度中国宝武受理对外签证邀请函审批签发统计表

| 月份 | 1 | 2 | 3 | 4 | 5 | 6 | 7 | 8 | 9 | 10 | 11 | 12 | 总计 |
|---|---|---|---|---|---|---|---|---|---|---|---|---|---|
| 批次 | 23 | 14 | 16 | 27 | 19 | 14 | 19 | 22 | 16 | 21 | 10 | 14 | 215 |
| 人次 | 32 | 30 | 28 | 35 | 42 | 21 | 11 | 29 | 21 | 32 | 16 | 26 | 323 |

【健全外事工作领导机制】　2018年，中国宝武根据外交部要求，成立中国宝武外事工作领导小组，健全工作领导机制，优化调整因公出

国（境）审批权限，体现了党对外事工作的统一领导。外事办公室修订相关外事制度，为在中国宝武外事工作领导小组带领下开展各项

外事管理工作提供有力的制度保障。贯彻执行外交部关于因公护照的各项要求，执行上海市外事办公室《上海市因公护照签发管理实

施细则》规定。开展因公证照注销情况专项梳理，做好离职、退休人员因公证照注销工作。（胡超伦）

**【外事办公室职能设置及职责调整】** 12月，经集团公司研究决定，外事办公室外事综合管理职责划转至战略规划部下属战略合作及海外事业推进职能，以加强境外事务管理和境外业务发展的支撑。（胡超伦）

**【董事会建设】** 根据中共中央、国务院对中国宝武领导人员任免的安排，4月8日起，马国强不再担任中国宝武董事长，第一届董事会成员由年初的7名调整为6名；6月30日起，陈德荣担任中国宝武董事长，不再担任董事、总经理；10月11日起，胡望明担任中国宝武董事、总经理，第一届董事会成员恢复为7名，具体为陈德荣、胡望明、贝克伟、李国安、沈肖芜、林建清、傅连春，仍保持外部董事占多数的成员结构。（庞丽雯）

**【董事会会议】** 2018年，中国宝武董事会召开会议11次，其中现场会议5次，结合现场会议同时召开虚会议1次，临时会议6次；审议讨论议题53项，其中涉及重大投融资决策17项，财务预决算10项，内控与风险管理5项，重要人事任免5项，重大改革2项，高管薪酬与职工收入4项，战略规划与实施2项，董事会运作3项，捐赠赞助3项，其他运营管理事项2项；形成董事会决议37项。各专业委员会围绕董事会重要的议决事项，举行11次会议。董事会办公室根据《公司章程》《董事会议事规则》和董事会各专门委员会议事规则的有关规定，落实各次会议的会务和秘书工作，为董事会规范运作提供专项服务。（庞丽雯）

**【人民武装工作】** 中国宝武人民武装部（简称人武部）与集团公司党委办公厅合署，同时与宝钢股份人民武装部实行"两块牌子、一套班子"运行机制，人员关系隶属宝钢股份。按照人民武装工作属地化管理原则，人武部负责集团公司沪内单位的人民武装工作，接受上海警备区和中国宝武党委、宝钢股份党委的双重领导。2018年，人武部在册员工7人，内设办公室、军事科、动员科、政工科和人防科，对应上海警备区及其办公室、战备建设局、动员局、政治工作局、保障局等军事机关，对接上海市国防动员委员会及其综合办公室、人民武装动员办公室、经济动员办公室、科技动员办公室、信息动员办公室、国防教育（政治动员）办公室、人民防空办公室、交通战备办公室等政府国防动员职能机构。年内，人武部以民兵调整改革为要求，以人武工作纳入党建责任制考评为契机，加强组织领导，开展国防教育，落实拥军优属工作，注重专职武装干部培养，强化武器装备安全管理，完善国防动员机制，突出国防后备力量建设，完成年度各项工作任务。人武部在管理体制调整后，运行顺利，各项工作保持在上海警备区直属局（公司）前列。在上海警备区组织的上海市专职武装干部比武竞考中，人武部获单位团体综合成绩第二名；人武部被上海警备区评为2018年度上海市"民兵工作先进单位""武装工作先进单位"和"军事训练先进单位"。（俞德兴）

## 法律事务

中国宝武法律事务部（简称法务部）是负责中国宝武及子公司重大合同谈判、审核，各类纠纷调解、仲裁、诉讼代理和反倾销等贸易争端处理，以及其他法律事务的归口管理部门。2018年底，在岗员工9人。

2018年，法务部为42项重大投融资项目提供法律服务；审核各类合同365份，对中国宝武44项管理制度进行合规审核，处理各类工商登记、备案和"宝武"字号授权使用事项2项。全年新受理诉讼案件321起，涉案金额41.3亿元，其中10件（合计26.64亿元）为信托公司案件，案件结果由信托持有人承担；组织处理"美国钢铁公司（USSC）向美国国际贸易委员会（ITC）发起的对中国多家钢铁企业对美出口的碳钢与合金钢产品提起337调查"案件并获胜。（沈 雁）

**【明确董事会战略与风险管理委员会推进法治工作职责】** 1月25日，根据国务院国资委、国务院国资委党委关于在董事会有关专门委员会中应明确推进法治建设职责，董事长应定期听取法治建设进展情况报告，并将其纳入董事会年度工作报告的要求，中国宝武对《董事会议事规则》《战略与风险管理委员会议事规则》进行修订，明确负责推进中国宝武法治建设的专门委员会是战略与风险管理委员会，对经理层依法治企情况进行检查并提出建议。（蔡东辉 黄志燕）

【召开中央企业法治工作互动交流会】 3月30日，中国宝武作为牵头企业，召集中央企业法治工作第十二协作组其他4家单位——中国远洋海运集团有限公司、中国东方航空集团有限公司、中国商用飞机有限责任公司、上海贝尔有限公司在宝武大厦召开中央企业法治建设工作交流会。与会的5家中央企业分别交流介绍了法治建设推进情况。交流重点围绕两个方面：贯彻落实1月29日国务院国资委法治工作座谈会精神，服务和促进企业主要负责人落实履行法治建设第一责任人职责。

（蔡东辉　黄志燕）

【召开2018年度法治工作会议】 5月16日，中国宝武召开法治工作会议，26家一级子公司参加会议。法务部在会上部署下阶段法治工作要求，武钢集团、宝钢股份、华宝投资和宝钢发展4家子公司汇报各自的特色工作；会议还传达了国务院国资委法治工作座谈会精神。

（蔡东辉　黄志燕）

【为处僵治困和压减工作提供法务支撑】 2018年，中国宝武根据国务院国资委的统一部署和时间节点要求，继续推进处僵治困工作，压减法人69户，并对参股公司开展"瘦身"工作。法务部全程参与该项工作，并指派专人为处僵治困、压减法人及参股公司"瘦身"工作提供法律支撑。对处僵治困工作重点跟踪的10户法人，参与了方案的策划和讨论，并对推进工作中遇到的法律问题及时加以研判解决；参与对拟纳入压减范围的法人梳理工作，全程介入上海宝钢气体有限公司股权转让、宝钢资源境外公司ZAMA公司的股权转让；在参股公司"瘦身"工作方面，协助调取相关工商资料，对遇到的法律问题及时答疑。

（杨　巍）

【为"三供一业"分离移交工作提供法务支撑】 2018年，法务部配合公司治理部、全面深化改革工作办公室、财务部等部门，与武钢集团、宝钢工程、八一钢铁等子公司保持沟通，并赴现场办公，为子公司"三供一业"分离移交工作的方案完善、协议签署提供法律服务。

（朱芩蔚）

【为厂办大集体改革工作提供法务支撑】 2018年，在推进厂办大集体改革工作中，法务部与公司治理部、全面深化改革工作办公室、财务部、人力资源部等部门多次到武钢集团、鄂城钢铁实地考察，研讨大集体改革方案，并就改革中可能存在的法律风险提出解决方案，为在2018年完成厂办大集体改革总体方案上报工作提供法律支撑。

（朱芩蔚）

【为开展混合所有制改革试点提供法务支撑】 2018年，集团公司完成了混合所有制改革试点工作——上海宝钢气体有限公司控股权转让项目。该项目涉及国资控股方、子公司合资外方、子公司持股员工和潜在股权受让方等四方利益，牵涉到上海宝钢气体有限公司本身的控股权转让、子公司投资安排、子公司员工持股安排三个方面的法律关系。同时，该项目必须按照相关法律法规规定，通过交易所公开挂牌充分发掘国有股权的价值。法务部梳理了大量历史文件和合同，协助完成方案的制订，既确保了国有资本保值增值，又兼顾多方利益，最终达成相关协议。

（章晓军）

【应对"337调查案"】 2016年，在中国钢铁工业协会的组织下，中国宝武作为牵头企业，应对美国钢铁公司（USSC）向美国国际贸易委员会（ITC）发起对中国多家钢铁企业对美出口的碳钢与合金钢产品提起337调查（简称"337调查案"）。中国宝武成立了应对美国337调查领导小组及相关工作小组，法务部全程参与并提供相关法务服务。2018年3月19日，历时近两年的"337调查案"以中国应诉钢铁企业在美国国际贸易委员会（ITC）阶段全部胜诉而告终。

（沈　雁）

【为宝钢资源提供法律服务】 宝钢资源的澳大利亚伊格尔唐斯（Eagle Downs）焦煤项目合作方巴西淡水河谷公司（VALE）拟出让该项目全部权益，宝钢资源希望通过收购巴西淡水河谷公司持有的该部分权益，再引入新投资者，进而实现伊格尔唐斯（Eagle Downs）项目的开发。鉴于该项目交易涉及相关权益的买入与卖出，各方权利义务关系复杂，法务部在项目前期主动参与，与项目组多次讨论交易结构、审阅项目相关协议、甄别可能存在的风险，为项目提供法务支持。在讨论交易结构、审阅交易文件的基础上，法务部与项目律师研判项目进行经营者集中反垄断申报的必要性与可能性。在项目明确触发中国境内经营者集中反垄断申报情况下，法务部组织集团公司内部各单位收集资料，准备材料，进行应对，8月28日，该项目合资各方获得经营者集中反垄断申报的批准，确保项目在预定时间内交割。

（王　瑶）

# 安全生产监督管理

中国宝武安全生产监督部是集团公司安全生产监督管理机构，下设安全企划、安全督查职能。主要负责安全管理体系的策划和推进、各单元安全管理工作的督查、评价和指导，为各单元安全管理工作提供管理和技术支撑，同时代表中国宝武对口政府部门开展工作。2018年底，有员工5人。

2018年，集团公司区域内发生生产安全事故43起，65人受到伤害，其中死亡14人，重伤1人，轻伤50人。全年因生产安全事故问责管理者177人次。年初，韶关钢铁发生一起较大安全事故，经中国宝武员工共同努力，年底基本扭转了不利形势。

（张丽梅）

【发生一起生产安全较大事故】 2月5日凌晨2时56分，韶关钢铁广东韶钢松山股份有限公司七号高炉发生一起煤气泄漏导致的较大事故（简称"2·5"煤气中毒事故），造成8人死亡、10人受伤，直接经济损失1 175.532万元。5月，经广东省韶关市政府调查认定，"2·5"煤气中毒事故较大，为生产安全责任事故。根据《韶关市人民政府关于同意广东韶钢松山股份有限公司"2·5"煤气中毒较大事故结案的批复》，对因在事故中遇难，免于追责人员2人；公安机关采取强制措施人员4人。6月，根据广东省韶关市政府部门批复中对相关责任人的处理建议和《中国宝武集团有限公司问责规定》《安全生产事故问责管理办法》中相关条款的规定，集团公司对韶关钢铁党委书记、董事长李世平给予行政记过处分，对韶关钢铁副总经理（主持工作）刘建荣给予行政警告处分，对韶关钢铁松山股份总经理张永生给予行政记过分处，对韶关钢铁副总经理冯国辉给予行政记过处分。

（张丽梅）

【重大生产安全事故隐患排查治理专项行动】 3月，集团公司制订、下发《开展钢铁企业重大生产安全事故隐患排查治理专项行动工作方案》，成立由党委书记、董事长陈德荣担任组长的专项行动领导小组，对专项行动过程中重大事项进行决策。宝钢股份等7家钢铁业子公司共查出重大事故隐患40项。9月，集团公司下发《关于钢铁业子公司重大生产安全事故隐患排查治理专项行动开展情况的通报》，通报八一钢铁等4家公司存在的重大事故隐患种类，明确"举一反三"及整改要求，并向相关单位下达《安全隐患整改指令书》，督办重大事故隐患整改工作。至年底，全部落实整改计划。

（张丽梅）

【安装"安全行为观察"视频系统】 3月，集团公司制定、下发《关于安装使用"安全行为观察"视频系统的通知》，拓宽基层管理者安全监管手段，有效监督员工执行标准化作业，逐步规范员工安全行为，进而实现从"要我安全"向"我要安全""我会安全"的根本转变。计划至2019年底，各子公司全部安装使用"安全行为观察"视频系统，重点是集团公司范围内发生工亡事故的同一工序、人机结合作业频繁、日常检查发现违章作业频率较高的一些岗位作业点。

（张丽梅）

【安全文化建设】 3月，集团公司制定、下发《关于进一步加强安全文化建设的指导意见》。4月，安全生产监督部组织召开2018年员工安全自主管理暨安全文化建设工作现场会。6月，开展安全发展主题宣讲活动，并会同集团公司工会、团委组织开展群众性安全生产宣传教育活动。6—10月，组织开展中国宝武首届安全文化故事征集活动，集团公司共报送232条安全文化故事线索。8月，组织开展集团公司"安全"技能大赛，武钢集团、八一钢铁、韶关钢铁、宝武炭材4家单位选派的选手获首届"安全"技能大赛决赛前五名。

（张丽梅）

【成立安全督导工作组】 4月，集团公司成立安全督导工作领导小组，制订、下发《安全督导工作方案》，督促各子公司全面落实安全生产主体责任，采取有效措施，解决制约安全生产工作的突出问题。通过深度调研、分析子公司安全生产管理工作，验证及查找突出问题，提出改进要求及建议，并监督整改，提升子公司安全管理体系的完整性、规范性。设立5个安全督导组，促进各子公司"长时间、全覆盖、不间断"的安全督导。全年，安全督导组在督导过程中发现各类隐患665项，其中发现重大事故隐患或存在较大安全风险的事故隐患26项。年底，完成整改618项，尚未完成整改的隐患继续推进

整改。　　　　　　（张丽梅）

【冶金煤气安全专项治理】　4月，集团公司制定、下发《关于开展冶金煤气安全管理专项治理工作的通知》，安全生产监督部组织开展为期半年的冶金煤气安全管理专项治理工作。各单位对煤气、高温熔融金属等危险区域操作室、休息室等进行排查梳理，共涉及103间。经安全性评估，采取搬迁（拆除）的有62间。　　　（张丽梅）

【高温熔融金属作业安全专项治理】　4月，集团公司制定、下发《关于开展高温熔融金属作业安全专项治理的通知》，强化金属冶炼单元高温熔融金属作业环节的安全管控，要求各单位从作业环境、吊运安全、"四包一炉"（铁水包、钢包、渣包、中间包、转炉）管控、作业标准执行情况等方面开展专项治理。5—6月，各子公司组织开展自查，形成自查评估报告，共查出隐患156条，全部完成整改；7—9月，集团公司安全督导组对相关单位自查情况开展抽查验证。
　　　　　　　　　　（张丽梅）

【煤矿单元安全状况专家诊断】　4月，安全生产监督部与八一钢铁协商，聘请中煤科工集团重庆研究院对八一钢铁下属焦煤集团及所属煤矿开展为期一年的安全诊断。至年底，共开展2轮安全诊断，第一轮安全诊断过程中发现矿井安全问题152项。其中重大问题5项，较大问题53项，一般问题94项，专家组另提出其他建议30项。第二轮安全诊断过程中发现矿井安全问题69项。其中，较大问题17项，一般问题52项，专家组另提出其他

建议24项。至年底，八一钢铁均已落实整改计划，逐一完成。
　　　　　　　　　　（张丽梅）

【非煤矿山安全管理实务培训与专项督导】　7月，安全生产监督部组织开展集团公司非煤矿山单元的矿山安全管理人员安全管理实务培训，37人参加学习。在培训期间，安全生产监督部聘请专家对矿山体系建设、矿山危险源辨识、尾矿库安全管理等专业知识进行培训，并组织学员到武钢集团资源公司程潮铁矿及杨家湾尾矿库开展现场安全管理交流。9月，对非煤矿山企业组织开展安全管理专项督导。对发现的73项问题隐患，统一纳入子公司年度安全评价，至年底均已完成整改。　　（张丽梅）

【不动产租赁场所安全管理专项整治】　8月，安全生产监督部针对集团公司各子公司的不动产租赁场所总体数量多、"小、杂、散"，存在管理经验不足、专业管理人员相对缺乏、安全管理难度大、风险程度高等特点，组织召开集团公司出租场所安全专项整治工作部署会议，要求相关单位针对不动产出租场所面临的安全风险，结合本单位不动产出租场所特点，深入开展专项整治工作，重点整治"三合一"场所（生产、储存、经营与居住场所设置在同一建筑内的场所）、用电不规范、电瓶车充电不规范等可能引发火灾事故的隐患。　　（张丽梅）

【完善安全管理体系与评价方案】　8月，安全生产监督部编制《中国宝武安全管理体系规范》，具有以风险管理为核心、以要素管理为抓手、强化"PDCA（计划、实施、

检查、处理）+认真"闭环管理、强化变更管理管控等特点。11月，集团公司制订、下发《2018年安全生产管理评价方案》，客观评价子公司安全管理系统运行情况，对子公司实行分业、分级评价模式，按从事主业的行业分为钢铁业和多元产业，再根据子公司规模大小分为一、二、三级单元。按照安全绩效与安全管理体系运行过程并重的原则，依据集团公司安全管理体系规范和年度安全生产重点工作，对各子公司安全管理体系运行状况和年度安全生产重点工作落实情况进行评价。　　　（张丽梅）

【制定《安全过程管理问责意见》】　9月，集团公司制定、下发《安全过程管理问责意见》，进一步完善集团公司安全生产责任体系。要求在严肃事故责任追究的同时，加强对监督检查过程中发现的生产安全事故隐患和安全履职不到位相关责任者的责任追究。年内，对188人进行了安全过程问责，使年初的安全生产不利局面得到遏制。　　　　　　　（张丽梅）

【境外安全生产大检查】　2018年，集团公司吸取上半年中央企业在境外发生的事故教训，要求各相关单位按照国务院国资委通知要求，组织境外企业提高对境外安全生产工作的认识。安全生产监督部部署安全生产责任体系梳理检查工作、安全生产风险隐患排查整治、安全生产教育培训活动。至年底，各单位检查发现，部分单位存在员工的安全观念和安全技能需要进一步加强，设备的本质安全水平和智能制造上还需持续提升等问题，未发现其他重大安全生产

隐患。　　　　　　（张丽梅）

【安全生产培训】 2018年，安全生产监督部组织新任职的安全生产责任者和管理者安全管理及实务网络培训2期，18家单位、1 450人参加培训，合格率76.62%；建设工程监理人员和管理人员安全监督管理网络培训2期，13家单位、916人参加培训，合格率82.21%；新任职班组长安全管理能力提升培训3期，16家单位、3 098人参加培训；职业卫生管理知识网络培训1期，17家单位、15 340人参加培训，合格率94.86%。　　　　（张丽梅）

## 运营共享服务

2018年5月，集团公司正式成立运营共享服务中心，为各级分（子）公司提供财务共享、人力资源共享以及媒体制作服务。年底，运营共享服务中心在册员工252人，服务74家单元的财务共享业务及118个发薪单元的薪酬共享业务，保障500家已覆盖标准财务系统、486家人力资源服务系统的正常运行。　　　　　　（章　玮）

【多职能共享业务整合运营】 2018年，运营共享服务中心完成财务共享、人力资源共享、媒体制作业务的整合，搭建适合中国宝武特点的多职能共享运营架构体系，实现从单一共享服务向多职能共享整合服务模式的转变升级。同时，全面开展业务梳理，挖掘跨职能协作与业务整合点，提升全流程业务运行效率与质量。　　（章　玮）

【标准财务系统和人力资源服务系统覆盖】 2018年，运营共享服务中心推进完成集团公司两大共享系统——标准财务系统和人力资源服务系统在鄂城钢铁、武钢集团和武汉耐材的覆盖上线，并实现与上述公司八大业务系统的集成。完成100个核算账套和83个发薪单元的系统功能覆盖。（章　玮）

【数据运营协同平台策划推进】 2018年，运营共享服务中心依据共建共享发展理念以及互联网平台、大数据等新技术，完成《构建宝武产业生态圈数字运营协同平台》策划方案、建设方案与实施计划。平行推进用户及客商信息管理、在线结算协同、在线供应链金融支持、公务服务采购、票税平台等项目，完成业务流程设计。　　（章　玮）

【共享业务吸纳整合】 2018年，运营共享服务中心发挥共享资源整合与专业优势，拓展服务范围与内容，根据不同板块单元业务需求，开展方案统筹策划与吸纳整合。分别完成金融板块华宝投资有限公司和华宝（上海）股权投资基金管理有限公司的财务、薪酬业务，欧冶云商12家公司报表、薪酬和报支业务，广州薄板异地共享业务，以及宝钢心越人力资源服务有限公司财务、薪酬业务的共享吸纳整合。　　　　　　（章　玮）

【共享在线支撑公司变革】 2018年，运营共享服务中心围绕各共享单元法人压减、业务重组及深化改革，开展预案准备与在线业务调配。完成宝钢股份结算协同、宝钢化工煤精资产划转、购销集中一贯管理财务支撑等工作。支撑宝钢特钢板块一体两翼转型发展、宝武特冶新设业务承接，宝钢发展有限公司治僵脱困涉及的10家分（子）公司的业务重组，宝武环科新设分（子）公司及宝钢不锈停产关闭等业务支撑事项。　　　　　　（章　玮）

【应对财税、人事新政变化】 2018年，运营共享服务中心针对国家财税、人事方面一系列新政变化，开展研究策划与落地实施推进。完成增值税税率、出口退税税率调整，环保税、成品消费税征收新政，500万元以下固定资产一次税前扣除、公路通行费增值税电子普通发票进项税抵扣等政策的分析设计，引导与推动各业务部门业务流程调整与实施推进。跟踪"新修订的个人所得税法、自然人税收管理系统改版、税延性商业养老保险"等人事重大政策变化，开展预案研究与方案设计。　　　　（章　玮）

编辑：张　鑫

16

党群工作

# 党群工作

## 共产党组织

### 组织党建工作

中国宝武钢铁集团有限公司党委(简称集团公司党委)组织党建工作由党委组织部推进落实。其主要职责是：组织落实全党重大活动，落实党委民主生活会制度，落实上级和集团公司党代表的选举、任期制和联络服务工作，推进二级单位党委建立、撤销、合并、调整、更名，指导二级单位"两委"班子换届、调整和增补，负责集团公司总部党群部门设置和职能分工，指导二级单位党委加强基层党组织建设，推动基层党组织带头人、党务工作者队伍建设，指导属地化党组织、境外党组织开展党建工作，推进党建信息化建设，指导党建研究会、党支部书记研修会有关工作，发展党员、党员教育管理，组织关系管理、党费收缴使用和管理，党内统计年报，党内关怀、激励帮扶等工作。

2018年底，中国宝武有党组织2 882个，其中党委204个、党总支231个、党支部2 447个；党员76 248名，其中在岗党员53 658名。

（龙中成）

【开展学习贯彻党的十九大精神集中培训】 2018年，按中组部通知要求，制订实施《中国宝武领导人员学习贯彻党的十九大精神集中轮训工作实施方案》，定人定课定方案，采用分层级负责实施、分模块设置课程、分阶段推进落实的方法，全面完成对2 174名党员领导人员的集中轮训。 （龙中成）

【筹备召开中国宝武第一次党代会】 1月29—30日，中国共产党中国宝武钢铁集团有限公司第一次党员代表大会召开。大会听取和审议了中国宝武党委书记、董事长陈德荣代表集团公司党委所作的工作报告，书面审议了纪委工作报告，选举产生了中国共产党中国宝武钢铁集团有限公司第一届委员会和中国共产党中国宝武钢铁集团有限公司第一届纪律检查委员会。 （龙中成）

【抓好党建工作责任制落实】
2018年，集团公司党委制定《二级党组织党建工作责任制考核评价暂行办法》，对组织绩效实施"双百分"考核（即党建工作责任制考核评价结果与经营绩效评价结果互为系数，两方面评价得分相乘作为组织绩效评价得分）。建立包含7项一级指标、21项二级指标的考核评价指标体系。宝钢股份、宝武炭材、武钢集团3家党委被评为集团公司2018年度先进党组织。宝地资产（一浦五）、宝信软件2家党委获2018年度党建质量提升奖。

（龙中成）

【严肃党内政治生活】 2018年，集团公司党委贯彻落实《中国共产党章程》《关于新形势下党内政治生活的若干准则》《中国共产党内监督条例》《县以上党和国家机关党员领导干部民主生活会若干规定》等党内有关规定，制定实施《中国宝武领导班子民主生活会制度（试行）》，督促所属单位进一步严肃党内政治生活。 （龙中成）

【全面开展党组织书记抓基层党建述职评议考核】 2018年，集团公司党委继续推进实施党组织书记抓基层党建述职评议考核，6名二级单位党委书记参加现场述职，实现二级单位党委书记现场述职3年全覆盖。 （龙中成）

【规范基层党组织设置】 2018年，集团公司党委制定《落实"四同步"要求，规范基层党组织设置实施办法（试行）》。鄂城钢铁、宝钢包装、武汉耐材的党组织关系调整为隶属于集团公司党委；成立宝武特冶党委、产业金融党工委，隶属

于集团公司党委；撤销宝钢不锈党委。 （龙中成）

【推进基层党组织按期换届】
2018年，集团公司党委下发《关于中国宝武党的基层组织任期调整的通知》，明确党委、党总支、党支部换届周期。全年有357个基层党组织换届，其中党委16个，党总支34个，党支部307个，100%做到"应换必换"。 （龙中成）

【加强党支部建设】 2018年，集团公司党委宣传贯彻落实《中国共产党支部工作条例（试行）》，制定实施中国宝武《贯彻落实〈中国共产党支部工作条例（试行）〉暂行办法》，切实把抓好党支部作为组织体系建设的基本内容、管党治党的基本任务、检验党建工作成效的基本标准。编制形成《中国宝武党支部建设标准化规范化手册》，对组织换届、"三会一课"、发展党员、党费管理等工作进行了规范。同时，将"宝武党建云"各模块操作步骤纳入其中。 （龙中成）

【开展党组织书记、党务工作者培训】 2018年，集团公司党委举办新任党委书记、专职副书记、纪委书记专题培训班，26名书记参加；对387名新任党支部书记进行任职资格培训；开展党支部书记研修17期，673名党支部书记参加。

（龙中成）

【组织首届中国宝武党支部书记工作实务竞赛】 9月5日，集团公司党委组织部组织首届中国宝武党支部书记工作实务竞赛。竞赛内容包括理论阐述、案例分析、党建基础知识、党建云平台实务操作

等，59名党支部书记参加决赛。通过竞赛，进一步增强党支部书记的履职能力，提升党支部书记的专业水平和运用"宝武党建云"开展党支部工作的能力。 （龙中成）

【推进"宝武党建云"平台建设】
2016年5月开始实施的"宝武党建云"于2018年6月完成一期工程建设，实现党组织管理、党员管理、"三会一课"、党组织换届、"党员登高计划"、民主评议党员、党费收缴等基本信息和台账实时动态管理，实施"党员全政治生命周期管理"。年内，党费线上缴纳功能覆盖超过4.6万名党员。

（龙中成）

【推进发展党员工作】 2018年，集团公司党委发展党员694人。其中，35周岁及以下青年433人，占62.5%；一线操作岗员工351人，占50.6%；女性122人，占17.6%。

（龙中成）

## 宣传思想工作

中国宝武宣传思想工作由集团公司党委宣传部管理，主要负责党的路线方针政策的宣传教育、党委理论学习中心组学习、落实意识形态工作责任制、形势任务教育的策划指导等。2018年9月起，集团公司党委宣传部、企业文化部、宝武党校、宝武管理学院实行合署运作。 （汤平健）

【党委理论学习中心组学习】
2018年，集团公司党委把学习贯彻习近平新时代中国特色社会主义思想和党的十九大精神作为党委理论学习中心组学习的重中之重，党委宣传部全年开展6次集体学习

研讨。坚持学原文、读原著、悟原理，党委书记带头领学，中心组成员积极参与研讨交流，25人次作专题发言，严格遵守请假和补学等制度，认真开展个人自学和专题调研，建立完善学习档案。加强对二级单位党委理论学习中心组学习的检查指导，推进党委理论学习中心组学习制度化、规范化。　　（汤平健）

【落实意识形态工作责任制】2018年，集团公司党委认真贯彻落实全国宣传思想工作会议精神，压紧压实意识形态工作责任，召开2次会议专题研究意识形态工作，开展意识形态工作尤其是网络意识形态工作专项督查，形成督查报告报上级党委。充分利用各类媒体平台，加强正面宣传引导，做大做强主流舆论。对二级单位党委意识形态工作进行检查指导，并督促整改落实。各级党委及时掌握员工思想动态，掌握意识形态工作的领导权和主动权，意识形态安全风险严格受控，各单位领导班子、领导干部未出现追责情形。
（汤平健）

【形势任务教育】2018年，党委宣传部围绕学习贯彻习近平新时代中国特色社会主义思想和党的十九大精神、"两学一做"常态化制度化、"弘扬爱国奋斗精神，建功立业新时代"活动以及集团公司战略发展规划、年度生产经营任务等，推进各级领导人员带头授课。围绕庆祝改革开放40周年、喜迎中国宝武首次党代会等主题，通过《中国宝武报》、"友爱的宝武"官微、中国宝武资讯平台开设专题专栏，进行全方位的宣传报道。　　（汤平健）

## 纪检监察工作

【责任制落实】2018年，集团公司纪委通过召开党委常委会、党委理论学习中心组学习、落实党风廉政建设责任制领导小组（扩大）会、党风廉政建设和反腐败工作会议以及党委书记办公会、党建工作例会、专题培训研修等多种方式，传达学习中央有关精神，研究部署、协调推进重点任务落实。协助党委推进党风廉政建设和反腐败重点工作"清单化"管理，将年度党风廉政建设和反腐败重点工作分解成8个方面、12个重点项目，明确相应领导班子成员和主责部门履职清单，并月度跟踪、滚动推进责任落实；同步推动各二级单位党委建立"两个责任"履责清单及管控流程。协助党委完善党风廉政建设责任制评价机制，通过"季度预评价＋年终综合评价"的方式，对各单位责任制落实情况进行考核，纳入党组织及领导人员年度绩效评价。协助党委监督推进中央巡视反馈意见整改，细化6个方面、27项工作任务，通过党委书记办公会、二级单位党委书记例会、二级单位纪委书记例会等多种方式，加强部署推进及跟踪落实；针对自查发现的问题及薄弱环节，制定并实施50项整改措施，推动21项制度规定的制定完善。监督推进形式主义、官僚主义问题整治，从严查处涉及形式主义、官僚主义且造成不良后果的问题，给予纪律处分6人。监督推进下属单位党组织落实从严治党主体责任，强化问责与责任追究，对责任落实不到位的108名领导人员、管理者进行问责，其中党纪、政纪处分20人，通报、诫勉88人。　　（丁敏玮）

【作风建设】2018年，集团公司各级纪检监察组织受理违反中央八项规定精神问题线索128件，严肃查处公车私用、超标准业务接待、违规使用高档烟酒、违规接受供应商宴请及娱乐健身活动等问题，给予党纪政纪处分50人。下发《重申节假日期间廉洁从业要求的通知》1 000余个，发送提醒短信、微信、邮件2万余条，对严格落实中央八项规定精神等相关要求作出重申与提醒；聚焦"四风"问题易发的重点领域、关键环节、敏感岗位，通过节前廉洁谈话、提醒谈话等形式，加强党员干部、管理人员、敏感岗位人员节前廉洁从业教育。
（丁敏玮）

【监督制约】2018年，集团公司纪委深入开展各项监督检查工作。开展领导人员亲属违规经商办企业专项检查，从严查处并通报曝光了领导人员亲属经商办企业整改不到位等问题，给予党纪政纪处分10人、降职免职2人；开展招投标领域专项检查，发现部分单位制度规定与集团公司要求不符、部分项目应招未招、对投标单位资质审核把关不严、直接指定评委或评委依据不充分以及涉嫌围标串标、拆分合同规避招投标等11个方面的问题，推动招投标相关制度体系建设；开展扶贫领域作风问题专项治理，在组织推进自查的基础上，会同相关部门组建3个检查组，开展对口扶贫帮困情况验证式检查，督促相关部门整改纠正了扶贫工作经费管理制度不健全等问题。强化内部监督会商，围绕领导人员亲属经商办企业、选人用人、奖金发放、业务外协、阳光采购等重点，组织纪检监察、组织人事、审计、财务

等相关职能部门，及时分析研判党风廉政建设和反腐败工作中苗头性和倾向性问题，研究相应对策措施。　　　　　　（丁敏玮）

【纪律审查】　2018年，集团公司纪委及各单位纪检组织立案129件，给予党纪政纪处分180人，严肃查处违规接受供应商宴请、旅游、娱乐健身活动、收受供应商礼品卡券、与供应商发生借贷关系等问题。给予提醒谈话309人次，诫勉谈话230人次，通报批评132人次，免职、调整职务等组织处理39人次。　　　　　　　（丁敏玮）

【制度建设】　2018年，集团公司纪委围绕构建"不能腐"体制机制，制定《加强"不能腐"体制机制建设的实施意见》，明确集团公司及各单位要构建权力运行制约和监督机制、廉洁风险防控机制、责任追究和容错纠错机制等具体内容，推进各专门领域的配套制度及工作机制不断完善。结合监督检查情况推进制度效用评估，修订《关于进一步规范领导人员和管理者及其亲属、其他特定关系人经商办企业行为的规定》，将禁止性规定和从严处理的要求进一步明确，对亲属经商办企业与领导人员所在单位发生业务往来的，在视具体情况给予党纪政纪处分的同时，明确给予相应的免职或解除劳动合同处理；同时针对改革发展中遇到的新情况，明确不属于违规经商办企业范围的5种例外情形。围绕境外廉洁风险防控，制定《关于加强境外企业廉洁风险防控实施意见》，细化集团公司层面、有境外企业的二级单位层面、境外企业自身层面应建立健全的廉洁风险制度体系、

动态辨识机制、管控体制机制，以及党组织、纪检组织体系、信息化管理体系等内容，并明确境外企业的纪律审查重点。围绕防范廉洁风险、净化从业环境，修订《关于实行禁入管理的规定》，对被查处的有行贿及其他违法违纪行为的供应商、承建商等单位，明令禁止与其开展业务；对领导人员亲属经商办企业可能发生利益冲突的单位，禁止与其发生业务往来；对因违法违纪违规行为被解除劳动合同人员经办或任职的企业，与集团公司从事业务往来作出限制性规定。　　　　　　　　（丁敏玮）

【警示教育】　2018年，集团公司纪委加大通报、曝光及警示教育力度。通过党风廉政建设和反腐败工作会议、厂务公开通报会、月度纪检监察工作交流等方式，对集团公司范围内查处的违反中央八项规定精神问题案件进行通报和曝光。各级纪检监察组织开展警示教育3 000余场次。　　（丁敏玮）

【禁入管理】　2018年，集团公司纪委发布中国宝武第二批禁入名单，有39家单位、39人被纳入禁入范围，并通过信息系统进行硬约束。　　　　　　　　　（丁敏玮）

## 巡视巡察工作

　　2018年，按照中国宝武党委"充分授权、穿透式监督"的工作要求，党委巡视工作及时调整工作思路，巡视监督的触角由集团公司直管的二级单位领导班子逐步向有经营实体的三级、四级单位延伸，并构建巡视巡察上下联动监督网，层层压实管党治党的政治责任。　　　　　　　　　（丁敏玮）

【健全工作机构】　2018年，集团公司优化巡视工作领导小组成员，增设5个党委巡视组，增配2名专职巡视组组长及5名专职巡视组组员。集团公司直接管理的子公司党委均按要求成立巡察工作领导小组及巡察办公室，配备专、兼职巡察人员74人，建立完善巡察工作配套工作制度68项。　　（丁敏玮）

【完善制度体系】　2018年，集团公司党委巡视办公室制定《巡视巡察工作指导手册（试行）》，明示和统一巡视巡察工作流程和主要步骤，明确巡视巡察组组长、副组长、组员工作职责和纪律要求，规范问题线索受理和处置、巡视巡察了解、资料归档等各关键环节操作要求。集团公司将巡视制度文件及时发给各基层单位作参考，使基层巡察工作有规可依；加强对各基层单位制定完善巡察制度的指导，规范巡察工作程序；将上级巡视巡察机构成熟的经验做法，通过总结提炼，及时固化为制度成果，指导基层巡察工作实践。各子公司建立完善巡察工作配套工作制度68项。

　　　　　　　　　　（丁敏玮）

【创新方式方法】　2018年，集团公司党委巡视办公室将常规巡视与专项巡视有机结合，组织实施3轮巡视，巡视11家集团公司直管二级企业和3家三、四级企业，延伸巡视下属企业20余家。　　（丁敏玮）

【强化成果运用】　2018年，集团公司党委巡视办公室对2017年巡视的16家子公司的巡视整改情况进行跟踪督办，对巡视组移送问题线索处置情况、巡视反馈问题整改情况及违规违纪问题责任追究情况

进行跟踪和统计分析，形成台账，做到情况明、数据清，实现闭环管理。年内，集团公司党委3轮巡视共发现党建责任制落实不到位、基层党建基础薄弱以及选人用人、落实中央八项规定精神、廉洁从业、经营管理等方面的问题170余个。通过向被巡视单位反馈巡视发现问题和促进整改、问题线索移交核查等举措，前两轮巡视给予党纪政纪处分24人次，通报批评36人次，诫勉谈话41人次，提醒谈话91人次，调离岗位、免职等组织处理17人次，制定完善制度150余项。

（丁敏玮）

## 统一战线工作

中国宝武统一战线工作由集团公司党委统战部主管。有中国国民党革命委员会（简称民革）、中国民主同盟（简称民盟）、中国民主建国会（简称民建）、中国民主促进会（简称民进）、中国农工民主党（简称农工党）、中国致公党（简称致公党）、九三学社7个民主党派建立的21个基层组织，有上海市欧美同学会宝钢分会、宝钢党外中青年知识分子联谊会、宝钢少数民族联合会、宝钢台胞台属联谊会、武钢台胞台属联谊会、宝钢归国华侨联谊会、武钢归国华侨联谊会7个统战群众团体组织。 （张惠明）

【理论引导】 2018年，党委统战部通过组织党外代表人士参与集团公司重要会议、理论培训，为党外人士赴中共一大会址等红色教育基地学习创造条件。9月，召开在沪党外人士学习座谈会，交流学习心得，引导党外人士全面理解、准确把握新时代党的建设总要求和重点任务。 （张惠明）

【政治引领】 2018年，党委统战部组织党外人士持续开展"不忘合作初心，继续携手前进"主题教育活动；4月，根据中共中央统战部要求，起草下发《关于组织开展中共中央发布"五一口号"70周年纪念活动的通知》；9月，贯彻落实习近平总书记关于弘扬爱国奋斗精神的重要指示，召开党外代表人士座谈会，进行文件解读和动员。 （张惠明）

【队伍建设】 2018年，中国宝武结合岗位及人员流动情况，调整党外代表人士220人。按照"使用即是培养"的要求，163人担任各级职务，占党外代表人士总数的74%。其中，实职安排集团公司党外直管领导人员12人，党外技术（技能）业务专家、教授级高级工程师和高级工程师（含教授、副教授）23人，党外首席工程师、首席研究员52人；政治安排各级人大代表、政协委员49人；推荐安排各民主党派组织负责人及各类社团组织委员、理事以上人员27人。 （张惠明）

【联谊交友】 2018年，中国宝武调整集团公司、二级单位党员领导人员与党外代表人士联谊交友名单，参与联谊交友党员领导人员122人，被联系党外代表人士292人。其中，集团公司9位副总经理及以上党员领导人员结对交友17人，二级单位党员领导人员113人，结对交友274人。全年开展个别交流1 257人次（包括面谈410人次，电话沟通295人次，邮件131人次，微信421人次），座谈交流325人次、走访慰问243人次。 （张惠明）

【参政议政】 2018年，中国宝武有各级人大代表86人（中共党员60人、党外人士26人），各级政协委员65人（中共党员21人，党外人士44人）。年内，集团公司和代表、委员所在单位支持各级党外人大代表、政协委员在参与政府管理中积极发挥作用。党委统战部召开各类情况通报、座谈对话、联谊沟通会议1 343次，通报经济发展和生产经营情况，介绍本单位在重大决策、重要改革事项中遇到需政府协助解决的难题，为代表、委员参政议政搭建知情出力的平台。党外政协委员张秀云、贾旭提出的3项社情民意被全国政协采用。《关于建设和运营宝山区新材料知识产权公共服务平台的建议》《关于加强我区共享单车市场监管的建议》等被评为上海市宝山区政协优秀提案，3名委员被评为反映社情民意信息工作先进个人。

（张惠明）

【建言献策】 2018年，党委统战部组织统战人士围绕中国宝武整合融合、创新驱动、转型发展以及队伍建设、技术创新、风险防控等方面建言献策。统战人士提出"紧随世界经济及我国经济形势的变化，分析存在的主要经营风险与演化传导的路径""高度重视并加强超短流程新工艺核心技术的研发""劳动效率提升要在精准上下功夫""对新履职人员要加强培训"等意见建议。党委统战部通过健全完善民主监督反馈机制，责成相关职能部门和单位制定整改落实措施并反馈给意见建议提出者。 （张惠明）

【主题活动】 2018年，党委统战部持续开展"爱企业、献良策、作贡献"主题活动，引导和鼓励统战人士围绕宝武联合重组，整合融合及创新驱动、转型发展建言献策。全年有9 404人参加"爱企业、献良策、作贡献"主题活动，参与率达到77%，建言献策15 485项，被二级单位采纳13 366项，采纳率86%。武钢集团、宝钢股份、武汉耐材等建立"爱企业、献良策、作贡献"协作区的模式，将统战成员的资源和优势整合起来，解决影响和制约公司生产经营与改革发展的重点、难点问题。在第十届国际发明展览会上，统战人士、韶关钢铁薛学源的"一种负压$H_2S$气体回收装置"专利获金奖，郑林红的"烧结机快速维修技术"获银奖，实现韶关钢铁国际发明展览会"零"的突破；宝武环科张海梅的"一种锰锌铁氧体料粉新制备方法"和"一种具有宽温高直流叠加特性的锰锌软磁铁氧体材料"两项专利获银奖；宝武炭材杜亚平的"一种无中间相中温改质沥青生产装置及生产方法"获铜奖；宝钢特钢朱长春的"一种控氮奥氏体不锈钢大锻件的制造方法"专利获授权，并在第十届国际发明展览会上获"发明创业奖·项目奖"铜奖。韶关钢铁郑林红主导解决了主抽运行电流高、烧结机系统漏风严重等现场难题，年创效益216万元，获韶关钢铁2018年度自主管理发布会金奖。

（张惠明）

【上海市欧美同学会宝钢分会】 7月，党委统战部配合上海市欧美同学会（上海市留学人员联合会）换届筹备，推荐上海市欧美同学会第十次会员代表大会代表3人，其中2人当选第十届理事会理事；8月，会员唐伟能在吉林长春国际会展中心举办的"中国有色金属学会2018青年科技论坛"上所作的《轨道交通轻量化用高性能镁合金型材的设计开发》的报告被评为优秀报告；11月，会长徐世伟被中国汽车工程学会聘为首届青年工作委员会委员；12月，党委统战部组织欧美同学会宝钢分会与上海大学开展学术交流联谊活动，中央研究院连昌伟、顾廷权、吴存有分别以"面向用户应用的宝钢汽车板材料性能数据库平台的设计与开发""工业大数据与人工智能应用场景及智慧研发""宝钢智能电磁冶金技术的研发与实践"等课题与上海大学的学长进行交流研讨。

（张惠明）

【宝钢知联会】 3月，宝钢党外中青年知识分子联谊会（简称宝钢知联会）配合中共上海市委统战部课题组开展知联会发展情况调研问卷；安排1名会员参加上海市第三期党外高层次人才理论研修班。5月，配合上海市知识分子联谊会换届，推荐第七届上海市知识分子联谊会会员3名。7月，安排会员参加上海市知识分子联谊会第二十四期"复兴论坛"，聆听上海WTO事务咨询中心总裁王新奎所作的"当前经济全球化发展趋势与中美经贸关系"专题讲座。年内，党委统战部发挥宝钢知联会智力密集优势，鼓励并协助宝钢知联会走出去开展信息交流、建言献策活动，引导会员在推进中国宝武转型发展中献计献策。10月18日，围绕如何"进一步优化营商环境"，组织会员参与上海市、宝山区、上海大学和宝钢知联会联合举办的"知音论坛"，会长刘新宇在论坛上作主题发言。11月23日，结合深入开展"弘扬爱国奋斗精神、建功立业新时代"活动，组织会员开展"知区况、明企情"参观交流活动，通过参观宝山规划展示馆，了解宝山的城市历史变迁、现状、转型升级和2030年远景规划，并与吴淞口创业园进行对接交流。

（张惠明）

## 老干部工作

中国宝武老干部工作由集团公司老干部工作部主管。下设宝钢股份老干部服务管理中心、一浦五联合党委老干部二处、武钢集团老干部与退居休人员管理服务中心、八一钢铁老干部办公室、韶关钢铁老干部服务室、鄂城钢铁离退休人员管理中心、武汉耐材退管办等老干部管理服务部门。2018年，有离退休老干部4 500人。

（张惠明）

【专项学习活动】 2018年，中国宝武结合学习贯彻习近平新时代中国特色社会主义思想和党的十九大精神，组织离退休干部学习《党章》和新修订的《中国共产党纪律处分条例》《中国共产党支部工作条例（试行）》以及全国老干部局长会议精神，通过开展集中演讲、举办报告会和座谈会、就近参观学习、举办纪念改革开放40周年征文活动等，引导离退休干部自觉做到"离岗不离党，退休不褪色"。结合八一钢铁在新疆民族地区的特点，在离退休干部中开展"新疆若干历史问题研究座谈纪要"专题讲座等。11月，老干部工作部撰写《不忘初心跟党走，欢欣鼓舞话发展——"我看改革开放新成就"专题调研报告》，上报中组部老干部局。

（张惠明）

【主题教育活动】 2018年，中国宝武以政治建设为引领，对离退休干部开展经常性思想政治教育。各老干部管理服务部门以党支部建设、党员管理、组织生活、作用发挥为重点，推进"两学一做"（学党章党规、学习近平总书记系列讲话，做合格党员）学习教育常态化制度化，结合离退休干部实际，通过集中学习、专题研讨、上门送学等多种形式，发挥阵地优势，引导离退休老干部以积极的心态、历史的眼光、辩证的思维，正确看待国家的发展变化，客观分析党风、政风、社会风气，自觉做改革开放的支持者、推进者；通过开展"庆祝建党97周年历史回顾""纪念改革开放40周年"等主题教育活动，结合民主评议党员组织开展"好党员"评选活动。 （张惠明）

【弘扬正能量活动】 2018年，中国宝武结合庆祝改革开放40周年，在老干部中围绕"不忘初心，牢记使命，支持改革，助力发展"主题，开展弘扬正能量活动。在上海举办"见证——我与改革开放40年及宝钢开工建设40年"征文、"我们走过的改革之路"故事征集活动，组织百余位离退休干部围绕"看改革成果、看经济发展、看社会进步"主题活动，体验上海城市变化，参观宝钢股份生产现场，感受企业节能减排、绿色制造所取得的成果。离退休干部踊跃投稿，用笔墨讴歌改革开放40年以及宝钢开工建设40年取得的辉煌成就。离休干部仇醒亚、郑碧云夫妇缴纳20万元"特殊党费"。在武汉组织离退休干部参加"进厂参观献良策"、学雷锋、助残日等活动，发挥余热，贡献正能量。在新疆组织离退休干部

2018年1月4日，宝钢离休干部仇醒亚、郑碧云夫妇缴纳20万元的"特殊党费" （张 勇摄）

参加新疆维吾尔自治区"改革开放40年"书画摄影展，开展"我看改革开放新成就"座谈讨论和征文活动。韶关钢铁利用《韶钢人》和《双周通》等宣传渠道向离退休干部通报生产经营情况，征求老干部对公司改革发展的意见和建议。 （张惠明）

【落实政治待遇】 2018年，按照《集团公司向老领导通报沟通及走访慰问管理办法》，中国宝武和相关二级公司党政主要领导向离退休干部及时通报重要会议精神、重要人事变动及生产经营情况。在春节、中秋节前夕，分别在上海、湖北召开离退休干部迎春茶话会和迎中秋离退休干部座谈会，集团公司领导和离退休干部齐聚一堂，共叙企业改革和发展。各老干部管理服务部门通过召开各类座谈会、茶话会，邀请离退休干部参加重要纪念活动，为离退休干部阅览室（活动室）征订各类报刊等，将离退

休干部应有的政治待遇落实到位。 （张惠明）

【保障生活待遇】 2018年，中国宝武各老干部管理服务部门开展经常性的走访慰问老干部尤其是困难与重病离退休人员活动，并坚持在每一名年龄逢五逢十的离休干部生日之际上门进行祝寿。3月，根据中组部、财政部、人力资源和社会保障部《关于提高生活长期完全不能自理的离休干部护理费标准》的通知要求，调整125名生活长期完全不能自理的离休干部的护理费标准。7月，针对武钢集团6名离休干部联名致信中组部老干部局，反映武钢集团落实离休干部医疗待遇的有关事宜，集团公司老干部工作部会同武钢集团老干部与退居休人员管理服务中心做好稳定安抚工作，协调落实所反映的问题并专报中组部老干部局。关心离退休干部健康，组织离退休干部进行健康体检，及时了解和掌握

身体健康状况，做好体检后续服务跟踪。年内，走访生病住院及特殊困难的老干部2 107人次，办理老干部大病救助1 059人次。组织专业力量为35名离休干部检查、保养家用空调128台。宝钢股份根据上海市人保局、财政局、总工会要求，完成对部分企业退休的高级专家、市级以上劳动模范等人员"专加"（是上海市对部分企业退休的高级专家、市级以上劳动模范等人员在享受养老金方面出台的一项特殊政策）养老金的工作。（张惠明）

【加强阵地建设】 2018年，中国宝武各老干部管理服务部门为离退休干部提供丰富多彩的学习内容和活动平台，推进老干部（老年）大学建设。全年开办186个班，在校学员4 813人次。宝钢股份老干部（老年）大学发挥全国示范校的引领作用，《落实全面从严治党要求加强离退休干部党员队伍学习》《老干部大学履行老干部党校职能初探》，分获中国老年大学协会第十三届老年教育理论研讨会优秀论文三等奖、中国老年大学协会企业校工作委员会第二届理论研讨会一等奖。组织学员参加中国老年大学协会主办的纪念改革开放40周年全国老年人书法绘画摄影大赛，征集学员书画作品54件，摄影作品91件。组织学员参加《上海退休生活》杂志主办的"赞美时代·赞美生活·赞美退休"征文及摄影活动；组织学员参加上海市退管会主办的"我看改革开放新变化"2018上海市老年摄影展活动。宝钢股份老干部（老年）大学被上海市老年学校素质教育指导中心指定为第二批素质教育实践基地。（张惠明）

【探索转型企业老干部工作新方法】 2018年，集团公司老干部工作部根据中组部老干部局《关于开展老干部工作重点课题调研的通知》，从发挥离退休党支部优势，推进关心下一代工作队伍建设，以及探索企业退休人员社会化管理等方面进行调研。11月，形成《提升离退休干部党组织组织力，推进"党建带关建"，促进关心下一代工作队伍建设的实践与思考》《探索老国有企业推进退休人员社会化工作之路》2篇专题调研报告，报中组部老干部局。（张惠明）

# 民主党派组织

## 中国国民党革命委员会组织

【民革武钢总支部】 隶属民革武汉市委员会，下辖武钢一支部、武钢二支部、华润武钢医院3个支部，有会员40人。第七届主任委员：刘进，副主任委员：文瑾、余芳。有民革武汉市委员会委员1人，政协武汉市青山区第十届委员会委员1人。2018年，民革武钢总支部结合中共中央发布"五一口号"70周年，5月，组织党员召开纪念大会；6月18日，举办"不忘合作初心，继续携手前进"主题交流会，畅谈改革新成果、发展新变化。9月21日，被民革武汉市委员会推荐在"不忘合作初心，继续携手前进"主题经验交流会上介绍经验。围绕中国宝武转型发展，组织党员立足岗位建功立业，由党员领衔完成的"212机组卷取机带钢溢出边攻关"项目，有效降低了带钢溢出

边现象，提高了带钢成材率，年创造经济效益110万元。在武汉市青山区政协十届二次会议上，提交《关于避免青山区科技人才流失的建议》《关于对区内大企业提供环保科技支撑的建议》2件提案。年内，继续以展示党员风采活动为抓手，组织党员撰写各类稿件14篇，其中在《中国继续教育医学》杂志上发表专业论文5篇，在《武汉民革》杂志上发表3篇。总支部获武钢统战部颁发的"优秀参政建言团队"荣誉称号，1人获"优秀参政建言个人"，1人被聘为武钢有限电气技能大师。（刘进）

【民革宝钢一、二支部】 隶属民革宝山区委员会，有党员44人。第六届主任委员：姜良玉、陆永强，副主任委员：陶慧明、徐飞、金晓光、吴兆春。有宝山区人大代表1人，宝山区政协委员1人，民革宝山区委委员2人，民革宝山区委祖国和平统一促进委员会主任1人，中国宝武党风监督员1人。2018年，民革宝钢一、二支部发展新党员3人，吸收联系人1人。5月，组织党员赴中共二大会址纪念馆参观《纪念中共中央"五一口号"发布70周年图文展》，重温"五一口号"，回顾首次政协会议的筹备及召开过程；9月，组织党员学习《民革宝山区委参政议政管理办法》，退休党员马鄂云言传身教，分享多年来撰写提案及民革市委课题经验，提高党员参政议政能力。全年提交议案、提案各2件。《取消职业女性未婚生育申领生育保险的限制条件》和《分时段停车泊位的标志管理需进一步精细化》2篇社情民意信息被宝山区政协单篇采用。由党员参加"极薄一次冷轧高硅硅钢制造技

术及装备的开发与应用"项目获中国钢铁工业协会、中国金属学会颁发的冶金科学技术奖一等奖。党员曹爱红获由国家艺术出版社、环球艺术组委会颁发的"环球艺术奖"金奖。　　　（姜良玉　王泽济）

【民革梅山支部】　隶属民革宝山区委员会，有党员9人。第二届主任委员：饶刚，副主任委员：陈德林、曹芸。2018年，民革梅山支部结合"不忘合作初心，继续携手前进"主题教育和中共中央发布"五一口号"70周年纪念活动，组织党员开展学习交流；11月25日，赴常熟市爱国主义教育基地沙家浜参观学习。全年，党员负责完成"降低梅钢高炉块状带压差的研究""梅钢四号高炉炉缸破损调查与长寿技术"等3个科研项目，"二炼钢废钢比提升""二号连铸机新增加渣机器人"等14个技改项目。其中，"梅钢高炉炉料偏析分布及合理粒度控制技术研究"项目实施后，梅钢3座高炉的块矿比同比提高0.3个百分点，年产生效益超过600万元；申请的"一种超低碱度高强度烧结矿的制造方法"和"一种高炉铸铁冷却壁紧密结合的高导热涂层材料"发明专利被国家知识产权局受理。　　　（饶　刚）

## 中国民主同盟组织

【民盟宝钢总支】　隶属民盟上海市委员会，下辖4个支部，有盟员70人。第十届主任委员张社英，副主任委员：拓西梅（常务）、陈卓人、张仁彪，有民盟上海市第十五届委员会委员1人。2018年，民盟宝钢总支发展新盟员4人。4月，邀请全国人大代表、民盟市委专职副主任委员丁光宏教授作全

国"两会"精神报告。同月，组织盟员到费孝通纪念馆开展瞻仰学习活动。6月，纪念中共中央发布"五一口号"70周年，邀请民盟中央参政议政部原巡视员张冠生作"回望先贤　温故知新"专题讲座活动。年内，上海民盟同舟公益基金会挂牌成立，宝钢盟员捐款2 050元；联合民盟上海世纪出版集团总支、民盟上海化工总支，启动"2018村小图书室民盟募集计划"，民盟宝钢总支部盟员募集各类读物230册；12月，贵州省兴义市威舍镇村小图书室建成。向民盟上海市委提交社情民意3篇。形成专利及技术秘密13项，发表专业技术论文2篇。由盟员主持及参与的"改善1580硅钢边缘降（边缘降，即降低带钢在轧制过程中出现的边缘过薄现象，使其达到厚薄一致）"项目取得直接效益190.41万元。"冷轧合同材优化模型及研究"课题年创经济效益1 099万元。1人获首届"中国汽车轻量化设计奖"一等奖，2人被评为民盟上海市委组织工作先进个人。　　　（沈佳谊）

【民盟武钢总支】　隶属民盟武汉市委员会，下辖研发、科教、设计、退休4个支部，有盟员96人。第七届主任委员：刘继雄，副主任委员：李建华、贾晖。有民盟武汉市委员会委员1人，第十四届武汉市人大代表1人，政协武汉市第十三届委员会委员1人，政协青山区第十届委员会委员2人。2018年，民盟武钢总支发展新盟员2人。组织盟员参加武汉市民主党派成员双岗建功先进事迹报告会、习近平视察湖北重要讲话精神学习座谈会、"不忘合作初心，继续携手前进"学

习培训班。3月22日，组织盟员参观青山棚户区改造示范区——青宜居；5月9日，在武钢党派活动中心完成科教支部换届；10月16日，在"青山小镇"为老盟员过重阳节；10月22日，退休支部在东湖梨园组织老盟员开展绿道健康行活动。在武汉市和青山区"两会"上，提交《关于进一步整治基层衙门作风以推进治理管理资源向社区有效下沉的建议》《关于对国有企业院校政工职称退休教师落实相应待遇的建议》《关于发展青山区互联网＋养老模式产业的建议》3件提案和《关于提升武汉市人大建议案办理过程信息化水平的建议》建议案1件，其中《关于对国有企业院校政工职称退休教师落实相应待遇的建议》被民盟中央和湖北省政协采用并转报省委、省政府。组织盟员参加"爱企业、献良策、作贡献"主题活动，1人获武钢集团"爱献作"主题活动先进个人和优秀成果奖；1人获中国金属学会颁发的"中国冷轧电工钢投产40年突出贡献奖"；1人获安徽省科学技术奖一等奖；1人获湖北省科技进步奖二等奖；1人获中国金属学会冶金青年创新创意大赛特等奖。民盟武钢总支被民盟武汉市委评为社会服务工作先进集体。
　　　（李建华）

【民盟五钢特钢支部】　隶属民盟宝山区委员会，有盟员10人。第四届主任委员：蒋勤芳。有民盟宝山区委员会委员1人，政协宝山区第八届委员会常务委员1人。2018年，民盟五钢特钢支部推进参政议政工作，提交社情民意37件。其中，《关于增加上海市公交卡刷卡次数的建议》被上海市政府采纳；

《关于调整部分道路照明灯杆高度的建议》被宝山区政协采纳。结合纪念改革开放40周年活动，组织盟员参加民盟上海市、区委组织的各项活动，撰写并提交《我与宝山共成长征文——聚焦民生问题、助力宝山创建宜居城区》《我与宝山共成长征文——美丽宝山我的幸福家园》《纪念改革开放40周年征文——勇立潮头甘当改革开放的弄潮者》《重温历史，携手前行》4篇主题征文。年内，民盟五钢特钢支部获评民盟宝山区委先进支部，4人获评社情民意信息工作先进个人，1人获评2018年度民盟上海市委先进个人。 （田玉新）

## 中国民主建国会组织
【民建宝钢委员会】 隶属民建上海市委员会，下辖第一、第二、第三和梅山4个支部，有会员92人。第二届主任委员：高珊，副主任委员：胡传斌。有民建上海市第十三届委员会委员1人，政协宝山区第八届委员会委员1人，政协南京市雨花区委员会委员1人。2018年，民建宝钢委员会发展新会员3人。组织会员参与民建上海市委的各项活动，开展"学习和贯彻党的十九届二中全会精神""畅谈改革开放40周年感受""参观黄炎培故居"为主题的学习先贤活动，梅山支部会员赴安徽宣城泾县新四军纪念馆参观学习，会员撰写的"我与改革开放40年"一文入选民建上海市委编撰的书籍。12月，增补胡传斌为民建宝钢委员会副主任委员。在上海市、宝山区"两会"期间及民建市委调研活动中，提交提案、议案5件，其中《关于建立"产城融合"发展的建议》被评为宝山区政协优秀提案。 （高 珊）

【民建武钢总支】 隶属民建武汉市委员会，下辖3个支部，有会员50人。第三届主任委员：王自力，副主任委员：柯美水、马金光。有民建武汉市第十四届委员会委员1人，政协青山区第十届委员会委员1人。2018年，民建武钢总支通过政协渠道，开展参政议政活动，参与青山区街道机关科室和基层站所工作作风监督检查和提升行政审批服务效能对口协商工作。4月，会员发挥业务专长，为国际世界语协会研究制订屋顶渗漏处理方案，用最新技术工艺和材料解决国际世界语协会鹿特丹总部及图书馆的漏水问题。5月，组织会员通过"微信群"和"轻松筹"等平台为意外交通事故造成重大伤害、家庭致困的会员捐款近万元，并通过民建武汉市委帮扶渠道下拨帮扶款1万元。12月，在武汉市世界语协会第七届会员代表大会上，会员李家全当选为武汉市世界语协会会长。 （王自力）

## 中国民主促进会组织
【民进宝钢委员会】 隶属民进上海市委员会，下辖宝钢、综合、梅山和退休4个支部，有会员115人。第四届主任委员：王静，副主任委员：曹清、陆争辉、赵强。有民进上海市第十六届委员会委员1人，民进宝山区委员会委员1人，上海市第十五届人大代表1人，宝山区第八届人大代表1人，政协宝山区第八届委员会委员2人，政协南京雨花台区第九届委员会委员1人。2018年，民进宝钢委员会发展新会员2人。结合中共中央发布"五一口号"70周年纪念活动，发挥会员特长和专业优势，开展各项活动。"两会"期间，向宝山区人大、政协提交

社情民意18件、提案3件，参加政协论坛2次，"建设和运营宝山新材料知识产权公共服务平台"获2018年度宝山区政协优秀提案。2018年，获中国钢铁工业协会应对美国"337调查案"应诉突出贡献奖1人，民进上海市委员会组织发展先进个人和社区优秀志愿者各1人，民进宝山区委员会参政议政先进个人2人和反映社情民意二、三等奖各1人，民进综合支部、梅山支部、宝钢支部获评民进上海市委员会2018年度先进基层支部。（王海强）

【民进武钢直属支部】 隶属武汉市委员会，有会员23人。第七届主任委员：王金平，副主任委员：薛志华。有民进武汉市委员会委员1人，政协武汉市青山区第十届委员会委员1人，武汉市委统战部统一战线智库专家1人，武汉市委统战部扶贫攻坚民主监督员1人。4—8月，多次赴武汉市江夏区参加武汉市委统战部组织的扶贫攻坚民主监督调查活动；7月，参加青山区政协组织的武钢节能减排及焦化环保改造调研；8月，配合民进武汉市委员会"不忘合作初心、继续携手前行"主题教育活动，组织会员开展读书活动；同月，参加武钢集团统战部在青山区南干渠组织的绿色城市建设的调研活动，并向民进武汉市委提交社情民意《关于在老城区部分路段设置临时停车位的建议》1件，向政协青山区委员会提交《关于进一步治理重点企业污染排放的建议》的提案1件。 （王金平）

## 中国农工民主党组织
【农工党武钢总支】 隶属农工武汉市委员会，下辖武钢总医院、武

钢总医院分院、武钢科技3个支部，有党员100人。第九届主任委员：曹佳懿，副主任委员：万恩同、姜文清。有农工武汉市委员会第十一届委员会常委1人，政协武汉市第十三届委员会委员1人，政协青山区第十届委员会委员1人。2月，召开总支党员组织生活会，学习中国共产党第十九次全国代表大会精神。4月，组织总支成员及部分科技支部成员召开民主生活会，学习全国"两会"精神。6月，组织部分党员赴武汉市新洲区参加农工党武汉市委员会第十一届"中国环境与健康宣传周"暨精准扶贫送医送药社会服务活动。10月，组织党员学习习近平总书记"高举新时代改革开放旗帜，把改革开放不断推向深入"视察广东重要讲话精神，并赴武汉科学技术馆参观学习。参政议政方面，向政协武汉市及政协青山区提交《关于促进既有住宅加装电梯政策尽快落地的建议》《关于完善医疗纠纷人民调解委员会建设的建议》《关于完善武汉市医疗责任保险工作的建议》《关于政府资助北湖污染物资源化研究的建议》4件提案，提交社情民意《关于规范洗车市场、推广自助和无水洗车的建议》1件。党员发表论文2篇，注册专利2件。　　　　　（曹佳懿）

**【农工党宝钢支部】**　隶属农工宝山区委员会，有党员41人。第八届主任委员：张秀云，副主任委员：吴存有。有农工党宝山区委员会委员1人，政协宝山区第八届委员会委员1人。2018年，农工党宝钢支部发展新党员2人。4月、7月，结合中共中央发布"五一口号"70周年、改革开放40周年纪念活动，组织党员参加农工党市委、区委举办的各项纪念活动，发动党员参与主题征文活动，通过发生在自己身边的故事撰文畅谈"从一个国际长途电话看改革开放40年"的感想，对比改革开放前后祖国发生的巨变。组织党员收集整理支部历年活动资料和素材，制作展板。11月，在纪念农工党宝山区委员会成立30周年图片展上展出，展示农工党宝钢支部的发展历程及党员的风采。12月，组织党员学习习近平总书记在庆祝改革开放40周年大会上的讲话精神。在参政议政、建言献策方面，向政协宝山区委员会提交社情民意7件，其中《关于提高高污染企业对环保治理设施提标改造工程投资积极性的建议》被全国政协综合采用，《加快推进老人门诊费用跨省直接结算的建议》被上海市政协采用并报送全国政协，《加强工业用地管理，提高土地使用效率的建议》被农工党中央《信息专报》采用。《关于改进宝杨路下匝道道路指示牌的建议》的提案被宝山区政府采纳。1人获上海市科技进步奖三等奖，1人获中国宝武科技创新重大成果奖二等奖，1人被评为2018年度政协宝山区反映社情民意信息工作先进个人。　　　　（张秀云）

## 中国致公党组织

**【致公党武钢支部】**　隶属致公党武汉市委员会青山区工委，有党员30人。第七届主任委员：牛琳霞，副主任委员：刘勇、孙俊梅。有致公党武汉市委员会委员1人、青山区工作委员会委员6人，湖北省人大常委会委员1人，湖北省政府参事1人，政协武汉市第十三届委员会委员1人，政协青山区第十届委员会委员1人。2018年，致公党武钢支部提交湖北省人大《关于深化供给侧结构性改革，促进湖北钢铁绿色发展的建议》议案1件；提交湖北省政府参事文章《彰显新时代参事工作的新作为》1篇；提交武汉市和青山区政协提案《关于加快进度全面实行生活垃圾分类收集的建议》《关于三环线友谊大道至武钢厂区大门交通堵塞问题的情况汇报及建议》《关于建设地铁8号线支线缓解梨园至武汉火车站交通压力的建议》《关于探索建立海绵城市设施运营维护长效管理机制的建议》《关于利用各类媒体做好政府十件实事征集的建议》《关于优化工业四路和冶金大道十字路口公交专用道的建议》6件，并提交社情民意5件。承接致公党市委重点课题"关于进一步推动武汉市海绵城市建设的意见""提高武汉市固体废弃物综合利用效率的建议"；协调武汉市政府相关部门，解决武钢10号门和4号门命名问题，两条路分别被命名为铺岭路和金家嘴路，并纳入市交管系统管理。组织党员参与中共中央发布"五一口号"70周年纪念活动，到张之洞与武汉博物馆参观学习。　（牛琳霞）

## 九三学社组织

**【九三学社武钢委员会】**　隶属九三学社武汉市委员会，下辖武钢第一支社、第二支社、第三支社3个支社，有社员57人。第二届主任委员：丁钢，副主任委员：谌赟、蒋旭冬、徐国栋。有九三学社武汉市委员会委员1人，政协武汉市第十三届委员会委员1人，政协武汉市青山区第十届委员会委员1人。2018年，发展新社员1人，安排5人次参加上级组织的各类培训。组织社员参加九三学社武汉市委员会开展的"在本职岗位建功，争创优秀业绩；在履职岗位尽责，争当优秀社员"的活动（简称"双岗"建功），4月，通过基层委员会扩大会议审议通过《关于设立调研提案部、组织建设部和社务综合部的决定》《九三学社武汉市武钢委员会积分考评办法（试行）》2个制度。5月，组织社员前往武汉市黄陂区芝麻岭村开展精准扶贫调研和慰问工作，送去社员捐赠给贫困户的慰问金1 850元；组织参观李先念故居纪念馆。10月，结合九三学社武汉市委员会社章社史知识竞赛答题活动，组织社员赴新洲涂长望陈列馆参观学习。11月，参与第三届基层组织羽毛球联谊赛活动，获得亚军。年内，上报社情民意共10件，撰写提交提案5件。其中，《关于个税专项附加扣除暂行办法的几点思考》的社情民意被市政协综合意见后上报全国政协；《在道路施工封路时设置红绿灯》的社情民意被九三学社武汉市委员会采用；《关于解决武汉市城中村还建房问题的建议》《关于对老旧社区线路进行清理改造的建议》《关于加强对小学生减负工作的督导检查的建议》的提案分别提交武汉市政协和青山区政协，被采纳并得到政府相关部门办理；《关于推进武汉市污泥无害化处置的建议》被九三学社武汉市委选为集体提案上报武汉市政协。2018年获九三学社武汉市委员会"'双岗'建功"先进个人和先进组织工作干部各1人。　　　　　　　（丁　钢）

【九三学社韶钢基层委员会】　隶属九三学社韶关市委员会，下辖3个支社，有社员30人。第一届主任委员：常光武。有九三学社韶关市委员会委员1人，政协韶关市第十二届委员会委员1人，政协韶关市曲江区第十届委员会委员1人。2018年，九三学社韶钢基层委员会结合中共中央发布"五一口号"70周年、改革开放40周年，组织社员开展纪念活动。7月，参加城市提升市长面对面专题议政会，政协委员、社员黄雯建言献策，被韶关市政协评为2018年度优秀政协委员。11月，以爱国、民主、科学的九三学社缘起和共同理想为主旨，组织社员开展"九三讲学堂"活动。　　　　　　　（常光武）

【九三学社宝钢支社】　隶属九三学社宝山区委，有社员77人。第九届主任委员：贾旭，副主任委员：黄宁海、翁小平。有政协宝山区第八届委员会委员1人，九三学社宝山区委员会委员2人。2018年，九三学社宝钢支社发展新社员5人。结合改革开放40周年、宝山撤县建区40周年、中共中央发布"五一口号"70周年、九三学社建社73周年等重大纪念活动，加强凝聚力建设。组织社员相继赴莫干山毛主席纪念馆、中共四大纪念馆等开展中国共产党第十九次全国代表大会精神学习和组织活动，提升组织合力。发挥参政议政职能，围绕城市发展、交通问题、经济发展等内容组织社员建言献策，向政协宝山区委提交提案2件，向九三学社区委提交征文1篇，社情民意20件。其中，《老旧小区安装电梯》《宝山邮轮经济滨江建设规划和区交通道路整治的建议》得到落实，《关于建立疫苗伤害赔偿机制》被全国政协采纳并获优秀奖。年内，

九三学社宝钢支社获九三学社宝山区委先进基层支社，9名社员获评先进社员；1人获九三学社上海市委参政议政先进社员三等奖，1人被评为宝山区政协参政议政先进个人，1人获宝山区政协优秀提案奖。　　　　　　　（贾　旭）

【九三学社一钢不锈钢支社】　隶属九三学社宝山区委员会，有社员27人。第七届主任委员：陈志洪，副主任委员：丁莉娟、茅新东。有九三学社宝山区委员会委员1人，政协宝山区第八届委员会委员1人（兼任政协八届副秘书长）。2018年，九三学社一钢不锈钢支社发展新社员2人。5月，结合"不忘初心，坚持中国共产党领导，做好参政党"主题学习活动，组织社员参观瞻仰中共一大南湖会址；9月，组织社员传达学习中国共产党第十九次全国代表大会和十九届二中、三中全会精神，关注热点，反映群众关注的切身利益问题，向政协宝山区委提交提案2件。向九三学社宝山区委提交《进一步发展与完善老年教育的建议》《关于进一步加大宝山区教育产业导入的建议》《建议更新不科学的交通地面划线，缓解早晚高峰交通拥堵现象》3件社情民意。组织社员参与"回顾历史，不忘初心，弘扬爱国主义精神"的征文活动，向九三学社上海市委提交《弘扬五四精神，立足岗位爱岗敬业》征文1篇。组织社员参与九三学社区委、企业的其他各项参政议政、建言献策、民主监督活动，在参加"开展五违四必，中小河道治理"专项民主监督和委员联系居（村）活动中，1名社员被聘为宝山区淞南镇联系社区工作参事。4名社员获"2018年

度九三学社宝山区委优秀社员"称号。 （陈志洪）

【九三学社特钢支社】 隶属九三学社宝山区委员会，有社员56人。第九届主任委员：吴英彦，副主任委员：张捷频、孟祥军。有九三学社宝山区委员会委员1人，政协宝山区第八届委员会委员1人。2018年，九三学社特钢支社组织社员围绕宝钢特钢生产经营、科研开发、节能降耗等工作开展建言献策活动，提出意见建议8条。开展9个科研项目、11项新产品的研发。申请专利2件，发表学术论文2篇。由社员负责完成的"经济型耐应力腐蚀抽油杆开发"项目获2018年中国宝武技术创新重大成果奖三等奖，"长寿命连续抽油杆钢研究与开发"项目获第三十届上海市优秀发明选拔赛优秀发明铜奖。年内，向政协宝山区委员会提交提案5件，社情民意36件，《关于公交专用道转型升级为快速专用道建设的建议》《关于推广小区亲情机动车优惠停车措施的建议》《关于提升充值煤气表的智能水平、保障百姓生活的建议》被宝山区政府采纳并转相关部门处理，《关于完善高级专业技术职称资格的评审条件的建议》被上海市委统战部录用。年内，1人获中国宝武"讲理想、比贡献"竞赛先进个人贡献奖，1人被评为中国宝武科协系统优秀协会工作者。 （黄钢祥）

【九三学社梅山支社】 隶属九三学社上海市委员会，有会员45人。第六届主任委员：穆海玲；副主任委员：王振荣、余小巧。有九三学社上海市第十七届委员会委员

1人。2018年，九三学社梅山支社发展新社员2人。第一季度，组织社员赴泰州市参观中国人民解放军海军诞生地纪念馆；第四季度，组织全体社员赴浙江嘉兴瞻仰南湖红船，参观南湖革命纪念馆。响应九三学社上海市委"不忘合作初心，继续携手前进"主题教育活动，组织动员参加九三学社中央"社员之家杯"社章社史知识竞赛活动。组织社员参加"爱企业、献良策、作贡献"主题活动，提出合理化建议131条，采纳128条。社员负责或参与研究的、获国家知识产权局受理的发明专利24件，负责或参与研究的科技成果3项，在核心期刊发表论文4篇，完成科研项目2项；向九三学社上海市委提交《建议在尽可能短的时期内，把高中阶段教育纳入义务教育范畴》的社情民意信息1件。年内，1人被评为九三学社上海市委组织工作先进个人；1人获梅钢公司"曾乐敬业奖"，并被评为梅钢公司优秀女职工。 （余小巧）

【九三学社冶金支社】 隶属九三学社上海市委员会，有社员49人。第十三届主任委员：胡勇，副主任委员：王琦。有政协宝山区委员会委员1人。2018年，发展新社员1人。 （胡 勇）

## 工会组织

2018年底，集团公司工会所辖子公司、直属工会24个，会员161 302人。 （陈佩红）

【贯彻中国工会十七大精神】 2018年，集团公司工会通过主席办公会、工会常委会、二级单位工会主席例会等方式学习贯彻中国工会第十七次全国代表大会精神，以多种形式推进中国工会十七大精神进企业、进班组。 （陈佩红）

【形势任务教育】 2018年，集团公司工会围绕中国宝武聚焦融合、转型发展中心工作，制定下发《职工思想教育工作的指导意见》，深入一线班组了解职工的思想动态，撰写调研报告供集团公司领导参考决策，举办厂情通报会、职工代表座谈会、开展中国宝武管理者问卷调查，广泛宣传"一基五元"战略规划，宣讲中国宝武深化整合融合、治僵脱困、压减工作的重要意义。 （陈佩红）

【劳动竞赛】 2018年，集团公司开展以改革发展、聚焦融合创新、安全生产、智慧制造、环境经营、扭亏增盈、降本增效等为主要内容的"团队争先、岗位创优"劳动竞赛，以全员化、项目化管理方式落实竞赛目标，共开展劳动竞赛项目7 015项，其中子公司级项目609项，厂部、车间级项目2 878项，作业区、班组级项目3 528项，实现降本增效实绩82.32亿元。 （徐 卫）

【弘扬劳模精神】 4月27日，集团公司组织召开以"使命、责任、担当"为主题的迎"五一"劳模先进交流会，表彰新一届五一劳动奖状、奖章、工人先锋号获得者。新一届全国五一劳动奖章获得者金国平发表获奖感言。宋俊、喻红刚、杨磊、曾杰等劳模先进个人和

集体代表分享自己和团队的故事，通过传承和弘扬劳模先进"爱岗敬业、争创一流，艰苦奋斗、勇于创新，淡泊名利、甘于奉献"的劳模精神，发挥劳模先进"传、帮、带"作用，引领广大员工为公司生产经营和改革发展贡献智慧和力量。

（徐　卫）

【参加全国钢铁行业职业技能竞赛】　9月，按照"统一策划、资源共享、分队参与"的原则，中国宝武组建7支参赛队参加"首钢杯"第九届全国钢铁行业职业技能竞赛，从74家钢铁企业参赛队中脱颖而出，获团体第三名，杨军、张培峰、邢君3名选手分别取得金属轧制工全国第一名、高炉炼铁工全国第三名、电焊工全国第四名的优异成绩，并获"全国钢铁行业技术能手"称号；中国宝武有10人跻身前20名，并获"全国钢铁行业技术能手"称号，中国宝武应邀在中国钢铁工业协会第四届钢铁行业教育培训表彰大会上作关于技能大赛工作的经验交流。

（徐　卫）

【组织技能比武】　5—10月，集团公司组织开展"铸匠心·提技能"

中国宝武首届职工技能大赛，大赛设立了冶金煤气、高炉炼铁工、转炉炼钢工、金属轧制工、机械设备点检员、电气设备点检员、钳工、天车工、电焊工、检化验（化学分析）、安全、营销（模拟）、党支部书记实务、信息技术（IT）应用程序设计等决赛工种，有5.3万名职工参加657个技能项目竞赛，505名选手参加决赛，李自强等66名职工被授予"中国宝武钢铁集团有限公司岗位能手"称号。

（徐　卫）

【深化职工岗位创新活动】　11月1日，集团公司举办以"众创·智造·未来"为主题的"中国宝武员工创新活动日"，表彰2018年度"职工岗位创新新人奖""职工岗位创新成果推广应用奖""资深荣誉创新指导志愿者突出贡献奖"，开展职工创新工作室结对、创新指导志愿者师徒结对活动，并为10名职工"智能制造技术应用攻关创新工作室"颁发匾牌。至年底，中国宝武建立自主管理（JK）小组4 699个，取得JK成果3 245项；职工经济技术创新小组2 250个，1.68万名职工参与创新小组活动；岗位创新申请专利2 239件，其中

发明专利1 135件（发明专利占比50.7%）；技术秘密2 075项；总结先进操作法233项。　（徐　卫）

【职工岗位创新成果显著】　4月，中国宝武11项创新成果参加第117届巴黎国际发明展览会，获4项银奖、7项铜奖，获奖率100%。9月，参加在广东佛山举办的第十届国际发明展览会，220个岗位创新成果参展，153个项目获奖，其中金奖29个、银奖50个、铜奖74个，创历史最好水平。一线工人洪华、缪伟良的创新成果获上海市科技进步奖三等奖，2个职工创新工作室获评"上海市劳模创新工作室"。刘自力获"十大湖北工匠"称号，宋俊、金国平、幸利军当选"上海工匠"。宝钢股份报送的案例"钢铁行业领头羊，岗位创新是法宝"获上海市基层工会十大（类）创新案例奖。参加中国（上海）国际技术进出口交易会职工发明专利奖评选，获金奖1个、银奖1个、铜奖4个，7个合理化建议、先进操作法获优秀成果奖和项目创新奖。中国宝武工会获"上海市职工科技节暨职工创新活动"优秀组织奖。

（徐　卫）

## 第117届巴黎国际发明展览会中国宝武参展项目获奖一览表

| 序号 | 项　目　名　称 | 第一发明人 | 单　　位 | 奖项 |
|---|---|---|---|---|
| 1 | 一种气动给料型自动加渣机及渣料吹送器 | 杨建华 | 宝钢股份炼钢厂 | 银奖 |
| 2 | 连铸引锭杆安全制动与自动监控技术 | 金国平 | 宝钢股份钢管条钢事业部 | 银奖 |
| 3 | 钢材产品防护资材剪切自动化应用技术 | 孙桂国 | 宝钢股份上海宝钢国际经济贸易有限公司 | 银奖 |
| 4 | 大电机集电滑环变频驱动在线车削技术 | 吉志勇 | 宝钢工程上海宝钢工业技术服务有限公司 | 银奖 |
| 5 | 工业通信调度系统 | 李雪强 | 武钢集团武汉钢铁工程技术集团有限责任公司 | 铜奖 |

（续　表）

| 序号 | 项　目　名　称 | 第一发明人 | 单　　位 | 奖项 |
|---|---|---|---|---|
| 6 | 一种截污挂篮以及雨水口 | 罗　帆 | 武钢集团武钢绿色城市建设发展有限公司 | 铜奖 |
| 7 | 一种钢绳防掉道自动报警装置 | 张　铭 | 宝钢股份武钢有限 | 铜奖 |
| 8 | 高炉槽下皮带系统本质化安全环保的控制技术 | 季益龙 | 宝钢股份梅钢公司 | 铜奖 |
| 9 | 具备实时预警提示功能的皮带运输机防堵料技术 | 陈　科 | 韶关钢铁 | 铜奖 |
| 10 | 超高强度轻量化精细化设计辊压型材 | 晏培杰 | 宝钢金属 | 铜奖 |
| 11 | 一种用于船运散装物料旋转布料器 | 秦　欢 | 宝武环科 | 铜奖 |

【岗位安全风险描述活动】　2月9日，集团公司工会下发《关于工会认真做好2018年劳动安全保护民主管理和民主监督工作的通知》，4月18日，连续第二年在武钢集团召开安全自主管理现场会，总结交流以"我的安全我管理、我的生命我珍惜"为主题的员工岗位安全风险描述自主管理的经验做法，各级工会建立风险描述与隐患整改情况"一分析二报告"工作制度，狠抓风险隐患整改，加强岗位安全风险描述和辨识闭环管理，做到一线班组100%全覆盖，"我要安全、我会安全、我能安全"的氛围在员工队伍中逐步形成。全年有13.4万名员工参与岗位安全风险描述活动，查找岗位风险87.74万条，其中，"需完善规章制度或操作规程"的风险数量6.9万条，"需要对设备设施进行整改"的风险数量9.07万条。由于条件不具备实施整改的风险数量3 039条已采取防范措施，其余的在年底全部得到闭环落实。（徐　卫）

【安全班组创建活动】　3月12日，集团公司工会与安全生产监督部、团委制定和下发《关于深化安全"1000"（安全第一、违章、隐患、事故为零）班组创建活动的通知》，把"我的安全我管理、我的生命我珍惜"为主题的岗位安全风险描述活动作为安全"1000"班组创建活动的一条重要内容，安全管理标准化示范班组创建初显成效。6月，组织班组员工11.3万人次参加全国安全生产月"应急和安全知识竞赛"。7月，举办安全"1000"班组研修班，近100名来自各基层班组员工交流分享安全管理标准化示范班组创建经验。9月，评选表彰100个"2017—2018年度安全'1000'标准化示范班组"，中国宝武2个班组获全国"安康杯"竞赛优胜班组。　　　　（徐　卫）

【建立完善改革事项信息预报机制】　2018年，集团公司工会建立完善集团公司涉及履行民主程序的改革事项信息预报机制，协同集团公司人力资源部、法律事务部、信访办公室研究"三供一业"分离移交、厂办大集体改革、治僵脱困等改革过程中涉及职工切身利益的重大事项方案以及涉及的职工安置、履行民主程序、维稳工作等方案，加强研判，严格把关，监督实施，防范风险。各级工会组织参与改革方案和有关政策的调研论证、制定，做好职工思想政治和心理疏导工作，助推集团公司各项重大改革事项平稳有序推进。　　　　　　　（李士伟）

【职工民主管理体系建设】　2018年初，中国宝武适应性修订职工民主管理基本制度，增加"以习近平新时代中国特色社会主义思想为指导，坚持全心全意依靠工人阶级根本方针""把职工民主管理制度机制纳入公司章程，融入企业治理结构"等内容，加强党对职工民主管理工作的领导，深化职工民主管理体系建设。中国宝武将厂务公开民主管理工作纳入党建工作考核，并在党建工作现场验证期间，调研所有二级单位和部分三级单位，通过查阅资料、座谈交流、个别访谈等形式，了解基层厂务公开民主管理工作情况。　　　（李士伟）

【召开厂务公开专题报告会】　8月，在纪念厂务公开工作推行20周年之际，中国宝武召开2018年厂务公开专题报告会，155名各级职代会代表听取上半年"经营绩效""党风廉政建设""领导人员履职待遇、业务支出""安全管理""能源环保""厂务公开民主管理"等专题报告。集团公司工会就中国宝武2018年职代会期间代表们对总经理工作报告等各项议案所提意见建议落实情况作了反馈。

（李士伟）

【领导人员民主评议】 2月，集团公司工会组织开展2017年度领导人员民主评议工作，对129名直管领导人员进行民主评议。2 211名职工代表参与评议，完成率97.57%。中国宝武2017年度直管领导人员民主评议"优秀率"和"能力素质"综合得分连续3年上升。集团公司党委组织部和工会分析了民主评议结果中反映的问题，并提出相关意见建议。 （李士伟）

【职工代表专题巡视活动】 10月，中国宝武以"看宝武、知宝武、爱宝武"为主题举办第二次"职工代表看宝武"活动。沪内外各单位同步组织，180多名代表参加。武钢集团、宝钢股份、八一钢铁、韶关钢铁等10家子公司各安排1名基层代表到上海参与活动。活动中，代表们听取有关单位专题介绍，巡视现场，与中国宝武领导座谈交流。代表们表示，通过参与活动，感知了集团公司深化改革、聚焦融合、协同创新、智慧制造、环境改善的生动局面和丰硕成果，对"一基五元"发展战略有了更深入了解，增强了爱岗敬业的意识和热爱企业的情怀。 （李士伟）

【召开2018年职工代表大会】 1月29日，中国宝武召开2018年职工代表大会，听取并审议总经理陈德荣所作的工作报告，听取并审议《2017年安全生产管理情况及2018年工作计划报告》《2017年厂务公开民主管理工作综合报告》等相关报告，审议通过《集团公司2018年职工代表大会决议》。

（李士伟）

【加强集体协商】 2018年，中国宝武通过召开总部职工沟通对话会等方式听取职工意见建议，将加强集体合同管理纳入深化改革项目。集团公司工会在调研基础上，与人力资源部、法律事务部聚焦集体合同签订程序、参考文本、法律法规、实践案例等拟订《集体协商工作指南》，指导基层单位进一步规范集体协商工作，提升集体协商质量，增强集体合同实效。3月1日，集团公司总部召开年度集体协商会议，审议《集团公司总部2018年集体合同（草案）》。 （李士伟）

【创建"和谐劳动关系企业"活动】 2018年，中国宝武组织开展创建"和谐劳动关系企业"活动，沪内单位按照《关于中央在沪企业、市企业（集团公司）开展和谐劳动关系创建活动的通知》要求推进实施，沪外单位结合所在地区要求推进实施。年内，60多家沪内各级子公司完成创建申报、自评工作，沪外各单位开展有关创建、复评等工作。 （李士伟）

【开展产业工人队伍状况调研】 2018年，中国宝武成立调研组，调研中国宝武产业工人队伍状况，面向23家子公司发放1.6万份调研问卷，访谈数十名产业工人代表，通过问卷调查、个别访谈、座谈会等形式，聚焦产业工人关心关注的28个主要问题进行深入分析，形成《新时期中国宝武产业工人队伍建设改革调研报告》，并由集团公司工会牵头制定《关于推进新时期中国宝武产业工人队伍建设改革的实施意见》，明确总体思路、目标任务和十大具体举措。

（徐 卫）

【评选工会最佳实践案例】 2018年，集团公司工会对各单位工会申报的特色工作成果组织评审。在相关部门评价的基础上，经发布评选，宝钢股份工会的"发动广大职工投身成本变革新实践——'芝麻奖'及'芝麻开花奖'"等11个项目被评为"2017年度工会最佳实践案例Top-Ten（十佳）"；武钢集团工会的"开通职工代表'掌上直通车'打造民主管理新平台"等10个项目被评为"2017年度工会最佳实践案例Top-Ten提名奖"。

（李士伟）

【评选"好工会"】 3月23日，集团公司工会在各二级单位工会"本级自评"、基层一线职工与工会工作者的"会员评价"、中国宝武工会各有关部门"专业评价"的基础上，经集团公司工会常委会无记名投票评选，武钢集团、宝钢股份、宝武炭材、产业金融、宝钢发展、总部机关6家二级单位工会获评2017年度集团公司"好工会"，八一钢铁等13家二级单位工会获评2017年度集团公司"较好工会"。 （李士伟）

【规范经费审查监督工作】 2018年，集团公司工会修订《中国宝武2018年基层工会经费审查工作规范化考核数据表》，推进基层工会经费审查工作规范化、标准化、体系化建设。对二级单位工会2017年度经费审查工作规范化建设情况进行评比表彰，宝钢股份、上海不锈、宝钢特钢、宝武炭材、宝钢资源、宝钢金属、宝钢工程、产业金融、宝钢发展、欧冶云商10家二级单位工会经费审查委员会被评为优秀单位；宝信软件、宝地资产、宝武环科、一钢公司、浦钢公司、五钢公司、总部机关7家单位工会经费审查委员会被评为合格单位。

（李士伟）

【提升工会干部队伍职业化能力】 2018年第三季度，集团公司工会开办工会工作者履职能力提升培训班，各级工会干部600多人次参加学习。培训采取理论授课、经验交流、专题讨论、行动学习等方式，提高培训的针对性和有效性，坚持理论联系实际，坚持问题导向，坚持训战结合、知行合一。理论学习方面，主要围绕学习党的十九大精神及《新时期产业工人队伍建设改革方案》等政策文件，《工会法》《中国工会章程》《劳动法》《劳动合同法》等劳动法律法规，以及工会财务制度、深化国有企业改革等主题开展。工作实务方面，围绕工会工作实务以及心理疏导、"互联网＋"等主题，聚焦解决"三最"问题、运用心理学方法关心职工等内容开展实务培训。专题分享方面，通过资深工会工作者现身说法，讲案例、讲方法，分享工作经验，拓展各单位工会工作者们的工作思路。行动学习方面，聚焦工会工作者履职过程中的热点难点问题，结合本单位实际，就工会工作者如何深化围绕中心、服务大局、服务职工、提升价值创造能力进行学习。

（李士伟）

【退休人员社会化管理试点准备工作】 2018年，中国宝武召开退休人员社会化管理试点工作专题工作会议和2018年度退管工作会议，制定中国宝武退休人员社会化管理试点工作推进计划，成立以董事长、总经理为组长的领导小组和党委副书记为组长的工作小组，并报国务院国资委改革局。年内，各级退管会做好退休人员日常管理和服务工作，开展退休人员信息完善、档案梳理、党员组织关系移交和退管工作信息化平台建设工作。

（陈佩红）

【落实扶贫工作责任】 2018年，中国宝武建立健全集团公司扶贫工作各项制度。集团公司党委书记、董事长担任扶贫领导小组组长，成立扶贫工作办公室，明确各单位责任分工。召开公司扶贫工作领导小组会议，实施扶贫资金倍增计划，增派2名村党支部第一书记驻深度贫困县，完成援滇干部轮换；公开选聘优秀干部到云南省普洱市挂职任副市长、市扶贫办公室副主任、副县长、驻村党支部第一书记等职务，组织完成中国宝武与定点扶贫及对口支援县之间的领导干部调研联席会，集团公司领导到相关扶贫点开展扶贫工作调研19人次。组织实施对口扶贫地区管理干部及创业致富带头人培训，培训基层干部712名、技术人员329名。设立贫困地区产业投资基金，并做到扶持对象精准、项目安排精准、资金使用精准、措施到户精准、因村派人精准、脱贫成效精准，扶贫项目因地制宜，确保把定点扶贫资金花在刀刃上，把资金管好用好。2018年投入1亿元，对口帮扶的云南宁洱县、西藏丁青县、青海

同德县实现脱贫摘帽。开展扶贫领域作风专项治理和专项审计，加强对扶贫工作的督导检查，完成《关于扶贫领域作风问题情况的报告》和《中国宝武关于扶贫领域作风问题整改情况的报告》，将结果报国务院国资委。制定并下发《中国宝武助力对口帮扶地区打赢脱贫攻坚2018—2020行动计划》。修订完善《中国宝武定点扶贫工作管理办法》《中国宝武援藏援青工作经费使用管理规定》《中国宝武扶贫援派干部管理办法》《中国宝武援藏援青项目资金管理办法》等文件。

（严 栋）

【帮困送温暖】 2018年，中国宝武组织开展以"心系职工情，温暖进万家"为主题的送温暖活动。元旦春节期间，集团公司工会为23家单位下拨慰问金112万元，各单位全年投入帮困慰问资金2 174.6万元；各级领导班子成员、管理人员和工会工作者走访与慰问困难职工2 627户，慰问节日期间坚守岗位职工36 691人次，慰问工匠、劳模、八一钢铁和韶关钢铁支撑团队成员，援藏、援青及定点扶贫挂职干部等400余人次。秋季助学期间，中国宝武发放助学款227.415万元，资助困难职工子女1 344人。

（严 栋）

【解决职工"三最"问题】 2018年，集团公司工会完善服务职工"三最"管理体系，加强"三最"项目过程跟踪推进，各级工会明确责任部门、时间节点，落实职工"三室一堂一所"、一线职工工作环境项目改造工作。年内，设立基层"三最"实事项目1 005个，改造改善"三室一堂一所"944个，其中休息室459个、

浴室90个、更衣室72个、食堂49个、厕所274个。　（严　栋）

【丰富职工文体活动】 2018年，中国宝武职工文体活动立足基层、面向一线。集团公司工会加强职工文体协会建设，发挥职工文体协会作用，组织开展"团队手拉手"系列文体活动，做到月月有赛事，促进职工身心健康。　（陈佩红）

# 共青团组织

集团公司团委下设组织部、青年发展部、网络宣传部、服务交流部。2018年底，有团委委员21人，常委6人。中国宝武有直属团组织22个，基层团组织1 324个，专职团干部75人，兼职团干部1 388人，共青团员9 149人，35岁以下青年员工34 779人，40岁以下青年员工55 136人。　（刘向捷）

【开展"青年大学习"行动】 2018年，集团公司团委建立"百日计划"工作机制，推动22家二级单位建设青年中心·学习社，先后挂牌成立48家学习社，组建26支、237名青年讲师团队伍，制作宣讲课件41份，开展理论宣讲活动79场，向青年员工有效传播党的主张，强化政治意识，着力引领中国宝武青年坚定"四个自信"（道路自信、理论自信、制度自信、文化自信），体系化推进中国宝武"青年大学习"行动。
（刘向捷）

【开展"青春与改革"系列主题活动】 9月21日，集团公司团委围绕企业改革发展主题，举办集团公司领导与青年员工交流会，为青年员工准确把握企业形势任务搭建平台。年内，组织团干部和团员青年学习中国宝武智慧制造工作会议精神。　（刘慧君）

【开展青年岗位建功活动】 2018年，集团公司团委开展"改革转向新发展，青春建功新时代"青年岗位建功活动，全年创建青年先进集体390个，其中青年突击队187支，青年文明号113个，青年安全生产示范岗90个。　（刘慧君）

【评选中国宝武杰出青年】 11月，集团公司团委出台《中国宝武青年荣誉评选与激励办法》，举办第一届中国宝武"十大杰出青年"、"十大青年先锋"、2018年度"青年先锋示范岗"评选活动，同步实施"千青入库"计划。各二级子公司党委向"千青库"推荐1 444名优秀青年人才。　（刘慧君）

【基层团组织建设】 2018年，集团公司团委统一部署、统筹优化基层团组织设置和团干部配置，对不符合团章对设置团组织人数条件规定的628家基层团组织予以建制变更，优化配置团干部队伍。在建制变更基础上，汇总梳理基础信息，编制《团员青年和团干部花名册》《直属团组织团干部简历》《宝武共青团系统通讯录》《宝武共青团制度文件汇编》，确保各级团组织在深化改革中运行规范、稳中有序。
（刘向捷）

【加强团的班子建设】 2018年，集团公司团委制定、下发《中国共产主义青年团中国宝武钢铁集团有限公司委员会工作规则》《中国共产主义青年团中国宝武钢铁集团有限公司委员会委员职责分工》，健全集团公司团委全委会、常委会组织运行机制。全年召开5次全委会，审议3个议题；召开13次常委会，审议22个议题，团内决策民主化、科学化得到加强。
（刘慧君）

2018年12月13日，第一届中国宝武"十大杰出青年"现场评选活动　（施　琮摄）

编辑：张　鑫

17

企业文化

# 企业文化

中国宝武企业文化工作主要由与集团公司党委宣传部合署的企业文化部管理，主要负责企业文化建设的指导监督、员工行为规范养成的指导监督、重大新闻发布的综合管理与舆情管理、品牌管理等。集团公司运营共享服务中心媒体工作室、挂靠企业文化部的史志办公室等部门分别负责与企业文化有关的业务。

2018年5月17日，中国宝武撤销新闻中心独立建制，集团公司党委宣传部、企业文化部（公共关系部）下设新闻管理处，负责承担集团公司新闻工作的管理职责，对外保留"中国宝武新闻中心"牌子。集团公司运营共享服务中心下设媒体工作室，负责承担集团公司自有媒体的新闻制作及发布任务，媒体工作室向集团公司各子公司提供集团公司层面的媒体制作共享服务。9月27日，中国宝武党委宣传部、企业文化部（公共关系部）与党校、宝武管理学院实行合署运作方式。合署运作后，公共关系部牌子撤销，品牌及公共关系综合管理职责继续由党委宣传部、企业文化部承担；党委宣传部、企业文化部下设思政工作处、企业文化处、公关品牌处、新闻管理处；党委宣传部承担运营共享服务中心媒体工作室业务领导和业务管理职责。

（张文良）

## 企业文化管理

【推进企业文化整合融合工作】 2018年，企业文化部完成《践行企业文化理念体系 助力中国宝武转型发展》培训课件的开发，线上通过协同平台、移动资讯平台等进行传播，线下通过专题研修等方式进行宣传。在中国宝武微课大赛中首次设立"企业文化"主题，并参与系列微课的组织实施工作。围绕核心理念，在建立以经营管理理念为支撑的企业文化理念体系方面进行有益探索和尝试。在集团公司安全文化建设调研、"安全生产月"活动、智慧制造现场推进会、"五一"劳模先进交流会主题论坛

等活动中，推进安全、创新等专项文化的培育和传播。 （张婧）

【开展"宝武故事"征集活动】 2018年，企业文化部策划开展"宝武匠心"故事征集活动，集结形成20多个工匠故事的匠心文化故事集。以践行社会主义核心价值观和中国宝武核心价值观为主题，全年征集100多个"宝武故事"、232条安全文化故事线索，择优开设专题栏目。成为国务院国资委首批"讲好央企故事创作基地"，创作整理21个优秀文化故事参加"纪念改革开放40周年中央企业故事大赛"，有4个故事在大赛中获奖。其中，《樱花树下的数学公式》获二等奖，《黎明式的"闯"和"创"》获三等奖，《"焊神"曾乐》和《与长征五号的"情缘"》获优秀奖。 （张婧）

【完善集团公司荣誉激励体系】 2018年，企业文化部制订并出台《关于建立中国宝武荣誉激励项目计划体系的指导意见》，鼓励员工追求进步和成长，激发员工干事创业的激情和开拓创新的活力。 （张婧）

【精神文明建设】 2018年，企业文化部传承红色基因，联合兄弟中央企业制定工业文化遗产项目标准。开展中国宝武工业文化遗产项目的申报，有7个工业文化遗产项目上榜国务院国资委发布的中央企业工业文化遗产名录，占中国钢铁行业工业文化遗产项目的35%。深化文明单位创建，开展动态测评管理，并把精神文明建设工作基础较好的单位列入重点培育计划。 （张婧）

## 公共关系与品牌管理

【纪念改革开放40周年宣传】 2018年，企业文化部策划形成"纪念宝钢开工建设40周年"主题活动方案。在《新华每日电讯》《半月谈》《解放日报》等主流媒体刊发《中国宝武改革开放再出发：从全球"追赶者"到全球"首发者"》《从宝钢到宝武：改革开放的"钢铁样本"》《宝钢打下第一桩》等重要稿件。策划参与中央电视台大型纪录片《我们一起走过——致敬改革开放40周年》采访拍摄方案，讲述"集中力量建设宝钢"等典型故事。 （张伟）

【集团公司领导接受媒体专访】 2018年，企业文化部落实中宣部、国务院国资委宣传局开展的中央企业和民营企业互利共赢典型案例、混合所有制改革宣传工作，组织召开媒体通气会，宣传中国宝武典型案例。中国宝武党委书记、董事长陈德荣出席中宣部"壮阔东方潮，奋进新时代"中国宝武站大型媒体采访活动并作主旨发言；参加博鳌亚洲论坛并接受新华社新华网的专访；参加首届中国国际进口博览会，并作为对话嘉宾参与中央电视台财经频道对话栏目《开放中国的进口角色》的录制。 （张伟）

【境外宣传工作】 2018年，企业文化部建立中国宝武宣传思想和境外宣传工作领导协调机制，按照"股份集中试点，多元分步推广"的方式具体推进境外宣传工作。至12月31日，初步建立境外宣传工作的体制、机制，组建了外宣公关队伍，并开通7个境外社交媒体账号。 （张伟）

【重点事件传播策划】 2018年，企业文化部策划做好华宝冶金资产管理有限公司、上海宝地上实产城发展有限公司、上海宝地临港产城发展有限公司等的揭牌仪式及宣传报道工作，做好宝地资产"构筑产业空间.共享生态乐园"产业论坛、宝地人工智能论坛、首届中国国际进口博览会各项配套活动的宣传报道工作。 （张伟）

【舆情管理工作】 2018年，企业文化部优化第三方舆情监测在线平台服务和内部联动报告体系，每日动态监测行业和公司舆情、每周制作舆情周报并通过智慧工作平台进行信息共享推送；下发《关于高度重视三类舆情的通知》，为舆情"早发现、早应对、早处置"创造条件；制定《中国宝武第一次党代会期间舆情管理和处置预案》《首届中国国际进口博览会期间中国宝武舆情管理和处置预案》等，全年舆情总体可控。 （张伟）

【京津冀（雄安新区）智慧城市建设博览会】 4月10—12日，2018京津冀（雄安新区）智慧城市建设博览会在河北廊坊国际会展中心举行。中国宝武成立由相关业务板块组成的参展团队，对接企业和地方需求，推进中国宝武与雄安新区、京津冀地区的战略合作。中国宝武展台以"绿色钢铁""绿色工程""互联网＋钢铁""互联网＋城市""互联网＋园区"等内容为载体，集中展示中国宝武在智慧生态新城建设等方面的探索和实践

成果。　　　　　　　　（张　铮）

【第十八届中国国际冶金工业展览会】　5月16—19日，第十八届中国国际冶金工业展览会在北京中国国际展览中心举行。中国宝武首次在中国国际冶金工业展览会上亮相。围绕成为"全球钢铁业引领者和世界级企业集团"的公司愿景，中国宝武以"引领钢铁智造未来"为主题，集中展示轻量化汽车用钢、钢铁精品与新材料、前沿技术、智慧制造和"互联网＋钢铁"等致力于驱动钢铁生态圈绿色智慧转型发展的最新成果和综合实力，吸引国内外业界同行和上下游用户的关注。　　　　　（张　铮）

【全国"双创"周上海分会场展示】　10月9—15日，2018年全国"双创"周（大众创业万众创新活动周）上海市分会场启动仪式在互联宝地举行。启动仪式上，中国宝武城市新产业发展中心介绍中国宝武的"双创"实践。中国宝武是上海市唯一一家"国家'双创'示范基地"企业。在"双创"成果展示区，中国宝武重点展示"双创"体系建设情况、钢铁精品众研平台、智慧制造专业化平台、欧冶电商专业化平台、创新创业孵化平台建设的进展情况。　　　（张　铮）

## 史志工作

　　中国宝武设有史志编纂委员会，委员会主任委员由中国宝武党委书记、董事长担任，副主任委员由中国宝武总经理、党委副书记担

任，委员包括中国宝武领导成员和各职能部门主要负责人、中国宝武史志办公室（简称史志办）主任。史志办为中国宝武史志编纂委员会的办事机构，挂靠集团公司企业文化部。　　　　　　　（张文良）

【编纂出版《中国宝武钢铁集团有限公司年鉴（2018）》】　《中国宝武钢铁集团有限公司年鉴（2018）》是中国宝武的第一部年鉴，由中国宝武史志编纂委员会编，系统记述中国宝武总部各部门及各子公司2017年改革、发展的基本情况和重大事项，设总述、特载、要闻大事、企业管理、科技研发、节能减排、人力资源、财务审计、武钢集团、钢铁主业、服务业、产业金融业、城市新产业、综合管理、党群工作、企业文化、人物与表彰、统计资料、附录、索引20个栏目，计75.7万字。12月，由上海人民出版社出版，上海人民出版社发行中心发行。

（张文良）

【编纂《宝钢集团志》】　9月1日，中国宝武发文，启动《宝钢集团志（1998—2016）》（简称《宝钢集团志》）编纂工作。作为大型企业志，《宝钢集团志》既是《上海市级专志（1978—2010）》的组成部分，又是独立完整的志书，冠名《上海市级专志·宝钢集团志（1998—2016）》，是国家第二轮修志工程中的一部重要志书，主要记述上海宝钢集团公司和宝钢集团有限公司的发展历程，时间断限为1998年11月17日上海地区钢铁企业联合重组至2016年12月1日宝武联合重组。中国宝武成立《宝钢集团志》编纂委员会，史志办为编纂委员会的办事机构，负责统筹规划、

组织协调、督促指导、检查落实编纂工作。编纂工作分前期准备、收集资料、编纂、总纂等4个阶段。全志计划2023年基本完成。

（张文良）

【《宝钢年鉴》获全国年鉴编纂出版质量综合评比一等奖】　12月，第六届全国年鉴编纂出版质量综合评比揭晓，《宝钢年鉴（2015）》囊括综合奖、单项奖共5个一等奖：获中国出版协会授予的第六届全国年鉴编纂出版质量评比综合奖一等奖；获中国出版协会年鉴工作委员会授予的第六届全国年鉴编纂出版质量评比框架结构一等奖，条目编写一等奖，装帧设计一等奖，检索、编校质量、出版时效一等奖。全国每年出版的年鉴达4 000多种，中国出版协会及下属的年鉴工作委员会每4年进行一次年鉴编纂出版质量综合评比。此次参评的有全国年鉴系统2015—2018年编纂出版的各类年鉴，包括中央级年鉴、地方综合年鉴、地方专业和高校年鉴、中央企业年鉴四大类。获中央企业年鉴综合奖一等奖的仅3部。　　　　　（张文良）

## 新闻工作

　　中国宝武新闻工作由集团公司党委统一领导，党委宣传部新闻管理处负责承担集团公司新闻工作的管理职责，对外保留"中国宝武新闻中心"牌子。集团公司运营共享服务中心媒体工作室负责承担集团公司自有媒体的新闻制作及发布任务。媒体工作室管理《中

国宝武报》社、《中国宝武》APP（手机应用程序）和中国宝武官方微信"友爱的宝武"微信公众号，负责中国宝武资讯平台的信息发布。2018年底，媒体工作室在册员工28人，借聘1人。 （徐文红）

【新闻管理】 2018年，根据集团公司关于新闻中心机构设置及运作方式调整的要求，党委宣传部、运营共享服务中心媒体工作室高效运行、充分协同，加强和规范集团公司新闻工作管理，加强重要新闻、活动、会议等内部采访任务的策划协同、重要稿件内容的把关审核，完成集团公司党委文件《新闻工作管理办法（试行）》《媒体制作共享业务标准（试行）》的制定并实施，实现人员、业务的平稳过渡。在集团公司党委宣传部、企业文化部、宝武党校、宝武管理学院合署后，新闻宣传工作发挥体系整合的优势，探索融媒体建设，围绕改革开放40周年、首届中国国际进口博览会、中国宝武第一次党代会、宝钢学术年会、扶贫宣传等年度重大宣传主题，推出一批高质量的新闻报道。坚持推进传统媒体和新媒体融合发展，10月25日，到解放日报融媒体指挥中心参观交流。11月22日，以"新媒体传播"为主题，邀请"国资小新""上海发布"等新媒体专家授课，媒体工作室记者、编辑、子公司和基层通讯员等200多人现场或通过视频参加培训。 （徐文红）

【重点报道】 2018年，《中国宝武报》深入报道中国宝武贯彻落实党的十九大精神的新作为新举措，做好组织开展党员领导人员学习贯彻党的十九大精神集中轮训的

报道，重点报道在集团公司层面组织领导学习贯彻党的十九大精神集中培训；各子公司及基层单位组织开展轮训。围绕学习贯彻习近平新时代中国特色社会主义思想和党的十九大精神开展的征文、研讨等活动，开展学习交流成果的宣传报道。报道中国宝武及各级单位通过党委理论学习中心组学习等形式，围绕《习近平谈治国理政》、习近平总书记系列重要讲话、重要论述精神等，开展专题学习研讨。做好纪念改革开放40周年暨深化改革的宣传报道。对武钢投产60周年纪念座谈会进行重点报道，对宝钢股份建设40周年进行报道。开辟专版、专栏，访谈宝钢股份首席、专家，采访重点用户。与宝钢股份策划"用户看宝钢"系列报道，刊发"中国志·宝钢心，与改革开放同行、宝钢建设40周年之大家谈"4个专版。"友爱的宝武"官微发布《中国宝武：这才是有实力的"guan"宣》等5篇内容。结合传达学习贯彻全国"两会"精神和贯彻落实集团公司2018年度工作会议暨职代会精神，开辟"奋发有为创佳绩，凝心聚力谱新篇"专栏，报道中国宝武推动改革发展的新举措新成效，刊发报道35篇。宣传报道作为国有资本投资公司试点企业，中国宝武探索和深化体制机制改革，强身健体，提质增效，提升公司综合竞争力的新举措、新成效。报道推进供给侧结构性改革，深化三项制度改革，进一步提高人事效率，推进股权多元化、混合所有制改革等方面的实践与成效。做好推进企业高质量发展新成果的宣传报道。报道中国宝武实施创新驱动发展取得的新成果、员工岗位创新活动的成功做法和经验。

报道中国宝武作为中央企业"双创"示范基地建设新进展。制订《首届中国国际进口博览会宣传报道方案》，《中国宝武报》通过一版整版或显要位置，"友爱的宝武"官微每天推出微信，第一时间推出8篇报道，报道中国宝武积极参与首届中国国际进口博览会以及举办的系列活动，展示中国宝武在技术创新、智慧制造、绿色钢厂等方面的举措和成果。做好发挥战略规划引领作用，做强钢铁主业，多元产业转型发展的宣传报道。制定"一带一路"宣传报道计划，做好"一带一路"和境外事业推进的新进展的报道，对宝武班列、湛江作为"一带一路"出海口、在越南建厂、跨境电商、工业技术服务等响应"一带一路"倡议、推进国际化经营的新进展作了报道。围绕"一基五元"战略规划和"千百十"目标，做好多元产业转型发展的进展报道。加强中国宝武企业文化宣传报道，讲好宝武故事，宣传先进典型、弘扬劳模精神。开设"劳模风采""宝武匠心"等栏目，宣传报道中国宝武劳模、工匠以及普通员工扎根一线为企业作贡献的故事。开辟了"宝武故事"专栏，发现和报道践行社会主义核心价值观、中国宝武价值观的基层员工典型。策划实施中国宝武首届党代会系列报道。策划组织"奋进新时代、再创新佳绩，喜迎中国宝武首次党代会"系列成果报道，分深化改革、整合融合、智慧制造、绿色环保、社会责任、党的建设6篇。组织"发挥双带作用，争当时代先锋——喜迎中国宝武首次党代会"先进人物报道，以典型案例和故事，展示优秀党员、优秀党务工作者、劳模等风采。宣传报道中国宝武履行社会责任，贯彻落实精准扶贫战

略部署的举措、成效和亮点。重视扶贫工作宣传,策划、制定《加强扶贫工作宣传的策划方案》,通过《中国宝武报》、"友爱的宝武"官方微信,刊发扶贫工作宣传报道37项。 （蒋文雯）

【获奖作品】 2018年,《中国宝武报》获中国报业协会"改革开放40年·报业经营管理先进单位"。《水流走了坚固的石头还在》反映扶贫工作的系列报道获国务院国资委第四届国有企业好新闻文字系列报道唯一一等奖。在上海市新闻工作者协会新闻奖评比中,《三上宿迁取真经》获通讯类一等奖,《宝钢股份冷轧厂建成国内首家"黑灯工厂"》获消息类一等奖,《中国宝武牢记习近平同志的嘱托,不忘初心钢铁报国》获特稿类二等奖。在全国冶金新闻工作者协会好新闻评比中,《钢城里走出"小巷总理"》获好新闻通讯作品一等奖,《宝钢股份冷轧厂建成国内首家"黑灯工厂"》获好新闻消息作品一等奖,《C919首飞成功落地后,宝武和大飞机不得不说的秘密》《56℃的码头,72℃的船舱······我举起相机向你们"炙"敬》获好新闻微信作品一等奖,《分享价值增值的红利》获好新闻言论作品一等奖。在上海市报纸行业协会好新闻评比中,《钢城里走出"小巷总理"》《三上宿迁取真经》《宝钢股份冷轧厂建成国内首家"黑灯工厂"》获"最接地气"文字报道奖,《战高温》获"最接地气"新闻摄影奖,《中国宝武APP视频图文直播》获"最接地气"发展创新奖,《我看十八大以来这五年》获"最接地气"专栏专

版奖,《我们的2017》获"最接地气"短视频特别奖。 （蒋文雯）

## 媒体与出版物

【《中国宝武报》】 2017年1月,《宝钢日报》更名为《中国宝武报》。《中国宝武报》由中国宝武钢铁集团有限公司主办,国内公开发行,是中国宝武主要新闻传媒之一。2018年出版报纸99期,每份定价150元,发行量3.16万份,比上年减少6 400份,主要发行对象是中国宝武员工。 （蒋文雯）

【《中国宝武报》数字报】 《中国宝武报》数字报由集团公司运营共享服务中心媒体工作室制作。主要栏目有一版要闻、综合新闻、经济新闻、行业动态、时事评论、专副刊、数字报、宝钢视频、互动平台九大板块。网址为http://news.baosteel.com。2018年,发布文章3 356篇,报纸版面98个,全年网页浏览量为106 497次。 （蒋文雯）

【视频新闻】 2018年,集团公司运营共享服务中心媒体工作室制作视频专题片、微视频27部,在《中国宝武》APP客户端上播出。制作完成集团公司企业文化部、工会、科协等部门的《印象2017》《春天的芭蕾》《铸造辉煌MTV》《我们的2017》《老干部诗歌朗诵会》《中国宝武》《钢铁强,则国强》《匠·心》《阳光讲坛》《宝钢人的知与行》《砥砺前行40年——为改革而生的中国宝武》《宝武工代会》《2018宝钢学术年会》《新时代

新国企》等27部专题片或微视频。 （蒋文雯）

【《中国宝武》APP】 2018年,集团公司运营共享服务中心媒体工作室每个工作日在《中国宝武》APP客户端发布新闻。全年阅读量79万余人次,用户累计下载量4.89万个。 （蒋文雯）

【中国宝武资讯平台】 员工通过智能手机一键进入,可动态收阅集团公司新闻、获取企业文化传播、形势任务教育等学习材料。集团公司总部各部门、各子公司运营的19个微信公众号纳入中国宝武资讯平台微矩阵。2018年,中国宝武资讯平台注册人数63 522人,绑定设备数88 160个,日均使用人次21 480次。 （蒋文雯）

【"友爱的宝武"官方微信】 "友爱的宝武"官方微信由集团公司运营共享服务中心媒体工作室制作。2018年,发布微信374篇,阅读数85万余人次,粉丝数3万人。（蒋文雯）

【《中国宝武社会责任报告》】 2009年创刊。原名《宝钢集团有限公司社会责任报告》,2017年更名为《中国宝武社会责任报告》,由中国宝武企业文化部主办。年刊,大16开本,报告以中、英文两种文字出版,以印刷品、电子文档形式发布,其中电子文档可在中国宝武网站（http://www.baowugroup.com）下载阅读。 （张 婧）

【《中国宝武钢铁集团有限公司年鉴》】 2018年创办,中国宝武钢铁集团有限公司主办,中国宝武史志编纂委员会编纂,是系统记述中

国宝武各方面情况的年度资料性文献。编辑部设在中国宝武史志办公室。《中国宝武钢铁集团有限公司年鉴（2018）》，标准大16开本，428页，75.7万字，印900册，定价320元，2018年12月由上海人民出版社出版，上海人民出版社发行中心发行。　　　　（张文良）

【《宝武每日要情》《宝武周讯》《宝武研究》】　11月11日起，集团公司办公厅、新闻中心和宝武管理学院编发《宝武每日要情》《宝武周讯》《宝武研究》，按照上情下达、下情上传、分层分类、定点精准发布原则，将信息及时传递至相关人群。至12月31日，《宝武每日要情》编发37期，发布对象为集团总部部门长以上领导人员；《宝武周讯》《宝武研究》分别编发7期和2期，发布对象为集团公司助理及以上领导、集团公司直管领导与总部重点管理岗位人员。

（李晓虹）

【《宝武培训》杂志】　《宝武培训》由中国宝武主管，宝武管理学院主办。季刊，16开，48页，具有上海市连续性内部资料准印证，集团公司信息门户网站、宝武管理学院信息门户网站上设有网络版。2018年，《宝武培训》杂志对发行工作和栏目作调整。在发行方面，增加了相关政府部门、行业协会、同行等的配送量，调整后的栏目包括嘉学汇、传学录、探骊集、现场风、广角镜、创享空间、信息窗等。为适应中国宝武生产经营发展的新趋势新变化，2018年出版3期后，主管单位和主办单位停办《宝武培训》杂志。　　　　　（周铁强）

# 宝钢教育基金会

宝钢教育基金会始于1990年宝钢出资设立的宝钢奖学金（原始基金为200万元），1994年增资至3 500万元并更名为宝钢教育基金，2000年增资至5 000万元。2005年经民政部批准注册定名为宝钢教育基金会，属宝钢独家出资的非公募基金会。同年，再次增资5 000万元，基金总额达1亿元。2015年，宝钢集团第四届董事会第二次会议审议通过，自当年起分3年向宝钢教育基金再补充资金5 400万元。2018年度，公益支出1 018.98万元，共有492名学生、266名教师获宝钢教育奖。至2018年，全国100余所高等院校23 793名师生获宝钢教育奖，用于教育奖励和资助金额累计2.3亿元。（周逸敏）

【宝钢教育基金会被认定为慈善组织】　1月24日，经民政部审核通过，宝钢教育基金会符合《慈善法》及有关法律法规规定的条件，被认定为慈善组织。　　　　（周逸敏）

【2018年度理事长办公会议】　5月9日，宝钢教育基金会召开2018年度理事长办公会议。会议决定修订《宝钢教育奖评颁实施细则》第十四条第二款，提交第二届理事会第八次全会审议；在贵州省遵义市召开宝钢教育基金会2018年度会议；启动宝钢教育基金会网站系统改造工作。　　　　（周逸敏）

【第二届理事会第八次全体会议】　5月11—31日，宝钢教育基金会第二届理事会第八次全体会议以通讯议事和通讯表决的方式召开。会议审议并通过《宝钢教育基金会秘书处工作报告》《宝钢教育基金会2017年度经费收支决算》。　　（周逸敏）

【宝钢教育奖2018年度评审工作会议】　11月3日，宝钢教育奖2018年度评审工作会议在贵州省遵义市召开。会议由宝钢教育奖评审工作委员会副主任委员黄达人主持，听取宝钢教育奖评审工作委员会副主任委员叶静漪所作的《宝钢教育奖2018年度评审工作报告》，审议并确认245名宝钢优秀教师奖获奖教师、467名宝钢优秀学生奖获奖学生（含中国台湾地区、中国港澳地区在大陆就读学生）和25名宝钢优秀学生特等奖获奖学生；投票产生8名宝钢优秀教师特等奖获奖教师、13名宝钢优秀教师特等奖提名奖获奖教师。（周逸敏）

【第二届理事会第九次全体会议】　11月3日，宝钢教育基金会第二届理事会第九次全体会议在贵州省遵义市召开。会议听取并审议通过《宝钢教育基金会秘书处工作报告》，审议并通过《关于批准〈2019年度宝钢教育基金会收支预算〉的决议》《关于聘请黄伟为宝钢教育基金会第二届理事会理事并免去廖舒力理事的决议》。　　（周逸敏）

【第二届监事会第五次全体会议】　11月3日，宝钢教育基金会第二届监事会第五次全体会议在宝武集团宝山宾馆召开。会议由监事会主席庄辉明主持。会议赞成在宝钢优秀学生特等奖评选中，对本科生与研究生获奖比例进行调控；赞同对宝钢教育基金会网站系统进行升级改造。　　（周逸敏）

编辑：张　鑫

18

人物与表彰

# 人物与表彰

## 中国宝武钢铁集团有限公司领导简介（2018年12月）

**陈德荣**

中共党员，高级工程师。2014年7月至2016年5月，任宝钢集团有限公司董事、总经理、党委常委；2016年5月至2016年10月，任宝钢集团有限公司董事、总经理、党委副书记。2016年10月至2018年6月，任中国宝武钢铁集团有限公司董事、总经理、党委副书记。2018年6月起，任中国宝武钢铁集团有限公司党委书记、董事长（2014年9月至2017年2月，兼任宝山钢铁股份有限公司党委常委；2014年10月至2017年2月，兼任宝山钢铁股份有限公司董事长；2015年2月至2017年2月，兼任欧冶云商股份有限公司董事；2015年2月至2016年10月，兼任欧冶云商股份有限公司总经理；2016年10月至2017年2月，兼任欧冶云商股份有限公司总裁）。

**胡望明**

中共党员，正高职高级工程师。2000年6月至2016年10月，任武汉钢铁（集团）公司副总经理；2006年11月至2016年10月，任武汉钢铁（集团）公司党委常委（2005年2月至2008年6月，兼任武汉钢铁股份有限公司党委书记）。2016年10月至2018年10月，任中国宝武钢铁集团有限公司副总经理、党委常委。2018年10月起，任中国宝武钢铁集团有限公司董事、总经理、党委副书记。

**伏中哲**

中共党员，教授级高级工程师。2007年9月至2009年4月，任宝钢集团有限公司党委常委；2009年4月至2011年3月，任宝钢集团有限公司副总经理、党委常委；2011年3月至2016年10月，任宝钢集团有限公司党委副书记（2007年9月至2011年4月，兼任宝山钢铁股份有限公司董事；2007年9月至2009年4月，兼任宝山钢铁股份有限公司总经理；2007年9月至2010年3月，兼任宝山钢铁股份有限公司党委常委；2011年1月至2011年10月，兼任宝钢集团生产服务业运营管理委员会主任；2011年1月至2012年7月，兼任宝钢发展有限公司董事长）。2016年10月起，任中国宝武钢铁集团有限公司党委副书记［2018年8月起，兼宝武党校校长，宝武党校、宝武管理学院校（院）务委员会主任］。

**邹继新**

中共党员，高级工程师。2010年10月至2016年10月，任武汉钢铁（集团）公司副总经理；2013年12月至2016年10月，任武汉钢铁（集团）公司党委常委（2010年3月至2010年12月，兼任武汉钢铁股份有限公司副总经理、制造部部长；2013年1月至2017年2月，兼任武汉钢铁股份有限公司总经理）。2016年10月起，任中国宝武钢铁集团有限公司党委常委（2017年2月至2018年11月，兼任宝山钢铁股份有限公司董事、总经理、党委副书记；2018年11月起，兼任宝山钢铁股份有限公司党委书记、董事长）。

**朱永红**

中共党员，高级经济师，高级会计师。2014年10月至2016年10月，任武汉钢铁（集团）公司总会计师（2015年5月起，兼任武钢集团财务有限责任公司董事长；2016年3月起，兼任武钢集团昆明钢铁股份有限公司董事长）。2016年10月起，任中国宝武钢铁集团有限公司总会计师（2017年2月起，

兼任宝山钢铁股份有限公司监事会主席；2017年8月起，兼任华宝投资有限公司董事长；2018年10月起，兼任中国宝武钢铁集团有限公司董事会秘书；2018年12月起，兼任华宝信托有限责任公司董事长、宝钢集团财务有限责任公司董事长）。

**郭　斌**

中共党员，工程师。2015年11月至2016年10月，任宝钢集团有限公司副总经理（2015年11月至2016年5月，兼任宝钢发展有限公司董事长）。2016年10月起，任中国宝武钢铁集团有限公司副总经理［2016年10月至2017年11月，兼任武汉钢铁（集团）公司总经理、党委副书记；2017年11月至2018年8月，兼任中国宝武武汉总部负责人，武钢集团有限公司执行董事、总经理、党委书记；2018年8月起，兼任中国宝武武汉总部负责人，武钢集团有限公司执行董事、党委书记］。

**张锦刚**

中共党员，教授级高级工程师。2015年11月至2016年10月，任宝钢集团有限公司副总经理。2016年10月起，任中国宝武钢铁集团有限公司副总经理（2015年11月至2017年11月，兼任宝钢化工有限公司董事长）。

**章克勤**

中共党员，高级政工师。2016年5月至2016年10月，任宝钢集团有

限公司党委常委、纪委书记。2016年10月起，任中国宝武钢铁集团有限公司党委常委、纪委书记。

**傅连春**

中共党员，教授级高级工程师。2013年12月至2016年10月，任武汉钢铁（集团）公司副总经理。2016年11月至2016年12月，任中国宝武钢铁集团有限公司工会负责人；2016年12月起，任中国宝武钢铁集团有限公司工会主席；2017年3月起，任中国宝武钢铁集团有限公司工会主席、职工董事。

**贝克伟**

美国国籍，会计学博士。美国亚利桑那州立大学凯瑞商学院副院长，会计学教授，博士生导师。2016年10月起，任中国宝武钢铁集团有限公司外部董事。

**李国安**

中国船舶重工集团原副总经理、党组成员。2016年10月起，任中国宝武钢铁集团有限公司外部董事。

**沈肖芜**

中国银行安徽分行原行长、党委书记。2016年10月起，任中国宝武钢铁集团有限公司外部董事。

**林建清**

高级工程师。中国海运（集团）总公司原副总裁、党组成员。2016年10月起，任中国宝武钢铁集团有限公司外部董事。

## 荣誉与表彰

### 先进集体一览表

| 序号 | 获 奖 单 位 | 荣 誉 称 号 | 授 予 单 位 |
|---|---|---|---|
| 1 | 武钢集团武钢工程工业智造分公司技术服务部驻二冷酸轧班 | 全国工人先锋号 | 中华全国总工会 |
| 2 | 宝钢股份硅钢部工会委员会 | 全国模范职工之家 | 中华全国总工会 |
| 3 | 宝钢股份湛江钢铁工会委员会 | 全国模范职工之家 | 中华全国总工会 |
| 4 | 八一钢铁能源中心工会委员会 | 全国模范职工之家 | 中华全国总工会 |
| 5 | 鄂城钢铁条材事业部工会委员会 | 全国模范职工之家 | 中华全国总工会 |
| 6 | 宝钢股份梅钢公司 | 上海市五一劳动奖状 | 上海市总工会 |
| 7 | 宝钢股份宝钢国际 | 上海市五一劳动奖状 | 上海市总工会、上海市人力资源和社会保障局 |
| 8 | 宝信软件 | 上海市五一劳动奖状 | 上海市总工会、上海市人力资源和社会保障局 |
| 9 | 宝钢财务公司 | 上海市五一劳动奖状 | 上海市总工会 |
| 10 | 宝武环科宝钢建材 | 上海市五一劳动奖状 | 上海市总工会、上海市人力资源和社会保障局 |
| 11 | 八一钢铁 | 新疆维吾尔自治区开发建设新疆奖状 | 新疆维吾尔自治区总工会 |
| 12 | 宝钢股份炼铁厂四号高炉 | 上海市工人先锋号 | 上海市总工会、上海市人力资源和社会保障局 |
| 13 | 宝钢不锈炼钢厂转炉分厂乙班真空吹氧脱碳精炼炉和钢包精炼炉班组 | 上海市工人先锋号 | 上海市总工会、上海市人力资源和社会保障局 |
| 14 | 宝钢特钢特材事业部自耗分厂熔炼作业区甲班 | 上海市工人先锋号 | 上海市总工会、上海市人力资源和社会保障局 |
| 15 | 宝钢特钢特材事业部锻造厂4 000吨快锻丙班 | 上海市工人先锋号 | 上海市总工会 |
| 16 | 宝钢资源非主流矿创业团队 | 上海市工人先锋号 | 上海市总工会、上海市人力资源和社会保障局 |
| 17 | 宝钢金属南通宝钢制品气门簧作业区 | 上海市工人先锋号 | 上海市总工会、上海市总工会上海市人力资源和社会保障局 |
| 18 | 宝钢工程宝钢技术耐材事业部钢结构状态检测班组 | 上海市工人先锋号 | 上海市总工会 |

（续　表）

| 序号 | 获 奖 单 位 | 荣 誉 称 号 | 授 予 单 位 |
|------|-----------|-----------|-----------|
| 19 | 华宝信托财富管理中心 | 上海市工人先锋号 | 上海市总工会 |
| 20 | 宝钢发展职业健康公司体检中心检验组 | 上海市工人先锋号 | 上海市总工会 |
| 21 | 宝地置业上海宝绿置业有限公司佘山项目组 | 上海市工人先锋号 | 上海市总工会、上海市人力资源和社会保障局 |
| 22 | 欧冶云商欧冶材料华中分公司物流加工部 | 上海市工人先锋号 | 上海市总工会 |
| 23 | 八一钢铁能源中心热力分厂送变电作业区外线班组 | 新疆维吾尔自治区工人先锋号 | 新疆维吾尔自治区总工会 |
| 24 | 八一钢铁矿山事业部雅满苏矿业有限责任公司运输部车站运转甲班 | 新疆维吾尔自治区工人先锋号 | 新疆维吾尔自治区总工会 |
| 25 | 八一钢铁八钢股份炼钢厂第一炼钢分厂连铸作业区丁班 | 新疆维吾尔自治区工人先锋号 | 新疆维吾尔自治区总工会 |
| 26 | 宝钢股份 | 云南省"扶贫先进集体"脱贫攻坚奖 | 云南省扶贫开发领导小组 |
| 27 | 武钢集团 | 首届职工技能大赛优秀组织单位 | 中国宝武 |
| 28 | 宝信软件 | 首届职工技能大赛优秀组织单位 | 中国宝武 |
| 29 | 鄂城钢铁 | 首届职工技能大赛优秀组织单位 | 中国宝武 |
| 30 | 武钢集团武钢资源程潮矿业有限公司采矿井运矿车综合班 | 2017—2018年度安全"1000"标准化示范班组 | 中国宝武 |
| 31 | 武钢集团武钢资源金山店矿业有限公司选矿分公司精选大班球磨班 | 2017—2018年度安全"1000"标准化示范班组 | 中国宝武 |
| 32 | 武钢集团武钢资源乌龙泉矿业有限公司机动分公司供电综合班 | 2017—2018年度安全"1000"标准化示范班组 | 中国宝武 |
| 33 | 武钢集团江北公司工业服务公司能动车间电站班 | 2017—2018年度安全"1000"标准化示范班组 | 中国宝武 |
| 34 | 武钢集团襄阳重材锻造公司机电班 | 2017—2018年度安全"1000"标准化示范班组 | 中国宝武 |
| 35 | 武钢集团武钢燃气江南中燃公司运营部维抢中心 | 2017—2018年度安全"1000"标准化示范班组 | 中国宝武 |
| 36 | 武钢集团武钢好生活供餐事业部美食广场白班 | 2017—2018年度安全"1000"标准化示范班组 | 中国宝武 |
| 37 | 武钢集团武钢绿色城建金结公司容器分厂机加工班 | 2017—2018年度安全"1000"标准化示范班组 | 中国宝武 |

（续　表）

| 序号 | 获奖单位 | 荣誉称号 | 授予单位 |
|---|---|---|---|
| 38 | 武钢集团武钢物流第三作业区丁工段物资调运班 | 2017—2018年度安全"1000"标准化示范班组 | 中国宝武 |
| 39 | 武钢集团钢电公司电控分场集散控制系统（DCS）班 | 2017—2018年度安全"1000"标准化示范班组 | 中国宝武 |
| 40 | 武钢集团武钢重工机修事业部冶炼微单元加工班 | 2017—2018年度安全"1000"标准化示范班组 | 中国宝武 |
| 41 | 武钢集团武钢实业武汉钢实新事业有限责任公司硅钢保洁班 | 2017—2018年度安全"1000"标准化示范班组 | 中国宝武 |
| 42 | 武钢集团北湖公司铁路修建公司冶炼工段一炼钢班 | 2017—2018年度安全"1000"标准化示范班组 | 中国宝武 |
| 43 | 武钢集团长江水务港东水厂检修班 | 2017—2018年度安全"1000"标准化示范班组 | 中国宝武 |
| 44 | 武钢集团雅苑公司香榭花都四期项目部 | 2017—2018年度安全"1000"标准化示范班组 | 中国宝武 |
| 45 | 宝钢股份炼铁厂设备管理室三、四高炉电仪作业区点检一组 | 2017—2018年度安全"1000"标准化示范班组 | 中国宝武 |
| 46 | 宝钢股份炼铁厂烧结丁班作业区控制班组 | 2017—2018年度安全"1000"标准化示范班组 | 中国宝武 |
| 47 | 宝钢股份炼钢厂一炼钢分厂精炼作业区甲班B组 | 2017—2018年度安全"1000"标准化示范班组 | 中国宝武 |
| 48 | 宝钢股份炼钢厂设备管理室一连铸机械主机组 | 2017—2018年度安全"1000"标准化示范班组 | 中国宝武 |
| 49 | 宝钢股份热轧厂生产技术室1880运行乙班 | 2017—2018年度安全"1000"标准化示范班组 | 中国宝武 |
| 50 | 宝钢股份厚板部设备管理室轧线电仪点检二组 | 2017—2018年度安全"1000"标准化示范班组 | 中国宝武 |
| 51 | 宝钢股份硅钢部设备管理室常化酸洗电气班组 | 2017—2018年度安全"1000"标准化示范班组 | 中国宝武 |
| 52 | 宝钢股份冷轧厂三冷轧分厂C512连退丁班 | 2017—2018年度安全"1000"标准化示范班组 | 中国宝武 |
| 53 | 宝钢股份镀锡板厂217机组机械点检班 | 2017—2018年度安全"1000"标准化示范班组 | 中国宝武 |
| 54 | 宝钢股份电厂四号机组作业区丁班 | 2017—2018年度安全"1000"标准化示范班组 | 中国宝武 |
| 55 | 宝钢股份宝日汽车板生产部镀锌分厂一号热镀锌甲班 | 2017—2018年度安全"1000"标准化示范班组 | 中国宝武 |

（续　表）

| 序号 | 获 奖 单 位 | 荣 誉 称 号 | 授 予 单 位 |
|---|---|---|---|
| 56 | 宝钢股份设备部通信室通信作业区条钢组 | 2017—2018年度安全"1000"标准化示范班组 | 中国宝武 |
| 57 | 宝钢股份能源环保部水处理分厂一中水丁班 | 2017—2018年度安全"1000"标准化示范班组 | 中国宝武 |
| 58 | 宝钢股份运输部铁路站工艺线丁班一炼钢组 | 2017—2018年度安全"1000"标准化示范班组 | 中国宝武 |
| 59 | 宝钢股份钢管条钢事业部条钢产品经营部初轧机械点检二组 | 2017—2018年度安全"1000"标准化示范班组 | 中国宝武 |
| 60 | 宝钢股份钢管条钢事业部宝钢特钢长材有限公司棒材一厂热处理作业区丁班 | 2017—2018年度安全"1000"标准化示范班组 | 中国宝武 |
| 61 | 宝钢股份钢管条钢事业部焊管部中口径直缝焊管（HFW）乙班成型后段 | 2017—2018年度安全"1000"标准化示范班组 | 中国宝武 |
| 62 | 宝钢股份宝钢国际广州花都宝井汽车钢材部件有限公司1830落料作业区 | 2017—2018年度安全"1000"标准化示范班组 | 中国宝武 |
| 63 | 宝钢股份宝钢国际青岛宝井钢材加工配送有限公司1850横切丁班 | 2017—2018年度安全"1000"标准化示范班组 | 中国宝武 |
| 64 | 宝钢股份武钢有限炼铁厂原料分厂硫化作业区硫化一班 | 2017—2018年度安全"1000"标准化示范班组 | 中国宝武 |
| 65 | 宝钢股份武钢有限炼钢厂四炼钢分厂连铸作业区乙班二号机 | 2017—2018年度安全"1000"标准化示范班组 | 中国宝武 |
| 66 | 宝钢股份武钢有限条材厂运转车间一炼钢乙班加料180吨班组 | 2017—2018年度安全"1000"标准化示范班组 | 中国宝武 |
| 67 | 宝钢股份武钢有限热轧厂二分厂钢卷物流管理班 | 2017—2018年度安全"1000"标准化示范班组 | 中国宝武 |
| 68 | 宝钢股份武钢有限冷轧厂设备管理室精整点检作业区1550班组 | 2017—2018年度安全"1000"标准化示范班组 | 中国宝武 |
| 69 | 宝钢股份武钢有限能源环保部供电分厂轧钢作业区厂前变电站班 | 2017—2018年度安全"1000"标准化示范班组 | 中国宝武 |
| 70 | 宝钢股份武钢有限运输部检修分厂通号段渣铁信号班 | 2017—2018年度安全"1000"标准化示范班组 | 中国宝武 |
| 71 | 宝钢股份武钢有限气体公司制氧车间氧一作业区丁班 | 2017—2018年度安全"1000"标准化示范班组 | 中国宝武 |

| 序号 | 获奖单位 | 荣誉称号 | 授予单位 |
|---|---|---|---|
| 72 | 宝钢股份武钢有限采购中心废钢分厂质检一班 | 2017—2018年度安全"1000"标准化示范班组 | 中国宝武 |
| 73 | 宝钢股份武钢有限检修中心二分厂七工段三班 | 2017—2018年度安全"1000"标准化示范班组 | 中国宝武 |
| 74 | 宝钢股份梅钢公司冷轧厂连退甲班连退作业区甲班 | 2017—2018年度安全"1000"标准化示范班组 | 中国宝武 |
| 75 | 宝钢股份梅钢公司热轧厂设备室1422机械点检三班 | 2017—2018年度安全"1000"标准化示范班组 | 中国宝武 |
| 76 | 宝钢股份梅钢公司炼钢厂检修车间二离线作业区检修二班 | 2017—2018年度安全"1000"标准化示范班组 | 中国宝武 |
| 77 | 宝钢股份梅钢公司炼铁厂烧结分厂脱硫作业区脱硫运行班 | 2017—2018年度安全"1000"标准化示范班组 | 中国宝武 |
| 78 | 宝钢股份梅钢公司能源环保部供电单元铁后巡检班 | 2017—2018年度安全"1000"标准化示范班组 | 中国宝武 |
| 79 | 宝钢股份梅钢公司运输部冷轧运行作业区东风班 | 2017—2018年度安全"1000"标准化示范班组 | 中国宝武 |
| 80 | 宝钢股份梅钢公司矿业分公司提运分厂运输作业区放矿三班 | 2017—2018年度安全"1000"标准化示范班组 | 中国宝武 |
| 81 | 宝钢股份梅钢公司设备分公司轧钢机械检修保障部液压作业区检修二班 | 2017—2018年度安全"1000"标准化示范班组 | 中国宝武 |
| 82 | 宝钢股份湛江钢铁炼铁厂焦化机械作业区炼焦一组 | 2017—2018年度安全"1000"标准化示范班组 | 中国宝武 |
| 83 | 宝钢股份湛江钢铁炼钢厂石灰作业区丙班 | 2017—2018年度安全"1000"标准化示范班组 | 中国宝武 |
| 84 | 宝钢股份湛江钢铁热轧厂板粗机械作业区板加班组 | 2017—2018年度安全"1000"标准化示范班组 | 中国宝武 |
| 85 | 宝钢股份湛江钢铁冷轧厂1550酸轧作业区乙班 | 2017—2018年度安全"1000"标准化示范班组 | 中国宝武 |
| 86 | 宝钢股份湛江钢铁能源环保部2030冷轧循环水点检班组 | 2017—2018年度安全"1000"标准化示范班组 | 中国宝武 |
| 87 | 八一钢铁炼钢厂第二炼钢分厂120吨转炉作业区乙班 | 2017—2018年度安全"1000"标准化示范班组 | 中国宝武 |
| 88 | 八一钢铁轧钢厂热轧分厂设备作业区三组 | 2017—2018年度安全"1000"标准化示范班组 | 中国宝武 |

（续　表）

| 序号 | 获奖单位 | 荣誉称号 | 授予单位 |
|---|---|---|---|
| 89 | 八一钢铁炼铁分公司烧结分厂脱硫成品区域作业区甲班 | 2017—2018年度安全"1000"标准化示范班组 | 中国宝武 |
| 90 | 八一钢铁新疆钢铁雅满苏矿业有限责任公司运输部车站运转甲班 | 2017—2018年度安全"1000"标准化示范班组 | 中国宝武 |
| 91 | 八一钢铁焦煤集团1930煤矿综采一队生产一班 | 2017—2018年度安全"1000"标准化示范班组 | 中国宝武 |
| 92 | 八一钢铁德勤互力公司检修工程部备修作业区检测组 | 2017—2018年度安全"1000"标准化示范班组 | 中国宝武 |
| 93 | 八一钢铁新疆八钢金属制品有限公司金圆分厂生产作业区1820机组王建平班组 | 2017—2018年度安全"1000"标准化示范班组 | 中国宝武 |
| 94 | 八一钢铁能源中心送变电作业区外线班组 | 2017—2018年度安全"1000"标准化示范班组 | 中国宝武 |
| 95 | 韶关钢铁能源环保部检修分厂电气检修作业区调试班 | 2017—2018年度安全"1000"标准化示范班组 | 中国宝武 |
| 96 | 韶关钢铁炼铁厂烧结分厂电气点检作业区电工二班 | 2017—2018年度安全"1000"标准化示范班组 | 中国宝武 |
| 97 | 韶关钢铁炼钢厂一设备单元电气维检作业区冶炼电工班 | 2017—2018年度安全"1000"标准化示范班组 | 中国宝武 |
| 98 | 韶关钢铁特轧厂板材分厂准备作业区备辊组 | 2017—2018年度安全"1000"标准化示范班组 | 中国宝武 |
| 99 | 韶关钢铁炼铁厂焦化分厂热工一区6米调火班 | 2017—2018年度安全"1000"标准化示范班组 | 中国宝武 |
| 100 | 宝钢不锈炼钢厂运转车间乙班运行组 | 2017—2018年度安全"1000"标准化示范班组 | 中国宝武 |
| 101 | 宝钢特钢钢管厂设备管理室点检作业一区机械组 | 2017—2018年度安全"1000"标准化示范班组 | 中国宝武 |
| 102 | 宝钢特钢特材事业部自耗分厂自耗熔炼甲班作业区自耗熔炼甲班组 | 2017—2018年度安全"1000"标准化示范班组 | 中国宝武 |
| 103 | 宝武炭材宝山化产厂苯加氢作业区甲班 | 2017—2018年度安全"1000"标准化示范班组 | 中国宝武 |
| 104 | 宝武炭材梅山分公司化产厂苯加氢作业区乙班 | 2017—2018年度安全"1000"标准化示范班组 | 中国宝武 |
| 105 | 宝钢资源嵊泗宝捷国际船舶代理有限公司外勤班组 | 2017—2018年度安全"1000"标准化示范班组 | 中国宝武 |

（续　表）

| 序号 | 获 奖 单 位 | 荣 誉 称 号 | 授 予 单 位 |
|---|---|---|---|
| 106 | 宝钢金属合肥宝敏科有限分公司先锋机加班 | 2017—2018年度安全"1000"标准化示范班组 | 中国宝武 |
| 107 | 宝钢金属南京宝日钢丝机修班组 | 2017—2018年度安全"1000"标准化示范班组 | 中国宝武 |
| 108 | 宝钢工程宝钢钢构前道大区焊接一组 | 2017—2018年度安全"1000"标准化示范班组 | 中国宝武 |
| 109 | 宝钢工程宝钢技术机械制造分公司产品中心喷涂一组 | 2017—2018年度安全"1000"标准化示范班组 | 中国宝武 |
| 110 | 宝钢工程宝钢技术检修事业部钢条中心第三作业区点检班组 | 2017—2018年度安全"1000"标准化示范班组 | 中国宝武 |
| 111 | 宝钢工程宝钢技术耐材事业部土建点检一组 | 2017—2018年度安全"1000"标准化示范班组 | 中国宝武 |
| 112 | 宝钢工程宝钢轧辊机加厂一工段 | 2017—2018年度安全"1000"标准化示范班组 | 中国宝武 |
| 113 | 宝钢发展汽车通勤公司客运一部预备作业区二组 | 2017—2018年度安全"1000"标准化示范班组 | 中国宝武 |
| 114 | 宝钢发展上海源康物业管理有限公司消防维护部2030消防点检班 | 2017—2018年度安全"1000"标准化示范班组 | 中国宝武 |
| 115 | 宝钢发展制造服务事业部特钢区域管理部综合作业部燃气作业区丙班 | 2017—2018年度安全"1000"标准化示范班组 | 中国宝武 |
| 116 | 宝信软件信息服务事业本部系统服务事业部运行保障部MS（宝钢股份直属厂部信息化运行维护一线）机组 | 2017—2018年度安全"1000"标准化示范班组 | 中国宝武 |
| 117 | 宝地资产上海宝地互联众创空间管理有限公司项目部团队宝地互联项目组 | 2017—2018年度安全"1000"标准化示范班组 | 中国宝武 |
| 118 | 宝武环科工业环境保障部耐材管理部喷枪作业区浇注组 | 2017—2018年度安全"1000"标准化示范班组 | 中国宝武 |
| 119 | 宝武环科金资公司冶金渣分厂水渣作业区四渣池大班 | 2017—2018年度安全"1000"标准化示范班组 | 中国宝武 |
| 120 | 宝钢包装河南宝钢制罐有限公司生产班组D班 | 2017—2018年度安全"1000"标准化示范班组 | 中国宝武 |
| 121 | 宝钢包装武汉印铁有限公司生产班组A班 | 2017—2018年度安全"1000"标准化示范班组 | 中国宝武 |

（续　表）

| 序号 | 获奖单位 | 荣誉称号 | 授予单位 |
|---|---|---|---|
| 122 | 鄂城钢铁宽厚板事业部热处理丁班 | 2017—2018年度安全"1000"标准化示范班组 | 中国宝武 |
| 123 | 鄂城钢铁炼钢厂连铸车间新四号机工艺班组第四横班 | 2017—2018年度安全"1000"标准化示范班组 | 中国宝武 |
| 124 | 鄂城钢铁炼铁厂一号高炉车间值班室 | 2017—2018年度安全"1000"标准化示范班组 | 中国宝武 |
| 125 | 鄂城钢铁能源动力厂燃气车间十万转炉煤气柜 | 2017—2018年度安全"1000"标准化示范班组 | 中国宝武 |
| 126 | 宝钢德盛精炼厂转炉工段氧气顶吹（LD）转炉班丙班 | 2017—2018年度安全"1000"标准化示范班组 | 中国宝武 |
| 127 | 宝钢德盛冷轧厂轧钢工段开卷甲班 | 2017—2018年度安全"1000"标准化示范班组 | 中国宝武 |
| 128 | 宁波宝新二轧钢机组三号轧机四号轧机乙班 | 2017—2018年度安全"1000"标准化示范班组 | 中国宝武 |
| 129 | 武汉耐材销售公司宁钢总包项目部 | 2017—2018年度安全"1000"标准化示范班组 | 中国宝武 |
| 130 | 宝钢股份湛江钢铁设备部 | 2017年度全国青年安全生产示范岗 | 共青团中央、应急管理部 |
| 131 | 宝钢股份炼铁厂煤精分厂二净化作业区 | 2017年度全国青年安全生产示范岗 | 共青团中央、应急管理部 |
| 132 | 宝钢股份武钢有限条材厂薄板坯连铸连轧分厂轧钢作业区 | 2017年度全国青年安全生产示范岗 | 共青团中央、应急管理部 |
| 133 | 宝钢股份武钢有限热轧厂二分厂工艺青年安全生产示范岗 | 2017年度全国青年安全生产示范岗 | 共青团中央、应急管理部 |
| 134 | 宝钢股份宝钢国际上海宝钢钢材贸易有限公司汽车用钢部 | 2017年度上海市青年突击队 | 共青团上海市委员会 |
| 135 | 宝钢工程经营财务部资金管理组 | 2017年度上海市青年突击队 | 共青团上海市委员会 |
| 136 | 华宝信托财富管理中心青年团队 | 2017年度上海市青年五四奖章集体 | 共青团上海市委员会、上海市人力资源和社会保障局 |
| 137 | 宝信软件自动化轧钢团支部 | 2017年度上海市五四红旗团支部 | 共青团上海市委员会 |
| 138 | 宝钢股份硅钢部团委 | 2017年度上海市五四红旗团委 | 共青团上海市委员会 |
| 139 | 宝钢股份炼钢厂团委 | 2017年度上海市五四红旗团委 | 共青团上海市委员会 |
| 140 | 宝钢工程团委 | 2017年度上海市五四红旗团委 | 共青团上海市委员会 |
| 141 | 宝钢股份梅钢公司团委 | 2017年度全国钢铁行业五四红旗团委 | 全国钢铁行业共青团工作指导和推进委员会 |

（续　表）

| 序号 | 获 奖 单 位 | 荣 誉 称 号 | 授 予 单 位 |
|---|---|---|---|
| 142 | 宝武炭材团委 | 2017年度全国钢铁行业五四红旗团委 | 全国钢铁行业共青团工作指导和推进委员会 |
| 143 | 八一钢铁团委 | 2017年度全国钢铁行业五四红旗团委 | 全国钢铁行业共青团工作指导和推进委员会 |
| 144 | 宝钢工程宝钢技术团委 | 2017年度全国钢铁行业五四红旗团委 | 全国钢铁行业共青团工作指导和推进委员会 |
| 145 | 武钢集团武钢城服团委 | 2017年度全国钢铁行业五四红旗团委 | 全国钢铁行业共青团工作指导和推进委员会 |
| 146 | 宝钢股份能源环保部团委 | 2017年度全国钢铁行业五四红旗团委 | 全国钢铁行业共青团工作指导和推进委员会 |
| 147 | 宝钢工程工程技术事业本部电气团支部 | 2017年度全国钢铁行业五四红旗团支部标兵 | 全国钢铁行业共青团工作指导和推进委员会 |
| 148 | 宝钢股份武钢有限焦化公司三回收车间团支部 | 2017年度全国钢铁行业五四红旗团支部 | 全国钢铁行业共青团工作指导和推进委员会 |
| 149 | 武钢集团武钢绿色城建金结公司团总支 | 2017年度全国钢铁行业五四红旗团支部 | 全国钢铁行业共青团工作指导和推进委员会 |
| 150 | 宝钢股份钢管条钢事业部量规团支部 | 2017年度全国钢铁行业五四红旗团支部 | 全国钢铁行业共青团工作指导和推进委员会 |
| 151 | 宝钢德盛冷轧厂团支部 | 2017年度全国钢铁行业五四红旗团支部 | 全国钢铁行业共青团工作指导和推进委员会 |
| 152 | 宝钢金属南京宝日钢丝生产部丙班作业区 | 2017年度全国钢铁行业青年安全生产示范岗 | 全国钢铁行业共青团工作指导和推进委员会 |
| 153 | 宝钢股份钢管条钢事业部无缝钢管厂质检作业区 | 2017年度全国钢铁行业青年安全生产示范岗 | 全国钢铁行业共青团工作指导和推进委员会 |
| 154 | 武钢集团武钢资源程潮矿业有限公司井下运输青年安全生产示范岗 | 2017年度全国钢铁行业青年安全生产示范岗 | 全国钢铁行业共青团工作指导和推进委员会 |
| 155 | 中国宝武团委 | 2017年度全国钢铁行业"青安杯"竞赛优胜单位 | 全国钢铁行业共青团工作指导和推进委员会 |
| 156 | 宝钢股份团委 | 2017年度全国钢铁行业"青安杯"竞赛优秀组织单位 | 全国钢铁行业共青团工作指导和推进委员会 |
| 157 | 武钢集团团委 | 2017年度全国钢铁行业"青安杯"竞赛优秀组织单位 | 全国钢铁行业共青团工作指导和推进委员会 |
| 158 | 宝钢股份炼钢厂 | 2017年度全国钢铁行业"青安杯"竞赛先进集体 | 全国钢铁行业共青团工作指导和推进委员会 |
| 159 | 宝钢股份武钢有限热轧厂 | 2017年度全国钢铁行业"青安杯"竞赛先进集体 | 全国钢铁行业共青团工作指导和推进委员会 |

（续　表）

| 序号 | 获奖单位 | 荣誉称号 | 授予单位 |
|---|---|---|---|
| 160 | 宝钢股份湛江钢铁 | 2017年度全国钢铁行业"青安杯"竞赛先进集体 | 全国钢铁行业共青团工作指导和推进委员会 |
| 161 | 韶关钢铁检测中心物理检测车间 | 2017年度全国钢铁行业"青安杯"竞赛先进集体 | 全国钢铁行业共青团工作指导和推进委员会 |
| 162 | 宝钢工程上海金艺检测技术有限公司检验团支部 | 2017年度全国钢铁行业"青安杯"竞赛先进集体 | 全国钢铁行业共青团工作指导和推进委员会 |
| 163 | 八一钢铁轧钢厂热轧分厂设备二组 | 2017年度全国钢铁行业"青安杯"竞赛先进集体 | 全国钢铁行业共青团工作指导和推进委员会 |
| 164 | 武钢集团武钢资源大冶铁矿有限公司 | 2017年度全国钢铁行业"青安杯"竞赛先进集体 | 全国钢铁行业共青团工作指导和推进委员会 |
| 165 | 武钢集团江北公司汉阳钢厂汽运公司仓储班组 | 2017年度全国钢铁行业"青安杯"竞赛先进集体 | 全国钢铁行业共青团工作指导和推进委员会 |
| 166 | 宝钢股份钢管条钢事业部无缝钢管厂质检作业区 | 2017年度全国钢铁行业"青安杯"竞赛最佳青年安全监督岗 | 全国钢铁行业共青团工作指导和推进委员会 |
| 167 | 宝钢包装武汉宝钢包装有限公司 | 2017年度全国钢铁行业"青安杯"竞赛最佳青年安全监督岗 | 全国钢铁行业共青团工作指导和推进委员会 |
| 168 | 宝钢金属南京宝日钢丝生产部丙班作业区 | 2017年度全国钢铁行业"青安杯"竞赛最佳青年安全监督岗 | 全国钢铁行业共青团工作指导和推进委员会 |
| 169 | 宝钢特钢炼钢厂40吨炼钢分厂机械作业区 | 2017年度全国钢铁行业"青安杯"竞赛最佳青年安全监督岗 | 全国钢铁行业共青团工作指导和推进委员会 |
| 170 | 宝钢资源安徽皖宝矿业股份有限公司秀山石灰石矿铲车班 | 2017年度全国钢铁行业"青安杯"竞赛最佳青年安全监督岗 | 全国钢铁行业共青团工作指导和推进委员会 |
| 171 | 宝武环科宝钢建材湛江宝钢新型建材科技有限公司矿粉生产部 | 2017年度全国钢铁行业"青安杯"竞赛最佳青年安全监督岗 | 全国钢铁行业共青团工作指导和推进委员会 |
| 172 | 武汉钢铁集团金属资源有限责任公司3D打印用雾化合金粉项目小组 | 2017年度全国钢铁行业"青安杯"竞赛最佳青年安全监督岗 | 全国钢铁行业共青团工作指导和推进委员会 |
| 173 | 武汉耐材武钢有限总包事业部 | 2017年度全国钢铁行业"青安杯"竞赛最佳青年安全监督岗 | 全国钢铁行业共青团工作指导和推进委员会 |
| 174 | 宝钢股份炼钢厂设备管理室二单元 | 2017年度全国钢铁行业"青安杯"竞赛最佳青年安全监督岗 | 全国钢铁行业共青团工作指导和推进委员会 |
| 175 | 宝钢股份炼铁厂高炉分厂四号高炉 | 2017年度全国钢铁行业"青安杯"竞赛最佳青年安全监督岗 | 全国钢铁行业共青团工作指导和推进委员会 |
| 176 | 宝钢股份梅钢公司冷轧厂连退作业区 | 2017年度全国钢铁行业"青安杯"竞赛最佳青年安全监督岗 | 全国钢铁行业共青团工作指导和推进委员会 |
| 177 | 宝钢股份能源环保部能源中心 | 2017年度全国钢铁行业"青安杯"竞赛最佳青年安全监督岗 | 全国钢铁行业共青团工作指导和推进委员会 |

（续　表）

| 序号 | 获奖单位 | 荣誉称号 | 授予单位 |
|---|---|---|---|
| 178 | 宝钢股份热轧厂一热轧分厂 | 2017年度全国钢铁行业"青安杯"竞赛最佳青年安全监督岗 | 全国钢铁行业共青团工作指导和推进委员会 |
| 179 | 宝钢股份湛江钢铁冷轧厂 | 2017年度全国钢铁行业"青安杯"竞赛最佳青年安全监督岗 | 全国钢铁行业共青团工作指导和推进委员会 |
| 180 | 宝钢股份武钢有限能源环保部供电分厂 | 2017年度全国钢铁行业"青安杯"竞赛最佳青年安全监督岗 | 全国钢铁行业共青团工作指导和推进委员会 |
| 181 | 武钢集团武钢绿色城建海绵建设青年安全生产示范岗 | 2017年度全国钢铁行业"青安杯"竞赛最佳青年安全监督岗 | 全国钢铁行业共青团工作指导和推进委员会 |
| 182 | 武钢集团武钢实业武汉钢实金源物资工业发展有限公司筑坯清理项目部 | 2017年度全国钢铁行业"青安杯"竞赛最佳青年安全监督岗 | 全国钢铁行业共青团工作指导和推进委员会 |
| 183 | 武钢集团武钢物流第三作业区 | 2017年度全国钢铁行业"青安杯"竞赛最佳青年安全监督岗 | 全国钢铁行业共青团工作指导和推进委员会 |
| 184 | 武钢集团武钢资源程潮矿业有限公司井下运输青年安全生产示范岗 | 2017年度全国钢铁行业"青安杯"竞赛最佳青年安全监督岗 | 全国钢铁行业共青团工作指导和推进委员会 |
| 185 | 武钢集团北湖公司武汉北盛机电有限责任公司仓储车间 | 2017年度全国钢铁行业"青安杯"竞赛最佳青年安全监督岗 | 全国钢铁行业共青团工作指导和推进委员会 |
| 186 | 宝钢股份团委 | 2017年度中国宝武五四红旗团委标兵 | 中国宝武 |
| 187 | 宝钢工程团委 | 2017年度中国宝武五四红旗团委标兵 | 中国宝武 |
| 188 | 武钢集团团委 | 2017年度中国宝武五四红旗团委 | 中国宝武 |
| 189 | 八一钢铁团委 | 2017年度中国宝武五四红旗团委 | 中国宝武 |
| 190 | 韶关钢铁团委 | 2017年度中国宝武五四红旗团委 | 中国宝武 |
| 191 | 宝地置业团委 | 2017年度中国宝武五四红旗团委 | 中国宝武 |
| 192 | 华宝投资团委 | 2017年度中国宝武五四红旗团委 | 中国宝武 |
| 193 | 宝钢股份团委 | 2017年度中国宝武五四红旗团委 | 中国宝武 |
| 194 | 武钢集团武钢绿色城建团委 | 2017年度中国宝武五四红旗团委 | 中国宝武 |
| 195 | 宝钢股份宝钢国际团委 | 2017年度中国宝武五四红旗团委 | 中国宝武 |
| 196 | 八一钢铁炼铁分公司团委 | 2017年度中国宝武五四红旗团委 | 中国宝武 |
| 197 | 韶关钢铁物流部团委 | 2017年度中国宝武五四红旗团委 | 中国宝武 |
| 198 | 宝钢工程工程技术事业本部团委 | 2017年度中国宝武五四红旗团委 | 中国宝武 |
| 199 | 宝钢发展汽车通勤公司团委 | 2017年度中国宝武五四红旗团委 | 中国宝武 |

（续　表）

| 序号 | 获 奖 单 位 | 荣 誉 称 号 | 授 予 单 位 |
|---|---|---|---|
| 200 | 宝钢股份湛江钢铁炼铁厂焦化乙班团支部 | 2017年度中国宝武五四红旗团支部 | 中国宝武 |
| 201 | 宝钢特钢质量保证部检测中心团支部 | 2017年度中国宝武五四红旗团支部 | 中国宝武 |
| 202 | 宝钢德盛冷轧厂团支部 | 2017年度中国宝武五四红旗团支部 | 中国宝武 |
| 203 | 宝武炭材宝化湛江制造设备团支部 | 2017年度中国宝武五四红旗团支部 | 中国宝武 |
| 204 | 宝钢金属南京宝日钢丝团支部 | 2017年度中国宝武五四红旗团支部 | 中国宝武 |
| 205 | 宝钢工程宝钢建筑团总支 | 2017年度中国宝武五四红旗团支部 | 中国宝武 |
| 206 | 宝信软件信息化事业本部ERP软件事业部团支部 | 2017年度中国宝武五四红旗团支部 | 中国宝武 |
| 207 | 欧冶云商综合团总支 | 2017年度中国宝武五四红旗团支部 | 中国宝武 |
| 208 | 宝武环科宝钢磁业（江苏）有限公司团支部 | 2017年度中国宝武五四红旗团支部 | 中国宝武 |
| 209 | 华宝信托团总支 | 2017年度中国宝武五四红旗团支部 | 中国宝武 |
| 210 | 武钢集团武钢绿色城建武汉分公司安装工程公司团支部 | 2017年度中国宝武青年文明号 | 中国宝武 |
| 211 | 武钢集团青青教育青年服务队 | 2017年度中国宝武青年文明号 | 中国宝武 |
| 212 | 宝钢股份钢管条钢事业部焊管部涂层产线管理组 | 2017年度中国宝武青年文明号 | 中国宝武 |
| 213 | 宝钢股份梅钢公司炼铁厂五号高炉职能组 | 2017年度中国宝武青年文明号 | 中国宝武 |
| 214 | 宝钢股份冷轧厂C008智慧制造机组青年集体 | 2017年度中国宝武青年文明号 | 中国宝武 |
| 215 | 宝钢股份炼钢厂二炼钢分厂精炼乙班3RH班组 | 2017年度中国宝武青年文明号 | 中国宝武 |
| 216 | 宝钢股份炼铁厂三烧结青年集体 | 2017年度中国宝武青年文明号 | 中国宝武 |
| 217 | 宝钢股份武钢有限冷轧厂计算机中心 | 2017年度中国宝武青年文明号 | 中国宝武 |
| 218 | 宝钢股份武钢有限能源环保部燃机热电分厂团支部 | 2017年度中国宝武青年文明号 | 中国宝武 |
| 219 | 宝钢股份中央研究院研发保障中心材料力学性能试验团队 | 2017年度中国宝武青年文明号 | 中国宝武 |
| 220 | 宝钢股份宝日汽车板设备能介团支部 | 2017年度中国宝武青年文明号 | 中国宝武 |

（续　表）

| 序号 | 获奖单位 | 荣誉称号 | 授予单位 |
|---|---|---|---|
| 221 | 宝钢股份宝钢国际西部区域热轧销售团队 | 2017年度中国宝武青年文明号 | 中国宝武 |
| 222 | 八一钢铁南疆钢铁焦化厂焦炉作业区 | 2017年度中国宝武青年文明号 | 中国宝武 |
| 223 | 韶关钢铁韶钢工程设备制造事业部辊样车间青年文明号集体 | 2017年度中国宝武青年文明号 | 中国宝武 |
| 224 | 韶关钢铁检测中心铁前检验车间原材料检验作业区废钢检验班 | 2017年度中国宝武青年文明号 | 中国宝武 |
| 225 | 宝钢德盛带钢厂退酸一工段开卷退火丙班 | 2017年度中国宝武青年文明号 | 中国宝武 |
| 226 | 宁波宝新销售部销售二室 | 2017年度中国宝武青年文明号 | 中国宝武 |
| 227 | 宝钢特钢炼钢厂40吨连铸设备攻关小组 | 2017年度中国宝武青年文明号 | 中国宝武 |
| 228 | 宝武炭材宝化湛江制造管理部检化验作业区 | 2017年度中国宝武青年文明号 | 中国宝武 |
| 229 | 鄂城钢铁宽板事业部热轧车间轧机生产线 | 2017年度中国宝武青年文明号 | 中国宝武 |
| 230 | 宝钢金属南通宝钢制品气门簧作业区 | 2017年度中国宝武青年文明号 | 中国宝武 |
| 231 | 宝钢工程宝钢建筑宝数云团队 | 2017年度中国宝武青年文明号 | 中国宝武 |
| 232 | 宝信软件研发部大数据产品组 | 2017年度中国宝武青年文明号 | 中国宝武 |
| 233 | 宝信软件智能装备事业本部电磁冶金青年团队 | 2017年度中国宝武青年文明号 | 中国宝武 |
| 234 | 欧冶云商华中分公司市场拓展团队 | 2017年度中国宝武青年文明号 | 中国宝武 |
| 235 | 宝武环科3D打印用雾化合金粉项目小组 | 2017年度中国宝武青年文明号 | 中国宝武 |
| 236 | 宝钢包装上海印铁分公司印前班组 | 2017年度中国宝武青年文明号 | 中国宝武 |
| 237 | 宝钢财务公司金融部 | 2017年度中国宝武青年文明号 | 中国宝武 |
| 238 | 宝钢发展上海宝钢源康物业管理有限公司上飞项目部团队 | 2017年度中国宝武青年文明号 | 中国宝武 |
| 239 | 武钢集团武钢物流商务部团支部 | 2017年度中国宝武青年突击队 | 中国宝武 |
| 240 | 武钢集团武钢工程通信传媒公司工业服务分公司安全保障青年突击队 | 2017年度中国宝武青年突击队 | 中国宝武 |

| 序号 | 获奖单位 | 荣誉称号 | 授予单位 |
|---|---|---|---|
| 241 | 宝钢股份宝钢国际青岛宝井钢材加工配送有限公司降本增效青年突击队 | 2017年度中国宝武青年突击队 | 中国宝武 |
| 242 | 宝钢股份钢管条钢事业部无缝27CrMo系列钻探管轧制技术团队 | 2017年度中国宝武青年突击队 | 中国宝武 |
| 243 | 宝钢股份硅钢部"蜂鸟创客团"青年突击队 | 2017年度中国宝武青年突击队 | 中国宝武 |
| 244 | 宝钢股份梅钢公司设备分公司机加部青年突击队 | 2017年度中国宝武青年突击队 | 中国宝武 |
| 245 | 宝钢股份武钢有限热轧厂三分厂工艺技术组 | 2017年度中国宝武青年突击队 | 中国宝武 |
| 246 | 宝钢股份湛江钢铁厚板厂高表面钢板质量控制青年突击队 | 2017年度中国宝武青年突击队 | 中国宝武 |
| 247 | 宝钢股份湛江钢铁设备部青年突击队 | 2017年度中国宝武青年突击队 | 中国宝武 |
| 248 | 宝钢股份设备资材采购中心降本增效青年突击队 | 2017年度中国宝武青年突击队 | 中国宝武 |
| 249 | 宝钢股份原料采购中心国内煤炭配送成本控制团队 | 2017年度中国宝武青年突击队 | 中国宝武 |
| 250 | 宝钢股份营销中心武钢新日铁（武汉）镀锡板有限公司（WINSteel）市场开拓团队 | 2017年度中国宝武青年突击队 | 中国宝武 |
| 251 | 八一钢铁炼铁分公司欧冶炉青年突击队 | 2017年度中国宝武青年突击队 | 中国宝武 |
| 252 | 八一钢铁能源中心制氧分厂90后特别行动小组青年突击队 | 2017年度中国宝武青年突击队 | 中国宝武 |
| 253 | 韶关钢铁炼钢厂一设备单元冶炼电工班 | 2017年度中国宝武青年突击队 | 中国宝武 |
| 254 | 宝钢德盛冷轧BN1G钢种用户使用技术及差异化工艺研究项目团队 | 2017年度中国宝武青年突击队 | 中国宝武 |
| 255 | 宁波宝新先锋青年突击队 | 2017年度中国宝武青年突击队 | 中国宝武 |
| 256 | 宝钢特钢营销部外贸室 | 2017年度中国宝武青年突击队 | 中国宝武 |
| 257 | 宝武炭材"化产新区绿色环境"青年突击队 | 2017年度中国宝武青年突击队 | 中国宝武 |
| 258 | 宝钢金属陕西宝钢气体节能降耗青年突击队 | 2017年度中国宝武青年突击队 | 中国宝武 |

（续　表）

| 序号 | 获奖单位 | 荣誉称号 | 授予单位 |
|------|---------|---------|---------|
| 259 | 宝钢资源矿石贸易单元降本增效青年突击队 | 2017年度中国宝武青年突击队 | 中国宝武 |
| 260 | 宝钢工程宝钢技术湛江分公司检修团支部青年突击队 | 2017年度中国宝武青年突击队 | 中国宝武 |
| 261 | 宝信软件轨道交通事业本部售前技术支撑团队 | 2017年度中国宝武青年突击队 | 中国宝武 |
| 262 | 宝信软件自动化事业本部1580热轧智能工厂青年突击队 | 2017年度中国宝武青年突击队 | 中国宝武 |
| 263 | 欧冶云商综合平台重构项目青年突击队 | 2017年度中国宝武青年突击队 | 中国宝武 |
| 264 | 宝武环科宝钢建材上海宝田新型建材有限公司青年突击队 | 2017年度中国宝武青年突击队 | 中国宝武 |
| 265 | 宝钢包装河南宝钢制罐有限公司工厂部工程技术青年突击队 | 2017年度中国宝武青年突击队 | 中国宝武 |
| 266 | 华宝证券上海东大名路证券营业部 | 2017年度中国宝武青年突击队 | 中国宝武 |
| 267 | 宝地资产寓舍事业部"为了理想冲冲冲"青年突击队 | 2017年度中国宝武青年突击队 | 中国宝武 |
| 268 | 宝钢发展海宝码头勇于创新青年突击队 | 2017年度中国宝武青年突击队 | 中国宝武 |
| 269 | 武钢集团武钢资源程潮矿业有限公司井下运输青年安全生产示范岗 | 2017年度中国宝武青年安全生产示范岗 | 中国宝武 |
| 270 | 武钢集团武钢重工精密装备公司青年安全生产示范岗 | 2017年度中国宝武青年安全生产示范岗 | 中国宝武 |
| 271 | 宝钢股份钢管条钢事业部无缝钢管厂质检作业区青年安全生产示范岗 | 2017年度中国宝武青年安全生产示范岗 | 中国宝武 |
| 272 | 宝钢股份硅钢部无取向分厂四号连续退火涂层机组青年安全生产示范岗 | 2017年度中国宝武青年安全生产示范岗 | 中国宝武 |
| 273 | 宝钢股份梅钢公司炼钢厂转炉分厂二转炉甲班青年安全生产示范岗 | 2017年度中国宝武青年安全生产示范岗 | 中国宝武 |
| 274 | 宝钢股份炼铁厂一炼焦青年安全生产示范岗 | 2017年度中国宝武青年安全生产示范岗 | 中国宝武 |
| 275 | 宝钢股份热轧厂二热轧分厂青年安全生产示范岗 | 2017年度中国宝武青年安全生产示范岗 | 中国宝武 |
| 276 | 宝钢股份武钢有限炼铁厂硫化作业区青年安全生产示范岗 | 2017年度中国宝武青年安全生产示范岗 | 中国宝武 |

（续　表）

| 序号 | 获奖单位 | 荣誉称号 | 授予单位 |
|---|---|---|---|
| 277 | 宝钢股份湛江钢铁炼铁厂青年安全生产示范岗 | 2017年度中国宝武青年安全生产示范岗 | 中国宝武 |
| 278 | 宝钢股份镀锡板厂设备管理室青年安全生产示范岗 | 2017年度中国宝武青年安全生产示范岗 | 中国宝武 |
| 279 | 宝钢股份厚板部轧钢作业区青年安全生产示范岗 | 2017年度中国宝武青年安全生产示范岗 | 中国宝武 |
| 280 | 宝钢股份能源环保部能源中心青年安全生产示范岗 | 2017年度中国宝武青年安全生产示范岗 | 中国宝武 |
| 281 | 八一钢铁互利安康公司青年安全生产示范岗 | 2017年度中国宝武青年安全生产示范岗 | 中国宝武 |
| 282 | 八一钢铁炼铁分公司第二炼铁分厂B炉区作业区青年安全生产示范岗 | 2017年度中国宝武青年安全生产示范岗 | 中国宝武 |
| 283 | 韶关钢铁检测中心化学检测青年安全生产示范岗 | 2017年度中国宝武青年安全生产示范岗 | 中国宝武 |
| 284 | 韶关钢铁设备管理部称量作业区青年安全生产示范岗 | 2017年度中国宝武青年安全生产示范岗 | 中国宝武 |
| 285 | 宝钢德盛第一粗炼厂青年安全生产示范岗 | 2017年度中国宝武青年安全生产示范岗 | 中国宝武 |
| 286 | 宁波宝新平整机组一号平整机组 | 2017年度中国宝武青年安全生产示范岗 | 中国宝武 |
| 287 | 宝钢特钢板带厂冷轧分厂青年安全生产示范岗 | 2017年度中国宝武青年安全生产示范岗 | 中国宝武 |
| 288 | 宝武炭材宝化湛江制造管理部焦油作业区 | 2017年度中国宝武青年安全生产示范岗 | 中国宝武 |
| 289 | 鄂城钢铁铁前事业部二号高炉车间 | 2017年度中国宝武青年安全生产示范岗 | 中国宝武 |
| 290 | 武汉耐材销售总包青年安全生产示范岗 | 2017年度中国宝武青年安全生产示范岗 | 中国宝武 |
| 291 | 宝钢金属江苏精密钢丝生产部半成品大拉青年安全生产示范岗 | 2017年度中国宝武青年安全生产示范岗 | 中国宝武 |
| 292 | 宝钢工程宝钢技术检修事业部电力中心 | 2017年度中国宝武青年安全生产示范岗 | 中国宝武 |
| 293 | 宝钢工程常州宝菱重工机械有限公司产业机械青年安全生产示范岗 | 2017年度中国宝武青年安全生产示范岗 | 中国宝武 |
| 294 | 宝武环科湛江转底炉公司青年安全生产示范岗 | 2017年度中国宝武青年安全生产示范岗 | 中国宝武 |

| 序号 | 获 奖 单 位 | 荣 誉 称 号 | 授 予 单 位 |
|---|---|---|---|
| 295 | 宝钢包装武汉宝钢包装有限公司青年安全生产示范岗 | 2017年度中国宝武青年安全生产示范岗 | 中国宝武 |
| 296 | 宝钢发展人力资源中心安保分公司团支部青年安全生产示范岗 | 2017年度中国宝武青年安全生产示范岗 | 中国宝武 |

## 先进个人一览表

| 序号 | 姓 名 | 性 别 | 单 位 | 荣 誉 称 号 | 授 予 单 位 |
|---|---|---|---|---|---|
| 1 | 金国平 | 男 | 宝钢股份钢管条钢事业部 | 全国五一劳动奖章 | 中华全国总工会 |
| 2 | 董平川 | 男 | 八一钢铁焦煤集团开拓队 | 全国五一劳动奖章 | 中华全国总工会 |
| 3 | 张 帆 | 女 | 宝武管理学院、宝武党校 | 全国优秀工会积极分子 | 中华全国总工会 |
| 4 | 幸利军 | 男 | 宝钢股份热轧厂 | 中华技能大奖 | 人力资源和社会保障部 |
| 5 | 郭忠涛 | 男 | 武钢集团武钢绿色城建 | 全国技术能手 | 人力资源和社会保障部 |
| 6 | 孙云飞 | 男 | 宝钢股份武钢有限硅钢部设备管理室 | 全国技术能手 | 人力资源和社会保障部 |
| 7 | 吉志勇 | 男 | 宝钢工程宝钢技术 | 全国技术能手 | 人力资源和社会保障部 |
| 8 | 吴福民 | 男 | 人才开发院 | 国家技能人才培育突出贡献个人 | 人力资源和社会保障部 |
| 9 | 杨 军 | 男 | 宝钢股份热轧厂三热轧分厂 | 全国钢铁行业技术能手 | 中国钢铁工业协会 |
| 10 | 张培峰 | 男 | 宝钢股份炼铁厂高炉分厂 | 全国钢铁行业技术能手 | 中国钢铁工业协会 |
| 11 | 邢 君 | 男 | 宝钢股份钢管条钢事业部焊管部 | 全国钢铁行业技术能手 | 中国钢铁工业协会 |
| 12 | 祝道朋 | 男 | 鄂城钢铁炼铁厂 | 全国钢铁行业技术能手 | 中国钢铁工业协会 |
| 13 | 黄 平 | 男 | 宝钢股份武钢有限炼铁厂生产技术室 | 全国钢铁行业技术能手 | 中国钢铁工业协会 |
| 14 | 张 斌 | 男 | 鄂城钢铁炼钢厂运行车间 | 全国钢铁行业技术能手 | 中国钢铁工业协会 |
| 15 | 余治业 | 男 | 宝钢股份梅钢公司炼钢厂调运车间 | 全国钢铁行业技术能手 | 中国钢铁工业协会 |
| 16 | 李自强 | 男 | 宝钢股份湛江钢铁热轧厂 | 全国钢铁行业技术能手 | 中国钢铁工业协会 |
| 17 | 张 飞 | 男 | 宝钢股份梅钢公司热轧厂 | 全国钢铁行业技术能手 | 中国钢铁工业协会 |
| 18 | 朱俊杰 | 男 | 宝钢股份上海宝钢工业有限公司 | 全国钢铁行业技术能手 | 中国钢铁工业协会 |

（续　表）

| 序号 | 姓　名 | 性　别 | 单　位 | 荣誉称号 | 授予单位 |
|---|---|---|---|---|---|
| 19 | 熊文清 | 男 | 武钢集团武钢资源鄂州球团有限公司 | 湖北省劳动模范 | 湖北省人民政府 |
| 20 | 郭　枫 | 男 | 宝钢股份武钢有限冷轧厂调质分厂 | 湖北省劳动模范 | 湖北省人民政府 |
| 21 | 蒋　治 | 男 | 宝钢股份武钢有限炼钢厂三炼钢分厂 | 湖北省劳动模范 | 湖北省人民政府 |
| 22 | 吴　洪 | 男 | 宝钢股份武钢有限硅钢部一分厂 | 湖北省劳动模范 | 湖北省人民政府 |
| 23 | 夏建国 | 男 | 鄂城钢铁铁前事业部 | 湖北省劳动模范 | 湖北省人民政府 |
| 24 | 成进军 | 男 | 宝钢股份钢管条钢事业部烟台鲁宝钢管有限责任公司 | 山东省劳动模范 | 山东省人民政府 |
| 25 | 姜立新 | 男 | 宝钢股份炼钢厂一炼钢分厂 | 上海市五一劳动奖章 | 上海市总工会、上海市人力资源和社会保障局 |
| 26 | 李　斌 | 男 | 宝钢股份运输部马迹山港 | 上海市五一劳动奖章 | 上海市总工会 |
| 27 | 张仁其 | 男 | 宝钢股份热轧厂 | 上海市五一劳动奖章 | 上海市总工会 |
| 28 | 季益龙 | 男 | 宝钢股份梅钢公司 | 上海市五一劳动奖章 | 上海市总工会 |
| 29 | 洪　华 | 女 | 宝钢股份电厂 | 上海市五一劳动奖章 | 上海市总工会 |
| 30 | 杨　磊 | 男 | 宝钢特钢 | 上海市五一劳动奖章 | 上海市总工会 |
| 31 | 巢平源 | 男 | 宝钢工程宝钢技术检修事业部 | 上海市五一劳动奖章 | 上海市总工会、上海市人力资源和社会保障局 |
| 32 | 徐新华 | 男 | 宝钢化工化产厂苯加氢作业区 | 上海市五一劳动奖章 | 上海市总工会、上海市人力资源和社会保障局 |
| 33 | 李　峰 | 男 | 宝钢化工化产品一厂沥青焦作业区 | 上海市五一劳动奖章 | 上海市总工会 |
| 34 | 常维仓 | 男 | 宝钢包装上海宝钢印铁分公司工厂部 | 上海市五一劳动奖章 | 上海市总工会 |
| 35 | 杨建忠 | 男 | 中国宝武办公厅、党委办公厅 | 上海市五一劳动奖章 | 上海市总工会、上海市人力资源和社会保障局 |
| 36 | 依明江·吐尔逊 | 男 | 八一钢铁炼钢厂连铸作业区 | 新疆维吾尔自治区开发建设新疆奖章 | 新疆维吾尔自治区总工会 |
| 37 | 幸利军 | 男 | 宝钢股份热轧厂 | 上海工匠 | 上海市总工会 |
| 38 | 宋　俊 | 男 | 宝钢股份硅钢部常化退火作业区 | 上海工匠 | 上海市总工会 |

（续　表）

| 序号 | 姓　名 | 性　别 | 单　　位 | 荣誉称号 | 授予单位 |
|---|---|---|---|---|---|
| 39 | 金国平 | 男 | 宝钢股份钢管条钢事业部 | 上海工匠 | 上海市总工会 |
| 40 | 刘自力 | 男 | 宝钢股份武钢有限炼铁厂 | 湖北工匠 | 湖北省总工会 |
| 41 | 幸利军 | 男 | 宝钢股份热轧厂 | 十佳上海市职工职业道德标兵 | 上海市总工会 |
| 42 | 汤　敏 | 女 | 武钢集团武钢好生活快餐事业部餐厅 | 金牛奖 | 中国宝武 |
| 43 | 凡勇刚 | 男 | 武钢集团武钢资源程潮矿业有限公司采矿分公司 | 金牛奖 | 中国宝武 |
| 44 | 宋　波 | 男 | 宝钢股份武钢有限条材厂薄板坯连铸连轧分厂 | 金牛奖 | 中国宝武 |
| 45 | 吴长生 | 男 | 宝钢股份湛江钢铁冷轧厂1550酸洗作业区 | 金牛奖 | 中国宝武 |
| 46 | 宗书华 | 男 | 宝钢股份梅钢公司矿业分公司 | 金牛奖 | 中国宝武 |
| 47 | 何永辉 | 男 | 宝钢股份中央研究院智能制造研究所 | 金牛奖 | 中国宝武 |
| 48 | 赵　虎 | 男 | 八一钢铁轧钢厂中厚板分厂 | 金牛奖 | 中国宝武 |
| 49 | 王长峰 | 男 | 韶关钢铁炼铁厂焦化热工作业区 | 金牛奖 | 中国宝武 |
| 50 | 祝道朋 | 男 | 鄂城钢铁炼铁厂 | 金牛奖 | 中国宝武 |
| 51 | 李　峰 | 男 | 宝武炭材宝山化产厂沥青焦作业区 | 金牛奖 | 中国宝武 |
| 52 | 胡乐江 | 男 | 宝钢金属系统创新部 | 金牛奖 | 中国宝武 |
| 53 | 曹叶飞 | 男 | 宝钢工程宝钢技术检修事业部 | 金牛奖 | 中国宝武 |
| 54 | 胡洪国 | 男 | 宝信软件上海宝立自动化工程有限公司 | 金牛奖 | 中国宝武 |
| 55 | 潘方敏 | 男 | 宝武环科宝钢建材上海宝田新型建材有限公司 | 金牛奖 | 中国宝武 |
| 56 | 严　曜 | 女 | 中国宝武服务业发展中心 | 金牛奖 | 中国宝武 |
| 57 | 翁　旭 | 男 | 武钢集团武钢物流拖车部 | 银牛奖 | 中国宝武 |
| 58 | 任玉泉 | 男 | 武钢集团武钢中冶装备制造事业部精密装备公司加工班 | 银牛奖 | 中国宝武 |

| 序号 | 姓　名 | 性　别 | 单　位 | 荣誉称号 | 授予单位 |
| --- | --- | --- | --- | --- | --- |
| 59 | 黄修伟 | 男 | 武钢集团武钢实业武汉钢实金源物资工业发展有限公司铸坯部 | 银牛奖 | 中国宝武 |
| 60 | 张鲁峻 | 男 | 武钢集团钢电公司生产技术部 | 银牛奖 | 中国宝武 |
| 61 | 方周林 | 男 | 武钢集团武钢资源大冶铁矿有限公司尖林山矿采矿工段 | 银牛奖 | 中国宝武 |
| 62 | 杨　捷 | 男 | 武钢集团改革发展部 | 银牛奖 | 中国宝武 |
| 63 | 秦　彤 | 男 | 宝钢股份炼铁厂原料分厂 | 银牛奖 | 中国宝武 |
| 64 | 袁惠新 | 男 | 宝钢股份炼钢厂一炼钢分厂 | 银牛奖 | 中国宝武 |
| 65 | 袁　斌 | 男 | 宝钢股份热轧厂三热轧分厂 | 银牛奖 | 中国宝武 |
| 66 | 陈云鹏 | 男 | 宝钢股份冷轧厂 | 银牛奖 | 中国宝武 |
| 67 | 陈　彬 | 男 | 宝钢股份硅钢部无取向分厂 | 银牛奖 | 中国宝武 |
| 68 | 杨卫良 | 男 | 宝钢股份电厂运行管理室 | 银牛奖 | 中国宝武 |
| 69 | 沈新辉 | 男 | 宝钢股份运输部马迹山港 | 银牛奖 | 中国宝武 |
| 70 | 董金刚 | 男 | 宝钢股份制造管理部薄板生产管理室 | 银牛奖 | 中国宝武 |
| 71 | 张辉荣 | 男 | 宝钢股份设备部 | 银牛奖 | 中国宝武 |
| 72 | 杨　镇 | 女 | 宝钢股份能源环保部 | 银牛奖 | 中国宝武 |
| 73 | 孙桂国 | 男 | 宝钢股份宝钢国际青岛宝井钢材加工配送有限公司生产部 | 银牛奖 | 中国宝武 |
| 74 | 高　展 | 男 | 宝钢股份钢管条钢事业部制造管理部 | 银牛奖 | 中国宝武 |
| 75 | 王爱忠 | 男 | 宝钢股份宝日汽车板生产部轧钢分厂 | 银牛奖 | 中国宝武 |
| 76 | 尹　腾 | 男 | 宝钢股份武钢有限炼铁厂生产技术室 | 银牛奖 | 中国宝武 |
| 77 | 胡　伟 | 男 | 宝钢股份武钢有限炼钢厂三炼钢连铸作业区 | 银牛奖 | 中国宝武 |
| 78 | 周华杰 | 男 | 宝钢股份武钢有限热轧厂二分厂精整作业区 | 银牛奖 | 中国宝武 |
| 79 | 王文飙 | 男 | 宝钢股份武钢有限冷轧厂设备管理室302点检作业区 | 银牛奖 | 中国宝武 |

（续　表）

| 序号 | 姓　名 | 性　别 | 单　　位 | 荣誉称号 | 授予单位 |
|---|---|---|---|---|---|
| 80 | 柯　骥 | 男 | 宝钢股份武钢有限硅钢部综合管理室 | 银牛奖 | 中国宝武 |
| 81 | 龙川江 | 男 | 宝钢股份湛江钢铁炼钢厂 | 银牛奖 | 中国宝武 |
| 82 | 钟武波 | 男 | 宝钢股份湛江钢铁制造管理部厚板管理室 | 银牛奖 | 中国宝武 |
| 83 | 宗玉兵 | 男 | 宝钢股份湛江钢铁炼铁厂高炉操业组乙班 | 银牛奖 | 中国宝武 |
| 84 | 陈厚付 | 男 | 宝钢股份梅钢公司能源环保部能源调度作业区 | 银牛奖 | 中国宝武 |
| 85 | 张端平 | 男 | 宝钢股份梅钢公司运输部点检作业区码头点检班 | 银牛奖 | 中国宝武 |
| 86 | 管　萍 | 女 | 宝钢股份梅钢公司设备部自动化一室冶炼自动化作业区 | 银牛奖 | 中国宝武 |
| 87 | 李德泉 | 男 | 宝钢股份梅钢公司炼铁厂炼焦分厂燃管作业区 | 银牛奖 | 中国宝武 |
| 88 | 张大波 | 男 | 宝钢股份营销中心冷板部家电室 | 银牛奖 | 中国宝武 |
| 89 | 陈观进 | 男 | 宝钢股份广州JFE钢板有限公司制造部 | 银牛奖 | 中国宝武 |
| 90 | 顾　巍 | 男 | 八一钢铁能源中心制氧分厂 | 银牛奖 | 中国宝武 |
| 91 | 努尔买买提·吾买尔 | 男 | 八一钢铁八钢股份炼铁厂第二炼铁分厂 | 银牛奖 | 中国宝武 |
| 92 | 田宝山 | 男 | 八一钢铁八钢股份炼铁厂第一炼铁分厂 | 银牛奖 | 中国宝武 |
| 93 | 杨世强 | 男 | 韶关钢铁炼钢厂设备管理室二设备单元机械维检作业区 | 银牛奖 | 中国宝武 |
| 94 | 刘海鹏 | 男 | 韶关钢铁特轧厂特棒分厂 | 银牛奖 | 中国宝武 |
| 95 | 魏文杰 | 男 | 宝钢不锈冷轧厂轧钢一分厂 | 银牛奖 | 中国宝武 |
| 96 | 段佳云 | 男 | 宝钢德盛精炼厂转炉工段 | 银牛奖 | 中国宝武 |
| 97 | 陆　刚 | 男 | 宁波宝新设备部 | 银牛奖 | 中国宝武 |
| 98 | 黄少华 | 男 | 宝钢特钢炼钢厂 | 银牛奖 | 中国宝武 |
| 99 | 周　强 | 男 | 宝钢特钢钢管厂 | 银牛奖 | 中国宝武 |

（续　表）

| 序号 | 姓　名 | 性　别 | 单　　位 | 荣誉称号 | 授予单位 |
|---|---|---|---|---|---|
| 100 | 周　明 | 男 | 宝武特冶锻造分厂 | 银牛奖 | 中国宝武 |
| 101 | 廖　纲 | 男 | 鄂城钢铁炼钢厂生产技术室 | 银牛奖 | 中国宝武 |
| 102 | 陈国刚 | 男 | 鄂城钢铁轧材厂棒二热轧车间甲班 | 银牛奖 | 中国宝武 |
| 103 | 梁银超 | 男 | 宝武炭材宝化炭黑（达州）有限公司 | 银牛奖 | 中国宝武 |
| 104 | 刘　宇 | 男 | 宝钢资源矿石贸易部 | 银牛奖 | 中国宝武 |
| 105 | 秦荣玉 | 男 | 宝钢资源上海宝钢航运有限公司船舶技术部 | 银牛奖 | 中国宝武 |
| 106 | 沈绍军 | 男 | 宝钢金属南通宝钢制品制造部 | 银牛奖 | 中国宝武 |
| 107 | 孙永丽 | 女 | 宝钢工程工程技术事业本部建筑事业部 | 银牛奖 | 中国宝武 |
| 108 | 仲晓明 | 男 | 宝钢工程宝钢轧辊热处理厂 | 银牛奖 | 中国宝武 |
| 109 | 卢晓亮 | 男 | 华宝信托业务管理部 | 银牛奖 | 中国宝武 |
| 110 | 王　炜 | 男 | 宝钢发展汽车通勤公司客运一部 | 银牛奖 | 中国宝武 |
| 111 | 白　伟 | 男 | 宝信软件新疆宝信智能技术公司自动化部 | 银牛奖 | 中国宝武 |
| 112 | 王学忠 | 男 | 宝地资产上海宝绿置业有限公司 | 银牛奖 | 中国宝武 |
| 113 | 朱　俊 | 男 | 欧冶云商技术中心 | 银牛奖 | 中国宝武 |
| 114 | 洪育莲 | 女 | 欧冶云商欧冶材料 | 银牛奖 | 中国宝武 |
| 115 | 周晓强 | 男 | 宝武环科上海宝钢磁业有限公司磁材生产部 | 银牛奖 | 中国宝武 |
| 116 | 黄文卿 | 男 | 宝钢包装越南宝钢制罐有限公司 | 银牛奖 | 中国宝武 |
| 117 | 滕树竹 | 男 | 宝钢包装印铁事业部 | 银牛奖 | 中国宝武 |
| 118 | 王艳龙 | 男 | 武汉耐材制造分公司 | 银牛奖 | 中国宝武 |
| 119 | 陈　炯 | 男 | 中国宝武审计部 | 银牛奖 | 中国宝武 |
| 120 | 梁　军 | 男 | 宝武党校、宝武管理学院 | 银牛奖 | 中国宝武 |
| 121 | 强晓彬 | 男 | 宝钢股份宝日汽车板设备管理室 | 宝武工匠（工人发明家） | 中国宝武 |

（续　表）

| 序号 | 姓　名 | 性　别 | 单　　位 | 荣誉称号 | 授予单位 |
|---|---|---|---|---|---|
| 122 | 陈绍林 | 男 | 宝钢股份梅钢公司冷轧厂 | 宝武工匠（工人发明家） | 中国宝武 |
| 123 | 杨　磊 | 男 | 宝武特冶生产厂锻造分厂 | 宝武工匠（工人发明家） | 中国宝武 |
| 124 | 潘茂军 | 男 | 宝钢股份梅钢公司矿业分公司 | 宝武工匠（工人发明家） | 中国宝武 |
| 125 | 陈　刚 | 男 | 八一钢铁炼钢厂第二炼钢厂 | 宝武工匠（工人发明家） | 中国宝武 |
| 126 | 杨　斌 | 男 | 宝钢股份炼铁厂原料分厂 | 宝武工匠（工人发明家） | 中国宝武 |
| 127 | 田宝山 | 男 | 八一钢铁八钢股份炼铁厂第一炼铁分厂 | 宝武工匠（工人发明家） | 中国宝武 |
| 128 | 陈　科 | 男 | 韶关钢铁炼铁厂烧结分厂 | 宝武工匠（工人发明家） | 中国宝武 |
| 129 | 龚九宏 | 男 | 宝钢股份武钢有限焦化公司 | 宝武工匠（工人发明家） | 中国宝武 |
| 130 | 吴　杰 | 男 | 宝钢股份炼钢厂一炼钢分厂 | 宝武工匠（工人发明家） | 中国宝武 |
| 131 | 季书民 | 男 | 八一钢铁八钢股份炼铁厂第一炼铁分厂 | 宝武工匠（工人发明家）提名奖 | 中国宝武 |
| 132 | 毛　俊 | 男 | 宝钢股份运输部设备管理室 | 宝武工匠（工人发明家）提名奖 | 中国宝武 |
| 133 | 杨　涛 | 男 | 韶关钢铁炼铁厂焦化分厂 | 宝武工匠（工人发明家）提名奖 | 中国宝武 |
| 134 | 胡华杰 | 男 | 宁波宝新设备技术室 | 宝武工匠（工人发明家）提名奖 | 中国宝武 |
| 135 | 邓承仁 | 男 | 武钢集团武钢资源程潮矿业有限公司检修分公司机械项目部 | 宝武工匠（工人发明家）提名奖 | 中国宝武 |
| 136 | 李自强 | 男 | 宝钢股份湛江钢铁 | 首届职工技能大赛金属轧制工决赛第一名、中国宝武岗位能手 | 中国宝武 |
| 137 | 何永祥 | 男 | 宝钢股份梅钢公司 | 首届职工技能大赛金属轧制工决赛第二名、中国宝武岗位能手 | 中国宝武 |
| 138 | 张　飞 | 男 | 宝钢股份梅钢公司 | 首届职工技能大赛金属轧制工决赛第三名、中国宝武岗位能手 | 中国宝武 |
| 139 | 涂少永 | 男 | 宝钢股份梅钢公司 | 首届职工技能大赛金属轧制工决赛第四名、中国宝武岗位能手 | 中国宝武 |
| 140 | 高　峰 | 男 | 宝钢股份炼铁厂 | 首届职工技能大赛高炉炼铁工决赛第一名、中国宝武岗位能手 | 中国宝武 |

| 序号 | 姓　名 | 性　别 | 单　　位 | 荣誉称号 | 授予单位 |
|---|---|---|---|---|---|
| 141 | 尹振兴 | 男 | 宝钢股份炼铁厂 | 首届职工技能大赛高炉炼铁工决赛第二名、中国宝武岗位能手 | 中国宝武 |
| 142 | 徐　飞 | 男 | 宝钢股份炼铁厂 | 首届职工技能大赛高炉炼铁工决赛第三名、中国宝武岗位能手 | 中国宝武 |
| 143 | 张培峰 | 男 | 宝钢股份炼铁厂 | 首届职工技能大赛高炉炼铁工决赛第四名、中国宝武岗位能手 | 中国宝武 |
| 144 | 朱俊杰 | 男 | 宝钢股份上海宝钢工业有限公司 | 首届职工技能大赛天车工决赛第一名、中国宝武岗位能手 | 中国宝武 |
| 145 | 顾宫磊 | 男 | 宝钢股份炼钢厂 | 首届职工技能大赛天车工决赛第二名、中国宝武岗位能手 | 中国宝武 |
| 146 | 余治业 | 男 | 宝钢股份梅钢公司 | 首届职工技能大赛天车工决赛第三名、中国宝武岗位能手 | 中国宝武 |
| 147 | 袁　海 | 男 | 宝钢股份炼钢厂 | 首届职工技能大赛天车工决赛第四名、中国宝武岗位能手 | 中国宝武 |
| 148 | 邢　君 | 男 | 宝钢股份钢管条钢事业部 | 首届职工技能大赛电焊工决赛第一名、中国宝武岗位能手 | 中国宝武 |
| 149 | 程彦杰 | 男 | 宝钢股份武钢有限 | 首届职工技能大赛电焊工决赛第二名、中国宝武岗位能手 | 中国宝武 |
| 150 | 张小淳 | 男 | 宝钢股份梅钢公司 | 首届职工技能大赛电焊工决赛第三名、中国宝武岗位能手 | 中国宝武 |
| 151 | 赵玉柱 | 男 | 宝钢工程宝钢技术 | 首届职工技能大赛电焊工决赛第四名、中国宝武岗位能手 | 中国宝武 |
| 152 | 廖俊华 | 男 | 宝钢股份炼钢厂 | 首届职工技能大赛转炉炼钢工决赛第一名、中国宝武岗位能手 | 中国宝武 |

| 序号 | 姓　名 | 性　别 | 单　　位 | 荣誉称号 | 授予单位 |
|---|---|---|---|---|---|
| 153 | 金晓峰 | 男 | 宝钢股份炼钢厂 | 首届职工技能大赛转炉炼钢工决赛第二名、中国宝武岗位能手 | 中国宝武 |
| 154 | 李光所 | 男 | 宝钢股份湛江钢铁 | 首届职工技能大赛转炉炼钢工决赛第三名、中国宝武岗位能手 | 中国宝武 |
| 155 | 张春宇 | 男 | 宝钢股份梅钢公司 | 首届职工技能大赛钳工决赛第一名、中国宝武岗位能手 | 中国宝武 |
| 156 | 邹　亮 | 男 | 宝钢股份梅钢公司 | 首届职工技能大赛钳工决赛第二名、中国宝武岗位能手 | 中国宝武 |
| 157 | 邢　聪 | 男 | 宝钢股份梅钢公司 | 首届职工技能大赛钳工决赛第三名、中国宝武岗位能手 | 中国宝武 |
| 158 | 施　凌 | 男 | 宝钢股份厚板部 | 首届职工技能大赛机械设备点检员决赛第一名、中国宝武岗位能手 | 中国宝武 |
| 159 | 王冬冬 | 男 | 宝钢股份湛江钢铁 | 首届职工技能大赛机械设备点检员决赛第二名、中国宝武岗位能手 | 中国宝武 |
| 160 | 杨锋利 | 男 | 宝钢股份能源环保部 | 首届职工技能大赛机械设备点检员决赛第三名、中国宝武岗位能手 | 中国宝武 |
| 161 | 侯维康 | 男 | 鄂城钢铁焦化公司 | 首届职工技能大赛机械设备点检员决赛第四名、中国宝武岗位能手 | 中国宝武 |
| 162 | 李文华 | 男 | 鄂城钢铁炼钢厂 | 首届职工技能大赛电气设备点检员决赛第一名、中国宝武岗位能手 | 中国宝武 |
| 163 | 卢殿阁 | 男 | 宝钢股份能源环保部 | 首届职工技能大赛电气设备点检员决赛第二名、中国宝武岗位能手 | 中国宝武 |
| 164 | 杨　洪 | 男 | 宝钢股份梅钢公司 | 首届职工技能大赛电气设备点检员决赛第三名、中国宝武岗位能手 | 中国宝武 |

（续　表）

| 序号 | 姓　名 | 性　别 | 单　　位 | 荣誉称号 | 授予单位 |
|------|--------|--------|----------|----------|----------|
| 165 | 王　玺 | 女 | 宝钢股份制造管理部 | 首届职工技能大赛检化验（化学分析）决赛第一名、中国宝武岗位能手 | 中国宝武 |
| 166 | 魏　梦 | 女 | 宝钢股份制造管理部 | 首届职工技能大赛检化验（化学分析）决赛第二名、中国宝武岗位能手 | 中国宝武 |
| 167 | 林骏森 | 男 | 宝钢股份武钢有限 | 首届职工技能大赛检化验（化学分析）决赛第三名、中国宝武岗位能手 | 中国宝武 |
| 168 | 黄　菲 | 女 | 宝钢股份梅钢公司 | 首届职工技能大赛检化验（化学分析）决赛第四名、中国宝武岗位能手 | 中国宝武 |
| 169 | 公彦良 | 男 | 宝钢股份梅钢公司 | 首届职工技能大赛冶金煤气决赛第一名、中国宝武岗位能手 | 中国宝武 |
| 170 | 谢礼健 | 男 | 宝钢股份梅钢公司 | 首届职工技能大赛冶金煤气决赛第二名、中国宝武岗位能手 | 中国宝武 |
| 171 | 付　宝 | 男 | 宝钢股份武钢有限 | 首届职工技能大赛冶金煤气决赛第三名、中国宝武岗位能手 | 中国宝武 |
| 172 | 王金金 | 男 | 武钢集团武钢资源 | 首届职工技能大赛安全决赛第一名、中国宝武岗位能手 | 中国宝武 |
| 173 | 卢殿君 | 男 | 八一钢铁轧钢厂 | 首届职工技能大赛安全决赛第二名、中国宝武岗位能手 | 中国宝武 |
| 174 | 王向创 | 男 | 韶关钢铁特轧厂 | 首届职工技能大赛安全决赛第三名、中国宝武岗位能手 | 中国宝武 |
| 175 | 杜　勇 | 男 | 宝武炭材安保部 | 首届职工技能大赛安全决赛第四名、中国宝武岗位能手 | 中国宝武 |
| 176 | 施志勇 | 男 | 韶关钢铁安保部 | 首届职工技能大赛安全决赛第五名、中国宝武岗位能手 | 中国宝武 |
| 177 | 代　伟 | 男 | 宝钢股份梅钢公司 | 首届职工技能大赛党支部书记实务决赛第一名、中国宝武岗位能手 | 中国宝武 |

（续　表）

| 序号 | 姓　名 | 性　别 | 单　　　位 | 荣誉称号 | 授予单位 |
|------|--------|--------|-----------|----------|----------|
| 178 | 张青青 | 女 | 宝钢工程宝钢技术 | 首届职工技能大赛党支部书记实务决赛第二名、中国宝武岗位能手 | 中国宝武 |
| 179 | 李国明 | 男 | 武钢集团武钢物流 | 首届职工技能大赛党支部书记实务决赛第三名、中国宝武岗位能手 | 中国宝武 |
| 180 | 李　琛 | 男 | 鄂城钢铁计控检测中心 | 首届职工技能大赛党支部书记实务决赛第三名、中国宝武岗位能手 | 中国宝武 |
| 181 | 尹东耀 | 男 | 宝钢股份人力资源部 | 首届职工技能大赛党支部书记实务决赛第四名、中国宝武岗位能手 | 中国宝武 |
| 182 | 宋　庆 | 男 | 宝钢股份炼钢厂 | 首届职工技能大赛党支部书记实务决赛第五名、中国宝武岗位能手 | 中国宝武 |
| 183 | 胡秦月 | 女 | 宝钢股份武钢有限 | 首届职工技能大赛营销（模拟）决赛第一名、中国宝武岗位能手 | 中国宝武 |
| 184 | 刘开臻 | 男 | 韶关钢铁营销中心 | 首届职工技能大赛营销（模拟）决赛第二名、中国宝武岗位能手 | 中国宝武 |
| 185 | 汤　琴 | 女 | 韶关钢铁营销中心 | 首届职工技能大赛营销（模拟）决赛第三名、中国宝武岗位能手 | 中国宝武 |
| 186 | 张　豪 | 男 | 宝钢股份武钢有限 | 首届职工技能大赛营销（模拟）决赛第四名、中国宝武岗位能手 | 中国宝武 |
| 187 | 黄　可 | 男 | 宝信软件平台研究所 | 首届职工技能大赛信息技术(IT)应用程序设计决赛第一名、中国宝武岗位能手 | 中国宝武 |
| 188 | 何　磊 | 男 | 宝信软件武汉钢铁工程技术集团有限责任公司 | 首届职工技能大赛信息技术(IT)应用程序设计决赛第二名、中国宝武岗位能手 | 中国宝武 |
| 189 | 何庆明 | 男 | 韶关钢铁昆仑科技 | 首届职工技能大赛信息技术(IT)应用程序设计决赛第三名、中国宝武岗位能手 | 中国宝武 |

（续　表）

| 序号 | 姓　名 | 性　别 | 单　　位 | 荣誉称号 | 授予单位 |
|---|---|---|---|---|---|
| 190 | 龚沈磊 | 男 | 宝钢股份设备部 | 首届职工技能大赛网络安全攻防决赛第一名、中国宝武岗位能手 | 中国宝武 |
| 191 | 王斌斌 | 男 | 宝信软件信息服务事业本部 | 首届职工技能大赛网络安全攻防决赛第二名、中国宝武岗位能手 | 中国宝武 |
| 192 | 徐天闻 | 男 | 宝信软件信息服务事业本部 | 首届职工技能大赛网络安全攻防决赛第三名、中国宝武岗位能手 | 中国宝武 |
| 193 | 傅建伟 | 男 | 宝信软件平台研究所 | 首届职工技能大赛网络安全攻防决赛第四名、中国宝武岗位能手 | 中国宝武 |
| 194 | 张　涛 | 男 | 华宝信托数字科技部 | 首届职工技能大赛网络安全攻防决赛第五名、中国宝武岗位能手 | 中国宝武 |
| 195 | 张爱华 | 男 | 华宝基金运营部 | 首届职工技能大赛网络安全攻防决赛第六名、中国宝武岗位能手 | 中国宝武 |
| 196 | 余志刚 | 男 | 武钢集团武钢资源 | 中国宝武岗位能手 | 中国宝武 |
| 197 | 何德龙 | 男 | 宝钢股份湛江钢铁 | 中国宝武岗位能手 | 中国宝武 |
| 198 | 卢磊磊 | 男 | 宝钢股份梅钢公司 | 中国宝武岗位能手 | 中国宝武 |
| 199 | 刘雪峰 | 男 | 宝钢工程宝钢咨询 | 中国宝武岗位能手 | 中国宝武 |
| 200 | 刘润夏 | 男 | 华宝信托机构金融一部 | 中国宝武岗位能手 | 中国宝武 |
| 201 | 段胜祥 | 男 | 武钢集团武钢大学 | 首届职工技能大赛优秀组织者 | 中国宝武 |
| 202 | 王炳松 | 男 | 武钢集团工会 | 首届职工技能大赛优秀组织者 | 中国宝武 |
| 203 | 王　霞 | 女 | 宝钢股份工会 | 首届职工技能大赛优秀组织者 | 中国宝武 |
| 204 | 陈贤顺 | 男 | 宝钢股份炼铁厂 | 首届职工技能大赛优秀组织者 | 中国宝武 |
| 205 | 施国优 | 男 | 宝钢股份热轧厂 | 首届职工技能大赛优秀组织者 | 中国宝武 |
| 206 | 李华明 | 男 | 宝钢股份热轧厂 | 首届职工技能大赛优秀组织者 | 中国宝武 |

| 序号 | 姓　名 | 性　别 | 单　　位 | 荣誉称号 | 授予单位 |
|---|---|---|---|---|---|
| 207 | 夏　辰 | 男 | 宝钢股份上海宝钢工业有限公司 | 首届职工技能大赛优秀组织者 | 中国宝武 |
| 208 | 许　勇 | 男 | 宝钢股份梅钢公司 | 首届职工技能大赛优秀组织者 | 中国宝武 |
| 209 | 武海山 | 男 | 宝钢股份制造管理部 | 首届职工技能大赛优秀组织者 | 中国宝武 |
| 210 | 李奕江 | 男 | 宝钢股份炼钢厂 | 首届职工技能大赛优秀组织者 | 中国宝武 |
| 211 | 陈国喜 | 男 | 宝钢工程 | 首届职工技能大赛优秀组织者 | 中国宝武 |
| 212 | 冯　成 | 男 | 鄂城钢铁 | 首届职工技能大赛优秀组织者 | 中国宝武 |
| 213 | 许　煜 | 男 | 宝信软件 | 首届职工技能大赛优秀组织者 | 中国宝武 |
| 214 | 徐　刚 | 男 | 人才开发院 | 首届职工技能大赛优秀组织者 | 中国宝武 |
| 215 | 鲍贵兴 | 男 | 人才开发院 | 首届职工技能大赛优秀组织者 | 中国宝武 |
| 216 | 刘兆华 | 男 | 中国宝武人力资源部 | 首届职工技能大赛优秀组织者 | 中国宝武 |
| 217 | 徐力方 | 女 | 宝武党校、宝武管理学院 | 首届职工技能大赛优秀组织者 | 中国宝武 |
| 218 | 胡　奇 | 男 | 中国宝武公司治理部 | 首届职工技能大赛优秀组织者 | 中国宝武 |
| 219 | 徐　卫 | 女 | 中国宝武工会 | 首届职工技能大赛优秀组织者 | 中国宝武 |
| 220 | 刘慧君 | 女 | 中国宝武团委 | 首届职工技能大赛优秀组织者 | 中国宝武 |
| 221 | 吴新武 | 男 | 武钢集团武钢资源程潮矿业有限公司球团分公司设备组 | 最美宝武人 | 中国宝武 |
| 222 | 严　兴 | 男 | 宝钢股份炼铁厂炼焦分厂燃管作业区煤气丙班 | 最美宝武人 | 中国宝武 |
| 223 | 兰　天 | 男 | 宝钢股份湛江钢铁炼钢厂 | 最美宝武人 | 中国宝武 |
| 224 | 唐　力 | 男 | 八一钢铁能源中心动调煤气作业区 | 最美宝武人 | 中国宝武 |

| 序号 | 姓　名 | 性　别 | 单　位 | 荣誉称号 | 授予单位 |
|---|---|---|---|---|---|
| 225 | 吴建辉 | 男 | 韶关钢铁 | 最美宝武人 | 中国宝武 |
| 226 | 吴　杰 | 男 | 宝钢股份炼钢厂一炼钢分厂 | 最美宝武人 | 中国宝武 |
| 227 | 廖　勇 | 男 | 宝钢工程宝钢技术检修事业部 | 最美宝武人 | 中国宝武 |
| 228 | 陆一初 | 男 | 中国宝武办公厅 | 最美宝武人 | 中国宝武 |
| 229 | 努尔买买提·吾买尔 | 男 | 八一钢铁八钢股份炼铁厂第二炼铁分厂 | 最美宝武人 | 中国宝武 |
| 230 | 陈　亮 | 男 | 上海不锈人力资源部 | 最美宝武人 | 中国宝武 |
| 231 | 曹利勇 | 男 | 武钢集团武钢绿色城建海绵项目公司工程技术部 | 优秀员工 | 中国宝武 |
| 232 | 张纪明 | 男 | 武钢集团江北公司汉阳钢厂精密冷弯分公司 | 优秀员工 | 中国宝武 |
| 233 | 童　旭 | 男 | 武钢集团武钢资源乌龙泉矿业有限公司生产部 | 优秀员工 | 中国宝武 |
| 234 | 陈　啸 | 男 | 武钢集团武钢资源金山店矿业有限公司技术计划部 | 优秀员工 | 中国宝武 |
| 235 | 胡　亮 | 男 | 武钢集团武钢资源鄂州球团有限公司机电分公司 | 优秀员工 | 中国宝武 |
| 236 | 喻红刚 | 男 | 武钢集团武钢资源大冶铁矿有限公司选矿厂 | 优秀员工 | 中国宝武 |
| 237 | 王中才 | 男 | 武钢集团武钢资源规划发展部 | 优秀员工 | 中国宝武 |
| 238 | 高　伟 | 男 | 武钢集团江北公司 | 优秀员工 | 中国宝武 |
| 239 | 杭全兰 | 女 | 武钢集团襄阳重材贸易公司 | 优秀员工 | 中国宝武 |
| 240 | 杨　超 | 男 | 武钢集团襄阳重材弹簧钢厂 | 优秀员工 | 中国宝武 |
| 241 | 付泽剑 | 男 | 武钢集团武钢燃气 | 优秀员工 | 中国宝武 |
| 242 | 胡春岩 | 女 | 武钢集团武钢燃气客服部 | 优秀员工 | 中国宝武 |
| 243 | 张　玲 | 女 | 武钢集团武钢好生活 | 优秀员工 | 中国宝武 |
| 244 | 余文芳 | 女 | 武钢集团武汉市青青教育管理有限公司 | 优秀员工 | 中国宝武 |
| 245 | 张　辉 | 男 | 武钢集团武钢绿色城建机电安装工程公司 | 优秀员工 | 中国宝武 |
| 246 | 侯冰冰 | 男 | 武钢集团武钢绿色城建项目管理部 | 优秀员工 | 中国宝武 |

（续 表）

| 序号 | 姓 名 | 性 别 | 单 位 | 荣誉称号 | 授予单位 |
|---|---|---|---|---|---|
| 247 | 吴 寅 | 男 | 武钢集团武钢绿色城建华德环保公司水环境事业部 | 优秀员工 | 中国宝武 |
| 248 | 熊洪胜 | 男 | 武钢集团武钢物流鄂州码头 | 优秀员工 | 中国宝武 |
| 249 | 彭 湃 | 男 | 武钢集团武钢物流商务部散货部 | 优秀员工 | 中国宝武 |
| 250 | 魏 敏 | 男 | 武钢集团钢电公司燃料管理部 | 优秀员工 | 中国宝武 |
| 251 | 闻建根 | 男 | 武钢集团工业技术服务公司装备制造事业部再制造公司 | 优秀员工 | 中国宝武 |
| 252 | 万 莉 | 女 | 武钢集团工业技术服务公司计划财务部 | 优秀员工 | 中国宝武 |
| 253 | 徐继军 | 男 | 武钢集团武钢实业武汉钢实新事业有限责任公司三炼钢脱硫作业区 | 优秀员工 | 中国宝武 |
| 254 | 江 峰 | 男 | 武钢集团武钢实业武钢交运光大汽车运输公司运营管理部 | 优秀员工 | 中国宝武 |
| 255 | 余攀攀 | 女 | 武钢集团北湖公司中合服务公司 | 优秀员工 | 中国宝武 |
| 256 | 屈卫江 | 男 | 武钢集团北湖公司辰新服务有限公司 | 优秀员工 | 中国宝武 |
| 257 | 戴宇杰 | 男 | 武钢集团武钢大学工程技术培训部 | 优秀员工 | 中国宝武 |
| 258 | 张庆乐 | 男 | 武钢集团武钢大学机电工程学院 | 优秀员工 | 中国宝武 |
| 259 | 刘宜平 | 男 | 武钢集团老干部与退管人力资源室 | 优秀员工 | 中国宝武 |
| 260 | 刘煜堃 | 男 | 武钢集团楠山康养营销服务团队 | 优秀员工 | 中国宝武 |
| 261 | 朱卫军 | 男 | 武钢集团直属机关改革发展部 | 优秀员工 | 中国宝武 |
| 262 | 余小安 | 男 | 武钢集团直属机关不动产中心 | 优秀员工 | 中国宝武 |
| 263 | 刘文钢 | 男 | 武钢集团长江水务 | 优秀员工 | 中国宝武 |
| 264 | 范 军 | 男 | 武钢集团长江物业公司经营财务部 | 优秀员工 | 中国宝武 |
| 265 | 马里奥·帕多瓦尼 | 男 | 宝钢股份武钢集团国际激光拼焊公司 | 优秀员工 | 中国宝武 |
| 266 | 张 明 | 男 | 宝钢股份能源环保部动力分厂制氧一区作业区甲班 | 优秀员工 | 中国宝武 |

| 序号 | 姓 名 | 性 别 | 单 位 | 荣誉称号 | 授予单位 |
|---|---|---|---|---|---|
| 267 | 夏建超 | 男 | 宝钢股份梅钢公司炼钢厂设备室 | 优秀员工 | 中国宝武 |
| 268 | 吴 洪 | 男 | 宝钢股份武钢有限硅钢部一分厂酸连轧轧钢作业区 | 优秀员工 | 中国宝武 |
| 269 | 宗仰炜 | 男 | 宝钢股份电厂综合管理室 | 优秀员工 | 中国宝武 |
| 270 | 陆宇涛 | 男 | 宝钢股份钢管条钢事业部安保部 | 优秀员工 | 中国宝武 |
| 271 | 杨沂敏 | 男 | 宝钢股份炼铁厂设备室技术组 | 优秀员工 | 中国宝武 |
| 272 | 尹振兴 | 男 | 宝钢股份炼铁厂高炉分厂 | 优秀员工 | 中国宝武 |
| 273 | 龚兴东 | 男 | 宝钢股份炼钢厂二炼钢分厂 | 优秀员工 | 中国宝武 |
| 274 | 毛天成 | 男 | 宝钢股份炼钢厂综合管理室 | 优秀员工 | 中国宝武 |
| 275 | 曹 伟 | 男 | 宝钢股份热轧厂设备管理室机械卷取机机械班组 | 优秀员工 | 中国宝武 |
| 276 | 谢 斌 | 男 | 宝钢股份热轧厂三热轧分厂 | 优秀员工 | 中国宝武 |
| 277 | 沈爱明 | 男 | 宝钢股份厚板部 | 优秀员工 | 中国宝武 |
| 278 | 王彦杰 | 男 | 宝钢股份硅钢部综合管理室 | 优秀员工 | 中国宝武 |
| 279 | 陈 东 | 男 | 宝钢股份硅钢部质检站 | 优秀员工 | 中国宝武 |
| 280 | 章敏谦 | 男 | 宝钢股份硅钢部安保组 | 优秀员工 | 中国宝武 |
| 281 | 任玉芩 | 女 | 宝钢股份冷轧厂 | 优秀员工 | 中国宝武 |
| 282 | 李忠阳 | 男 | 宝钢股份冷轧厂一冷轧分厂 | 优秀员工 | 中国宝武 |
| 283 | 付顺鸣 | 男 | 宝钢股份冷轧厂 | 优秀员工 | 中国宝武 |
| 284 | 李东江 | 男 | 宝钢股份镀锡板厂 | 优秀员工 | 中国宝武 |
| 285 | 蒋 伟 | 男 | 宝钢股份运输部 | 优秀员工 | 中国宝武 |
| 286 | 夏 辰 | 男 | 宝钢股份上海宝钢工业有限公司 | 优秀员工 | 中国宝武 |
| 287 | 柳向椿 | 男 | 宝钢股份钢管条钢事业部电炉厂 | 优秀员工 | 中国宝武 |
| 288 | 邓 凯 | 男 | 宝钢股份钢管条钢事业部无缝钢管厂 | 优秀员工 | 中国宝武 |
| 289 | 元 麟 | 男 | 宝钢股份钢管条钢事业部管加工中心 | 优秀员工 | 中国宝武 |

| 序号 | 姓　名 | 性　别 | 单　　　　位 | 荣誉称号 | 授予单位 |
|---|---|---|---|---|---|
| 290 | 张　魁 | 男 | 宝钢股份钢管条钢事业部营销部无缝产品室 | 优秀员工 | 中国宝武 |
| 291 | 蒋　智 | 男 | 宝钢股份钢管条钢事业部烟台鲁宝钢管有限责任公司 | 优秀员工 | 中国宝武 |
| 292 | 鲍春华 | 男 | 宝钢股份钢管条钢事业部宝钢特钢长材有限公司 | 优秀员工 | 中国宝武 |
| 293 | 陈海容 | 男 | 宝钢股份宝日汽车板销售部 | 优秀员工 | 中国宝武 |
| 294 | 来　勇 | 男 | 宝钢股份宝日汽车板 | 优秀员工 | 中国宝武 |
| 295 | 罗新钢 | 男 | 宝钢股份武钢有限安全保卫部安保指挥调度室 | 优秀员工 | 中国宝武 |
| 296 | 左汉平 | 男 | 宝钢股份武钢有限采购中心采购管理部信息化室 | 优秀员工 | 中国宝武 |
| 297 | 张　颖 | 女 | 宝钢股份武钢有限营销中心营销管理部 | 优秀员工 | 中国宝武 |
| 298 | 段智雄 | 男 | 宝钢股份武钢有限能源环保部热电分厂燃机发电作业区 | 优秀员工 | 中国宝武 |
| 299 | 胡　翰 | 男 | 宝钢股份武钢有限能源环保部能源技术室 | 优秀员工 | 中国宝武 |
| 300 | 李佳状 | 男 | 宝钢股份武钢有限运输部生产技术室 | 优秀员工 | 中国宝武 |
| 301 | 高映峰 | 男 | 宝钢股份武钢有限运输部生产技术室 | 优秀员工 | 中国宝武 |
| 302 | 全　霆 | 男 | 宝钢股份武钢有限炼铁厂综合管理室 | 优秀员工 | 中国宝武 |
| 303 | 徐智慧 | 男 | 宝钢股份武钢有限炼铁厂高炉分厂煤库作业区 | 优秀员工 | 中国宝武 |
| 304 | 张江鸣 | 男 | 宝钢股份武钢有限炼铁厂烧结分厂四烧结作业区 | 优秀员工 | 中国宝武 |
| 305 | 王　骞 | 男 | 宝钢股份武钢有限炼铁厂原料分厂点检二作业区 | 优秀员工 | 中国宝武 |
| 306 | 谭志强 | 男 | 宝钢股份武钢有限炼钢厂三炼钢分厂设备运行作业区 | 优秀员工 | 中国宝武 |
| 307 | 于水生 | 男 | 宝钢股份武钢有限炼钢厂四炼钢分厂甲班连铸作业区 | 优秀员工 | 中国宝武 |

| 序号 | 姓　名 | 性　别 | 单　　　位 | 荣誉称号 | 授予单位 |
|------|--------|--------|-----------|---------|---------|
| 308 | 彭长福 | 男 | 宝钢股份武钢有限炼钢厂二炼钢分厂转炉点检作业区 | 优秀员工 | 中国宝武 |
| 309 | 梅志刚 | 男 | 宝钢股份武钢有限条材厂大型维保车间 | 优秀员工 | 中国宝武 |
| 310 | 胡红九 | 男 | 宝钢股份武钢有限条材厂薄板坯连铸连轧分厂连铸白班作业区 | 优秀员工 | 中国宝武 |
| 311 | 郭　霏 | 男 | 宝钢股份武钢有限条材厂一炼钢分厂连铸乙班作业区 | 优秀员工 | 中国宝武 |
| 312 | 高朝辉 | 男 | 宝钢股份武钢有限热轧厂三分厂 | 优秀员工 | 中国宝武 |
| 313 | 朱　凯 | 男 | 宝钢股份武钢有限热轧厂二分厂精卷机械点检作业区 | 优秀员工 | 中国宝武 |
| 314 | 文小芳 | 男 | 宝钢股份武钢有限硅钢部设备管理室 | 优秀员工 | 中国宝武 |
| 315 | 许汉庆 | 男 | 宝钢股份武钢有限硅钢部四分厂环形炉四作业区 | 优秀员工 | 中国宝武 |
| 316 | 周小舟 | 男 | 宝钢股份武钢有限冷轧厂生产技术室 | 优秀员工 | 中国宝武 |
| 317 | 刘　傲 | 男 | 宝钢股份武钢有限冷轧厂设备管理室点检作业区 | 优秀员工 | 中国宝武 |
| 318 | 梁　晖 | 男 | 宝钢股份武钢有限冷轧厂轧钢分厂生产作业区 | 优秀员工 | 中国宝武 |
| 319 | 林骏森 | 男 | 宝钢股份武钢有限质检中心运维作业区 | 优秀员工 | 中国宝武 |
| 320 | 吴　彬 | 男 | 宝钢股份武钢有限焦化公司炼焦分厂焦炉五作业区甲班 | 优秀员工 | 中国宝武 |
| 321 | 马　锋 | 男 | 宝钢股份武钢有限气体公司 | 优秀员工 | 中国宝武 |
| 322 | 刘村强 | 男 | 宝钢股份武钢有限检修中心机修一分厂准备作业区 | 优秀员工 | 中国宝武 |
| 323 | 董建武 | 男 | 宝钢股份武钢有限武钢新日铁（武汉）镀锡板有限公司（WINSteel）设备部 | 优秀员工 | 中国宝武 |
| 324 | 张钟祎 | 女 | 宝钢股份武钢有限人力资源部 | 优秀员工 | 中国宝武 |

| 序号 | 姓　名 | 性　别 | 单　　位 | 荣誉称号 | 授予单位 |
|------|--------|--------|----------|----------|----------|
| 325 | 苏　威 | 男 | 宝钢股份湛江钢铁炼铁厂 | 优秀员工 | 中国宝武 |
| 326 | 王冬冬 | 男 | 宝钢股份湛江钢铁热轧厂 | 优秀员工 | 中国宝武 |
| 327 | 王广科 | 男 | 宝钢股份湛江钢铁厚板厂轧钢综合作业区 | 优秀员工 | 中国宝武 |
| 328 | 雷孝凯 | 男 | 宝钢股份湛江钢铁冷轧厂 | 优秀员工 | 中国宝武 |
| 329 | 赵　忍 | 男 | 宝钢股份湛江钢铁制造管理部 | 优秀员工 | 中国宝武 |
| 330 | 韦光赞 | 男 | 宝钢股份湛江钢铁设备部土建炉窑作业区 | 优秀员工 | 中国宝武 |
| 331 | 邓龙兴 | 男 | 宝钢股份湛江钢铁能源环保部发电单元一号发电作业区 | 优秀员工 | 中国宝武 |
| 332 | 戚国达 | 男 | 宝钢股份湛江钢铁物流部 | 优秀员工 | 中国宝武 |
| 333 | 明　伟 | 男 | 宝钢股份梅钢公司冷轧厂酸轧作业区酸轧乙班 | 优秀员工 | 中国宝武 |
| 334 | 王敏一 | 男 | 宝钢股份梅钢公司热轧厂精整综合管理作业区 | 优秀员工 | 中国宝武 |
| 335 | 张正联 | 男 | 宝钢股份梅钢公司炼铁厂 | 优秀员工 | 中国宝武 |
| 336 | 刘　建 | 男 | 宝钢股份梅钢公司能源环保部设备室电仪作业区 | 优秀员工 | 中国宝武 |
| 337 | 杨佳明 | 男 | 宝钢股份梅钢公司运输部工艺作业区工艺丙班 | 优秀员工 | 中国宝武 |
| 338 | 陈文华 | 男 | 宝钢股份梅钢公司热电厂动力作业区 | 优秀员工 | 中国宝武 |
| 339 | 张剑锋 | 男 | 宝钢股份梅钢公司矿业分公司提运分厂主井作业区皮带班 | 优秀员工 | 中国宝武 |
| 340 | 邹　亮 | 男 | 宝钢股份梅钢公司设备分公司轧钢机械检修保障部板粗作业区检修四班 | 优秀员工 | 中国宝武 |
| 341 | 李政学 | 男 | 宝钢股份梅钢公司新事业分公司高炉原料日班管理作业区维护组 | 优秀员工 | 中国宝武 |
| 342 | 陈　章 | 男 | 宝钢股份梅钢公司资源分公司生产技术室 | 优秀员工 | 中国宝武 |
| 343 | 赵卫平 | 男 | 宝钢股份梅钢公司市政分公司技术管理室 | 优秀员工 | 中国宝武 |

（续　表）

| 序号 | 姓　名 | 性　别 | 单　位 | 荣誉称号 | 授予单位 |
|------|--------|--------|--------|----------|----------|
| 344 | 方　玮 | 男 | 宝钢股份梅钢公司梅山医院骨科 | 优秀员工 | 中国宝武 |
| 345 | 王宏学 | 男 | 宝钢股份梅钢公司设备部自动化二室冷轧自动化作业区 | 优秀员工 | 中国宝武 |
| 346 | 郭　岩 | 男 | 宝钢股份梅钢公司安全管理部 | 优秀员工 | 中国宝武 |
| 347 | 管昌明 | 男 | 宝钢股份梅钢公司制造部生产计划室 | 优秀员工 | 中国宝武 |
| 348 | 李　梁 | 男 | 宝钢股份梅钢公司能源环保部能源调度作业区 | 优秀员工 | 中国宝武 |
| 349 | 李　青 | 男 | 宝钢股份制造管理部薄板工序质量室 | 优秀员工 | 中国宝武 |
| 350 | 贾　宏 | 男 | 宝钢股份制造管理部 | 优秀员工 | 中国宝武 |
| 351 | 王　珏 | 女 | 宝钢股份设备部 | 优秀员工 | 中国宝武 |
| 352 | 方　喆 | 男 | 宝钢股份能源环保部能源中心 | 优秀员工 | 中国宝武 |
| 353 | 全　瑾 | 女 | 宝钢股份原料采购中心矿石室 | 优秀员工 | 中国宝武 |
| 354 | 卢　凯 | 男 | 宝钢股份设备资材采购中心智能装备室 | 优秀员工 | 中国宝武 |
| 355 | 黄　钢 | 男 | 宝钢股份营销中心镀锡产品室 | 优秀员工 | 中国宝武 |
| 356 | 葛常松 | 男 | 宝钢股份规划与科技部 | 优秀员工 | 中国宝武 |
| 357 | 金鑫焱 | 男 | 宝钢股份中央研究院 | 优秀员工 | 中国宝武 |
| 358 | 邹德辉 | 男 | 宝钢股份中央研究院武汉分院宽厚板研究所 | 优秀员工 | 中国宝武 |
| 359 | 郑　超 | 男 | 宝钢股份宝钢国际工会 | 优秀员工 | 中国宝武 |
| 360 | 张　伟 | 男 | 宝钢股份宝钢国际郑州宝钢钢材加工配送有限公司生产部 | 优秀员工 | 中国宝武 |
| 361 | 付　冠 | 男 | 宝钢股份宝钢国际长春一汽宝友钢材加工配送有限公司 | 优秀员工 | 中国宝武 |
| 362 | 孙　为 | 女 | 宝钢股份宝钢国际上海宝钢钢材贸易有限公司 | 优秀员工 | 中国宝武 |
| 363 | 林　斌 | 男 | 宝钢股份宝钢国际东莞宝钢特殊钢加工配送有限公司 | 优秀员工 | 中国宝武 |

（续　表）

| 序号 | 姓　名 | 性　别 | 单　　位 | 荣誉称号 | 授予单位 |
|---|---|---|---|---|---|
| 364 | 代小东 | 男 | 宝钢股份宝钢国际生产部 | 优秀员工 | 中国宝武 |
| 365 | 吴佳男 | 男 | 宝钢股份宝钢国际烟台宝井钢材加工有限公司 | 优秀员工 | 中国宝武 |
| 366 | 李　祥 | 男 | 宝钢股份黄石涂镀板有限公司设备管理部 | 优秀员工 | 中国宝武 |
| 367 | 林　斌 | 男 | 宝钢股份广州JFE钢板有限公司营管室 | 优秀员工 | 中国宝武 |
| 368 | 柯华胜 | 男 | 宝钢股份广州JFE钢板有限公司制造部设备室 | 优秀员工 | 中国宝武 |
| 369 | 史　原 | 男 | 宝钢股份宝钢新加坡有限公司 | 优秀员工 | 中国宝武 |
| 370 | 徐　韬 | 男 | 八一钢铁炼钢厂第二炼钢分厂 | 优秀员工 | 中国宝武 |
| 371 | 唐　勇 | 男 | 八一钢铁轧钢厂棒线分厂 | 优秀员工 | 中国宝武 |
| 372 | 徐贤丰 | 男 | 八一钢铁新疆八钢金属制品有限公司陕西板簧生产技术部 | 优秀员工 | 中国宝武 |
| 373 | 高荏翔 | 男 | 八一钢铁新疆钢铁雅满苏矿业有限责任公司 | 优秀员工 | 中国宝武 |
| 374 | 徐保磊 | 男 | 八一钢铁焦煤集团1890煤矿 | 优秀员工 | 中国宝武 |
| 375 | 孔侦峰 | 男 | 八一钢铁销售部 | 优秀员工 | 中国宝武 |
| 376 | 关敬国 | 男 | 八一钢铁互利安康公司 | 优秀员工 | 中国宝武 |
| 377 | 李　轩 | 男 | 八一钢铁德勤互力公司检修工程部备修作业区 | 优秀员工 | 中国宝武 |
| 378 | 张　勇 | 男 | 八一钢铁销售部中厚板产品室 | 优秀员工 | 中国宝武 |
| 379 | 李安新 | 男 | 八一钢铁物流运输分公司 | 优秀员工 | 中国宝武 |
| 380 | 邱向东 | 男 | 八一钢铁八钢股份炼铁厂焦化分厂 | 优秀员工 | 中国宝武 |
| 381 | 汤　辉 | 男 | 八一钢铁炼钢厂第二炼钢分厂维护作业区 | 优秀员工 | 中国宝武 |
| 382 | 曹代明 | 男 | 八一钢铁轧钢中厚板分厂 | 优秀员工 | 中国宝武 |
| 383 | 杨　静 | 男 | 八一钢铁德勤互力公司工业运营中心行车维护作业区 | 优秀员工 | 中国宝武 |
| 384 | 陈志国 | 男 | 八一钢铁新疆八钢物业有限责任公司生产部 | 优秀员工 | 中国宝武 |

（续　表）

| 序号 | 姓　名 | 性　别 | 单　位 | 荣誉称号 | 授予单位 |
|---|---|---|---|---|---|
| 385 | 陈文凯 | 男 | 八一钢铁物流运输分公司铁路运输部维护管理区 | 优秀员工 | 中国宝武 |
| 386 | 朱　亮 | 男 | 八一钢铁新疆八钢国际贸易股份有限公司 | 优秀员工 | 中国宝武 |
| 387 | 刘　旭 | 女 | 八一钢铁能源中心制氧分厂 | 优秀员工 | 中国宝武 |
| 388 | 姬红磊 | 男 | 八一钢铁八钢股份制造管理部 | 优秀员工 | 中国宝武 |
| 389 | 苗全年 | 男 | 八一钢铁乌鲁木齐互力众安安全技术咨询服务有限公司 | 优秀员工 | 中国宝武 |
| 390 | 陈学艳 | 女 | 八一钢铁新疆钢城房地产开发有限公司销售部 | 优秀员工 | 中国宝武 |
| 391 | 顾新华 | 男 | 八一钢铁巴州敦德矿业有限责任公司敦德选矿厂 | 优秀员工 | 中国宝武 |
| 392 | 张新鹏 | 男 | 八一钢铁南疆钢铁焦化厂 | 优秀员工 | 中国宝武 |
| 393 | 刘爱涛 | 男 | 韶关钢铁特轧厂设备管理室 | 优秀员工 | 中国宝武 |
| 394 | 张　鑫 | 男 | 韶关钢铁韶钢工程 | 优秀员工 | 中国宝武 |
| 395 | 肖　慧 | 男 | 韶关钢铁炼铁厂 | 优秀员工 | 中国宝武 |
| 396 | 黄　恺 | 男 | 韶关钢铁炼铁厂 | 优秀员工 | 中国宝武 |
| 397 | 曾　涛 | 男 | 韶关钢铁炼钢厂 | 优秀员工 | 中国宝武 |
| 398 | 戴文笠 | 男 | 韶关钢铁特轧厂 | 优秀员工 | 中国宝武 |
| 399 | 徐城亮 | 男 | 韶关钢铁特轧厂 | 优秀员工 | 中国宝武 |
| 400 | 张祖江 | 男 | 韶关钢铁特轧厂 | 优秀员工 | 中国宝武 |
| 401 | 刘贵安 | 男 | 韶关钢铁能源环保部 | 优秀员工 | 中国宝武 |
| 402 | 王碧涛 | 男 | 韶关钢铁能源环保部 | 优秀员工 | 中国宝武 |
| 403 | 贺家栋 | 男 | 韶关钢铁物流部 | 优秀员工 | 中国宝武 |
| 404 | 陈智武 | 男 | 韶关钢铁营销中心营销管理部 | 优秀员工 | 中国宝武 |
| 405 | 王　岩 | 男 | 韶关钢铁检测中心 | 优秀员工 | 中国宝武 |
| 406 | 郑继平 | 男 | 韶关钢铁安全保卫部 | 优秀员工 | 中国宝武 |
| 407 | 寻忠忠 | 男 | 韶关钢铁制造管理部 | 优秀员工 | 中国宝武 |
| 408 | 黄智坚 | 男 | 韶关钢铁韶钢工程 | 优秀员工 | 中国宝武 |
| 409 | 陈宇曦 | 男 | 韶关钢铁昆仑科技 | 优秀员工 | 中国宝武 |

（续　表）

| 序号 | 姓　名 | 性　别 | 单　　位 | 荣誉称号 | 授予单位 |
|------|--------|--------|----------|----------|----------|
| 410 | 王　君 | 男 | 韶关钢铁华欣环保 | 优秀员工 | 中国宝武 |
| 411 | 朱长胜 | 男 | 韶关钢铁韶钢嘉羊 | 优秀员工 | 中国宝武 |
| 412 | 周　平 | 男 | 上海不锈资产管理部 | 优秀员工 | 中国宝武 |
| 413 | 金晓蓉 | 男 | 上海不锈能源环保部 | 优秀员工 | 中国宝武 |
| 414 | 许　斌 | 男 | 宝钢特钢检测中心 | 优秀员工 | 中国宝武 |
| 415 | 黄亚林 | 男 | 宝钢特钢能源中心 | 优秀员工 | 中国宝武 |
| 416 | 黄海燕 | 女 | 宝钢特钢制造管理部 | 优秀员工 | 中国宝武 |
| 417 | 王东华 | 男 | 宝钢特钢钢管厂 | 优秀员工 | 中国宝武 |
| 418 | 高　雯 | 女 | 宝武特冶产销研运营中心 | 优秀员工 | 中国宝武 |
| 419 | 王　亮 | 男 | 宝武特冶装备保障部作业长 | 优秀员工 | 中国宝武 |
| 420 | 顾耀东 | 男 | 宝武特冶精密合金分厂 | 优秀员工 | 中国宝武 |
| 421 | 朱学春 | 男 | 宝钢德盛第一粗炼厂设备工段 | 优秀员工 | 中国宝武 |
| 422 | 徐　鹏 | 男 | 宝钢德盛第二粗炼厂设备管理室 | 优秀员工 | 中国宝武 |
| 423 | 罗贤才 | 男 | 宝钢德盛带钢厂轧钢工段轧钢班 | 优秀员工 | 中国宝武 |
| 424 | 陈朝敬 | 男 | 宝钢德盛冷轧厂设备工段设备技术组 | 优秀员工 | 中国宝武 |
| 425 | 孙继超 | 男 | 宝钢德盛检修分公司维修工段机械维修一班 | 优秀员工 | 中国宝武 |
| 426 | 洪　焱 | 男 | 宝钢德盛制造管理部设备管理室 | 优秀员工 | 中国宝武 |
| 427 | 闫　肖 | 男 | 宝钢德盛工程动力部能源管控中心 | 优秀员工 | 中国宝武 |
| 428 | 李　凯 | 男 | 宝钢德盛营销中心驻外办事处 | 优秀员工 | 中国宝武 |
| 429 | 傅　亮 | 男 | 宁波宝新经营财务部 | 优秀员工 | 中国宝武 |
| 430 | 傅哲平 | 男 | 宁波宝新二轧钢机组 | 优秀员工 | 中国宝武 |
| 431 | 赖全忠 | 男 | 宁波宝新制造管理部 | 优秀员工 | 中国宝武 |
| 432 | 张　斌 | 男 | 鄂城钢铁炼钢厂运行车间 | 优秀员工 | 中国宝武 |
| 433 | 梁　献 | 男 | 鄂城钢铁焦化公司自动化室 | 优秀员工 | 中国宝武 |

| 序号 | 姓　名 | 性　别 | 单　　位 | 荣誉称号 | 授予单位 |
|---|---|---|---|---|---|
| 434 | 李永生 | 男 | 鄂城钢铁宽板事业部热轧车间 | 优秀员工 | 中国宝武 |
| 435 | 郭　勇 | 男 | 鄂城钢铁轧材厂棒一热轧车间 | 优秀员工 | 中国宝武 |
| 436 | 张　武 | 男 | 鄂城钢铁炼钢厂连铸二车间 | 优秀员工 | 中国宝武 |
| 437 | 张明莹 | 男 | 鄂城钢铁物流分公司维修车间 | 优秀员工 | 中国宝武 |
| 438 | 赵德涛 | 男 | 鄂城钢铁计控检测中心仪表车间 | 优秀员工 | 中国宝武 |
| 439 | 金国勇 | 男 | 鄂城钢铁能源动力厂动力车间 | 优秀员工 | 中国宝武 |
| 440 | 刘　庆 | 男 | 鄂城钢铁制氧厂设备保障部 | 优秀员工 | 中国宝武 |
| 441 | 尹泽鹏 | 男 | 鄂城钢铁盛事达公司绿化实业分公司 | 优秀员工 | 中国宝武 |
| 442 | 严家平 | 男 | 宝武炭材梅山分公司萘酚作业区 | 优秀员工 | 中国宝武 |
| 443 | 周　超 | 男 | 宝武炭材宝汇环境 | 优秀员工 | 中国宝武 |
| 444 | 毛伟光 | 男 | 宝武炭材宝化湛江设备管理部 | 优秀员工 | 中国宝武 |
| 445 | 李建文 | 男 | 宝武炭材武汉聚焦精化工有限责任公司检修作业区 | 优秀员工 | 中国宝武 |
| 446 | 刘春法 | 男 | 宝武炭材化工研究院 | 优秀员工 | 中国宝武 |
| 447 | 杨建龙 | 男 | 宝钢资源办公室 | 优秀员工 | 中国宝武 |
| 448 | 尹辉荣 | 男 | 宝钢资源人力资源（党委组织部） | 优秀员工 | 中国宝武 |
| 449 | 刘晓琼 | 女 | 宝钢资源矿山运营单元 | 优秀员工 | 中国宝武 |
| 450 | 殷　文 | 女 | 宝钢资源公共关系单元 | 优秀员工 | 中国宝武 |
| 451 | 王静楠 | 女 | 宝钢资源合同管理单元 | 优秀员工 | 中国宝武 |
| 452 | 王光明 | 男 | 宝钢金属南通宝钢制品维保作业区电工组 | 优秀员工 | 中国宝武 |
| 453 | 王玲杰 | 男 | 宝钢金属宝钢型钢精密型材事业部 | 优秀员工 | 中国宝武 |
| 454 | 段军科 | 男 | 宝钢金属武汉钢铁江北集团冷弯型钢有限公司生产技术部 | 优秀员工 | 中国宝武 |
| 455 | 王　丹 | 女 | 宝钢金属宝武轻材（武汉）有限公司精密带钢厂精轧分厂 | 优秀员工 | 中国宝武 |

| 序号 | 姓　名 | 性　别 | 单　　位 | 荣誉称号 | 授予单位 |
|---|---|---|---|---|---|
| 456 | 高　翔 | 男 | 宝钢金属南京宝日钢丝生产部 | 优秀员工 | 中国宝武 |
| 457 | 沈佳星 | 男 | 宝钢工程宝钢建筑运营管理部 | 优秀员工 | 中国宝武 |
| 458 | 施　丹 | 男 | 宝钢工程工程技术事业本部热轧钢管事业部产品室 | 优秀员工 | 中国宝武 |
| 459 | 羊　韵 | 女 | 宝钢工程宝钢节能环保室 | 优秀员工 | 中国宝武 |
| 460 | 宋明中 | 男 | 宝钢工程宝钢技术检测诊断事业部 | 优秀员工 | 中国宝武 |
| 461 | 励　军 | 男 | 宝钢工程宝钢技术耐材事业部高炉长寿技术中心 | 优秀员工 | 中国宝武 |
| 462 | 王卫明 | 男 | 宝钢工程宝钢钢构国内事业部 | 优秀员工 | 中国宝武 |
| 463 | 丁　辉 | 男 | 宝钢工程宝钢轧辊营销本部 | 优秀员工 | 中国宝武 |
| 464 | 苏　晔 | 男 | 宝钢工程宝钢咨询招标第三事业部 | 优秀员工 | 中国宝武 |
| 465 | 左金建 | 男 | 宝钢工程法务部 | 优秀员工 | 中国宝武 |
| 466 | 王　婧 | 女 | 华宝基金 | 优秀员工 | 中国宝武 |
| 467 | 何　峰 | 男 | 华宝都鼎（上海）融资租赁有限公司业务一部 | 优秀员工 | 中国宝武 |
| 468 | 罗　飞 | 男 | 华宝（上海）股权投资基金管理有限公司投管部 | 优秀员工 | 中国宝武 |
| 469 | 杨　宇 | 男 | 华宝证券研究创新部 | 优秀员工 | 中国宝武 |
| 470 | 刘　念 | 女 | 宝钢发展制造服务事业部 | 优秀员工 | 中国宝武 |
| 471 | 唐肖清 | 女 | 宝钢发展上海丰宝综合经营有限公司综合管理部 | 优秀员工 | 中国宝武 |
| 472 | 顾伟敏 | 男 | 宝钢发展餐饮管理分公司人才开发院餐厅 | 优秀员工 | 中国宝武 |
| 473 | 王　琪 | 男 | 宝钢发展上海源康物业管理有限公司商办物业部指挥中心大楼项目部 | 优秀员工 | 中国宝武 |
| 474 | 林义蓉 | 女 | 宝钢发展职业健康公司 | 优秀员工 | 中国宝武 |
| 475 | 奚　睿 | 男 | 宝钢发展上海置业分公司 | 优秀员工 | 中国宝武 |
| 476 | 江　波 | 男 | 宝钢发展宝钢国旅 | 优秀员工 | 中国宝武 |
| 477 | 施锦峰 | 男 | 宝信软件轨道交通事业本部 | 优秀员工 | 中国宝武 |

（续 表）

| 序号 | 姓 名 | 性 别 | 单 位 | 荣誉称号 | 授予单位 |
|------|-------|-------|--------|----------|----------|
| 478 | 方 华 | 男 | 宝信软件信息化事业本部 | 优秀员工 | 中国宝武 |
| 479 | 金文权 | 男 | 宝信软件云应用事业本部 | 优秀员工 | 中国宝武 |
| 480 | 戴小木 | 男 | 宝信软件梅山设计院 | 优秀员工 | 中国宝武 |
| 481 | 姜 宁 | 男 | 宝信软件深圳分公司 | 优秀员工 | 中国宝武 |
| 482 | 施 灵 | 女 | 宝信软件营销本部 | 优秀员工 | 中国宝武 |
| 483 | 陶飞嵘 | 男 | 宝信软件上海宝景信息技术发展有限公司 | 优秀员工 | 中国宝武 |
| 484 | 朱秋平 | 男 | 宝信软件智慧城市事业本部 | 优秀员工 | 中国宝武 |
| 485 | 曾文权 | 男 | 宝信软件湛江分公司 | 优秀员工 | 中国宝武 |
| 486 | 朱 芬 | 女 | 宝信软件武钢工程技术集团信息化事业部 | 优秀员工 | 中国宝武 |
| 487 | 李谋志 | 男 | 宝地资产广东宝钢置业有限公司 | 优秀员工 | 中国宝武 |
| 488 | 陈 卫 | 男 | 宝地资产成本合约部 | 优秀员工 | 中国宝武 |
| 489 | 孙家国 | 男 | 宝地资产十钢新华众创空间管理有限公司 | 优秀员工 | 中国宝武 |
| 490 | 顾海燕 | 女 | 宝地资产寓舍事业部 | 优秀员工 | 中国宝武 |
| 491 | 王丽萍 | 女 | 宝地资产一钢公司综合管理办公室 | 优秀员工 | 中国宝武 |
| 492 | 徐勤硕 | 男 | 宝地资产浦钢公司人员管理服务中心 | 优秀员工 | 中国宝武 |
| 493 | 柏 桦 | 男 | 欧冶云商西部分公司 | 优秀员工 | 中国宝武 |
| 494 | 王彦杰 | 男 | 欧冶云商华中分公司 | 优秀员工 | 中国宝武 |
| 495 | 徐 稀 | 男 | 欧冶云商技术中心 | 优秀员工 | 中国宝武 |
| 496 | 沈秀珍 | 女 | 欧冶云商上海宝钢宝山钢材贸易有限公司 | 优秀员工 | 中国宝武 |
| 497 | 袁铭伟 | 男 | 欧冶云商欧冶材料资源配置部 | 优秀员工 | 中国宝武 |
| 498 | 叶晓欢 | 男 | 欧冶云商上海钢铁交易中心有限公司 | 优秀员工 | 中国宝武 |
| 499 | 王智铭 | 男 | 欧冶云商上海欧冶物流股份有限公司 | 优秀员工 | 中国宝武 |

（续　表）

| 序号 | 姓　名 | 性　别 | 单　位 | 荣誉称号 | 授予单位 |
|---|---|---|---|---|---|
| 500 | 陈　煜 | 男 | 欧冶云商营销中心 | 优秀员工 | 中国宝武 |
| 501 | 刘　杏 | 女 | 欧冶云商运营中心 | 优秀员工 | 中国宝武 |
| 502 | 管　经 | 男 | 宝武环科工业环境保障部 | 优秀员工 | 中国宝武 |
| 503 | 吴永杰 | 男 | 宝武环科转底炉事业部 | 优秀员工 | 中国宝武 |
| 504 | 朱盼星 | 男 | 宝武环科武汉钢铁集团金属资源有限责任公司粉末冶金分厂生产检验作业区 | 优秀员工 | 中国宝武 |
| 505 | 曾　粤 | 男 | 宝武环科宝钢建材 | 优秀员工 | 中国宝武 |
| 506 | 施建明 | 男 | 宝钢包装上海宝钢印铁有限公司 | 优秀员工 | 中国宝武 |
| 507 | 田力洪 | 男 | 宝钢包装河南宝钢制罐有限公司 | 优秀员工 | 中国宝武 |
| 508 | 周俊陵 | 男 | 宝钢包装上海宝钢制盖有限公司工程部 | 优秀员工 | 中国宝武 |
| 509 | 袁　政 | 男 | 武汉耐材销售公司 | 优秀员工 | 中国宝武 |
| 510 | 卢　杰 | 男 | 武汉耐材市场运营部市场运营部 | 优秀员工 | 中国宝武 |
| 511 | 张胜娥 | 女 | 中国宝武服务业发展中心 | 优秀员工 | 中国宝武 |
| 512 | 孙纪鹏 | 男 | 中国宝武战略规划部 | 优秀员工 | 中国宝武 |
| 513 | 秦　雷 | 男 | 中国宝武党委组织部、人力资源部 | 优秀员工 | 中国宝武 |
| 514 | 郑　宁 | 男 | 中国宝武公司治理部 | 优秀员工 | 中国宝武 |
| 515 | 胡忠英 | 男 | 宝武党校、宝武管理学院 | 优秀员工 | 中国宝武 |
| 516 | 王丽娟 | 女 | 中国宝武运营共享服务中心运营管理室 | 优秀员工 | 中国宝武 |
| 517 | 庄　伟 | 男 | 宝钢特钢炼钢厂 | 2017年度全国青年岗位能手标兵 | 共青团中央、人力资源和社会保障部 |
| 518 | 汪　瑾 | 女 | 宝钢工程经营财务部 | 2017年度全国青年岗位能手 | 共青团中央、人力资源和社会保障部 |
| 519 | 陈　磊 | 男 | 宝钢股份能源环保部 | 2017年度全国青年岗位能手 | 共青团中央、人力资源和社会保障部 |

（续　表）

| 序号 | 姓　名 | 性　别 | 单　　　位 | 荣誉称号 | 授予单位 |
|---|---|---|---|---|---|
| 520 | 张　帆 | 男 | 宝钢股份湛江钢铁炼铁厂 | 2017年度全国青年岗位能手 | 共青团中央、人力资源和社会保障部 |
| 521 | 卜志胜 | 男 | 八一钢铁八钢股份制造管理部 | 2017年度全国青年岗位能手 | 共青团中央、人力资源和社会保障部 |
| 522 | 程　龙 | 男 | 鄂城钢铁炼钢厂 | 2017年度全国青年岗位能手 | 共青团中央、人力资源和社会保障部 |
| 523 | 宋　俊 | 男 | 宝钢股份硅钢部轧钢分厂 | 2017年度上海市青年五四奖章个人标兵 | 共青团上海市委员会、上海市人力资源和社会保障局 |
| 524 | 唐　磊 | 男 | 宝钢工程办公室 | 2017年度上海市优秀共青团员 | 共青团上海市委员会 |
| 525 | 李正强 | 男 | 宝钢股份团委 | 2017年度上海市优秀共青团干部 | 共青团上海市委员会 |
| 526 | 吴　文 | 男 | 宝钢工程宝钢技术湛江分公司 | 2017年度全国钢铁行业优秀共青团员 | 全国钢铁行业共青团工作指导和推进委员会 |
| 527 | 肖金伟 | 男 | 武钢集团武钢实业 | 2017年度全国钢铁行业优秀共青团员 | 全国钢铁行业共青团工作指导和推进委员会 |
| 528 | 李　钊 | 男 | 宝钢股份武钢有限硅钢部 | 2017年度全国钢铁行业优秀共青团员 | 全国钢铁行业共青团工作指导和推进委员会 |
| 529 | 唐启尚 | 男 | 宝钢股份湛江钢铁能源环保部 | 2017年度全国钢铁行业优秀共青团员 | 全国钢铁行业共青团工作指导和推进委员会 |
| 530 | 李战旗 | 男 | 宝钢股份梅钢公司炼钢厂 | 2017年度全国钢铁行业优秀共青团员 | 全国钢铁行业共青团工作指导和推进委员会 |
| 531 | 林宇发 | 男 | 宝钢金属宝钢气体湛江宝粤气体公司 | 2017年度全国钢铁行业优秀共青团员 | 全国钢铁行业共青团工作指导和推进委员会 |
| 532 | 李韶飞 | 男 | 欧冶云商上海钢铁交易中心有限公司 | 2017年度全国钢铁行业优秀共青团员 | 全国钢铁行业共青团工作指导和推进委员会 |
| 533 | 范　恒 | 男 | 宝信软件信息化事业本部 | 2017年度全国钢铁行业优秀共青团员 | 全国钢铁行业共青团工作指导和推进委员会 |
| 534 | 徐　劼 | 男 | 宝钢特钢综合管理室 | 2017年度全国钢铁行业优秀共青团干部标兵 | 全国钢铁行业共青团工作指导和推进委员会 |
| 535 | 李金斗 | 男 | 宝钢股份宝钢国际 | 2017年度全国钢铁行业优秀共青团干部 | 全国钢铁行业共青团工作指导和推进委员会 |

（续　表）

| 序号 | 姓　名 | 性　别 | 单　　位 | 荣誉称号 | 授予单位 |
|---|---|---|---|---|---|
| 536 | 姚　瑶 | 女 | 武钢集团武钢物流 | 2017年度全国钢铁行业优秀共青团干部 | 全国钢铁行业共青团工作指导和推进委员会 |
| 537 | 张逸卿 | 女 | 宝钢工程宝钢节能 | 2017年度全国钢铁行业优秀共青团干部 | 全国钢铁行业共青团工作指导和推进委员会 |
| 538 | 王彦杰 | 男 | 宝钢股份硅钢部 | 2017年度全国钢铁行业优秀共青团干部 | 全国钢铁行业共青团工作指导和推进委员会 |
| 539 | 刘　轲 | 男 | 韶关钢铁团委 | 2017年度全国钢铁行业优秀共青团干部 | 全国钢铁行业共青团工作指导和推进委员会 |
| 540 | 周　瑾 | 女 | 中国宝武团委 | 2017年度全国钢铁行业"青安杯"竞赛最佳组织者 | 全国钢铁行业共青团工作指导和推进委员会 |
| 541 | 徐　泽 | 男 | 宝钢发展制造服务事业部 | 2017年度全国钢铁行业"青安杯"竞赛最佳青年安全监督岗岗长（员） | 全国钢铁行业共青团工作指导和推进委员会 |
| 542 | 李继恒 | 男 | 八一钢铁能源中心 | 2017年度全国钢铁行业"青安杯"竞赛最佳青年安全监督岗岗长（员） | 全国钢铁行业共青团工作指导和推进委员会 |
| 543 | 贺年平 | 男 | 宝钢包装武汉宝钢包装有限公司 | 2017年度全国钢铁行业"青安杯"竞赛最佳青年安全监督岗岗长（员） | 全国钢铁行业共青团工作指导和推进委员会 |
| 544 | 季建斌 | 男 | 宝钢工程宝钢轧辊 | 2017年度全国钢铁行业"青安杯"竞赛最佳青年安全监督岗岗长（员） | 全国钢铁行业共青团工作指导和推进委员会 |
| 545 | 姚振园 | 女 | 鄂城钢铁炼钢厂 | 2017年度全国钢铁行业"青安杯"竞赛最佳青年安全监督岗岗长（员） | 全国钢铁行业共青团工作指导和推进委员会 |
| 546 | 孙　琦 | 女 | 鄂城钢铁能源动力厂 | 2017年度全国钢铁行业"青安杯"竞赛最佳青年安全监督岗岗长（员） | 全国钢铁行业共青团工作指导和推进委员会 |
| 547 | 叶　星 | 男 | 宝武炭材梅山分公司 | 2017年度全国钢铁行业"青安杯"竞赛最佳青年安全监督岗岗长（员） | 全国钢铁行业共青团工作指导和推进委员会 |
| 548 | 朱发群 | 男 | 宝钢德盛第一粗炼厂 | 2017年度全国钢铁行业"青安杯"竞赛最佳青年安全监督岗岗长（员） | 全国钢铁行业共青团工作指导和推进委员会 |

| 序号 | 姓　名 | 性　别 | 单　　　位 | 荣誉称号 | 授予单位 |
|---|---|---|---|---|---|
| 549 | 李晓杰 | 男 | 韶关钢铁物流部 | 2017年度全国钢铁行业"青安杯"竞赛最佳青年安全监督岗岗长（员） | 全国钢铁行业共青团工作指导和推进委员会 |
| 550 | 杨荣捷 | 男 | 宝钢股份宝日汽车板 | 2017年度全国钢铁行业"青安杯"竞赛最佳青年安全监督岗岗长（员） | 全国钢铁行业共青团工作指导和推进委员会 |
| 551 | 徐智俊 | 男 | 宝钢股份钢管条钢事业部 | 2017年度全国钢铁行业"青安杯"竞赛最佳青年安全监督岗岗长（员） | 全国钢铁行业共青团工作指导和推进委员会 |
| 552 | 金智慧 | 男 | 宝钢股份冷轧厂 | 2017年度全国钢铁行业"青安杯"竞赛最佳青年安全监督岗岗长（员） | 全国钢铁行业共青团工作指导和推进委员会 |
| 553 | 丁建军 | 男 | 宝钢股份梅钢公司运输部 | 2017年度全国钢铁行业"青安杯"竞赛最佳青年安全监督岗岗长（员） | 全国钢铁行业共青团工作指导和推进委员会 |
| 554 | 胡　鹏 | 男 | 宝钢股份武钢有限炼铁厂 | 2017年度全国钢铁行业"青安杯"竞赛最佳青年安全监督岗岗长（员） | 全国钢铁行业共青团工作指导和推进委员会 |
| 555 | 郑祖建 | 男 | 宝钢股份宝钢国际广州宝丰井汽车钢材加工有限公司 | 2017年度全国钢铁行业"青安杯"竞赛最佳青年安全监督岗岗长（员） | 全国钢铁行业共青团工作指导和推进委员会 |
| 556 | 张加伟 | 男 | 宝钢股份运输部 | 2017年度全国钢铁行业"青安杯"竞赛最佳青年安全监督岗岗长（员） | 全国钢铁行业共青团工作指导和推进委员会 |
| 557 | 牛田刚 | 男 | 宝钢股份湛江钢铁炼钢厂 | 2017年度全国钢铁行业"青安杯"竞赛最佳青年安全监督岗岗长（员） | 全国钢铁行业共青团工作指导和推进委员会 |
| 558 | 杨劲松 | 男 | 宝钢股份宝钢国际安徽宝钢钢材配送有限公司 | 2017年度全国钢铁行业"青安杯"竞赛先进个人 | 全国钢铁行业共青团工作指导和推进委员会 |
| 559 | 徐　铮 | 男 | 宝钢股份硅钢部 | 2017年度全国钢铁行业"青安杯"竞赛先进个人 | 全国钢铁行业共青团工作指导和推进委员会 |
| 560 | 马志芹 | 女 | 宝钢股份梅钢公司团委 | 2017年度全国钢铁行业"青安杯"竞赛先进个人 | 全国钢铁行业共青团工作指导和推进委员会 |
| 561 | 何宇鸿 | 男 | 宁波宝新设备技术室 | 2017年度全国钢铁行业"青安杯"竞赛先进个人 | 全国钢铁行业共青团工作指导和推进委员会 |
| 562 | 余载银 | 男 | 宝武炭材宝化湛江 | 2017年度全国钢铁行业"青安杯"竞赛先进个人 | 全国钢铁行业共青团工作指导和推进委员会 |

（续　表）

| 序号 | 姓　名 | 性　别 | 单　位 | 荣誉称号 | 授予单位 |
|---|---|---|---|---|---|
| 563 | 李绍梅 | 女 | 宝钢德盛综合管理室 | 2017年度全国钢铁行业"青安杯"竞赛先进个人 | 全国钢铁行业共青团工作指导和推进委员会 |
| 564 | 颜智云 | 女 | 武钢集团武钢好生活 | 2017年度全国钢铁行业"青安杯"竞赛先进个人 | 全国钢铁行业共青团工作指导和推进委员会 |
| 565 | 卜子璇 | 女 | 武钢集团青青教育 | 2017年度全国钢铁行业"青安杯"竞赛先进个人 | 全国钢铁行业共青团工作指导和推进委员会 |
| 566 | 张华磊 | 男 | 中国宝武钢铁业发展中心 | 第一届"宝武十大杰出青年" | 中国宝武 |
| 567 | 谷　琳 | 男 | 宝武炭材宝方炭材料科技有限公司 | 第一届"宝武十大杰出青年" | 中国宝武 |
| 568 | 黄俊杰 | 男 | 宝钢资源锰系创业团队 | 第一届"宝武十大杰出青年" | 中国宝武 |
| 569 | 吴木之 | 男 | 武钢集团不动产中心 | 第一届"宝武十大杰出青年" | 中国宝武 |
| 570 | 庄　伟 | 男 | 宝钢特钢炼钢厂 | 第一届"宝武十大杰出青年" | 中国宝武 |
| 571 | 强晓彬 | 男 | 宝钢股份宝日汽车板 | 第一届"宝武十大杰出青年" | 中国宝武 |
| 572 | 郭万青 | 男 | 宝钢股份硅钢部 | 第一届"宝武十大杰出青年" | 中国宝武 |
| 573 | 许慧华 | 男 | 宝钢发展上海宝钢源康物业管理有限公司 | 第一届"宝武十大杰出青年" | 中国宝武 |
| 574 | 吕　超 | 男 | 宝钢股份中央研究院 | 第一届"宝武十大杰出青年" | 中国宝武 |
| 575 | 姚　夏 | 女 | 宝钢工程动力事业部 | 第一届"宝武十大杰出青年" | 中国宝武 |
| 576 | 阿不都维力·艾拜都拉 | 男 | 八一钢铁八钢股份炼钢厂 | 第一届"宝武十大杰出青年" | 中国宝武 |
| 577 | 万　翔 | 男 | 韶关钢铁炼钢厂 | 2018年度宝武青年岗位能手标兵 | 中国宝武 |
| 578 | 王　成 | 男 | 鄂城钢铁宽板事业部 | 2018年度宝武青年岗位能手标兵 | 中国宝武 |
| 579 | 王彦辉 | 男 | 宝钢股份湛江钢铁冷轧厂 | 2018年度宝武青年岗位能手标兵 | 中国宝武 |

| 序号 | 姓　名 | 性别 | 单　　位 | 荣誉称号 | 授予单位 |
|---|---|---|---|---|---|
| 580 | 朱　俊 | 男 | 欧冶云商技术中心 | 2018年度宝武青年岗位能手标兵 | 中国宝武 |
| 581 | 朱庭锐 | 男 | 宝钢包装上海宝翼制罐有限公司 | 2018年度宝武青年岗位能手标兵 | 中国宝武 |
| 582 | 许　煜 | 男 | 宝信软件智能装备事业本部 | 2018年度宝武青年岗位能手标兵 | 中国宝武 |
| 583 | 李　龙 | 男 | 宝钢金属江苏精密钢丝 | 2018年度宝武青年岗位能手标兵 | 中国宝武 |
| 584 | 杨　洋 | 男 | 华宝基金投资部 | 2018年度宝武青年岗位能手标兵 | 中国宝武 |
| 585 | 梁兴国 | 男 | 宝钢股份热轧厂 | 2018年度宝武青年岗位能手标兵 | 中国宝武 |
| 586 | 金鑫焱 | 男 | 宝钢股份中央研究院 | 第一届"宝武十大青年先锋" | 中国宝武 |
| 587 | 秦　欢 | 男 | 宝武环科宝钢建材 | 第一届"宝武十大青年先锋" | 中国宝武 |
| 588 | 梁　峰 | 男 | 中国宝武财务部 | 第一届"宝武十大青年先锋" | 中国宝武 |
| 589 | 夏海涛 | 男 | 宝钢包装成都宝钢制罐有限公司 | 第一届"宝武十大青年先锋" | 中国宝武 |
| 590 | 向　前 | 男 | 宝钢股份武钢有限质量检验中心 | 第一届"宝武十大青年先锋" | 中国宝武 |
| 591 | 管　青 | 男 | 宝信软件上海宝康电子控制工程有限公司 | 第一届"宝武十大青年先锋" | 中国宝武 |
| 592 | 张婷婷 | 女 | 欧冶云商欧冶金服 | 第一届"宝武十大青年先锋" | 中国宝武 |
| 593 | 向　华 | 男 | 八一钢铁八钢股份制造管理部 | 第一届"宝武十大青年先锋" | 中国宝武 |
| 594 | 杨彦飞 | 男 | 宝钢股份梅钢公司炼钢厂 | 第一届"宝武十大青年先锋" | 中国宝武 |
| 595 | 黄修伟 | 男 | 武钢集团武钢实业 | 第一届"宝武十大青年先锋" | 中国宝武 |
| 596 | 毛文龙 | 男 | 宝钢德盛经营财务部 | 2018年度宝武青年岗位能手 | 中国宝武 |

| 序号 | 姓　名 | 性　别 | 单　　位 | 荣誉称号 | 授予单位 |
|---|---|---|---|---|---|
| 597 | 冯齐 | 男 | 八一钢铁八钢股份炼铁厂 | 2018年度宝武青年岗位能手 | 中国宝武 |
| 598 | 羊韵 | 女 | 宝钢工程宝钢节能 | 2018年度宝武青年岗位能手 | 中国宝武 |
| 599 | 李锐 | 男 | 宝钢金属南京宝日钢丝 | 2018年度宝武青年岗位能手 | 中国宝武 |
| 600 | 杨涛 | 男 | 韶关钢铁炼铁厂 | 2018年度宝武青年岗位能手 | 中国宝武 |
| 601 | 余淞 | 男 | 宝钢股份党委组织部 | 2018年度宝武青年岗位能手 | 中国宝武 |
| 602 | 沈志栋 | 男 | 宁波宝新设备技术室 | 2018年度宝武青年岗位能手 | 中国宝武 |
| 603 | 张昊 | 男 | 宝钢资源上海宝钢航运有限公司 | 2018年度宝武青年岗位能手 | 中国宝武 |
| 604 | 张辉 | 男 | 宝钢金属宝钢型钢 | 2018年度宝武青年岗位能手 | 中国宝武 |
| 605 | 张晓刚 | 男 | 宝武炭材设备管理部 | 2018年度宝武青年岗位能手 | 中国宝武 |
| 606 | 陆万钧 | 男 | 宝钢股份炼钢厂 | 2018年度宝武青年岗位能手 | 中国宝武 |
| 607 | 周宇 | 男 | 宝钢股份宝钢国际 | 2018年度宝武青年岗位能手 | 中国宝武 |
| 608 | 周辉 | 男 | 武汉耐材总包事业部 | 2018年度宝武青年岗位能手 | 中国宝武 |
| 609 | 赵国栋 | 男 | 宝钢特钢检测中心 | 2018年度宝武青年岗位能手 | 中国宝武 |
| 610 | 胡业灏 | 男 | 宝钢发展汽车通勤公司 | 2018年度宝武青年岗位能手 | 中国宝武 |
| 611 | 夏金魁 | 男 | 鄂城钢铁生产技术室 | 2018年度宝武青年岗位能手 | 中国宝武 |
| 612 | 徐昶辉 | 男 | 宝钢股份炼铁厂 | 2018年度宝武青年岗位能手 | 中国宝武 |
| 613 | 谈鹏 | 男 | 宝地资产宝钢集团（上海）置业有限公司 | 2018年度宝武青年岗位能手 | 中国宝武 |

| 序号 | 姓 名 | 性 别 | 单 位 | 荣誉称号 | 授予单位 |
|---|---|---|---|---|---|
| 614 | 黄祎文 | 女 | 宝钢财务公司支付结算部 | 2018年度宝武青年岗位能手 | 中国宝武 |
| 615 | 舒友亮 | 男 | 宝钢股份钢管条钢事业部 | 2018年度宝武青年岗位能手 | 中国宝武 |
| 616 | 王 玺 | 女 | 宝钢股份制造管理部 | 2018年度宝武青年岗位能手（竞赛序列） | 中国宝武 |
| 617 | 王冬冬 | 男 | 宝钢股份湛江钢铁热轧厂 | 2018年度宝武青年岗位能手（竞赛序列） | 中国宝武 |
| 618 | 王金金 | 男 | 武钢集团武钢资源 | 2018年度宝武青年岗位能手（竞赛序列） | 中国宝武 |
| 619 | 公彦良 | 男 | 宝钢股份梅钢公司能源环保部 | 2018年度宝武青年岗位能手（竞赛序列） | 中国宝武 |
| 620 | 尹振兴 | 男 | 宝钢股份炼铁厂 | 2018年度宝武青年岗位能手（竞赛序列） | 中国宝武 |
| 621 | 卢殿君 | 男 | 八一钢铁八钢股份轧钢厂 | 2018年度宝武青年岗位能手（竞赛序列） | 中国宝武 |
| 622 | 卢磊磊 | 男 | 宝钢股份梅钢公司炼铁厂 | 2018年度宝武青年岗位能手（竞赛序列） | 中国宝武 |
| 623 | 付 宝 | 男 | 宝钢股份武钢有限能源环保部 | 2018年度宝武青年岗位能手（竞赛序列） | 中国宝武 |
| 624 | 邢 聪 | 男 | 宝钢股份梅钢公司设备分公司 | 2018年度宝武青年岗位能手（竞赛序列） | 中国宝武 |
| 625 | 刘开臻 | 男 | 韶关钢铁营销中心 | 2018年度宝武青年岗位能手（竞赛序列） | 中国宝武 |
| 626 | 刘润夏 | 男 | 华宝信托机构金融一部 | 2018年度宝武青年岗位能手（竞赛序列） | 中国宝武 |
| 627 | 汤 琴 | 女 | 韶关钢铁营销中心 | 2018年度宝武青年岗位能手（竞赛序列） | 中国宝武 |
| 628 | 杜 勇 | 男 | 宝武炭材安保部 | 2018年度宝武青年岗位能手（竞赛序列） | 中国宝武 |
| 629 | 李光所 | 男 | 宝钢股份湛江钢铁炼钢厂 | 2018年度宝武青年岗位能手（竞赛序列） | 中国宝武 |
| 630 | 李自强 | 男 | 宝钢股份湛江钢铁热轧厂 | 2018年度宝武青年岗位能手（竞赛序列） | 中国宝武 |

（续　表）

| 序号 | 姓　名 | 性　别 | 单　　位 | 荣誉称号 | 授予单位 |
|---|---|---|---|---|---|
| 631 | 李国明 | 男 | 武钢集团武钢物流 | 2018年度宝武青年岗位能手（竞赛序列） | 中国宝武 |
| 632 | 何永祥 | 男 | 宝钢股份梅钢公司热轧厂 | 2018年度宝武青年岗位能手（竞赛序列） | 中国宝武 |
| 633 | 何庆明 | 男 | 韶关钢铁昆仑科技 | 2018年度宝武青年岗位能手（竞赛序列） | 中国宝武 |
| 634 | 何德龙 | 男 | 宝钢股份湛江钢铁能源环保部 | 2018年度宝武青年岗位能手（竞赛序列） | 中国宝武 |
| 635 | 余治业 | 男 | 宝钢股份梅钢公司炼钢厂 | 2018年度宝武青年岗位能手（竞赛序列） | 中国宝武 |
| 636 | 邹　亮 | 男 | 宝钢股份梅钢公司设备分公司 | 2018年度宝武青年岗位能手（竞赛序列） | 中国宝武 |
| 637 | 张　飞 | 男 | 宝钢股份梅钢公司热轧厂 | 2018年度宝武青年岗位能手（竞赛序列） | 中国宝武 |
| 638 | 张　涛 | 男 | 华宝信托数字科技部 | 2018年度宝武青年岗位能手（竞赛序列） | 中国宝武 |
| 639 | 张青青 | 女 | 宝钢工程宝钢技术 | 2018年度宝武青年岗位能手（竞赛序列） | 中国宝武 |
| 640 | 林骏森 | 男 | 宝钢股份武钢有限质量检验中心 | 2018年度宝武青年岗位能手（竞赛序列） | 中国宝武 |
| 641 | 金晓峰 | 男 | 宝钢股份炼钢厂 | 2018年度宝武青年岗位能手（竞赛序列） | 中国宝武 |
| 642 | 胡秦月 | 女 | 宝钢股份武钢有限营销中心 | 2018年度宝武青年岗位能手（竞赛序列） | 中国宝武 |
| 643 | 侯维康 | 男 | 鄂城钢铁焦化公司 | 2018年度宝武青年岗位能手（竞赛序列） | 中国宝武 |
| 644 | 施志勇 | 男 | 韶关钢铁安保部 | 2018年度宝武青年岗位能手（竞赛序列） | 中国宝武 |
| 645 | 袁　海 | 男 | 宝钢股份炼钢厂 | 2018年度宝武青年岗位能手（竞赛序列） | 中国宝武 |
| 646 | 顾宫磊 | 男 | 宝钢股份炼钢厂 | 2018年度宝武青年岗位能手（竞赛序列） | 中国宝武 |
| 647 | 徐　飞 | 男 | 宝钢股份炼铁厂 | 2018年度宝武青年岗位能手（竞赛序列） | 中国宝武 |

（续 表）

| 序号 | 姓 名 | 性 别 | 单 位 | 荣誉称号 | 授予单位 |
|---|---|---|---|---|---|
| 648 | 徐天闻 | 男 | 宝信软件信息服务事业本部 | 2018年度宝武青年岗位能手（竞赛序列） | 中国宝武 |
| 649 | 涂少永 | 男 | 宝钢股份梅钢公司热轧厂 | 2018年度宝武青年岗位能手（竞赛序列） | 中国宝武 |
| 650 | 黄 可 | 男 | 宝信软件平台研究所 | 2018年度宝武青年岗位能手（竞赛序列） | 中国宝武 |
| 651 | 黄 菲 | 女 | 宝钢股份梅钢公司制造管理部 | 2018年度宝武青年岗位能手（竞赛序列） | 中国宝武 |
| 652 | 傅建伟 | 男 | 宝信软件平台研究所 | 2018年度宝武青年岗位能手（竞赛序列） | 中国宝武 |
| 653 | 谢礼健 | 男 | 宝钢股份梅钢公司能源环保部 | 2018年度宝武青年岗位能手（竞赛序列） | 中国宝武 |
| 654 | 廖俊华 | 男 | 宝钢股份炼钢厂 | 2018年度宝武青年岗位能手（竞赛序列） | 中国宝武 |
| 655 | 魏 梦 | 女 | 宝钢股份制造管理部 | 2018年度宝武青年岗位能手（竞赛序列） | 中国宝武 |
| 656 | 汤 斌 | 男 | 宝钢股份梅钢公司人力资源部 | 2018年度宝武青年岗位能手（竞赛序列） | 中国宝武 |
| 657 | 张 军 | 男 | 宝钢股份运输部 | 2018年度宝武青年岗位能手（竞赛序列） | 中国宝武 |
| 658 | 陈晓洁 | 女 | 宝钢工程宝钢建筑 | 2018年度宝武青年岗位能手（竞赛序列） | 中国宝武 |
| 659 | 胡国梁 | 男 | 宝钢发展团委 | 2018年度宝武青年岗位能手（竞赛序列） | 中国宝武 |
| 660 | 姚 赛 | 女 | 宝钢股份宝钢国际 | 2018年度宝武青年岗位能手（竞赛序列） | 中国宝武 |
| 661 | 黄正华 | 男 | 八一钢铁八钢股份炼钢厂 | 2018年度宝武青年岗位能手（竞赛序列） | 中国宝武 |
| 662 | 田宜朋 | 男 | 宝钢股份武钢有限条材厂 | 2018年度宝武青年岗位能手（竞赛序列） | 中国宝武 |
| 663 | 杭国龙 | 男 | 宝钢股份梅钢公司炼钢厂 | 2018年度宝武青年岗位能手（竞赛序列） | 中国宝武 |
| 664 | 赵 晨 | 男 | 武钢集团北湖公司 | 2017年度中国宝武优秀共青团员 | 中国宝武 |

| 序号 | 姓　名 | 性　别 | 单　　位 | 荣誉称号 | 授予单位 |
|---|---|---|---|---|---|
| 665 | 王　晨 | 男 | 武钢集团雅苑公司 | 2017年度中国宝武优秀共青团员 | 中国宝武 |
| 666 | 于　健 | 男 | 宝钢股份安全保卫部 | 2017年度中国宝武优秀共青团员 | 中国宝武 |
| 667 | 史永超 | 男 | 宝钢股份宝钢国际上海宝钢钢材贸易有限公司 | 2017年度中国宝武优秀共青团员 | 中国宝武 |
| 668 | 毕兵兵 | 男 | 宝钢股份梅钢公司矿业分公司 | 2017年度中国宝武优秀共青团员 | 中国宝武 |
| 669 | 刘　彪 | 男 | 宝钢股份冷轧厂 | 2017年度中国宝武优秀共青团员 | 中国宝武 |
| 670 | 周　凯 | 男 | 宝钢股份硅钢部 | 2017年度中国宝武优秀共青团员 | 中国宝武 |
| 671 | 郑晓宇 | 男 | 宝钢股份湛江钢铁热轧厂 | 2017年度中国宝武优秀共青团员 | 中国宝武 |
| 672 | 单刘平 | 男 | 宝钢股份运输部 | 2017年度中国宝武优秀共青团员 | 中国宝武 |
| 673 | 莫月玉 | 女 | 宝钢股份湛江钢铁能源环保部 | 2017年度中国宝武优秀共青团员 | 中国宝武 |
| 674 | 白　超 | 男 | 八一钢铁新疆八钢物业有限责任公司 | 2017年度中国宝武优秀共青团员 | 中国宝武 |
| 675 | 黄　飞 | 男 | 韶关钢铁昆仑科技 | 2017年度中国宝武优秀共青团员 | 中国宝武 |
| 676 | 黄种生 | 男 | 宝钢德盛生产技术室 | 2017年度中国宝武优秀共青团员 | 中国宝武 |
| 677 | 高俊杰 | 男 | 宝武炭材宝化万辰 | 2017年度中国宝武优秀共青团员 | 中国宝武 |
| 678 | 毕若凌 | 男 | 宝钢金属宝钢型钢 | 2017年度中国宝武优秀共青团员 | 中国宝武 |
| 679 | 安　健 | 男 | 宝钢工程上海科德轧辊表面处理有限公司湛江分公司 | 2017年度中国宝武优秀共青团员 | 中国宝武 |
| 680 | 陆海英 | 女 | 宝钢工程宝钢技术 | 2017年度中国宝武优秀共青团员 | 中国宝武 |
| 681 | 王海涛 | 男 | 宝信软件信息服务事业本部 | 2017年度中国宝武优秀共青团员 | 中国宝武 |

（续　表）

| 序号 | 姓　名 | 性　别 | 单　　位 | 荣誉称号 | 授予单位 |
|------|--------|--------|----------|----------|----------|
| 682 | 范　恒 | 男 | 宝信软件信息化本部 | 2017年度中国宝武优秀共青团员 | 中国宝武 |
| 683 | 唐　洋 | 男 | 欧冶云商欧冶金服 | 2017年度中国宝武优秀共青团员 | 中国宝武 |
| 684 | 郑　剑 | 男 | 宝武环科宝钢建材 | 2017年度中国宝武优秀共青团员 | 中国宝武 |
| 685 | 陆海荣 | 男 | 宝钢包装宝钢制盖 | 2017年度中国宝武优秀共青团员 | 中国宝武 |
| 686 | 周宗山 | 男 | 华宝信托产业金融三部 | 2017年度中国宝武优秀共青团员 | 中国宝武 |
| 687 | 李　渊 | 女 | 武钢集团团委 | 2017年度中国宝武优秀共青团干部 | 中国宝武 |
| 688 | 周　涛 | 男 | 武钢集团团委 | 2017年度中国宝武优秀共青团干部 | 中国宝武 |
| 689 | 周慕婷 | 女 | 武钢集团武钢实业 | 2017年度中国宝武优秀共青团干部 | 中国宝武 |
| 690 | 郭凤吟 | 女 | 武钢集团武钢绿色城建 | 2017年度中国宝武优秀共青团干部 | 中国宝武 |
| 691 | 彭　晶 | 女 | 武钢集团武汉工程职业技术学院 | 2017年度中国宝武优秀共青团干部 | 中国宝武 |
| 692 | 王永磊 | 男 | 宝钢股份武钢有限党群工作部 | 2017年度中国宝武优秀共青团干部 | 中国宝武 |
| 693 | 王彦杰 | 男 | 宝钢股份硅钢部 | 2017年度中国宝武优秀共青团干部 | 中国宝武 |
| 694 | 王璐婕 | 女 | 宝钢股份冷轧厂 | 2017年度中国宝武优秀共青团干部 | 中国宝武 |
| 695 | 李正强 | 男 | 宝钢股份团委 | 2017年度中国宝武优秀共青团干部 | 中国宝武 |
| 696 | 李金斗 | 男 | 宝钢股份宝钢国际 | 2017年度中国宝武优秀共青团干部 | 中国宝武 |
| 697 | 杨嘉斌 | 男 | 宝钢股份湛江钢铁炼铁厂 | 2017年度中国宝武优秀共青团干部 | 中国宝武 |
| 698 | 周利鹏 | 男 | 宝钢股份湛江钢铁 | 2017年度中国宝武优秀共青团干部 | 中国宝武 |

（续　表）

| 序号 | 姓　名 | 性　别 | 单　　位 | 荣誉称号 | 授予单位 |
|------|--------|--------|----------|----------|----------|
| 699 | 赵李平 | 男 | 宝钢股份梅钢公司团委 | 2017年度中国宝武优秀共青团干部 | 中国宝武 |
| 700 | 常　乐 | 男 | 宝钢股份制造管理部 | 2017年度中国宝武优秀共青团干部 | 中国宝武 |
| 701 | 宿　阳 | 女 | 宝钢股份能源环保部 | 2017年度中国宝武优秀共青团干部 | 中国宝武 |
| 702 | 谢　军 | 男 | 宝钢股份热轧厂 | 2017年度中国宝武优秀共青团干部 | 中国宝武 |
| 703 | 颜　滔 | 男 | 宝钢股份炼钢厂 | 2017年度中国宝武优秀共青团干部 | 中国宝武 |
| 704 | 张树江 | 男 | 八一钢铁新疆八钢物业有限责任公司 | 2017年度中国宝武优秀共青团干部 | 中国宝武 |
| 705 | 黄　成 | 男 | 八一钢铁团委 | 2017年度中国宝武优秀共青团干部 | 中国宝武 |
| 706 | 崔志娇 | 女 | 八一钢铁炼铁分公司 | 2017年度中国宝武优秀共青团干部 | 中国宝武 |
| 707 | 乌买尔江·阿布利米提 | 男 | 八一钢铁八钢股份轧钢厂 | 2017年度中国宝武优秀共青团干部 | 中国宝武 |
| 708 | 毛文娟 | 女 | 韶关钢铁特轧厂 | 2017年度中国宝武优秀共青团干部 | 中国宝武 |
| 709 | 乔　宇 | 男 | 韶关钢铁物流部 | 2017年度中国宝武优秀共青团干部 | 中国宝武 |
| 710 | 刘　轲 | 男 | 韶关钢铁团委 | 2017年度中国宝武优秀共青团干部 | 中国宝武 |
| 711 | 赵国栋 | 男 | 宝钢特钢检测中心 | 2017年度中国宝武优秀共青团干部 | 中国宝武 |
| 712 | 周珉怡 | 女 | 宝武炭材制造管理部 | 2017年度中国宝武优秀共青团干部 | 中国宝武 |
| 713 | 吴　泽 | 男 | 鄂城钢铁人力资源部 | 2017年度中国宝武优秀共青团干部 | 中国宝武 |
| 714 | 张　津 | 男 | 宝钢金属团委 | 2017年度中国宝武优秀共青团干部 | 中国宝武 |
| 715 | 王毅民 | 男 | 宝钢工程团委 | 2017年度中国宝武优秀共青团干部 | 中国宝武 |

（续　表）

| 序号 | 姓　名 | 性　别 | 单　　位 | 荣誉称号 | 授予单位 |
|------|--------|--------|----------|----------|----------|
| 716 | 李居诺 | 男 | 宝钢工程工程技术事业本部 | 2017年度中国宝武优秀共青团干部 | 中国宝武 |
| 717 | 肖　毅 | 女 | 宝钢工程工程技术事业本部 | 2017年度中国宝武优秀共青团干部 | 中国宝武 |
| 718 | 陈晓洁 | 女 | 宝钢工程宝钢建筑 | 2017年度中国宝武优秀共青团干部 | 中国宝武 |
| 719 | 金　晨 | 男 | 宝钢工程团委 | 2017年度中国宝武优秀共青团干部 | 中国宝武 |
| 720 | 高　歌 | 女 | 宝信软件智慧城市事业本部 | 2017年度中国宝武优秀共青团干部 | 中国宝武 |
| 721 | 王文奇 | 男 | 欧冶云商欧冶物流 | 2017年度中国宝武优秀共青团干部 | 中国宝武 |
| 722 | 严怡峰 | 男 | 华宝信托综合管理部 | 2017年度中国宝武优秀共青团干部 | 中国宝武 |
| 723 | 许　晶 | 女 | 华宝信托运营管理部 | 2017年度中国宝武优秀共青团干部 | 中国宝武 |
| 724 | 戴富春 | 男 | 宝地资产经营财务部 | 2017年度中国宝武优秀共青团干部 | 中国宝武 |
| 725 | 王　岚 | 女 | 宝钢发展团委 | 2017年度中国宝武优秀共青团干部 | 中国宝武 |
| 726 | 完　磊 | 男 | 宝钢发展汽车通勤公司 | 2017年度中国宝武优秀共青团干部 | 中国宝武 |
| 727 | 赵珊珊 | 女 | 宝钢发展团委 | 2017年度中国宝武优秀共青团干部 | 中国宝武 |
| 728 | 刘慧君 | 女 | 中国宝武团委 | 2017年度中国宝武优秀共青团干部 | 中国宝武 |
| 729 | 陈　康 | 男 | 武钢集团武钢资源 | 2017年度中国宝武优秀青年安全生产示范岗岗长 | 中国宝武 |
| 730 | 战　盛 | 男 | 武钢集团武钢重工 | 2017年度中国宝武优秀青年安全生产示范岗岗长 | 中国宝武 |
| 731 | 徐智俊 | 男 | 宝钢股份钢管条钢事业部无缝钢管厂 | 2017年度中国宝武优秀青年安全生产示范岗岗长 | 中国宝武 |
| 732 | 张谏明 | 男 | 宝钢股份硅钢部 | 2017年度中国宝武优秀青年安全生产示范岗岗长 | 中国宝武 |

（续　表）

| 序号 | 姓　名 | 性　别 | 单　　　位 | 荣誉称号 | 授予单位 |
|---|---|---|---|---|---|
| 733 | 杨彦飞 | 男 | 宝钢股份梅钢公司炼钢厂 | 2017年度中国宝武优秀青年安全生产示范岗岗长 | 中国宝武 |
| 734 | 徐昶辉 | 男 | 宝钢股份炼铁厂 | 2017年度中国宝武优秀青年安全生产示范岗岗长 | 中国宝武 |
| 735 | 曹陈杰 | 男 | 宝钢股份热轧厂 | 2017年度中国宝武优秀青年安全生产示范岗岗长 | 中国宝武 |
| 736 | 胡　鹏 | 男 | 宝钢股份武钢有限炼铁厂 | 2017年度中国宝武优秀青年安全生产示范岗岗长 | 中国宝武 |
| 737 | 艾为民 | 男 | 宝钢股份湛江钢铁炼铁厂 | 2017年度中国宝武优秀青年安全生产示范岗岗长 | 中国宝武 |
| 738 | 王瀚琦 | 男 | 宝钢股份镀锡板厂 | 2017年度中国宝武优秀青年安全生产示范岗岗长 | 中国宝武 |
| 739 | 赵万鹏 | 男 | 宝钢股份厚板部 | 2017年度中国宝武优秀青年安全生产示范岗岗长 | 中国宝武 |
| 740 | 顾菁华 | 男 | 宝钢股份能源环保部 | 2017年度中国宝武优秀青年安全生产示范岗岗长 | 中国宝武 |
| 741 | 管士晨 | 男 | 八一钢铁互利安康公司 | 2017年度中国宝武优秀青年安全生产示范岗岗长 | 中国宝武 |
| 742 | 刘晓勇 | 男 | 八一钢铁炼铁分公司二炼铁分厂 | 2017年度中国宝武优秀青年安全生产示范岗岗长 | 中国宝武 |
| 743 | 张幸英 | 女 | 韶关钢铁检测中心 | 2017年度中国宝武优秀青年安全生产示范岗岗长 | 中国宝武 |
| 744 | 罗　煜 | 男 | 韶关钢铁设备管理部 | 2017年度中国宝武优秀青年安全生产示范岗岗长 | 中国宝武 |
| 745 | 朱发群 | 男 | 宝钢德盛第一粗炼厂 | 2017年度中国宝武优秀青年安全生产示范岗岗长 | 中国宝武 |
| 746 | 李刚刚 | 男 | 宁波宝新平整机组 | 2017年度中国宝武优秀青年安全生产示范岗岗长 | 中国宝武 |
| 747 | 吴元清 | 男 | 宝钢特钢板带厂 | 2017年度中国宝武优秀青年安全生产示范岗岗长 | 中国宝武 |
| 748 | 孙延杰 | 男 | 宝武炭材宝化湛江制造部 | 2017年度中国宝武优秀青年安全生产示范岗岗长 | 中国宝武 |
| 749 | 吕　浩 | 男 | 鄂城钢铁炼铁厂 | 2017年度中国宝武优秀青年安全生产示范岗岗长 | 中国宝武 |

（续　表）

| 序号 | 姓　名 | 性　别 | 单　　位 | 荣誉称号 | 授予单位 |
|------|--------|--------|----------|----------|----------|
| 750 | 瞿为民 | 男 | 武汉耐材武钢有限总包事业部 | 2017年度中国宝武优秀青年安全生产示范岗岗长 | 中国宝武 |
| 751 | 霍明智 | 男 | 宝钢金属江苏宝钢精密 | 2017年度中国宝武优秀青年安全生产示范岗岗长 | 中国宝武 |
| 752 | 肖夏悦 | 男 | 宝钢工程宝钢技术 | 2017年度中国宝武优秀青年安全生产示范岗岗长 | 中国宝武 |
| 753 | 樊文斌 | 男 | 宝钢工程宝菱重工 | 2017年度中国宝武优秀青年安全生产示范岗岗长 | 中国宝武 |
| 754 | 刘天保 | 男 | 宝武环科转底炉事业部 | 2017年度中国宝武优秀青年安全生产示范岗岗长 | 中国宝武 |
| 755 | 徐　泽 | 男 | 宝钢发展制造服务事业部 | 2017年度中国宝武优秀青年安全生产示范岗岗长 | 中国宝武 |
| 756 | 陶　义 | 男 | 宝钢包装武汉宝钢包装 | 2017年度中国宝武优秀青年安全生产示范岗岗长 | 中国宝武 |
| 757 | 王　帝 | 男 | 武钢集团江北公司冷弯型钢公司 | 2017年度中国宝武优秀青年安全生产示范岗岗员 | 中国宝武 |
| 758 | 尹作为 | 男 | 武钢集团钢电公司 | 2017年度中国宝武优秀青年安全生产示范岗岗员 | 中国宝武 |
| 759 | 张　叶 | 男 | 宝钢股份检化验中心 | 2017年度中国宝武优秀青年安全生产示范岗岗员 | 中国宝武 |
| 760 | 郑祖建 | 男 | 宝钢股份宝钢国际广州宝丰井汽车钢材加工有限公司 | 2017年度中国宝武优秀青年安全生产示范岗岗员 | 中国宝武 |
| 761 | 金智慧 | 男 | 宝钢股份冷轧厂 | 2017年度中国宝武优秀青年安全生产示范岗岗员 | 中国宝武 |
| 762 | 蒲文魁 | 男 | 宝钢股份炼钢厂 | 2017年度中国宝武优秀青年安全生产示范岗岗员 | 中国宝武 |
| 763 | 张　杰 | 男 | 宝钢股份炼铁厂 | 2017年度中国宝武优秀青年安全生产示范岗岗员 | 中国宝武 |
| 764 | 姚志松 | 男 | 宝钢股份运输部 | 2017年度中国宝武优秀青年安全生产示范岗岗员 | 中国宝武 |
| 765 | 徐　林 | 男 | 宝钢股份中央研究院 | 2017年度中国宝武优秀青年安全生产示范岗岗员 | 中国宝武 |
| 766 | 杨艺泉 | 男 | 宝钢股份广州钢板制造部镀锌工场 | 2017年度中国宝武优秀青年安全生产示范岗岗员 | 中国宝武 |

（续　表）

| 序号 | 姓　名 | 性　别 | 单　　　位 | 荣誉称号 | 授予单位 |
|---|---|---|---|---|---|
| 767 | 叶志骏 | 男 | 宝钢股份电厂 | 2017年度中国宝武优秀青年安全生产示范岗岗员 | 中国宝武 |
| 768 | 徐　晨 | 男 | 宝钢股份总部机关 | 2017年度中国宝武优秀青年安全生产示范岗岗员 | 中国宝武 |
| 769 | 阮　龙 | 男 | 宝钢股份设备部 | 2017年度中国宝武优秀青年安全生产示范岗岗员 | 中国宝武 |
| 770 | 潘　翔 | 男 | 宝钢股份黄石涂镀制造管理部 | 2017年度中国宝武优秀青年安全生产示范岗岗员 | 中国宝武 |
| 771 | 范增龙 | 男 | 八一钢铁南疆钢铁动力厂 | 2017年度中国宝武优秀青年安全生产示范岗岗员 | 中国宝武 |
| 772 | 路丽丽 | 女 | 八一钢铁富蕴蒙库铁矿有限责任公司球团分厂 | 2017年度中国宝武优秀青年安全生产示范岗岗员 | 中国宝武 |
| 773 | 如则麦麦提·麦迪斯迪克 | 男 | 八一钢铁八钢股份炼钢厂二炼钢分厂 | 2017年度中国宝武优秀青年安全生产示范岗岗员 | 中国宝武 |
| 774 | 何文龙 | 男 | 韶关钢铁能源环保部 | 2017年度中国宝武优秀青年安全生产示范岗岗员 | 中国宝武 |
| 775 | 谭晶晶 | 男 | 韶关钢铁能源环保部 | 2017年度中国宝武优秀青年安全生产示范岗岗员 | 中国宝武 |
| 776 | 王树娟 | 女 | 韶关钢铁特轧厂 | 2017年度中国宝武优秀青年安全生产示范岗岗员 | 中国宝武 |
| 777 | 夏　林 | 男 | 宝钢德盛检修分公司 | 2017年度中国宝武优秀青年安全生产示范岗岗员 | 中国宝武 |
| 778 | 虞哲夫 | 男 | 宁波宝新设备部 | 2017年度中国宝武优秀青年安全生产示范岗岗员 | 中国宝武 |
| 779 | 项黎冬 | 男 | 宝钢特钢钢管事业部 | 2017年度中国宝武优秀青年安全生产示范岗岗员 | 中国宝武 |
| 780 | 郭熙宝 | 男 | 宝武炭材梅山分公司 | 2017年度中国宝武优秀青年安全生产示范岗岗员 | 中国宝武 |
| 781 | 汪文敏 | 女 | 鄂城钢铁轧材厂 | 2017年度中国宝武优秀青年安全生产示范岗岗员 | 中国宝武 |
| 782 | 李　锐 | 男 | 宝钢金属南京宝日钢丝 | 2017年度中国宝武优秀青年安全生产示范岗岗员 | 中国宝武 |
| 783 | 季建斌 | 男 | 宝钢工程宝钢轧辊 | 2017年度中国宝武优秀青年安全生产示范岗岗员 | 中国宝武 |

（续 表）

| 序号 | 姓 名 | 性 别 | 单 位 | 荣誉称号 | 授予单位 |
|---|---|---|---|---|---|
| 784 | 冯怡蕾 | 女 | 宝钢工程宝钢技术 | 2017年度中国宝武优秀青年安全生产示范岗岗员 | 中国宝武 |
| 785 | 何 杰 | 男 | 宝武环科转底炉事业部 | 2017年度中国宝武优秀青年安全生产示范岗岗员 | 中国宝武 |
| 786 | 梁 靓 | 男 | 宝钢发展上海丰宝综合经营有限公司 | 2017年度中国宝武优秀青年安全生产示范岗岗员 | 中国宝武 |
| 787 | 贺年平 | 男 | 宝钢包装武汉宝钢包装有限公司 | 2017年度中国宝武优秀青年安全生产示范岗岗员 | 中国宝武 |
| 788 | 马 欢 | 男 | 韶关钢铁炼钢厂 | 2017年度中国宝武青年岗位能手标兵 | 中国宝武 |
| 789 | 付立凡 | 男 | 宝钢股份武钢有限炼钢厂 | 2017年度中国宝武青年岗位能手标兵 | 中国宝武 |
| 790 | 云茂帆 | 男 | 八一钢铁八钢股份炼钢厂一炼钢分厂 | 2017年度中国宝武青年岗位能手标兵 | 中国宝武 |
| 791 | 严 峰 | 男 | 宝钢股份武钢有限炼钢厂 | 2017年度中国宝武青年岗位能手 | 中国宝武 |
| 792 | 张正本 | 男 | 宝钢股份武钢有限炼钢厂 | 2017年度中国宝武青年岗位能手 | 中国宝武 |
| 793 | 张 磊 | 男 | 宝钢股份湛江钢铁炼钢厂 | 2017年度中国宝武青年岗位能手 | 中国宝武 |
| 794 | 黄启超 | 男 | 宝钢股份梅钢公司炼钢厂 | 2017年度中国宝武青年岗位能手 | 中国宝武 |
| 795 | 潘建设 | 男 | 鄂城钢铁炼钢厂 | 2017年度中国宝武青年岗位能手 | 中国宝武 |

编辑：张 鑫

19

统计资料

# 统计资料

### 中国宝武历年产销量及粗钢产量占全国比例一览表

| 年　份 | 中国宝武产销量（万吨） | | | | | 中国粗钢产量（万吨） | 中国宝武占全国粗钢产量比例（%） |
|---|---|---|---|---|---|---|---|
| | 铁产量 | 粗钢产量 | 商品坯材产量 | 商品坯材销量 | 出口钢材 | | |
| 2018年 | 6 253.00 | 6 724.84 | 6 593.16 | 6 613.59 | 340.59 | 92 826 | 7.24 |
| 2017年 | 6 147.01 | 6 539.27 | 6 529.10 | 6 555.89 | 336.41 | 83 173 | 7.86 |
| 2016年 | 5 671.68 | 5 848.62 | 5 729.77 | 5 742.60 | 400.07 | 80 837 | 7.24 |

### 2018 年中国宝武主要经济指标一览表

| 项　目　名　称 | 数　　　值 | 单　　位 | 比上年增长（减少）% |
|---|---|---|---|
| 工业总产值（现行价格） | 4 170.89 | 亿元 | −0.53% |
| 工业销售产值 | 4 177.07 | 亿元 | −1.21% |
| 资产总额 | 7 118.09 | 亿元 | −4.53% |
| 营业收入 | 4 386.20 | 亿元 | 10.52% |
| 利润总额 | 338.37 | 亿元 | 137.14% |
| 上缴税费 | 245.85 | 亿元 | −0.18% |
| 净资产收益率 | 7.77 | % | 增长 5.02 个百分点 |
| 铁产量 | 6 253.00 | 万吨 | 1.72% |
| 钢产量 | 6 724.84 | 万吨 | 2.84% |
| 商品坯材产量 | 6 593.16 | 万吨 | 0.98% |
| 商品坯材销量 | 6 613.59 | 万吨 | 0.88% |
| 出口钢材 | 340.59 | 万吨 | 1.24% |

## 2018 年中国宝武钢铁集团有限公司资产负债表

（2018年12月31日）

单位：人民币元

| 项　　　　目 | 2018年 | 2017年 |
|---|---:|---:|
| **资产** | | |
| 流动资产 | | |
| 　　货币资金 | 42 646 048 424.22 | 50 657 055 045.32 |
| 　　结算备付金 | 1 168 644 280.10 | 1 188 472 436.23 |
| 　　以公允价值计量且其变动计入当期损益的金融资产 | 12 986 632 108.50 | 12 764 955 615.46 |
| 　　应收票据及应收账款 | 51 883 655 053.47 | 53 163 508 623.72 |
| 　　预付款项 | 11 503 963 729.96 | 9 815 234 750.08 |
| 　　其他应收款 | 7 880 043 424.29 | 9 740 735 777.27 |
| 　　买入返售金融资产 | 3 321 039 106.84 | 4 948 504 688.69 |
| 　　存货 | 86 828 576 610.21 | 79 673 694 799.00 |
| 　　一年内到期的非流动资产 | 1 083 663 768.18 | 1 264 162 904.86 |
| 　　其他流动资产 | 23 705 577 870.78 | 37 284 280 786.78 |
| 流动资产合计 | 243 007 844 376.55 | 260 500 605 427.41 |
| 非流动资产 | | |
| 　　发放贷款及垫款 | 6 826 330 896.35 | 6 626 398 465.98 |
| 　　可供出售金融资产 | 62 054 927 006.39 | 68 328 566 913.87 |
| 　　长期应收款 | 6 787 070 556.77 | 5 162 497 100.91 |
| 　　长期股权投资 | 84 781 873 913.73 | 77 465 562 093.09 |
| 　　投资性房地产 | 7 479 358 787.27 | 6 391 217 396.70 |
| 　　固定资产 | 223 902 470 446.24 | 234 219 249 330.61 |
| 　　在建工程 | 19 494 504 265.62 | 28 298 816 466.76 |
| 　　无形资产 | 31 215 331 562.78 | 32 963 089 945.58 |
| 　　开发支出 | 1 445 866 821.87 | 1 460 137 192.46 |
| 　　商誉 | 566 988 944.53 | 563 974 288.99 |
| 　　长期待摊费用 | 1 911 739 500.50 | 1 761 567 491.13 |
| 　　递延所得税资产 | 12 845 829 526.17 | 12 416 522 205.56 |
| 　　其他非流动资产 | 9 488 947 655.24 | 8 759 283 621.31 |
| 非流动资产合计 | 468 801 239 883.46 | 484 416 882 512.95 |
| 资产总计 | 711 809 084 260.01 | 744 917 487 940.36 |

（续　表）

| 项　　　目 | 2018 年 | 2017 年 |
|---|---|---|
| **负债和所有者权益** | | |
| 流动负债 | | |
| 　　短期借款 | 103 248 699 448.95 | 144 829 663 785.54 |
| 　　吸收存款及同业存放 | 2 024 666 374.34 | 1 389 699 936.55 |
| 　　拆入资金 | 650 000 000.00 | 1 841 023 808.58 |
| 　　以公允价值计量且其变动计入当期损益的金融负债 | 75 361 737.12 | 903 371 742.03 |
| 　　应付票据及应付账款 | 75 554 217 429.44 | 71 872 488 552.49 |
| 　　预收款项 | 28 271 355 484.95 | 29 489 786 470.95 |
| 　　卖出回购金融资产款 | 4 586 468 744.95 | 6 079 473 758.28 |
| 　　应付职工薪酬 | 14 089 930 177.44 | 13 372 971 593.95 |
| 　　应交税费 | 6 415 332 755.45 | 7 438 258 240.58 |
| 　　其他应付款 | 13 581 012 132.70 | 15 690 123 602.51 |
| 　　代理买卖证券款 | 1 589 516 676.91 | 2 561 613 314.79 |
| 　　一年内到期的非流动负债 | 11 638 979 125.91 | 33 922 510 833.44 |
| 　　其他流动负债 | 9 159 692 745.45 | 3 837 379 354.63 |
| 流动负债合计 | 270 885 232 833.61 | 333 228 364 994.32 |
| 非流动负债 | | |
| 　　长期借款 | 28 775 154 047.86 | 15 829 734 682.26 |
| 　　应付债券 | 24 790 554 441.39 | 25 608 001 765.35 |
| 　　长期应付款 | 7 228 958 138.41 | 6 539 426 785.08 |
| 　　长期应付职工薪酬 | 6 898 290 169.35 | 8 210 597 272.05 |
| 　　预计负债 | 4 811 421 543.23 | 2 485 842 860.65 |
| 　　递延收益 | 2 054 513 097.17 | 2 371 312 696.55 |
| 　　递延所得税负债 | 5 077 770 394.20 | 5 007 460 070.02 |
| 　　其他非流动负债 | 430 860 067.07 | 61 536 074.16 |
| 非流动负债合计 | 80 067 521 898.68 | 66 113 912 206.12 |
| 负债合计 | 350 952 754 732.29 | 399 342 277 200.44 |
| 所有者权益 | | |
| 　　实收资本 | 52 791 100 998.89 | 52 791 100 998.89 |
| 　　资本公积 | 43 699 369 798.92 | 44 807 659 486.04 |

（续 表）

| 项　目 | 2018年 | 2017年 |
|---|---|---|
| 其他权益工具 | 1 138 500 000.00 | 4 198 217 323.62 |
| 其他综合收益 | 8 396 171 117.58 | 9 818 648 642.01 |
| 专项储备 | 248 337 511.09 | 252 763 424.49 |
| 一般风险准备金 | 1 083 803 329.18 | 981 987 520.80 |
| 盈余公积 | 105 820 003 775.78 | 105 247 292 733.45 |
| 未分配利润 | 38 421 179 355.32 | 29 344 980 428.29 |
| 归属于母公司所有者权益合计 | 251 598 465 886.76 | 247 442 650 557.59 |
| 少数股东权益 | 109 257 863 640.96 | 98 132 560 182.33 |
| 所有者权益合计 | 360 856 329 527.72 | 345 575 210 739.92 |
| 负债和所有者权益总计 | 711 809 084 260.01 | 744 917 487 940.36 |

### 2018年度中国宝武钢铁集团有限公司利润表

单位：人民币元

| 项　目 | 2018年 | 2017年 |
|---|---|---|
| 营业收入 | 438 620 016 441.10 | 398 370 449 826.51 |
| 减：营业成本 | 365 754 182 499.61 | 335 358 592 630.75 |
| 　税金及附加 | 3 303 420 522.29 | 3 881 937 582.21 |
| 　销售费用 | 8 054 036 528.42 | 7 394 358 937.01 |
| 　管理费用 | 13 982 882 042.36 | 13 085 463 102.10 |
| 　研发费用 | 9 212 427 280.11 | 5 834 202 179.88 |
| 　财务费用 | 9 094 532 303.50 | 7 949 432 139.48 |
| 　　其中：利息费用 | 7 747 424 767.37 | 8 623 832 323.37 |
| 　　　利息收入 | 863 827 814.59 | 868 579 761.72 |
| 　　　汇兑净收益 | — | 227 075 544.36 |
| 　　　汇兑净损失 | 1 628 675 843.47 | — |
| 　资产减值损失 | 5 153 356 375.89 | 21 110 716 280.74 |

（续　表）

| 项　　目 | 2018年 | 2017年 |
|---|---|---|
| 加：其他收益 | 1 540 535 576.25 | 1 794 489 016.73 |
| 投资收益 | 12 961 764 475.07 | 12 556 474 494.72 |
| 其中：对联营企业和合营企业的投资收益 | 6 819 386 066.38 | 5 149 241 683.35 |
| 公允价值变动收益（损失） | 224 826 666.10 | （41 101 386.37） |
| 资产处置收益 | 436 354 177.92 | 289 109 437.39 |
| 营业利润 | 39 228 659 784.26 | 18 354 718 536.81 |
| 加：营业外收入 | 886 402 947.49 | 982 984 385.35 |
| 减：营业外支出 | 6 277 862 722.33 | 3 488 426 672.21 |
| 利润总额 | 33 837 200 009.42 | 15 849 276 249.95 |
| 减：所得税费用 | 6 388 078 413.97 | 5 321 254 078.23 |
| 净利润 | 27 449 121 595.45 | 10 528 022 171.72 |
| 按经营持续性分类 | | |
| 持续经营净利润 | 27 438 031 255.72 | 10 450 422 301.44 |
| 终止经营净利润 | 11 090 339.73 | 77 599 870.28 |
| 按所有权归属分类 | | |
| 归属于母公司所有者的净利润 | 14 341 758 890.81 | 1 784 229 168.52 |
| 少数股东损益 | 13 107 362 704.64 | 8 743 793 003.20 |
| 其他综合收益的税后净额 | （1 554 491 620.16） | 959 328 324.99 |
| 归属于母公司所有者的其他综合收益的税后净额 | （1 420 646 703.05） | 1 008 290 943.65 |
| 不能重分类进损益的其他综合收益 | | |
| 重新计量设定受益计划的变动额 | 22 710 017.15 | （11 783 566.17） |
| 将重分类进损益的其他综合收益 | | |
| 权益法下可转损益的其他综合收益 | （210 672 295.46） | （499 952 197.97） |

（续　表）

| 项　　目 | 2018年 | 2017年 |
|---|---|---|
| 可供出售金融资产公允价值变动 | （1 433 321 170.56） | 1 139 584 538.68 |
| 外币财务报表折算差额 | 200 636 745.82 | 380 442 169.11 |
| 归属于少数股东的其他综合收益的税后净额 | （133 844 917.11） | （48 962 618.66） |
| 综合收益总额 | 25 894 629 975.29 | 11 487 350 496.71 |
| 其中： | | |
| 归属于母公司所有者的综合收益总额 | 12 921 112 187.76 | 2 792 520 112.17 |
| 归属于少数股东的综合收益总额 | 12 973 517 787.53 | 8 694 830 384.54 |

## 中国宝武主要子公司及控股公司一览表
### （2018年12月31日）

金额单位：亿元

| 企　业　名　称 | 成立年月 | 资产总计 | 控股比例（%） | 营业总收入 | 利润总额 |
|---|---|---|---|---|---|
| 宝山钢铁股份有限公司 | 2000年2月 | 3 351.41 | 64.14 | 3 052.05 | 278.16 |
| 宝钢集团新疆八一钢铁有限公司 | 1951年9月 | 412.25 | 76.93 | 217.38 | 7.55 |
| 宝武集团广东韶关钢铁有限公司 | 1966年8月 | 210.11 | 51 | 269.90 | 35.25 |
| 宝钢不锈钢有限公司 | 2012年3月 | 60.32 | 100 | 38.04 | −1.73 |
| 宝钢德盛不锈钢有限公司 | 2005年11月 | 72.75 | 70 | 104.22 | −11.25 |
| 宁波宝新不锈钢有限公司 | 1996年3月 | 38.56 | 54 | 87.95 | 1.31 |
| 宝钢资源有限公司 | 2006年7月 | 135.43 | 100 | 212.66 | 3.22 |
| 宝钢资源（国际）有限公司 | 2010年12月 | 213.48 | 100 | 201.53 | 1.52 |
| 宝钢澳大利亚矿业有限公司 | 2002年5月 | 6.43 | 100 | 0.00 | 0.00 |
| 宝钢工程技术集团有限公司 | 1999年8月 | 89.39 | 100 | 71.46 | 2.83 |
| 上海宝华国际招标有限公司 | 2005年12月 | 2.74 | 100 | 0.72 | 0.23 |
| 欧冶云商股份有限公司 | 2015年2月 | 122.06 | 75.31 | 184.38 | −1.08 |
| 宝武集团环境资源科技有限公司 | 2016年12月 | 50.54 | 100 | 46.11 | 5.92 |

（续　表）

| 企　业　名　称 | 成立年月 | 资产总计 | 控股比例(%) | 营业总收入 | 利润总额 |
|---|---|---|---|---|---|
| 华宝投资有限公司 | 2007年3月 | 508.37 | 100 | 8.21 | 1.92 |
| 华宝信托有限责任公司 | 1998年6月 | 125.79 | 98 | 23.13 | 16.83 |
| 武钢集团有限公司 | 1958年9月 | 1 079.69 | 100 | 387.35 | 3.97 |
| 上海宝地不动产资产管理有限公司 | 2012年4月 | 113.71 | 100 | 9.41 | 4.53 |
| 宝武集团上海宝山宾馆有限公司 | 1990年9月 | 2.60 | 100 | 1.06 | 0.00 |
| 宝钢发展有限公司（合并） | 1986年9月 | 66.14 | 100 | 37.03 | 0.66 |
| 上海宝钢不锈钢有限公司 | 2012年2月 | 284.01 | 100 | 0.00 | 0.00 |
| 宝钢特钢有限公司 | 2012年3月 | 79.83 | 100 | 85.46 | −4.69 |
| 宝钢金属有限公司 | 2007年12月 | 183.97 | 100 | 152.30 | −5.96 |
| 宝钢集团上海第一钢铁有限公司 | 1938年11月 | 13.63 | 100 | 0.10 | −0.49 |
| 宝钢集团上海浦东钢铁有限公司 | 1913年3月 | 25.87 | 100 | 0.00 | 0.21 |
| 宝钢集团上海五钢有限公司 | 1958年9月 | 10.66 | 100 | 0.87 | 0.05 |
| 宝钢集团上海梅山有限公司（合并） | 1969年4月 | 48.75 | 100 | 41.65 | −0.12 |
| 南京宝钢轧钢有限公司 | 1991年7月 | 0.26 | 100 | 0.02 | 0.02 |
| 宝钢香港投资有限公司 | 2015年9月 | 7.84 | 100 | 0.00 | 1.34 |
| 上海吴淞口创业园有限公司 | 2016年6月 | 1.21 | 100 | 0.05 | −0.15 |
| 上海宝钢心越人力资源服务有限公司 | 2016年7月 | 0.13 | 100 | 0.01 | 0.00 |

## 中国宝武上市公司一览表
（2018年12月31日）

| 企　业　名　称 | 股票代码 | 总股本（百万股） | 2018年12月31日 | |
|---|---|---|---|---|
| | | | 每股净资产（元） | 股票收盘价格（元） |
| 宝山钢铁股份有限公司 | 600019 | 22 267.92 | 6.9 | 6.5 |
| 上海宝信软件股份有限公司 | 600845 | 648.51 | 7.21 | 20.85 |
| 新疆八一钢铁股份有限公司 | 600581 | 1 532.90 | 2.64 | 3.56 |
| 广东韶钢松山股份有限公司 | 000717 | 2 419.52 | 2.54 | 4.55 |
| 上海宝钢包装股份有限公司 | 601968 | 833.30 | 2.46 | 3.99 |

## 2018 年中国宝武主要在建工程一览表

| 单 位 | 项 目 名 称 | 开工时间 | 预计投运时间 |
|---|---|---|---|
| 宝钢股份 | 取向硅钢产品结构优化 | 2017年3月 | 2019年6月 |
| 宝钢股份 | 镀锡产品结构优化 | 2017年4月 | 2019年6月 |
| 宝信软件 | "宝之云"互联网数据中心（IDC）三期 | 2014年11月 | 2019年6月 |
| 宝信软件 | "宝之云"互联网数据中心（IDC）四期 | 2017年1月 | 2019年12月 |
| 宝地资产 | 佘山站一号地块项目 | 2017年10月 | 2019年12月 |

## 2018 年中国宝武主要投运项目一览表

| 单 位 | 项 目 名 称 | 开工时间 | 投运时间 |
|---|---|---|---|
| 宝钢股份 | 一期、二期和三期破碎、筛分系统整合改造 | 2014年9月 | 2018年1月 |
| 宝钢股份 | 一期输入系统大修改造 | 2015年7月 | 2018年1月 |
| 宝钢股份 | 矿石料场OG、OH、OI封闭改造 | 2016年9月 | 2018年6月 |
| 八一钢铁 | 冷轧机组整体改造 | 2017年9月 | 2018年4月 |

## 2018 年末中国宝武各单位员工分类构成情况表

单位：人

| 单位名称 | 在册员工 | 岗位分布 | | | 学历结构 | | | | | 年龄结构 | | | | 在岗员工 |
|---|---|---|---|---|---|---|---|---|---|---|---|---|---|---|
| | | 管理岗位 | 技术岗位 | 操作岗位 | 研究生 | 大学 | 大专 | 中专高中 | 初中以下 | 35岁以下 | 36～45岁 | 46～55岁 | 56岁以上 | |
| 集团总部 | 1 013 | 137 | 551 | 11 | 247 | 361 | 81 | 10 | 0 | 68 | 268 | 297 | 66 | 699 |
| 宝钢股份 | 66 259 | 4 281 | 13 089 | 39 224 | 4 233 | 16 701 | 18 909 | 10 089 | 6 662 | 16 687 | 19 828 | 18 301 | 1 778 | 56 594 |
| 八一钢铁 | 16 704 | 762 | 1 799 | 11 197 | 109 | 1 930 | 3 365 | 4 822 | 3 532 | 1 597 | 5 622 | 6 253 | 286 | 13 758 |
| 韶关钢铁 | 10 537 | 510 | 1 212 | 6 489 | 216 | 1 680 | 3 038 | 2 619 | 658 | 2 259 | 3 959 | 1 965 | 28 | 8 211 |
| 鄂城钢铁 | 9 086 | 356 | 819 | 4 094 | 133 | 943 | 1 420 | 1 710 | 1 063 | 598 | 3 340 | 1 330 | 1 | 5 269 |

（续　表）

| 单位名称 | 在册员工 | 岗　位　分　布 | | | 学　历　结　构 | | | | | 年　龄　结　构 | | | | 在岗员工 |
|---|---|---|---|---|---|---|---|---|---|---|---|---|---|---|
| | | 管理岗位 | 技术岗位 | 操作岗位 | 研究生 | 大学 | 大专 | 中专高中 | 初中以下 | 35岁以下 | 36～45岁 | 46～55岁 | 56岁以上 | |
| 宝钢德盛 | 2 109 | 148 | 304 | 1 657 | 16 | 293 | 590 | 592 | 618 | 1 189 | 524 | 359 | 37 | 2 109 |
| 宁波宝新 | 1 331 | 87 | 190 | 1 054 | 18 | 310 | 344 | 331 | 328 | 440 | 565 | 276 | 50 | 1 331 |
| 宝钢金属 | 2 997 | 296 | 1 113 | 1 298 | 168 | 763 | 701 | 722 | 353 | 1 094 | 848 | 688 | 77 | 2 707 |
| 宝钢包装 | 1 258 | 144 | 476 | 638 | 22 | 320 | 417 | 430 | 69 | 754 | 376 | 111 | 17 | 1 258 |
| 宝武炭材 | 1 340 | 142 | 293 | 831 | 126 | 293 | 515 | 303 | 29 | 500 | 393 | 331 | 42 | 1 266 |
| 宝武特冶 | 577 | 67 | 152 | 358 | 28 | 190 | 229 | 130 | 0 | 140 | 271 | 152 | 14 | 577 |
| 武汉耐材 | 1 173 | 85 | 140 | 567 | 48 | 161 | 144 | 171 | 268 | 151 | 236 | 398 | 7 | 792 |
| 宝钢资源 | 759 | 126 | 412 | 216 | 146 | 304 | 147 | 113 | 44 | 342 | 207 | 174 | 31 | 754 |
| 欧冶云商 | 927 | 117 | 740 | 69 | 167 | 564 | 148 | 41 | 6 | 420 | 332 | 149 | 25 | 926 |
| 宝钢工程 | 5 439 | 500 | 2 325 | 2 472 | 619 | 2 091 | 1 408 | 1 081 | 98 | 1 532 | 1 663 | 1 622 | 480 | 5 297 |
| 宝武环科 | 2 442 | 229 | 603 | 1 247 | 123 | 464 | 414 | 310 | 768 | 588 | 702 | 741 | 48 | 2 079 |
| 宝信软件 | 4 906 | 377 | 4 238 | 219 | 890 | 2 800 | 898 | 222 | 24 | 2 431 | 1 627 | 682 | 94 | 4 834 |
| 武钢集团 | 20 771 | 725 | 3 456 | 7 650 | 518 | 2 895 | 2 033 | 3 974 | 2 411 | 1 104 | 4 886 | 5 512 | 329 | 11 831 |
| 宝地资产 | 1 413 | 74 | 319 | 173 | 51 | 127 | 192 | 176 | 20 | 73 | 154 | 234 | 105 | 566 |

（续　表）

| 单位名称 | 在册员工 | 岗位分布 | | | 学历结构 | | | | | 年龄结构 | | | | 在岗员工 |
|---|---|---|---|---|---|---|---|---|---|---|---|---|---|---|
| | | 管理岗位 | 技术岗位 | 操作岗位 | 研究生 | 大学 | 大专 | 中专高中 | 初中以下 | 35岁以下 | 36～45岁 | 46～55岁 | 56岁以上 | |
| 宝钢发展 | 5 614 | 407 | 909 | 1 674 | 90 | 787 | 883 | 1 046 | 184 | 351 | 981 | 1 499 | 159 | 2 990 |
| 宝钢不锈 | 1 165 | 130 | 202 | 244 | 59 | 224 | 158 | 134 | 1 | 38 | 194 | 322 | 22 | 576 |
| 宝钢特钢 | 1 390 | 148 | 424 | 686 | 75 | 402 | 460 | 320 | 1 | 203 | 373 | 577 | 105 | 1 258 |
| 华宝投资 | 14 | 3 | 11 | 0 | 11 | 3 | 0 | 0 | 0 | 8 | 5 | 0 | 1 | 14 |
| 华宝信托 | 333 | 34 | 297 | | 168 | 161 | 1 | 1 | 0 | 196 | 113 | 19 | 3 | 331 |
| 华宝基金 | 264 | 54 | 208 | 2 | 168 | 85 | 8 | 3 | 0 | 168 | 78 | 17 | 1 | 264 |
| 华宝证券 | 586 | 59 | 527 | 0 | 237 | 311 | 32 | 6 | 0 | 366 | 154 | 62 | 4 | 586 |
| 华宝融资租赁 | 46 | 9 | 37 | | 20 | 26 | 0 | 0 | 0 | 34 | 12 | 0 | 0 | 46 |
| 财务公司 | 62 | 12 | 49 | | 22 | 36 | 3 | 0 | 0 | 27 | 15 | 16 | 3 | 61 |
| 一钢公司 | 182 | 18 | 26 | | 2 | 24 | 15 | 2 | 1 | 0 | 10 | 24 | 10 | 44 |
| 浦钢公司 | 210 | 9 | 22 | 12 | 0 | 13 | 18 | 2 | 10 | 0 | 6 | 26 | 11 | 43 |
| 五钢公司 | 352 | 28 | 29 | 3 | 5 | 30 | 18 | 7 | 0 | 1 | 6 | 33 | 20 | 60 |
| 北京汇利 | 9 | 9 | | | 0 | 6 | 2 | 1 | 0 | 2 | 3 | 3 | 1 | 9 |
| 吴淞口创业园 | 34 | 8 | 26 | | 11 | 23 | 0 | 0 | 0 | 15 | 15 | 4 | 0 | 34 |
| 合计 | 161 302 | 10 091 | 34 998 | 82 085 | 8 746 | 35 321 | 36 591 | 29 368 | 17 148 | 33 376 | 47 766 | 42 177 | 3 855 | 127 174 |

编辑：张　鑫

20

附

录

# 附　录

中共中国宝武钢铁集团有限公司委员会部分文件题录

| 文　号 | 标　题 |
| --- | --- |
| 宝武委〔2018〕1号 | 关于印发《中国宝武钢铁集团有限公司党委2017年工作总结和2018年工作要点》的通知 |
| 宝武委〔2018〕2号 | 关于召开中国共产党中国宝武钢铁集团有限公司第一次党员代表大会的请示 |
| 宝武委〔2018〕3号 | 关于调整鄂城钢铁党组织隶属关系的通知 |
| 宝武委〔2018〕4号 | 关于张忠武同志任职的通知 |
| 宝武委〔2018〕5号 | 中国宝武2017年落实意识形态工作责任制督查报告 |
| 宝武委〔2018〕6号 | 关于欧阳英鹏同志拟因私出国事宜备案的报告 |
| 宝武委〔2018〕7号 | 关于开好2017年度二级单位领导班子民主生活会的通知 |
| 宝武委〔2018〕8号 | 宝武集团党委关于深入贯彻落实中央八项规定精神进一步加强作风建设的实施意见 |
| 宝武委〔2018〕9号 | 关于王铁成、夏江同志职务任免的通知 |
| 宝武委〔2018〕10号 | 关于拟推荐中国宝武钢铁集团有限公司纪委副书记人选、监察部部长人选的请示 |
| 宝武委〔2018〕11号 | 关于印发《中国宝武钢铁集团有限公司廉洁从业八条禁令》的通知 |
| 宝武委〔2018〕12号 | 关于调整宝钢包装党组织隶属关系的通知 |
| 宝武委〔2018〕13号 | 关于报送《2017年度中国宝武领导班子民主生活会方案》的报告 |
| 宝武委〔2018〕14号 | 关于印发《中国宝武领导人员学习贯彻党的十九大精神集中轮训工作实施方案》的通知 |
| 宝武委〔2018〕15号 | 关于欧冶云商第一届两委组成人员候选人预备人选的批复 |
| 宝武委〔2018〕16号 | 关于印发《中国宝武深入贯彻落实全国国有企业党的建设工作会议精神实施方案》的通知 |
| 宝武委〔2018〕17号 | 关于形式主义、官僚主义对照检查情况报告 |
| 宝武委〔2018〕18号 | 关于召开2017年度基层党支部组织生活会和开展民主评议党员的通知 |

（续　表）

| 文　　号 | 标　　题 |
|---|---|
| 宝武委〔2018〕19号 | 关于选派挂职干部人选的报告 |
| 宝武委〔2018〕20号 | 2017年度中国宝武钢铁集团有限公司领导班子民主生活会召开情况报告 |
| 宝武委〔2018〕21号 | 关于召开中国共产党中国宝武钢铁集团有限公司第一次党员代表大会的通知 |
| 宝武委〔2018〕22号 | 关于欧冶云商第一次党代会和第一届党委、纪委第一次全会选举结果的批复 |
| 宝武委〔2018〕23号 | 关于召开中共宝钢德盛不锈钢有限公司党员大会增补党委委员的批复 |
| 宝武委〔2018〕24号 | 关于成立中国宝武第一次党代会代表资格审查小组的通知 |
| 宝武委〔2018〕25号 | 关于成立中国宝武第一次党代会党费审查小组的通知 |
| 宝武委〔2018〕26号 | 关于下发《2018年宝武集团党风廉政建设和反腐败重点工作及责任分解》的通知 |
| 宝武委〔2018〕27号 | 关于宝山钢铁股份有限公司副总经理调整的请示 |
| 宝武委〔2018〕28号 | 关于中国宝武钢铁集团有限公司戴志浩同志兼职的有关请示 |
| 宝武委〔2018〕29号 | 关于中国宝武钢铁集团有限公司章克勤同志兼职的有关请示 |
| 宝武委〔2018〕30号 | 关于胡志强同志任职的通知 |
| 宝武委〔2018〕31号 | 关于中国宝武第一次党代会筹备工作机构的通知 |
| 宝武委〔2018〕32号 | 关于宝山钢铁股份有限公司独立董事人选调整的请示 |
| 宝武委〔2018〕33号 | 关于调整武汉耐材党组织隶属关系的通知 |
| 宝武委〔2018〕34号 | 关于报送《2017年度中国宝武领导班子民主生活会整改落实方案》的报告 |
| 宝武委〔2018〕35号 | 关于下发《集团公司2018年度全面深化改革工作要点》的通知 |
| 宝武委〔2018〕36号 | 关于赵周礼、符德勤同志拟因私出国事宜备案的报告 |
| 宝武委〔2018〕37号 | 关于修订并下发《中国宝武钢铁集团有限公司党委全委会、常委会制度》的通知 |
| 宝武委〔2018〕38号 | 关于修订印发《中国宝武钢铁集团有限公司基层党委会会议制度》的通知 |
| 宝武委〔2018〕39号 | 中国宝武钢铁集团有限公司关于党务公开的实施意见 |
| 宝武委〔2018〕40号 | 关于印发《关于认真做好宣传思想工作的意见》的通知 |
| 宝武委〔2018〕41号 | 关于印发《关于进一步加强和改进党委理论学习中心组学习的意见》的通知 |
| 宝武委〔2018〕42号 | 关于印发《中国宝武推进"两学一做"学习教育常态化制度化实施意见》的通知 |
| 宝武委〔2018〕43号 | 关于印发《关于深入开展形势任务教育的意见》的通知 |
| 宝武委〔2018〕44号 | 关于印发《中国宝武钢铁集团有限公司党委意识形态工作责任制实施办法》的通知 |
| 宝武委〔2018〕45号 | 关于印发《中国宝武钢铁集团有限公司意识形态阵地管理办法》的通知 |
| 宝武委〔2018〕46号 | 关于进一步加强企业文化建设的意见 |
| 宝武委〔2018〕47号 | 关于修订并印发《关于全面深化中国宝武共青团工作的指导意见》的通知 |

（续　表）

| 文　　号 | 标　　题 |
|---|---|
| 宝武委〔2018〕48号 | 关于修订并印发《关于加强中国宝武青年思想引领工作的意见》的通知 |
| 宝武委〔2018〕49号 | 关于宝钢德盛不锈钢有限公司有关党委委员增补的批复 |
| 宝武委〔2018〕50号 | 关于召开中共宝钢金属有限公司党员代表大会的批复 |
| 宝武委〔2018〕51号 | 关于成立中国宝武钢铁集团有限公司国防动员委员会及其相关工作机构的通知 |
| 宝武委〔2018〕52号 | 关于印发《中国宝武钢铁集团有限公司党委贯彻落实"中央企业党建质量提升年"要求的工作方案》的通知 |
| 宝武委〔2018〕53号 | 关于欧阳英鹏、刘占英、李其世同志拟因私出国事宜备案的报告 |
| 宝武委〔2018〕54号 | 关于中国共产党上海宝地置业有限公司第一届委员会和纪律检查委员会组成人员候选人预备人选的批复 |
| 宝武委〔2018〕55号 | 关于宝钢金属有限公司有关党委委员增补的批复 |
| 宝武委〔2018〕56号 | 关于陈晖等三名同志职务任免的通知 |
| 宝武委〔2018〕57号 | 关于王继明等三名同志职务任免的通知 |
| 宝武委〔2018〕58号 | 中国宝武钢铁集团有限公司关于伏中哲同志兼职的有关请示 |
| 宝武委〔2018〕59号 | 中国宝武钢铁集团有限公司关于张锦刚同志兼职的有关请示 |
| 宝武委〔2018〕60号 | 关于戴元永同志拟因私出国事宜备案的报告 |
| 宝武委〔2018〕61号 | 关于宝地置业第一次党代会和第一届党委、纪委第一次全会选举结果的批复 |
| 宝武委〔2018〕62号 | 关于印发《中国宝武巡视工作规划（2018—2022年）》的通知 |
| 宝武委〔2018〕63号 | 关于印发《中国宝武钢铁集团有限公司2018年厂务公开民主管理工作要点》的通知 |
| 宝武委〔2018〕64号 | 关于宝地置业党委和一浦五联合党委合署办公的通知 |
| 宝武委〔2018〕65号 | 关于印发《中国宝武钢铁集团有限公司党委向党中央请示报告重大事项办法（试行）》的通知 |
| 宝武委〔2018〕66号 | 关于免去卞长明同志职务的通知 |
| 宝武委〔2018〕67号 | 关于免去赵关林同志职务的通知 |
| 宝武委〔2018〕68号 | 关于进一步加强离退休党员组织关系管理工作的意见 |
| 宝武委〔2018〕69号 | 关于报送《中国宝武党委关于2017年中央企业党建工作责任制考核评价反馈问题的整改方案》的报告 |
| 宝武委〔2018〕70号 | 关于刘翔同志到龄免职退休的请示 |
| 宝武委〔2018〕71号 | 中国宝武钢铁集团有限公司关于陈德荣同志兼职的有关请示 |
| 宝武委〔2018〕72号 | 中国宝武钢铁集团有限公司关于伏中哲同志兼职的有关请示 |
| 宝武委〔2018〕73号 | 中国宝武钢铁集团有限公司关于张锦刚同志兼职的有关请示 |
| 宝武委〔2018〕74号 | 关于李琦强同志任职的通知 |

（续　表）

| 文　号 | 标　题 |
|---|---|
| 宝武委〔2018〕75号 | 关于免去李明同志职务的通知 |
| 宝武委〔2018〕76号 | 关于免去杜界松同志职务的通知 |
| 宝武委〔2018〕77号 | 关于陈清泉同志任职的通知 |
| 宝武委〔2018〕78号 | 关于免去朱可炳同志职务的通知 |
| 宝武委〔2018〕79号 | 关于召开中国共产党宝武集团环境资源科技有限公司第一次党员代表大会的批复 |
| 宝武委〔2018〕80号 | 关于庄建军等三人任免的通知 |
| 宝武委〔2018〕81号 | 关于中国宝武钢铁集团有限公司国家安全小组更名和组成成员调整的通知 |
| 宝武委〔2018〕82号 | 中国宝武钢铁集团有限公司关于纪委副书记人选的请示 |
| 宝武委〔2018〕83号 | 关于张铁勋同志拟因私出国事宜备案的报告 |
| 宝武委〔2018〕84号 | 中国宝武2018年度上半年落实意识形态工作责任制督查报告 |
| 宝武委〔2018〕85号 | 关于中国宝武联合重组情况的报告 |
| 宝武委〔2018〕86号 | 关于下发《新闻工作管理办法（试行）》的通知 |
| 宝武委〔2018〕87号 | 关于下发《媒体制作共享业务标准（试行）》的通知 |
| 宝武委〔2018〕88号 | 关于印发《中国宝武钢铁集团有限公司领导班子民主生活会制度（试行）》的通知 |
| 宝武委〔2018〕89号 | 关于成立产业金融党工委、纪工委的通知 |
| 宝武委〔2018〕90号 | 关于宝地置业党委、纪委更名的通知 |
| 宝武委〔2018〕91号 | 关于印发《中国宝武钢铁集团有限公司基层党组织选举工作制度》的通知 |
| 宝武委〔2018〕92号 | 关于中国宝武党的基层组织任期调整的通知 |
| 宝武委〔2018〕93号 | 关于召开中国共产党宝钢工程技术集团有限公司第一次党员代表大会的批复 |
| 宝武委〔2018〕94号 | 关于戴元永同志拟因私出国事宜备案的报告 |
| 宝武委〔2018〕95号 | 关于调整上海吴淞口创业园有限公司党组织隶属关系的通知 |
| 宝武委〔2018〕96号 | 关于周忠明等四人职务任免的通知 |
| 宝武委〔2018〕97号 | 关于成立宝武特种冶金有限公司党委、纪委的通知 |
| 宝武委〔2018〕98号 | 关于陈德荣、伏中哲等三人职务任免的通知 |
| 宝武委〔2018〕99号 | 中国宝武贯彻落实党组织研究讨论前置程序要求的探索实践报告 |
| 宝武委〔2018〕100号 | 关于印发《关于进一步激励中国宝武各级干部新时代新担当新作为的实施意见》的通知 |
| 宝武委〔2018〕101号 | 关于印发《关于大力发现培养选拔优秀年轻干部、进一步加强领导班子队伍建设的实施办法》的通知 |
| 宝武委〔2018〕102号 | 关于冯爱华等六人职务任免的通知 |

| 文　号 | 标　题 |
| --- | --- |
| 宝武委〔2018〕103号 | 关于免去蔡正青职务的通知 |
| 宝武委〔2018〕104号 | 关于祁卫东等三人职务任免的通知 |
| 宝武委〔2018〕105号 | 关于金文海任职的通知 |
| 宝武委〔2018〕106号 | 关于免去任一峰职务的通知 |
| 宝武委〔2018〕107号 | 关于给予夏新禾同志党内严重警告处分的决定 |
| 宝武委〔2018〕108号 | 关于章青云、徐克勤同志职务任免的通知 |
| 宝武委〔2018〕109号 | 关于宝武环科第一届两委组成人员候选人预备人选的批复 |
| 宝武委〔2018〕110号 | 关于下发《中国宝武进一步深入学习贯彻习近平新时代中国特色社会主义思想和党的十九大精神的实施方案》的通知 |
| 宝武委〔2018〕111号 | 关于产业金融党工委组成人员的通知 |
| 宝武委〔2018〕112号 | 关于增补中共宝武特种冶金有限公司委员会委员的批复 |
| 宝武委〔2018〕113号 | 关于宝钢工程第一届两委组成人员候选人预备人选的批复 |
| 宝武委〔2018〕114号 | 关于深入学习贯彻落实《中国共产党纪律处分条例》的通知 |
| 宝武委〔2018〕115号 | 关于欧阳英鹏、刘占英同志拟因私出国事宜备案的报告 |
| 宝武委〔2018〕116号 | 关于中国宝武钢铁集团有限公司董事会秘书调整前备案的请示 |
| 宝武委〔2018〕117号 | 关于设立青年工作处的通知 |
| 宝武委〔2018〕118号 | 关于党委巡视工作机构调整的通知 |
| 宝武委〔2018〕119号 | 关于宝钢化工党委、纪委更名的通知 |
| 宝武委〔2018〕120号 | 关于印发《关于进一步优化子公司领导班子及高级管理人员配置的实施办法》的通知 |
| 宝武委〔2018〕121号 | 关于王语任职的通知 |
| 宝武委〔2018〕122号 | 关于张勇职务调整的通知 |
| 宝武委〔2018〕123号 | 关于调整中国宝武领导班子成员分工的请示 |
| 宝武委〔2018〕124号 | 关于华宝信托等五家单位领导班子成员管理有关事宜的通知 |
| 宝武委〔2018〕125号 | 关于宝武环科第一次党代会和第一届党委、纪委第一次全会选举结果的批复 |
| 宝武委〔2018〕126号 | 中国宝武党委落实《关于进一步做好向党中央请示报告工作的通知》情况报告 |
| 宝武委〔2018〕127号 | 关于中国宝武董事长陈德荣同志请假赴日本访问的报告 |
| 宝武委〔2018〕128号 | 关于朱汉铭、何柏林同志任职的通知 |
| 宝武委〔2018〕129号 | 关于宝钢工程第一次党代会和第一届党委、纪委第一次全会选举结果的批复 |
| 宝武委〔2018〕130号 | 中国宝武党委关于印发《关于进一步规范基层党组织前往红色基地开展党性教育的实施意见》的通知 |

| 文　号 | 标　题 |
|---|---|
| 宝武委〔2018〕131号 | 中国宝武党委、中国宝武关于发布《关于进一步规范领导人员和管理者及其亲属、其他特定关系人经商办企业行为的规定》的通知 |
| 宝武委〔2018〕132号 | 中国宝武党委、中国宝武印发《关于实行禁入管理的规定》的通知 |
| 宝武委〔2018〕133号 | 中国宝武党委、中国宝武关于印发《廉洁从业八条禁令》的通知 |
| 宝武委〔2018〕134号 | 中国宝武钢铁集团有限公司关于董事会秘书调整前备案的请示 |
| 宝武委〔2018〕135号 | 关于给予杨千威同志党内警告处分的决定 |
| 宝武委〔2018〕136号 | 关于汪震等三人任职的通知 |
| 宝武委〔2018〕137号 | 关于汪震职务调整的通知 |
| 宝武委〔2018〕138号 | 中国宝武钢铁集团有限公司党委关于印发《向党中央请示报告重大事项办法（试行）》的通知 |
| 宝武委〔2018〕139号 | 中国宝武钢铁集团有限公司党委关于党务公开的实施意见 |
| 宝武委〔2018〕140号 | 关于同意免去夏新禾同志鄂城钢铁党委委员的批复 |
| 宝武委〔2018〕141号 | 关于杨建忠任职的通知 |
| 宝武委〔2018〕142号 | 关于王忠辉任职的通知 |
| 宝武委〔2018〕143号 | 关于王忠辉职务调整的通知 |
| 宝武委〔2018〕144号 | 关于对照王晓林案件深入开展自查自纠不断提升企业治理效能的工作情况 |
| 宝武委〔2018〕145号 | 关于戴元永同志拟因私出国事宜备案的报告 |
| 宝武委〔2018〕146号 | 关于批转集团公司工会《关于筹备召开中国宝武钢铁集团有限公司工会第一次代表大会的工作方案》的通知 |
| 宝武委〔2018〕147号 | 关于中国宝武40年改革创新发展实践的报告 |
| 宝武委〔2018〕148号 | 中国宝武钢铁集团有限公司党委关于印发《中国宝武青年荣誉评选与激励办法》的通知 |
| 宝武委〔2018〕149号 | 关于中国宝武钢铁集团有限公司相关岗位调整备案的请示 |
| 宝武委〔2018〕150号 | 关于推荐中国宝武第一届党委和纪委委员候选人预备人选的通知 |
| 宝武委〔2018〕151号 | 关于调整中国宝武落实党风廉政建设责任制领导小组的通知 |
| 宝武委〔2018〕152号 | 关于给予谢成付同志党内严重警告处分的决定 |
| 宝武委〔2018〕153号 | 中国宝武党委批转集团公司工会《关于筹备召开中国宝武一届一次职工代表大会的工作方案》的通知 |
| 宝武委〔2018〕154号 | 中国宝武钢铁集团有限公司关于做好国家安全有关重点工作的情况报告（以纸质为准） |
| 宝武委〔2018〕155号 | 关于张先贵等三人职务调整的通知 |
| 宝武委〔2018〕156号 | 关于宝钢集团新疆八一钢铁有限公司相关领导职务调整的函 |
| 宝武委〔2018〕157号 | 关于宝武集团广东韶关钢铁有限公司领导人员调整的函 |

（续　表）

| 文　号 | 标　题 |
| --- | --- |
| 宝武委〔2018〕158号 | 关于张智勇、朱超职务调整的通知 |
| 宝武委〔2018〕159号 | 关于蔡建群任职的通知 |
| 宝武委〔2018〕160号 | 关于印发《中国宝武钢铁集团有限公司中长期人才发展规划（2018—2023年）》的通知 |
| 宝武委〔2018〕161号 | 关于印发《中国宝武党委学习贯彻落实全国宣传思想工作会议精神、中央企业宣传思想工作会议精神方案贯彻宣传思想工作会议精神方案》的通知 |
| 宝武委〔2018〕162号 | 关于印发《中国宝武深入开展"弘扬爱国奋斗精神、建功立业新时代"活动工作方案》的通知 |
| 宝武委〔2018〕163号 | 关于建立集团公司宣传思想工作和海外宣传工作领导协调机制的通知 |
| 宝武委〔2018〕164号 | 中国宝武党委关于印发《中国宝武二级党组织党建工作责任制考核评价暂行办法》的通知 |
| 宝武委〔2018〕165号 | 中国宝武钢铁集团有限公司党委关于宝钢股份党委副书记调整前备案的请示 |
| 宝武委〔2018〕166号 | 中国宝武落实中央纪委关于王晓林案件工作建议开展自查自纠工作的报告 |
| 宝武委〔2018〕167号 | 关于调整中国宝武上海市第十五届人大常委代表人选的函 |
| 宝武委〔2018〕168号 | 关于吴声彪、刘长威职务调整的通知 |
| 宝武委〔2018〕169号 | 中国宝武钢铁集团有限公司关于相关岗位调整备案的请示 |
| 宝武委〔2018〕170号 | 关于胡爱民、庄建军职务调整的通知 |
| 宝武委〔2018〕171号 | 关于蔡伟飞等四人职务调整的通知 |
| 宝武委〔2018〕172号 | 中国宝武钢铁集团有限公司党委关于宝钢股份相关岗位调整前备案的请示 |
| 宝武委〔2018〕173号 | 中国宝武党委关于印发《2018年度二级党组织书记抓基层党建述职评议考核工作方案》的通知 |
| 宝武委〔2018〕174号 | 关于魏成文任职的通知 |
| 宝武委〔2018〕175号 | 中国宝武钢铁集团有限公司关于纪委副书记人选的请示 |
| 宝武委〔2018〕176号 | 关于蔡建群职务调整的通知 |
| 宝武委〔2018〕177号 | 关于赖晓敏任职的通知 |
| 宝武委〔2018〕178号 | 中国宝武钢铁集团有限公司关于朱永红同志兼职的有关请示 |
| 宝武委〔2018〕179号 | 关于中国宝武钢铁集团有限公司工会第一届委员会主席、副主席、经费审查委员会主任人选的函 |
| 宝武委〔2018〕180号 | 关于印发《中国宝武钢铁集团有限公司扶贫援派干部管理办法（试行）》的通知 |
| 宝武委〔2018〕181号 | 关于邹继新、戴志浩职务调整的通知 |
| 宝武委〔2018〕182号 | 中国宝武党委、中国宝武关于推进新时期产业工人队伍建设改革的实施意见 |
| 宝武委〔2018〕183号 | 关于撤销宝钢不锈党委、纪委的通知 |
| 宝武委〔2018〕184号 | 中国宝武党委关于印发贯彻《中国共产党统一战线工作条例（试行）》实施意见的通知 |
| 宝武委〔2018〕185号 | 中国宝武党委关于印发《党员领导人员与党外代表人士联谊交友实施办法》的通知 |

中国宝武钢铁集团有限公司年鉴（2019）

（续　表）

| 文　号 | 标　题 |
|---|---|
| 宝武委〔2018〕186号 | 中国宝武党委关于印发《关于加强与党外人士沟通的工作制度》的通知 |
| 宝武委〔2018〕187号 | 中国宝武党委关于印发《党代会代表任期制实施办法》的通知 |
| 宝武委〔2018〕188号 | 中国宝武党委关于印发《党外代表人士队伍建设管理办法》的通知 |
| 宝武委〔2018〕189号 | 中国宝武党委关于印发《加强境外单位党建工作的实施意见》的通知 |
| 宝武委〔2018〕190号 | 关于中国共产党中国宝武钢铁集团有限公司第一届委员会和纪律检查委员会换届人事安排的请示 |
| 宝武委〔2018〕191号 | 关于同意调整中共中国宝武钢铁集团有限公司机关第一届委员会委员的批复 |
| 宝武委〔2018〕192号 | 关于成立中国宝武党的建设研究会的通知 |
| 宝武委〔2018〕193号 | 关于全面做好中央经济工作会议精神传达贯彻落实工作的通知 |
| 宝武委〔2018〕194号 | 关于宝钢股份党委常委调整前备案的请示 |
| 宝武委〔2018〕195号 | 关于朱湘凯任职的通知 |
| 宝武委〔2018〕196号 | 关于吕军任职的通知 |

（赵诗琴）

## 中国宝武钢铁集团有限公司部分行政文件题录

| 文　号 | 标　题 |
|---|---|
| 宝武字〔2018〕1号 | 关于下发中国宝武钢铁集团有限公司进一步贯彻落实《中共中央国务院关于推进安全生产领域改革发展的意见》专项工作方案暨2018年安全生产工作要点的通知 |
| 宝武字〔2018〕2号 | 关于下发《集团公司2018年度经营管理重点工作》的通知 |
| 宝武字〔2018〕3号 | 关于下发中国宝武2018年能源环保重点工作安排的通知 |
| 宝武字〔2018〕4号 | 关于发布《整合融合、管理关系调整期间经营纪律》的通知 |
| 宝武字〔2018〕10号 | 关于授予兰建强等二十五位员工"曾乐奖"称号的决定 |
| 宝武字〔2018〕12号 | 关于2017年度安全管理评价结果的通报 |
| 宝武字〔2018〕15号 | 关于2017年安全生产工作情况的报告 |
| 宝武字〔2018〕19号 | 关于进一步明确中国宝武定点扶贫工作领导小组组成与职责的通知 |
| 宝武字〔2018〕21号 | 关于加强协力安全管理的指导意见 |
| 宝武字〔2018〕24号 | 关于2017年改革进展情况的报告 |
| 宝武字〔2018〕25号 | 关于2017年投资完成情况的报告 |
| 宝武字〔2018〕27号 | 关于2017年度中国宝武国有资产评估管理工作总结的报告 |
| 宝武字〔2018〕30号 | 关于重申严禁融资性贸易业务和"空转""走单"等虚假贸易行为以及发布相关经营风险警示案例的通知 |

| 文　号 | 标　题 |
|---|---|
| 宝武字〔2018〕36号 | 关于调整总部部门对外经济业务授权方案的通知 |
| 宝武字〔2018〕40号 | 关于调整集团公司网络安全与信息化领导小组的通知 |
| 宝武字〔2018〕52号 | 关于韶关钢铁煤气中毒较大事故情况的通报 |
| 宝武字〔2018〕64号 | 关于下发《中国宝武空气重污染应急工作方案》的通知 |
| 宝武字〔2018〕67号 | 关于2018年度预算的报告 |
| 宝武字〔2018〕73号 | 关于报送中国宝武2017年节能减排工作总结的报告 |
| 宝武字〔2018〕77号 | 关于报送2017年度《企业年度工作报告》的报告 |
| 宝武字〔2018〕80号 | 关于下发《中国宝武2018年全面风险管理工作推进计划》的通知 |
| 宝武字〔2018〕90号 | 关于2018年深入开展"团队争先、岗位创优"劳动竞赛的指导意见 |
| 宝武字〔2018〕92号 | 关于印发《开展重大生产安全事故隐患排查治理专项行动工作方案》的通知 |
| 宝武字〔2018〕96号 | 关于进一步加强安全文化建设的指导意见 |
| 宝武字〔2018〕105号 | 关于重组中国宝武钢铁集团有限公司正高级工程师冶金专业学科组和各专业推荐组的通知 |
| 宝武字〔2018〕113号 | 关于组织开展"铸匠心、提技能"中国宝武首届职工技能大赛的通知 |
| 宝武字〔2018〕116号 | 关于报送中国宝武布局结构调整工作情况的报告 |
| 宝武字〔2018〕118号 | 关于下发《加快推进厂办大集体改革工作方案》的通知 |
| 宝武字〔2018〕125号 | 关于开展冶金煤气安全管理专项治理工作的通知 |
| 宝武字〔2018〕126号 | 关于报送《2017年援藏援青扶贫工作总结和2018年工作计划》的报告 |
| 宝武字〔2018〕127号 | 关于开展高温熔融金属作业安全专项治理的通知 |
| 宝武字〔2018〕129号 | 关于成立安全督导工作领导小组的通知 |
| 宝武字〔2018〕135号 | 关于印发《安全督导工作方案》的通知 |
| 宝武字〔2018〕159号 | 关于下发《2018年"三供一业"分离移交和教育医疗等公共服务机构分类处理工作推进计划》的通知 |
| 宝武字〔2018〕162号 | 关于2018年宝武集团管理创新成果评奖结果的通知 |
| 宝武字〔2018〕163号 | 关于报送中国宝武2017年节能减排工作总结的报告 |
| 宝武字〔2018〕164号 | 关于2017年度经营业绩考核目标完成情况的报告 |
| 宝武字〔2018〕165号 | 关于报送中国宝武钢铁集团有限公司2018年投资计划的报告 |
| 宝武字〔2018〕172号 | 关于2018年度国有资本收益情况的报告 |
| 宝武字〔2018〕179号 | 关于下达中国宝武钢铁集团有限公司2018年度投资计划的通知 |
| 宝武字〔2018〕181号 | 关于成立中国宝武钢铁集团有限公司档案鉴定委员会的通知 |
| 宝武字〔2018〕182号 | 关于开展集团公司第五次档案鉴定工作的通知 |

（续　表）

| 文　　号 | 标　　题 |
|---|---|
| 宝武字〔2018〕186号 | 关于开展2018年"安全生产月"活动的通知 |
| 宝武字〔2018〕198号 | 关于做好2018年高温季节防暑降温工作的通知 |
| 宝武字〔2018〕201号 | 关于调整中国宝武双创示范基地领导小组和工作小组成员的通知 |
| 宝武字〔2018〕205号 | 关于中国宝武生态环保产业调查情况的报告 |
| 宝武字〔2018〕206号 | 关于成立中国宝武青山地区环境治理工作领导小组的通知 |
| 宝武字〔2018〕214号 | 关于严禁开展内部集资有关事项的通知 |
| 宝武字〔2018〕217号 | 关于报送《中国宝武钢铁集团有限公司战略规划（2018—2020）》的报告 |
| 宝武字〔2018〕218号 | 关于李庆予等四人职务聘解的通知 |
| 宝武字〔2018〕226号 | 关于开展中国宝武2018年"6·5"环境日、节能宣传周和低碳日活动的通知 |
| 宝武字〔2018〕231号 | 关于下发《2018年中国宝武"固废不出厂"专项行动工作方案》的通知 |
| 宝武字〔2018〕256号 | 关于转发《关于六起生态环境损害责任追究典型问题的通报》的通知 |
| 宝武字〔2018〕269号 | 关于表彰2017年度环境经营优秀案例的通知 |
| 宝武字〔2018〕270号 | 关于印发《2018年中国国际进口博览会安全生产专项保障工作方案》的通知 |
| 宝武字〔2018〕271号 | 关于韶关钢铁两起工亡事故处理的通报 |
| 宝武字〔2018〕272号 | 关于宝钢德盛工亡事故处理的通报 |
| 宝武字〔2018〕281号 | 关于明确武汉总部机构设置及运作方式的通知 |
| 宝武字〔2018〕287号 | 关于报送《开展2018年"6·5"环境日、节能宣传周和低碳日活动情况总结》的报告 |
| 宝武字〔2018〕304号 | 关于李琦强等三人职务聘解的通知 |
| 宝武字〔2018〕320号 | 关于中国宝武2018年上半年改革进展情况的报告 |
| 宝武字〔2018〕331号 | 关于党委宣传部、企业文化部（公共关系部）部门职责及职能设置调整的通知 |
| 宝武字〔2018〕333号 | 关于产业金融发展中心业务及管理体系调整的通知 |
| 宝武字〔2018〕340号 | 关于中国宝武重组整合工作情况的报告 |
| 宝武字〔2018〕355号 | 关于下发《中国宝武智慧制造行动方案（2018—2020年）》的通知 |
| 宝武字〔2018〕372号 | 关于冯爱华等三人职务聘解的通知 |
| 宝武字〔2018〕373号 | 关于周忠明等五人职务聘解的通知 |
| 宝武字〔2018〕391号 | 关于调整中国宝武2018年投资控制目标的通知 |
| 宝武字〔2018〕392号 | 关于下发《关于加强亏损子公司扭亏增盈工作的管理办法》的通知 |
| 宝武字〔2018〕397号 | 关于进一步规范专项奖励的指导意见（试行） |
| 宝武字〔2018〕398号 | 关于印发《违规经营投资责任追究实施办法》的通知 |
| 宝武字〔2018〕405号 | 关于调整中国宝武扶贫工作领导小组组成与职责的通知 |

（续　表）

| 文　号 | 标　题 |
|---|---|
| 宝武字〔2018〕413号 | 关于印发《〈宝钢集团志（1998—2016）〉编纂方案》的通知 |
| 宝武字〔2018〕422号 | 关于安全过程管理问责的意见 |
| 宝武字〔2018〕429号 | 关于成立中国宝武钢铁集团有限公司外事工作领导小组的通知 |
| 宝武字〔2018〕434号 | 关于报送中国宝武化解钢铁过剩产能及行业重组情况的报告 |
| 宝武字〔2018〕436号 | 关于下达中国宝武（上海地区）2018年重点用能单位节能目标的通知 |
| 宝武字〔2018〕455号 | 关于发布《境外投资经营行为规范实施意见》的通知 |
| 宝武字〔2018〕459号 | 关于党委宣传部、企业文化部、党校、管理学院及机关党委运作方式调整的通知 |
| 宝武字〔2018〕463号 | 关于成立环境保护督查工作组的通知 |
| 宝武字〔2018〕464号 | 关于纪委、监察部下属职能调整的通知 |
| 宝武字〔2018〕465号 | 关于调整总部部门对外经济业务授权方案的通知 |
| 宝武字〔2018〕470号 | 关于下发《中国宝武2018年空气质量改善攻坚方案》的通知 |
| 宝武字〔2018〕478号 | 关于下发《中国宝武钢铁集团有限公司投资管理制度（试行）》和《中国宝武钢铁集团有限公司境外投资管理制度（试行）》的通知 |
| 宝武字〔2018〕479号 | 关于发布《中国宝武钢铁集团有限公司投资项目负面清单（2018年版）》的通知 |
| 宝武字〔2018〕485号 | 关于印发《2018年度子公司组织绩效任务书》的通知 |
| 宝武字〔2018〕491号 | 关于下发《中国宝武安全管理体系规范》的通知 |
| 宝武字〔2018〕500号 | 关于建立中国宝武荣誉激励项目计划体系的指导意见 |
| 宝武字〔2018〕505号 | 关于朱永红任职的通知 |
| 宝武字〔2018〕510号 | 关于胡望明任职的通知 |
| 宝武字〔2018〕513号 | 关于下发2019年度商业计划书编制大纲的通知 |
| 宝武字〔2018〕520号 | 关于印发《中国宝武助力对口帮扶地区打赢扶贫攻坚2018年—2020年三年行动计划》的通知 |
| 宝武字〔2018〕529号 | 关于促进集团内部资产整合流转有关事项的通知 |
| 宝武字〔2018〕531号 | 关于印发《环境保护督查工作方案》的通知 |
| 宝武字〔2018〕533号 | 关于报送2019年国民经济和社会发展计划（草案）的报告 |
| 宝武字〔2018〕536号 | 关于下发《货物类供应商管理规范（试行）》的通知 |
| 宝武字〔2018〕537号 | 关于评选中国宝武"优秀员工""最美宝武人"的实施意见 |
| 宝武字〔2018〕545号 | 关于下发《督办工作管理办法》的通知 |
| 宝武字〔2018〕546号 | 关于评选首届"宝武工匠（工人发明家）"的通知 |
| 宝武字〔2018〕549号 | 关于依法依规办理境外常驻人员各类证件的通知 |
| 宝武字〔2018〕561号 | 关于下发《中国宝武钢铁集团有限公司援藏援青项目资金管理办法（试行）》的通知 |

（续　表）

| 文　号 | 标　题 |
|---|---|
| 宝武字〔2018〕579号 | 关于印发《中国宝武援藏援青工作经费使用管理规定》的通知 |
| 宝武字〔2018〕581号 | 关于表彰"铸匠心、提技能"中国宝武首届职工技能大赛名次奖、优秀组织单位和优秀组织者的决定 |
| 宝武字〔2018〕582号 | 关于表彰"特种船舶用钢关键技术研究与应用"成果的决定 |
| 宝武字〔2018〕583号 | 关于表彰"2018年中国宝武技术创新重大成果奖"获奖成果的决定 |
| 宝武字〔2018〕604号 | 关于下发《中国宝武定点扶贫工作管理办法》的通知 |
| 宝武字〔2018〕609号 | 关于战略规划部、办公厅下属职能设置及职责调整的通知 |
| 宝武字〔2018〕629号 | 关于开展中国宝武清理拖欠民营企业账款专项工作的通知 |
| 宝武字〔2018〕630号 | 关于2018年度国际交流与合作工作情况的报告 |
| 宝武字〔2018〕634号 | 关于下发《中国宝武新材料产业创新中心运行管理办法（试行）》的通知 |
| 宝武字〔2018〕640号 | 关于成立中国宝武乌鲁木齐总部的通知 |
| 宝武字〔2018〕642号 | 关于切实做好岁末年初安全生产工作的通知 |
| 宝武字〔2018〕644号 | 关于下发《宝武集团总部工作规范（2019版）》的通知 |

（陆一初）

## 2018年部分社会媒体对中国宝武的报道一览表

| 标　题 | 媒体名称 | 刊登日期 |
|---|---|---|
| 湛江钢铁创"四达"最快纪录 | 《湛江日报》 | 1月3日 |
| 宝武钢铁整合旗下电商平台　构建钢材共享服务生态圈 | 《第一财经》 | 1月19日 |
| 中国宝武再推钢铁重组，这次要用更市场化的方式 | 《第一财经》 | 2月5日 |
| 中国宝武：旗下混改的企业将不止目前的五成 | 《第一财经》 | 2月6日 |
| 纯铁不如合金钢：中国第一钢企锻造"混改样本" | 中新社 | 2月6日 |
| Mixed-ownership reforms strengthen steel giant Baowu | 《China Daily》 | 2月7日 |
| 中国宝武：央企混改试水者 | 《财经夜行线》 | 2月8日 |
| 中国宝武积极推进混合所有制改革　旗下混合所有制企业已占全部企业的48.9% | 央广网 | 2月9日 |
| 中国宝武：混改无禁区　对所有资本持开放态度 | 《经济参考报》 | 2月9日 |
| 中国宝武：改革焕发新动能 | 《光明日报》 | 2月22日 |
| 宝钢股份湛江钢铁2250热轧产线累计产量突破1 000万吨 | 国务院国资委网站 | 2月27日 |
| 宝钢股份打造面向未来钢铁的竞争优势 | 联合电讯网 | 3月2日 |
| 宝钢股份：此次美国提高进口钢关税对公司业绩不会造成大影响 | 《证券时报》 | 3月6日 |

| 标　　　题 | 媒体名称 | 刊登日期 |
|---|---|---|
| 宝钢股份多方发力　加速智慧制造进程 | 国务院国资委网站 | 3月7日 |
| 宝山与宝武集团共同推进"互联网＋产业园"建设工作 | 东方网 | 3月8日 |
| 中国宝武·武汉科技大学炭材料联合工程研究中心成立 | 国务院国资委网站 | 3月29日 |
| 中国宝武已推进23个混合所有制改革项目 | 《中国冶金报》 | 3月29日 |
| 宝钢股份2017年净利192亿元,经营业绩国内行业最优! | 《中国冶金报》 | 4月9日 |
| 宝钢股份去年股东净利同比翻番　贸易摩擦对钢铁出口影响有限 | 《21世纪经济报道》 | 4月11日 |
| 湛江钢铁去年实现盈利23.1亿元 | 《湛江日报》 | 4月16日 |
| 湛江钢铁"两率"均创历史新高 | 《湛江日报》 | 4月24日 |
| 宝武集团以深化改革应对市场风险 | 《经济参考报》 | 4月26日 |
| 湛江钢铁一季度实现"开门红" | 中国钢铁新闻网 | 5月8日 |
| 宝信软件:一季度净利润增速78.14%,智能制造促业绩拐点 | 搜狐财经 | 5月8日 |
| 炼铁高炉改为美术馆　宝钢工业遗存将成为城市文化新地标 | 新民网 | 5月12日 |
| C919将用上国产起落架,用的是上海研制的超高强度钢 | 澎湃新闻 | 5月14日 |
| 湛江:打造发展强力引擎　加速领跑推动振兴 | 人民网 | 5月15日 |
| 陈德荣:以钢铁业的转型升级推动中国经济高质量发展 | 我的钢铁网 | 5月17日 |
| 宝钢化工、方大炭素启动石墨电极合作项目对接工作 | 东方财富网 | 5月21日 |
| 宝钢打下第一桩 | 《解放日报》 | 5月21日 |
| 宝钢股份取向电工钢产能及产量规模已列全球上市钢企首位:最新披露两项全球首发产品 | 新华网 | 5月24日 |
| 成为全球取向硅钢最大生产商后　宝钢股份瞄准了新战略市场 | 界面新闻 | 5月24日 |
| 宝钢股份率先掌握世界"三最"管线钢生产技术 | 我的钢铁网 | 5月25日 |
| 宝钢能源管理系统(EMS)技术的应用 | 东方头条 | 5月27日 |
| 宝信软件(600845)调研纪要:工业互联网引领制造业革命 | 中财网 | 6月6日 |
| 中国宝武与福州市签署战略合作框架协议 | 《中国冶金报》 | 6月8日 |
| 宝钢电工钢产品亮相柏林 | 搜狐 | 6月19日 |
| 【新时代　新作为　新篇章】宝钢40年:从追随者到引领者 | 《第一财经》 | 6月20日 |
| 宝钢股份成为国内首家VLGC低温钢板供货钢企 | 我的钢铁网 | 6月22日 |
| 陈德荣任中国宝武集团董事长、党委书记 | 中国钢铁新闻网 | 6月28日 |
| 宝钢股份VLGC低温船板打破国外垄断 | 中国钢铁新闻网 | 6月28日 |
| 八一钢铁:拟投资2.87亿元建设4项炼铁能源环保项目 | 中证网 | 7月2日 |

| 标　　　题 | 媒体名称 | 刊登日期 |
|---|---|---|
| 中国最大钢铁集团与上海市签约，合作开发这一地区，推动整体转型升级 | 一财网 | 7月4日 |
| 22家钢企入围2018《财富》中国500强　宝钢股份以2 894亿元营收居首 | 经济观察网 | 7月11日 |
| 上海：上海工业投资创十年新高　高端制造为未来"蓄能" | 看看新闻Knews综合 | 7月25日 |
| 中国宝武钢铁集团董事长党委书记陈德荣：勇担钢铁强国使命　沿着"一带一路"推动国际化，实现与城市和谐共生 | 《每日经济新闻》 | 8月2日 |
| 陈德荣：中国钢铁进入洗牌最好时机 | 《中国冶金报》 | 8月7日 |
| 宝信软件半年报净利增长45% | 中国证券网 | 8月16日 |
| 宝钢化工与方大炭素10万吨超高功率石墨电极项目落户兰州红古 | 中国兰州网 | 8月20日 |
| 八一钢铁上半年实现净利2.16亿元 | 我的钢铁网 | 8月23日 |
| 宝钢股份半年净利100亿元，拟近190亿元建湛江三号高炉 | 澎湃新闻 | 8月27日 |
| 宝钢股份上半年净利超百亿元 证金增持至4.9% | 中证网 | 8月27日 |
| 八一钢铁与蒙古能源签订7.5亿美元焦煤采购协议 | 中新网 | 8月30日 |
| 净利润22.3亿元　生产经营持续向好——湛江钢铁交出上半年"成绩单" | 《湛江日报》 | 8月30日 |
| 中国最大钢企的新目标：进军全球财富百强|改革开放四十周年·浦东再出发② | 界面新闻 | 8月30日 |
| 【壮阔东方潮　奋进新时代——庆祝改革开放40年】这片区域成为上海新兴增长极，吸引央企纷至沓来 | 文汇网 | 8月30日 |
| 上海世博会过去8年，这块土地如今成长为城市新增长极 | 上观新闻 | 8月30日 |
| 力争全球钢企第一　中国宝武将提升产能形成千亿级营收、百亿级利润产业 | 《新民晚报》 | 8月30日 |
| 中国宝武：勇立潮头40年 | 《经济导刊》 | 9月11日 |
| 加速产业金融深度融合　国内首家冶金资本运作平台成立 | 《证券时报》 | 9月13日 |
| 华宝冶金面世　有望加速产业金融深度融合 | 《上海证券报》 | 9月13日 |
| 华宝冶金资产管理有限公司揭牌 | 中证网 | 9月13日 |
| 国内专注冶金行业的专业资本运作平台在沪设立 | 新华网 | 9月13日 |
| 华宝冶金资产管理有限公司在沪揭牌 | 中新网 | 9月13日 |
| 首家冶金资产管理公司成立，陈德荣：愿当不良资产"接盘侠" | 澎湃新闻 | 9月13日 |
| 中国宝武又发起设立一支钢铁产业投资基金 | 界面新闻 | 9月14日 |
| 产业金融深度融合　化解钢铁过剩产能　华宝冶金资产管理有限公司在沪揭牌 | 人民网 | 9月14日 |
| 昔日"工业摇篮"变身创新示范园　宝武集团开拓城市产业空间 | 中新网 | 9月20日 |

（续 表）

| 标　　题 | 媒体名称 | 刊登日期 |
|---|---|---|
| 中国宝武进军城市服务业 | 人民网 | 9月20日 |
| 宝武集团进入城市产业空间构建及服务领域 | 新华网 | 9月20日 |
| 中国宝武城市服务：停产9年的"线材工业摇篮"变身产业园区 | 澎湃新闻 | 9月20日 |
| 中国宝武寻求业绩突破　旗下地产板块更名宝地资产 | 《第一财经》 | 9月21日 |
| 宝地上实、宝地临港成立　吴淞转型升级进入快车道 | 人民网 | 9月28日 |
| 宝地上实、宝地临港在沪成立　推进吴淞地区整体转型 | 中新网 | 9月28日 |
| 宝地上实、宝地临港在沪成立　推进吴淞地区整体转型 | 看看新闻网 | 9月28日 |
| 广东湛江：紧抓"叠加机遇"　迈入"大工业时代" | 新华网 | 10月13日 |
| 宝钢股份在全球率先具备汽车板三代超高强钢研发和批量供应能力 | 新华网 | 10月18日 |
| 不满足当汽车钢板国内龙头　宝钢股份还要涉足汽车用铝 | 界面新闻 | 10月19日 |
| 宝钢戴志浩：供给侧改革给了钢铁业3年时间，为紧日子做准备 | 澎湃新闻 | 10月24日 |
| 中国宝武挺起创新发展"钢铁脊梁" | 《经济参考报》 | 10月25日 |
| 百度与宝武达成战略合作　打造"AI＋钢铁"示范样本 | 网易 | 10月26日 |
| 第七届宝钢学术年会人工智能分论坛在沪举行 | 中新网 | 11月1日 |
| 中国宝武投入人工智能研发，传统钢企"智慧制造"之路怎么走？ | 《第一财经》 | 11月1日 |
| 施耐德电气与宝武集团深化战略合作，共促钢铁巨擘数字化转型提速 | 美通社 | 11月7日 |
| 中国宝武与必和必拓等签订采购协议 | 国务院国资委网站 | 11月8日 |
| 《对话》开放中国的进口角色 | 央视网 | 11月10日 |
| 武汉与宝武钢铁集团签署战略合作协议 | 《长江日报》 | 11月12日 |
| 看宝钢打下改革开放"第一桩"，钢铁航母启航！ | 东方卫视 | 11月14日 |
| 从宝钢到宝武：改革开放的"钢铁样板" | 《半月谈》 | 11月14日 |
| 中国宝武改革开放再出发：从全球"追赶者"到全球"首发者" | 新华网 | 11月19日 |
| 情系云南、西藏百姓　中国宝武加大对口援建扶贫力度 | 中新网 | 12月14日 |
| 中国宝武：情系云南、西藏　加大对口援建扶贫力度 | 新华社 | 12月17日 |
| 技术进步与模式创新：国内钢铁电商未来发展两大突破口 | 新华社 | 12月22日 |
| 四十年再出发　中国宝武铸就创新发展"钢筋铁骨" | 新华社 | 12月23日 |

（张　伟）

《财富》全球500强钢铁企业排名表

单位：百万美元

| 2018年度排名 | 2017年度排名 | 公司名称 | 2018年营业收入 | 国　　家 |
|---|---|---|---|---|
| 120 | 127 | 安赛乐米塔尔集团 | 76 033 | 卢森堡 |
| 149 | 162 | 中国宝武钢铁集团 | 66 310 | 中国 |
| 171 | 184 | 韩国浦项制铁公司 | 59 223.2 | 韩国 |
| 186 | 198 | 日本制铁株式会社 | 55 720.2 | 日本 |
| 214 | 239 | 河钢集团 | 50 920.6 | 中国 |
| 215 | 218 | 蒂森克虏伯 | 50 856.1 | 德国 |
| 340 | 364 | 江苏沙钢集团 | 36 440.9 | 中国 |
| 356 | 358 | 日本钢铁工程控股公司 | 34 937.4 | 日本 |
| 361 | — | 青山控股集团 | 34 242.2 | 中国 |
| 385 | 428 | 鞍钢集团 | 32 619.4 | 中国 |
| 402 | 431 | 首钢集团 | 31 103.8 | 中国 |
| 475 | 381 | 新兴际华集团 | 26 207.9 | 中国 |
| 496 | — | 纽柯钢铁公司 | 25 067.3 | 美国 |

注：数据来源于美国《财富》中文网。

中国宝武部分单位全称、简称对照表

| 全　　　称 | 简　　　称 |
|---|---|
| 中国宝武钢铁集团有限公司 | 中国宝武、宝武集团、集团公司 |
| 钢铁及相关制造业发展中心 | 钢铁业发展中心 |
| 钢铁及相关服务业发展中心 | 服务业发展中心 |
| 不动产及城市新产业发展中心 | 城市新产业发展中心 |
| 产业和金融业结合发展中心 | 产业金融发展中心 |
| 宝山钢铁股份有限公司 | 宝钢股份 |
| 宝钢特钢长材有限公司 | 宝特长材 |
| 烟台鲁宝钢管有限责任公司 | 鲁宝钢管 |
| 南通宝钢钢铁有限公司 | 宝通钢铁 |
| 宝钢克拉玛依钢管有限公司 | 宝玛钢管 |
| 宝力钢管（泰国）有限公司 | 宝力钢管 |
| 武汉钢铁有限公司 | 武钢有限 |
| 武汉平煤武钢联合焦化有限责任公司 | 武钢有限焦化公司 |

| 全　　称 | 简　　称 |
|---|---|
| 武汉钢铁集团气体有限责任公司 | 武钢有限气体公司 |
| 武汉钢电股份有限公司 | 钢电公司 |
| 宝钢湛江钢铁有限公司 | 湛江钢铁 |
| 上海梅山钢铁股份有限公司 | 梅钢公司 |
| 宝钢股份黄石涂镀板有限公司 | 黄石公司 |
| 上海宝钢国际经济贸易有限公司 | 宝钢国际 |
| 宝钢欧洲有限公司 | 宝欧公司 |
| 宝钢美洲有限公司 | 宝美公司 |
| 宝和通商株式会社 | 宝和通商 |
| 宝钢新加坡有限公司 | 宝新公司 |
| 宝金企业有限公司 | 宝金公司 |
| 宝运企业有限公司 | 宝运公司 |
| 宝钢新日铁汽车板有限公司 | 宝日汽车板 |
| 上海宝钢工业有限公司 | 工业公司 |
| 广州JFE钢板有限公司 | 广州JFE钢板 |
| 宝钢集团新疆八一钢铁有限公司 | 八一钢铁、八钢公司 |
| 新疆八一钢铁股份有限公司 | 八钢股份 |
| 新疆八钢南疆钢铁拜城有限公司 | 南疆钢铁 |
| 新疆焦煤（集团）有限责任公司 | 焦煤集团 |
| 新疆德勤互力工业技术有限公司 | 德勤互力公司 |
| 新疆八钢国际贸易股份有限公司 | 八钢国贸公司 |
| 乌鲁木齐互利安康保安服务有限责任公司 | 互利安康公司 |
| 宝武集团广东韶关钢铁有限公司 | 韶关钢铁 |
| 广东韶钢松山股份有限公司 | 韶钢松山 |
| 宝钢特钢韶关有限公司 | 宝特韶关 |
| 广东韶钢嘉羊新型材料有限公司 | 韶钢嘉羊 |
| 广东昆仑信息科技有限公司 | 昆仑科技 |
| 广东华欣环保科技有限公司 | 华欣环保 |
| 广东韶钢工程技术有限公司 | 韶钢工程 |
| 广东南华置业有限公司 | 南华置业 |
| 宝钢不锈钢有限公司 | 宝钢不锈 |

（续　表）

| 全　　称 | 简　　称 |
|---|---|
| 宝钢德盛不锈钢有限公司 | 宝钢德盛 |
| 宁波宝新不锈钢有限公司 | 宁波宝新 |
| 宝武特种冶金有限公司 | 宝武特冶 |
| 武汉钢铁集团鄂城钢铁有限责任公司 | 鄂城钢铁 |
| 宝钢金属有限公司 | 宝钢金属 |
| 上海宝钢气体有限公司 | 宝钢气体 |
| 宝钢集团南通线材制品有限公司 | 南通宝钢制品 |
| 南京宝日钢丝制品有限公司 | 南京宝日钢丝 |
| 江苏宝钢精密钢丝有限公司 | 江苏精密钢丝 |
| 上海宝钢型钢有限公司 | 宝钢型钢 |
| 上海宝钢金属贸易有限公司 | 金属贸易 |
| 上海宝成钢构建筑有限公司 | 宝成钢构 |
| 上海宝钢住商汽车贸易有限公司 | 宝钢汽贸 |
| 宝钢金属合肥宝敏科分公司 | 合肥宝敏科 |
| 上海宝钢化工有限公司 | 宝钢化工 |
| 宝武炭材料科技有限公司 | 宝武炭材 |
| 苏州宝化炭黑有限公司 | 苏州宝化 |
| 乌海宝化万辰煤化工有限责任公司 | 宝化万辰 |
| 宝钢化工湛江有限公司 | 宝化湛江 |
| 上海宝汇环境科技有限公司 | 宝汇环境 |
| 武汉钢铁集团耐火材料有限责任公司 | 武汉耐材 |
| 宝钢资源（国际）有限公司/宝钢资源有限公司 | 宝钢资源 |
| 欧冶云商股份有限公司 | 欧冶云商 |
| 上海钢铁交易中心有限公司 | 欧冶电商 |
| 上海欧冶物流股份有限公司 | 欧冶物流 |
| 上海欧冶金融信息服务股份有限公司 | 欧冶金服 |
| 东方钢铁电子商务有限公司 | 东方钢铁 |
| 上海欧冶采购信息科技有限责任公司 | 欧冶采购 |
| 欧冶国际电商有限公司 | 欧冶国际 |
| 上海欧冶材料技术有限责任公司 | 欧冶材料 |
| 东方付通信息技术有限公司 | 东方付通 |

| 全　　　称 | 简　　　称 |
|---|---|
| 上海宝钢包装股份有限公司 | 宝钢包装 |
| 宝钢工程技术集团有限公司 | 宝钢工程 |
| 宝钢钢构有限公司 | 宝钢钢构 |
| 宝钢建筑系统集成有限公司 | 宝钢建筑 |
| 上海宝钢节能环保技术有限公司 | 宝钢节能 |
| 宝钢轧辊科技有限责任公司 | 宝钢轧辊 |
| 上海宝钢铸造有限公司 | 宝钢铸造 |
| 上海宝钢工业技术服务有限公司 | 宝钢技术 |
| 上海宝华国际招标有限公司 | 宝华招标 |
| 上海宝钢工程咨询有限公司 | 宝钢咨询 |
| 苏州大方特种车股份有限公司 | 苏州大方 |
| 宝武集团环境资源科技有限公司 | 宝武环科 |
| 武汉钢铁集团金属资源有限责任公司 | 金资公司 |
| 上海宝钢新型建材科技有限公司 | 宝钢建材 |
| 上海宝钢磁业有限公司 | 宝磁公司 |
| 上海宝发环科技术有限公司 | 宝发环科 |
| 上海宝信软件股份有限公司 | 宝信软件 |
| 武钢集团有限公司 | 武钢集团 |
| 广西钢铁集团有限公司 | 广西钢铁 |
| 武钢中冶工业技术服务有限公司 | 武钢中冶 |
| 武钢资源集团有限公司（武钢国际资源开发投资有限公司） | 武钢资源 |
| 武汉钢铁重工集团有限公司 | 武钢重工 |
| 武汉钢铁江北集团有限公司 | 江北公司 |
| 武汉钢铁集团江南燃气热力有限责任公司 | 武钢燃气 |
| 武钢集团襄阳重型装备材料有限公司 | 襄阳重材 |
| 武汉钢铁集团物流有限公司 | 武钢物流 |
| 武汉武钢好生活服务有限公司 | 武钢好生活 |
| 武汉市青青教育管理有限公司 | 青青教育 |
| 武汉钢铁工程技术集团有限责任公司 | 武钢工程 |
| 武钢现代城市服务（武汉）集团有限公司 | 武钢城服 |
| 武钢绿色城市建设发展有限公司 | 武钢绿色城建 |

（续　表）

| 全　　称 | 简　　称 |
|---|---|
| 武汉长江现代水务发展有限公司 | 长江水务 |
| 武汉楠山康养有限责任公司 | 楠山康养 |
| 武汉市雅苑房地产开发有限责任公司 | 雅苑公司 |
| 武汉钢铁集团财务有限责任公司 | 武钢财务公司 |
| 武汉钢铁（集团）公司实业公司 | 武钢实业 |
| 武汉钢铁（集团）公司北湖经济开发公司 | 北湖公司 |
| 上海宝地置业有限公司 | 宝地置业 |
| 上海宝地不动产资产管理有限公司 | 宝地资产 |
| 宝钢集团上海第一钢铁有限公司 | 一钢公司 |
| 宝钢集团上海浦东钢铁有限公司 | 浦钢公司 |
| 宝钢集团上海五钢有限公司 | 五钢公司 |
| 宝钢发展有限公司 | 宝钢发展 |
| 宝钢集团上海国际旅行社有限公司 | 宝钢国旅 |
| 上海丰宝综合经营有限公司 | 丰宝公司 |
| 上海不锈钢有限公司 | 上海不锈 |
| 宝钢特钢有限公司 | 宝钢特钢 |
| 上海吴淞口创业园有限公司 | 吴淞口创业园 |
| 宝钢集团上海二钢有限公司 | 二钢公司 |
| 互联宝地·上海"互联网＋"产业园 | 互联宝地 |
| 上海十钢有限公司 | 十钢公司 |
| 北京汇利房地产开发有限公司 | 北京汇利 |
| 华宝投资有限公司 | 华宝投资 |
| 华宝信托有限责任公司 | 华宝信托 |
| 华宝基金管理有限公司 | 华宝基金 |
| 华宝证券有限责任公司 | 华宝证券 |
| 华宝都鼎（上海）融资租赁有限公司 | 华宝融资租赁 |
| 华宝冶金资产管理有限公司 | 华宝资管 |
| 华宝（上海）股权投资基金管理有限公司 | 华宝股权 |
| 宝钢集团财务有限责任公司 | 宝钢财务公司 |
| 四源合股权投资管理有限公司 | 四源合投资 |

（张文良）

## 中国宝武主要子公司通讯录

| 公司名称 | 网　址 | 电　话 | 传　真 | 地　址 | 邮政编码 |
|---|---|---|---|---|---|
| 武钢集团 | www.wuganggroup.cn | 027-86865018 | | 湖北省武汉市青山区友谊大道999号 | 430083 |
| 宝钢股份 | www.baosteel.com | 021-26647000 | 021-26646999 | 上海市宝山区富锦路885号 | 201999 |
| 八一钢铁 | www.bygt.com.cn | 0991-3893018 | 0991-3891000 | 新疆维吾尔自治区乌鲁木齐市头屯河区八一路 | 830022 |
| 韶关钢铁 | www.sgis.com.cn | 0751-8785789 | 0751-8785701 | 广东省韶关市曲江区 | 512123 |
| 宝钢不锈 | — | 021-26034567 | 021-26034788 | 上海市宝山区长江路580号 | 200431 |
| 宝钢德盛 | www.baosteel-desheng.com | 0591-62586020 | 0591-62586020 | 福建省福州市罗源县罗源湾开发区金港工业区2号 | 350601 |
| 宁波宝新 | www.baoxins.com | 0574-86718888 | 0574-86907128 | 浙江省宁波市经济技术开发区（北仑霞浦） | 315807 |
| 鄂城钢铁 | www.ecsteel.com.cn | 0711-3233321 | 0711-3233289 | 湖北省鄂州市鄂城区武昌大道215号 | 436002 |
| 宝武特冶 | — | 021-26032000 | 021-26032005 | 上海市宝山区同济路303号 | 200940 |
| 宝武炭材 | www.baowucarbon.com | 021-26648409 | 021-66789208 | 上海市宝山区同济路1800号 | 201999 |
| 宝钢资源 | www.baosteelresources.com | 021-35880888 | 021-35880128 | 上海市虹口区东大名路568号 | 200080 |
| 宝钢金属 | www.baosteelmetal.com | 021-61805678 | 021-61801188 | 上海市宝山区双城路803弄2号 | 200940 |
| 宝钢工程 | www.baosteelengineering.com | 021-26088800 | 021-26088755 | 上海市宝山区克山路550弄7号楼 | 201999 |
| 宝信软件 | www.baosight.com | 021-20378899 | 021-20378662 | 中国（上海）自由贸易试验区郭守敬路515号 | 201203 |
| 欧冶云商 | www.ouyeel.cn | 95025 | — | 上海市宝山区漠河路600号A座28楼 | 201999 |

（续 表）

| 公司名称 | 网 址 | 电 话 | 传 真 | 地 址 | 邮政编码 |
|---|---|---|---|---|---|
| 宝武环科 | — | 021-36588698 | 021-36588798 | 上海市宝山区双城路803弄2号楼 | 200940 |
| 宝钢包装 | www.baosteelpackaging.com | 021-31165678 | 021-31166678 | 上海市宝山区罗东路1818号 | 200949 |
| 华宝信托 | www.hwabaotrust.com | 021-38506666 | 021-68403999 | 中国（上海）自由贸易试验区世纪大道100号环球金融中心52层、59层 | 200120 |
| 华宝基金 | www.fsfund.com | 021-38505888 | 021-38505777 | 上海市浦东新区世纪大道100号上海环球金融中心58楼 | 200120 |
| 华宝证券 | www.cnhbstock.com | 021-68777222 | — | 中国（上海）自由贸易试验区世纪大道100号57层 | 200120 |
| 华宝融资租赁 | — | 021-38506480 | 021-58331665 | 上海市浦东新区世博大道1859号宝武大厦1号楼10楼 | 200126 |
| 宝钢财务公司 | www.baofinance.com | 021-20657307 | 021-68878969 | 中国（上海）自由贸易试验区世博大道1859号1号楼9楼 | 200126 |
| 宝地资产 | — | 021-65868500 | 021-65868522 | 上海市杨浦区大连路588号宝地广场B座25楼 | 200082 |
| 宝钢发展 | www.baosteeldevelopment.com | 021-36025666 | 021-36025500 | 上海市宝山区克山路550弄8号 | 201999 |
| 上海不锈 | — | 021-26034567 | 021-26034788 | 上海市宝山区长江路580号 | 200431 |
| 宝钢特钢 | www.baosteel-specialsteel.com | 021-56679080 | 021-56670867 | 上海市宝山区水产路1269号 | 200940 |
| 吴淞口创业园 | — | 021-33791211 | 021-33791062 | 上海市宝山区水产路1269号 | 200940 |

编辑：张　鑫

索引

# 索 引

说　明：

一、本索引采用主题词索引法，按主题词（专用名、人名）首字的汉语拼音顺序排列。

二、主题词（专用名、人名）后面的数字表示内容所在的页码。

三、表格、表格内容的索引页码后面注有"表"字；图片索引的页码后面注有"图"字。

四、内容有交叉重复的，在本索引中有重复出现的情况。

## X

## X

## Z

# 《中国宝武钢铁集团有限公司年鉴（2019）》工作人员

总　编　审：张文良

编　　　辑：金　荣　张　鑫

校　　　对：李　冰　李　洁　夏　玮　盛继军

- - - - - - - - - - - - - - - - - - - - - - - - - - - - - - - - - -

《中国宝武钢铁集团有限公司年鉴》编辑部地址：上海市同济路333号1号楼5楼

邮政编码：200940　电话：021-26648103　传真：021-26648046

**图书在版编目（CIP）数据**

中国宝武钢铁集团有限公司年鉴. 2019 / 中国宝武
钢铁集团有限公司史志编纂委员会编. —— 上海：上海人
民出版社，2019
ISBN 978-7-208-16092-7

Ⅰ. ①中… Ⅱ. ①中… Ⅲ. ①钢铁集团公司-上海-
2019- 年鉴 Ⅳ. ① F426. 31-54

中国版本图书馆CIP数据核字（2019）第210781号

**责任编辑** 马瑞瑞 杨 清
**封面设计** 陈酌工作室

**中国宝武钢铁集团有限公司年鉴2019**
中国宝武钢铁集团有限公司史志编纂委员会 编

出　　版　上海 人民出版社
　　　　　（200001 上海福建中路193号）
发　　行　上海人民出版社发行中心
印　　刷　上海盛通时代印刷有限公司
开　　本　889×1194 1/16
印　　张　30.75
插　　页　4
字　　数　784,000
版　　次　2019年11月第1版
印　　次　2019年11月第1次印刷
ISBN 978-7-208-16092-7/F·2605
定　　价　320.00元